AF751932

LA TUTELLE
AU MAJEUR PROTÉGÉ

G. BROVELLI
H. NOGUES

LA TUTELLE AU MAJEUR PROTÉGÉ

La loi de 1968 et sa mise en œuvre

Centre d'Économie des Besoins Sociaux
Université de Nantes

Préface de Jean Foyer

Éditions L'Harmattan
5-7, rue de l'École Polytechnique
75005 Paris

Collection Logiques Juridiques
dirigée par Gérard Marcou

Déjà parus :

— Association internationale des juristes démocrates, Les Droits de l'Homme : universalité et renouveau, 1789-1989, 1990.
— Boutet D., Vers l'Etat de Droit, 1991.
— Simon J.P., L'Esprit des règles : réseaux et réglementation aux Etats-Unis, 1991.
— Robert P., (sous la direction de), Les politiques de prévention de la délinquance à l'aune de la recherche, 1991.
— Robert P. (sous la direction de), Entre l'ordre et la liberté, la détention provisoire, deux siècles de débats, 1992.
— Lascombe M., Droit constitutionnel de la Ve République, 1992.
— Hamon F., Rousseau D. (sous la direction de), Les institutions en question, 1992.
— Grossin W., La création de l'inspection du travail, 1992.
— Desurvire D., Histoire de la banqueroute et faillite contemporaine, 1993.
— Lombard F., Les jurés, justice représentative et représentations de la justice, 1993.

© *L'Harmattan*, 1994
ISBN : 2-7384-2057-5

Cette étude présente les résultats d'une recherche financée par le Commissariat général du Plan (contrat n° 4860-PS 018-32-88). Elle a bénéficié des conseils de nos collègues de l'Université de Nantes, D. Bouget, P. Chaumette et R. Le Guidec. Le contenu de cet ouvrage n'engage que la responsabilité de ses auteurs.

Centre d'Economie des Besoins Sociaux
Faculté des Sciences Economiques de Nantes
110, boulevard Michelet
44071 Nantes Cédex 03
Tél. : 40.37.88.26
Fax : 40.37.88.05

*

Directeur : R. Tartarin

Le CEBS est un laboratoire de recherche universitaire de la Faculté des sciences économiques de Nantes. Autour d'un noyau permanent d'économistes, il réunit des chercheurs d'autres disciplines (droit, sociologie, gestion, médecine) en fonction des projets de recherche entrepris. Plusieurs de ses membres sont experts consultants auprès de divers organismes (Commission des communautés européennes, Commissariat général du Plan, collectivités territoriales et organismes sociaux (CNAVTS). Depuis 1983-1984, l'activité scientifique du CEBS s'est spécialisée autour des thèmes suivants :

- évaluation des politiques sociales en direction des personnes âgées ;
- politiques sociales dans le nouveau cadre de la décentralisation ;
- évaluation de l'action sociale ;
- financement et tarification des services sociaux ;
- évaluation des politiques de lutte contre l'exclusion sociale.

Au-delà des thèmes abordés, l'activité du Centre présente des traits originaux qui imprègnent sa démarche tant théorique qu'empirique :

- la réflexion est centrée sur l'évaluation (méthodologie, recherche d'indicateurs) ;
- les réflexions et analyses résultent fréquemment d'un travail collectif mené en équipes pluridisciplinaires ;
- les analyses sont alimentées par les préoccupations de

décideurs et/ou de responsables locaux ou nationaux impliquant un travail de terrain conséquent (enquêtes auprès des gestionnaires, des responsables politiques et sociaux, des intervenants sociaux) ;

- les résultats sont diffusés largement auprès des responsables les plus directement concernés.

Le CEBS a écrit de nombreux rapports pour des organismes publics ou para-publics dont il a bénéficié des financements (Commissariat général du Plan, Ministère de l'Urbanisme et du Logement, Ministère de l'emploi, Ministère des affaires sociales, Caisse nationale d'assurance vieillesse, Communauté économique européenne). Plusieurs de ces recherches font l'objet d'ouvrages édités :

- J. TYMEN, H. NOGUES, D. BOUGET, G. BROVELLI, J.C. LEBOSSE : **Action sociale et décentralisation, tendances et prospectives** - L'Harmattan, 1985.
- D. BOUGET, R. TARTARIN (eds), M. FROSSARD, P. TRIPIER : **Le prix de la dépendance — comparaison des dépenses des personnes âgées selon leur mode d'hébergement,** CNAVTS-La Documentation Française, 1990.
- A paraître :

D. BOUGET, H. NOGUES : **Les politiques de lutte contre les exclusions sociales en France** (Observatoire européen des politiques de lutte contre les exclusions sociales).

Sommaire

Préface

Promulguée le 3 janvier 1968, la loi portant réforme du droit des incapables majeurs a vingt-cinq ans. Elle est l'un des éléments de la rénovation du Code civil que j'ai entreprise en 1963. A la Libération, avait été instituée une Commision de révision du Code civil, dont l'initiative était due à Niboyet et dont la présidence avait été confiée au doyen Juliot de la Morandière. Dix-huit ans plus tard aucune réforme n'en était encore sortie. Le doyen vint me demander de dissoudre la Commission, trop nombreuse et dans laquelle, l'unité de conception faisant défaut, le souci de la transaction était démesuré. Je résolus d'abandonner la méthode de la codification par une commission et d'adopter la méthode helvétique du rédacteur unique, de conserver le cadre du Code de 1804 et de soumettre au Parlement les textes de réforme titre par titre.

La science juridique, la connaissance du droit comparé, des travaux de sociologie juridique, une plume pouvant rivaliser avec celle de Portalis, l'alliance d'une ouverture audacieuse avec un attachement aux traditions respectables, cet ensemble — rare — de qualités désignait M. Carbonnier. Il accepta la mission *ad experimentum* et rédigea un projet portant modification des dispositions du Code civil relatives à la tutelle et à l'émancipation. Le texte était remarquable au fond et en la forme. Signe d'un bon texte, le Parlement l'adopta sans le dénaturer et pratiquement sans l'amender. Le mouvement était lancé.

Alors que la réforme de la tutelle des mineurs était pendante devant les assemblées, M. Carbonnier et moi avions estimé que la réforme des régimes matrimoniaux était la plus urgente. Elle fut réalisée par la loi du 13 juillet 1965.

En ce temps-là, des affaires judiciaires avaient convaincu l'opinion d'une réforme nécessaire du droit de l'adoption. Le doyen Carbonnier ne souhaita pas s'en charger. Le projet fut préparé par la direction des affaires civiles. Le mérite principal en revient à Mme Simone Veil. La loi était promulguée le 11 juillet 1966. M. Carbonnier avait élaboré avant cette période le projet relatif au droit des incapables majeurs, que je soutins devant l'Assemblée nationale à l'automne de 1966. Le vote définitif fut acquuis sous le Ministère de mon successeur, Louis Joxe.

Sur le vieil arbre du Code civil, le titre XIe du livre Ier dans la rédaction de 1804, était une branche à peu près morte. L'interdiction judiciaire et la dation de conseil judiciaire étaient tombées en désuétude. Pour ceux que l'on dénommait alors les aliénés internés non interdits, la loi du 30 juin 1838 sur les aliénés comportait quelques mesures de protection patrimoniale. Mais ce n'étaient que des dispositions partielles, incomplètes et intermittentes. Elles étaient devenues et devenaient de plus en plus insuffisantes, au fur et à mesure que la psychiatrie tendait à éviter l'hospitalisation des malades et, en tout cas, à en réduire la durée.

Le projet fut bien accueilli dans les deux assemblées. Rapporté au nom de la Commission des lois devant l'assemblée nationale par le président René Pléven, il fut l'objet d'un fort intéressant avis de la Commission des affaires sociales dont l'auteur était mon remplaçant en tant que député de Maine-et-Loire, le Dr Jean Chalopin. Le rapporteur de la Commission des lois devant le Sénat fût le président Jozeau-Marigné.

Depuis sa promulgation le nouveau texte n'a reçu qu'une modification, indirecte. L'âge de la majorité ayant été abaissé à dix-huit ans, la loi est devenue applicable à trois nouvelles classes d'âge. Pour le surplus, c'est-à-dire pour l'essentiel, le dispositif de protection, nul n'a proposé qu'une modification lui fût apportée.

Est-ce le signe que la loi ait répondu exactement aux besoins révélés par la pratique ? L'absence de modifications, décidées ou même simplement proposées, ne suffit pas à fonder une réponse affirmative. Le titre XIe de 1804 est demeuré intact durant cent soixante quatre ans, et personne ne l'appliquait. Il importait de rechercher, après un laps de temps suffisant, si les dispositions de la loi avait été appliquées, comment elles l'avaient été, quels résultats elles avaient produits.

La statistique judiciaire — le Compte-rendu général — pour indispensable qu'elle soit, n'apporte que des informations quantitatives et qui ne sont point complètes, ou doivent être corrélées avec d'autres. Et encore ?

Sans doute le caractère dominant du régime — des régimes — de protection instaurés, ou restaurés ou rajeunis par la loi du 3 janvier 1968 est-il l'adaptabilité, la plasticité. Un juge, statuant seul, est maître de doser l'incapacité quant aux actes, et il le peut en ouvrant la tutelle ou dans un jugement postérieur (C. civ., art. 501 et 511). Il autorisera le majeur en tutelle à faire lui-même certains actes, soit seul, ou avec l'assistance du tuteur. A l'inverse, pour le mineur en curatelle, le juge peut ajouter d'autres actes à ceux pour lesquels l'article 510 requiert l'assistance du curateur.

Dans l'organisation de la protection, la souplesse n'est pas moins grande. Une seule tutelle légale, celle du conjoint, que le juge peut lui refuser dans deux cas et auquel il peut laisser le soin de pourvoir aux intérêts du malade par l'application des règles des régimes matrimoniaux. Tous les autres tuteurs sont datifs. En présence d'un conjoint, d'ascendant, de descendant, de frère ou de sœur, le juge peut décider que celui-ci gérera les biens comme administrateur légal sous contrôle judiciaire. La tutelle peut être déférée à une personne morale. Si la constitution complète d'une tutelle paraît inutile, une tutelle en gérance peut lui être préférée. Si nul n'est en mesure d'assumer la charge de la tutelle, le juge peut la déférer à l'Etat. L'Etat sera concrètement le préfet, qui délèguera la tutelle au directeur départemental de l'action sanitaire et sociale, ou à un notaire, — n'est-il pas officier public ? — mais ce pourra être aussi une personne physique ou morale, inscrite sur une liste établie par le procureur de la République, qui accepte d'être déléguée à la tutelle d'Etat.

Quels usages les juges des tutelles font-ils de ces considérables pouvoirs ? La loi du 3 janvier 1968, comme d'autres textes de la même veine, s'en remet au juge de la juridiction gracieuse. Quels moyens a-t-il reçus pour exercer ses pouvoirs ? Quel emploi en fait-il ?

A ces questions, la réponse n'est pas univoque. L'un des très grands intérêts du livre de nos deux jeunes et brillants collègues est de mettre en lumière variétés et diversités dans la pratique, d'en rechercher et d'en proposer des explications. La personnalité des juges joue certainement un rôle. Plus encore sans doute, l'existence dans son ressort, de personnes ou d'organismes volontaires et compétents à l'effet de se charger des tâches de la protection des majeurs incapables.

Bien que l'enquête, qui a nécessité un énorme travail, n'ait pas couvert — pas encore ? — le territoire, elle permet déjà de dresser une sorte de typologie et une géographie de l'application de la loi. On en conclut que la protection du patrimoine des incapables, inégalement selon les ressorts, mais d'une manière significative, tend à se professionnaliser, la professionnalisation étant pour une bonne part le fait d'associations. La chose est bénéfique, à mon avis.

Les résultats sont plus difficiles à mesurer, à évaluer. Lesquels le législateur avait-il visés ? Les auteurs le créditent de motivations économiques, le prenant pour plus savant qu'il n'a été. Platon avait fait dire à Socrate des choses auxquelles ce dernier affirmait n'avoir jamais pensé ! Les auteurs de la loi étaient des civilistes soucieux de la protection des intérêts de l'incapable. De la « micro-économie », je ne crois pas que nous nous soyons élevés jusqu'à la « macro-économie ». Peut-être, l'avons-nous fait sans trop bien nous en rendre compte.

Quoiqu'il en soit, les deux auteurs et leur équipe ont accompli un travail exemplaire. Puisse-t-il être continué et imité. Ils sont en plein dans le nouvel âge de la science juridique. La plus grande partie du XIXe siècle a été l'âge de l'exégèse. Le XXe aura été celui de l'étude de la jurisprudence, pratiquée jusqu'à la satiété. La jurisprudence ne rend pas compte de la réalité juridique en son entier. Le pourcentage des rapports de droit qui se nouent et se dénouent sous contentieux est infime. A côté il est une pratique, indispensable à connaître non seulement du praticien mais du législateur soucieux d'évaluer et, s'il est nécessaire, de corriger, de redresser et d'émonder.

C'est une grande satisfaction pour qui a consacré plusieurs décennies de sa vie à des travaux législatifs, qui demeurent inachevés hélas !, de constater que son ouvrage n'a pas été inutile. C'est cette satisfaction que me procure le livre de mes deux collègues, avec une objectivité rigoureusement scientifique. Je les remercie de me l'avoir donnée.

10 décembre 1992

Jean FOYER

Introduction

La protection des majeurs incapables de pourvoir à leurs intérêts représente un aspect particulier et limité de la réalité sociale. Elle constitue pourtant un révélateur remarquable des mécanismes profonds qui sous-tendent l'organisation de la société et des principes qui guident l'intervention des différentes institutions législatives, judiciaires et exécutives, incarnant le pouvoir dans un Etat de droit.

De fait, la spécificité des tutelles au majeur les situe à l'intersection de plusieurs champs de l'activité sociale. Impliquant nécessairement une réflexion sur l'Homme et sur les conditions garantissant l'exercice de sa liberté, mêlées à la trame même d'une économie d'échange fondée sur la capacité civile de contracter, les mesures de protection tutélaires mettent également en cause la légitimité, l'efficacité et la pertinence d'une intervention de la puissance publique en faveur des personnes fragiles.

La loi du 3 janvier 1968 qui définit les règles juridiques de la protection des majeurs, s'inscrit délibérément dans les projets d'un Etat-providence encore en phase de croissance. Elle participe de la volonté, alors nettement affirmée, de « *civiliser » les relations sociales, c'est à dire d'y substituer des rapports de droit aux rapports de force*[1] ». Dans cette perspective où le droit de l'incapacité rejoint d'autres branches du droit et en particulier le droit du travail pour conjurer le naturalisme sauvage d'une société où le marché économique serait la seule règle, le droit se heurte à un triple paradoxe. En premier lieu, il est clair que le droit constitue un édifice rationnel logique s'adressant à des personnes ayant tout leur entendement et tout leur raisonnement ; or c'est précisément ce qui semble faire défaut aux personnes visées. En second lieu, la « civilisation des comportements » passe d'abord par l'exercice d'un autre rapport de force, fût-il fondé sur la violence légitime de l'Etat de droit. En d'autres termes, une nouvelle fois il semble que pour protéger il faille contraindre. Jamais la proximité des interventions sociales et du contrôle social n'apparaît aussi nettement qu'en matière de tutelle. En apparence du moins, car si les mesures de tutelle ou de curatelle ont toujours pour effet de réduire plus ou moins complètement le domaine de la capacité juridique des personnes, elles constituent en même temps une tentative de protection d'une liberté individuelle affaiblie. En effet, l'intervention vise à créer, par une forme particulière de discrimination supposée positive, les conditions d'une plus grande égalité des acteurs dans le champ économique et social. Mais ce souci d'égalité se heurte à un troisième paradoxe car, pour retrouver cette parité, le droit civil des obligations doit reconstituer un sujet de droit et il ne parvient à le faire que par le biais d'un droit spécial inévitablement créateur de différences entre les citoyens. Cette difficulté, inhérente à tout artifice de discrimination positive, ressort tout particulièrement dans les stigmates qui accompagnent encore le statut des incapables majeurs, pourtant venu remplacer l'ancien statut des interdits.

Marginal par les populations concernées, le droit des incapables touche en réalité au coeur même des fondements de notre Constitution républicaine. Mode paradoxal de défense de la liberté et recherche sublimée de l'égalité, le droit des incapables fait appel, pour devenir opérationnel, à la fraternité des citoyens en même temps qu'il engage l'Etat, source du droit positif et garant de la cohésion sociale. Cette conjonction de l'intervention publique et des responsabilités individuelles, que l'on retrouve dans les autres domaines de l'action sociale, est incontestablement à l'origine de cette étude. En effet, pour assurer concrètement la protection des majeurs, la solidarité familiale est mobilisée, l'engagement bénévole individuel ou associatif espéré et bien entendu, les services publics judiciaire et social sollicités. Avec la rareté des ressources que la collectivité publique et la société civile affectent à cette fonction collective, les grands principes juridiques trouvent évidemment des limites d'application. Ces contraintes à caractère économique ont un effet double, qui fait écho d'une certaine manière à l'ambiguïté évoquée précédemment au sujet de la règle juridique, dans la mesure où elles peuvent aussi bien, vertueuses, nous prémunir d'une application trop systématique et peut-être trop extensive de la loi que perverses, engendrer des carences et des défauts inacceptables dans la protection garantie par la loi aux plus faibles.

A l'instar des dernières innovations de l'Etat-providence florissant et compte tenu de la relative lenteur de sa diffusion, la loi de 1968 concernant les majeurs protégés ne connaît une expansion rapide qu'au moment même où le nouveau contexte économique de croissance ralentie fait pleinement sentir ses effets. Si la contradiction entre les principes de la loi et les modalités de son application prend en général corps dans la discrétion, au sein des cabinets des juges d'instance véritables pivots dans le dispositif, la prise de conscience de l'aspect global du problème n'apparaît seulement au niveau institutionnel qu'à propos du financement des tutelles d'Etat. Cela tient surtout à la fonction subsidiaire et résiduelle de cette forme de la tutelle qui en fait le dernier filet de protection auquel le juge peut avoir recours pour les majeurs qui lui ont été signalés. Dès lors qu'elle bénéficie d'un financement public, la tutelle se constitue en problème économique et social identifié.

C'est pourquoi le contexte socio-politique dans lequel se sont développées les mesures de tutelle a largement déterminé les questions les concernant aujourd'hui et privilégié leur approche financière. Ainsi, le processus de la décentralisation de l'aide et de l'action sociales, en clarifiant les systèmes de financement a grandement contribué à précipiter cette prise de conscience. Au même moment, le taux des prélèvements obligatoires dans le produit intérieur brut connaissait une augmentation ininterrompue et la société civile française semblait étrangement fascinée par cet indicateur statistique. Suivant cette évolution de l'opinion publique et la favorisant simultanément, la classe politique s'est convertie dans sa grande majorité à la nécessité de réduire à tout prix les dépenses publiques et sociales. Dans ce contexte *« ténébreux*[2] *»*, la progression rapide du besoin de financement socialisé consacré à la tutelle d'Etat (taux de croissance annuel moyen en francs constants avec deux chiffres entre 1983 et 1989) a pris inévitablement un caractère détonnant et suscité l'interrogation, l'inquiétude voire le *« soupçon*[3] *»* des responsables de la politique économique et sociale. Ainsi le phénomène de la tutelle a-t-il participé lui aussi à la crise plus générale de l'Etat-providence.

La contradiction économique s'est trouvée amplifiée par une dynamique complexe dans le champ de l'action sociale qui conduisait à des « demandes » croissantes en matière de mesures de protection. Plusieurs facteurs expliquent cette évolution. Sans aucune prétention à l'exhaustivité, les principaux d'entre eux peuvent être évoqués dès maintenant. Ces dernières années, les acteurs de la politique sanitaire et sociale dont l'Etat lui même, ont recherché des moyens plus économiques pour répondre aux problèmes. Bien souvent la solution imaginée a consisté à éviter le placement en institution. En régulant l'offre d'équipement, en incitant à la « désinstitutionnalisation » et en assurant la promotion d'alternatives en milieu ouvert, on a ainsi maintenu dans ce milieu des populations relativement plus fragiles pour lesquelles **un besoin de protection, resté latent en institution, n'a pas tardé à apparaître.**

En sensibilisant les divers responsables des politiques sanitaires et sociales et les gestionnaires des services de logement, d'hébergement ou de soins aux effets économiques de leurs décisions, la situation de rationnement des financements les a incités à prendre le maximum de garanties quant à la bonne affectation des ressources (souvent à caractère social) des personnes dont ils avaient en partie la charge. **A l'évidence la tutelle peut remplir une telle fonction d'assurance.**

Indirectement, le rationnement des moyens en personnel pour assurer l'accompagnement social des populations à risque, a conduit certains acteurs à transférer sur le dispositif des tutelles, chaque fois qu'ils l'ont pu, la charge concrète de cette mission. Dans certains cas les mesures de tutelle ont alors joué le rôle d'un substitut et, sur le plan des financements, ont suscité des effets de report.

Plus subtilement encore, le caractère ambivalent des mesures de tutelle, coercition d'un côté mais prestation de service de l'autre, fut présenté de manière profondément dissymétrique. Pour favoriser la diffusion des mesures de protection, présentées comme un élément de progrès social mais, en soulignant aussi leur aspect préventif vis à vis des difficultés qui pouvaient surgir en leur absence, l'Etat puis les services tutélaires, dans la continuité des promoteurs de la loi de 1968, ont insisté davantage sur l'aspect prestation qui caractérise l'intervention tutélaire. Cette évolution rejoint un mouvement plus large où la conception consumériste du service public tend à se substituer à la notion régalienne de l'Etat mais, en inscrivant de plus en plus nettement les mesures de protection dans le champ de la politique sociale, elle contribue aussi à faire tomber l'une des barrières freinant le recours aux dispositifs légaux de protection.

Dans ces conditions, la maîtrise de l'inflation des mesures ne peut provenir que du cadre défini par les textes législatifs et du rôle de filtre discriminant du système médico-judiciaire impliqué dans le fonctionnement du dispositif. A défaut, seul le rationnement de la contrainte financière est en mesure de ralentir le processus mais cette procédure pose question autant sur son principe que sur son efficacité et son équité.

Fondé sur des règles juridiques à caractère paradoxal, engagé dans une dynamique économique et sociale dont la régulation est délicate, le système de la protection des majeurs constitue à l'évidence un terrain de recherche stimulant pour une étude pluridisciplinaire associant en particulier des juristes et des économistes.

Finalement, dans le système des tutelles il existe à la fois un jeu subtil entre la mise en oeuvre de solutions spontanées et l'intervention judiciaire, un arbitrage entre le recours à des mécanismes de solidarité volontaire et à un engagement financier public, un choix entre une production directe par l'administration et un appel à un mandataire privé ; autant d'éléments concernant l'organisation, la gestion et la tarification des services collectifs susceptibles de faire avancer la réflexion sur des questions dont l'enjeu déborde largement l'activité tutélaire.

Quatre de ces questions avaient d'emblée retenu l'attention de l'analyste et permis la formulation d'hypothèses de travail.

- **L'existence d'un effet d'offre.** Dans quelle mesure l'hétérogénéité des pratiques dans le domaine des tutelles au majeur sur le terrain (type et contenu des mesures, moyens mis en oeuvre, caractéristiques des populations, etc.) peut-elle s'expliquer par les conditions de l'offre des services de tutelle ? Quel est l'impact réel de cet effet d'offre dans l'application de la loi du 3 janvier 1968 ?

- **Les conditions de l'arbitrage dans le mode de gestion des mesures de protection entre famille, bénévoles et professionnels.** Existe-t-il des variables clés qui conditionnent cet arbitrage ? Les caractéristiques du majeur et celles de son environnement (existence de services ou de filières) font-elles partie de ces variables ?

- **Les rapports entre la tutelle au majeur protégé et la tutelle aux prestations sociales.** Les mesures de tutelle au majeur protégé (loi de 1968) et les mesures de tutelle aux prestations sociales adultes (loi de 1966) sont-elles des substituts ou/et des compléments l'une par rapport à l'autre ? Y a-t-il des facteurs autres que financiers (par exemple, pratiques identifiables des juges, influence des organismes tutélaires, etc.) qui puissent fonder ces modes variés de recours aux différentes mesures ?

- **Les effets du système de financement.** Les différences dans les conditions de financement ont-elles des incidences significatives sur la répartition des bénéficiaires entre les types de mesure et sur les stratégies des services eux-mêmes ? Le recours au bénévolat et l'autofinancement des mesures par les majeurs sont-ils des solutions envisageables ? A quelles conditions ?

Pour tenter de répondre à ces interrogations, la réflexion présentée dans cet ouvrage s'est appuyée sur les rapports et débats qui précédèrent l'adoption de la loi mais aussi sur les travaux et rapports écrits ultérieurement par des équipes de recherche ou par des commissions d'études (les références en sont données dans la bibliographie). Ces informations déjà disponibles furent complétées par l'étude de la jurisprudence se rapportant à l'application de la loi du 3 janvier 1968 et par l'examen détaillé des décrets, des arrêtés et des circulaires d'application, en particulier en ce qui concerne le financement des mesures d'Etat. En outre, un travail statistique permit de réunir des données chiffrées homogènes sur les départements. A partir de cet ensemble d'informations, un choix raisonné de six terrains d'enquête a été possible.

C'est ainsi qu'ont été retenus deux départements ayant connu un fort développement des mesures de tutelles d'Etat (l'Oise et le Morbihan), deux autres n'ayant que très peu de mesures de ce type (la Vendée et la Haute-Savoie) et enfin deux départements très proches de la moyenne observée au plan national (l'Ille-et-Vilaine et la Seine-Maritime). Ce petit échantillon réunissait donc des départements où la DDASS avait un service propre, d'autres où l'UDAF ne s'était pas engagée dans ce champ d'activité et enfin des départements où existaient des associations ad hoc.

Le travail d'enquête a pris deux formes principales. Sur tous les terrains une enquête auprès des acteurs concernés par la tutelle au majeur protégé a été réalisée. Systématiquement furent rencontrés les juges d'instance chargés des tutelles dans les tribunaux des départements sélectionnés ainsi que les principaux intervenants dans l'action de protection tutélaire. La répartition des personnes interrogées est la suivante :

- juges des tutelles auprès des tribunaux d'instance :	29
- greffier ou personnel administratif chargé des tutelles dans les tribunaux d'instance :	13
- inspecteurs ou employés des DDASS :	10
- administrateurs bénévoles :	6
- directeurs d'UDAF ou d'associations tutélaires :	13
- chefs de service tutélaire :	8
- gérant de tutelle ou administrateurs spéciaux :	12
- délégués à la tutelle :	6
- responsables administratifs et divers :	8

Sur deux terrains, (la Seine-Maritime et l'Ille-et-Vilaine) une étude du stock des mesures à la fin de l'année 1989 a pu être réalisée avec le concours bienveillant des greffes des tribunaux concernés. Le taux de sondage a varié de 1 pour les petits tribunaux d'instance à 1/3 pour les tribunaux les plus importants. Au total, un peu plus de 4000 mesures pour la Seine-Maritime et un peu moins de 5000 mesures pour l'Ille-et-Vilaine se sont trouvées dans la champ de l'enquête. Ce travail a permis de préciser les caractéristiques des personnes protégées et les procédures suivies pour assurer leur protection et, d'une manière générale, le bien-fondé du choix de ces deux départements s'est trouvé confirmé par la variété des résultats de l'enquête.

Malgré le volume de cet ouvrage, dû principalement à la richesse des matériaux et à la variété des thèmes abordés, les auteurs n'ont pas cherché à donner une présentation exhaustive du système des tutelles. En effet, sans un recours approfondi à d'autres champs de la réflexion scientifique, un tel objectif est inaccessible. Le parti était donc plus limité et, pour répondre aux interrogations initiales, essentiellement centré sur deux aspects du système des tutelles : l'examen des conditions d'application de la loi de 1968 et l'analyse des modes d'intervention publique en la matière.

Un chapitre préliminaire aborde le phénomène des tutelles sous un angle théorique et général ; il précise la signification juridique de l'incapacité et analyse la défaillance des individus en tant qu'agents d'un système social et économique. Cette double approche, juridique et économique, en soulignant les enjeux du problème étudié, débouche sur une analyse critique des fondements de l'intervention publique en matière tutélaire.

La première partie est consacrée à l'étude du dispositif mis en place par la loi du 3 janvier 1968. Il est examiné sous deux angles : le premier décrit la manière selon laquelle la loi délimite son champ d'application et le second examine l'intervention tutélaire comme une activité économique.

L'origine de la loi et ses rapports avec l'évolution de la médecine, le contexte dans lequel elle est promulguée et son caractère nettement marqué de loi sociale, son contenu concret enfin avec l'articulation des divers régimes de protection et des formes de gestion, montrent que la loi ouvre un nouvel espace d'intervention sociale. Son domaine d'application potentielle est largement ouvert. En effet, la population concernée par les mesures de protection présente des contours flous qui peuvent expliquer, d'une part l'apparition d'écarts entre ayants droit et personnes protégées et d'autre part, l'étrange coexistence de discours favorables à une extension du champ d'intervention de la loi et de prises de position visant à éviter l'inflation des mesures de protection par le biais d'une application plus sélective.

Le dispositif organisé par la loi de 1968 suppose la mise en place d'une intendance adaptée. L'activité tutélaire au sens strict constitue non seulement une nouvelle forme de l'action sociale mais également une activité économique particulière. La définition de la fonction tutélaire et donc du service qu'il convient d'apporter au majeur représente déjà un enjeu essentiel où chaque acteur tend à faire valoir ses objectifs et son système de valeurs. L'utilisation de ressources, principalement humaines, pour réaliser concrètement la protection du majeur et de ses intérêts implique des coûts dont il faut analyser la structure et évaluer l'importance. La prise en charge de ces coûts prend des formes diverses associant solidarité familiale, bénévolat et professionalisme. Le recours au financement socialisé qui fait problème, présente un caractère subsidiaire et marginal mais il est pourtant de plus en plus sollicité.

La deuxième partie souligne le caractère dépendant de la décision juridique de mise sous protection. Cette dépendance dans l'administration de cette forme particulière de la justice au bénéfice des personnes les plus fragiles de la société apparaît à trois niveaux.

Dès le signalement et dans les formes prévues par la procédure d'instruction, se révèle déjà la mise en relation du juge avec l'environnement du majeur. L'évaluation de l'incapacité ressort dans une large mesure du contexte. Face à un environnement plus stable et souvent structuré, le juge se trouve, malgré l'appui indispensable de son greffe, dans une position pas toujours favorable à l'administration d'une justice qui demande un véritable suivi.

De même, quand le juge envisage un mode de gestion de la mesure de protection, il est nécessairement conduit à faire appel aux ressources de l'entourage du majeur ou à défaut à celles de son environnement institutionnel. Les limites de l'exercice de la mesure par un membre de la famille et les contraintes de gestion des services tutélaires sont finalement des éléments qui interviennent dans le processus de décision d'une mesure de protection. Ces conditions conduisent à des situations paradoxales où ce qui devrait être exceptionnel peut devenir la règle.

Enfin, le rationnement des ressources disponibles comme les incohérences d'un système de financement qui a beaucoup varié, rendent parfois difficile l'adaptation, voulue par le législateur, de la mesure de protection à la situation particulière de la personne protégée. L'analyse de l'application concrète de la loi du 3 janvier 1968 à la lumière des questions d'intendance, met en évidence des décalages et soulève des problèmes qui concernent la politique sociale autant que la politique de la justice.

La troisième partie vient compléter la description du fonctionnement du dispositif mis en place à la suite de la loi en soulignant les nombreux contrastes observés sur le terrain. Cette hétérogénéité des situations locales existe à trois niveaux différents. En premier lieu elle prend une dimension quantitative qui fait varier de manière très importante la diffusion des mesures de protection, y compris celles qui découlent de la loi de 1966 organisant la tutelle aux prestations sociales. Parmi les facteurs expliquant ces différences, le contexte local en équipements spécialisés semble jouer un rôle essentiel.

En second lieu, les résultats de l'enquête menée auprès de l'ensemble des tribunaux d'instance de l'Ille-et-Vilaine et la Seine-Maritime, permettent de préciser les caractéristiques socio-démographiques de la population protégée en même temps qu'ils révèlent des différences entre les deux situations départementales.

Finalement, l'application concrète de la loi de 1968 résulte de pratiques locales très contrastées qui tiennent dans une large mesure à une sorte de « culture locale » associée à chaque tribunal. Ces variations locales dans la mise en oeuvre pratique de la loi conduisent à l'idée selon laquelle l'administration de cette forme précise de la justice ne se fait pas dans des conditions d'efficacité et d'équité identiques sur l'ensemble du territoire métropolitain.

Au terme de cette étude, nous avons pu esquisser un bilan de l'application de la loi du 3 janvier 1968 et envisager quelques préconisations. D'une manière générale, l'attitude des pouvoirs publics vis à vis des problèmes d'intendance détermine les conditions concrètes de fonctionnement des dispositifs d'intervention sociale et sans une attention extrême à ces problèmes, l'esprit même dans lequel de telles interventions sont conçues peut être complètement dévié.

Chapitre préliminaire

AUX FONDEMENTS DE L'INCAPACITÉ

Les mesures de tutelle ne représentent qu'un aspect mineur de la réalité sociale. Elles concernent moins d'un majeur sur cent soit une petite minorité de la population. De ce fait **elles apparaissent souvent négligées**, aussi bien dans le domaine judiciaire où elles constituent une activité marginale (sauf pour les juges d'instance), qu'en matière administrative où contraste le peu d'empressement de l'Etat à assumer ses responsabilités au regard des intentions humanistes et généreuses du législateur de 1968. Certes, l'accroissement des demandes de protection des personnes âgées et plus encore, la progression rapide des crédits affectés au financement des tutelles et des curatelles d'Etat ont contribué à ce que l'on parle plus volontiers aujourd'hui des tutelles. Mais là aussi, tout est affaire de proportion. Les dépenses engagées pour cette intervention publique (environ 60 millions de francs en 1986) représentent environ 0,7% des dépenses d'aide sociale de l'Etat mais seulement de l'ordre de 0,5 millièmes de l'ensemble des prestations sociales distribuées en France.

Pourtant, malgré ces indications qui lui donnent un caractère secondaire, **la question des tutelles présente des spécificités** qui lui font mériter une attention particulière.

Dans la pratique, le système des tutelles appartient à plusieurs champs de l'activité humaine. Les psychiatres, les médecins, voient certains de leurs patients être mis sous tutelle et ils interviennent dans la procédure de mise sous protection ; les travailleurs sociaux et les responsables d'établissements sociaux ou médico-sociaux aiguillent une partie de leur clientèle vers ces régimes de protection ; des magistrats du siège avec l'aide des parquets consacrent une partie non négligeable de leur temps à instruire, à décider de mesures de protection, à en suivre l'exécution ; des familles et des majeurs voient des tiers s'intéresser de près à ce qui constituait habituellement le domaine de leur vie privée ; des gérants de tutelle, des délégués, des bénévoles, des associations s'investissent pour régler les problèmes des majeurs protégés ; des fonctionnaires veillent à assurer le service public confié par la loi à l'Etat lorsque la tutelle est vacante. Finalement, l'ensemble de ces activités place la tutelle d'une certaine manière au cœur de la vie et des interventions sociales.

Au plan théorique, la tutelle se trouve également impliquée dans divers champs d'analyse et de réflexion. Compte tenu de ses aspects multidimentionnels, elle est susceptible d'un examen sous différents angles selon l'approche de chaque discipline scientifique (qui structure l'objet à sa façon, définit les concepts nécessaires et établit entre les éléments certaines relations spécifiques). A l'évidence, la philosophie, l'anthropologie, la psychiatrie, le droit, l'économie, la sociologie, la science administrative, fourniraient des instruments d'analyse pertinents. Cette exhaustivité impossible à atteindre nous sortirait de surcroît de cette recherche. Ainsi, la théorie des avantages comparatifs nous invitait à mettre en œuvre les outils d'analyse que nous maîtrisons le mieux et à privilégier deux points de vue, celui du juriste et celui de l'économiste.

Si l'on pose en première approche et de la manière la plus générale, que la mesure de protection se justifie quand l'individu manifeste **une perte du comportement rationnel** qui permet la vie en société, l'objet de la protection sera alors d'empêcher le comportement irrationnel de l'individu ou d'y remédier pour lui-même et pour la société et, au-delà, de retisser les liens relationnels et sociaux en vue de sa réinsertion dans la vie sociale. Les implications des mesures de tutelle se révèlent alors particulièrement importantes sur les plans de la liberté individuelle et des fondements de l'intervention de l'Etat, comme sur celui des actes économiques de l'individu dont la capacité juridique détermine la validité.

Nous proposons ainsi de regarder la tutelle et plus généralement la mesure de protection, comme une tentative de réhabilitation de l'individu défaillant en tant que personne juridique (section 1) et qu'agent économique (section 2) ce qui permet de mieux cerner les défaillances en cause qui justifient l'intervention publique (section 3).

Section 1 : L'incapacité, défaillance de l'« homo juridicus »

Au commencement était l'autonomie de l'individu ; aux prémisses du Code civil bien sûr. Toute l'histoire de la philosophie individualiste et rationaliste est marquée de cette empreinte depuis la fin du Moyen Age. Raison et liberté de l'individu se trouvent en effet au fondement de la philosophie de la Renaissance et de la formation de la pensée juridique moderne[1]. Thèmes récurrents des réflexions des philosophes du droit, liberté, autonomie, volonté de l'individu, sont les grands principes repères des exercices de définition et de classification des droits, de Grotius aux juristes du Code civil : droit des contrats (respect de la parole donnée), droit des biens (respect de la propriété), droit de la responsabilité (réparation du dommage causé), et droit de la famille (autorité paternelle et protection du patrimoine).

Si la philosophie des droits de l'homme pose que *« les hommes naissent et demeurent libres et égaux en droit*[2] *»*, c'est précisément que leur égalité de nature les dote dans leur essence, de cette capacité au comportement rationnel qui fonde à la fois l'autonomie de la volonté et le libre arbitre. Cet homme des philosophes n'existe bien sûr qu'à titre de modèle idéal. Avant l'émergence des sciences sociales, cet individu abstrait sert de matrice aux relations entre individus conçues désormais comme les seules réalités tangibles et ordonnatrices de la société. Du contrat hobbesien aux relations de travail en passant par toutes les formes de rapports individuels, **l'« homo juridicus »** oeuvre idéalement à l'harmonie sociale. Ainsi, les hommes sont-ils naturellement égaux dans leur capacité juridique[3]. Le droit bien sûr, ne connaît que les situations juridiques et les actes juridiques et c'est pourquoi la capacité juridique ne recouvre qu'un aspect de l'aptitude naturelle des individus à la conduite rationnelle.

Il est dans la sphère familiale, dans les conduites sociales, dans les rapports individuels, dans les activités de l'individu, quantité de conduites qui échappent au droit ou au moins, qui y échappent pour autant qu'elles demeurent dans cet espace de liberté qui *« consiste à faire tout ce qui ne nuit pas à autrui*[4] *»*. Mais il est vrai aussi que le commerce juridique intéresse des actes extrêmement nombreux des comportements individuels et dont la sphère n'a cessé de s'étendre avec la généralisation des échanges marchands.

La capacité juridique, capacité d'accomplir des actes juridiques, se trouve incarnée dans la personnalité juridique dont chaque individu est investi. C'est même au travers de ses actes juridiques, du commerce juridique, que l'individu se réalise comme personne juridique, l'égalité de nature garantissant pour chacun la possiblité d'une conduite rationnelle et en tant que besoin, d'une conduite juridiquement rationnelle. Au plan juridique, l'incapacité se présente donc comme un négatif de l'autonomie en tant qu'elle remet en cause les potentialités de l'individu à se réaliser comme personne juridique (sous-section 1). Reste à l'établir. Le droit pose pour cela des critères subjectifs dont l'appréciation ouvre le champ à des interprétations et à des influences diverses (sous-section 2).

Sous-section 1 — *La définition de l'incapacité : un négatif de l'autonomie*

Le Code civil, qui définit les conditions auxquelles la société admet l'exercice de ces potentialités de la personnalité juridique (âge de 18 ans, émancipation), pose une condition plus générale pour reconnaître le validité juridique des actes d'une personne, en cas de contestation. Selon l'article 489, *« pour faire un acte valable, il faut être sain d'esprit »*. Avec l'article 488 consacré à la majorité, cet article 489 introduit le titre XI du Code, dont presque toutes les dispositions traitent de la protection des majeurs. La frontière de la rationalité dans le comportement juridique est donc marquée par le fait d'être sain d'esprit ou de ne pas l'être. Logiquement, le caractère sain se présume et *« c'est à ceux qui agissent en nullité pour cette cause de prouver l'existence d'un trouble mental au moment de l'acte »* (art. 489, al. 1). Cette frontière entre capacité et incapacité permet donc de cerner la notion d'exercice autonome des droits civils par la personne et la loi s'efforce de préciser les conditions de possibilité et de validité de cet exercice. Ainsi, après avoir posé le principe de la capacité juridique, l'article 488 ajoute dans son alinéa 2 que bénéficie de la protection de la loi, le majeur mis *« dans l'impossibilité de pouvoir seul à ses intérêts »* en raison d'une *« altération des ses facultés personnelles »*. L'article 490 (al. 2) précise lui, que le choix d'un régime de protection se trouve justifiée lorsqu'une telle altération *« empêche l'expression de la volonté »*.

On retrouve ici deux éléments centraux de l'approche rationnaliste. L'altération de l'aptitude naturelle à l'usage de la raison jette un doute sur la liberté de jugement de la personne et sa capacité à exprimer sa volonté ; l'origine de cette altération réside dans une cause personnelle à l'individu (par différence avec une altération qui serait due à une cause extérieure que le majeur pourrait combattre directement ou à l'aide du droit).

Cette incapacité à la conduite juridique rationnelle — « valable » selon l'article 489 — peut généralement être appréhendée comme une part d'une incapacité plus générale de la personne à se situer dans une relation de membre de la société. Elle apparaît dans le champ du commerce juridique comme révélateur ou conséquence d'une difficulté plus générale de la personne à la relation sociale, à s'accepter en tant qu'un élément d'un groupe social qui l'engendre et à l'engendrement duquel elle participe. Une telle présentation permet de ne plus occulter derrière l'énoncé classique des droits, l'ensemble des conditions individuelles et sociales de leur exercice ; au-delà, elle fait une place pour les limites que la société peut imposer à l'usage des droits individuels ; au-delà encore, elle prépare l'idée des droits sociaux. Dans ce mouvement, la conception très individualiste de l'incapacité, héritée de la philosophie rationnaliste, se trouve replacée dans le contexte des rapports sociaux et le droit de l'incapacité prend une autre dimension[5]. Cette dimension de droit social, pleinement développée dans les lois d'action sociale, s'exprime largement dans la loi de 1968 quand, au-delà de la « sanction » de l'incapacité, elle vise par son dispositif même l'objectif thérapeutique de recréer les conditions du lien social[6].

Dans le champ qui est le sien et ici, pour déterminer la validité de l'acte juridique, le droit pose un certain nombre de critères permettant de fixer la frontière entre la personne saine d'esprit et celle qui ne l'est pas.

Traditionnellement, on estime que le droit peut poser aux conduites humaines (personnes physiques ou morales) deux types de conditions dont dépendent leurs comportements et leurs décisions. Les premières sont des conditions de type objectif pour la conduite à tenir et elles s'imposent comme telles sans réserver aucune part d'appréciation à la prise de décision. Les secondes sont dites subjectives et leur mise en œuvre suppose qu'une appréciation de leur réalité et de leur consistance précède la prise de décision. Cette décision pourra donc dépendre de l'un des deux types de conditions ou des deux types posés simultanément. Ce jeu des conditions objectives et subjectives détermine donc la marge de manoeuvre possible dans la prise de décision et dans le même temps, la part du droit dans la régulation sociale.

Si le droit n'impose aucune règle ni aucune norme aux conduites des hommes, cette régulation repose entièrement sur d'autres règles (économiques par exemple) et d'autres normes (religieuses par exemple). A l'inverse, la règle juridique peut encadrer strictement l'exercice d'une activité mais l'on observera alors fréquemment des stratégies visant à faire appliquer d'autres règles que celles normalement applicables ou à échapper à la règle par l'obtention d'une dérogation. Entre les deux, la part du droit dans la régulation dépendra de la qualité des règles juridiques applicables et de la manière dont elles entrent en concurrence avec d'autres modes de régulation des conduites individuelles ou sociales.

Pour les incapables majeurs, les mécanismes qui aboutissent à la mise sous protection, peuvent s'analyser comme un système faisant intervenir différents acteurs aux stades successifs du processus : magistrats, médecins, gestionnaires, services sociaux, familles... Les conditions de mise sous protection posées par le droit vont donc influer sur les rapports entre les acteurs et sur le jeu de la demande de protection et de l'offre de gestion en favorisant son développement ou en le fermant, selon que les acteurs pourront ou non intervenir dans l'appréciation de ces conditions.

Ce sont ces conditions qui précisent le concept d'incapacité, forgé par le droit pour identifier, parmi les personnes supposées en situation de besoin de protection, celles qui appartiennent au groupe des incapables majeurs.

Or, et sans prendre parti ici sur la nature juridique du service de protection des incapables[7], une comparaison avec les mesures de l'aide sociale légale permet de dégager les singulières particularités du droit des incapables, du point de vue des conditions d'accès à la prestation. En effet, alors que pour la plupart des mesures d'aide sociale légale, la décision d'attribution de la prestation dépend de critères objectifs (par exemple, le revenu, l'âge, la situation de famille,...) et parfois uniquement de ce type de conditions, la décision de protection dépend toujours de critères subjectifs et parfois uniquement de ce type de conditions. Or, c'est précisément cette particularité qui élargit les possibilités d'influence d'acteurs divers dans le processus de décision qui conduit vers une mesure de tutelle : l'appréciation portée sur la réalisation des conditions subjectives est un enjeu et la structuration du champ de l'intervention des différents acteurs qui dépend de bien d'autres facteurs que la définition de l'incapacité[8], leur permet de développer des stratégies d'influence.

Sous-section 2 — *L'établissement de l'incapacité : les enjeux de la subjectivité*

Finalement, un seul élément détermine l'incapacité justifiant d'être placé sous protection et, en négatif de l'autonomie de la personne, l'article 490 l'énonce sous la forme de la cause qui *« empêche l'expression de la volonté »*. L'on admettra que *« l'impossibilité de pourvoir seul à ses intérêts »* de l'article 488 recouvre la même notion. Au sens du Code civil, il s'agit bien de l'empêchement de faire les actes juridiques et de conduire les attitudes qui révèlent « normalement » le comportement rationnel de l'individu en situation de consommateur, de propriétaire, de responsable de famille, etc.

L'établissement de l'incapacité suppose donc la référence à une norme sociale, sorte de jauge des comportements de la personne dont la protection est demandée. Cette appréciation tolère en principe des écarts mais cette tolérance sera plus ou moins grande selon le domaine dans lequel elle intervient. Très large dans le domaine des libertés publiques ou de la vie privée, elle l'est moins en matière d'actes juridiques ou de comportements économiques. L'insatisfaction peut naître d'un contrat ou d'une allocation non-optimale des ressources affectées à diverses consommations mais au-delà d'une certaine limite, l'erreur de choix met en cause la liberté individuelle ou le patrimoine. On entre alors dans l'écart jugé «anormal» parce que l'individu n'est plus à même de se gouverner seul dans les marges socialement tolérables. Il en découle une décision de protection et l'intervention publique pourrait alors s'analyser comme **une tentative de reconstruire la capacité d'autonomie du majeur**. Pour d'autres personnes, la marginalité par rapport à la norme sociale sera au contraire le fait d'un choix explicitement assumé par elles mais pas nécessairement accepté par leur entourage. Si une protection est décidée, l'intervention publique pourrait alors s'analyser comme une contestation de l'autonomie de ces personnes.

Dans tous les cas, l'appréciation portée sur les comportements de la personne suppose donc une norme de référence de ce qui relève du comportement rationnel. Il importe peu ici que la rationalité en général soit tenue pour un postulat de la nature humaine ou la rationalité économique pour un principe d'action dont la genèse se confondrait avec celle du capitalisme[8bis], et l'on admettra que le consommateur rationnel est celui qui tire de l'usage de ses revenus un maximum de satisfaction. Mais, si, *« en dehors de la condition de cohérence, il n'y a pas de critère de la rationalité des fins considérées en elles-mêmes »* ces fins étant *« des données qui diffèrent d'un individu à l'autre*[9] *»*, c'est qu'on ne peut définir de rationalité économique en soi, ni surtout de rationalité en général qui ne doivent être rapportées aux rapports internes des structures sociales d'une société[10]. De ces rapports découle une conception dominante de la rationalité collective et individuelle qu'exprime dans son domaine la règle juridique[11].

L'incapacité à la conduite rationnelle sous entendue par l'article 488 la loi de 1968, est ainsi une incapacité de l'individu à se conformer à la conception dominante de la rationalité. Le droit définit d'ailleurs deux formes de cette incapacité : l'incapacité proprement économique qui commande une protection des biens du majeur et une incapacité plus large (recouvrant certains aspects économiques) qui commande la protection de la personne.

Cette présentation permet de comprendre les décalages pouvant apparaître entre la définition juridique de l'incapacité et l'évolution de la conception dominante de la rationalité. Ainsi la notion de prodigalité ne pourrait avoir le même sens et peut-être même ne pourrait en avoir, dans une économie du don. A l'inverse, la notion d'oisiveté suppose un jugement moral sur le comportement des personnes, que tous les juges trouvent aujourd'hui vieillot ; a fortiori est-elle délicate à utiliser dans un moment du développement social ou l'inactivité économique est majoritaire au sein de la population et même dans le cycle vital de la plupart des individus.

Plus fondamentalement, la disparition de formes anciennes de rationalités restées plus longtemps à l'œuvre dans certaines zones rurales, exprime la soumission progressive des structures sociales anciennes à la rationalité des structures dominantes ou leur disparition, et livre à l'incapacité de rationalité légitime, des populations qui trouvaient autrefois leur place dans une société locale ou leur irrationnalité était mieux acceptée, soit même n'en était pas une.

La loi de 1968 fournit des éléments d'approche des situations ou le majeur se trouve dans l'impossibilité de pourvoir seul à ses intérêts. Dans un certain nombre de cas, cet empêchement sera considéré comme absolu et son constat se fera aisément mais les situations de loin les plus fréquentes mettront le juge en présence d'empêchements partiels ou intermittents. Dans ces hypothèses où l'appréciation est plus délicate, le législateur s'est préoccupé de préciser des critères et des indices. Ce constat peut ainsi résulter des causes diverses qui auront produit *« une altération des facultés personnelles »* du majeur (art. 488 al. 1). Pour le législateur, la formule recouvre aussi bien *« l'altération des facultés mentales »* (art. 490 al. 1) empêchant en elle-même l'expression de la volonté, qu'une *« altération des facultés corporelles »* (art. 490 al. 2) s'il en résulte un empêchement similaire et les causes énoncées comprennent la maladie, l'infirmité et le vieillissement (art. 490 al. 1).

Parmi les causes justifiant la mise sous protection, l'article 488 qui est le plus général dans son propos, prévoit pareillement une possibilité de protection au profit du majeur prodigue, intempérant ou oisif lorsque pour ces raisons, il *« s'expose à tomber dans le besoin ou compromet l'exécution de ses obligations familiales »* (art. 488, al. 3)[12].

De la combinaison de ces causes et de ces indices résulte le constat de l'empêchement. Mais ce constat est un jugement, suppose une appréciation mettant en œuvre la subjectivité de celui qui le porte. Il n'est pas le simple constat de réalisation d'une ou de plusieurs conditions objectives ou la comparaison d'un comportement ou d'une situation avec une règle au contenu entièrement préétabli, mais une appréciation portée sur la capacité de la personne à la « conduite rationnelle ». Une telle affirmation pose immédiatement le problème de la construction du jugement qui dépendra pour partie des subjectivités de celui qui l'émet et de ceux qui participent à son émergence.

Certainement, ce jugement dépend de l'éthique personnelle du juge et de l'ensemble des éléments sociaux intériorisés sur ce qu'est l'aptitude à la conduite rationnelle. Ces éléments sont en partie partagés par les autres intervenants dont la culture dépend aussi de facteurs qui leurs sont propres et les poussent à prendre l'initiative d'un signalement et même à influer sur la construction du jugement d'incapacité. Ces interventions diverses peuvent d'autant se manifester que le Code civil autorise la nuance dans l'appréciation de ce qui convient le mieux à la situation du majeur. En effet, le jugement décidant la mesure de protection se prononce dans le même temps sur son mode de gestion et il y a donc deux raisons pour les acteurs de faire valoir leur avis. De plus, le jugement sur l'incapacité est toujours un jugement sur le degré de cette incapacité, car la loi a défini toute une gamme de mesures de protection possibles pour que le juge choisisse la mieux adaptée à la situation du majeur.

Les appréciations qui conduisent au jugement ne sont donc pas simplement celles de l'aptitude ou de l'inaptitude à la conduite « rationnelle » car juger consiste ici à choisir parmi les degrés d'incapacité définis par le code, celui auquel correspond la situation du majeur qui va devenir ayant droit du service de protection, et parmi les modes de gestion possibles, celui qui lui conviendra le mieux. Il convient d'ajouter que, au moins théoriquement, les mesures prononcées sont susceptibles de modifications qui supposent à chaque fois de nouvelles appréciations.

C'est aussi la réalisation des conditions subjectives posées par le code qui crée l'espace dans lequel vont pouvoir s'exprimer l'ensemble des acteurs qui ont intérêt à influer sur le jugement de protection.

Ainsi, parce que l'appréciation de l'incapacité dépend des représentations sociales de ce qu'est la capacité et de la possibilité donnée aux divers intervenants, dans le processus de décision et dans la gestion de la mesure, d'influer sur le contenu de cette appréciation, l'espace ainsi ouvert par la loi présente les caractères d'un système d'acteurs dont les intérêts partiellement dépendants convergent et/ou divergent pour produire une définition légitime de l'incapacité. Leur capacité à influer sur cette définition dépend de leur position dans ce champ social, définie par le niveau de leur expertise, leur intervention dans le financement, leur poids institutionnel dans la gestion du service[13].

Section 2 : L'incapacité, défaillance de l'« homo œconomicus »

Contemporaines pour l'essentiel des débats présidant à l'instauration d'un droit libéral, les idées fondatrices de l'économie politique ont dans une large mesure conforté les positions doctrinales des juristes. En effet, dans la « mise en scène économique », au niveau conceptuel comme au niveau opérationnel un personnage essentiel intervient : l'individu. Que se passe-t-il quand il s'avère incapable de respecter correctement les règles du jeu ? Quel risque court-il ou fait-il courir au système social ? La tutelle et la curatelle peuvent être analysées comme des dispositifs permettant de retrouver ce personnage absent, dérangé ou simplement dérangeant. Dans cette quête, **la réhabilitation du personnage central** par le recours à une prothèse ou à une représentation pure et simple, c'est-à-dire à une doublure, contribue d'une certaine manière à valider ce qui demeure la norme, la règle générale. A la marge du système juridique et économique, les mesures de tutelle n'en sont pas moins indissociables de ce qui en constitue le fondement.

Dans leurs tentatives d'explication du fonctionnement des systèmes économiques, les économistes ont dû se forger une image de l'individu. L'existence de mesures de tutelle au majeur interroge inévitablement leur réflexion parce qu'elle vient troubler le paradigme fondamental auquel ils ont recours depuis la fin du dix-huitième siècle : la représentation de l'acteur du système économique et social sous la forme idéale-typique de « l'homo œconomicus ». L'enjeu paraît d'autant plus considérable que le caractère libéral des thèses développées par les fondateurs de la pensée économique place l'individu en position centrale dans leur construction théorique (sous-section 1).

Comme dans le domaine du droit, l'atteinte portée à la liberté d'un individu présente un caractère paradoxal. L'exercice de cette liberté se traduit dans la participation de l'individu au circuit économique.

Dans une société fondée sur les rapports contractuels régulés par le marché et par la loi, l'individu autonome doit être apte à formuler des choix et à entreprendre les actes conduisant à leur accomplissement. L'analyse des conditions dans lesquelles le choix peut être réalisé permet d'une part, de préciser les savoir-faire que l'individu doit être capable de maîtriser et d'autre part, de définir une situation individuelle optimale (sous-section 2).

Sous-section 1 — *Le modèle idéal de l'« homo œconomicus »*

La réflexion des économistes classiques de la fin du 18e siècle s'est inscrite dans un mouvement plus large, philosophique, juridique et politique, d'émancipation de l'individu. Leur apport spécifique a consisté pour l'essentiel à démontrer que les effets attendus de l'exercice de la liberté individuelle, élevée au rang de qualité naturelle, pouvaient conduire à un optimum économique et social, à la condition expresse que la « loi économique », entendue au sens de loi du marché concurrentiel, soit respectée. En effet, ainsi régulés les comportements individuels devaient perdre leur caractère anarchique et tout devait se passer, selon la célèbre expression d'Adam SMITH, comme si, guidés par une «main invisible », les individus accomplissaient des fins n'entrant pas nécessairement dans leurs intentions. En centrant le débat sur les conditions de fonctionnement de l'environnement (règles du droit des actes civils, conditions de la concurrence) au sein desquels se déroule la vie des individus, la problématique libérale a eu tendance à évacuer les difficultés qui peuvent surgir du fait même d'une altération dans le processus interne de la décision.

Considéré à la fois comme une norme souhaitable de l'organisation sociale, du fait de sa conformité avec l'ordre naturel mais également pour des raisons d'efficience, et comme un parti pris méthodologique nécessaire pour parvenir à la compréhension des phénomènes économiques et sociaux, l'individualisme philosophique et méthodologique des économistes libéraux met en scène un personnage central idéal : l'individu. Il s'agit là d'un concept, d'un homme abstrait tel que les économistes l'imaginent et le schématisent : **l'« homo œconomicus».** Cet être imaginaire est conçu avant tout comme un « centre de décision » qui utilise les diverses possibilités offertes par son environnement pour satisfaire au mieux ses besoins et ses intérêts, compte tenu des contraintes qu'il subit. Il s'agit là du « noyau dur » de la théorie de « l'homo œconomicus[14] ». Deux hypothèses constituent l'ossature de ce portrait schématique[15] :

- l'individu, qui est le mieux placé pour connaître ses préférences, est enclin à les suivre d'une part ;
- face à la rareté des ressources disponibles, l'individu a un comportement rationnel, c'est-à-dire qu'il y a cohérence entre les objectifs qu'il entend poursuivre, les choix qu'il fait et les actions qu'il entreprend d'autre part.

La conjonction de ces deux hypothèses est fréquemment résumée dans l'idée selon laquelle l'individu agit en fonction de son intérêt personnel. Ainsi, doté d'un critère de choix hédoniste, l'« homo œconomicus » s'anime dans le système économique.

Les auteurs critiques à l'égard de cette optique rationaliste, n'ont guère eu de difficulté à souligner l'irréalisme d'une décision conçue comme un choix de l'acteur **dans une pleine conscience** entre toutes les alternatives possibles en vue de maximiser ses avantages[16]. Pourtant, il serait inexact d'affirmer que les économistes ne prennent en compte que les mobiles économiques et les éléments mesurables. En effet, ceux-ci n'excluent nullement, ni les facteurs subjectifs, ni les intérêts non pécuniaires, ni même les aspects symboliques du comportement humain, même s'il est vrai qu'ils n'essaient pas d'expliquer la formation des préférences subjectives ni le rôle que l'inconscient peut y jouer. Dans la division du travail scientifique cette tâche est confiée à d'autres disciplines. Ils sont donc conduits à considérer que les objectifs manifestés par les individus correspondent à leurs préférences subjectives, celles-ci étant considérées comme « exogènes[17] » dans l'analyse économique. A la psychosociologie, à la psychanalyse ou à l'anthropologie le soin d'analyser **les éléments subjectifs relatifs à l'individu** qui influencent les choix ou qui viennent parfois les perturber, éléments qui sont susceptibles de dépendre de facteurs objectifs ; à l'économie le soin d'analyser précisément l'influence de certains **des éléments objectifs**

relatifs au contexte du choix (variables réelles comme la contrainte de revenu ou les prix, et variables virtuelles comme les coûts d'opportunité) et d'intégrer dans ses raisonnements les effets des variations des préférences subjectives sans pouvoir en expliquer l'origine.

Etant donné sa fonction théorique spécifique, l'aspect réducteur de « l'homme économique » ne saurait surprendre. En effet, par rapport à l'individu réel, les différences qu'il manifeste s'éclairent seulement si l'on admet qu'il ne s'agit que d'une position théorique concernant un concept d'être abstrait dont il faut surtout discuter les performances en tant que pièce maîtresse dans la théorie économique. Campés sur cette position théorique, certains économistes écartent l'idée selon laquelle il conviendrait de juger de la pertinence de leur modèle à partir d'un unique critère de vraisemblance. A l'instar de Milton FRIEDMAN, ils considèrent que la validité d'un modèle ne se juge qu'à partir de son aptitude à prévoir la réalité indépendamment de la vérification des hypothèses particulières sur lesquelles il repose. Les débats se sont principalement attachés à préciser la signification et le contenu même de la rationalité des acteurs économiques[18]. Sans trancher ici ces débats épistémologiques très complexes, nous nous contenterons d'admettre que le modèle de «l'homo oeconomicus » permet d'expliciter dans un grand nombre de cas les variables susceptibles d'influer sur un comportement rationnel et le sens dans lequel celles-ci peuvent agir, sa fonction principale n'étant pas de produire une image la plus fidèle possible de l'individu ni même une copie conforme du processus individuel de décision.

Fabriqué pour l'explication scientifique, le concept d'« homo-œconomicus » n'en n'est pas moins également le support d'une norme implicite[19]. Cet aspect de la production scientifique ne doit pas nécessairement être considéré comme un facteur troublant la démarche scientifique comme le suggère H. ATLAN *« un normatif quel qu'il soit, associé à une méthode de connaissance et se heurtant éventuellement aux productions de celle-ci, peut l'ouvrir et lui permettre d'évoluer dans des désorganisations cognitives suivies de réorganisations incessantes*[20] *»*. C'est pourquoi il n'est jamais inutile de confronter dans une démarche interactive, le modèle à la réalité et à ses multiples variations y compris les plus paradoxales[21]. Tel est l'un des objets de cette étude : contribuer aussi modestement que ce soit à une réflexion susceptible, en effet, non seulement éclairer l'analyse des motifs d'une intervention tutélaire pour un individu mais aussi de favoriser une interrogation réflexive[22] portant sur le modèle lui-même.

Sous-section 2 — *L' « homo œconomicus » face au choix.*

Le modèle de l'« homo œconomicus » est construit pour servir d'acteur, d'agent dans le système économique. S'il faut le concevoir avant tout comme un centre de décision c'est parce qu'il se trouve face à diverses alternatives. Il peut produire, ne pas produire, travailler ou conserver du temps libre, consommer ou épargner, acheter tel produit plutôt que tel autre, placer son capital sous telle ou telle forme, rester dans la légalité ou s'engager dans des activités illégales, etc. ; la liste est longue des choix qui s'offrent à l'individu. Dans cette présentation générale, il n'est pas nécessaire de se livrer à un développement détaillé de ces différents types de choix (choix intertemporels, attitude vis à vis du risque, arbitrage travail marchand-production-domestique-loisir, etc.). Nous n'examinerons qu'un choix simple dans le domaine de la consommation. Une telle option se justifie non seulement pour des raisons de simplicité mais aussi parce qu'une grande partie des problèmes des majeurs protégés concernent les conditions même de leur vie quotidienne. En outre, l'analyse présentée peut être étendue, sans notables changements, à l'étude de la gestion patrimoniale ou à d'autres types de choix plus complexes.

Le modèle du consommateur tel que l'économiste se l'imagine est présenté dans le schéma 1. Celui-ci montre comment la satisfaction des besoins de l'individu dépend à la fois de ses caractéristiques personnelles et des caractéristiques de son environnement. Les goûts de l'individu, la hiérarchie qu'il établit entre ses différents désirs vont déterminer ses préférences et orienter ses décisions en matière d'affectation du revenu. L'hypothèse forte des économistes en matière de choix individuels est la transitivité des préférences sur l'espace des choix possibles[23].

Toutefois, dans ses décisions l'individu ne peut pas prendre en compte uniquement ses préférences ; il doit aussi **respecter un ensemble de contraintes qui lui sont propres** même si elles lui sont imposées par l'ordre social. L'ensemble de ses droits de propriété et de ses obligations juridiques, c'est-à-dire l'ensemble de ses droits sur les biens et de ses droits ou obligations à pension, à allocation, définit le champ des choix réalisables et solvables compte tenu de la réglementation en vigueur et de l'état des marchés (existence de phénomènes de rationnement, niveau des prix relatifs, etc.) sur lesquels il est susceptible d'intervenir comme acheteur ou vendeur.

Schéma 1 : Le modèle de l'« homo œconomicus » agent économique

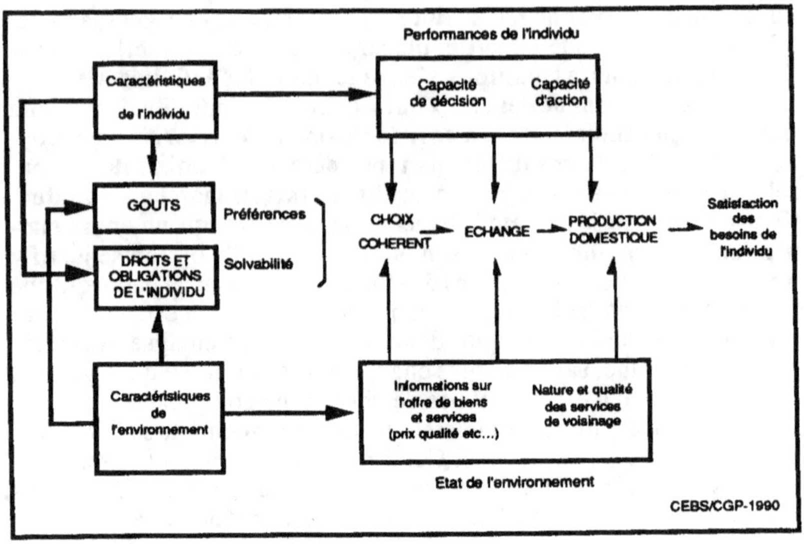

A côté de ces données de contexte et de ses caractéristiques personnelles en matière de goût, **les aptitudes de l'individu** vont aussi jouer un rôle important dans les processus conduisant à la satisfaction des besoins. Un individu est en effet capable de décider et de formuler un choix cohérent, non seulement s'il dispose des informations internes (préférences, solvabilité) et externes (offre disponible, qualité, prix) mais surtout s'il sait les traiter. Jusqu'à ce point il y a accord entre les économistes mais les divergences sont fondamentales au-delà. Ainsi il est fréquent d'opposer l'approche de la rationalité « limitée » à l'approche économique néo-classique. Dans la mesure où le fondateur de la première conception définit ses théories comme *« celles qui incorporent des contraintes sur la capacité de l'acteur à traiter l'information »*[24], cette approche qui souligne l'importance des contraintes internes à l'acteur paraît bien adaptée à l'analyse de la situation des majeurs protégés. Pourtant, sans avoir la prétention d'appliquer la « méthode zéro »[25], une présentation classique, plus pédagogique et plus commode pour l'exposé, a été préférée ici. Le traitement du problème posé à l'individu qui sert alors habituellement de référence est illustré dans la figure 1 pour un choix élémentaire dans le domaine de la consommation.

Figure 1 : Le choix élémentaire du consommateur

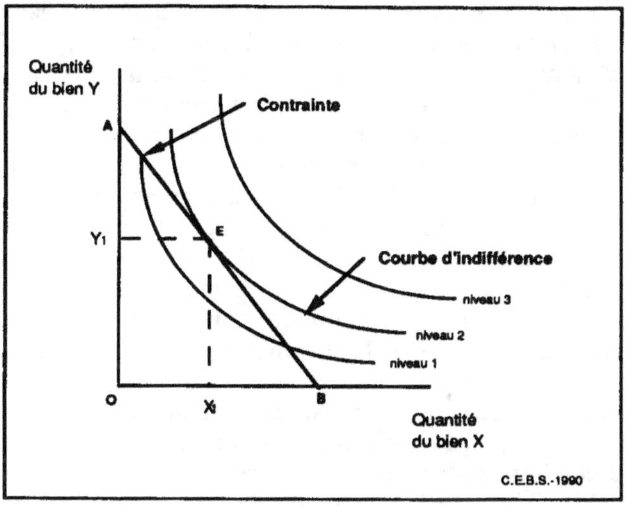

En l'absence de saturation, l'individu préfère toujours une situation (dans la figure : un point) située au-dessus de et à gauche. Il préfère donc les situations représentées par la courbe d'indifférence niveau 3 à celles représentées par la courbe d'indifférence niveau 2 et a fortiori niveau 1. Dans cette figure, l'hypothèse d'une recherche de l'intérêt personnel se traduit donc par la volonté de l'individu de s'éloigner, autant que faire se peut, de l'origine du graphique : le point O.

Il est contraint cependant par des ressources budgétaires limitées. Sous certaines hypothèses (constance des prix relatifs des termes de l'alternative) cette contrainte prend la forme d'une droite (la droite AB dans la figure). Dans ces conditions contraintes qui se trouvent au fondement même de la réflexion économique, l'individu se voit dans l'impossibilité d'obtenir un « panier de biens » dont la position serait située au-dessus et à droite de cette droite ; ses moyens budgétaires le lui interdisent[26]. Dans ces conditions la meilleure solution à ses yeux, se trouve au point de tangence de l'une de ses courbes d'indifférence avec la contrainte, c'est-à-dire au point E. La consommation d'une quantité X_1 du bien X et d'une quantité Y_1 du bien Y correspond à son programme optimal de consommation[27].

La formulation d'un choix optimal ou simplement satisfaisant n'est encore qu'une étape du processus qui doit conduire à la satisfaction des préférences de l'individu. Il faut aussi que son choix se traduise en actes. L'individu doit effectuer les diverses opérations d'échange correspondant à son programme optimal. Les aptitudes relationnelles et, particulièrement dans une société marchande, ses aptitudes aux relations contractuelles doivent être mobilisées. Même si ces opérations d'échange sont menées à bien, la satisfaction des préférences de l'individu n'est pas encore accomplie. En effet, comme l'a souligné G.S. BECKER[28], la consommation suppose presque toujours le complément d'une production domestique qui met encore à l'épreuve ses aptitudes ou à défaut la performance des services de voisinage qui l'environnent. Ce dernier point met en évidence **le caractère relatif des incapacités effectives de l'individu.** Le contexte de sa vie quotidienne (conditions matérielles, lieu de vie, entourage, etc.) est parfois aussi important que ses caractéristiques intrinsèques pour déterminer le champ de ce qui lui est nécessaire et possible ou non.

Telle est la structure générale du modèle de référence utilisé habituellement par les économistes. Avec cet outil d'analyse, ils tentent d'éclairer non seulement les choix en matière d'alimentation, d'habillement, de logement ou de loisirs mais aussi l'arbitrage entre le temps de travail et le temps de loisir, entre l'épargne, l'endettement et la consommation, entre activité légale ou illégale et bien sûr, les choix en matière d'affectation du patrimoine. Même si son domaine d'application est large, l'économie ne saurait évidemment prétendre à l'explication complète de tels choix. Elle a seulement pour fonction particulière la mise en évidence de l'influence de certaines variables spécifiques (prix, taux d'intérêt, coût réel ou d'opportunité, revenu, patrimoine, etc.). C'est un usage original du modèle de l'« homo œconomicus » que nous allons envisager maintenant puisque nous le placerons dans un véritable contre emploi, afin d'examiner ce qu'il peut nous apprendre sur les différentes raisons pouvant engendrer une incapacité économique et juridique de l'individu et fonder ainsi les interventions de la puissance publique.

Section 3 : Les fondements de l'intervention sociale en matière tutélaire

Dans la mesure où l'individu dispose des capacités requises et s'il fait face à un environnement respectant certaines règles (concurrence loyale, égalité d'accès aux services publics, etc.), on peut raisonnablement espérer que ses choix et ses actes le mènent vers la satisfaction de ses besoins tels qu'il entend les hiérarchiser et compte tenu de sa solvabilité. Dans l'hypothèse inverse, la qualité de la décision devient un problème et les conditions d'existence de l'individu peuvent se trouver menacées à court ou à moyen terme. Vues sous cet angle, la curatelle et la tutelle au majeur protégé s'interprètent comme un complément (assistance, conseil) ou comme un substitut (représentation) à un processus de décision autonome défaillant. A priori, plusieurs formes d'inaptitudes, éventuellement cumulables mais non hiérarchisées, peuvent survenir et empêcher l'individu de réaliser son programme optimal de consommation (sous-section 1). Ainsi, sont précisées les raisons et les fonctions des interventions de la puissance publique (sous-section 2).

Sous-section 1 — Des défaillances aux formes diverses

§ 1 — L'incapacité à décider

C'est la première hypothèse que l'on doit envisager. En effet, il arrive parfois que les fonctions de l'individu soient tellement atteintes qu'il se trouve dans l'impossibilité absolue de communiquer avec son environnement et par conséquent d'exprimer la moindre décision. L'altération des facultés mentales (démence) et des facultés corporelles (aphasie, hémiplégie, paralysie, état comateux, etc.) plonge la personne dans une situation où l'expression de sa volonté devient impossible. « L'individu rationnel » en ce qu'il est défini comme un centre de décision n'existe plus. Un substitut ou une représentation doit être envisagé si l'on accepte par ailleurs une forme de solidarité sociale qui garantit leur existence aux individus. Dans la figure 1, si son choix n'existe pas et en l'absence de mécanisme d'assistance, l'individu se trouve au point O ce qui signifie qu'il n'intervient plus sur aucun marché. Incapable de vivre en autarcie, il disparaîtrait de la scène économique.

D'une certaine manière, **l'incapacité dans la production domestique** peut conduire au même problème et interdire à l'individu la satisfaction de ses besoins. Cette inaptitude ne ressort pas vraiment d'une tutelle mais plutôt de services de voisinage surtout lorsqu'elle concerne des handicapés physiques. Toutefois, elle se trouve parfois associée aux autres incapacités, en particulier quand sont atteintes les capacités mentales à organiser les actes simples de la vie quotidienne. La mesure de protection doit donc souvent être complétée par la mise en oeuvre à domicile, en famille d'accueil ou en établissement (maisons d'accueil spécialisées, maisons de retraite, longs séjours) d'autres services nécessaires à l'accompagnement du majeur. Lorsqu'il n'y a que des incapacités physiques mais que la personne conserve toutes ses capacités de choix, une mesure de protection dans le cadre d'un régime d'incapacité ne s'impose pas. Pourtant, l'on conçoit qu'il puisse être souhaitable de dissocier les fonctions d'accueil ou de soin des fonctions de conseil ou d'assistance dans le domaine économique. C'est pourquoi, il ne faut pas exclure l'existence de mesures de protection, sans doute inadaptées, dans de telles circonstances.

Il en va de même pour **l'incapacité à la réalisation de l'échange.** Même si son choix est cohérent, l'individu peut se trouver incapable de réaliser correctement l'échange. Sans doute convient-il de distinguer les incapacités physiques (insuffisante mobilité, expression difficile ou impossible, mémoire défaillante, etc.) et les problèmes comportementaux qui se traduisent dans un non-respect des règles du jeu économique et social (règles administratives ou fiscales, échéances diverses, etc.). Les difficultés relationnelles ou la peur, l'absence de maîtrise du temps ou des contraintes de la vie sociale, rendent parfois aléatoires l'exécution de choix éventuellement bien établis en regard des préférences de l'individu.

§ 2 — La vulnérabilité économique

L'analyse économique n'exclut pas les comportements en marge de la législation et pas davantage les actes déloyaux. Des personnes incapables de se défendre, facilement influençables ou simplement mal informées ne sont pas toujours en mesure de résister aux pressions d'un autre agent économique. Leurs choix risquent alors de ne plus refléter fidèlement leur échelle personnelle de préférence et peuvent même à la limite s'avérer contraires à leurs intérêts. Les effets redoutables que peut avoir une procuration « mal attribuée », la méconnaissance des prix en vigueur, peuvent offrir à d'autres agents économiques des possibilités de transactions particulièrement avantageuses. La spoliation, le vol, le racket peuvent enfin interdire à la personne d'atteindre son programme optimal. Dans toutes ces situations l'individu n'obtient pas des ressources dont il dispose le niveau de satisfaction qu'il pourrait atteindre.

Figure 2 : Les effets de la spoliation de l'individu

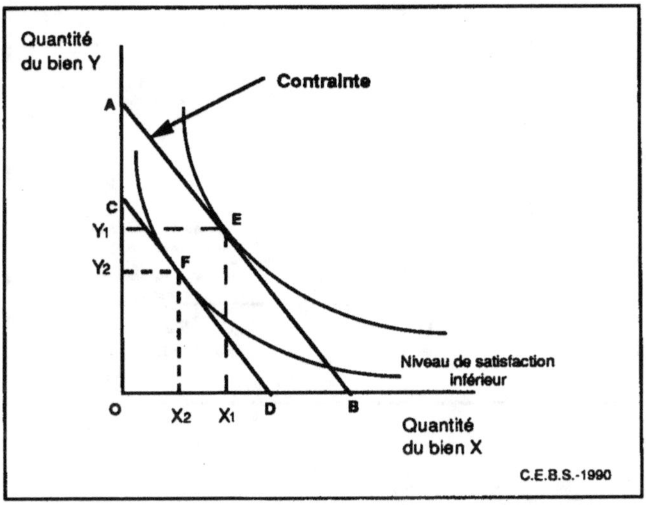

La figure 2 représente une situation où une partie des ressources de l'individu sont détournées. Sa nouvelle contrainte devient la droite CD. L'individu doit se contenter d'un programme de consommation moins intéressant correspondant au point F sur la figure. Il y consomme en effet, une quantité plus faible de chacun des deux biens.

La figure 3 décrit une autre situation où l'individu utilise bien la totalité de ses ressources mais le choix qu'il accepte (le point G) n'est pas le plus intéressant pour lui. Il consomme alors une trop grande quantité du bien X mais une trop faible quantité de l'autre.

§ 3 — L'incapacité dans le traitement des informations utiles

Une mémoire défaillante, une mauvaise appréciation de la contrainte budgétaire ou une difficulté à comparer les prix et les qualités des biens et des services offerts conduisent l'individu vers des choix qui ne sont pas satisfaisants en regard de ses besoins et de ses intérêts.

Figure 3 : Les effets de la vulnérabilité de l'individu

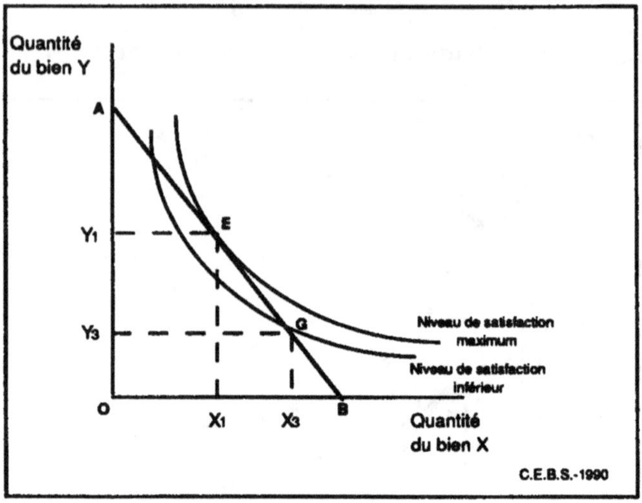

Figure 4 : Le dépassement de la contrainte

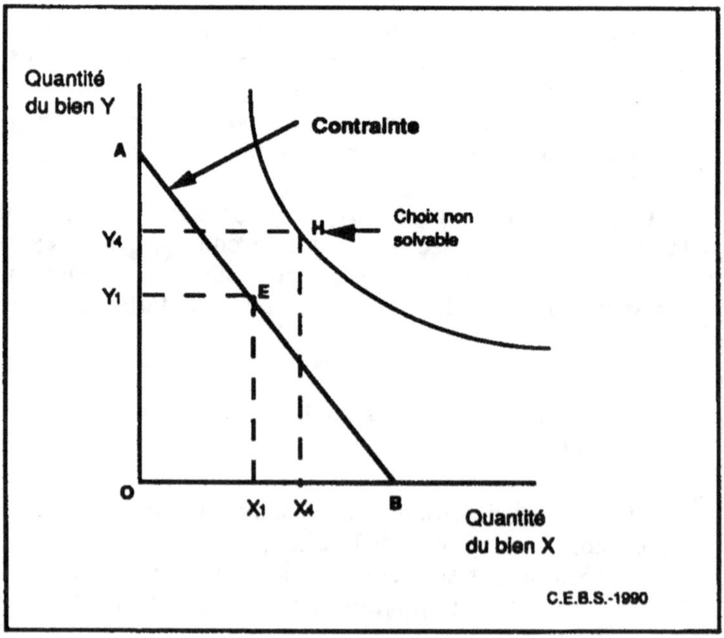

S'appuyant sur des informations insuffisantes, erronées ou mal analysées, la personne apprécie mal les effets de ses choix (taille inadaptée, achats en double ou inappropriés, incompatibilité technique, effets externes non anticipés, méconnaissance des prix du marché, etc.). Dans ce cas, les modalités particulières et concrètes de réalisation du choix de l'individu sont mises en cause, mais pas le principe même de son choix ni l'échelle des préférences sur laquelle il est fondé. L'individu peut alors se retrouver dans l'une des deux situations décrites dans les figures 2 et 3.

Mais un autre cas peut aussi se présenter lorsque l'individu dépasse sa contrainte. Il n'est plus solvable et risque alors un surendettement. La figure 4 illustre cette situation. Le programme de consommation choisi, c'est à dire les quantités X_4 et Y_4 est peut-être satisfaisant mais l'individu n'est pas en mesure d'en assumer le coût. On aurait tort toutefois d'interpréter ces situations d'endettement uniquement en termes de mauvaise appréciation de la contrainte et de culpabilité individuelle. Des circonstances imprévues et parfois difficilement prévisibles, mal assurées et parfois les mécanismes de la protection sociale eux-mêmes, peuvent conduire à ces situations inextricables.

§ 4 — La déviance dans l'expression des besoins

Dans cette hypothèse c'est le contenu des choix de l'individu qui est en jeu. C'est la déviance de ses préférences par rapport à une norme sociale qui peut motiver une intervention. Plusieurs cas de figures peuvent correspondre à cette situation. Ainsi, l'individu peut être parfaitement capable de prendre une décision mais celle-ci le conduit à de « mauvais » choix parce qu'il néglige ses besoins ou ses obligations à plus ou moins brève échéance ou parce que la maladie elle-même vient perturber son échelle de choix habituelle. Dans un certain nombre de situations, il faut prendre un horizon temporel plus long pour juger du choix. Il peut y avoir, en effet, interaction entre les choix faits par la personne à un moment donné et sa capacité de décision ultérieure. Songeons par exemple, à certaines consommations de drogues ou de boissons alcooliques, ou encore à la passion du jeu, qui peuvent conduire à la dépendance et à de nouvelles formes de défaillance dans la capacité à décider. Dans ce cas, c'est le programme optimal de consommation de l'individu qui est contesté.

Figure 5 : La déviance des choix

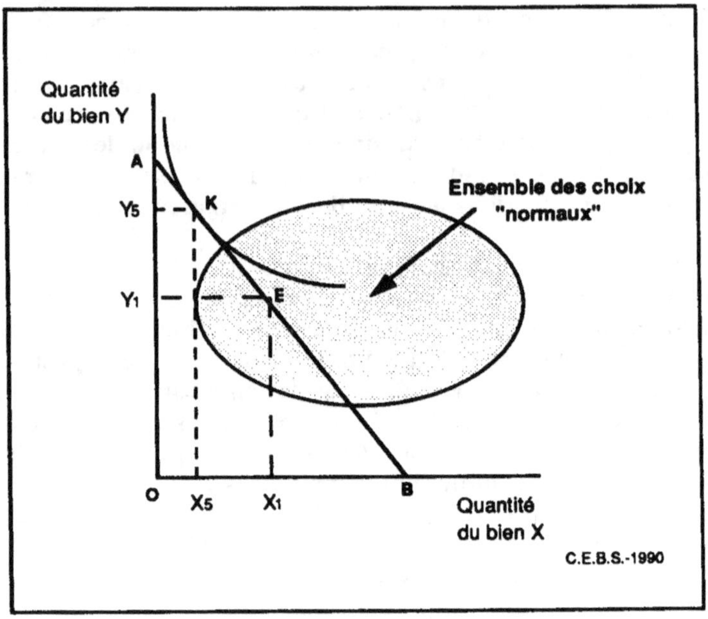

Dans la figure 5, le point K correspond à la combinaison des quantités des biens X et Y qui a la faveur de l'individu ; mais la société considère qu'il consomme trop en ce qui concerne le bien Y et pas suffisamment en ce qui concerne l'autre bien. La tutelle apparaît alors comme une contrainte pour ramener l'individu vers des programmes de consommation dits « normaux » mais non optimaux comme le point E.

§ 5 — Les choix interdits

Si nous n'ajoutions pas ce cas de figure un peu étrange, notre présentation serait incomplète. Il arrive, en effet, que l'individu ne puisse accéder à la consommation d'un bien ou d'un service qu'à la condition qu'il accepte une mesure de tutelle. Une telle situation se produit, en règle générale dans des relations contractuelles ayant des effets sur une période assez longue (contrat de location, entrée en établissement, arrangement amiable pour la renégociation de dettes, etc.). Le bailleur ou le créancier n'est pas assuré de la solvabilité future de son client. Il attend de la tutelle une garantie supplémentaire quant à l'exécution du contrat. Si l'on suppose, par exemple, que le bien interdit est le bien X, l'individu malgré ses préférences, malgré son revenu ne peut obtenir qu'un programme de consommation correspondant au point A dans la figure 5. Sa satisfaction est alors tellement réduite qu'il peut préférer les inconvénients de l'incapacité pour se rapprocher d'un programme de consommation optimale.

L'analyse économique appliquée à l'étude de l'incapacité économique permet d'élaborer une classification des différents cas de figures qui peuvent compromettre l'inscription normale de l'individu dans une société marchande. Elle donne déjà une idée du large faisceau des circonstances qui risquent d'amener un individu vers une mesure de protection. Cette typologie n'est sans doute pas plus opérationnelle que d'autres réalisées à partir de critères médicaux ou juridiques[29], mais elle peut servir utilement à interroger les pratiques dans le domaine de la protection des personnes dites « incapables majeurs », tant en ce qui concerne leur bien-fondé et leur efficacité, qu'en ce qui concerne les ressources qui leur sont consacrées et les fonctions qu'elles doivent remplir.

Sous-section 2 — *Des défaillances qui justifient l'intervention de la puissance publique*

L'analyse développée précédemment met en évidence le caractère relatif des situations d'incapacité qui peuvent motiver une intervention (§ 1), en même temps qu'elle éclaire les raisons économiques qui fondent celle-ci (§ 2).

§ 1 — La relativité des « facteurs » d'incapacité

Ainsi, à l'instar du phénomène bien connu dans le domaine des handicaps physiques, le seuil d'entrée en situation d'incapacité « économique » dépend autant des caractéristiques de l'environnement de la personne que de ses caractéristiques propres. Comme nous le pressentions, la situation de l'« homo œconomicus » défaillant renvoie vers un certain nombre d'interrogations quant au fonctionnement même de la société.

En effet, **le degré d'organisation de la société et la solidité des réseaux sociaux** peuvent remédier efficacement à certains handicaps physiques. La qualité des mesures générales de protection et d'information des consommateurs ou des épargnants et l'efficacité du système éducatif dans la préparation à la vie sociale, constituent aussi des facteurs favorables à la prévention d'un certain nombre de difficultés individuelles.

Les seuils de tolérance à la déviance ou encore les effets discriminatoires sur certains marchés exercent une influence qui, pour être plus subtile, n'en est pas moins réelle pour autant. Par exemple, certains groupes de locataires (avec de faibles ressources, en situation précaire, etc.) subissent parfois des discriminations qui se traduisent, par le jeu des mécanismes de marché, en des « surloyers », faisant peut-être fonction de prime de risque ou jouant le rôle de barrières à l'entrée, mais en toute hypothèse, difficiles à supporter financièrement par les intéressés. Certaines clientèles « à risque » se voient parfois écartées du marché du logement, quand bien même il serait social. Parfois des personnes doivent accepter l'adhésion à une mutuelle, un suivi budgétaire rapproché et même éventuellement un suivi social[1] pour vaincre les réticences de certains bailleurs. Seule une mesure de tutelle ou de curatelle a parfois les vertus d'un vrai « sésame ».

Dans d'autres cas, des enjeux économiques, des préoccupations morales et des représentations symboliques peuvent intervenir de manière complexe. Si certaines études américaines ont montré qu'aux yeux de leurs bénéficiaires tous les dollars n'avaient effectivement pas la même valeur (en raison de ce qu'il est convenu d'appeler l'effet de stigmate, c'est-à-dire l'effet de marquage social attaché à certaines formes d'aides publiques), il faut bien admettre qu'il s'agit aussi d'une conception également partagée par la société dans son ensemble. Ainsi, **le degré de liberté d'un individu** dans l'affectation de son revenu, pourra varier selon la nature de celui-ci (salaire, profit, pensions d'invalidité ou de vieillesse, AAH, RMI, etc.). Cette remarque va de soi pour des prestations en nature ; elle est compréhensible mais déjà délicate, pour des prestations affectées (allocations familiales par exemple) ; elle devient véritablement étonnante pour des prestations en espèces.

Figure 6 : La possibilité d'un conflit entre le majeur et son tuteur

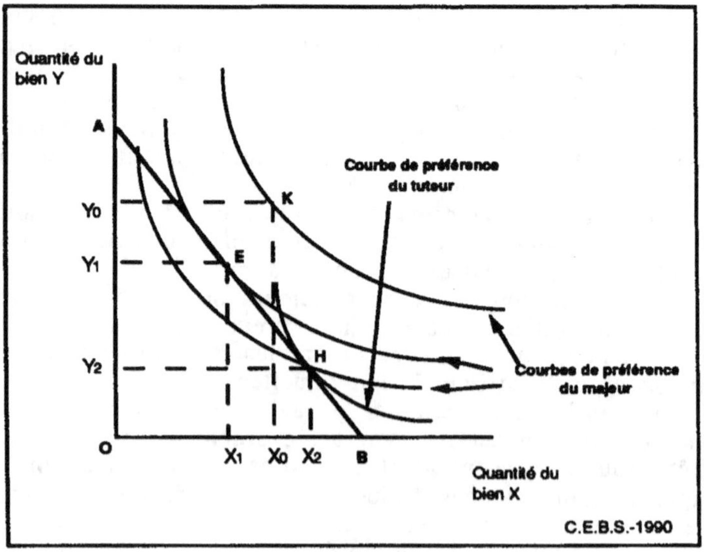

Cette remarque révèle le caractère ambivalent de la mesure de tutelle ou de curatelle. En effet, s'il s'agit bien d'une mesure de protection quand la fonction principale de la mesure est d'éviter la détérioration de la situation de la personne en écartant la menace de la spoliation et en éliminant le risque de décisions inadaptées, **il en va tout autrement quand ce sont les préférences de la personne protégée qui sont mises en question**. La figure 6 décrit par exemple la situation d'un majeur qui ne respecte pas sa contrainte budgétaire. Ses décisions le conduisent au point K (X_0,Y_0) avec un programme de consommation dont le coût excessif par rapport aux ressources peut justifier une intervention tutélaire. Dans la mesure où le juge a connaissance des goûts de la personne protégée, il peut entériner un choix rationnel respectant les préférences de l'individu et ses possibilités financières. Le point E représente un tel choix. Mais le tuteur, parce qu'il dispose d'autres éléments d'information ou simplement parce qu'il projette ses propres normes, a une représentation de ce qui peut être préférable pour l'individu (courbe de préférence du tuteur). Il risque alors de vouloir imposer au majeur un programme de consommation (X_2 Y_2) correspondant au point H que ce dernier trouve non optimal. Un conflit peut naître que le juge peut être amené à trancher.

En réanimant l'ancienne catégorie des prodigues et en l'étendant aux comportements d'intempérance et d'oisiveté, le législateur a voulu, selon les termes de M. PLEVEN, *« éviter qu'un individu, par son comportement, ne devienne une charge pour sa famille ou pour la société, ou encore qu'au mépris de ses obligations, il cesse de subvenir aux besoins des siens »*[31]. Ce faisant, le texte de la loi de 1968 qui définit en France les régimes *d'« incapacité-protection »*[33] a élargi sensiblement la population qu'il fallait protéger en glissant de l'altération des facultés à la déviance du comportement et en établissant *« un passage subtil entre comportement de la personne et équilibre obligations sociales-ressources financières»*[33]. L'hypothèse d'une fonction normalisante de certaines mesures de tutelle ou de curatelle, doit donc être envisagée comme l'une des finalités poursuivies à travers l'intervention. Néanmoins ce n'est pas la seule raison qui justifie l'action de la collectivité dans ce domaine.

§ 2 — Les raisons de l'intervention publique

Fondamentalement, d'un point de vue économique, l'existence d'agents défaillants pose la question de l'optimum social. En effet, s'il existe de tels acteurs dans le système, la probabilité pour qu'un optimum de PARETO[34] survienne est certainement réduite. L'existence d'un tel écart relativement à l'optimum, peut justifier une intervention publique. Les considérations, habituellement avancées, sont de deux ordres : celui de l'efficience et celui de l'équité.

En ce qui concerne le premier critère, il est clair que la défaillance de l'« homo œconomicus » risque d'amener celui-ci dans des situations inefficientes. Or, personne ne gagne rien, quand les marchés concurrentiels sont équilibrés, à ce qu'un acheteur fasse un achat inadapté. L'annulation d'un tel acte, la correction du programme de consommation d'épargne ou de production de l'individu défaillant, améliorent sa situation sans nécessairement détériorer celle d'un autre agent économique.

En outre, les interdépendances entre les situations individuelles ne s'exercent pas seulement dans le cadre des rapports contractuels intervenant sur les marchés. Les économistes parlent volontiers d'**effets externes** pour traduire cet aspect de la réalité. Lorsqu'un agent économique n'entretient pas correctement un immeuble dont il est propriétaire, cela porte atteinte à la valeur de son capital mais cela peut aussi engendrer des nuisances esthétiques pour ses voisins voire même, si l'immeuble devient dangereux, augmenter les risques auxquels ils sont soumis. Dans ce cas l'intervention tutélaire peut améliorer non seulement la situation du majeur protégé mais également celle de ses voisins.

Plus généralement, si le destinataire direct de la règle de droit est l'agent juridique auquel elle autorise un comportement, cette règle est aussi indirectement la source de droit pour les autres acteurs. En effet, *« le type de comportement qu'elle impose à une catégorie de personnes constitue pour toutes les autres une précision sur laquelle il leur appartient de régler leurs propres actes »*[35]. La mesure de tutelle dans cette perspective viendrait supprimer un type d'effets externes particuliers, en réduisant l'incertitude associée au comportement imprévisible ou hors des normes d'un agent.

Au second niveau, l'hypothèse est fréquemment faite que les satisfactions des individus sont également interdépendantes. Autrement dit, tous les individus ne sont pas complètement indifférents au sort des autres. Le fait qu'un individu se trouve en situation difficile ou qu'il soit sans défense face à des spoliations est mal vécu non seulement par l'intéressé mais aussi par d'autres personnes (membres de sa famille, amis, voisins, etc.). Si cette hypothèse est vérifiée, le recours à la mesure de tutelle s'il est à la charge de ceux qui se sentent concernés, peut être optimal au sens parétien et conduire à une amélioration de la situation des acteurs. Pourtant, le contexte n'est pas toujours aussi favorable. Ainsi, lorsqu'un individu profite de la faiblesse d'un autre, il est clair que l'intervention tutélaire risque fort de détériorer la situation du premier. Il arrive aussi qu'un agent économique de bonne foi ait profité sans le savoir de la défaillance d'un acteur. L'annulation de tels actes ne peut pas toujours donner lieu à une réparation satisfaisante. Ces situations conduisent à des distorsions dans les prix relatifs, à des écarts dans les sanctions et les récompenses reçues par les agents économiques, et à une augmentation des risques dont on peut déjà démontrer l'inefficience sur le plan de la distribution. Mais l'économiste utilise généralement un autre argument en s'appuyant sur une forme particulière du principe d'équité : « l'équité verticale »[36] c'est à dire un traitement inégal adapté à des personnes placées dans des situations inégales. Cette position théorique ouvre alors la voie à des discriminations positives. Il ne fait guère de doute qu'il s'agit là d'un des leviers les plus puissants du développement récent de l'Etat-providence. Charles WOLF Jr. en voit la preuve dans *« l'accroissement du nombre des organismes et de la législation visant à accorder une protection ou un traitement préférentiel aux groupes considérés comme particulièrement vulnérables ou défavorisés, à cause de l'âge, de handicaps, de la race ou du sexe »*[37]. Défini d'une telle manière, le champ de l'intervention de l'Etat pourrait être sans limite...

Quelques observations peuvent être formulées au terme de ce chapitre où nous avons soumis la question de la tutelle au regard du juriste et de l'économiste.

L'hypothèse selon laquelle la tutelle est un remède à la défaillance de l'homme en tant qu'agent économique semble pouvoir être intéressante à un double point de vue. **Au niveau de la société** d'abord, au prix d'une dérogation aux règles de droit commun et grâce au secours d'une assistance ou d'une représentation, la mesure de tutelle permet la réinscription dans le champ économique d'individus défaillants ou simplement déviants. L'explication rejoint alors celle suggérée par Mme BUCHER-THIZON qui voit dans la loi de 1968 la confirmation de *« l'exigence contemporaine absolue d'inscription active dans les circuits économiques »*[38]. En d'autres termes, la tutelle ne serait qu'une illustration particulière d'une conception qui voit dans les institutions de droit aussi *« un moyen parmi d'autres par lequel la société fait prendre en compte par les individus le contexte de bénéfices et de coûts où ils opèrent »*[39]. Néanmoins, ce premier aspect n'épuise pas la signification que l'on peut donner à la tutelle. **Au niveau de l'individu** en effet, la mesure de tutelle se présente aussi comme une prestation de service offerte (pas toujours à titre gracieux) pour réparer une incapacité de gestion et, simultanément, comme un protocole de marquage symbolique mettant l'individu *« dans un statut d'exception »* du fait de l'amputation de la personnalité qui l'accompagne.

Le caractère ambivalent des mesures, à la fois d'incapacité et de protection, apparaît clairement en même temps que l'on rencontre le dilemme traditionnel des professionnels de la psychiatrie et de l'éducation spécialisée : paradoxalement, pour mieux insérer on commence par séparer, c'est-à-dire par produire une différence supplémentaire. Même en vue de la réinsertion dans la société, *« la sépa-*

ration, en se prolongeant, peut devenir ségrégation et donc pure et simple exclusion »[40]. La certitude d'avoir créé une discrimination positive ne doit pas faire oublier cet aspect du problème. L'analyse juridique qui met l'accent sur le caractère spécial des régimes d'incapacités contribue à faire prendre conscience de cet aspect inséparable des mesures de protection.

PARTIE 1

La loi de 1968 entre le social et l'économique

L'intérêt d'une étude des fondements de l'incapacité, même si les seuls points de vue juridique et économique en bornent la limite, est de faire percevoir la variété des situations des personnes pouvant être jugées incapables de pourvoir seules à leurs intérêts. Très certainement, l'état des connaissances et des conceptions au début du dix-neuvième siècle faisaient entrer les notions d'incapable et d'incapacité dans des grilles beaucoup plus simplifiées mais, le fait que sur des sujets aussi sensibles pour la liberté des personnes, des textes anciens aient pu si longtemps résister à l'épreuve des critiques de toutes sortes ne peut que heurter la raison.

La loi du 3 janvier 1968[1] prend donc sa place dans le prolongement des réflexions engagées dès la rédaction du code civil et alimentées par les polémiques nées de la loi de 1838 et les débats nourris par l'évolution des méthodes de soin. Le législateur fut soucieux d'être en harmonie avec les données nouvelles de la psychiatrie et du droit, en recherchant la mise en œuvre de réponses personnalisées aux situations des personnes auxquelles la loi s'adresserait. Mais la loi de 1968 s'inscrit également dans le contexte d'un changement ayant affecté radicalement les rapports sociaux et la place de l'Etat dans leur régulation. En France, à la fin du siècle dernier, l'Etat se positionne comme acteur et organisateur de la politique d'assistance puis de protection sociale, et c'est la troisième République qui contribuera à faire émerger l'idée des droits économiques et sociaux. Le cadre de l'Etat-providence dont l'après seconde guerre mondiale orchestre la montée en puissance, insère donc la loi portant réforme du droit des incapables majeurs comme élément du service public très diversifié de l'action sociale. L'élargissement et l'étatisation de la protection et de l'action sociales auxquels participe la protection des majeurs incapables, confère ainsi à cette intervention publique des traits qu'elle partage avec les autres secteurs de l'action sociale. Dans ce mouvement, de la protection strictement familiale tournée vers la préservation et la transmission du patrimoine, à la protection relevant des structures hospitalières désireuses de se départir de l'image négative de la relégation, un vaste espace d'intervention publique s'est trouvé ouvert que l'on peut alors appréhender sous deux angles spécifiques.

Le premier focalise l'observation sur les caractéristiques de l'intervention publique. En proposant au service public des tutelles une perspective dynamique de politique sociale, le législateur a posé les bases d'un large secteur d'activités. Répondre de manière diversifiée et adaptée à la variété des situations des majeurs, solliciter une variété d'intervenants plus ou moins spécialisés, respecter la logique d'un droit à la protection, résister aux sollicitations extensives, alors même que la notion d'incapacité demeure entourée d'un certain flou, tout contribue à délimiter un champ social aux bornes imprécises (chapitre 1). Le second met en lumière la prestation. En sortant à la fois de la sphère familiale privée et de la sphère hospitalière où elle n'était pas spécifiquement identifiée, la protection devient une activité susceptible d'une analyse économique, un produit diversifié objet d'offres et de demandes et qu'il convient donc d'identifier comme tel dans ses différentes dimensions (chapitre 2).

Chapitre 1

Un Champ Social Ouvert

En première approche, la loi de 1968 paraît ouvrir une perspective assez simple : une personne majeure jugée incapable, bénéficie d'une protection organisée dont elle assure le financement modulé selon l'importance de son patrimoine et à défaut avec l'aide de l'Etat. La réalité se révèle plus insaisissable.

Au départ, le code Napoléon avait organisé un double système de protection (interdiction et conseil judiciaire) très rapidement compliqué par les interférences avec la loi de 1838 sur les aliénés. La loi de 1968 répond donc aux deux critiques de l'inefficacité juridique de la protection et de son inadaptation aux conceptions médicales modernes, d'autant que l'affaiblissement des solidarités de proximité rend plus urgente la réforme des régimes de protection. Mais la mise en place d'un service public de protection des incapables suppose de préciser les missions des différentes parties prenantes.

La délimitation du domaine d'intervention des mesures de protection devient ainsi l'un des enjeux, tiraillé entre la nécessité de garantir un droit à la prestation et la logique extensive insufflée par la loi (section 1). L'ouverture de ce champ social qui tient pour une part à la difficulté de cerner la notion d'incapacité, tient pour une autre au fait que la mise en œuvre de la protection des incapables majeurs suppose l'intervention de nombreux acteurs. La diversité des situations départementales se double d'une complexité due aux interventions croisées de l'offre et de la demande de protection (section 2). L'action de ces acteurs va déterminer concrètement la population concernée par les mesures de protection mais le caractère flou des critères envisagés et la délimitation évasive qui en résulte, contribuent à élargir le domaine d'application de la loi de 1968 (section 3).

De bien des points de vue, la loi du 3 janvier 1968 portant réforme du droit des incapables majeurs, se présente sous un jour novateur.

Prenant en compte les évolutions du droit et de la médecine, elle prend place dans les projets de réforme du code civil en prolongeant certaines idées dégagées dès 1838 mais en souhaitant mettre un terme aux abus dénoncés dans l'application de cette loi (sous-section 1). C'est dans le même temps une loi sociale qui s'inscrit dans les préoccupations marquées par les progrès de la protection sociale (sous-section 2). Enfin, généralisant la logique de la déconnection de la protection des biens et de la protection de la personne, elle vise une individualisation complète des décisions de protection en présentant toute une gamme de mesures (sous-section 3).

Sous-section 1 — *La prise en compte des évolutions du droit et de la médecine*

L'histoire de la protection des incapables majeurs porte singulièrement la marque de l'influence novatrice du corps médical sur le droit, et celle de la collaboration des psychiatres et des juristes. Intégrant des conceptions nouvelles en matière de soins, la loi de 1938 fut pourtant détournée de ses objectifs jusqu'à devenir un symbole de la relégation des incapables (§ 1) et il fallut plus d'un siècle pour que l'évolution des conceptions juridiques, le développement de la protection sociale et les progrès médicaux, imposassent progressivement un droit à une protection plus respectueuse de la personne (§ 2).

§ 1 — De l'interdiction à l'internement

Les rédacteurs du code civil avaient tiré une conclusion radicale des situations révélant une personne incapable d'exprimer une volonté libre et autonome. Dans la rédaction de 1804, l'article 489 du code civil stipule en effet que *« le majeur qui est dans un état habituel d'imbécilité de démence ou de fureur,* ***doit être interdit****, même lorsqu'il présente des intervalles lucides »*. Au sens où la personne juridique existe au travers de sa capacité à faire des actes juridiques, l'interdit, comme le mineur, ne peut donc participer au commerce juridique que par représentation.

1. Au plan historique, le code napoléonien reprenait au travers de cet article l'héritage de l'ancien régime. La notion d'inter-diction apparaît en effet au début du quatorzième siècle et s'applique au prodigue comme à l'aliéné et aux veuves. La procédure laisse au représentant du Roi le rôle principal et la mesure, tournée vers la protection du patrimoine dont la dilapidation est considérée comme un acte de folie, fait en général de la famille le gardien et le gestionnaire des biens. Dès cette époque apparaît l'idée d'une tutelle conçue comme parenthèse dans la vie normale du patrimoine.

Le droit intermédiaire introduit avec la création des tribunaux de familles, une institution marquant à la fois l'importance de cette partie du droit dans le droit civil et le souci de renforcer le rôle des familles sous le contrôle de l'autorité judiciaire. Un décret du 24 août 1790 donne à ces tribunaux le rôle de désigner le tuteur, de surveiller sa gestion et d'autoriser certains actes ; l'on voit dans cette institution les prémisses du conseil de famille et du rôle du tribunal d'instance (voire du juge des tutelles).

En effet, si le décret de 1790 fut rapidement abrogé, c'est que dès 1803, un décret du 29 mars crée le double régime de protection qui prendra place sous le titre XI du code civil dont le livre premier s'intitulera : *« De la Majorité, de l'Interdiction et du Conseil Judiciaire »*.

On y retrouve l'interdiction (art. 489) prononcée par le tribunal de première instance à la demande de l'époux ou d'un parent, et cette mesure assimile l'interdit à un mineur pour sa personne et ses biens. Mais pour les majeurs ne justifiant pas d'une incapacité totale (faibles d'esprit, prodigues), le texte crée la dation de conseil judiciaire. Là encore, une place de choix est faite à la famille et au tribunal d'instance et dans les deux régimes, une procédure longue et complexe visait à éviter les abus.

Cette incapacité civile conçue de manière suffisamment absolue pour que le majeur bénéficie d'une irresponsabilité civile, devait être complétée en 1810 par un **régime d'irresponsabilité pénale**. *« Il n'y a ni crime ni délit lorsque le prévenu était en état de démence au temps de l'action ou lorsqu'il a été contraint par une force à laquelle il n'a pu résister »* (art. 6 du Code pénal).

Dans la réalité, c'est principalement au travers du prisme de la loi de 1838[2] que l'on a coutume d'aborder la situation des incapables majeurs, antérieurement à la loi de 1968. Loi sur l'internement, la loi de 1838 est une loi de sûreté plutôt qu'un texte sur l'incapacité et elle apporte en droit très peu de choses en matière d'incapacité. L'internement ne peut se justifier que par les nécessités du traitement permanent en établissement ou le trouble actuel ou éventuel que le majeur est susceptible de causer. Aussi bien, le texte distingue les malades mentaux non interdits dont le placement est dit volontaire (en fait à la demande d'un tiers avec un certificat médical justifiant le placement), et les malades mentaux interdits dont l'internement d'office et la sortie sont une mesure administrative. En dehors de l'internement lui-même, justifié par les nécessités du traitement et de la prévention, le texte ne présente pour les malades mentaux non interdits, aucune particularité dans leur capacité juridique qui viendrait les placer à l'intérieur d'une catégorie spécifique d'incapables. Ils gardaient leur capacité civile et leurs actes étaient simplement annulables pour démence (art. 39).

La loi créait donc un statut des établissements (l'asile départemental devant recevoir les internés, art. 1) mais pas un statut des personnes[3]. En effet, inspiré par un souci humanitaire dont les médecins avaient porté le flambeau en dénonçant les conditions d'enfermement des aliénés, la loi de 1838 se faisait l'écho de conceptions thérapeutiques nouvelles. Selon Pinel et Esquirol, médecins restés parmi les plus célèbres instigateurs du texte, l'aliéné devait être considéré comme un malade et traité comme tel, même interné. L'application de nouvelles méthodes de soin permettait de considérer le placement (d'office ou volontaire) comme un moment dans le traitement, provisoire et renouvelable. Dans cette conception il n'était pas nécessaire de prononcer une mesure d'incapacité mais le séjour en établissement nécessitait que l'on prît soin des biens du malade. Ainsi, préoccupée par la protection de la personne, la loi de 1838 avait complété cette protection par celle des biens du malade non interdit, **en confiant à l'établissement de traitement l'administration provisoire de ses biens** (art. 31).

La loi de 1838 également inspirée par le souci de protéger l'ordre social, faisait du trouble ou de la menace de trouble, la condition de la décision administrative d'internement. Cette justification au placement expliquait la nécessité d'une procédure rapide et le transfert au Préfet d'une compétence qui aurait pu revenir au juge (l'autorité administrative agissant d'elle-même, à la demande des familles des médecins ou de tiers). Dans cette hypothèse du placement d'office, le médecin se trouvait entrainé du terrain du traitement vers celui de la prévention de la récidive, dans un acte thérapeutique qui peut difficilement reposer sur la coopération du malade[4].

En fait, les familles cherchaient à éviter l'interdiction vécue comme infamante et, l'absence d'alternative à l'internement ou le refus de prendre en charge ces malades contribuèrent à faire de l'internement administratif ou du placement volontaire le droit commun de la relégation. De provisoire, l'administration des biens s'installait dans la durée en même temps que l'institution devenait pathogène. Il en résultait que le malade était ainsi *« frappé d'une incapacité de fait, sinon de droit, pour tous les actes accomplis pendant l'internement »*[5]. De plus, ce système présentait l'inconvénient de permettre de nombreux abus. Non doté de la protection juridique efficace qui accompagne l'interdiction, l'interné non interdit pouvait de temps à autre sortir les quelques jours suffisants à l'organisation de son dépouillement[6].

2. Ces spoliations et les internements abusifs, sans doute plus fréquents qu'on ne l'avoue, contribuèrent à jeter un certain discrédit sur la loi de 1838 et, en tout cas, sur les asiles départementaux. On peut cependant penser que le texte, animé de louables intentions, fut détourné de son objet pour des raisons échappant largement au contrôle médical et juridique. De plus, le peu d'usage fait des régimes d'incapacité (en dehors de la tutelle de l'interdit) explique probablement l'attention focalisée sur la loi de 1838.

La situation des campagnes jusqu'à la seconde guerre mondiale permet de comprendre cet état des choses. Dans les zones où la propriété restait dispersée et le capital peu concentré, la densité de la population donnait au tissu social une plus grande continuité. Dans ce contexte, les différentes formes de pauvreté et d'inadaptation sociale paraissaient économiquement et socialement acceptables, moins peut-être par la vertu des formes spontanées de solidarité que par l'effet de la proximité des modes de vie. L'intégration de l'économie rurale dans une économie de plus en plus ouverte accéléra au contraire l'exode rural, accentua les écarts de revenus en révélant des formes de pauvreté économiques et sociales accrues par l'isolement de familles ou de groupes dès lors aisément saisis par la déchéance[7].

De la fin du 19e siècle à la Seconde Guerre mondiale, la charité ecclésiastique et celle des oeuvres d'église ou laïques, permettaient le plus souvent le repérage et le secours des familles les plus pauvres. Des institutions comme l'école communale étaient organisées de manière à recevoir gratuitement les enfants de parents indigents et des efforts furent tôt entrepris pour assurer la protection des enfants[8]. Pourtant, les débats préparatoires à la loi de 1905 relative à l'asistance obligatoire révèlent à la fois l'ampleur des situations d'extrême pauvreté et l'insuffisance des différentes formes de secours[9].

Mieux connue, la situation des populations urbaines est encore moins enviable et, dans l'enfer des conditions de travail, de logement, d'hygiène et de promiscuité, nul ne pouvait songer à distinguer dans la multitude, ceux qui auraient dû relever d'un régime de protection des majeurs. Il suffit de rappeler les situations créées par la crise économique de 1929 ou les premières interventions des travailleuses familiales après 1945 ; dans des logements vétustes et surpeuplés, l'urgence allait au pain, au charbon et aux aides à la mère et aux enfants[10].

Dans ces conditions et en dehors de la situation particulière des interdits, les mesures de protection des incapables majeurs ne pouvaient guère concerner les personnes démunies.

Pour autant, on ne peut nier **l'attention à la personne contenue dans les préoccupations du législateur de 1838**. De nouvelles conceptions dans l'approche des maladies mentales, nous l'avons vu, donnaient au placement un rôle différent dans le processus de soins. Mais la loi avait également institué le *« curateur à la personne de tout individu non interdit placé dans un établissement d'aliénés »* (art. 38). *« Sur la demande de l'intéressé, de l'un de ses parents, de l'époux ou de l'épouse, d'un ami, ou sur la provocation d'office du procureur du roi »*, le tribunal pouvait nommer outre de l'administrateur provisoire, un tel curateur à la personne, à charge pour lui de veiller, *«1° à ce que ses revenus soient employés à adoucir son sort et à accélérer sa guérison ; 2° à ce que ledit individu soit rendu au libre exercice de ses droits aussitôt que sa situation le permettra»*[11].

Il est topique qu'aucun des magistrats avec lesquels nous nous sommes entretenus, non plus d'ailleurs qu'aucune autre personne, n'ait évoqué devant nous cette curatelle à la personne. Il faut convenir que la disposition était d'autant moins utilisée que les placements ont tendu à s'installer dans la durée, avec une institution devenue semble-t-il assez rapidement pathogène quand le nombre des malades placés augmenta. Ainsi, l'administration provisoire des biens devenait de fait définitive, et le majeur de fait privé de ses droits.

Ce sont en réalité de nouvelles conceptions de la protection sociale et de nouveaux progrès médicaux qui rendirent moins acceptables la situation de ces malades (internés ou non) et celle d'autres catégories de personnes, autrefois laissées à elles-mêmes et aux hasards du tissu social. Restait au droit à construire les concepts propres à susciter une demande de protection.

§ 2 — De l'internement à l'incapacité

1. L'idée de l'égalité de nature et plus encore celle de droits naturels inhérents à l'individu, subissent dès le début du 19e siècle les assauts de la philosophie positiviste et celle de l'école historique du droit. Selon elles, pas plus que la nature des héritiers d'Aristote, la nature humaine des rationalistes ne peut servir de fondement aux droits de l'individu et à la construction du système juridique. En particulier, le positivisme dont on connaît l'influence dans les sciences humaines et sociales, *« prescrit de renoncer à l'idée qu'il puisse exister, en dehors du monde sensible, une sphère des valeurs existant en soi, avec laquelle nos jugements de valeur seraient mis en corrélation de manière énigmatique »*[12]. Avant le milieu du 19e siècle, le flambeau sera repris sur le terrain de la politique et de l'idéologie, avec l'opposition entre les droits formels et les droits réels.

Ce double mouvement critique est de première importance pour la recherche juridique et pour l'évolution de la conception de l'Etat.

Au plan de la philosophie du droit, la sociologie positiviste et l'école historique alimentent au 19e siècle les recherches sur les fondements sociaux et historiques du droit et des règles juridiques. Bien sûr, le code civil reste solidement assis sur ses bases et en particulier sur le postulat rationaliste de l'autonomie de la volonté mais, d'un bout à l'autre de la chaîne, se manifestent les effets de ces apports nouveaux. D'un côté L. Duguit, inspiré par l'enseignement d'E. Dukheim, croit pouvoir mettre au jour un droit objectif dont l'existence ne devrait rien au volontarisme individuel ; de l'autre, la jurisprudence civile et la doctrine font une place à la théorie de l'abus de droit qui vient tempérer les rigueurs d'une conception absolue des droits individuels. Mais, de plus en plus se renforcent les courants préoccupés par la mise en œuvre des droits au profit de ceux qui, pour avoir la volonté d'en user, se trouvent pourtant dépourvus de moyens matériels ou intellectuels. Sans changer de concepts de base, **le droit se teinte donc de « préoccupations sociales »** quand montent en puissance des classes ou des groupes sociaux qui pendant longtemps étaient restés sur les marges de l'exercice du pouvoir.

Cette accession se fait en plusieurs étapes et, commencée au milieu du 19e siècle, elle trouve son accomplissement dans l'équilibre réalisé par la troisième République. L'alliance autour des valeurs républicaines qui se nourrit de libéralisme économique et d'interventionnisme social, modifie progressivement les attentes de la société civile vis à vis de l'Etat en le hissant au rôle de régulateur et d'arbitre, et accroît les ramifications d'une administration nouvelle qui incarne ces valeurs au travers du service public. Dans le domaine économique, s'il faut attendre le début de ce siècle pour voir l'Etat et les collectivités locales se substituer à l'initiative privée lorsque celle-ci est défaillante (au lieu de simplement laisser la charité traiter les conséquences de ces défaillances), c'est à partir du milieu du 19e siècle que l'intervention publique devient plus fréquente dans les secteurs jugés stratégiques pour l'ensemble du pays (transports, énergies, distribution de l'eau,...). C'est également dès cette époque que les interventions culturelles (l'enseignement) et sociales prennent un tour systématique qui témoigne d'une nouvelle culture des relations de l'Etat avec les citoyens.

Toute une série de textes majeurs exprime cette préoccupation qui va sans cesse gagner en étendue et en cohérence. Trois grands secteurs de l'assistance seront l'objet des transformations législatives. Dans l'élan des préoccupations altruistes de 1848, la loi du 7 août 1851 armait d'un titre d'admission hospitalier les personnes privées de ressources ; puis la loi du 15 juillet 1893 crée l'assitance médicale gratuite aux indigents et, dans le même esprit, la loi du 7 septembre 1919 organise l'assistance aux tuberculeux puis plus tard, celle du 16 août 1930 répond au besoin de tierce personne. De son côté, la grande loi du 14 juillet 1905 apporte l'assistance aux vieillards infirmes et incurables, privés de ressources. Enfin les grandes lois d'assistance à l'enfance seront à l'origine de la protection maternelle et infantile : assistance aux enfants du premier âge (loi Roussel du 23 décembre 1874) complétée par les mesures de protection des mères (lois du 17 juin 1913 et 4 octobre 1919), protection des enfants maltraités et moralement abandonnés (loi du 24 juillet 1889), création du service départemental d'aide sociale à l'enfance (loi des 27-30 juin 1904), assistance aux pupilles (loi du 14 juillet 1905). Dans le domaine de la protection sociale, la loi du 18 juin 1850 créant la Caisse nationale des retraites garanties par l'Etat qui connut l'échec comme nombre des initiatives mutuellistes, fut relayée par la loi des 5-6 avril 1910 sur les retraites ouvrières et paysannes (appliquée seulement en 1930). Affaiblissement du caractère absolu des droits individuels, rôle social de l'usage du droit puis reconnaissance progressive des droits sociaux, balisent ce **passage vers une nouvelle conception du droit ou plutôt, des droits.** Comme on le sait, le projet d'une nouvelle déclaration des droits aurait dû marquer en 1946, la fin de la conception individualiste et l'avènement de cette conception sociale des droits. L'échec du référendum allait conduire tout à la fois à proclamer l'attachement à la Déclaration de 1789 et à consacrer la théorie des droits créances. Le mouvement des droits économiques et sociaux se trouvaient alors confirmé dans son élan et « l'Etat-providence » jouissait désormais de bases constitutionnelles. A cette nouvelle phase des rapports des citoyens avec l'Etat correspond l'épanouissement des nouvelles conceptions des droits : la protection sociale qui se généralise est l'œuvre de la solidarité de chacun et l'action sociale apporte le secours de la collectivité à chacune des catégories délaissées de la population[13]. Dans ce domaine, le service public se trouve chargé des fonctions de solidarité et de secours et tend à étendre peu à peu ses interventions. Tandis que le décret de 1953[14] réorganise l'aide sociale en lui donnant les lettres plus nobles de l'action sociale, se met en place peu à peu le maillage territorial de l'intervention sociale dont la loi de 1950 constituera la première base institutionnelle.

2. Si le droit des incapables majeurs ne connait à cette époque aucun changement, l'évolution des conceptions médicales et des traitements **permet de considérer de manière différente la question des soins et celles de la réinsertion sociale.**

La curatelle à la personne de la loi de 1838 comme le régime de l'administration provisoire des biens, désignaient le souci du législateur de l'époque de favoriser sinon l'alternative à l'hospitalisation, au moins le caractère temporaire de celle-ci. Si sur ce point, la pratique produisit l'effet inverse, au moins la tendance de la médecine et les conceptions thérapeutiques continuèrent à oeuvrer dans ce sens. Divers signes en balisent le droit de la première moitié du vingtième siècle avec, en particulier, le mouvement d'ouverture qui commence à affecter les établissements sociaux, médico-sociaux ou d'hospitalisation. Après la seconde guerre mondiale, l'ordonnance du 2 février 1945[15] généralise les méthodes de rééducation fondées sur un régime de liberté surveillée peu de temps avant que se mettent en place les premiers instruments de la coordination sociale (loi de 1950)[16] puis la sectorisation[17]. Tandis que le décret de 1959 marque officiellement la politique des secteurs, la psychiatrie s'oriente dans ce sens dès la circulaire du 15 mars 1950[18]. Cette timidité normative indique pourtant une orientation de l'action psychiatrique devant favoriser les soins, les repérages, développer des solutions alternatives à l'hospitalisation et les sorties temporaires puis définitives, et elle produira le besoin de modes d'hébergements alternatifs à l'hospitalisation. Si les effets en seront lents, ce mouvement trouvera une consécration officielle dans la politique de maintien à domicile et la faveur de toutes les formes d'hébergement familial que les nouveaux impératifs de rentabilité donnés à la gestion hospitalière contribueront à accentuer.

La loi de 1838 qui n'avait pu prévoir certaines formes modernes de la thérapeutique, faisait sienne nous l'avons vu, la conception dominante de l'irresponsabilité des incapables. Sur ce point aussi, le droit enregistre les progrès de la psychiatrie en acceptant que celui qui a causé un dommage à autrui, même s'il était sous l'emprise d'un trouble mental, doive en supporter les conséquences. Cette restitution à l'auteur du dommage de la responsabilité de ses actes même s'il est privé de ses droits civils (art. 489-2 dans la loi de 1968), supposait de **dissocier l'élément objectif** de la faute (une action n'est pas conforme à la règle), **de l'élément subjectif** (la conscience du non respect de la règle) qui ne peut plus dans ces cas fonder la responsabilité. **Cette innovation, l'une des plus importantes de la loi**, repose également sur le rôle actif du juge pour sa mise en œuvre. Leur très large pouvoir d'appréciation permet aux magistrats de moduler la réparation en fonction des rapports respectifs de l'incapable et de la victime[19].

Cette appréciation enregistre aussi la modification des relations entre juges et médecins. La préparation de la loi de 1968 porte la marque d'un travail conjoint associant profession psychiatrique et juristes au sein de la commission de réforme instituée en 1963. Les travaux et débats parlementaires témoignent de l'influence de cette commission au travers de leur insistance dans l'évocation des apports des sciences médicales, tant pour énoncer la diversité des maladies mentales et des formes d'incapacité que pour évoquer les progrès des moyens d'actions et des techniques institutionnelles ; ils témoignent aussi des efforts de la réflexion juridique pour adapter le droit de manière nuancée à la diversité des situations et pour exprimer l'usage thérapeutique assigné à la loi avec, notamment, la volonté d'associer la personne à la gestion de ses affaires. Enfin, l'on trouvera l'un des apports spécifiques de la loi dans la recherche d'une collaboration permanente entre les deux institutions et, plus largement, dans le rôle du juge sorti de l'idée de neutralit, dominante tout au long du 19ème siècle, pour lui donner un rôle actif dont témoigne l'ensemble des pouvoirs que lui attribue la loi de 1968.

Sous-section 2 — *Une loi d'action sociale*

Héritière des conceptions sociales de l'après seconde guerre, la loi de 1968 l'est aussi des conceptions juridiques qui marquèrent de leur empreinte le contenu des lois d'action sociale. Le service des tutelles se trouve ainsi promu au rang de service public ; il présente même les caractères d'un service d'action sociale (§ 1). Mais la loi intervient à la fin des années soixante, à un moment où l'aide sociale a commencé son évolution vers la notion plus large d'action sociale ; la réflexion s'est orientée vers la nécessité de programmes à la fois moins ségrégatifs et plus respectueux des besoins de chaque individu (§ 2).

§ 1 — Un service public d'action sociale

1. La notion de service public est au cœur des grandes lois sociales de la troisième République ; elle l'est dans la mise en œuvre de ces textes mais elle l'est dans son essence même puisque, selon le plus éminent des juristes qui contribuèrent à forger le concept, le service public est toute l'action administrative et que cette action est indispensable par sa contribution à la réalisation de la solidarité sociale[20].

Au-delà de la charge idéologique dont les maîtres du service public se font l'écho en assumant l'héritage du solidarisme, le service public est à la fois le moule dans lequel va se développer l'action publique et la justification de cette action. Cette réorientation progressive de l'Etat libéral vers un Etat prestataire de services s'accomplit au gré des soubresauts économiques et politiques et correspond à de puissantes attentes sociales sur lesquelles s'appuient les petite et moyenne bourgeoisies qui exercent le pouvoir. Ces tendances se renforcent alors que le début du siècle et plus encore l'entre-deux guerres, sont marqués par des contestations et des réflexions sur le rôle de l'Etat. Celui-ci en sortira renforcé avec la très large reconnaissance de son rôle d'animateur de la politique économique et sociale. Les réflexions des années trente, celles en particulier de la haute fonction publique et de grands cadres de l'industrie, les expériences menées sous Vichy, le programme du Conseil national de la résistance et sa mise en œuvre, la création d'une Ecole nationale d'administration, contribuent de manière décisive à faire de cette époque charnière, celle de l'avènement de l'Etat-interventionniste et de l'Etat-providence.

Nul texte mieux que le Préambule de la Constitution de 1946 n'explicite ces orientations et ne les fonde plus légitimement. De plusieurs points de vue, l'individu et la famille, l'enfant et la mère, l'adulte et le vieux travailleur, il proclame la solidarité et l'égalité de tous et la volonté d'assurer le développement de ce qu'il est convenu d'appeler les droits sociaux. Ainsi, le onzième alinéa énonce-t-il : *« Tout être humain qui, en raison de son âge, de son état physique ou mental, de la situation économique, se trouve dans l'incapacité de travailler, a le droit d'obtenir de la collectivité des moyens convenables d'existence »*.

On peut sans difficulté trouver dans ce texte un nouveau fondement pour plusieurs des lois sociales et de protection antérieures au second conflit mondial ; sans plus de difficulté, il est possible d'en rapprocher la loi de 1968 : **l'incapacité de travailler due à l'état physique ou mental détermine un droit de l'individu vis-à-vis de la collectivité**. Nous ne sommes plus ici sur le terrain des « droits naturels et imprescriptibles de l'homme » mais sur celui des « droits créances » dont chaque citoyen peut se prévaloir à l'égard de la collectivité.

La mise en œuvre de ces droits repose sur le service public. La chose est connue pour l'action sociale dont la réforme de 1953 marque la réorganisation et le nouvel essor, et qui s'appuiera sur l'administration rénovée des DDASS. Elle l'est moins pour l'action en faveur des incapables majeurs alors que l'intention du législateur fut sur ce point tout à fait explicite. Ce service est construit autour d'une institution pivot, le juge des tutelle. Les travaux préparatoires et les commentateurs de la loi du 14 décembre 1964[21] avaient souligné l'originalité et la nouveauté dans notre droit, de l'institution du juge des tutelles pour les mineurs, en même temps que son rôle fondamental dans le fonctionnement régime de la minorité. La loi de 1968 confirme ce rôle pivot du juge des tutelles, cette fois pour la protection des majeurs incapables et M. Pleven en conclut qu'*« **ainsi est confirmée et renforcée la constitution d'un véritable service public des tutelles** confié à l'autorité judiciaire. Sa mission s'étendra désormais à l'ensemble des personnes incapables. C'est là une innovation d'une importance considérable »*[22].

En effet, nous sommes bien en présence d'un service public dont l'activité s'exerce sous la responsabilité du juge judiciaire. L'ensemble des intervenants à l'accomplissement de cette activité doit donc être considéré le plus classiquement, comme participant à l'exécution même du service public (cas des associations et services tutélaires) ou au moins comme chargé d'une mission de service public (cas des administrateurs spéciaux)[23]. Pour cette raison, la tutelle, *« charge personnelle »* (art. 418 du code civil) est également une *« charge publique »* (art. 427). La loi reconnait donc le droit de la personne incapable à être protégée par la loi (art. 488) et, ce faisant, l'arme d'un titre lui donnant **droit au fonctionnement du service public** dès lors qu'elle remplit les conditions légales (comme pour tout usager d'un service public).

2. L'existence même de ce droit comme la qualification de ce service public ont pourtant été contestées.

La logique d'un **droit à la prestation** implique que toute personne remplissant les conditions d'accès posées par la loi devient ayant droit. Au moins pour les mesures d'Etat, cette idée parait avoir été combattue par le Ministère des affaires sociales (et le Ministère de l'économie et des finances) qui rappelle dans toutes ses circulaires[24], le caractère limitatif des crédits alloués à leur financement. Sans doute ces textes n'ont-ils aucune valeur juridique au regard des droits qui naissent de la décision du juge des tutelles et leur vertu est-elle d'inciter les services des DDASS et peut-être les juges, à éviter d'accroître la charge des mesures d'Etat aussi souvent qu'il est possible. En effet, la perspective de mesures non exercées parce que non financées, conduira le plus souvent le magistrat à rechercher une autre voie pour assurer le suivi de la mesure[4]. Le bénéficiaire d'une mesure d'Etat non financée pourrait certainement obtenir la condamnation de celui-ci pour cette raison mais nous ne connaissons pas de contentieux sur cette question importante. Au plan juridique, l'obligation d'assurer la tutelle d'Etat revêt deux aspects complémentaires. La charge de l'Etat comprend d'abord l'obligation d'assurer le service public, soit en confiant son exécution à des tuteurs agréés, soit en l'assumant directement. Cet exercice direct permet en particulier d'assurer la continuité du service lorsqu'aucun tuteur habilité ne peut gérer une mesure[26], et l'insuffisance des moyens en personnel ne saurait en dispenser les DDASS, contrairement à ce que semble indiquer la circulaire du 24 juin 1986[27]. Par transposition de la jurisprudence du Conseil d'Etat en matière d'enseignement, on peut même affirmer qu'un préjudice né d'une rupture de fonctionnement du service public des tutelles serait susceptible d'engager la responsabilité de l'Etat. En second lieu, pèse sur l'Etat une obligation de financement du service public car il ne fait aucun doute que la décision du magistrat mette à la charge de l'Etat une telle obligation de financement[28] et que les tuteurs d'Etat puissent refuser une mesure non financée[29]. **Ainsi, l'Etat ne se trouve pas dans une situation différente que le département placé devant la décision d'une Cotorep ou celle d'un juge des enfants en matière d'aide à l'enfance.**

Ce point de vue rapproche la décision de protection de l'incapable majeur des mesures d'aide sociale légale. Evidemment, l'on pourrait immédiatement objecter que le Code civil organise le service public des tutelles et non pas l'action sociale, mais cette classification tient au fait que l'incapacité met en cause une notion située au cœur du droit civil, celle de capacité à faire des actes juridiquement valables et ce trait, qui touche à l'essence de la personnalité civile, n'implique aucune qualification de l'action menée en faveur de l'incapable.

Qu'à l'image de l'aide sociale légale, **la loi de 1968 définisse un droit pour la personne concernée**, constitue donc bien un premier point de rapprochement. C'est bien là en effet la caractéristique de l'aide légale que de poser des droits à la protection ou à la solidarité, même si certaines conditions d'accès supposent l'interprétation d'une commission ou d'un juge. En outre, la loi de 1968 est fortement imprégnée de la réforme de la protection des mineurs intervenue quelques années auparavant. Nul ne songe à nier le caractère d'action sociale des mesures arrêtés par le juge, qu'il s'agisse de placements en institution ou d'action éducative en milieu ouvert. Le regroupement de l'aide sociale à l'enfance sous l'égide du département illustre bien la difficulté de séparer la mesure civile de l'action sociale, quand elles ne se recouvrent pas complètement. Quant aux associations tutélaires, elles occupent fréquemment d'autres créneaux que la tutelle, avec une volonté de continuité dans leur action et ce trait est également commun aux associations tutélaires des majeurs. Cette qualité de majeur des incapables de la loi de 1968, a souvent permis de nier toute nécessité d'un gouvernement de la personne et le caractère éventuellement social de l'action menée en leur faveur, mais l'on observe que cette présence des associations du secteur de l'action sociale aura très probablement tiré le service aux incapables vers sa tonalité d'action sociale[30].

Il convient en dernier lieu de rappeler le rôle des DDASS, qui gèrent le budget des mesures d'Etat. Le fait même de leur confier les mesures d'Etat pour leur exercice et/ou pour leur contrôle, indique suffisamment le rattachement de la tutelle à l'action sociale. Or, aucune différence de nature ne partage les mesures d'Etat des autres mesures de protection et l'enquête confirme cette caractéristique du point de vue des bénéficiaires[31]. En outre, les crédits d'Etat se sont trouvés inscrits au chapitre 46-41 article 30 puis au chapitre 46-23 article 50 (crédits d'aide sociale Etat), indice supplémentaire de cette affinité[32].

Ce rapprochement n'aurait en tant que tel aucun intérêt si la négation ou au moins la réticence à reconnaître le caractère aide sociale légale aux mesures de protection, ne servaient de fondement aux préoccupations de rationnement dans le financement des mesures d'Etat, illustrant ce que l'on a pu appeler le passage d'une gestion des droits à une gestion des coûts[33]. Or, des fondements de philosophie sociale de la loi de 1968 à ses conditions de mise en œuvre, ce rapprochement paraît totalement légitime ; et même la distinction fondée sur les financements des mesures, qui permettraient de ne classer que les mesures d'Etat parmi l'action sociale, s'atténue car ce financement prend une allure simplement différentielle, selon une évolution déjà observée dans d'autres secteurs de l'action sociale[34].

Ce rapprochement correspond aux traits principaux que les pouvoirs publics ont souhaité donner à la loi : une portée générale permettant cependant une individualisation des mesures de protection.

§ 2 — Une loi de portée générale, adaptable à chaque situation

1. La portée générale de la loi de 1968 attire d'emblée l'attention : elle a vocation à couvrir un champ social très large. Ce trait la place dans la continuité du texte de 1838 mais, compte tenu de l'époque, lui donne la potentialité d'intéresser un nombre beaucoup plus important de personnes.

Ici encore, la référence à la loi de 1838 qui ne concerne théoriquement qu'une partie des incapables majeurs, constitue un détour obligé. Rappelons que ce texte n'avait pas créé de statut juridique particulier concernant les malades placés en établissement psychiatrique ; il voulait mettre fin aux abus en règlementant la procédure de placement et en créant un système d'administration provisoire des biens. C'est ce système, provisoire en attendant la sortie ou le prononcé judiciaire de l'interdiction qui, en devenant définitif, fut érigé en protection juridique parallèle à celles du code civil. Dans cette étape de la réforme du Code civil, le législateur de 1968 voulut d'abord supprimer cette anomalie devenue source d'abus et en revenir à un régime commun de protection des biens. *« Il paraît souhaitable d'opérer un rapprochement entre la situation des malades mentaux et celle des autres catégories de malades en évitant notamment, autant qu'il est possible, de les soustraire du cadre d'une vie sociale normale »*[35].

L'influence des réflexions de la commission de réforme est ici sensible, tant sur le souhait de ne pas recréer un statut spécifique pour les malades mentaux que sur la volonté de rechercher des formules de soins qui fassent l'économie du placement définitif. Les psychiatres en particulier, se montrent sensibles à ce qu'ils appellent le caractère « déspécifié » de la loi de 1968[36]. Ce débat sur la « déspécification » apparaît en partie factice. En effet, l'application d'un régime juridique de droit commun au malade mental n'est pas en tant que telle source d'amélioration de sa situation, et l'on pouvait valablement défendre que la particularité de leur situation recommandât un traitement juridique spécifique dont ils auraient peut-être tiré avantage. Au demeurant, de la même manière que la pratique avait tiré l'administration provisoire vers un régime spécifique, n'a-t-elle pas fait de même avec la gérance de tutelle des établissements spécialisés ? Le malade dans cette hypothèse, n'est-il pas bien plus dépendant du gérant (et de la structure hospitalière en général) que l'incapable dont le tuteur est une personne extérieure à l'administration hospitalière[37] ?

Il semble en réalité que la portée générale du texte permette une application pragmatique propre à le mouler à toutes les spécificités. Le texte de la loi porte la marque de cette volonté de lui donner vocation à s'appliquer aux situations les plus diverses. L'article 488 énonce en termes très généraux le besoin de protection juridique *(« le majeur qu'une altération de ses facultés personnelles met dans l'impossibilité de pourvoir seul à ses intérêts »)* et l'article 490 vise un nombre potentiellement élevé d'ayants droit au travers des facultés mentales altérées *« par une maladie, une infirmité ou un affaiblissement dû à l'âge »* ou de l'altération des facultés corporelles, *« si elle empêche l'expression de la volonté »*, sans compter l'adjonction des prodigues, intempérants et oisifs (art. 488).

Plus encore que pour les malades mentaux, le texte reflète ici la marque d'une décennie portée par une expansion économique qui sert de toile de fond au développement de l'action sanitaire et sociale et à son souci de se projeter dans l'avenir, de se donner cohérence sur le terrain et d'étendre le filet de sécurité de l'action sociale à toutes les franges de citoyens que cette expansion et l'évolution des modes de vie peuvent marginaliser[38]. La plus grande mobilité de la population en traitement psychiatrique n'est plus seule en cause ici car le législateur tire les conséquences juridiques de réflexions plus générales et éclairées, sur le développement des soins hors établissement hospitalier ou ambulatoires et sur la nécessité d'actions en faveur du maintien à domicile[39]. Ainsi, *« à l'image de l'aliéné assimilé au criminel doit se substituer celle du faible, du malade qui a besoin d'aide et de sollicitude. Cette optique nouvelle explique que le champ d'application de la loi ne doive pas se limiter aux seuls individus privés de raison, mais être étendu à tous ceux pour lesquels une aide, une assistance extérieure s'avère indispensable »*. Dans les débats, d'autres interventions seront plus nuancées mais M. Pleven avance la perspective de 500.000 incapables majeurs[40]. L'individualisation de la mesure de protection est alors la contrepartie du caractère général de la loi.

2. Comme le rappelait le sénateur Jozeau-Marigné, en proposant une réforme tendant *« à se rapprocher le plus possible des exigences du réel et des progrès considérables de la science médicale »*, le gouvernement et les parlementaires *« ont voulu mettre le maximum de souplesse pour que le droit se rapproche au maximum de l'état particulier d'un individu donné »* de manière à ce que toute personne bénéficie *« de la protection la meilleure et la plus conforme à son intérêt personnel »*[41].

On a souvent fait reproche à la loi de 1968 de s'être préoccupée davantage de la protection des biens que de celle de la personne et la présentation de la loi favorisait cette critique[42]. Nous aurons l'occasion de revenir sur ce point mais nous pouvons déjà noter avec le Sénateur, que **c'est bien le principe de la protection de la personne qui est à l'œuvre dans cette individualisation de la mesure de protection**[43].

La loi de 1968 doit en effet s'appliquer à une personne incapable, quel que soit son mode d'hébergement en établissement (hôpital public ou privé, maison de retraite, foyer logement ou d'hébergement) ou son domicile privé (personnel, en famille, en famille d'accueil), en lui fournissant le mode de gestion de la mesure d'incapacité le plus approprié à sa situation. Dans ces conditions, le principe de l'indépendance du traitement médical du malade par rapport à l'application du régime de protection juridique, ne se présente plus comme le simple souhait de mettre fin aux abus occasionnés par l'application de la loi de 1838, ni même comme une conséquence du développement des alternatives à l'hospitalisation ; il est **une condition de l'individualisation des mesures**, c'est-à-dire aussi d'une protection des biens non pour eux-mêmes mais tournée vers la protection de la personne. Et sans aucun doute, le législateur n'attendait-il pas de la seule protection des biens la *« vertu thérapeutique »* dont il investit la loi[44].

Ainsi, tant par les catégories juridiques d'incapables qu'elle crée que par la diversité des populations qu'elle vise, la loi de 1968 est susceptible d'un champ d'application très large. Tout au long des rapports et débats sont évoqués outre les malades mentaux, les personnes âgées atteintes de sénilité, les jeunes majeurs déficients ou inadaptés, les personnes atteintes d'une incapacité corporelle et les catégories classiques de prodigues, intempérants ou oisifs. Mais à traquer l'insanité d'esprit, certains évoquent aussi les toxicomanes victimes de drogues ou de l'alcool, les personnes livrées au désespoir à la colère ou à la passion et même la grève de la faim[45].

Mais, dès lors que le critère de l'incapable majeur tend à se dessiner sous son aspect le plus général par la seule référence à la capacité de l'individu *« de pourvoir seul à ses intérêts »*, **le danger devient latent de voir, *« en vertu d'un certain "impéria-***

lisme protecteur", le régime des incapables majeurs excéder les bornes de ce qui est compatible avec la liberté individuelle »[46]. Le Sénat surtout se montrera préoccupé par cet aspect et, refusant de laisser à un seul médecin et à un seul juge le soin de priver la personne de tout ou partie de sa capacité juridique, il cherchera à chaque nouvelle lecture de la loi des garanties de procédure propres selon lui à éviter les mises sous protection abusives[47]. Notre enquête montre que plus de vingt années après, les magistrats sont demeurés très sensibles à ces questions de frontière et quelques uns manifestent même ouvertement leur hostilité à la loi.

Il reste que tout en déployant largement ses effets, la loi n'a pas encore trouvé les 500 000 personnes auxquelles il était prévu qu'elle s'appliquât. On note cependant l'accroissement du rythme annuel des mesures prononcées[48] par rapport aux 300 interdictions et aux 150 conseils judiciaires ouverts en moyenne chaque année avant 1968 et donc, probablement, l'augmentation sensible du stock des mesures en cours, en particulier après 1980 (Cf. Tableau 1.1).

Tableau 1.1 : Quelques données chiffrées sur la tutelle en France

	1971	1972	1973	1974	1975	1976	1977	1978	1979	1980	1988
TUTELLE	10850	13876	21079	19246	16700	15863	17403	19971	21292	21685	27650
CURATELLE	719	822	1022	724	908	1003	1152	1566	2183	2722	7277
SAUVEGARDE DE JUSTICE	33319	32193	36612	34859	34141	28709	28068	31211	29497	31050	·

Source : Jurisclasseur civil — Fasc. 10, Annexe.

L'individualisation des mesures dans un champ d'application très large de la loi ne saurait cependant masquer que la protection de l'incapable ne fut pas la seule préoccupation du législateur. A travers la personne du majeur, la protection de la famille est aussi recherchée tout comme celle de son patrimoine. Cet aspect affleure avec la protection du prodigue, de l'intempérant ou de l'oisif, et se manifeste pleinement dans la place donnée à la famille pour la gestion des mesures d'incapacité. Comme nous le verrons, sur ce dernier point la loi de 1968 a vieilli plus vite que sur beaucoup d'autres.

Sous-section 3 — *Les régimes de protection*

Il est surprenant de constater que les dispositions de la loi ne traduisent pas de manière claire les intentions de ses initiateurs et le contenu des longs débats qui précédèrent son adoption. La distinction entre la protection des biens et celle de la personne n'y apparaît pas clairement, d'autant que les articles 495 et 509-2 renvoient à nombre de dispositions s'appliquant à la tutelle des mineurs, sans lever toutes les ambiguïtés qui en naissent du point de vue de la protection de la personne[49]. Corrélativement, la distinction entre les mesures de protection et leur mode de gestion reste elle aussi, marquée d'une certaine confusion qui explique les interprétations divergentes sur le terrain et les écarts introduits par rapport à une stricte lecture du texte d'origine.

Théoriquement, le juge adopte une démarche en deux temps : il détermine la mesure adaptée aux besoins du majeur puis il confie son exécution à une personne physique ou morale. Dans la pratique, ces deux temps du processus de décision sont fréquemment indissociables et il arrive que le juge décide de la mesure de protection en tenant compte principalement des possibilités de mise en œuvre de la mesure qui s'offrent à lui. Nous n'évoquerons ici qu'allusivement les aménagements de la pratique, admis ou non par la jurisprudence, car le chapitre trois consacrera de plus longs développements à la dynamique du système.

La présentation adoptée tente donc de rassembler strictement les éléments juridiques en distinguant, d'une part le choix de la mesure de protection (§ 1) et son mode de gestion (§ 2) et, d'autre part, la protection des biens et celle de la personne. La seconde distinction se superpose à la première qui servira de canevas à cette présentation.

§ 1 — Le choix de la mesure de protection

Nous traiterons dans un premier point des mesures de protection qui ne sont pas des mesures d'incapacité, puis de la curatelle et de la tutelle.

1. La sauvegarde de justice (tableau 1.2) est la plus légère des mesures de protection et, conservant au majeur l'exercice de ses droits (art. 491-2), ce n'est pas une mesure d'incapacité. Elle est prononcée lorsque le majeur, *« pour l'une des causes prévues à l'article 490, a besoin d'être protégé dans les actes de la vie civile »* (art. 491).

La mesure peut tout d'abord prendre la forme d'une « **sauvegarde médicale** » ainsi appelée car un médecin en est toujours à l'origine. Selon le Code de la santé publique (art. L.326-1)[50] le médecin traitant a la possibilité de signaler au procureur de la République qu'une personne à laquelle il donne des soins a besoin, *«pour l'une des causes prévues à l'article 490 du Code civil, d'être* *protégée dans les actes de la vie civile »*. Le procureur peut alors donner suite et prononcer la mesure de sauvegarde mais rien ne l'y oblige. Par contre, si la déclaration du médecin traitant est accompagnée de l'avis conforme d'un médecin spécialiste, elle *« a pour effet de placer le malade sous la sauvegarde de justice »* ; la décision du procureur est donc liée dans ce cas.

Tableau 1.2: La sauvegarde de justice

Loi n° 68-5, art. 1 = C.Civ., art. 491 à 491-6

Art. 491 : Peut être placé sous sauvegarde de justice le majeur qui, pour l'une des causes prévues à l'article 490, a besoin d'être protégé dans les actes de la vie civile.

DECISION	GESTION
• Médicale : - C.Civ., art. 491-1 - C.Santé P., art. L.327 (ancien L.326-1) - Le procureur peut prononcer la SJ : . Sur déclaration du médecin traitant (L.327). - Le procureur doit prononcer la SJ : . Si la déclaration du médecin traitant est confirmée par un spécialiste (L.327). . Sur déclaration du médecin traitant d'un établissement de soins figurant sur une liste (L.327 et Arr. 12 nov. 1971). - Durée : 2 mois renouvelable par 6 mois.	• Textes : - C.Civ., art. 491-3 et 4, 1372, 1984 et s. - C.Civ., art. 1372, 1984 et s. - Sans mandataire (art. 491-4) : . Règles de la gestion d'affaire (art.1372). . Obligation pour certaines personnes de faire des actes conservatoires (art. 491-4). - Avec mandataire désigné par la personne (art. 491-3) : . Mandat général (= seuls actes d'administration - art. 1988). . Mandat spécial (art. 1987). . Comptes rendus au majeur.
• Judiciaire : - C.Civ., art. 491-1 - Le juge des tutelles peut prononcer la SJ : . Quand saisi d'une procédure de tutelle ou de curatelle. - Durée : celle de l'instruction de la mesure d'incapacité.	• Textes : - les mêmes plus : C.Civ., art. 491-5 - Sans mandataire (art. 491-4). - Avec mandataire désigné par la personne (art. 491-3). - Avec mandataire spécial désigné par le juge (art. 491-5). . A l'initiative du juge ou à la demande des personnes devant faire les actes conservatoires. . Mandat délimité par le juge avec pouvoir dans la limite d'un tuteur sans autorisation du conseil de famille. . Toute personne physique ou morale.

Source : CEBS/CGP — 1990

Une autre hypothèse concerne les personnes soignées dans un établissement public ou dans l'un des établissements privés figurant sur la liste établie par l'arrêté du Ministre des affaires sociales en date du 12 novembre 1971. Lorsque l'une de ces personnes se trouve dans la situation prévue à l'article 491, le médecin est alors tenu d'en faire la déclaration au procureur de la République et celui-ci se trouve également lié puisque la déclaration médicale a pour effet de placer le malade sous la sauvegarde de justice.

A l'articulation du médical et du judiciaire, **le procureur se trouve revêtu d'une mission importante** car il est à même de faire assurer une protection en préservant le majeur de la situation d'incapacité. Il peut même renouveler par période de six mois une mesure initialement prononcée pour deux mois seulement. Dans la pratique, le procureur joue le plus souvent le rôle d'une simple boîte aux lettres pour le juge des tutelles.

La sauvegarde médicale est ainsi en règle générale, prolongée par une sauvegarde judiciaire (et parfois directement par une mesure d'incapacité).

Outre ces cas dans lesquels le juge des tutelles est saisi par le procureur de la République, le magistrat sera amené à prononcer la **sauvegarde judiciaire** (même article 491) en début d'instruction, lorsqu'il est saisi d'une demande de curatelle ou de tutelle. Si cette saisine émane de personnes qui peuvent seulement donner au juge avis de la cause qui justifierait l'ouverture d'une tutelle ou d'une curatelle, le magistrat peut se saisir d'office.

En principe, la mesure est prononcée pour la durée de l'instruction mais dans la pratique, le juge des tutelles peut s'en tenir à la mesure de sauvegarde et la reconduire autant qu'il estime nécessaire si la nécessité d'une mesure d'incapacité n'apparaît pas clairement. Toutefois, l'instruction débouche presque toujours sur une telle mesure.

La sauvegarde et en particulier la sauvegarde médicale, répond donc aux situations d'urgence et parfois à certains problèmes temporaires. La personne protégée conserve sa capacité civile mais les actes ou les engagements qu'elle peut prendre *« pourront être rescindés pour simple lésion ou réduits en cas d'excès »* (art. 491-2). A ce sujet, le juge est invité à prendre en considération *« la fortune de la personne protégée, la bonne ou mauvaise foi de ceux qui auront traité avec elle, l'utilité ou l'inutilité de l'opération »*. Par cette invitation des tribunaux à la sagesse, la loi entend éviter que les tiers ne profitent de la situation du majeur protégé mais aussi que celui-ci n'en abuse comme c'est parfois le cas.

L'enquête a montré que le recours à cette mesure de sauvegarde est presque toujours systématique ; elle annonce la mesure d'incapacité.

Parmi les mesures de protection qui n'entrainent aucune incapacité juridique, mention doit être faite de la **tutelle aux prestations sociales.** Instaurée par la loi du 18 octobre 1966 cette mesure de protection permet au juge d'instance[51] de *« décider de la mise en tutelle des allocations d'aide sociale et des allocations à caractère non contributif attribuées sous conditions de ressources à des personnes âgées ou infirmes qui sont incapables en raison de leur état mental ou de leur déficience physique de les utiliser à bon escient lorsqu'elles sont isolées ou dont l'entourage n'affecte pas réellement les allocations à l'entretien normal de l'allocataire »*[52]. Cette forme de tutelle est normalement prononcée au profit de personnes ou de familles que l'on espère rendre progressivement à l'autonomie de gestion et la loi prévoit explicitement une action éducative en direction de la personne. **Dans la pratique, ces mesures tendent souvent à s'installer dans la durée ce qui montre la barrière relativement ténue avec une véritable mesure d'incapacité**[53]. En outre la jurisprudence a décidé que la tutelle aux prestations familiales peut être prononcée au profit d'un majeur bénéficiant d'une mesure d'incapacité (tutelle ou curatelle)[54].

2. La curatelle (tableau 1.3) est, avec la sauvegarde, l'une des innovations les plus intéressantes de la loi et, probablement, elle correspondait dans l'esprit de ses auteurs à la situation de la plus grande partie des majeurs nécessitant d'être protégés. Un majeur peut être placé sous un régime de curatelle lorsque *« sans être en état d'agir lui-même »*, il *« a besoin d'être conseillé ou contrôlé dans les actes de la vie civile »* (art. 508) pour l'une des causes prévues à l'article 490 ; l'altération de ses facultés doit être médicalement établie mais le certificat du médecin spécialiste n'est pas nécessaire quand la curatelle est prononcée pour une raison tenant à la prodigalité, l'intempérance ou l'oisiveté (art. 488)[55].

La curatelle concerne généralement la protection de la personne et celle de ses biens. Sous cette forme de curatelle complète, elle peut recouvrir deux degrés dans l'incapacité du majeur, la curatelle dite **simple** (art. 510) et la curatelle **renforcée** (art. 512). Dans le premier cas, le majeur ne peut faire seul aucun acte qui, *«sous le régime de la tutelle des majeurs requerrait l'autorisation du conseil de famille »* (art. 510). Il lui est donc possible de faire seul les actes de conservation et d'administration[56] et de tester mais, pour les autres actes, pour recevoir des capitaux et en faire l'emploi, pour faire donation ou se marier, l'assistance du curateur est indispensable. Ce régime d'incapacité partielle peut subir des aménagements si le juge estime dans le jugement d'ouverture de la curatelle ou postérieurement, que la personne se révèle capable de faire seule certains actes ou à l'inverse, qu'il y a lieu d'en ajouter parmi ceux qui nécessitent l'assistance du curateur (art. 511). Quant à la forme renforcée de la curatelle, elle rapproche le majeur d'une situation de tutelle en lui ôtant la gestion de ses revenus. Le curateur rend alors compte de sa gestion au juge des tutelles. Cette perméabilité avec la tutelle s'explique notamment par le fait que la curatelle permet beaucoup plus librement de choisir le gestionnaire de la mesure. Dans nombre de cas la curatelle renforcée constitue donc une forme de tutelle déguisée[57].

Tableau 1.3 : La curatelle

Loi n° 68-5, art. 1 – C.Civ., art. 508 à 514

Art. 508 : Lorsqu'un majeur, pour l'une des causes prévues à l'article 490, sans être hors d'état d'agir lui-même, a besoin d'être conseillé ou contrôlé dans les actes de la vie civile, il peut être placé sous un régime de curatelle. Art.508-1 : Peut également être placé sous le régime de la curatelle, le majeur visé à l'alinéa 3 de l'article 488 (Prodigalité...).

DECISION	GESTION
• Curatelle complète : - Simple : C.Civ., art.510 - Renforcée : C.Civ., art.512 - Le juge peut prononcer la curatelle (art.509-1) : . Sur requête de la personne à protéger, du conjoint, des ascendants, des descendants, des frères et sœurs, du ministère public, du juge d'office. . Sur avis des autres parents, des amis, des alliés, du médecin traitant, du directeur de l'établissement. . Si l'altération des facultés mentales ou corporelles a été constatée par un médecin spécialiste (art.509), sauf hypothèse art.508-1. - Durée : indéterminée.	• Textes : - C.Civ., art.509-1 et 2. - Gestionnaire : le conjoint ou toute personne physique ou morale sauf médecin traitant et établissement (art. 496-2) et exclusions (art. 441 à 444) : . Le curateur peut être différent pour les biens et la personne. . Pouvoirs : art.510 ou 512 selon le cas. . Compte-rendu au majeur (510) ou au juge (512). - Déférée à l'Etat en cas de vacance (art.509-2) : . Mêmes personnes que la tutelle d'Etat. . Pouvoirs : art.510 ou 512 selon le cas. . Contrôle DDASS et comptes rendu au juge.
• Curatelle aux biens seuls : - C.Civ., art.509-2 et 499 . Simple ou renforcée. - Mêmes conditions d'ouverture. - Durée : indéterminée.	• Textes : - C.Civ., art. 509-2. -Avec gérant de tutelle préposé administratif de l'établissement : . Pouvoirs : art.510 ou 512 selon le cas. . Comptes-rendu au juge.
• Curatelle à la personne : - C. Santé P., art.L.330 (ancien L.352) - C. Santé P., art.L.329 (ancien L.352-1) . Simple ou renforcée. - Mêmes conditions d'ouverture : . Mais seulement pour les malades mentaux hospitalisés (L.352) ou (L.352-1) et pour les personnes placées dans un établissement de la liste de l'arrêté du 12 nov. 1971. - Durée : indéterminée.	• Textes : - C.Santé P., art. L.330 et L.329. - C.Civ., art.508. -Toute personne physique ou morale qui peut être curateur à la personne dans les hypothèses de curatelle complète : . Pouvoirs et comptes rendu selon les même règles que la curatelle complète (plus art. L.330).
• Aménagement : - C.Civ., art.511. - Par dérogation à l'art.510, le juge peut énumérer certains actes que la personne peut faire seule ou à l'inverse, en ajouter parmi ceux qui nécessitent l'assistance du curateur.	• Textes : - Selon les cas précédents.

Source : CEBS/CGP — 1990

Conséquence de l'incapacité, la protection juridique de la personne sous curatelle est forte puisque la loi lui permet ainsi qu'à son curateur, de demander l'annulation de tout acte qu'elle aurait fait seule alors que l'assistance du curateur était requise (art. 510-1).

La curatelle comprend encore deux autres formes. La **curatelle à la personne** existe en effet depuis la loi de 1838 et fut codifiée à l'article L.352 du Code de la santé publique par un décret du 11 mai 1955 (devenu l'article L.330 avec la loi du 27 juin 1990). Prononcée en outre de l'administration provisoire des biens, elle donnait mission au curateur d'employer les revenus de la personne sous curatelle *« à adoucir son sort et à accélérer sa guérison »* et à la conduire *« au libre exercice de ses droits aussitôt que sa situation le permettra »*. La loi 1990[58] a bien sûr supprimé la mention désuète de l'administrateur provisoire et prévu que cette curatelle à la personne concernerait tout *« malade n'ayant pas fait l'objet d'une mesure de protection et hospitalisé sans son consentement. »*. En outre, le nouveau texte charge également le curateur de *« favoriser la réinsertion »* du malade. Cette disposition (L.352) qui ne concernait que les malades mentaux en établissement fut étendue par la loi de 1968[59] à toutes les personnes placées dans l'un des établissements de soins, de cure, de convalescence ou de réadaptation énumérés par l'arrêté du 12 novembre 1971. Ces dispositions ne semblent pas être utilisées par les magistrats, alors qu'elles pourraient être le complément utile des curatelles aux biens.

La curatelle aux biens, dernière forme de la curatelle qui ne recouvre que la gestion des biens de l'incapable, ne paraissait pas avoir été envisagée par les parlementaires. Elle provient d'une interprétation extensive de l'article 509-2 qui permit d'introduire dans les mesures d'incapacité, la curatelle d'Etat et ce qu'il est convenu d'appeler la gérance de curatelle. Cette curatelle aux biens apparaît cependant tout comme la gérance de tutelle, comme l'héritière logique de l'administration provisoire des biens. Tout comme la tutelle, elle n'est alors prononcée que *« si, en égard à la consistance des biens à gérer, le juge des tutelles constate l'inutilité de la constitution complète d'une tutelle »* (art. 499). Nous verrons que dans la pratique il n'en va pas toujours ainsi.

L'enquête a confirmé que le recours à la curatelle renforcée constitue le principal mode d'utilisation de la curatelle et parfois le seul, sans doute parce qu'elle offre le plus de sécurité aux juges et aux gestionnaires[60].

3. La tutelle (tableau 1.4) constitue le mode de protection le plus complet pour une personne incapable de se gouverner elle-même. Elle suppose le *« besoin d'être représenté de manière continue dans les actes de la vie civile »* (art. 492) pour l'une des causes prévues à l'article 490. Comme pour la curatelle, l'altération des facultés doit être médicalement établie.

Tableau 1.4 : La tutelle

Loi n° 68-5, art. 1 = C.Civ., art. 492 à 507

Art. 492 : La tutelle est ouverte quand un majeur, pour l'une des causes prévues à l'article 490, a besoin d'être représenté d'une manière continue dans les actes de la vie civile.

DECISION	GESTION
• Tutelle complète : - C.Civ., art.495. - Le juge peut prononcer la tutelle (art.493) : . Sur requête des mêmes personnes que pour la curatelle plus le curateur. . Sur avis des mêmes personnes que pour la curatelle. . Si l'altération des facultés mentales ou corporelles a été constatée par un médecin spécialiste (art.493-1). - Durée : indéterminée. -Remarques : . Mineurs émancipés : art. 494. . Jeunes majeurs et mineurs émancipés (jusqu'à 21ans): D. n° 75-96 du 18 fév. 1975.	• Textes : - C.Civ., art.495 et 496 et D. n° 74-930. - Avec conseil de famille (art.495) et subrogé tuteur : . L'époux est tuteur de son conjoint. A défaut, toute personne physique ou morale proposée par le CF. (sauf exclusions art. 496-2 et 441 à 444). . Le CF peut désigner un tuteur à la personne et un tuteur aux biens (mandat général ou spécial). . Pouvoirs : art. 449 et s. . Compte rendu au subrogé tuteur et au juge. - Déférée à l'Etat en cas de vacance, (art.433 et D.n°74-930) : . Le Préfet (--> DDASS), tout notaire ou toute personne physique ou morale agréée. Possibilité de désigner un tuteur à la personne et un tuteur aux biens. . Pouvoir : ceux d'un ALCJ. (sans CF. ni subrogé tuteur). . Contrôle DDASS et comptes rendu au juge.
• Tutelle aux biens seuls : - C.Civ., art. 497 et 499. - Mêmes conditions d'ouverture. - Quelle que soit la consistance des biens (art.497) ou si celle-ci est modeste (art.499). - Durée : indéterminée.	• Textes : - C.Civ., art. 497 et 499. - Avec administrateur légal : (art.497) : . Conjoint, ascendant, descendant, frère ou sœur. . Pouvoirs : ceux d'un ALCJ (sans CF ni subrogé tuteur). . Comptes rendu au juge. - Avec gérant de tutelle (art.499) : . Préposé administratif de l'établissement de traitement ou administrateur spécial (tuteur aux prestations sociales,D.n° 69-195 : listes de personnes physiques et morales, gérant de tutelle). . Pouvoirs : art.500. . Comptes rendu au juge.
• Tutelle à la personne : - C.S.P., art. L.329. - Mêmes conditions d'ouverture que la curatelle à la personne de l'art. L352-1. - Durée : indéterminée.	• Textes : - C.Santé P., art.L352-1. - C.Civ., art.492. - Toute personne physique ou morale qui peut être tuteur à la personne dans les hypothèses de tutelle complète : . Pouvoirs et comptes rendu selon les mêmes règles que la tutelle complète.
• Aménagement : - C.Civ., art.501. - Le juge peut énumérer certains actes que la personne peut faire seule ou avec l'assistance du tuteur.	• Textes : - Selon les cas précédents.

Source : CEBS/CGP — 1990

Dans la mesure où elle correspond normalement à des formes graves d'incapacité, la tutelle comprend (ou devrait comprendre) la protection de la personne et celle de ses biens. Cela explique qu'à l'image de la tutelle des mineurs dont elle s'inspire[61], la tutelle complète fasse en principe appel pour son administration, à la famille *« dont c'est le rôle naturel de prendre en charge l'un de ses membres ayant perdu toute autonomie »*[62]. Cette solidarité familiale s'applique principalement au conjoint et l'article 498 recommande au juge de ne pas ouvrir de tutelle *« si, par l'application du régime matrimonial et notamment par les règles des articles 217 et 219, 1426 et 1429, il peut être suffisamment pourvu aux intérêts de la personne protégée »*. Sous la limite ainsi définie et en vertu de ces articles, le juge peut autoriser l'un des époux à représenter l'autre et à agir en son nom, pour un acte particulier ou d'une manière générale, lorsque ce dernier se trouve hors d'état de manifester sa volonté ou si sa gestion de la communauté atteste l'inaptitude, la dilapidation ou la fraude et met ainsi en péril les intérêts de la famille[63].

Or ces dispositions sont peu usitées et nous verrons que les difficultés posées par la tutelle familiale conduisent souvent les magistrats à déclarer vacante la tutelle (art. 433), ce qui permet d'en confier l'exercice à une association. Pour les mêmes raisons, la présence du majeur dans un établissement (hospitalier, maison de retraite, long séjour.) donne au juge la possibilité de prononcer une simple **tutelle aux biens** en considérant que les services de l'établissement assurent la protection de la personne.

La gestion des biens peut toujours être confiée à un membre de la famille proche mais par contre, le préposé administratif de l'établissement de traitement ou l'administrateur spécial ne peuvent se voir confier la gérance des biens que si leur consistance est modeste (art. 499). Là encore, la pratique prend des libertés avec la règle et il apparaît que la *« consistance des biens »* n'est plus le critère principal de la gérance de tutelle[64].

Il est d'autres dispositions peu usitées. Celles de l'article 501 tout d'abord, permettant au juge d'énumérer certains actes que la personne peut faire seule ou avec l'assistance du tuteur. D'autre part, tout comme pour la curatelle, l'article L.352-1 (devenu L.329) du code de la santé publique prévoit la possibilité d'une **tutelle à la personne**.

Beaucoup de juges cherchent à éviter le prononcé de tutelles complètes jugées trop invalidantes et ressenties comme telles. L'enquête a révélé la faveur de la gérance de tutelle, ce qui pose quelques questions dans la mesure où c'est par exception que le législateur avait admis la possibilité pour les préposés détablissements d'assumer des charges tutélaires (art. 496-2). Mais on touche là aux incidences du mode de gestion sur le choix de la mesure[65].

§ 2 — Le choix d'un gestionnaire

Indépendamment des contraintes imposées aux juges par les structures d'offre[66], ceux-ci ne peuvent choisir en toute liberté le mode d'administration des mesures de protection. La loi a établi des priorités dont le magistrat doit étudier les possibilités en premier, une fois qu'il a choisi quelle mesure de protection convenait le mieux à la situation du majeur dont il instruit le dossier. L'on envisagera les gestionnaires possibles avant de présenter les séquences des choix. Le schéma 1.1 résume l'ensemble des possibilités.

Schéma 1.1 : Les mesures d'incapacité et leur gestion dans la loi de 1968

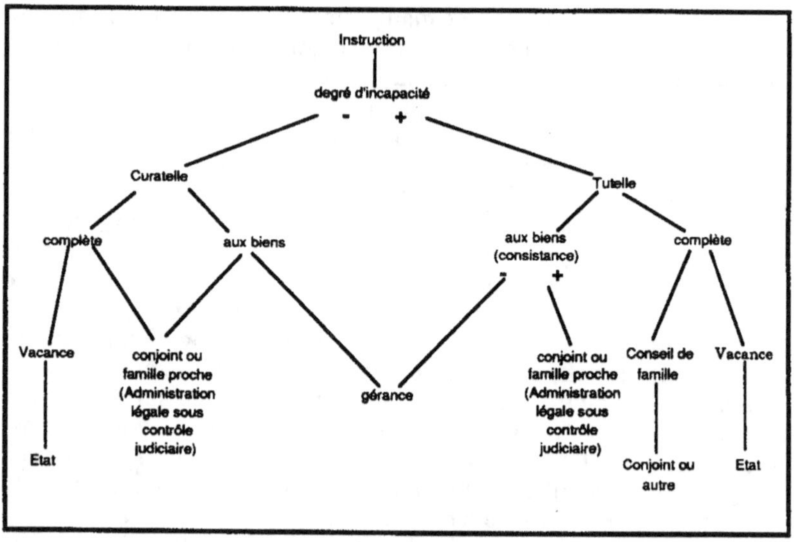

Source : CEBS/CGP — 1990

1. Nous évoquerons rapidement **la sauvegarde judiciaire**[67] prononcée par le juge en règle générale pour la période d'instruction d'une mesure d'incapacité. Elle a pour principal intérêt de permettre une protection des biens pendant cette phase d'instruction du dossier.

Au point de vue de la gestion de la mesure, la sauvegarde peut s'exercer sans mandataire (art. 491-4), avec un mandataire désigné par la personne (art. 491-3), ou le plus fréquemment avec un mandataire spécial désigné par le juge (491-5). Toute personne physique ou morale peut se voir confier ce mandat dont le juge détermine les limites dans le cadre des pouvoirs attribués au tuteur sans l'autorisation du conseil de famille. Ce mandat préfigure souvent l'exercice de la mesure d'incapacité.

2. Au terme de l'instruction le juge doit donc opter selon le degré d'incapacité du majeur concerné. En principe, si l'incapable est à même d'entreprendre certaines démarches lui-même en étant conseillé ou contrôlé, le juge choisi un **régime de curatelle** (schéma 1.2). Pour le juge, la curatelle présente l'intérêt de lui laisser une assez grande liberté dans le choix du curateur. Il doit pourtant respecter la **priorité du conjoint** quel que soit le régime choisi car en principe, *« l'époux est curateur de son conjoint »* (art. 509-1). Les pratiques des juges varient pourtant lorsque le conjoint est à même d'exercer ce mandat. Certains magistrats estiment que les articles 217 et 219, 1426 et 1429 du Code civil permettent au conjoint de faire face à la situation sans prononcer une véritable mesure d'incapacité ; d'autres pensent au contraire que la situation est plus claire si une curatelle est prononcée.

Le juge ne pourra écarter le choix du conjoint à moins que la communauté de vie n'ait cessé entre les conjoints ou qu'il estime *« qu'une autre cause interdit de lui confier la curatelle »*[68] . Le cas se présente quand l'instruction et en particulier les avis médicaux, révèlent que la solution du conjoint ne serait pas satisfaisante pour garantir les intérêts du majeur qu'il faut protéger. La pratique révèle une latitude d'appréciation du juge assez grande. **Toute personne physique ou morale** (art. 509-1) à l'exclusion du médecin traitant et de l'établissement de traitement (art. 496-2), pourra alors exercer le mandat de curatelle et le juge pourra choisir des personnes différentes pour gérer les biens et s'occuper de la personne dans l'hypothèse de curatelle complète. Un gérant de tutelle préposé administratif de l'établissement peut cependant gérer les biens des personnes en traitement.

La loi de 1968 ne laissait pas apparaître clairement, c'est le moins que l'on puisse dire, que la curatelle pût être déférée à l'Etat en cas de vacance. En effet, aucune disposition ne renvoyait à l'article 433 qui prévoit cette possiblité pour la tutelle, et l'article 509-2 fait simplement mention des *« charges tutélaires »* applicables à la charge de curateur. Par assimilation avec le fonctionnement de la tutelle, la jurisprudence a pourtant admis assez rapidement l'existence d'un régime de **curatelle d'Etat** lorsque, *« étant donnée la situation familiale »* la mesure de curatelle ne peut être confiée au conjoint ou à un membre de la famille proche[69]. Cette assimilation trouve dans la **référence familiale** un fondement logique car l'époux est *«de plein droit»*[70] curateur de son conjoint comme il peut être de plein droit son tuteur. Il convient tout de même de remarquer que la loi insiste beaucoup moins sur la présence de la sphère familiale en matière de curatelle, notamment en dispensant complètement ce régime de protection d'institutions telles que le conseil de famille et le subrogé tuteur. Quoiqu'il en soit[71], la situation de vacance oblige le juge à déférer la curatelle à l'Etat selon les mêmes modalités que la tutelle d'Etat organisées par le décret n° 88-762 qui compléta celui de 1974, et l'exercice en sera confié à un **service de la DDASS, à un notaire ou à toute personne physique ou morale qualifiée** et figurant sur une liste établie par le procureur après avis du Préfet.

Schéma 1.2 : Les mesures de curatelle et leur gestion : arbres de choix

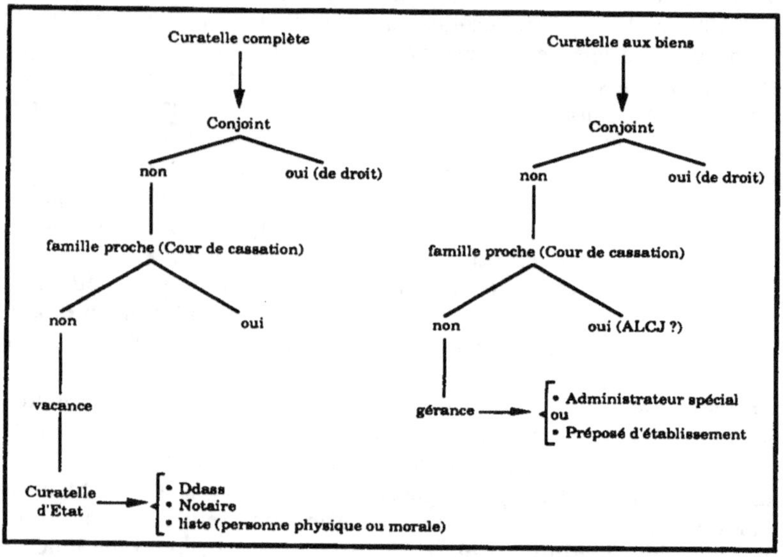

Source : CEBS/CGP — 1990

3. Lorsque le majeur à protéger est atteint de déficiences graves rendant nécessaire sa représentation continue dans les actes de la vie civile, le juge opte pour un **régime de tutelle** (schéma 1.3). La tutelle correspond donc à une situation de la personne très, voire complètement diminuée sur le plan de ses facultés d'autonomie et de jugement, et le régime juridique de la tutelle prend acte de cet état en lui retirant presque tous ses droits civils, en particulier dans le cas de la tutelle complète. Compte-tenu de cet état du majeur incapable, le législateur a entendu entourer l'exercice du mandat tutélaire de garanties importantes et, se référant à la tutelle des mineurs, **a conféré à la famille une priorité** qui lie le magistrat.

Schéma 1.3 : Les mesures de tutelle et leur gestion : arbres de choix

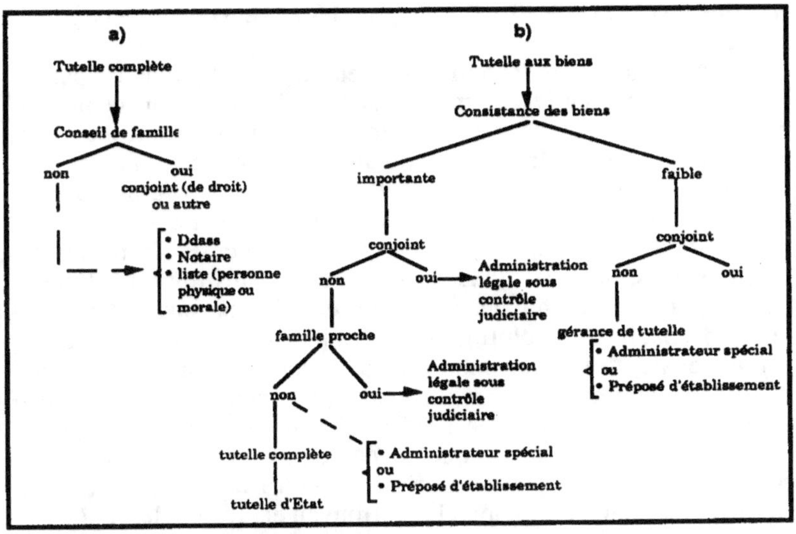

Source : CEBS/CGP — 1990

Comme pour la curatelle, **l'époux** est en principe tuteur de son conjoint et sous les mêmes réserves (art. 496), mais ce décalque de la tutelle des mineurs oblige dans un premier temps à rechercher la constitution d'un **conseil de famille**. On applique alors les règles de la tutelle des mineurs pour la constitution et le fonctionnement de ce conseil (art. 407 à 416), pour les organes de la tutelle (art. 417 à 426), pour les charges tutélaires (art. 427 à 448), pour le fonctionnement de la tutelle (art. 449 à 468) et pour les comptes et les responsabilités encourues (art. 469 à 475), sous la réserve énoncée à l'article 495 des règles prescrites pour l'éducation de l'enfant et des modifications introduites par la loi de 1968. Le conseil de famille **choisit alors le tuteur** qui est en principe le conjoint ou a défaut, tout autre membre de la famille ou toute autre personne. Cependant, comme pour la curatelle, le juge peut se dispenser d'ouvrir une tutelle par application des articles 217 et 219, 1426 et 1429 du Code civil.

L'enquête a montré les difficultés à constituer le conseil de famille et à le faire fonctionner, à cause de la déliquescence des liens familiaux ou des rivalités ; parfois le certificat du médecin spécialiste déconseille formellement le recours à une telle solution[72]. Le magistrat n'a alors d'autre ressource que de prononcer la vacance de la tutelle et en général s'y résout facilement[73]. Celle-ci est alors déférée à l'Etat et gérée dans les conditions exposées pour la curatelle, mais il aura fallu attendre le décret n° 74-930 du 6 novembre 1974 pour que cette **tutelle d'Etat** soit organisée, pour les mineurs comme pour les majeurs.

Sans doute cette lenteur règlementaire a-t-elle tenu en partie au souci d'observer les premières années d'application de la loi avant de préciser les conditions d'intervention de l'Etat, mais les auteurs qui se sont intéressés à cette question comme J. Massip, ont également avancé l'hypothèse qu'elle reflète aussi *« le peu d'empressement mis par les administrations publiques à assumer cette charge »*[74]. En tout cas, on peut y voir la volonté d'affirmer le caractère subsidiaire et donc secondaire de l'institution « tutelle d'Etat » dans l'ensemble des modalités de mise en œuvre des régimes d'incapacité. L'évolution montrera par la suite le contraire et ce qui devait n'être que marginal aura tendance à prendre une consistance de plus en plus significative, comme le souligne l'évolution récente des crédits de l'article 50 du chapitre 46-23.

Il convient de noter que le décret de 1974 avait par son article 11 créé une séparation arbitraire entre les incapables sous tutelle d'Etat, selon que le mandat se trouvait exercé par les délégués des DDASS ou par les autres tuteurs habilités. Dans le premier cas, l'application des dispositions du code de la famille et de l'aide sociale concernant *« la surveillance, le mode de placement et la gestion des biens des pupilles de l'Etat »*, tendait à rapprocher encore davantage la situation du majeur de celle du mineur, voire à les assimiler et *« à placer la protection de la personne dans l'orbite d'une conception tutélaire privilégiant l'ordre social. »*[75] Fort heureusement, cette disposition fut supprimée par le décret du 17 juin 1988 organisant la curatelle d'Etat.

Cette place de la famille dans la gestion tutélaire se retrouve quand le juge décide qu'une tutelle aux seuls biens est suffisante. Dans ce cas, l'article 497 n'établit qu'une priorité relative au profit du conjoint, des ascendants ou descendants et des collatéraux, qui sont alors désignés comme **administrateurs légaux**. En effet, les juges apprécient souverainement laquelle de ces personnes apparaît la plus qualifiée pour être désignée[76]. De plus, s'il constate une faible consistance des biens, le juge pourra décider de l'inutilité d'une tutelle complète et désigner comme **gérant de tutelle**, *« soit un préposé appartenant au personnel administratif de l'établissement de traitement, soit un administrateur spécial »* (article 499)[77], choisis dans les conditions fixées par le décret du 15 février 1969.

Dans ce domaine encore, la pratique donne des solutions fréquemment affranchies du critère de la consistance des biens. Les juges furent souvent contraints pour des raisons historiques (la lenteur des DDASS à organiser la tutelle d'Etat) et à cause de phénomènes de rationnement des solutions alternatives (insuffisance du nombre des personnes inscrites sur la liste du procureur, absence de financement des mesures d'Etat...), de recourir, *« par une interprétation extensive et quelque peu déformante de l'article 499, à la tutelle en gérance »*[78], au-delà de ce qu'eût recommandé la stricte application du critère de la consistance des biens.

Section 2 : *Les acteurs dans la protection des majeurs incapables : diversité des situations et complexité du système*

Le domaine de l'action sociale est coutumier de l'intervention d'un grand nombre d'acteurs, rattachés à des sphères de cultures et de compétences à la fois différentes et complémentaires et agissant selon des logiques constitutives de ces spécificités. Très souvent en effet, la rationalité administrative voit ses projets se heurter à une rationalité d'offre de service qui peut emprunter certains de ses principes aux logiques de marché, voire à une rationalité politique lorsque la décision et la légitimation d'un pouvoir élu sont en cause[79]. Le domaine de la tutelle offre de ce point de vue quelques particularités.

En premier lieu, le fait d'être resté entièrement de la compétence de l'Etat a mis jusqu'à présent le domaine de la tutelle à l'abri d'une insertion dans les politiques d'action sociale locale. On ne saurait déduire de ce méandre de l'histoire administrative qu'il échappe pour autant à des arbitrages, en particulier financiers, et l'on nous concèdera que l'intervention règlementaire de l'Etat est sur ce point plus expéditive[80]. En second lieu, la tutelle appartient à l'un des secteurs de l'action sociale soumis aux interventions conjointes du pouvoir judiciaire et du pouvoir médical. La mise sous protection est une décision juridique et l'expertise médicale la détermine largement[81]. Enfin, les modes de gestion d'une intervention sociale particulière sont en règle générale assez homogènes d'un département à l'autre et la tutelle offre, sur ce point aussi, d'intéressantes particularités.

A l'image de l'action sociale décentralisée, l'enquête réalisée sur la tutelle des majeurs met en évidence la permanence des acteurs et la diversité de leurs situations d'un département à l'autre (sous-section 1) dont on ne donnera ici qu'une idée sommaire ; si cette variété reflète probablement celle des cultures locales, elle ne paraît pas s'accompagner d'une aussi grande variété des lignes d'influence structurant le système des tutelles dont la complexité semble plutôt due aux mécanismes institutionalisés (sous-section 2).

Sous-section 1 — *Permanence et diversité des acteurs*

Si la présence des mêmes types d'acteurs sur l'ensemble du territoire constitue une certitude, de même que la diversité de cette présence mesurée au travers de leur influence locale, la mesure en demeure incertaine tant font défaut les statistiques précises. Même lorsqu'ils proviennent des mêmes sources, les renseignements collectés sur l'activité des services tutélaires ne concordent pas toujours ou sont fréquemment partiels[82]. Les enquêtes réalisées par le Ministère de la solidarité de la santé et de la protection sociale permettent une première approche (§ 1) et nos propres observations complètent de manière imparfaite le tableau (§ 2).

§ 1 — Les services tutélaires (mesures d'Etat)

Si la loi du 3 janvier 1968 s'inspirant de l'administration de la tutelle des mineurs (art. 433), avait prévu l'institution de la tutelle d'Etat lorsque la vacance doit être constatée, il fallut attendre près de six années pour qu'elle soit organisée[83]. L'article 5 du décret prévoit que la tutelle déférée à l'Etat est confiée au préfet qui la délègue au directeur départemental de l'action sanitaire et sociale. Pourtant, l'Etat ne fît peser sur les DDASS aucune obligation d'organiser leur propre service tutélaire et le préfet peut agréer des services privés pour l'exercice de cette mission de service public. Dans certains départements, les DDASS ont d'emblée constitué leur propre service tutélaire qui fut alors très souvent un service pionnier et constitue encore, dans la plupart des cas, un service de référence de par ses qualités professionnelles[84]. Il n'y a cependant pas de lien entre l'existence de tels services et le nombre des mesures d'Etat. Prenant un parti inverse (par manque de personnel ou par philosophie) d'autres DDASS participèrent activement à la mise en place et/ou au développement de services conventionnés. Cependant, les circulaires ministérielles insistent plus sur la mise en place de services d'Etat conventionnés (à défaut de personnels suffisants dans les DDASS), ou sur les mesures d'Etat non justifiées (personnes placées en long séjour par exemple), qu'elles ne se montrent préoccupées par un développement spatial plus harmonieux des tutelles d'Etat[85].

Les études du Ministère concernant la ventilation des services tutélaires donnent les résultats suivants.

Tableau 1.5 : Ventilation des services tutélaires (mesures d'Etat)

TYPE DE SERVICES	1984	1985	1986	1984/86
Services conventionnés	79	95	129	63,29%
Services Ddass	34	33	41	20,58%
Départements disposant d'au moins un service	62	72	92	48,38%

Source : Ministère de la solidarité, DAS, note bureau RV3-avril 1990

Le tableau met en évidence les efforts réalisés par l'Etat pour faire face à l'augmentation de la demande de tutelles dont le financement doit être en tout ou partie socialisé. Le nombre des services gérés directement par les DDASS a cru de 20% tandis que le nombre des services conventionnés s'accroissait de 63% de 1984 à 1986. Pour ces derniers il s'agit pour partie seulement de créations de nouveaux services (en particulier des UDAF) et principalement de nouvelles conventions signées avec des services tutélaires existants. Durant cette courte période, le nombre des services gestionnaires de mesures d'Etat augmente donc de 50% mais en 1986, dix départements étaient encore dépourvus d'un tel service sans que l'on puisse présenter des facteurs d'explication communs à cette absence de l'Etat. On y retrouve des départements d'outre-mer, des départements ruraux peu peuplés, mais aussi des départements urbanisés très peuplés (Seine-Saint-Denis, Hérault...).

Si les financements de l'Etat sont très inégalement répartis sur le territoire (cinq régions concentrent 42% des mesures financées par l'Etat et la Bretagne 16% à elle seule)[86], **on ne peut noter de corrélation entre cette inégale diffusion et la présence ou l'absence d'un service tutélaire des DDASS**. Moins de 5% des départements disposent seulement d'un service DDASS, environ la moitié disposent uniquement d'un service conventionné et, dans un peu plus d'un tiers des départements, les mesures d'Etat sont réparties entre un service DDASS et un ou plusieurs services conventionnés, cette dualité de l'offre n'impliquant pas nécessairement un taux plus élevé de mesures.

L'examen des services conventionnés montre de son côté

une **forte concentration autour de deux types de structures associatives** puisque plus de 70% des services conventionnés sont rattachés aux UDAF et aux ATI. Cette concentration n'étonne pas car elle correspond à la présence d'associations fédérées nationalement et dont les préoccupations tournent traditionnellement autour des différentes formes d'action sociale.

Tableau 1.6 : La ventilation des associations tutélaires (mesures d'Etat)

ASSOCIATIONS	1984	1985	1986
U.D.A.F.	39	41	52
A.T.I.	13	32	40
Autres	27	22	37
TOTAL	79	95	129

Source : Ministère de la solidarité, DAS, note bureau RV3-avril 1990

Les **Associations tutélaires des inadaptés**, se sont constituées à l'initiative des parents d'enfants inadaptés, dans la suite de la loi de 1968. Spécialisées dans l'aide aux déficients mentaux (et aux troubles associés), elles épaulent et suppléent les familles des majeurs incapables. Leur rattachement à la sphère des Unions départementales des associations de parents d'enfants inadaptés (UDAPEI), confère une colloration fortement sociale à leur conception de la tutelle qui, d'une manière générale, doit *« contribuer à maintenir ou rétablir des liens sociaux pour des personnes souvent fortement handicapées »*[87] et prolonger autant que possible l'action des parents quand ils ne peuvent plus assumer cette charge. Compte tenu des particularités des populations aidées, le modèle de la tutelle des mineurs affleure très souvent et parfois explicitement dans les propos des responsables. L'origine familiale des ATI et le souci de maintenir forte cette tradition, ont souvent contribué à créer des réticences à l'égard de l'exercice de la tutelle d'Etat. A l'heure actuelle encore, certaines ATI se refusent fermement à élargir leur intervention au-delà de ce cadre traditionnel de la solidarité interfamiliale.

La vocation des UDAF répond plus largement encore au

souci d'aide aux familles en difficulté. A la différence des ATI, cette vocation générale ne les disposaient pas spontanément à créer des services tutélaires pour les majeurs et l'indépendance de chaque union départementale a engendré une diversité de situations locales. Si à la suite de la loi de 1966[88], une majorité d'UDAF s'est progressivement dotée d'un service tutélaire en direction des familles, seulement une partie d'entre elles a accepté d'exercer des TPSA et un nombre encore plus limité s'est engagé dans l'exercice des tutelles de la loi de 1968 avant les années récentes[89]. De ce fait, certains services tutélaires des UDAF sont de création ancienne, d'autres en sont à leur démarrage.

La pression des juges et des DDASS est en effet forte depuis quelques années pour que les UDAF acceptent de créer un service tutélaire dans les départements où elles s'y étaient montrés résolument hostiles. Il faut dire qu'en plus du caractère un peu marginal de l'activité tutélaire par rapport à la vocation des UDAF, l'Etat, fortement solliciteur, *« n'apporte aucune subvention ni aucun financement spécifique pour aider aux investissements nécessaires à la création de tels services »*[90]. Des fonds propres, des personnels ou du temps de travail sont donc soustraits aux autres services des UDAF, au moins pendant la période de montée en régime des services nouveaux. Ce facteur économique contribue avec la spécificité de la mission confiée, à justifier le refus maintenu jusqu'à aujourd'hui par certaines UDAF.

Les autres associations tutélaires représentent plus typiquement encore les spécificités locales. Les origines en sont diverses et parfois antérieures aux lois de 1966 et 1968. Certaines sont nées de l'initiative d'institutions sociales comme les CAF ou les MSA, pour gérer les tutelles aux prestations sociales. Après quelques années, la reconduction des mesures et la formation des délégués à la tutelle firent alors considérer la tutelle des incapables comme un prolongement naturel de la spécialisation initiale, fréquemment avec quelques étapes intermédiaires (habilitation AEMO par exemple). D'autres souvent plus anciennes, ont pour origine des associations parfois nées de l'initiative des juges des enfants, spécialisés dans les tutelles auprès des mineurs, et elles aussi furent conduites peu à peu sur le terrain des tutelles aux majeurs (souvent avec l'étape intermédiaire de la TPSA). Toutes ont connu plus ou moins précocement et plus ou moins complètement, un processus de professionnalisation qui a confirmé leur technicité en même temps que leur vocation sociale.

L'ensemble des services proposés — tutelle mineurs, TPSE, TPSA, tutelle majeurs — offre l'aspect d'un continuum et permet à ces associations une meilleure connaisance de l'ensemble des données sociales et économiques des tutelles. D'où aussi l'importance d'un rôle qui déborde la simple gestion de services.

§ 2 — Les services tutélaires (autres mesures)

La permanence des institutions gestionnaires et la diversité de leurs situations locales ne se laissent pas uniquement saisir au travers de la place occupée par les services gestionnaires des mesures d'Etat. Si l'observation montre une nomenclature en fin de compte assez limitée des catégories de gestionnaires du fait même des possibilités ouvertes par la loi, les subdivisions à l'intérieur de chaque catégorie et leur importance différente selon les départements donnent l'impression d'une grande diversité de situations locales. Le tableau 1.7, construit à partir des enquêtes sur le terrain et des entretiens avec les différents acteurs, donne une image approximative de cette diversité dans quatre départements pour lesquels les informations recueillies permettaient sa constitution avec une marge d'erreur tolérable.

Dans tous les départements, **la première place en matière de gestion des mesures de protection revient à la famille envisagée ici au sens large**. On y compte le conjoint dont nous verrons le peu de place qu'il tient, les ascendants et les descendants qui, selon des proportions variables d'un département à l'autre, représentent l'institution familiale à titre principal, enfin les collatéraux et de manière marginale, d'autres membres de la famille. La famille paraît ainsi remplir la mission assignée par la loi bien que les juges se plaignent dans beaucoup de tribunaux, des difficultés croissantes à lui confier l'exercice des mesures de protection. A l'inverse, d'autres juges et aussi les mêmes, confient aussi qu'ils leur est parfois difficile de résister à la pression de la famille quand celle-ci tient à tout prix à assurer la mesure, même si cette solution n'apparait pas la meilleure pour le majeur de leur point de vue ou/ et de celui du médecin psychiatre.

Le poids relativement homogène des **gestionnaires personnes physiques** cache des réalités qui le sont beaucoup moins. Parmi ceux-ci, se trouvent des gérants de tutelle administrateurs spéciaux[91] mais aussi des personnes agrées pour exercer les mesures d'Etat[92] (tutelle aux biens ou complète). Le plus souvent, il s'agit de personnes isolées, attachées au service d'un tribunal et parfois d'un juge particulier, qui gèrent en général quelques mesures mais peuvent aussi assumer un véritable travail de délégué auprès de dix ou vingt majeurs incapables. Plus rarement, l'initiative des juges et des DDASS a permis de regrouper ces gérants dans une structure associative spécifique[93] ; parfois aussi, des personnes physiques ont constitué de véritables services tutélaires privés avec l'aide de l'Etat et des magistrats[3].

La gérance de tutelle exercée par les **services tutélaires des établissements de soins** représente une part assez stable des mesures gérées d'un département à l'autre. La succession de l'ancienne administration provisoire des biens et le caractère obligatoire de la constitution de ces services expliquent cette constante, en même temps que la facilité constituée par le recours à la gérance en cas de pénurie d'offre alternative[94]. Ainsi, réduit à une seule personne qui ne s'y consacre pas toujours à plein temps dans les petits établissements hospitaliers, ce service de gérance de tutelle prend une consistance plus grande dans les établissements de taille importante. La situation est plus contrastée pour **la gérance en maison de retraite** car beaucoup de directeurs ne voient aucun intérêt à supporter le poids administratif et psychologique d'un service de gérance.

Tableau 1.7 : La part des gestionnaires des mesures de tutelle dans quatre départements (en % des mesures de protection)

Gestionnaire	I	II	III	IV	Mini	Maxi
Famille	55	50	52	65	50	65
Personne physique et notaire	11	11	8	13	8	13
Administration Hôpital	13	11	13	9	9	13
Administration Maison de retraite	7	3	4	3	3	7
Ddass	1	3	19	0	0	19
U.D.A.F.	0	5	3	0	0	5
A.T.I.	4	7	0,5	10	0	10
Autre Association	9	10	0,5	0	0	10
TOTAL	100	100	100	100	-	-

Source : CEBS/CGP — 1990

Quant aux **autres services tutélaires**, le tableau reflète la diversité de la présence directe des DDASS et des situations locales propres à chaque département et parfois à chaque juridiction, en matière de services associatifs. Sans entrer ici dans le détail[94], il est aisé de se représenter les difficultés d'ajustement entre demande et offre de service, selon que plusieurs associations œuvrent conjointement sur un même ressort territorial, que leur nombre se réduit à une ou deux ou bien que les magistrats se heurtent aux refus de leurs responsables de sortir du cadre tracé par leur vocation initiale (par exemple, la plupart de ces associations sont agrées pour exercer les mesures d'Etat mais certaines ne le souhaitent pas).

Malgré la permanence des acteurs et la diversité des situations locales due au poids très différent des gestionnaires, **le système de la tutelle ne paraît pas offrir suffisamment d'attrait pour que la pénurie de l'offre de service suscite l'intérêt spontané de nouvelles structures d'offre.** Les services tutélaires existants œuvrent bien sûr à leur propre continuation selon des logiques de développement enserrées dans les contraintes publiques (en particulier financières), mais l'ensemble offre l'image d'un système se mouvant dans la lenteur. Les règles fixées pour la reconnaissance des incapacités et les mécanismes de financement n'en portent pas l'exclusive responsabilité car les différents intervenants occupent dans ce système des places déterminées par les règles institutionnelles et par leur spécificité dans les rapports entre offre et demande de tutelle.

Sous-section 2 — *Complexité des rapports institutionnels*

Le juge des tutelles, personnage central de la mise sous protection, ne peut librement mettre en œuvre une politique en matière de tutelle aux incapables majeurs. Il intervient en réalité dans un champ social très balisé dont il est en pratique presque le seul acteur non permanent (§ 1). De plus, tant les particularités des gestionnaires qui en font à la fois des représentants de l'offre et de la demande que les caractéristiques du mandat tutélaire, contribuent à la complexité des rapports entre les acteurs (§ 2).

§ 1 — Un champ social très balisé

D'une manière générale, les juges des tutelles, soumis aux règles de mutation de la fonction publique, soulignent le fait d'être **les seuls acteurs non permanents du système** de la tutelle et qui plus est, des acteurs le plus souvent inexpérimentés car ils exercent cette fonction en début de carrière.

Ce sentiment prévaut tout d'abord à **l'égard des médecins spécialistes** auxquels la loi de 1968 attribue le constat de l'altération des facultés mentales ou corporelles et dont le certificat médical apparaît à bien des égards déterminant. D'une part le juge peut difficilement résister à la conclusion médicale recommandant une mesure de protection ; d'autre part, l'avis médical peut être assez précis pour rendre presqu'inévitable la protection recommandée. Les médecins ont une conscience aiguë de leur rôle en matière de protection et, bien que la loi ait vivement souhaité leur collaboration avec l'institution judiciaire, ils estiment en général que l'avis médical doit être déterminant et prennent facilement ombrage des décisions des juges non conformes à leurs prescriptions. De plus, les médecins spécialistes, appuyés sur leurs indications cliniques de l'altération ont, sur ce que doit être leur rôle et celui du juge, sur l'intérêt de la protection et l'intervention des institutions sociales, des opinions qui diffèrent selon les équipes, les écoles et parfois à l'intérieur d'un même établissement de soins[95].

A l'égard des services tutélaires, les juges soulignent d'une manière générale *« le poids des tuteurs institutionnels »*[96] et même leur sentiment *« d'un poids excessif des associations par rapport à celui du juge des tutelles »*[97], car le juge se présente tout aussi isolé face aux structures associatives. Dans la plupart des tribunaux d'instance, le magistrat est en effet juge unique et ne peut guère compter que sur l'aide précieuse de son greffe et si une coordination existe entre les juges d'un même tribunal dans les grandes villes, elle est plus rare entre les juges des tutelles des différents tribunaux d'instance d'un même département. Au-delà du mouvement de mutation qui rend une telle coordination mal aisée, les conceptions qu'ils se font de leur fonction la rend difficilement praticable. Soucieux d'une indépendance qui se traduit par des conceptions différentes en matière de tutelle, des pratiques parfois divergentes de la loi et des investissements personnels différenciés dans cette fonction (intérêt personnel ou pas, conception juridique et/ou sociale de leur rôle, rapports avec les médecins et volonté de ne pas s'en remettre à leur avis, sensibilité ou pas aux jeux et aux intérêts des autres acteurs...), les juges des tutelles se présentent donc de manière dispersée devant les associations dont ils regrettent d'autant le poids. Or ce poids permet aux tuteurs institutionnels une reconnaissance auprès de l'Etat que peuvent en effet envier les juges des tutelles. Consultées pour la réforme des textes, invitées aux tables rondes ministérielles pour réfléchir sur la gestion des mesures et la mise en œuvre de la loi, ces institutions apparaissent, plus que les juges, comme des interlocuteurs privilégiés de l'Etat.

Il est vrai que dans les rapports qui se nouent localement à propos des mesures de protection, **plus des deux tiers des associations se présentent avec un double avantage**. D'un côté elles appartiennent à des structures locales et nationales fortement représentatives. Pour les UDAF et les ATI, cette affiliation leur permet de s'appuyer localement sur une forte tradition, une éthique et un réseau de structures et de relations qui, tout en les impliquant dans les interventions sociales locales, les mettent en situation d'interlocuteurs respectés ; elle fait aussi de ces associations locales, des chambres d'enregistrement pour leurs structures nationales dont elles relaient les politiques ou les orientations. On ne peut cependant exagérer l'intérêt que ces types de regroupement présente pour les associations départementales car l'autonomie locale est grande en matière de politique tutélaire et, même pour ce qui concerne les instruments de gestion, l'épaulement des unions nationales se met simplement en place aujourd'hui. D'un autre côté, cette affiliation a des réseaux nationaux et locaux, conjuguée à une forte identité locale, leur laisse une assez grande marge de manoeuvre par rapport à la demande de protection ; il convient en effet de souligner que ces associations sont fortement sollicitées pour créer des services tutélaires ou les développer, pour élargir leur sphère traditionnelle d'intervention et même pour accepter les mesures d'Etat. Cependant, les conditions de financement des mesures de protection souvent mal établies, sont restées, jusqu'à présent du moins, à tel point dissuasives que l'offre ne peut guère s'y manifester qu'avec prudence.

Quant aux **autres associations** dont la création remonte souvent à deux décennies, leur existence et leurs buts sont liés à l'initiative d'institutions sociales (CAF, MSA,...) ou de militants de l'action sociale auxquels elles doivent d'avoir conservé une forte idée de leur rôle social qu'elles souhaitent perpétuer en matière de tutelle (même lorsque ce n'était pas là le domaine initial de leur intervention). Fréquemment, des structures inter-départementales[97] servent de lieu pour l'échange de leurs réflexions, de leurs expériences sociales ou gestionnaires, et permettent de mûrir des propositions qui seront ensuite relayées auprès des juges de différents départements ou auprès d'instances nationales, mais ces regroupements n'empêchent nullement les spécificités. Certaines de ces associations n'interviennent qu'en milieu ouvert ; d'autres acceptent l'intervention de leurs délégués pour de la simple gérance de biens, en établissement ou pas ; et la même diversité existe en matière de populations aidées.

Les traits communs à toutes les associations tutélaires consistent pour elles à **rechercher la préservation de leurs spécificités et l'augmentation de leurs marges de manoeuvre au plan financier.** La pénurie de l'offre leur permet d'opérer une certaine sélection sur les dossiers en n'acceptant que les majeurs dont l'incapacité correspond précisément à leur spécialisation (cas des ATI par exemple), ou principalement ceux pour lesquels l'accompagnement social s'avère à priori possible, quitte à négocier avec le juge l'acceptation de quelques autres dossiers. Quant à leur équilibre financier, les nécessités de leur développement et parfois du simple maintien de leur activité (en particulier lors de l'arrêt du financement des curatelles d'Etat), les conduisent à accepter de simples gérances de biens ou des tutelles légères de personnes en établissement, pour reporter des moyens de financement sur des mesures à la gestion plus coûteuse[98].

Parmi les gestionnaires institutionnels, **les gérants de tutelle des établissements de soins** sont probablement ceux dont la marge de manœuvre est la plus réduite. En dehors des hypothèses où la gérance s'impose comme une solution logique compte tenu du dossier du majeur à protéger, elle peut également représenter une sorte de recours lorsqu'il s'avère difficile de constituer une tutelle ou une curatelle complètes. Si le gérant peut difficilement résister à la pression du juge sauf en plaidant l'absolue saturation de son service, il est également sans grand pouvoir de négociation face aux pratiques médicales ou à la politique hospitalière. L'orientation de plus en plus de CHS vers des placements en milieu ouvert, a cependant contribué à une certaine revalorisation du rôle des gérants presque nécessairement associés au projet de sortie des malades. La publication récente de textes concernant leur formation ouvre la voie à la reconnaissance de la spécificité de leur fonction au sein des structures hospitalières[99].

Quant aux **autres gérants**, préposés des maisons de retraites et administrateurs spéciaux, le juge se trouve à leur égard en position de sollicitation dans la plupart des départements. Les administrateurs spéciaux (fréquemment appelés gérants bénévoles) entretiennent d'ailleurs assez souvent un rapport très personnalisé avec le juge, en particulier s'ils sont en même temps tuteurs d'Etat. Cette double reconnaissance facilite le transfert de certains dossiers entre tutelles aux biens et tutelle complète et permet aux magistrats de confier aux plus sûrs d'entre eux, des dossiers jugés délicats.

Comme on peut le percevoir, bien qu'il y ait, dans le champ social défini par les acteurs et les pratiques de la tutelle, confrontation entre une demande et une offre de service, les conditions de financement des mesures de protection ont été jusqu'à présent telles que **l'offre ne peut s'y développer facilement**. De plus, le système présente des caractéristiques telles que la plupart des structures d'offre se trouvent **en mesure d'influer sur la demande**, les lignes d'influences ainsi établies se révélant plus enchevêtrées qu'une première approche ne le laisse paraître.

§ 2 — Les lignes d'influences enchevêtrées

La complexité du système des relations établies entre les acteurs de la tutelle tient sans doute à la fois au rationnement administratif de financement des mesures, qui conduit les principaux gestionnaires à rechercher d'autres modes d'arbitrages pour préserver l'équilibre et le développement de leurs services, et au fait, commun à la plupart des secteurs de l'action sociale, que les bénéficiaires de la prestation ne peuvent faire valoir directement leurs besoins et leurs droits, sauf exception.

Ainsi, le rapport entre offre et demande ne se concrétise pas seulement de manière directe entre les magistrats et les services gestionnaires, mais aussi par **le jeu des signalements**. Or ce jeu du signalement présente dans le système de la tutelle un certain nombre de caractères spécifiques.

D'un côté en effet, la loi permet l'intervention de toute personne physique ou morale pour laquelle la situation d'un majeur mérite l'attention du juge des tutelles. Parmi ces personnes, certaines comme les médecins ont une influence très grande sur le processus de décision; d'autres comme la famille ou les proches sont systématiquement interrogés par le juge quand ils ne sont pas eux-mêmes à l'origine du signalement ; d'autres enfin, comme les services sociaux, les services des établissements ou les services tutélaires se trouveront fréquemment en position de proposer une mesure de protection[100].

Tous ces intervenants peuvent avoir **des motifs et des intérêts différents de procéder ou de ne pas procéder au signalement** du majeur. Intérêts patrimoniaux de la famille, souci des services sociaux de capter une intervention sociale efficace, volonté de préserver une contrepartie aux frais d'hébergement, recherche d'une population correspondant aux spécificités du service tutélaire, sont autant de bonnes raisons de procéder au signalement, dans lesquelles interfèrent intérêts de la personne dont la protection est demandée et intérêts propres de l'intervenant auprès des magistrats[101].

D'un autre côté, nombre de services tutélaires se trouvent **à la fois en situation d'offre de service et de représentants des bénéficiaires**. C'est en réalité le cas de tous les gestionnaires mais à des titres et avec des poids différents. En effet, tout gestionnaire représente le majeur dont il a la charge et l'exercice de son mandat tutélaire le met en rapport avec la famille, les proches et le milieu, éventuellement pathogènes ou pouvant justifier de protections comparables. Mais certains acteurs, spécialisés dans l'intervention auprès de personnes spécifiques (cas des gérants d'établissement ou des Associations tutélaires des inadaptés) ou dans certaines formes d'actions sociales, ont des intérêts plus particulier de rechercher la mise sous protection de majeurs appartenant à des populations auprès desquelles ils exercent une action attitrée. Il s'agit alors en quelque sorte d'une **présélection en amont**, des personnes susceptibles de bénéficier d'une protection.

Bien entendu, on ne saurait présenter de tels fonctionnements comme le résultat de perversions volontaires du système. Y a-t-il d'ailleurs perversion quand les bénéficiaires sont repérés et suivis par les services les plus aptes pour le faire ? De plus, ces processus de présélection, s'ils laissent de côté une partie de la population à protéger[102], interfèrent avec d'autres éléments et notamment, la saturation des services et les arbitrages négociés avec les magistrats auxquels revient la prise en compte des dimensions variées du système[103]. Il faut cependant ajouter que les gestionnaires des mesures de protection se retrouvent au travers de cette gestion, dans la situation d'influer sur l'évolution du statut de l'incapable majeur, car le suivi social qui complète presqu'inévitablement la gestion des biens, se donne pour objet de rapprocher autant qu'il est possible, les personnes placées sous protection de l'aptitude à la « décision rationnelle ».

Dépendantes du jugement déclaratif d'incapacité, les structures d'offre ont ainsi intérêt à sa production et, à la fois, elles déterminent en partie le repérage des situations méritant l'intérêt des médecins et des juges, et influent sur l'évolution du flux de sortie de la situation d'incapacité.

Une autre variable du système plusieurs fois mentionnée, mérite attention. **Financeurs et financements** semblent en première approche bien séparés des mécanismes de détermination de l'incapacité, mais la réalité révèle des aspects plus complexes du fonctionnement d'ensemble de la tutelle.

L'Etat d'abord dont les financements répondent pour le bénéficiaire à l'exercice d'un droit, a fait constamment pression pour éviter une trop forte croissance des mesures d'Etat. L'élaboration tardive du décret de 1974, l'arrêt du financement de toute nouvelle mesure de curatelle d'Etat en 1986, la présentation des crédits affectés à la tutelle comme des montants plafonnés, le refus d'accepter l'extension des services DDASS déjà implantés, se présentent comme autant de moyens de pression pour obtenir des juges qu'ils ne prononcent les mesures d'Etat qu'à défaut vraiment d'autre possibilité. Par ailleurs, il semble que les mesures de tutelle aux prestations sociales n'aient pas trouvé en pratique l'autonomie par rapport aux mesures d'incapacité, que la loi leur avait conférée. Fréquemment, leur complément est recherché par les gestionnaires pour la simple raison de l'apport du financement complémentaire et les magistrats ne sont pas toujours en mesure de résister aux pressions des gestionnaires. Enfin, la participation des bénéficiaires dont le montant symbolique pour les faibles ressources rendait très difficile l'exercice de mesures complètes (et pouvait justifier le recours au financement par le biais d'une TPSA), a été récemment réévaluée mais simultanément, sensiblement réduite pour les personnes en établissement. Les charges de gestion des services tutélaires sont rendues plus complexes sans que pour ces services ne s'en trouvent accrues leurs ressources quand elles n'ont pas tendance, à moyen terme, à s'affaiblir[104].

Une contradiction étonnante résulte de la complexité du système puisqu'aux facteurs concourant au développement de la « demande » tendent à s'opposer des forces visant à limiter l'offre. Problème de régulation traditionnel dont découle un système de relations complexes que le schéma 1-4 tente de représenter.

Schéma 1.4 : Le système des tutelles, du bénéficiaire potentiel au bénéficiaire effectif

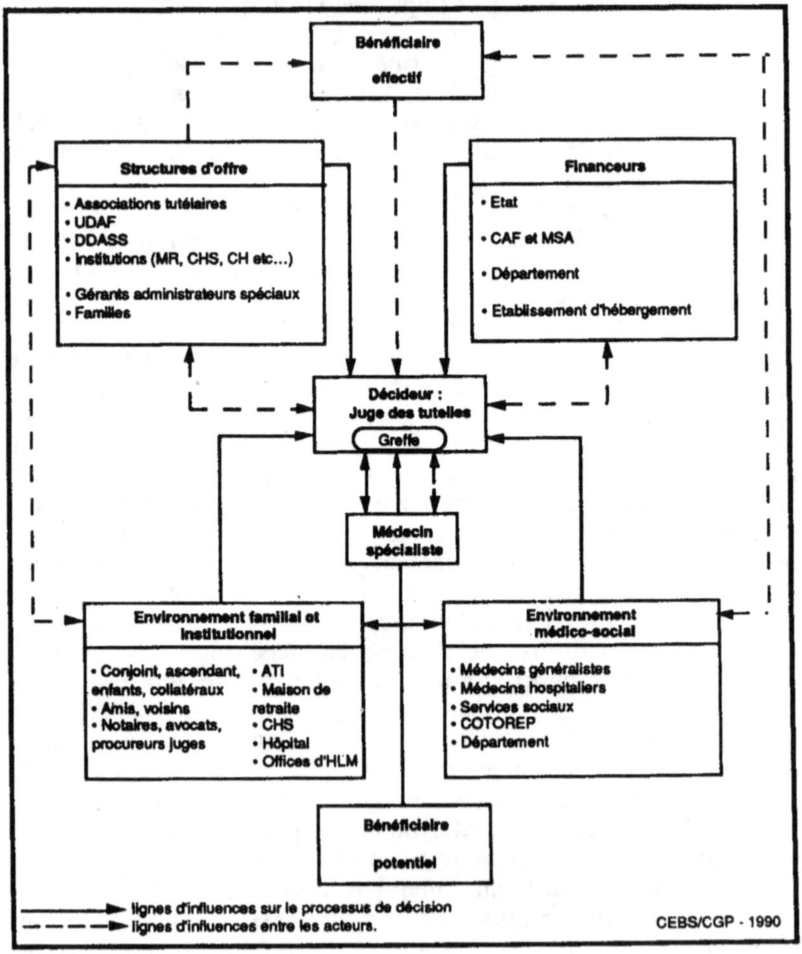

Le juge y apparaît au cœur d'un système complexe d'influences où se mêlent constamment le jeu subtil des stratégies et des objectifs des uns, le poids des contraintes et les faiblesses des autres. Dans ce système, il revient au juge un rôle pivot essentiel dont la finalité est la défense et la promotion des intérêts des majeurs affaiblis. On conçoit d'emblée qu'il lui faudra pour atteindre cet objectif non seulement **mobiliser toute sa compétence technique** dans le domaine juridique, mais aussi **et surtout sa capacité d'analyse et d'action** pour comprendre et influencer le fonctionnement global de ce système complexe. L'un des principaux enjeux d'influences est la définition de la population qui sera effectivement protégée mais au-delà, se profilent également des conditions concrètes dans lesquelles cette protection est exercée.

Section 3 : Le domaine d'application de la loi : des frontières floues

Le caractère inévitablement ambivalent de dispositifs qui privent de droits pour mieux protéger, rend difficile la définition de la population cible. La fonction protectrice des mesures les fait assimiler à une intervention sociale particulière et invite à en étendre largement le bénéfice. L'aspect réducteur de personnalité incite à en réserver l'application aux cas de nécessité impérieuse. On imagine facilement que des zones de flou et des tensions critiques apparaissent dans la détermination des personnes concernées par ces mesures « d'incapacité-protection ».

Soulignant le caractère novateur de la réforme dans son intervention lors de la séance du Sénat du 18 mai 1967, le secrétaire d'Etat à la l'économie et aux finances envisageait que *« le champ d'application de la loi ne doive pas se limiter aux seuls individus privés de raison, mais être étendu* ***à tous ceux pour lesquels une aide, une assistance extérieure s'avère indispensable»***[105]. Avec une telle conception, qualifiée par ses auteurs *«d'humaine et sociale»*, les dispositifs accompagnant les régimes d'incapacité tendent à déborder de leur fonction de réparation d'une incapacité de gestion et à prendre une connotation positive qui les rapproche insensiblement des autres formes de l'action sociale. C'est pourquoi la détermination du champ d'application des mesures « d'incapacité-protection » est une opération qui doit se faire sur deux plans. En effet, elle suppose non seulement d'avoir précisé les caractéristiques des personnes concernées par de telles mesures mais aussi d'avoir délimité le contenu de l'exercice de la mesure. Dans cette section nous n'envisagerons que le premier de ces plans : la population concernée par les mesures « d'incapacité-protection ». La détermination de cette population obéit à une logique complexe parce que les différents acteurs du système interviennent chacun à leur niveau (sous-section 1). L'interaction de ces diverses influences conduit à la définition des personnes effectivement mises sous tutelle ou sous curatelle, ce qui fait apparaître des écarts entre les ayants droit et les personnes protégées (sous-section 2).

Sous-section 1 — *Les acteurs et la détermination de la population cible*

D'emblée, pour les artisans du projet de loi, le domaine d'application des dispositifs de protection fut perçu d'une manière très large. Cette intuition s'appuyait vraisemblablement sur la liste relativement longue des différentes catégories de personnes pour lesquelles on supposait l'existence d'un besoin de protection. Cette liste, au contenu variable selon les intervenants, fut évoquée à plusieurs reprises lors des débats parlementaires. C'est ainsi que furent cités à un moment ou à un autre :

- les malades mentaux,
- les personnes âgées atteintes de sénilité,
- les majeurs déficients ou inadaptés,
- les personnes atteintes d'une incapacité corporelle (telle que l'aphasie, le coma, l'hémiplégie, la paralysie) d'origine pathologique ou accidentelle,
- les personnes atteintes d'un trouble de la conscience dans toutes les maladies à retentissement central,
- les personnes atteintes d'un affaiblissement intellectuel lié à l'âge,
- les toxicomanes,
- les alcooliques, les intempérants,
- les oisifs, les prodigues,
- les personnes en état de désespoir, colère, passion,
- les grévistes de la faim, etc.

Bien sûr, jamais personne n'a affirmé que les mesures de protection devaient être systématiquement appliquées à l'ensemble des personnes appartenant à ces catégories, mais la volonté d'une *« déspécification extensive »*[106] du système de protection, au-delà de la population des malades mentaux, apparaît très clairement dans cette énumération. Avec une définition aussi large, on reste perplexe quant à l'évaluation de l'importance du besoin social en matière de tutelles et de curatelles. En effet, il faut passer du domaine où l'application de la loi peut intervenir à celui où elle doit intervenir.

Dans la conception du législateur, le recours à la sauvegarde médicale et donc le signalement obligatoire par le médecin, et l'obligation de prendre les mesures conservatoires pour tous *« ceux qui auraient qualité pour demander l'ouverture d'une tutelle »* et pour *«les directeurs de l'établissement de traitement ou, éventuellement, (...) celui qui héberge à son domicile la personne sous sauvegarde »* (article 491 al.4 du Code civil), sont les seuls cas où il y a obligation d'intervenir.

Théoriquement le problème est apparemment simple, il faut opérer une partition sur la population totale des majeurs. Pour y parvenir il suffirait de pouvoir recenser la population « incapable » afin de savoir qui il faut protéger. Pratiquement, la politique de protection sociale ou, plutôt dans le cas présent, la politique de protection juridique a les pires difficultés non seulement à définir très précisément mais encore davantage à atteindre une population-cible telle qu'on peut la définir abstraitement. Les leçons d'autres expériences, comme celles de l'aide ménagère ou de l'hébergement des personnes âgées dépendantes, sont sans ambiguïté. Dans la pratique, les partitions effectivement réalisées lors de la mise en place concrète des dispositifs d'intervention, diffèrent notablement de celles qui sont attendues[107].

Compte tenu de la nécessité impérieuse de construction de concepts opératoires comme celui de **population-cible** pendant la phase d'élaboration de tels dispositifs d'intervention sociale, et même si le caractère inévitablement mythique de telles représentations sociales ne saurait être nié, on conçoit que la question des écarts, des déviations et de l'inattendu, soit une question cruciale. Convient-il de s'étonner de manière systématique de tels écarts ? Faut-il continuer à les interpréter comme relevant d'erreurs dans les conceptions initiales ayant inspiré les textes législatifs et la réglementation ? Dans quelle mesure leur origine se trouve-t-elle dans la mise en œuvre opérationnelle ou dans les effets spécifiques liés au comportement des acteurs ? Au contraire, ne faut-il pas mieux les attendre, les considérer comme des produits fatals dans tout processus de mise en place de nouveaux dispositifs d'intervention sociale et, en conséquence, les intégrer a priori dans les systèmes d'information utilisés ? La réponse à ces questions présente un intérêt considérable pour éviter des faux débats et des contresens dans l'interprétation des faits observés. Elle dépasse évidemment de loin le problème de la tutelle. Mais, dans la mesure où ces écarts habituels semblent prendre une ampleur particulière dans le domaine de la protection des incapables majeurs, leur étude, de manière plus approfondie, peut avoir un caractère exemplaire et didactique intéressant.

Pour clarifier ce point, il faut comprendre que la partition réelle qui conduit à la détermination des bénéficiaires, ici les personnes protégées, est avant tout un processus social complexe qui fait intervenir diverses catégories d'acteurs. Le schéma 1.5 permet de distinguer **trois groupes d'acteurs** qui « produisent » trois populations différentes dont la population effectivement protégée.

Schéma 1.5 : Les acteurs et leurs populations cibles

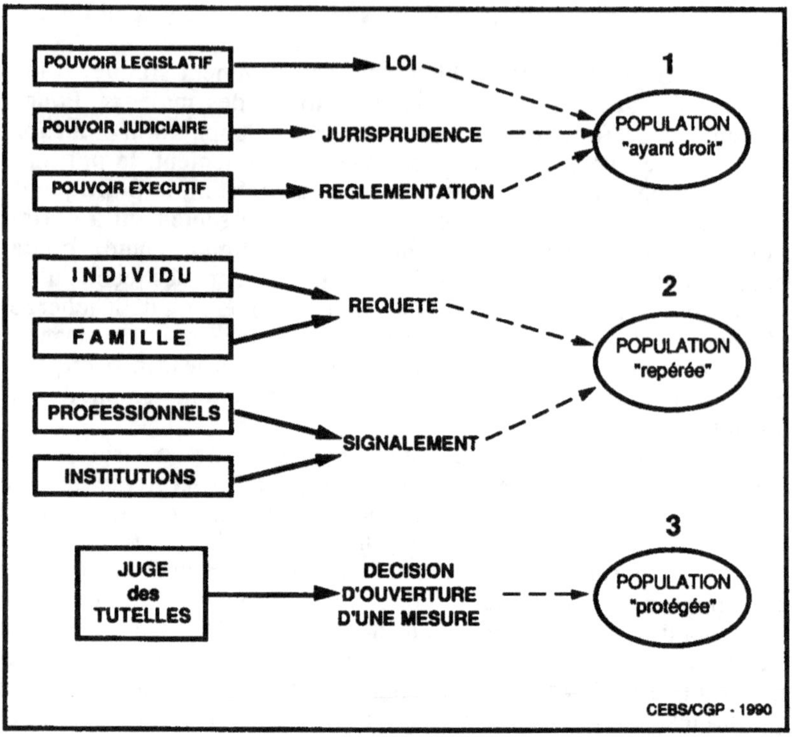

1. Le premier groupe d'acteurs comprend tous ceux qui contribuent à **la production du droit :** députés, sénateurs, membres du gouvernement, fonctionnaires, magistrats. Apparaissent évidemment ici les trois catégories traditionnelles de pouvoirs : le législatif, l'exécutif et le judiciaire. Le premier élabore la loi. En ce qui concerne la protection des majeurs, il s'agit de la loi du 3 janvier 1968 qui établit les critères auxquels il convient de se référer pour déterminer si une personne est justiciable d'une mesure de protection particulière.

Le second précise par des décrets et des circulaires d'application les solutions concrètes qui sont offertes aux juges (voir par exemple, le décret n° 74-930 du 6 novembre 1974 explicitant les conditions de fonctionnement de la tutelle d'Etat). Enfin, le pouvoir judiciaire détermine par la jurisprudence, l'interprétation qu'il convient de donner aux textes en vigueur (comme l'a fait la Cour de Cassation en reconnaissant la curatelle d'Etat dans un arrêt de la première chambre civile le 7 juin 1988[108]).

L'action conjuguée de ces acteurs détermine une première partition de la population qui distingue les personnes susceptibles de ressortir de l'un ou l'autre des régimes « d'incapacité-protection ». Cette première partition détermine les contours de ceux que nous appellerons les ayants droit[109] potentiels et appelle dès maintenant deux remarques :

D'abord, il s'agit d'une **population virtuelle** composée d'individus abstraits. Il est évidemment hors de question de soumettre l'ensemble de la population âgée de dix-huit ans et plus au jeu combiné des critères définis par la loi. On ne dispose pas de procédure analogue au recensement ou à la conscription pour le faire. Il est donc possible d'imaginer abstraitement cette population mais il est plus difficile de la repérer et même d'en connaître les effectifs. Seule une enquête sur échantillon représentatif, à l'instar des enquêtes décennales portant sur la santé de la population, permettrait d'avoir sur ce point des estimations à peu près fiables.

Ensuite, il faudrait que les critères utilisés remplissent certaines conditions[110] pour que l'on puisse déterminer sans ambiguïté si une personne appartient ou non à cette population. Il faudrait être en mesure d'affirmer avec certitude si une personne est capable ou non. Ces critères devraient donc être pertinents par rapport au problème, uniques sur le territoire où s'applique la loi, stables dans le temps et objectifs, c'est-à-dire indépendants de l'observateur. Compte tenu de leurs caractéristiques dans le domaine de la tutelle[111], il est clair que l'application pratique des critères proposés par la loi est une opération délicate. Il est vraisemblable, si une telle population était recherchée même de manière systématique, que l'on aurait à faire avec **un ensemble flou**. Sans ambiguïté, certaines personnes appartiendraient à cet ensemble ou en seraient au contraire exclues ; mais, pour un nombre important de cas, le doute subsisterait ou la réponse varierait selon l'enquêteur.

2. Avec le deuxième groupe d'acteurs, nous allons rencontrer une population qui n'est plus fictive **mais bien réelle** : la population pour laquelle une démarche auprès du système judiciaire a été entreprise. Ces démarches sont de deux ordres. Le majeur, sa famille proche et le procureur de la République peuvent adresser au juge une requête en vue de l'ouverture d'un régime de protection. Les travailleurs sociaux, les médecins, les notaires, les responsables d'établissement de soin ou d'hébergement peuvent donner au juge un avis

quant à la situation d'une personne qui pourrait justifier d'un régime « d'incapacité-protection ». Ces personnes sont en réalité les utilisateurs des catégories abstraites définies par le législateur.

Cette distinction entre requête et signalement, est un peu formelle. Dans un grand nombre de cas, la « demande » du majeur lui même est le résultat de conseils ou d'incitations diverses de travailleurs sociaux, de services hospitaliers ou d'administrations. Il s'agit donc, dans la grande majorité des cas, d'une « demande induite » ou encore d'une *« consommation forcée »*[112], imposée par l'état de la personne ou par les règles du jeu social[113]. De même, dans certains tribunaux le ministère public prolonge fréquemment les signalements qui lui sont adressés par une requête. Il y a donc cumul d'un signalement et d'une requête[114]. Dans d'autres tribunaux, au contraire, il transmet ces signalements sans les accompagner d'une requête[114]. Dans tous les cas cependant, pour qu'une démarche visant à l'ouverture d'une mesure de tutelle aboutisse au cabinet du juge, il faut d'une part, que le demandeur ait réalisé une évaluation, implicite ou non, du besoin du majeur et d'autre part, qu'il ait connaissance, même vaguement, des possibilités offertes par la loi.

Le fait qu'il y ait requête ou signalement va donc dépendre de plusieurs facteurs : de la situation du majeur et des obligations auxquelles il doit faire face, éventuellement des intérêts de la personne ou de l'institution qui signale mais aussi des normes et des règles édictées au sein de la société et qui conduisent parfois à des procédures systématiques (par exemple en cas de versement de l'allocation aux adultes handicapés ou de l'allocation compensatrice). La composition de cette population des majeurs, pour lesquels existe une « demande » d'ouverture d'un régime «d'incapacité-protection», est influencée de manière notable par le contexte particulier dans lequel vit le majeur, par la culture ambiante des acteurs qui l'environnent et par les représentations sociales favorables ou non qui sont associées aux mesures de tutelle.

3. Enfin, les acteurs qui interviennent en dernier lieu, s'il n'y a pas de recours devant le tribunal de grande instance, sont les juges d'instance. C'est à eux que revient, en effet, la décision finale du prononcé d'une mesure de protection quand ils la jugent nécessaire. Ainsi, se trouve déterminée la population placée sous l'un ou l'autre des régimes « d'incapacité-protection » prévu par la loi du 3 janvier 1968.

Le rôle du juge doit cependant être relativisé, non seulement parce qu'il intervient uniquement au bout des filières qui conduisent un majeur vers lui mais surtout parce que les rejets sont rares (dans notre enquête : 0,4% en Ille-et-Vilaine et 0,7% en Seine-Maritime), que sa décision est largement conditionnée par la manière dont il a été saisi (par exemple pour une tutelle aux prestations sociales ou pour une tutelle civile) et que le nombre de sorties de la population-cible par mainlevée est très faible.

En outre, pour que la mesure prononcée devienne effective il faut encore qu'elle puisse être matériellement organisée. Evidemment le fait que ce soit la même personne, le juge, qui instruise le dossier, décide de la mesure et doive veiller à son exécution, simplifie le problème, au moins quand la mobilité du magistrat n'intervient pas trop rapidement. Mais il n'est pas forcément résolu pour autant. En effet, la capacité du juge en la matière dépend des ressources quantitatives (existence éventuelle d'un ou de plusieurs organismes tutélaires, présence ou absence d'un service organisé par la DDASS, etc.) et qualitatives (proximité et bienveillance de l'entourage du majeur, qualité et disponibilité des tuteurs bénévoles, etc.) dont il dispose dans l'environnement du majeur. Il peut arriver que le juge rencontre certaines difficultés dans la mise en place de la mesure (retard dans la mise en oeuvre, mesure mal assurée, existence d'une file d'attente) et c'est pourquoi, son activité ne détermine pas de manière exclusive la population qui bénéficiera effectivement d'une intervention[115]. Plusieurs filtres interviennent en amont et en aval du juge pour sélectionner cette population.

Sous-section 2 — *Les zones d'ombre et le jeu des acteurs*

Au bout du compte nous nous trouvons face à **trois populations distinctes** : la population pouvant être ayant droit, la population repérée et la population protégée. La première idée qui vient à l'esprit serait de considérer qu'il pourrait y avoir, à l'image de poupées gigognes, un emboîtement entre ces populations. La population protégée serait alors un sous-ensemble de la population signalée et cette dernière un sous-ensemble de la population définie comme ayant besoin d'une mesure de protection. Cette façon de voir n'est pas exacte. Déjà, si le juge établit bien, par ses décisions, une partition dans la population signalée, il lui arrive très exceptionnellement de se saisir d'office sans un signalement préalable. Bien sûr, de telles situations sont rares. Elles correspondent, par exemple, à des cas que les juges ont eu à connaître dans d'autres domaines de leur activité de juge d'instance (saisie-arrêt) et qui les amènent à une procédure d'auto-saisine. Ces quelques personnes font que la population protégée peut déborder à la marge la population signalée ; mais cet aspect est négligeable. Il en va tout autrement pour la population signalée et pour la population abstraite ayant besoin d'une mesure de protection selon les critères définis conventionnellement. En effet, la population pour laquelle une «demande» a été engagée n'est pas en totalité incluse dans la population potentielle à protéger, celle des ayants droit.

Ces deux populations sont enchevêtrées d'une manière plus complexe comme l'illustre le schéma 1.6. Trois zones apparaissent sur le schéma. Elles correspondent aux **trois situations envisageables** :

- dans la zone 1 se trouvent les personnes qui pourraient avoir besoin d'une mesure de protection mais pour lesquelles aucun signalement n'a encore été fait ;
- dans la zone 2 sont rassemblées des personnes pour lesquelles une requête ou un signalement a été fait alors qu'en principe elles ne devraient pas avoir besoin d'une mesure de protection tellle que définie dans les textes juridiques ;
- dans la zone 3 enfin, se regroupent des personnes censées avoir un besoin de protection et pour lesquelles un signalement a été fait auprès du tribunal d'instance de leur circonscription.

La prise en compte de la décision du juge va modifier encore l'image que l'on peut donner de cette partition. Elle permet alors de distinguer dans le schéma 1.7 **cinq zones correspondant chacune à un groupe de majeurs**. Chacun d'entre eux mérite une réflexion particulière.

1. Zone 1 : Elle regroupe les personnes qui remplissent les conditions prévues par la loi pour l'ouverture d'un régime « d'incapacité-protection » mais pour lesquelles aucune démarche n'a été faite auprès du juge d'instance qui n'a donc prononcé aucune mesure. Ces situations correspondent à des cas de figure multiples.

Il s'agit dans un certain nombre de cas, de majeurs, non isolés, éventuellement mariés ou bien entourés par leur famille et dont les proches (souvent les parents ou les enfants) continuent de s'occuper en assurant une gestion de leurs affaires. Pour ces personnes, la nécessité d'une substitution dans les actes de la vie civile n'est pas apparue à l'occasion d'un événement révélateur du besoin d'assistance ou de représentation (liquidation de succession, opération sur un livret de Caisse d'Epargne, résiliation d'un contrat de location, demande d'aide sociale etc.). Avec une procuration et une assistance effective, ces parents exercent **une tutelle de fait**, sans contrôle judiciaire. Dans la grande majorité des cas les intérêts du majeur sont bien respectés. Mais il existe aussi des abus qui peuvent aller d'une minorité prolongée empêchant toute évolution jusqu'à des détournements de fonds qui privent le majeur de satisfactions légitimes, en passant par des héritages arrangés au détriment du majeur.

Schéma 1.6 : La population ayant droit et la population signalée

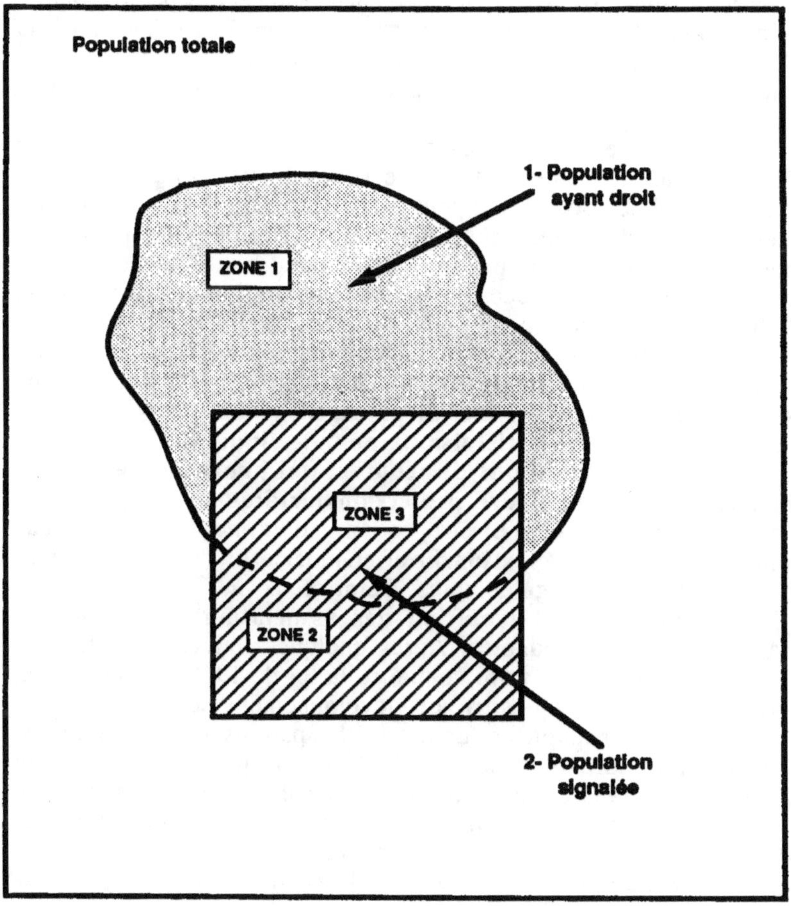

CEBS/CGP - 1990

Il s'agit dans d'autres cas, de personnes hébergées ou soignées dans des institutions pour lesquelles les infirmiers, les éducateurs, le directeur de l'établissement ou encore des membres de la famille, exercent un rôle de conseil, une assistance et parfois une tutelle de fait. On comprend bien, par exemple lors de la phase terminale d'une affection grave, que ni la famille, ni les médecins, ni les responsables d'un établissement d'accueil, n'engagent une procédure, perçue comme relativement lourde, pour une période devant être brève. Parfois même, les gérants d'établissement reconnaissent avoir pratiqué quelques « curatelles officieuses »[116] pour conseiller, faciliter les démarches et régler les problèmes simples.

Il s'agit enfin, de personnes isolées dont la situation s'est dégradée insensiblement et qui ne sont connues d'aucun service social ou médico-social. On peut enfin penser qu'il existe aussi, de manière marginale dans certaines circonscriptions, des phénomènes de **« rationnement spontané »** lorsque des tutelles ne peuvent être effectivement exercées du fait de la saturation des services, de l'absence de tuteurs ou de l'insuffisance des financements. On a dans ce dernier cas affaire à un phénomène du type de la file d'attente ou simplement du « demandeur découragé ». **Parmi l'ensemble de ces situations fort diverses, coexistent vraisemblablement des équilibres satisfaisants pour les individus mais aussi des abus et des situations d'inconfort qui pourraient être supprimés par une meilleure protection juridique.**

Ce groupe est peut-être en voie d'extinction en tout cas sûrement en voie de régression. En effet, plusieurs facteurs convergent pour favoriser les signalements. Parmi ceux-ci, il faut faire une place particulière **à l'évolution des associations familiales** de parents d'enfants inadaptés. Après quelques réticences, elles ont largement contribué à faire connaître la loi de 1968 et à mettre en évidence son aspect positif. Le développement des Associations tutélaires pour inadaptés a familiarisé les parents avec cette loi. Ce travail n'est pourtant pas achevé. Lors de leur journée nationale du 25 novembre 1989 ces associations ont réaffirmé la nécessité d'un travail d'information visant la *« dédramatisation en direction des parents qui seraient susceptibles d'être concernés»* et conseillant *«une mesure de protection légale,(...), **même si les adultes handicapés n'ont pas de biens importants** »*[117]. Si l'on en croit ces déclarations, il existe encore un potentiel de développement pour les mesures de tutelle au sein de la population des ayants droit définie par les textes de loi.

De même, ces dernières années, **l'expansion de la gérance de tutelle** parmi les établissements accueillant des malades mentaux et des personnes âgées, a sérieusement entamé les effectifs de ce groupe 1. La prise de conscience du caractère illégal et des risques de certaines pratiques se rapprochant des tutelles de fait d'une part, le souci des juges de trouver des solutions pour l'exécution des mesures concernant des majeurs hébergés d'autre part,

Schéma 1.7 : La population protégée et la population ayant droit

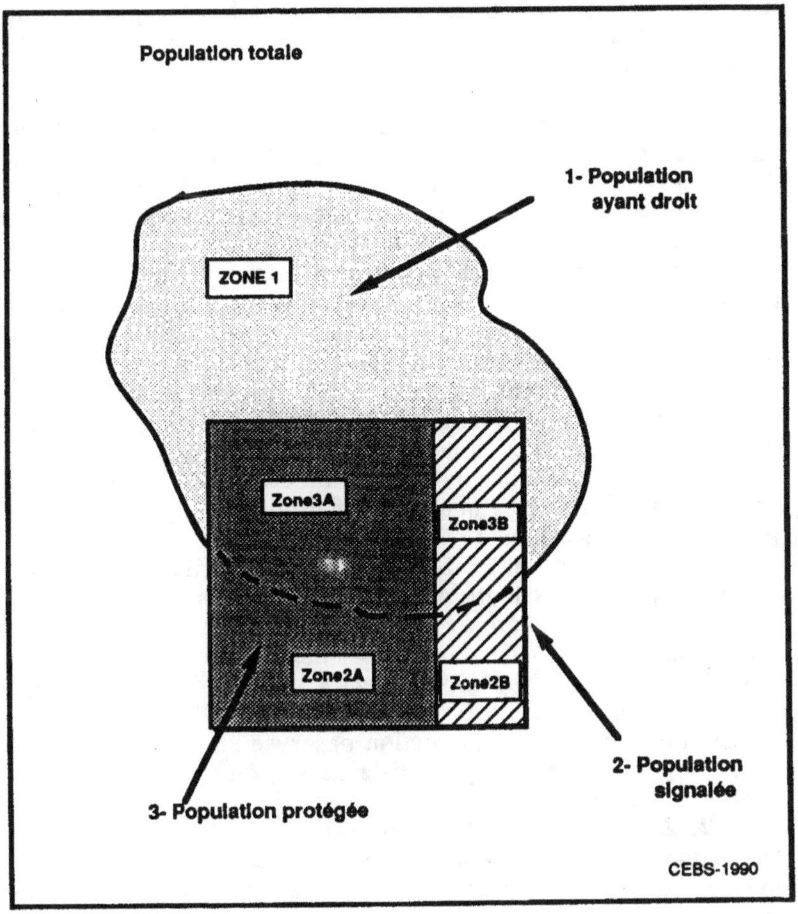

ont conduit à la mise en place, de manière de plus en plus systématique, de gérants de tutelle conformément au décret n° 69-195 du 15 février 1969, pris pour l'application de l'article 499 du Code civil. Selon l'article premier de ce décret *« les établissements d'hospitalisation, de soins ou de cure publics ou privés choisissent parmi leurs préposés la personne la plus qualifiée pour être désignée, le cas échéant, comme gérant de la tutelle »*. Même si certains juges des tutelles doivent encore parfois rappeller à quelques directeurs récalcitrants leurs obligations en la matière, la couverture des établissements de soins et des maisons de retraite s'est sensiblement améliorée ces dernières années contribuant ainsi à faire connaître la loi de 1968 et ses possibilités d'application.

D'autres facteurs ont sans doute joué un rôle non négligeable également. La création, avec la loi d'orientation sur les handicapés de 1975, d'une **allocation aux adultes handicapés** a donné à certains d'entre eux un statut de consommateur, voire d'épargnant. La gestion de ce revenu et de ce patrimoine, même faibles, a posé des problèmes nouveaux qui peuvent trouver une réponse dans les dispositifs prévus par la loi de 1968. Le souci permanent depuis les années soixante-dix de rechercher des **alternatives à l'hospitalisation**, a favorisé l'immersion dans la société, d'individus fragiles qui bénéficiaient auparavant de la protection des murs d'une institution et du caractère artificiellement limité de leur milieu de vie. Le recours aux mesures de tutelle pour réduire les risques inhérents à un tel bain social s'est multiplié, en particulier à l'occasion des sorties des centres hospitaliers spécialisés. Enfin, le contexte général de rationnement des budgets sanitaires et sociaux, amplifié par les conflits de frontières entre l'Etat et les départements en matière de financement nés à la suite des lois de décentralisation, incite certaines institutions à prendre des garanties de paiement des prix de journée et à s'assurer de la bonne destination des allocations d'aide sociale, en instituant des protocoles quasi-systématiques de signalement dès qu'existe le moindre doute.

Favorisé par l'ensemble de ces facteurs, le repérage des personnes susceptibles d'être placées sous tutelle, a vraisemblablement vu son efficacité s'accroître dans des proportions significatives ces dernières années. Toutefois, les « mailles du filet » sont plus ou moins resserrées d'un département à l'autre. Sans doute faut-il trouver là, une des explications de la disparité géographique de la diffusion des mesures de protection observée au cours des années quatre-vingts et la raison principale de la progression récente du nombre des mesures[118].

2. Zone 2A : Cette deuxième zone du schéma 1.7 rassemble des personnes pour lesquelles une mesure de protection a été prononcée alors qu'elles n'appartiennent pas au champ des ayants droit tel que la loi le définit. Il s'agit de ce que l'on appelle les « bénéficiaires indus »pour d'autres prestations. Dans un contexte de difficultés de financement, ce groupe sert fréquemment d'argument pour signaler les déviations dans le fonctionnement des dispositifs et pour montrer que des économies pourraient sans doute être réalisées si le fonctionnement des acteurs était davantage en conformité avec la réglementation en vigueur. Pourtant, dans ce cas comme dans le précédent, les situations rencontrées sont hétérogènes et méritent donc une réflexion nuancée.

Déjà les auteurs du rapport du FRENE, rencontrant sur le terrain ce type de situation, avaient avancé deux séries d'explications différentes :

- Le premier type d'explication repose sur l'hypothèse que les initiatives qui déclenchent la procédure aux fins de tutelle *« **répondent aussi à des objectifs propres au demandeur** »*[119]. Tantôt, il s'agit d'assainir ainsi le climat de l'établissement d'accueil, tantôt la mesure de tutelle vient soutenir un projet pédagogique ou thérapeutique, par exemple de retour au domicile ; ou encore elle s'inscrit dans une stratégie des intervenants sanitaires et sociaux ayant en charge la personne dans le but de dégager leur responsabilité ou d'éviter les risques de détournement de leur action, en particulier s'il y a versement de prestations. Si dans certains cas la mesure de protection vient compléter heureusement un dispositif global d'aide ou d'action sanitaire ou sociale, l'intrusion de ces objectifs de personnes physiques ou morales tierces peut conduire à des signalements abusifs qui justifient la double expertise médicale et judiciaire prévue par la loi. La mesure de protection peut, en effet, être fondée principalement sur les caractères de l'environnement du majeur et non sur ses caractéristiques personnelles. Dans ce cas la mesure apparaît comme un substitut d'actions visant à transformer l'environnement du majeur.

- La seconde explication suggère qu'il faut voir dans certaines initiatives conduisant à une mesure de tutelle ou de curatelle une *« **forme de réponse au vide juridique** (...) que la loi de 1968 a créé dans le Code civil, en dissociant protection de la personne et protection du patrimoine et en renvoyant au Code de la santé publique ce qui concerne la protection de l'individu contre les abus institutionnels »*[120]. Qu'il s'agisse de trouver les voies de la prolongation de la responsabilité parentale vis à vis de ces populations fragiles ou d'imaginer le rôle d'un *« tiers arbitre entre le majeur handicapé et les institutions »*[120], la mesure de tutelle renvoie alors à des problèmes insuffisamment pris en compte par les dispositions législatives et règlementaires.

Ces deux hypothèses n'épuisent pas les situations qui peuvent être envisagées. L'éventail des fonctions assurées par les mesures de tutelle et de curatelle est encore plus large, ce qui explique l'existence d'autres débordements par rapport au champ de la population potentielle à protéger.

Par exemple, aux dires même des juges, il arrive qu'une mesure soit prise pour une personne dont l'état mental et physique est normal et qui n'est ni oisive, ni intempérante, ni même prodigue. Il s'agit fréquemment de **personnes en situation d'endettement**, sous la menace d'un contentieux, généralement « accompagnées » par une assistante sociale qui a d'ailleurs suggéré cette solution. Le facteur le plus souvent cité qui déclenche la démarche auprès du juge, a trait aux conditions de logement. Tantôt il s'agit d'éviter une expulsion, tantôt il faut céder indirectement à une société d'HLM qui demande une mesure de protection pour être sûre que le loyer sera payé. Face à ces dossiers, les juges ne sont pas dupes. Certains d'entre eux continuent de demander un certificat médical qui évoquera *« un niveau mental limite »* ou *« l'existence d'une débilité moyenne »*[121]. D'autres, s'appuyant sur le fait que, selon l'article 493-1 du Code civil, la nécessité d'une constatation médicale existe uniquement lorsque la mesure est fondée sur l'altération des facultés corporelles ou mentales, ne demandent même pas la production d'un tel certificat[122].

De telles décisions d'ouverture d'une mesure dans ces situations particulières, s'écartent évidemment des textes mais, entre deux maux, la plupart des juges et un nombre significatif de personnes concernées, faute de mieux, choisissent le moindre. Face à des acteurs mieux armés et plus performants, la curatelle vient au moins renforcer la position de ces personnes en situation d'infériorité. **L'incapacité partielle devient alors un sous-produit inévitable de la volonté d'organiser une protection**. Conscients de ces enjeux en termes de liberté individuelle mais soucieux cependant d'apporter une réponse aux situations d'urgence quelquefois dramatiques qu'ils ont à connaître, les juges espèrent, sans trop oser y croire, une alternative dans la récente loi sur le surendettement des ménages[123]. Son application est encore trop récente pour que l'on puisse conclure. La nouvelle loi, en effet, peut tout aussi bien jouer seulement un rôle temporisateur, contribuer à la mise en place de solutions innovantes mieux adaptées aux problèmes ou simplement devenir une filière supplémentaire conduisant vers les cabinets des juges des tutelles[124].

Dans les cas qui viennent d'être évoqués, comme dans les cas de figure décrits dans le rapport du FRENE, on peut dire que les juges sont amenés, faute d'autres solutions juridiques appropriées, à faire une « substitution forcée » en utilisant la tutelle ou la curatelle. Ce phénomène peut également se produire dans cette zone floue, au voisinage de la population des ayants droit potentiels définie par les textes.

Dans la mesure où des procédures systématiques de signalement tendent à se mettre en place, des mesures peuvent être prononcées à l'égard de personnes qui ont gardé suffisamment de capacité pour agir civilement et assumer leurs petits problèmes de gestion. La mesure de protection n'a plus vraiment comme fonction de réparer une incapacité de gestion. D'autres fonctions, éventuellement implicites, se glissent derrière les mesures de protection et infléchissent les attentes et les stratégies des acteurs. Il s'agira, dans un grand nombre de cas, d'**une fonction d'assurance** par rapport à des risques virtuels. Avant la sortie d'un majeur du Centre hospitalier spécialisé *« les médecins ouvrent leur parapluie en faisant un signalement »*, selon l'expression de plusieurs juges des tutelles. On ne peut pas exclure complètement l'hypothèse selon laquelle certaines mesures ont parfois une fonction instrumentale, comme la garantie d'une créance, par exemple. Sans qu'il s'agisse vraiment de signalements abusifs, les juges ont parfois l'impression que la démarche est surtout inspirée par la volonté de protéger la créance de l'établissement, du département ou même de l'Etat.

Pour d'autres majeurs, c'est une **fonction d'accompagnement social** ou même psycho-social qui va être recherchée. Ainsi, la solitude des uns sera brisée, au moins de manière intermittente, par la mise en place de cet interlocuteur privilégié que peut être un tuteur ou un curateur. Ainsi, sera maintenu un contact régulier avec un majeur « difficile » ou instable en milieu ouvert. Mais d'autres fonctions, plus complexes ou plus ambiguës, peuvent simultanément interférer. Le tuteur ou le curateur peut devenir **un substitut pour un service de suite** en milieu ouvert inexistant ou saturé. Il peut soulager un service social polyvalent de secteur, déjà encombré, dont le suivi social ne peut être aussi rapproché ou dont les moyens d'action sont insuffisants. Il peut représenter enfin, une solution de facilité pour un majeur qui n'a alors plus de souci, dont le confort moral est amélioré ou dont les angoisses sont calmées.

Il n'est pas nécessaire d'approfondir pour le moment cet aspect du problème des tutelles. Remarquons simplement, que les financeurs de la mesure et, au premier chef, l'Etat, peuvent y trouver une matière abondante pour contester le montant global des factures qui leur sont ainsi adressées. En effet, à défaut d'un besoin de réparation de l'incapacité de gestion à satisfaire, les fonctions de la tutelle ne manquent pas, qui sont prêtes à s'y substituer et qui vont servir de mobile au signalement et de justification à la décision d'ouverture d'une mesure.

3. Zone 2B : Il s'agit d'une partie des dossiers pour lesquels il y a eu un signalement ou une requête qui n'a pas abouti à l'ouverture d'un régime « d'incapacité-protection ». Ce sont donc essentiellement des décisions de rejet des requêtes ou des procédures d'instruction faisant suite à une saisine d'office du juge et qui débouchent sur un non lieu. La faiblesse du nombre de ces situations (entre 0 et 1% du nombre total des décisions) ne doit pas surprendre. En effet, elle peut trouver une explication dans le cumul de plusieurs faits.

En premier lieu, le parquet d'une part et le juge d'autre part, peuvent effectuer une première sélection dans les signalements qui éviteront la saisine du juge des tutelles pour des dossiers paraissant insuffisamment fondés. En second lieu, les problèmes rencontrées dans le domaine des tutelles ont amené ces dernières années les juges des tutelles à rencontrer plus fréquemment leurs partenaires sur le terrain (médecins des établissements hospitaliers, services sociaux, personnel des établissements pour handicapés, etc.). Des réunions d'information, réalisées parfois à leur initiative, des renvois de dossiers mal argumentés ou sans certificat médical, ont permis aux différents acteurs de mieux connaître les conditions d'application de la loi. Ainsi, le juge n'est-il saisi, en général, par les institutions et par les professionnels du secteur médico-social que d'une manière et dans des formes correspondant à ses attentes. Cette **relative symbiose** entre le juge et son environnement n'est, en définitive, troublée que lors des changements des acteurs et, en particulier lors des mutations des juges. Le nouvel arrivant, s'il a plutôt tendance à se couler dans les pratiques habituelles de ses prédécesseurs, n'adopte pas nécessairement toute la culture locale ; une phase d'adaptation entre le juge et son environnement peut exister temporairement.

4. Zone 3A : Avec ce groupe on serait tenté de dire qu'il n'y a rien à signaler. En effet, dans cette situation seulement, les trois populations, ayant droit, signalée et protégée se recoupent. Les personnes qui appartiennent à ce groupe remplissent les conditions prévues par la loi et ont rencontré dans leur vie des circonstances qui ont amené leur dossier sur le bureau d'un juge ayant décidé l'ouverture d'un régime « d'incapacité-protection ». Les seuls problèmes qui peuvent survenir concernent les conditions de fonctionnement de la mesure elle-même. Ils seront examinés plus tard.

5. Zone 3B : La dernière zone rassemble des personnes pour lesquelles il ne manque que le jugement du juge. Evidemment, on ne peut totalement exclure qu'un juge écarte du statut d'incapable majeur une personne qui pourrait légitimement s'y trouver. A l'appui d'une telle hypothèse, on pourrait prendre en considération le point de vue de certaines personnes interrogées qui affirment l'existence de pratiques très différentes d'un juge à l'autre. Cette situation se rencontre plus fréquemment dans le domaine de la tutelle aux prestations sociales. Au niveau général qui nous intéresse présentement, l'explication qui permet de comprendre pourquoi il peut exister des personnes remplissant les conditions requises et signalées mais non protégées, réside principalement dans **le phénomène des files d'attente,** en raison notamment de l'engorgement de certains tribunaux d'instance mais surtout, du fait de la saturation des services tutélaires et de l'indisponibilité des tuteurs inscrits sur la liste du procureur de la République. Ainsi, l'un des juges interrogés, nous a précisé, en nous montrant les dossiers : *« J'ai une dizaine de mesures pour lesquelles l'audience a eu lieu mais je n'ai pas de réponse pour ces personnes. Je ne peux pas ouvrir la mesure parce que je ne sais pas à qui la confier »*. Ailleurs, face aux mêmes difficultés, un autre juge a préféré ne pas faire d'audience en attendant une solution pour organiser concrètement les mesures. Dans un autre département, les mesures auront été déférées au préfet, puis déléguées à la DDASS mais celle-ci n'aura pas toujours des moyens suffisants pour les exercer effectivement. Dans toutes ces situations, la protection légitime que pouvait espérer des majeurs sera restée lettre morte ou aura attendu quelques semaines ou même plusieurs mois. Evidemment, la continuité du *« véritable service public des tutelles »*, présenté comme *« une innovation d'une importance considérable »*[125] par M. PLEVEN dans son rapport sur le projet de loi, est mise en défaut. Pour que le dispositif fonctionne correctement il faut non seulement que le juge des tutelles intervienne mais il est également nécessaire que l'environnement du majeur offre des possibilités réelles d'exécution de sa décision. La question se pose alors de l'intendance du dispositif.

Chapitre 2

LA TUTELLE : UNE ACTIVITÉ ÉCONOMIQUE PARTICULIÈRE

Comme pour la plupart des innovations sociales dans le cadre des interventions de l'Etat-providence et parce qu'au début le bénévolat joue un rôle essentiel, les procédures déterminant les modalités de financement des mesures de tutelle n'ont été mises en place qu'après un certain temps. Bien sûr l'intendance n'appartient pas au domaine des finalités et elle ne met pas directement en jeu les valeurs engagées par les situations et les problèmes auxquels le législateur essaie de trouver des réponses. Il est donc apparemment logique que de telles préoccupations soient mises au second plan. Pourtant cette position secondaire entraîne par la suite de difficiles problèmes de gestion et ceci interdit de négliger ou même simplement de différer, les réflexions nécessaires sur l'organisation matérielle des dispositifs envisagés. Il est vrai aussi, comme l'histoire récente du développement de la tutelle l'a illustré, que l'interaction entre les moyens et les fins apparaît si complexe qu'elle ne peut en réalité être oubliée à aucun moment de l'étude du dispositif de la tutelle[1].

C'est d'ailleurs l'intuition qu'eurent les défenseurs comme les adversaires du projet de loi. A plusieurs reprises, des propos concernant l'organisation matérielle de la mise en application de la loi furent prononcés et, dès l'origine, certains des initiateurs du projet eurent clairement conscience que **cette loi impliquerait une intendance** qu'il faudrait bien prendre en considération. A beaucoup d'égards, la lourdeur du dispositif dépend des finalités qui lui sont assignées et par conséquent de son domaine d'application. Celui-ci a deux dimensions principales : l'une, quantitative, a déjà été examinée puisqu'elle concerne le nombre des personnes protégées dans le cadre de la loi de 1968 ; l'autre, qualitative, dépend de l'intensité de la protection et donc du contenu des actions concourant à l'exercice de la mesure. Autrement dit c'est la nature du « produit » auquel aboutit l'exercice de la mesure qu'il convient de préciser. Ce produit est déterminé de manière complexe à partir des objectifs de l'intervention tels qu'ils sont visés par les différents acteurs (section 1). Quel que soit le mode de gestion choisi par le juge, la fonction de production de la mesure de protection implique une consommation de ressources spécifiques qui engendre des coûts. Coûts directs et coûts indirects supportés très différemment par les décideurs et les acteurs, constituent une distinction fondamentale (section 2). Les conditions de prise en charge financières de tels coûts se sont établies progressivement, au fur et à mesure que les problèmes apparaissaient, sans qu'une perspective de moyen terme ni une analyse globale du dispositif les aient inspirées (section 3).

Section 1 : Un produit complexe

Quel est le « produit » attendu d'une mesure de protection dans le cadre de la loi de 1968 ? Est-il identique pour les différentes mesures prévues par la loi ? Autrement dit, que doit faire ou ne pas faire un tuteur, un curateur ou un mandataire spécial ? Ces questions apparaissent très délicates tant les points de vue s'opposent radicalement. Pour les uns, les tuteurs et les curateurs auraient tendance à *« en faire trop »*. Ce point de vue est exprimé, en particulier, par ceux qui voient dans les mesures de tutelle et de curatelle un risque majeur *« d'encapuchonnement »*[2] de la vie personnelle de la personne protégée. Mais il est rejoint aussi, fait plus rare qu'il convient de signaler, par le financeur, l'Etat. Celui-ci craint, en effet, que l'action des tuteurs ne viennent pallier les carences d'autres acteurs de l'action sanitaire et sociale et qu'ainsi lui soit transférée une charge indue[3]. Selon les autres, les intervenants auprès du majeur protégé n'en font pas assez. La fréquence de leurs contacts avec les majeurs serait trop faible, leur disponibilité apparaîtrait insuffisante et leurs résultats, soit en termes d'allégement ou de mainlevée des mesures, soit en termes de stabilisation ou de normalisation des comportements de leurs protégés, sembleraient insignifiants.

Il doit être clair que ces points de vue contradictoires concernent essentiellement mais avec des degrés divers, les mesures exercées par des gérants de tutelle des établissements, des administrateurs spéciaux, des bénévoles, des délégués employés par des associations tutélaires ou des fonctionnaires dans le cadre des services en gestion directe des Directions départementales des affaires sanitaires et sociales. Le fait que les mesures de protection soient exercées dans le cadre d'une institution (association, administration, structure hospitalière), leur donne, à défaut d'une parfaite transparence, au moins une certaine visibilité et fournit ainsi la matière d'un débat public parfois très animé.

Les mesures exercées dans un cadre familial, sont moins fréquemment évoquées car elles restent le plus souvent dans la sphère privée et dans le cabinet du juge des tutelles. L'opinion des juges en la matière est très nuancée. Dans un grand nombre de cas, ils reconnaissent que la mesure est exercée dans de bonnes conditions. Néanmoins, certains font observer que les possibilités d'autonomie du majeur sont parfois sous exploitées, que la gestion peut laisser à désirer ou, même si cela demeure très exceptionnel, s'avérer frauduleuse.

Plusieurs juges, évoquant en particulier la situation des tuteurs bénévoles inscrits sur la liste du procureur, ont indiqué qu'il leur fallait parfois freiner les ardeurs interventionnistes de certains tuteurs[4] mais aussi modérer les exigences quelquefois exorbitantes de certains majeurs. Bref, quel que soit le gestionnaire, **la frontière en deçà de laquelle la mesure n'est pas exercée correctement et celle, au delà de laquelle l'intervenant sort du champ de la mesure, n'ont pas un tracé bien défini.**

L'existence de *« modes d'emploi très diversifiés de l'intervention tutélaire »*[5], qui découle dans une large mesure de ce flou, pourrait également trouver une explication dans la tension interne inhérente aux mesures elles-mêmes. D'un côté, le souci de préserver, voire d'élargir l'espace d'autonomie de la personne protégée, invite l'intervenant au **désengagement** mais avec le risque d'une protection insuffisante si les capacités du majeur ont été surestimées. De l'autre, la tentation de faire, de parler à la place du majeur au nom de son handicap ou de ses difficultés, même animée par les meilleures intentions, peut aboutir à un **surinvestissement** et aggraver la dépendance du majeur. Compte tenu de cette tension inscrite dans la logique et dans la dynamique des mesures, le débat ne saurait se réduire à une liste des actes que le tuteur ou le curateur doit accomplir. C'est en fait la manière dont l'intervention est conçue par son auteur, la manière dont elle est perçue par le majeur et, plus largement, la représentation que se font ces deux acteurs des attentes qui pèsent sur eux, qui donnent un sens précis à tel ou tel acte particulier de l'intervenant[6]. En effet, c'est à cause des *« incertitudes et même des oppositions quant aux finalités du travail social (...) que l'on observe des critiques variées et souvent divergentes sur sa pratique »*[7]. C'est pourquoi, il est nécessaire d'examiner dans un premier temps les objectifs visés et les résultats attendus (sous-section 1), avant d'engager la réflexion sur le contenu même du travail de l'intervenant auprès du majeur protégé (sous-section 2).

Sous-section 1 — *Les objectifs des mesures « d'incapacité-protection ».*

Il n'y a pas nécessairement de consensus sur les objectifs poursuivis. Chacun des acteurs concernés va tenter d'adopter des comportements, des discours, des stratégies visant à promouvoir ceux qui lui paraissent essentiels et, sur le terrain, le débat de fond sur les finalités des mesures n'aura lieu qu'à de rares occasions. Il est vrai en effet, que beaucoup de systèmes trouvent leur équilibre dans un mode de fonctionnement où il peut apparaître à la limite inutile de *« chercher à s'accorder sur les fins quand on peut s'accorder sur les moyens »*[8]. Chaque acteur conserve alors son entière liberté pour *«interpréter une réalisation comme concourant aux fins ou à l'attaque des problèmes qui sont siens »*[9]. Les objectifs qui vont entourer la prescription d'une mesure « d'incapacité-protection » par le juge, sont donc la résultante complexe et susceptible d'évolution, des influences de ceux qui font les signalements (§ 1), des majeurs protégés eux-mêmes (§ 2), des décideurs que sont les juges (§ 3) et des opérateurs, les intervenants (§ 4)[10].

§ 1 — Les objectifs des « signaleurs »

Les motivations des acteurs qui signalent une situation sont non seulement diverses mais aussi parfois bien étrangères au projet du législateur. Les citations suivantes, extraites des entretiens, témoignent de cette diversité :

- *« Pour l'AAH, la "Caisse" a un petit peu menacé la famille pour qu'elle fasse une demande de mesure de tutelle ».* (Un greffier de tribunal d'instance).

- *« Vous avez des établissements qui mettent l'existence d'un tuteur comme critère d'entrée pour avoir un interlocuteur ».* (Un directeur de service).

- *« Pour l'établissement, la gérance de tutelle est une garantie de règlement des frais de séjour mais sur le plan personnel et pour les soins d'entourage dont a besoin la personne, on ne peut pas dire que ce soit la formule ».* (Un juge d'instance).

- *« La demande de tutelle est souvent une simple garantie pour les administrations qui veulent un interlocuteur et un compte pour le versement et la gestion des prestations ».* (Un juge d'instance).

- *« L'office d'HLM voit très favorablement la mise sous tutelle qui lui garantit, en pratique, le paiement des loyers. Il verrait encore mieux un accroissement du rôle des délégués dans le domaine éducatif, afin d'améliorer les relations de voisinage ».* (Un responsable de service tutélaire).

- *« Quelquefois les bailleurs disent : « Allez-vous faire mettre sous tutelle car dans ce cas là on est d'accord pour que vous gardiez votre logement ». En effet, ils savent qu'alors ils seront payés si une association vient mettre son nez dans la gestion de la famille »*. (Un juge d'instance).

- *« (Pour les travailleurs sociaux), il y a sûrement cette idée qu'avec la tutelle ils sont déchargés du cas. Ils ont engagé les premières démarches. Une prise en charge est mise en place : Ouf! Le problème est réglé, ils peuvent passer à autre chose »*. (Un délégué à la tutelle).

Selon ces déclarations, le signalement, qui n'est pas forcément abusif pour autant, s'accompagne assez souvent d'une **commande implicite** quant au résultat espéré de la mesure ou, simplement, révèle l'intérêt de celui qui signale pour un **des effets secondaires** de la mesure de protection. Le rapport du FRENE, souligne l'importance de ce type de préoccupations, en particulier dans les institutions d'hébergement, puisqu'il mentionne comme *« première catégorie de motifs : ceux qui visent à assainir le climat de l'établissement »*[1] et comme second type d'objectifs: l'utilisation de la mesure de tutelle comme point d'appui *« d'un projet thérapeutique ou pédagogique »*[11].

En réalité, il est nécessaire d'établir une distinction entre ces utilisations à des fins «instrumentales », des mesures de tutelle. Quand il ne s'agit que d'exploiter les effets secondaires habituels de ces mesures, on peut discuter du bien-fondé du signalement, a fortiori s'il se traduit dans une règle automatique mais il n'y a pas lieu de penser que ces pratiques vont modifier sensiblement le contenu de l'action de l'intervenant auprès du majeur protégé. Il en va évidemment autrement quand le signalement vise avec la mesure de tutelle, une «production jointe », c'est-à-dire à côté de l'assistance à la gestion des ressources, une intervention souvent dans le champ de la tutelle à la personne, voire plus exceptionnellement dans celui de la prévention des déviances des institutions elles-mêmes. On peut penser qu'alors, le contenu du travail du tuteur, du curateur ou du gérant de tutelle, s'en trouve modifié, sans doute élargi voire dévié.

§ 2 — Les « demandes » du majeur

De son côté, le majeur protégé, quand il est en mesure d'exprimer des souhaits[12], peut manifester à son tuteur ou à son curateur certaines demandes. Le tuteur qui doit tenir compte dans la mesure du possible de l'avis du majeur, peut être sollicité pour des actions, des conseils qui vont au-delà ou qui sont, à première vue du moins, à côté de la mission qui lui est confiée. A l'occasion de la relation qui se tisse entre le majeur et son tuteur, des problèmes, des besoins, des souhaits apparaissent. L'intervenant ne peut pas les écarter au risque de faillir à sa mission de veiller à l'entretien et donc au bien-être du majeur. Compte tenu de l'attitude passive de certains majeurs protégés, l'intervenant doit même parfois susciter des désirs; difficile ensuite pour lui de se désengager !

- *« A chaque fois qu'un pensionnaire a eu envie de quelque chose, moi j'ai applaudi parce que c'est plus intéressant de voir le sourire de la personne qui est heureuse. Matériellement elle n'est plus capable de faire mais elle peut encore avoir des envies ! »*. (Un gérant de tutelle).

- *« Le tuteur doit aider la personne protégée à trouver des désirs et à les satisfaire dans la mesure de ses ressources »*. (Un juge de tutelle).

- *« On a deux femmes qui sont tuteurs bénévoles. Elles ne prennent que deux dossiers chacune mais elles font plus que leur fonction. C'est vrai que cela leur demande beaucoup de temps. Elles leur font un petit peu de ménage ; elles font leurs courses etc. »*. (Un greffier de tribunal d'instance).

- *« On sent que les gens ont envie de parler. Ils ont un manque à combler. Ce n'est pas au tuteur de combler tout cela et d'aller trop loin. Mais avoir du temps pour parler et discuter cela ne serait quand même pas inutile ! »*. (Un responsable de service tutélaire).

- *« "Ma déléguée ne vient pas me voir assez souvent !", voilà ce que me disent certaines personnes âgées en maison de retraite. La tutelle sert aussi de lien avec l'extérieur »*. (Un juge de tutelle).

Face à ces demandes, les acteurs en général et, plus précisément, les juges et les intervenants auprès des majeurs protégés, sentent bien qu'il faut **établir des limites et une régulation.** En effet, l'intervenant ne doit sûrement pas tout faire, ni répondre seul à toutes ces sollicitations. Mais déterminer les limites de l'intervention est d'une grande difficulté, comme le révèlent les extraits d'entretiens :

- *« Si le tuteur c'est l'homme à tout faire, il n'y a plus de limite »*. (Un délégué à la tutelle).

- *« Il m'arrive de dire aux gens que leur tuteur n'est pas leur nounou, qu'il est là essentiellement pour les aider à gérer leurs affaires. Le juge doit protéger ses tuteurs ! »*. (Un juge d'instance).

- *« La clientèle de l'action sociale doit exploiter les travailleurs sociaux ! »*. (Un directeur d'association tutélaire).

- *« Ces gens-là, parce qu'on n'est pas d'accord avec eux, s'en vont tout de suite voir le juge. C'est la règle du jeu, mais ce n'est pas toujours simple ! »* . (Un responsable d'association tutélaire).

- *« Il n'y a pas de règles simples. Les textes sont tellement flous. En face de nous on a des personnes qui nous posent des questions, qui ont des problèmes. On ne peut pas se dire : « Ah ! non, non cela n'est pas pour moi, cela ne me regarde pas ».* (Un délégué à la tutelle).

Depuis les demandes de services matériels jusqu'à la demande de réconfort moral, en passant par la demande de sécurité (*« on n'a plus de soucis ! », « on est rassuré »*) ou par des questions plus délicates encore concernant le gouvernement de la personne, les sollicitations sont nombreuses qui favorisent les usages divers des mesures par les majeurs eux-mêmes. Une telle situation n'a rien de choquant si l'on voit dans la mesure d'« incapacité-protection » une prestation de service à caractère social mise à la disposition du majeur. Dans le même sens, on peut penser que le fait de faire supporter une part croissante de cette prestation au majeur, non sur patrimoine, souvent de faible consistance mais sur son revenu, conjugué à la multiplication des mesures les plus souples désormais financées, ait à moyen terme tendance à transformer le majeur lui-même, quand il en a la capacité, ou ses proches, en clients.

§ 3 — La prescription du juge

La décision du juge renvoie évidemment à l'application de la loi. Comme le législateur au moment des débats parlementaires, la plupart des juges insistent sur leur souci de **préserver la liberté individuelle** des personnes concernées. Ce discours soulève cependant quelques interrogations quand on sait la faiblesse du nombre de non-lieux, la rareté des décisions de mainlevée et le caractère exceptionnel des décisions de simple allégement des mesures. Tout se passe comme si, pour des raisons qui échappent souvent aux juges, le système dans sa globalité était entaché d'une formidable asymétrie, entre l'efficacité des mécanismes conduisant vers les mesures ou leur renforcement et l'impuissance de ceux qui permettent d'en sortir ou simplement de les alléger. La décision à l'entrée dans le dispositif n'en prend que davantage de poids et l'on comprend l'attention qu'elle appelle de la part des juges.

- *« La tutelle est un domaine très important du droit parce que justement elle touche à la liberté individuelle dont la capacité est la continuation. L'intervention judiciaire est nécessaire et irremplaçable. Il est normal que l'incapacité ne soit pas appréciée par une administration ou par un médecin mais par un magistrat indépendant d'une autorité administrative ou même d'un hôpital. Le juge n'a pas d'intérêt dans l'affaire. Il est indépendant et peut ainsi assumer pleinement son rôle de protecteur de la liberté individuelle ».* (Un juge d'instance).

- *« C'est d'ailleurs souvent le juge qui intervient pour faire respecter la liberté individuelle de l'incapable ».* (Un juge d'instance).

Cette sensibilité au respect de la liberté individuelle, se double chez les juges d'une attention au besoin de protection du majeur et au respect de ses désirs. Ils attendent de la mesure qu'elle améliore avant tout la situation des intéressés mais ils se rendent bien compte que la mesure ne peut être efficace que si elle sort du cadre strict de la gestion patrimoniale et aborde également des questions purement civiles[13]. Ils sont alors conduits à envisager **la question délicate de la tutelle à la personne** car en définitive, sur le plan philosophique et sur le plan humain, *« l'objectif principal de la prise en charge d'une personne par la collectivité ou par des solidarités privées, doit être non pas une question d'argent, mais un soutien moral de tous les instants visant à développer la personnalité de l'intéressé »*[14].

- *« Le juge des tutelles n'est pas là pour assurer la succession des gens. Il est là pour veiller à ce que ce qu'ils ont, leur serve ! »*. (Un juge d'instance).

- *« Pour les personnes âgées à l'hôpital, il faut faire attention aux petits besoins ; c'est un peu ce superflu qui compte. Les gérants de tutelle y sont très sensibles »*. (Un juge d'instance).

- *« Il est difficile de dissocier la tutelle aux biens et la tutelle à la personne, du moins pour les personnes vivant à leur domicile. Il faut que le tuteur remplisse les deux fonctions »*. (Un juge d'instance).

- *« Dans l'esprit de la loi, la tutelle concerne plutôt la protection des biens. L'individu en lui-même n'apparaît pas dans la loi. Mais dans la pratique, l'accompagnement social est indispensable. A quoi cela sert-il de gérer les biens si la personne est malheureuse et n'arrive pas à s'assumer ? A quoi cela sert-il d'épargner si dans trois mois elle se suicide ? On ne travaille ni pour l'Etat, ni pour les héritiers mais pour la personne elle-même »*. (Un juge d'instance).

Ayant appris au contact du terrain la réalité des difficultés dans lesquelles se débattent certains de leurs majeurs protégés, certains juges n'hésitent pas trop à avoir des pratiques aux marges de la loi quand ils considèrent que cela s'avère nécessaire. Ils leur arrive ainsi de valider, parfois à contrecoeur, certaines des demandes explicites qui leurs sont adressées par les acteurs qui entourent la personne protégée. D'autres essaient cependant de résister à la pression qui les pousse à faire remplir aux mesures de protection **une fonction de substitution** (éducative, sociale ou économique) étrangère en principe à leur destination initiale. Les citations suivantes montrent bien ce débat et cet arbitrage auxquels le juge des tutelles ne peut échapper :

- *« La plupart des dossiers de tutelle ou de curatelle d'Etat concernent des personnes jeunes, donc des dossiers qui vont durer trente, quarante ans ou plus. C'est vrai que l'on confie aux associations des mesures qui auraient pu être exercées par la famille.*

C'est à cause du cas social rencontré et de la volonté de prescrire un acte éducatif. On détourne l'esprit de la loi ». (Un juge d'instance).

- *« La dernière fois que j'ai prononcé une curatelle, les personnes concernées étaient tout à fait normales. Elles avaient trop acheté, c'est tout. Elles ne s'étaient pas rendues compte qu'il leur serait impossible de rembourser les emprunts contractés ».* (Un juge d'instance).

- *« Il faut revenir aux textes pour ne pas mettre sous tutelle tous les gens qui ont des difficultés économiques. Il faut en revenir à la finalité de la mesure. Même s'il y a un vide social, même s'il faut une intervention, ce n'est pas celle-là (la tutelle) qui est la bonne parce qu'elle limite les droits de la personnalité ».* (Un juge d'instance).

- *« Même si je me trouve dans des situations limites, je prononcerai une curatelle parce que je considère que les gens ont besoin d'une assistance dans la gestion de leur budget ».* (Un juge d'instance).

Ce faisant, les juges perçoivent clairement leur glissement sur le terrain du social et il peut arriver qu'ils reprennent à leur compte **des objectifs d'action sociale ou même des objectifs éducatifs**. En outre, cet aspect du travail des juges concerne aussi les greffes qui sont souvent en première ligne dans les contacts avec les majeurs protégés. Pourtant, cette extension du champ d'activité pose aussi question à certains d'entre eux car ils savent qu'elle présente un certain nombre de risques.

- *« C'est la mère qui était tuteur. J'ai dit au majeur que j'allégerais la mesure s'il trouvait un CAT. Il bénéficierait alors d'un autre accompagnement et cela permettrait de couper un peu la relation avec sa mère ».* (Un juge d'instance).

- *« On est amené parfois à remplir le rôle d'une véritable assistante sociale ».* (Un employé de greffe de tribunal d'instance).

- *« Le greffe fait un vrai boulot d'assistante sociale ».* (Un juge d'instance).

- *« Le juge doit repousser la tentation de ne pas faire du droit. Il n'a pas de légitimité à faire du social ».* (Un juge d'instance).

Enfin, les juges manifestent un certain pragmatisme. Ils n'oublient pas, en effet, que l'efficacité des mesures dépend du contexte dans lequel elles seront exercées. C'est pourquoi, dans la mesure du possible, ils essaient d'**éviter les conflits** et d'obtenir l'adhésion d'un maximum d'acteurs.

- *« J'essaie de ne pas avoir de relations conflictuelles avec les associations ».* (Un juge d'instance).

- *« En général, j'évite d'envoyer un délégué à la tutelle dans un foyer mais il m'est arrivé de rencontrer des foyers très fermés où, pour briser la résistance et donner un apport extérieur, j'ai nommé un délégué ».* (Un juge d'instance).

- *« En pratique, on ne prend pas de décision, on cherche à recueillir l'adhésion de la famille ».* (Un juge d'instance)

- *« Les associations veulent des mesures mais elles ne veulent pas n'importe quel dossier. Si on ne négocie pas de temps en temps, si on leur impose des mesures sans autre forme de procès, l'exécution des mesures risque fort de s'en ressentir ! ».* (Un juge d'instance).

Pour conclure, on peut dire que la loi de 1968 a laissé aux juges des tutelles un large pouvoir d'appréciation qu'ils n'hésitent pas à mettre en œuvre. Cela leur permet de tenir compte de manière sélective des différents objectifs des autres acteurs. L'exercice de cette fonction d'arbitre, voulue par la loi, dépend évidemment de la réalité des conditions, en particulier matérielles, qui garantissent **l'indépendance du juge**[15]. Ce que nous avons entendu de la bouche même de la plupart des juges à propos du rationnement de l'offre de services tutélaire, mais aussi à propos des charges indirectes qui retombent sur les juges et sur leurs greffes quand les intervenants auprès des majeurs protégés ne sont pas très performants, nous incite à penser que ces éléments viennent interférer également dans la décision de prescription. C'est en tout cas ce que laissent à entendre les déclarations suivantes :

- *« Les problèmes de financement entraînent de plus en plus, pour les juges des tutelles, la tentation de ne plus respecter les critères du Code civil ».* (Un juge d'instance).

- *« Les tuteurs inscrits sur la liste des gérants de tutelle et sur celle des administrateurs spéciaux (ce sont les mêmes !) sont saturés. Je ne peux plus leur confier une mesure. Je fais un petit peu du démarchage à chaque fois que j'essaie d'en confier une à l'un d'entre eux ».* (Un juge d'instance).

- *« J'ai très peu de conseils de famille. Dieu soit loué ! Car c'est très lourd. C'est un fléau à faire fonctionner ».* (Un juge d'instance).

- *« Il est rare que je constitue le conseil de famille qui est une machine lourde qui pose des problèmes de fonctionnement ».* (Un juge d'instance).

Si nos observations sont exactes, pour être en mesure d'atteindre les objectifs qu'ils poursuivent, les juges doivent veiller à **un double équilibre** ; l'un externe, concerne leurs rapports avec les autres acteurs, l'autre interne, vise à répartir les ressources en temps et en moyens dont ils disposent entre les diverses charges judiciaires qu'ils assurent. Dans cette logique et sous ces contraintes, la maîtrise précise de la commande adressée à chaque intervenant pour chaque majeur pourrait parfois passer au second plan et expliquer cette remarque un peu désabusée d'un juge : *« On n'est pas les maîtres ! »*. Pourtant, la volonté de réaliser un travail de qualité qui permette de répondre au problème posé, ne disparaît jamais totalement. *« Devant la masse de travail on en a quelquefois « ras le bol » mais au plan humain c'est parfois très satisfaisant de trouver une solution qui réponde à un besoin et améliore sensiblement la situation de la personne protégée »* (un juge des tutelles).

§ 4 — Les projets des intervenants

Dans tous les cas, l'exercice de la mesure de protection met en jeu une personne « *un intervenant majeur protégé* », selon l'expression qui a failli être consacrée ces dernières années. Ce terme a une histoire puisqu'il a servi à différencier, pour des raisons de principe et de conjoncture, les fonctions confiées dans le cadre de la loi de 1968 de celles qui étaient confiées à des *« délégués à la tutelle »* dans le cadre de la loi du 18 octobre 1966 concernant la tutelle aux prestations sociales.

Ce terme, ou un autre qu'il faudrait inventer, nous semble malgré tout intéressant pour deux raisons principales. Il représente d'abord une catégorie générique large, bien utile pour la communication et l'échange des idées car il évite l'assimilation trop rapide de toutes les mesures à la seule tutelle. Le respect de la loi impose une différenciation des mesures qui est certainement amoindrie par le recours à un terme particulier comme celui de tutelle ou de tuteur.

Un second argument nous semble également plaider en faveur de ce vocable « d'intervenant majeur protégé » ; il caractérise bien les mesures d'»incapacité-protection» que doivent assumer ces acteurs. Il s'agit bien, en effet, d'une intervention[16], limitée mais réelle, dans la vie privée d'une personne. En outre, l'ambiguïté, existant dès l'origine de la loi, qui permet de concevoir la mesure de protection comme un élément de la politique d'action sociale, tend à la rapprocher d'autres formes d'intervention sociale.

A l'inverse le recours à l'expression de *« délégués à la tutelle »* a le mérite de souligner que le tuteur est bien la personne morale et que le travailleur social délégué auprès de la personne intervient au nom de cette institution dans le cadre d'un travail d'équipe combinant plusieurs types de qualifications apportées par des salariés ou par des bénévoles. Si le salarié délégué à la tutelle n'est pas le tuteur ou le curateur, il n'en reste pas moins l'interlocuteur principal du majeur protégé, choisi par la personne morale en raison de ses capacités et de sa compétence. Dans tous les cas cet acteur contribue à la détermination de la finalité de la mesure par le projet qui l'anime.

Entre le mandat qui lui est confié et les « besoins » du majeur (c'est à dire les demandes du majeur qui sont reconnues et validées d'une part et les décisions, services ou activités qui lui sont proposés ou parfois imposés d'autre part), « l'intervenant majeur protégé » est rarement totalement passif. Il poursuit lui aussi dans l'exécution de la mesure, des objectifs particuliers dont l'expression apparaît à deux niveaux : d'une part, celui des intervenants eux-mêmes (travailleurs sociaux, salariés « formés sur le tas », bénévoles, etc.) et la forme de l'introduction est alors marquée par la qualification professionnelle, la culture et l'histoire personnelle des acteurs ; d'autre part, celui des associations dans lesquelles ces intervenants sont salariés ou militent. Si ces questions sont plus fréquemment débattues à propos de la tutelle d'Etat, il existe aussi de nombreux débats à propos des fonctions de la gérance de tutelle au sein même des structures médicales ou médico-sociales[17].

Les deux grandes associations nationales engagées dans l'activité tutélaire ont une conception assez proche sur un point essentiel, **l'importance de la tutelle à la personne.** En témoignent par exemple, ces extraits d'une lettre de M. BURNEL, président de l'Union nationale des associations familiales, adressée au Ministre de la solidarité, de la santé et de la protection sociale en date du 27 septembre 1988 sur le problème du financement des mesures d'Etat : *« la protection à la personne : n'est-ce pas là l'essentiel dans le mandat qui est confié aux UDAF ? (...) Les UDAF sont attachées à cette notion d'accompagnement de la personne. (...) Les UDAF, à travers le champ d'intervention de leurs travailleurs sociaux, participent à privilégier la tutelle à la personne »*. A trois reprises, le président de l'UNAF insiste sur cette question de « la tutelle à la personne ».

Dans la même perspective, s'appuyant sur son expérience de la tutelle, un président d'association tutélaire affirmait lors du colloque de l'Union nationale des associations de parents d'enfants inadaptés, déjà évoqué : *« Après dix-huit ans de pratique de tutelle associative, nous pouvons affirmer que ce dont a d'abord besoin la personne handicapée mentale, c'est d'une tutelle à la personne, c'est d'un tuteur qui se pose, à propos de sa personne, les questions que se poseraient des parents soucieux de l'épanouissement et du devenir de leur enfant handicapé mental, d'un tuteur enfin, qui puisse être comme des parents, un secours extérieur aux différents systèmes (travail, habitation, fréquentations) dans lesquels vit la personne handicapée »*[18].

Ces points de vue convergents s'expliquent sans doute par l'histoire des rapports qu'ont entretenus ces deux unions d'associations vis à vis de la tutelle civile. Lors du vote de la loi de 1968, les parents d'enfants handicapés mentaux se montrèrent relativement inquiets du risque d'ingérence dans les rapports familiaux qu'ils pouvaient y voir. Pour éviter un tel risque, l'UNAPEI engagea ses associations locales à créer des associations tutélaires. Certaines de ces associations eurent un caractère régional, mais c'est surtout au niveau départemental qu'elles se développèrent. La progression relativement lente dans les années soixante-dix du nombre des mesures, a permis pendant longtemps un fonctionnement reposant exclusivement sur des bénévoles. L'existence de possibilités de financement d'une part et l'alourdissement de la charge impliquée par le développement du nombre des mesures d'autre part, ont engagé ces associations sur la voie de la professionnalisation. Le processus s'est accéléré quand les juges ont tenté de leur adresser des majeurs qui n'étaient pas des handicapés mentaux. Certaines associations ont refusé ; d'autres ont accepté mais durent alors embaucher pour renforcer leur potentiel d'activité.

Aujourd'hui, il n'y a plus autant de préventions à l'égard de la loi. Les associations de parents contribuent même à la diffusion de cette loi dont ils perçoivent surtout les avantages pour les handicapés mentaux. La synthèse des travaux des groupes de travail de la journée nationale d'études de novembre 1989 est éclairante sur ce point. On peut y lire, par exemple : « *Il appartient en effet aux associations tutélaires affiliées à l'UNAPEI, de* ***fournir un travail d'explication et de dédramatisation en direction des parents*** *qui seraient susceptibles d'être concernés. (...) Une mesure de protection légale est conseillée, même si les adultes handicapés n'ont pas de biens importants. Elle assure à la fois la protection de la personne et, le cas échéant, la protection de ses biens. (...)* ***L'association tutélaire doit donc s'efforcer de participer au travail de démystification du juge****, dont les parents ont peur, en favorisant les relations entre ces parties. (...) Cette tâche, consistant à persuader les familles du bien-fondé d'une mesure de protection, doit commencer le plus tôt possible :* ***l'information doit donc être précoce*** »[19]. Cette évolution s'inscrit dans la dynamique même de l'application de la loi. Elle tend à confirmer le caractère protecteur des mesures et à en favoriser l'assimilation avec une prestation sociale en nature répondant à un besoin essentiel. On comprend mieux dès lors l'exigence de qualité, la revendication d'un droit et le souci de gommer, au moins au plan symbolique, les stigmates de l'incapacité que traduisent les deux citations suivantes :

« Il nous faut donc continuer à postuler le droit, pour les personnes handicapées mentales, à une tutelle complète, efficace et qui s'avère coûteuse »[20],

« L'affaire de la tutelle d'Etat (...) part d'un mauvais terme. (...) Je préférerais qu'on dise « ***protégés de la nation*** *» et que l'Etat assume sa responsabilité en donnant à ceux-ci des tuteurs qui leur évitent d'avoir des ennuis dans la vie et qui rétablissent une certaine*

égalité des chances »[21].

Evidemment, dans cette logique on s'éloigne d'une conception de la tutelle principalement patrimoniale. Sous l'égide d'un Etat-providence, l'aspect accompagnement de la personne du majeur passe au premier plan.

L'histoire de la prise en charge par les UDAF de mesures concernant les majeurs (tutelles et curatelles d'Etat ou simplement gérances de tutelle) explique elle aussi, dans une large mesure, le souci de *« l'accompagnement de la personne »* évoqué par le président de l'UNAF dans sa lettre au Ministre.

En réalité, cet engagement des UDAF dans la production des mesures de tutelle ou de curatelle civile n'a pas été décidé au niveau national. Il a résulté d'**un processus largement décentralisé**. C'est pourquoi, il n'y a pas de scénario unique. Sous la conjonction complexe des besoins repérés, des contraintes locales et du jeu des acteurs concernés (juges, DDASS, directeurs et présidents des UDAF), une grande hétérogénéité de situations a présidé à cette évolution. Un point commun pourtant : c'est en règle générale le fait que les UDAF exerçaient déjà depuis plusieurs années des mesures de tutelles aux prestations sociales qui a joué un rôle important. Dans certains cas, les contraintes résultant d'une diminution du nombre des tutelles aux prestations sociales ont incité à rechercher dans la tutelle au majeur une activité de substitution garantissant la pérennité du service. Dans d'autres cas, c'est la pression appuyée et répétée de la DDASS voyant dans le recours à un service existant une solution simple et des possibilités d'économies d'échelle, qui a conduit un conseil d'administration d'UDAF à s'engager dans cette nouvelle activité. Ainsi, certaines UDAF ont souhaité ce service de tutelle au majeur, d'autres l'ont subi, d'autres enfin l'ont refusé avec obstination jusqu'à maintenant.

Pour des raisons liées au flou concernant le contenu de la mesure, parce que la croissance du nombre des mesures s'est opérée lentement avant la montée en flèche de ces dernières années ou simplement par commodité, la nouvelle activité s'est développée au sein des services de tutelle aux prestations sociales qui existaient déjà. D'abord quelques mesures concernant des majeurs ont été confiées aux délégués à la tutelle ; ensuite un délégué s'est spécialisé dans cette activité quand elle a commencé à devenir plus importante ; plus rarement, certaines UDAF ont décidé, passé un certain temps, de créer un service des majeurs protégés distinct. La naissance de cette nouvelle activité comme **appendice au service des tutelles aux prestations sociales** ou comme antenne de celui-ci, n'a pas été sans conséquence quant à la conception du service rendu et quant aux pratiques mises en oeuvre concrètement.

En effet, la tutelle aux prestations sociales, compte tenu des textes qui l'ont régie, a conduit les UDAF à embaucher principalement et même parfois exclusivement des travailleurs sociaux ayant déjà une expérience professionnelle. Quand l'activité « tutelle au majeur » s'est développée, les travailleurs sociaux à qui l'on a confié les mesures, ont procédé presque toujours à un véritable **«transfert de savoir faire »**, c'est-à-dire qu'ils ont continué à faire du travail social. Comment aurait-il pu en être autrement ? Rentrés pour cela dans une école professionnelle, ils ont été formés à cette fin et recrutés dans les UDAF pour la même raison. Assez mal préparés et peu motivés pour la gestion de patrimoines au sens strict, ces travailleurs sociaux devenus « intervenants majeur protégé », ont eu tendance à tirer le mandat vers un accompagnement social qui apparaissait presque toujours nécessaire et cela d'autant plus que les juges, quand ils avaient le choix, orientaient plutôt vers ce genre de service les personnes qui en avaient le plus besoin.

Dans un tel contexte on comprend mieux que l'idée de l'indissociabilité de la tutelle aux biens et de la tutelle à la personne soit largement partagée par les responsables de services tutélaires comme par les délégués à la tutelle. Pourtant, si la logique d'une action efficace plaide en apparence pour la conjonction des deux domaines, le risque du monopole et de la concentration des pouvoirs n'est pas nul. Cette situation, en effet, peut favoriser la projection par l'intervenant de son système de valeurs. Finalement, quel que soit le mode de gestion, le refus d'un partage de pouvoirs, justifié par le souci d'éviter les conflits possibles entre intervenants, accroît le pouvoir de l'intervenant et peut-être la dépendance du protégé. Ainsi, certains responsables soulignent volontiers l'intérêt d'une telle régulation dont les modalités peuvent varier mais qui constitue l'une des fonctions de l'association tutélaire :

- *« Je ne vois pas très bien comment on pourrait assumer la seule tutelle au biens. Celle-ci n'est jamais que la projection dans le domaine économique de la situation globale de la personne. Si l'on n'a que l'un des deux éléments, je ne vois pas comment on peut gérer l'autre. Cela voudrait dire que l'on peut réduire la tutelle à une simple distribution d'argent. Pourquoi ne pas mettre alors un robot ? »* (Un responsable de service tutélaire).

- *« Nous avons mis dans nos statuts que nous voulons assurer une tutelle à la personne et aux biens. Notre esprit et notre vocation, c'est de se substituer aux parents ».* (Un responsable d'association tutélaire).

- *« Certains d'entre eux ont besoin d'un accompagnement social chronique. Dans l'état dans lequel ils nous arrivent, on intervient trop tard. Ce sont des personnes inconnues des services sociaux. Un incident révèle la situation. Ils sont tellement margina-*

lisés ». (Un délégué à la tutelle).

- « *Le mandat "majeur protégé" est un mandat où l'on se sent très puissant. Cela va de la prise en charge pour aller chez le dentiste, à un avortement, etc. Cela va très loin dans le soutien à la personne et le mot soutien est même faible. C'est pourquoi, je pense que les délégués doivent être encadrés pour ne pas faire n'importe quoi et pour ne pas aller trop loin. Il faut qu'il y ait des limites* ». (Un responsable de service tutélaire).

L'exercice de la tutelle aux biens, quoiqu'il ne constitue qu'un des aspects de la mission du tuteur, ne peut être négligé. Il demande, en effet de la compétence et une grande rigueur qui expliquent que beaucoup d'associations aient renforcé leur personnel en juristes et en comptables. Quand le majeur est en établissement, la tutelle à la personne prend des formes différentes que les délégués et les gérants de tutelle soulignent. Elle s'inscrit parfois dans le prolongement du projet éducatif ou thérapeutique quand il existe ou au contraire, elle tend à infléchir les pratiques instituées.

- « *Avec les équipes des établissements, il faut maintenir à la fois une certaine confiance et une certaine distance pour que l'on soit toujours tiers* ». (Un délégué à la tutelle).

- « *On ne peut pas agir seul ; il faut agir avec les équipes médicales et avec les services sociaux* ». (Un gérant de tutelle).

- « *C'est nous qui sommes à la disposition de l'équipe médicale et non l'inverse. C'est eux qui nous disent ce que l'on peut faire. Nous ne sommes pas des médecins mais des techniciens en gestion pour que tout aille bien* ». (Un gérant de tutelle).

A l'inverse, le travail avec un majeur protégé en milieu ouvert, semble osciller entre la réaction à l'urgence et la tentative de réinsertion et de consolidation des situations afin d'échapper à l'instabilité et à la précarité. Dans cette tâche de Pénélope, beaucoup ont le sentiment que le travail n'est jamais complètement achevé d'autant plus que le désengagement des autres acteurs s'accentue après le prononcé de la mesure et que le majeur peut s'habituer et devenir dépendant de cette mesure.

- « *Est-ce que l'urgence c'est d'arriver à la levée de la mesure ou d'aider la personne, grâce à la mesure, à mieux vivre au lieu de se dégrader de plus en plus. L'urgence ce n'est peut-être pas d'arriver à la levée de la mesure* ». (Un délégué à la tutelle).

- « *On a des gens sous tutelle qui n'avaient jamais plus rien à manger à la la fin du mois, qui étaient criblés de dettes, qui avaient les huissiers sur le dos et qui étaient même expulsés de leur logement. On les stabilise, on leur donne un cadre de vie. Ils sont bien habillés, parfois même ils vont en vacances* ». (Un responsable d'association tutélaire).

- *« Pour les majeurs protégés, quand un tuteur ou un curateur est nommé, il y a un relatif désengagement des autres travailleurs sociaux et des autres institutions. Le mot tuteur est pris à la lettre. Il y a un tuteur, il va s'occuper de tout et quand je dis de tout c'est de tout ! ».* (Un responsable de service tutélaire).

- *« Le problème c'est la mainlevée ; il n'y en a pratiquement pas parce que les gens ne veulent pas. On leur pose la question mais ils ne veulent pas : "Vous êtes not'père. On a besoin d'un père" ! Cette dépendance, je considère que ce n'est pas un échec. Il faut bien s'adapter à chaque situation ».* (Un gérant de tutelle).

Les opérateurs dans le domaine des mesures de protection des majeurs protégés ont donc contribué à faire évoluer l'image des mesures qu'ils assurent. Même l'Etat, sans toutefois abandonner ses craintes d'un transfert de charge, semble convenir qu'il est impossible d'enfermer l'action des tuteurs et des curateurs dans un cadre trop strict. En effet, une circulaire n° 28 du 24 juin 1986 a dessiné les contours des responsabilités du tuteur dans les termes suivants qui laissent une place évidente à ce qu'il est convenu d'appeler la tutelle à la personne :

« Il ne convient pas de figer la fonction d'un tuteur d'Etat dans un cadre trop strict, limitant a priori sa fonction à l'administration des biens et à une prise en charge de la personne conçue comme une simple représentation dans les actes de la vie civile.

La responsabilité tutélaire s'étend en effet à l'entretien et à la défense des intérêts moraux et matériels du majeur protégé.

Le tuteur aura, de ce fait, dans de nombreux cas à intervenir dans l'urgence, afin d'organiser la vie quotidienne de la personne (logement, gestion des revenus, etc.), et à être un représentant du majeur protégé auprès des institutions et services sociaux, ainsi que dans son environnement social et familial le cas échéant, sans que pour autant les services chargés de la tutelle d'Etat se transforment en services socio-éducatifs ».

Entre les espérances du majeur et les exigences de son environnement, entre ses propres projets et les attentes du majeur, l'intervenant doit construire une pratique de la tutelle et de la curatelle respectant également les contraintes fixées par la loi et par la pression des situations d'urgence qui accompagnent souvent le prononcé de la mesure.

Sous-section 2 — *Le contenu des charges tutélaires*

A défaut d'une unanimité sur les objectifs poursuivis, les acteurs sur le terrain sont bien obligés de se mettre d'accord tacitement et le plus souvent explicitement, sur ce qu'il convient de faire dans tel ou tel cas. Nous disposons pour aborder cet aspect concret du travail de « l'intervenant majeur protégé » de deux sources d'information : le droit d'une part (§ 1) et les pratiques des « intervenants majeur protégé » d'autre part (§ 2).

§ 1 — La classification juridique des actes et les pouvoirs des organes tutélaires

Le droit ne dispose pas d'une classification spécifique aux mesures de tutelle. Le juge a donc recours en la matière à *« la distinction traditionnelle du droit civil français entre les actes conservatoires, les actes d'administration et les actes de disposition »*[22]. Cette classification a toutefois été aménagée ; la loi de 1964 régissant la tutelle des mineurs, en créant des catégories intermédiaires, conduit à distinguer six groupes d'actes civils. Cette classification juridique des actes est avant tout construite pour préciser qui peut agir et sous le contrôle de qui. Elle permet donc de préciser les pouvoirs respectifs des différents organes de la tutelle. Ces éléments sont rassemblés dans un tableau synthétique réalisé par le juge T. FOSSIER[23]. Il faut distinguer :

1. Les actes conservatoires : il s'agit des actes nécessaires et urgents qui préviennent un risque ou évitent une perte. Par exemple, le paiement de dettes certaines, le renouvellement d'inscription hypothécaire, l'exécution de menus travaux indispensables constituent de tels actes.

2. Les actes d'administration ordinaires : ces actes concernent l'exploitation du patrimoine à condition qu'il n'y ait pas d'atteinte au capital. L'aliénation à titre onéreux des meubles d'usage courant et des biens ayant le caractère de fruits, l'exécution de réparations d'entretien et même les grosses réparations nécessaires à la conservation des biens, les contrats d'assurance relatifs aux meubles et aux immeubles, la réception des sommes dues et le paiement des dettes appartiennent à cette catégorie. Il convient aussi de faire une place particulière aux **actes élémentaires** de perception des revenus et de leur application à l'entretien du majeur. Ces actes sont, avec les mesures conservatoires, les seuls qu'un gérant de tutelle peut faire sans l'autorisation du juge. De même, dans la curatelle renforcée, ils peuvent être accomplis par le curateur sans le majeur protégé.

3. Les actes d'administration surveillés : il s'agit d'actes d'exploitation assimilés à des actes de disposition et donc soumis à une autorisation particulière du subrogé tuteur, du conseil de famille ou du juge des tutelles selon les cas. Il s'agit essentiellement de la réception de capitaux et du choix de la nature des biens acquis en emploi ou en remploi de capitaux, qu'ils soient issus ou non d'un acte de disposition distinct.

4. Les actes de disposition ordinaires : ces actes de disposition impliquent un transfert de droits réels et donc une modification de la composition du patrimoine du majeur protégé. Emprunter, aliéner ou grever de droits réels les immeubles, les fonds de commerce, les valeurs mobilières, les meubles précieux ou ceux qui constituent une part importante du patrimoine et, plus généralement, les autres droits incorporels, ne peut être fait sans une autorisation spéciale du conseil de famille ou du juge des tutelles, en cas l'administration légale sous contrôle judiciaire ou de simple gérance de tutelle. Le majeur sous curatelle ne peut les accomplir sans son curateur.

5. Les actes de disposition surveillés : la vente aux enchères publiques d'un immeuble ou d'un fonds de commerce, les partages et un certain nombre d'actes dans le cas de l'administration légale pure et simple, sont soumis à des procédures particulières (présence du subrogé tuteur, homologation du tribunal de grande instance, etc.).

6. Les actes interdits : enfin certains actes sont purement et simplement interdits pour l'intervenant majeur protégé. Il s'agit en général, d'actes qui se traduiraient par une relation marchande entre le majeur et son tuteur ou son curateur, ou encore des donations ou des cautionnements.

Cette classification des actes n'est pas toujours simple à faire comprendre au tuteur, en particulier aux administrateurs légaux sous contrôle judiciaire. Dans plusieurs tribunaux une note précise ce qu'il convient de faire dans un certain nombre de situations ; elle est remise aux nouveaux tuteurs et curateurs quand ils entrent en fonction mais cette précaution et les explications prodiguées par les juges, n'empêchent pas ceux-ci d'être souvent sollicités. Cette typologie juridique des actes est intéressante non seulement sur un plan pratique comme système de référence mais aussi d'un point de vue économique car elle permet de mieux différencier les effets du choix d'un régime ou d'un autre sur les coûts indirects supportés par les tribunaux d'instance à l'occasion du suivi des mesures.

Tableau 2.1 : La classification des actes patrimoniaux

Qualification possible de l'acte patrimonial	Mécanisme de principe et référence légale	Cas cités par les lois de 1968 et 1964	Cas cités par d'autres lois ou par la jurisprudence
Conservatoire	Le majeur protégé seul ou son mandataire seul		Petits travaux, paiement des dettes certaines, inventaire (en présence du subrogé tuteur s'il en est un)
Elémentaire	Gérant de tutelle seul (article 500) ou curateur "renforcé" seul (512)	Perception des revenus et application à l'entretien	Saisies mobilières (phase conservatoire). Déclarations fiscales, publicités ou inscriptions immobilières
d'Administration	Mandataire en Sauvegarde (491-3 et 5), tuteur seul (451, 452, 456, 461, 463, 464), administrateur légal seul (497, 389-6), majeur sous curatelle seul (510), gérant de tutelle avec le juge (500 al. 2) (Rappel : «Administrateur légal» peut signifier aussi «tuteur d'Etat»)	Aliénation des meubles courants, baux ordinaires (ne seront pas renouvelables au-delà du retour à la capacité civile), acceptation de dons ou legs sans charges, succession sous bénéfice d'inventaire, actions patrimoniales (et défense), conversion de titres en nominatif	
Intermédiaire (d'administration surveillée pour 1 et 2, de disposition simplifiée pour 3)	1) Tuteur assisté du subrogé tuteur (453) 2) Majeur sous curatelle assisté du curateur 3) Majeur sous curatelle seul (513)	Vente judiciaire - quittance des capitaux (réception, sans remploi) Réception des capitaux (puis remploi) Réception des capitaux (puis remploi) Testament	
De disposition	Majeur sous curatelle avec son curateur (510), tuteur avec le Conseil de Famille (449, 454, 457 à 461, 463 à 467), adminis- trateur légal avec le juge (389-6 et 497), gérant de tutelle avec le juge (500 al. 2)	Conditions générales de l'entretien et montant de la dépense annuelle, contrat de gestion, nature et base des remplois, acquiescements judiciai res, transaction, emprunt, vente de valeur mobilière ou de meuble précieux, ou d'immeuble, ou de fonds de commerce, acceptation de dons et legs avec charges, succession pure et simple, donation.	Saisie immobilière, baux de longue durée ou «protégés» (ruraux ou commerciaux)
De disposition «renforcée»	Homologation du TGI (467)	Partage	
Interdits	1) Au majeur sous tutelle 2) A tout majeur protégé	Testament	Commerce Cautionnement

Source : CEBS/CGP — 1990 d'après FOSSIER T. : Formulaire analytique de procédure.

Il est, en effet, possible d'ordonner les mesures de protection qu'un juge peut prononcer selon plusieurs critères. Si l'on retient **le critère de la capacité croissante du majeur**, on ira de la tutelle complète (avec subrogé tuteur et conseil de famille) voire de la tutelle d'Etat, à la sauvegarde de justice, en passant par la curatelle renforcée (art. 512 du Code civil), les formes aménagées de tutelle (art. 501) ou de curatelle (art. 511), la tutelle simple (administration légale sous contrôle judiciaire ou gérance de tutelle), la curatelle simple et la sauvegarde de justice avec mandat spécial ; mais cette gradation ne peut être rigoureusement établie. Si l'on retient **le degré d'autonomie et le pouvoir croissants de « l'intervenant majeur protégé »**, l'échelle sera inverse mais cela ne veut pas dire pour autant que la charge de travail variera dans le même sens. Il est souvent plus facile et en tout cas plus rapide, de décider et de faire seul plutôt que de devoir dialoguer, de faire avec le majeur et d'être dans l'obligation de demander une autorisation au juge ou à un conseil de famille. Si cette hypothèse est exacte, la charge de travail, toutes choses égales par ailleurs, serait maximale pour une curatelle simple ou aménagée.

Il est enfin possible de considérer ces diverses mesures de protection **selon l'importance de la charge de travail** qu'impose au juge le suivi. D'après les entretiens que nous avons eus avec les juges des tutelles, il est difficile de se prononcer sur le suivi des mesures de sauvegarde de justice. Elles se présentent en effet, dans un contexte bien particulier car elles sont provisoires, correspondent souvent à la période d'instruction du dossier et à celle de découverte de la situation par le mandataire spécial. L'idée d'un suivi n'a pas vraiment le temps d'apparaître dans l'attente d'un changement de régime ou d'une mainlevée. En ce qui concerne les autres régimes de protection, les juges considèrent de manière quasi unanime que la tutelle complète avec un conseil de famille est la plus lourde à faire fonctionner. Entre les autres mesures, la situation est plus complexe. Théoriquement, la curatelle devrait impliquer des sollicitations moins fréquentes pour le juge, ceci étant envisagé abstraitement toutes choses (y compris les caractéristiques du majeur) étant identiques. Au contraire, le recours à la gérance de tutelle où la plupart des actes d'administration (à l'exception de la perception des ressources et de leur application à l'entretien du majeur) doivent être effectués sous le contrôle a priori du juge, pourrait avoir tendance à multiplier les sollicitations de celui-ci, si la situation en hébergement collectif et parfois la longue expérience de certains gérants de tutelle ne venaient les modérer. Plus simple, l'administration légale sous contrôle judiciaire où le juge remplit seul le rôle du conseil de famille, est pourtant souvent plus délicate à suivre pour les juges en raison de l'inexpérience des administrateurs et de leur dissémination. En définitive, la tutelle d'Etat assurée par un bénévole ayant une solide expérience ou par une personne morale, inscrits l'un et l'autre sur la liste du procureur, se présente souvent comme une solution plus légère à suivre.

D'une certaine façon, l'intérêt du majeur et la maîtrise des coûts indirects plaident l'un et l'autre pour que le juge confie la mesure avant tout à un tuteur ou à un curateur efficient et disponible rapidement. Selon le contexte familial, le lieu de vie du majeur et l'intensité du rationnement des moyens de financement, y compris ceux du majeur et les ressources des bénévoles, le mode de gestion choisi variera.

§ 2 — Le contenu du travail des intervenants

Sans doute est-ce une gageure que de vouloir rendre compte d'un travail multiforme, en prise directe sur la vie quotidienne des majeurs. Le lecteur pourra relever au travers des citations données et des exemples, illustrant quelques situations rencontrées par les intervenants et les juges, une matière brute qui permet de mieux comprendre la réalité du travail des uns et des autres et la pression que l'urgence peut parfois exercer. Malgré ces réserves, nous avons tenté de présenter une typologie des actes qu'un tuteur ou un curateur pouvait être amené à faire dans l'exercice de sa fonction. Il convient évidemment de se méfier d'une telle énumération de tâches. Il ne s'agit en aucune manière d'un profil moyen d'activité par dossier mais simplement d'une liste, sûrement encore non exhaustive, des actes qu'un intervenant est susceptible d'accomplir. Pour établir cette liste, nous nous sommes appuyés sur quatre éléments d'information : d'abord, les réflexions d'un groupe de délégués à la tutelle sur leur travail[24] ; puis la typologie et les exemples présentés par le FRENE dans son rapport déjà cité ; ensuite le guide publié par l'Assistance publique des hôpitaux de Paris[25]; enfin notre enquête auprès des services tutélaires. Nous avons construit cette liste autour de trois axes majeurs : un axe économique (la tutelle aux biens), un axe éducatif et un axe action sociale, auxquels viennent s'ajouter les actes fonctionnels, en général prévus explicitement par la loi de 1968.

1. L'exercice de la tutelle aux biens

Cet aspect du travail rassemble les actes nécessaires à la gestion du patrimoine, à la défense des intérêts matériels et à l'affectation des revenus pour assurer l'entretien de la personne protégée.

1A — *Découverte de la situation et information de l'environnement économique et social du majeur :*

- faire un inventaire contradictoire des patrimoines, revenus et dettes.
- communiquer une copie du jugement aux organismes débiteurs (Caisses de retraite, CAF, CPAM, etc.), aux banques et aux PTT par envoi d'une lettre-type.

- informer les tiers débiteurs ou créanciers du nouveau domicile du majeur (en l'occurrence, celui du tuteur).

- informer le notaire de l'existence de la tutelle et prendre contact avec lui si il y a un héritage, une vente à réaliser ou un achat à envisager.

- informer en cas d'hospitalisation le bureau des admissions, le vaguemestre et les services comptables de l'hôpital.

- récupérer les trousseaux de clés et veiller à leur mise en lieu sûr.

- vérifier les appareils ménagers (réfrigérateurs, congélateurs, chauffage).

- en cas d'hospitalisation, s'assurer de la fermeture des compteurs d'eau, de gaz et d'électricité et de la vidange en temps utile des installations de chauffage et sanitaire.

- placer les animaux de la personne âgée si elle doit être hospitalisée un certain temps.

- récupérer les carnets de chèques et les livrets d'épargne.

- faire apposer les scellés en cas d'hospitalisation d'urgence avec une autorisation spéciale du juge si la valeur et la consistance des biens le justifient.

- clôre ou bloquer les comptes bancaires ou postaux.

- veiller à l'annulation des procurations sur comptes ou livrets.

- maintenir ou ouvrir des comptes bancaires ou des livrets d'épargne.

- accomplir les formalités nécessaires en cas de décès et financer les frais d'obsèques.

1B — *Gestion courante et équilibrée du budget :*

- assurer la perception des revenus (salaires pensions, retraites, AAH, remboursements maladie, rentes viagères etc.).

- payer les factures, le forfait hospitalier, le loyer (réception, contrôle, mise en paiement), les impôts, la redevance télévision.

- faire face aux obligations du majeur (pensions alimentaires).

- établir la déclaration d'impôts.

- délivrer des quittances si le majeur a des locataires.

- faire établir, signer ou annuler des actes (bail notarié, achats, compromis de vente).

- ouvrir un livret épargne logement dans la perspective de travaux.

- faire ouvrir un crédit chez les commercants pour contrôler l'utilisation de l'argent.

- remettre au majeur de l'argent périodiquement.

- épargner et placer cette épargne quand elle existe.

1C — *Amélioration des ressources du majeur par la mobilisation de ses droits :*

- rechercher des ressources supplémentaires et remplir des dossiers pour faire ouvrir des droits (secours, dossier ASSEDIC, dossier pour la COTOREP en vue d'une AAH ou d'une allocation compensatrice, liquidation de pensions, allocation logement ou APL).

- réclamer le versement d'une obligation alimentaire, prendre un avocat, demander l'aide judiciaire.

- suivre le règlement d'un sinistre par l'assurance.

- accompagner une procédure de divorce.

- s'occuper du contentieux et des actions en justice (requêtes, divorce).

- faire les démarches nécessaires en cas de succession.

- intervenir, si nécessaire, auprès de la chambre des notaires.

1D — *Amélioration des conditions de vie du majeur :*

- embaucher une femme de ménage ou une auxiliaire de vie si cela s'avère souhaitable et financièrement possible.

- rechercher d'une solution pour les vacances quand l'établissement d'accueil est fermé.

- demander une aide pour l'amélioration de l'habitat auprès du CAL-PACT-ARIM.

- demander un logement auprès d'un office HLM.

- assurer la personne à une mutuelle complémentaire, en « responsabilité civile » et ses biens contre le vol l'incendie, les accidents et les risques divers ou réexaminer les contrats antérieurs s'ils existent.

- remplir des dossiers de remboursements d'assurance maladie, de mutuelle ou d'assurances diverses.

- souscrire un contrat d'obsèques.

L'accompagnement social n'est pas toujours nécessaire (compte tenu de l'état de santé du malade ou de sa prise en charge par d'autres intervenants ou par un établissement). Mais quand il l'est, il doit s'appuyer avant tout sur une gestion rigoureuse des ressources du majeur protégé. Contrairement à ce que sous-tend peut-être la discrimination établie par le Code civil en fonction de la consistance des patrimoines, cette bonne gestion est également indispensable pour les petits comme pour les gros patrimoines en raison de l'importance relative des conséquences d'éventuelles erreurs.

2. L'action « socio-économico-éducative »

Au-delà de la rigueur dans le travail de gestion qui est un point d'appui nécessaire à la bonne exécution de la mesure de protection mais n'en constitue pas le but ultime, l'aspect relationnel du travail avec le majeur et la nécessité d'organiser l'intervention autour d'un projet visant avant tout le bien-être de l'intéressé ne sont guère discutés. Dans cette perspective, l'inventaire de la situation, s'il doit comprendre systématiquement un inventaire contradictoire des biens, des droits et des obligations du majeur, ne se réduit pas à cela. Il intégrera aussi une compréhension globale de la situation du majeur. Les intervenants soulignent en effet, qu'il est bien difficile de gérer le budget d'une personne sans prendre en considération la nature de son handicap, qu'il est difficile de trouver pour elle un lieu de vie sans tenir compte de ses capacités d'autonomie ou de ses problèmes de comportement. Dans cette prise en charge plus globale de la situation de la personne, *« les problèmes budgétaires* (sont) *davantage un symptôme que l'exercice de la mesure tend à faire disparaître, tout en étant le révélateur des véritables difficultés »*[26]. Evidemment, face à cette réalité, l'intervenant, a fortiori s'il est travailleur social, a tendance à ne pas rester passif. La gestion du budget peut devenir *«un point de départ, voire un simple outil»*[26] pour une action éducative non prévue explicitement par les textes. Cette action vise à établir une relation de confiance avec le majeur, à favoriser sa prise de conscience et à lui donner les moyens d'une plus grande autonomie.

2A — *Etablissement d'une relation positive avec le majeur :*

1. *disponibilité :*
- visites régulières.
- permanences d'accueil.
- écouter le majeur, être disponible, parfois à des heures indues.
- souvent la relation avec l'intervenant est la seule possibilité d'expression sur son vécu personnel. Cela peut favoriser une prise de conscience de ses difficultés, de sa situation, de sa maladie, de ses moyens, de ses droits.

2. *échange :*
- dialoguer avec le majeur.
- travailler avec son refus de la mesure et de l'intervention ou au contraire avec sa passivité et sa dépendance.
- la relation peut être un stimulant pour un changement ou non de situation (CAT), de lieu de vie (vacances) ou pour une ouverture vers l'extérieur.
- un contrat peut être passé entre l'intervenant et le majeur ce qui implique contrôle mais aussi encouragement.

2B — *Apprentissage de la gestion économique :*
- recherche de la transparence du budget.

- établir un budget avec la personne et éventuellement en lien avec les éducateurs, l'assistant de service social ou l'équipe médico-sociale qui suit la personne (analyse des revenus et des charges fixes, analyse des besoins et des prévisions d'achats à effectuer compte tenu de l'équipement et des souhaits de la personne).

- discuter avec le majeur sur l'opportunité de passer le permis de conduire ou sur l'achat d'une voiture.

- réguler les dépenses: les limiter ou au contraire les susciter.

- remettre les comptes à la personne.

- lui apprendre les contraintes économiques.

2C — *Apprentissage des actes nécessaires à la vie :*

- faire avec le majeur un certain nombre de choses pour l'habituer, l'aider à évoluer, à dépasser ses craintes pour lui apprendre à faire.

- faire des achats avec le majeur, lui apprendre le rôle d'un devis avant des travaux importants.

- faire des courses pour ses repas, aller acheter avec lui des vêtements, des chaussures, du mobilier.

- prendre rendez-vous chez le dentiste, le médecin, l'accompagner si nécessaire.

- aider dans la mise en route et la conduite d'une procédure de divorce, si le majeur le souhaite.

- rechercher avec le majeur un logement, un placement, un emploi.

- organiser un déménagement, faire un état des lieux.

- apprendre à lire une ordonnance.

- apprendre à lire l'heure.

- lui faire découvrir les équipements sociaux locaux dans lesquels il peut s'insérer (clubs, centres sociaux, associations diverses).

3. L'action sociale

Sans doute faut-il mobiliser non seulement toutes les aptitudes de l'individu mais aussi toutes les potentialités de son environnement pour éviter le risque réel d'un surinvestissement voire d'un monopole de la part de «l'intervenant majeur protégé». Dans une large mesure, le travail de l'intervenant doit s'appuyer sur l'environnement du majeur. L'intervenant quel qu'il soit a besoin de relais : une famille d'accueil, une équipe éducative, une surveillante de service, un voisin sont souvent les points d'appui nécessaires.

Pour assurer une protection efficace du majeur, l'intervenant doit connaître cet environnement et établir avec les acteurs qui interviennent des relations pour que l'action entreprise soit cohérente. Bien sûr, quand l'environnement est « aidant », ces relations soulagent le tuteur ou le curateur dans sa mission, mais il faut à chaque fois du temps pour les établir et les entretenir. C'est pourquoi en termes économiques, il ne faudrait pas voir là uniquement une possibilité d'économie en travail mais plutôt une réorientation de celui-ci. Cette substitution maximale des actes et même des décisions de l'individu et de son entourage, au travail de l'intervenant, suppose en effet l'établissement avec suffisamment de continuité, d'une relation de bonne qualité avec le majeur protégé et une connaissance satisfaisante de son milieu de vie. L'action sociale et l'action socio-économico-éducative apparaissent finalement **plus complémentaires que substituables** l'une vis à vis de l'autre.

3A — *Au niveau familial :*

- établir un dialogue avec la famille naturelle ou avec la famille d'accueil pour renouer, favoriser ou couper les liens.
- gérer des conflits autour de l'argent et en particulier des dépenses d'entretien.

3B — *Au niveau professionnel :*

- prendre contact avec les employeurs, les institutions (CAT, ateliers protégés) et assurer un soutien dans l'activité professionnelle.

3C — *Au niveau de la vie sociale :*

- intervenir auprès des maires, des assistantes maternelles, des bénévoles, des voisins, des créanciers, des propriétaires, des femmes de ménages, des avocats, des juges.
- contacter les médecins, les infirmiers, les équipes de secteur psychiatrique pour prolonger l'action des soignants.
- se mettre en relations avec les assistantes sociales (DDASS, CAF, CPAM, MSA, hôpital) pour que les projets poursuivis soient cohérents.
- être en relation avec les éducateurs des foyers d'hébergement et des centres maternels.
- mettre en place des relais auprès du majeur (voisinage, travailleurs sociaux).
-réguler les relations avec le voisinage et atténuer les tensions et les conflits.

Il faut enfin ajouter tous les actes fonctionnels qui sont nécessaires pour que l'action de l'intervenant soit effective. Dans les associations il y a une division du travail. La production de la mesure de protection suppose aussi un travail de secrétariat et un travail de comptabilité. L'évolution récente des conceptions du travail en matière de tutelle amène à le considérer de plus en plus comme **un travail d'équipe** (d'autant plus que les qualifications sont diversifiées et complémentaires les unes par rapport aux autres) et, s'il est souhaitable de conserver pour chaque majeur le principe d'une personne de référence responsable, celle-ci n'est plus seule. Même les administrateurs spéciaux tendent à se regrouper en association ou à rechercher des complémentarités avec les associations existantes, qu'il s'agisse d'associations tutélaires ou d'associations plus spécialisées dans l'accompagnement social. Si cette évolution devait se confirmer, le ratio nombre de mesures par délégué perdrait, en partie au moins, sa signification, puisqu'il ne correspondrait plus au même contenu du travail. Toutefois, il n'est pas sûr, du moins si l'on suit le point de vue de la jurisprudence, que la dissociation de la tutelle aux biens et de l'accompagnement social corresponde à la loi de 1968. En toute hypothèse, la question du fondement juridique de cet accompagnement social comme celle de son financement ne sont pas résolues.

D'autres actes fonctionnels sont nécessaires du fait même de la loi qui a souhaité le contrôle du juge. Cela implique des activités supplémentaires pour l'intervenant. Par exemple, il doit adresser au juge un compte annuel, lui transmettre des requêtes pour obtenir les autorisations nécessaires pour les actes de disposition et, périodiquement, produire un rapport sur l'évolution de la situation du majeur protégé.

4. Les actes fonctionnels :

- signaler la modification de la situation du majeur, rédiger les bordereaux d'encaissement, les ordres de règlement.
- rédiger les comptes rendus des visites, émettre des consignes administratives.
- établir un compte de gestion annuel pour le juge.
- faire un rapport au juge.
- demander les autorisations au juge pour les actes soumis à une autorisation.

L'évolution récente du nombre des mesures qu'il a fallu prendre en charge dans un cadre associatif, dans celui d'une gérance de tutelle au sein d'un établissement et même en recourant aux personnes physiques tuteurs privés, et l'utilisation de plus en plus fréquente de modes de traitement de l'information comptable par l'informatique, ont contribué à la mise en place de plus en plus répandue **d'une codification des procédures d'intervention**. L'intervention ne repose plus alors sur le seul charisme ou sur les seules intuitions de l'intervenant. Une attention particulière aux problèmes de responsabilité, d'assurance en matière de biens comme de personnes, est devenue indispensable. La gestion des documents (livrets, factures, versements) suppose des méthodes de travail raisonnées qui respectent en particulier les régles comptables. Une harmonisation des dossiers entre les différents intervenants est parfois utile pour favoriser la coopération des personnels concernés par une même personne et permettre d'assurer dans de bonnes conditions la continuité du service. La conjonction de tous ces facteurs avec les pratiques antérieures des professionnels du travail social ou des bénévoles, tend à dessiner aujourd'hui les contours d'une profession vraiment spécifique dont les récents textes sur la formation ne donnent encore qu'une image incomplète[27].

Section 2 : Les coûts des mesures de protection des majeurs

N'échappant pas à la règle commune à beaucoup de projets de loi, l'intendance de la loi de 1968 n'a reçu qu'une attention réduite lors des débats, pourtant fort longs, qui ont précédé son adoption. Très logiquement, il fut surtout question des libertés individuelles mises en cause par ce qui constitue avant tout des régimes de privation de droits civils. Les garanties dont devaient être entourées les décisions prises en ce domaine et le souci de dissocier les préoccupations thérapeutiques des préoccupations juridico-sociales, contrairement à la confusion entretenue dans ce domaine par la loi de 1838, furent principalement les questions évoquées. Pourtant, plus que tout autre, le rapporteur du projet à l'Assemblée, M. PLEVEN, avait semble-t-il pris la mesure des enjeux matériels qu'une telle loi allait nécessairement impliquer dans son application. L'attention à ces aspects matériels du dispositif fut d'autant plus forte que le Sénat en fit un argument pour s'opposer à la responsabilité d'un juge unique en la matière. Cependant l'argument était à double tranchant puisqu'en proposant un jugement collégial du tribunal de grande instance, il était difficile de soutenir que la procédure serait moins compliquée, moins lourde et donc moins consommatrice de ressources. Le gouvernement ne manqua pas de le souligner. Ces débats, qui annonçaient un transfert de ressources auprès des tribunaux d'instance et de leurs greffes permanents, nous permettent de préciser l'image que le législateur avait du domaine d'application du projet de loi et des enjeux matériels qu'il sous-tendait (sous-section 1). L'enjeu, en définitive bien anticipé au moment du vote de la loi et largement confirmé par notre enquête auprès des tribunaux d'instance, laisse à penser que les mesures de protection ne constituent pas un aspect mineur ni un secteur marginal dans l'activité des juges. La mise en place des mesures et leur suivi engendrent en effet des coûts indirects conséquents (sous-section 2). Enfin, l'exécution des mesures constitue en soi une activité économique à part entière, quel que soit le mode de production public ou privé, marchand ou non, que l'on envisage. Les coûts directs de la réalisation concrète des mesures de protection sont influencés par la spécificité de cette activité et par le contenu précis de la prescription du juge (sous-section 3).

Sous-section 1 — *Les mesures de protection et leurs enjeux matériels*

Cette importance a d'abord un aspect quantitatif. A combien de personnes un tel régime était-il susceptible d'être appliqué ? Telle est la question que se posèrent ses promoteurs avant même le vote de la loi. Peu de chiffres furent avancés. Pénétré du souci de faire une loi d'assez large portée, dépassant en toute hypothèse le seul groupe des malades mentaux, le rapporteur, citant le garde des Sceaux, fut le seul à avancer un chiffre : 500 000 mesures de protection[28]. Même si ces dernières années nous avons pu observer une progression sensible du nombre des décisions ouvrant un régime de protection, un chiffre aussi élevé n'a pas encore été atteint. Notre estimation, à partir des enquêtes quasi exhaustives conduites auprès des tribunaux d'instance d'Ille-et-Vilaine et de Seine-Maritime, permet en effet de situer le nombre des personnes sous un régime de tutelle, de curatelle ou de sauvegarde de justice, entre 250 000 et 300 000 au début de l'année 1990[29]. Cette prévision au moment du vote de la loi, réexaminée plus de vingt années après, peut laisser songeur. En effet, elle vient sérieusement relativiser l'impression inflationniste que peut laisser la progression rapide du nombre des tutelles, traduite par les rares séries chronologiques dont nous disposons (portant essentiellement sur les mesures financées par un tiers et donc plus précisément sur les tutelles d'Etat). Il est quand même difficile de considérer cette progression comme une véritable surprise, puisque les auteurs de la loi avaient dans une large mesure anticipé (pour ses défenseurs) ou craint (pour ses détracteurs) une pareille extension de son champ d'application. A la limite, il serait possible en 1990 de s'étonner d'une application aussi lente et vraisemblablement encore incomplète de la loi.

Quoi qu'il en soit, le nombre des personnes concernées et sa croissance au niveau local par à-coups, par exemple lorsqu'une règle systématique de signalement se met en place dans les institutions du ressort d'un tribunal, entraînent une augmentation de la charge de travail des tribunaux d'instance et parfois l'existence de goulots d'étranglement à différentes étapes du dispositif. Cette extension des mesures, observée aujourd'hui dans la quasi totalité des tribunaux d'instance de l'hexagone, explique pourquoi presque tous les juges d'instance que nous avons interrogés ont souligné **la part non négligeable qu'occupent les mesures de protection des**

majeurs dans leur emploi du temps ; jamais moins du quart de leur temps de travail et même fréquemment, le tiers de celui-ci. Cette situation de charge de travail abondante n'est sans doute pas nouvelle pour les juges puisque, lors de son intervention au Sénat le 18 mai 1967, M. JOZEAU-MARIGNE faisait déjà observer que les juges des tutelles étaient *« écrasés de tâches diverses »*[30] et ajoutait que tous les orateurs, membres de la commission de législation, avaient déclaré au Garde des Sceaux *« que l'application de cette loi, ses résultats, son bénéfice, dépendraient essentiellement des moyens matériels qui lui seraient donnés »*[31].

Au-delà des chiffres de personnes protégées, l'organisation de l'intendance du dispositif prévu par la loi pose problème. L'importance des enjeux matériels se situe en effet à deux autres niveaux organisationnels, comme le soulignait déjà M. PLEVEN rapporteur de la loi devant l'Assemblée Nationale le 20 décembre 1960 :

« Le succès de la réforme dépendra de l'aptitude de ce magistrat (le juge des tutelles) *à accomplir la mission que la loi lui confie. Mais combien de ces magistrats seraient disponibles ? Comment seront-ils aidés ? Bénéficieront-ils d'un secrétariat ? (...) Nous touchons ici à une certaine lacune de la loi qui fait peser, il faut bien le dire, une sérieuse incertitude sur les possibilités d'application. Le juge des tutelles ne pourra pas non plus remplir sa tâche sans beaucoup de gérants de tutelle. L'existence de ces gérants est mentionnée dans le projet, mais leur statut, leurs exactes responsabilités, leur mode de rémunération ne sont pas précisés dans le texte de la loi. Et la commission est opposée au système de la rémunération des gérants par un pourcentage sur les fonds manipulés »*[32].

Ces inquiétudes ou au moins ces incertitudes quant au bon fonctionnement de la loi, paraissent rétrospectivement tout à fait pertinentes. Sans doute certaines des difficultés rencontrées aujourd'hui trouvent-elles leur origine dans l'important décalage dans le temps entre le vote de la loi et la manifestation concrète de l'extension, pourtant prévue, de son domaine d'application. En effet, la lente montée en charge des mesures de tutelle n'a pas permis la révélation précoce des besoins en financements et en personnels associés au fonctionnement de la loi. Quand la progression rapide du nombre des mesures est apparue, dans les années quatre-vingts, le contexte politique et économique n'était plus guère favorable à la création d'emplois publics.

Schéma 2.1 : Les coûts de production des mesures de protection

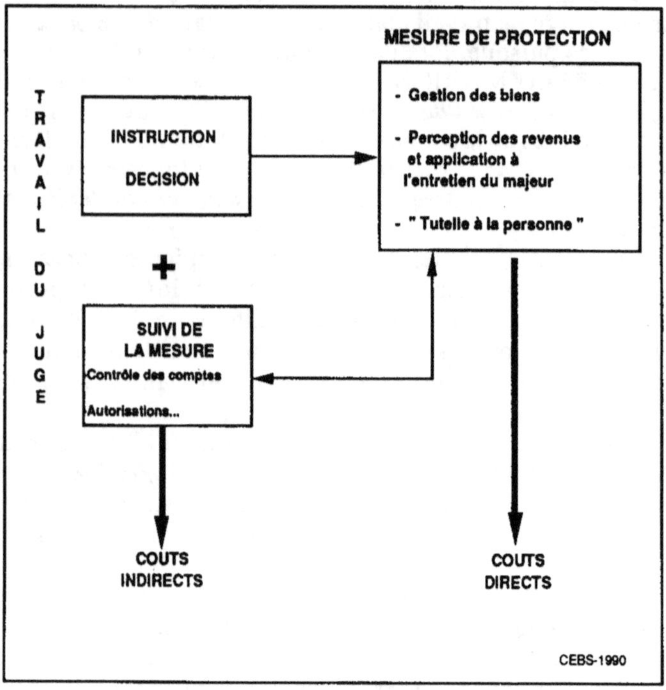

Le deuxième point évoqué par le rapporteur souligne que le bon fonctionnement de la loi appelle nécessairement une complémentarité entre l'action du juge et celle de la société civile ou, à défaut, entre l'action du juge et celle des services de l'Etat responsables des tutelles. Il a également le mérite de suggérer, en ce qui concerne l'application concrète de la loi, une distinction utile entre deux types de coûts directs et indirects.

Les premiers correspondent exclusivement aux coûts engagés pour assurer le caractère opérationnel de la mesure de protection c'est-à-dire au travail et aux dépenses du mandataire spécial, du curateur ou du tuteur pour accomplir sa mission. Ils se décomposent éventuellement en deux types de coûts : ceux qui couvrent les frais généraux des services tutélaires et ceux qui servent au travail direct avec le majeur ou sur son dossier. Les seconds, que nous analyserons en premier, concernent les dépenses engagées pour ouvrir la mesure de protection et en assurer le suivi (voir le schéma 2.1).

Sous-section 2 — *La mise en place des mesures : des coûts indirects à la charge des tribunaux.*

Les coûts indirects correspondent donc aux ressources consommées qui vont déterminer les conditions dans lesquelles les juges d'instance sont en mesure d'assumer les responsabilités qui leur ont été confiées par la loi dans le domaine de la protection des majeurs incapables.

Il est intéressant de remarquer que le rapporteur de la commission des lois et le garde des sceaux utilisèrent le même terme, celui de *« pivot de la réforme »*[33], pour qualifier le rôle du juge dans le nouveau dispositif. Cet aspect de l'intendance paraît en effet d'autant plus essentiel, qu'à l'instar du juge des enfants ou même dans certains cas, du juge des affaires matrimoniales, il n'est pas seulement demandé au juge d'instance un jugement, une décision d'ouverture ou non d'une mesure de protection, mais il lui est demandé aussi d'organiser cette mesure et d'assurer le suivi de son exécution. Ce point mérite de retenir l'attention. En effet, presque tous les juges que nous avons interrogés ont tenu à souligner cette spécificité du travail de juge des tutelle. Le juge et le greffe du tribunal se trouvent confrontés non seulement à **un flux d'affaires** qu'ils vont résorber après un certain temps nécessaire à l'instruction et au jugement mais aussi à **un stock de personnes** sous régime de protection, stock croissant qui ne diminue qu'avec les mainlevées (peu fréquentes) ou les décès de majeurs protégés. Le travail du juge des tutelles comprend donc deux aspects : le premier, traditionnel, est bien repéré par les systèmes de statistiques d'activité puisqu'il conduit à des décisions ; le second est plus difficile à observer parce qu'il est très variable selon les dossiers ; il s'agit du suivi de l'exécution des mesures.

Indépendamment de cet aspect quantitatif directement lié au nombre de dossiers, la charge de travail des juges et des greffes des tribunaux d'instance en matière de tutelle au majeur protégé dépend de trois facteurs :

1. La nature du dossier, les conditions de la vie et l'âge du majeur protégé, la compétence et le sérieux du tuteur, du curateur ou de l'administrateur ou d'autres événements aléatoires (héritage, mariage, vente d'immeubles, actions en justice, etc.), font que le juge et le greffe seront plus ou moins sollicités pour la réunion d'un conseil de famille, une autorisation de placement, un conseil ou simplement un peu d'écoute. Cette hétérogénéité des dossiers est particulièrement manifeste quand elle se traduit par exemple, dans un tribunal d'instance, par deux fichiers dans deux armoires différentes dont l'une rassemble les dossiers « vivants ».

2. La complexité des procédures accroît aussi la charge de travail. Pour parvenir à la « simplicité » qu'il souhaitait, le gouvernement s'était fait le promoteur d'un projet de loi où la responsabilité de la décision d'ouverture d'une mesure appartenait au seul juge d'instance. Ce point fut contesté jusqu'au bout par le Sénat dont la préférence allait à une juridiction collégiale comme celle du tribunal de grande instance. Ces réticences d'une part et la conscience largement établie des enjeux de cette loi dans le domaine des libertés individuelles d'autre part, contribuèrent à accroître les garanties dont le législateur a souhaité entourer la décision. Le juge se trouve donc environné de partenaires, en particulier médicaux, sur lesquels il doit s'appuyer pour éclairer la décision qu'il doit prendre. Mais ce travail ouvert sur l'environnement est alourdi par la nature même des mesures de tutelle. Le juge a besoin de relais extérieurs pour assurer l'exécution des mesures. Il doit être non seulement disponible mais aussi acteur pour susciter des vocations de bénévoles, contribuer à la création d'associations ou suggérer à des directeurs d'établissement la création d'un poste de gérant de tutelle. Ce travail de contacts, de relations et d'échanges avec les familles, les professionnels ou les institutions, et l'exercice effectif du suivi des mesures (relations avec les tuteurs ou les curateurs, contrôle des comptes annuels, courriers et entretiens éventuels avec le majeur), entraînent inévitablement une charge de travail importante pour les greffes des tribunaux d'instance comme pour les juges d'instance eux-mêmes.

3. **L'investissement personnel du juge** dans l'instruction et dans le suivi des dossiers est la dernière variable qui détermine le temps consacré aux mesures de tutelle. Cet investissement dépend d'abord des conditions de travail du juge (surcharge, personnel du greffe, activité sur plusieurs tribunaux, etc.). Mais il dépend également de l'intérêt que trouve le juge à cette fonction particulière du juge d'instance. Or, les juges que nous avons rencontrés sont presque tous unanimes pour affirmer l'intérêt du travail qui leur est demandé en matière de tutelle, confirmant ainsi les intuitions originelles de MM. FOYER et PLEVEN[34]. Chaque juge doit donc réaliser un arbitrage entre l'intérêt de cette matière et le temps dont il dispose. Un grand nombre d'entre eux nous a expliqué que le champ de leur activité en ce domaine est *« à géométrie variable »* et que **le temps consacré à la tutelle est en quelque sorte la variable d'ajustement de leur emploi du temps sous contraintes**. Que l'activité du tribunal s'accroisse sensiblement dans un secteur et le temps consacré au suivi des mesures, aux contacts avec les tuteurs, les gérants de tutelle et les délégués à la tutelle, se trouve amputé ou même réduit aux seules interventions concernant les situations d'urgence. Qu'une certaine détente apparaisse et le juge retrouve une certaine capacité d'initiative pour intervenir, réexaminer la situation des majeurs et mieux suivre l'exécution des mesures.

Finalement, au-delà même de la question, déjà essentielle, de la protection des majeurs, l'importance de la loi de 1968 est aussi d'ordre qualitatif. En effet, celle-ci n'a-t-elle pas contribué à faire évoluer sensiblement les pratiques des juges et les représentations que se font du système social les autres acteurs ? Comme la loi de 1964 sur la tutelle des mineurs, comme les lois de 1966 sur la tutelle aux prestations sociales, la loi du 3 janvier 1968 en confiant aux magistrats *« un rôle plus actif »* a favorisé le dépassement *« d'une conception qui confinait le juge dans un rôle purement passif »*[35]. Le juge des tutelles s'est trouvé peu à peu attiré sur **un terrain inhabituel pour lui: celui de l'action sociale.** Au fur et à mesure que son image se modifiait, certaines barrières et certaines réticences sont tombées, facilitant l'accès à la justice. L'aspect protection l'a emporté sur l'aspect incapacité, élargissant ainsi le domaine d'application de la loi et contribuant à l'alourdissement des charges des tribunaux par la multiplication des mesures[36].

Etant donné leur point d'impact, ces coûts indirects sont dans une large mesure internes au système judiciaire, même si leur visibilité et leur prise en compte demeurent imparfaites, en particulier dans un contexte de réduction des dépenses publiques dont les effets se font sentir jusque dans le fonctionnement des tribunaux d'instance[37]. Il n'en va pas de même pour les coûts directs; ceux-ci sont dans leur quasi totalité transférés sur des agents qui n'appartiennent pas au système judiciaire. Ils mettent donc en jeu les relations du juge avec son environnement.

Sous-section 3 — *L'exécution des mesures : des coûts directs transférés*

Les coûts directs sont les coûts associés à l'exécution même des mesures. Ils apparaissent en principe extérieurs au système judiciaire bien qu'ils puissent cependant en influencer le fonctionnement. En effet, si le législateur n'a pas confié au juge l'exercice direct de la mesure, il lui a demandé de veiller à son organisation et à son bon fonctionnement. La loi a donc donné mission au juge des tutelles d'organiser « la fonction de production » de chaque mesure de protection. Cette fonction de production, au sens où l'entendent les économistes, traduit la relation qui existe entre les facteurs de production (travail, capital), les « inputs » et les produits réalisés, les « outputs ». S'il est évident qu'à l'instar de toute production, la production d'une mesure de protection suppose d'avoir recours à certains savoir-faire techniques[38], qu'elle demande un certain temps de travail et qu'elle implique le recours à des moyens matériels (moyens de transport, de communication, etc.), la spécificité de cette production doit surtout être soulignée. Celle-ci prend principalement deux aspects : un processus de production où le travail joue un rôle essentiel (§ 1) ; une relative souplesse dans la définition du « produit » et dans les modes d'organisation de la production (§ 2). Le premier aspect détermine une structure de coût qui rapproche, en partie du moins, la mesure de protection d'autres formes de l'action sociale ; le second révèle une très grande dispersion des coûts d'une mesure à l'autre, ce qui rend difficile l'utilisation de certaines normes comme les coûts standards.

§ 1 — Le rôle essentiel du facteur travail

Cette spécificité transparaît déjà dans l'existence de modes d'exercice familiaux de la tutelle. Il ne faut pas oublier que d'après notre enquête en Ille-et-Vilaine et en Seine-Maritime, ils sont majoritaires parmi l'ensemble des mesures de protection. Sans formation particulière, un fils ou une fille, un frère ou des parents peuvent assurer la protection d'un proche. Sans formation spécifique, un bénévole peut être choisi par un magistrat pour être délégué à la tutelle d'Etat. C'est dire implicitement que les fonctions assumées appartiennent pour une large part au champ normal de la vie quotidienne et qu'elles ne mobilisent dans certains cas que des aptitudes de bon sens et de convivialité. Pour répondre au problème dans cette hypothèse, le recours à une production domestique ou, plus généralement, à **une production privée non marchande**, semble logique. Il correspond en tout cas à la priorité de procédure que le législateur impose au juge. Par ailleurs, cette façon d'envisager le contenu et l'exercice des mesures de protection est pertinent pour la plupart des situations mais pour celles qui ne trouvent pas de réponses immédiates dans ce cadre, les problèmes sont souvent plus délicats. Isolement, instabilité, complexité du caractère ou même plus rarement agressivité du majeur d'un côté, réticences devant la difficulté de la tâche, incompréhensions de la situation, manoeuvres frauduleuses ou intéressées de l'environnement familial ou de l'entourage de l'autre, empêchent parfois le recours aux solutions les plus simples. Or, c'est justement pour ces situations souvent plus délicates que le juge est conduit à envisager une gérance de tutelle ou une tutelle d'Etat. Finalement, le législateur qui avait organisé en priorité la tutelle familiale[39] mais qui avait suggéré simultanément la création d'un **véritable service public des tutelles,** avait pris l'exacte dimension de l'hétérogénéité des situations auxquelles il conviendrait de répondre.

Quel que soit le mode de production utilisé, la tutelle, la curatelle et la sauvegarde de justice avec mandataire spécial sont nécessairement médiatisées par une relation humaine, même si celle-ci est parfois difficile voire même impossible à établir avec le majeur protégé. C'est pourquoi la protection d'un majeur reste **une activité économique à forte intensité en travail**.

Produite par une personne, la prestation offerte ou imposée au majeur protégé est, dans l'esprit du législateur, nécessairement personnalisée. Elle doit en effet s'adapter à l'importance et à la structure de ses droits et obligations patrimoniaux, à son lieu de vie (milieu ouvert, famille ou établissement), à sa situation familiale, à sa pathologie, et à ses désirs quand ils peuvent s'exprimer. Cette hétérogénéité est amplifiée par l'extrême diversité de la population cible visée. Ceci ne doit pas étonner car c'est la conséquence directe du souci de « déspécification » partagé par les auteurs de la loi de 1968. Il en résulte concrètement trois caractéristiques qui mettent en évidence l'originalité de la fonction de production des mesures de protection :

- une forte **différenciation de l'intensité** des tâches à accomplir, d'un majeur à l'autre et d'une période de vie à une autre, pour une même personne ; donc une très grande difficulté à raisonner en termes généraux, en termes de profil moyen ou de cas idéal-typique unique ; cette remarque explique à notre avis la difficulté qui préside souvent aux échanges sur la question de la tutelle, chaque participant au débat ayant souvent des images justes mais partielles du phénomène tutélaire dont il faut avant tout souligner la multitude des facettes[40], inhérente à la définition même de la mission confiée ;

- une **substitution** limitée car parfois difficile entre les différents tuteurs ; telle personne qui parvient à établir une relation avec un majeur aura plus de difficultés avec un autre ; telle association qui connaît bien les handicapés mentaux se trouvera plus démunie face à d'autres situations ; tel majeur qui acceptera la tutelle d'un bénévole supportera plus difficilement l'intervention d'une administration. Il ne s'agit pas d'une production standardisée et, particulièrement en matière de curatelle, c'est la relation des deux personnes (protégé et protecteur) qui conditionne souvent l'efficacité de la mesure. En la matière, la responsabilité des juges dans le choix du tuteur et celle des responsables des services tutélaires dans l'adéquation des réponses proposées sont essentielles. La qualité de la relation établie explique aussi l'intérêt à ne pas changer trop fréquemment l'interlocuteur privilégié du majeur. De tels arguments conduisent parfois certains gérants de tutelle à prolonger avec l'accord du juge leur intervention, même après la sortie du majeur de l'établissement dont ils sont les préposés ;

- une grande diversité enfin, des couples « mesures de protection/majeur protégé », qui rend délicate la détermination de **coûts normatifs**. En effet, dans un grand nombre de cas, pour une tutelle et normalement toujours dans une curatelle, le majeur lui-même demeure l'un des acteurs, au comportement pas toujours prévisible, produisant et par conséquent déterminant, en partie au moins, le résultat de la mesure de protection.

Il semble qu'il faille distinguer dans l'exercice de la mesure plusieurs types de tâches. Certaines d'entre elles, de nature juridique ou administrative, peuvent faire l'objet de protocoles standards ; d'autres de nature financière ou comptable, peuvent se trouver considérablement simplifiées par l'utilisation de systèmes informatiques et par des accords négociés avec des partenaires (banques, services hospitaliers, équipes éducatives, etc.). L'ensemble hétérogène de ces tâches montre l'intérêt que présente une certaine division du travail. Pourtant, ce qui donne sens à la mesure et ce qui va l'orienter, c'est la cohérence des décisions prises avec la réalité spécifique de chaque majeur et, pour l'essentiel, cette adaptation s'inscrit dans la relation directe qui s'établit avec le majeur.

Compte tenu de ces remarques, il est clair que la variable-clé qui conditionne le coût d'une mesure de protection, est principalement le prix du travail concourant à sa réalisation. Le statut bénévole ou non, indépendant ou salarié, qualifié ou non, de celui ou de ceux qui apportent leur concours à ce travail, détermine en fait, non seulement le niveau du coût direct de l'exercice de la mesure mais, simultanément, qui va en supporter la charge principale.

Conscient de la complexité des problèmes à résoudre et de la grande diversité des situations rencontrées, le législateur a pris soin de mettre à la disposition des juges des tutelles un système suffisamment souple de réponses variées et modulables. Cette flexibilité permet de personnaliser la mesure mais contribue aussi à en accroître la dispersion des coûts.

§ 2 — L'incidence des modes d'organisation de la production sur les coûts.

Dans l'esprit de la loi le juge est amené à essayer de « faire du sur mesure » pour ce qui concerne l'organisation et la mise en place des régimes « d'incapacité-protection ». Deux éléments lui permettent d'adapter sa prescription et d'en moduler la portée réelle : la nature du régime et le mode de gestion. Le législateur a d'abord prévu trois régimes de protection (sauvegarde de justice avec ou sans mandat, curatelle et tutelle) mais plusieurs articles de la loi donnent la possibilité au juge de préciser l'étendue de la capacité du majeur et donc la compétence de l'intervenant. Tout un éventail de mesures concrètes existe donc dans le cadre du dispositif large et souple de la loi de 1968, qui élargit sensiblement la palette des interventions à la disposition du juge. Grâce à l'alinéa 5 de l'article 491 du Code civil prévoyant le recours à un mandataire spécial, la mesure de sauvegarde de justice peut être adaptée aux situations particulières et urgentes. De même, l'article 511 du Code civil permet au juge d'alléger ou d'alourdir une mesure de curatelle dans les domaines où il l'estime souhaitable. Le recours à l'article 512 conduit à une capacité très diminuée. De même dans un régime de tutelle, le juge conserve toujours la faculté de moduler le régime d'incapacité en énumérant les *« actes que la personne en tutelle aura la capacité de faire elle-même, soit seule, soit avec l'assistance du tuteur ou de la personne qui en tient lieu »*[41]. C'est donc en principe toute une gamme de régimes « d'incapacité-protection » qui peut être utilisée, même si les pratiques tendent assez souvent à se couler dans certaines solutions types mieux connues[42].

D'emblée une première erreur d'analyse doit être évitée : elle consiste à croire que le coût de gestion de la mesure augmente automatiquement avec le domaine de compétence du tuteur. Certes, il peut en aller ainsi et il est évident que toutes choses étant égales par ailleurs, une sauvegarde de justice avec un mandat pour s'occuper d'une succession est plus lourde à gérer qu'avec un simple mandat de perception des revenus ou encore, qu'une tutelle aux biens et à la personne demande plus de soin qu'une simple gérance de tutelle. Pourtant, il serait totalement inexact de considérer que le coût de la mesure est directement lié au degré d'incapacité du majeur. Ainsi, il faut vraisemblablement plus de temps et d'énergie pour la plupart des mesures de curatelle orientées vers le conseil et l'assistance, qui impliquent par conséquent l'information et la participation du majeur aux décisions le concernant, que pour les mesures de tutelle dont certaines visent par exemple des personnes totalement privées de moyens d'expression et de communication. De la même façon, une simple gérance de tutelle pour un majeur en milieu ouvert, a de fortes chances d'être plus difficile à gérer qu'une tutelle aux biens auprès d'une personne hébergée en maison de retraite. En matière de tutelle, aucune équation simple ne peut être établie avec une portée générale. Néanmoins, nous verrons par la suite que les règles de financement qui prévalurent à certaines périodes, firent coexister des mesures financées et des mesures « gratuites » de manière tout à fait indépendante des coûts réels engagés[43]. L'enjeu est d'autant plus considérable que certaines mesures sont de longue durée.

La manière dont ces trois régimes s'inscrivent dans le temps mérite en effet quelques remarques. Toutes les mesures sont susceptibles d'être levées à n'importe quel moment dès que cessent les causes qui les ont déterminées (articles 507 et 509 du Code civil) mais, **seule la sauvegarde de justice a un terme inscrit dans le temps.** Pour les autres mesures, le juge ne peut « prescrire » ni tutelle ni curatelle pour une période fixée à l'avance. Il s'agit là d'une différence importante par rapport aux mesures de tutelle aux prestations sociales adultes de la loi du 18 octobre 1966 car pour elles, le délai au terme duquel la décision doit être réexaminée est impérativement fixé à l'avance. Evidemment, rien n'empêche un magistrat de reconsidérer de sa propre initiative la situation d'un majeur quand il le juge utile. De même, le législateur a prévu une symétrie formelle entre les mécanismes d'ouverture et les mécanismes de mainlevée. En pratique toutefois, ces mécanismes jouent de manière différente et dissymétrique, et les régimes de protection tendent à perdurer. En matière de tutelle et de curatelle, la prescription du juge est donc dans bien des cas une prescription de longue durée. Il s'agit là d'une remarque importante puisqu'en effet, le juge ne donne pas mission au tuteur d'exécuter un acte unique mais bien un « flux » d'actes sur l'ensemble, non défini à l'avance, de la période de protection. L'enjeu n'est donc pas un coût certain dont il serait possible de s'acquitter une fois pour toute mais **un coût aléatoire qu'il faut assumer régulièrement**. Cette incertitude est d'autant plus forte que beaucoup de juges considèrent qu'ils n'ont pas toujours en main au moment de la décision initiale, tous les éléments leur permettant d'anticiper l'évolution de la situation et qu'un certain nombre d'entre eux ont mentionné les surprises auxquelles les avait confrontés l'évolution de certaines mesures.

Le deuxième élément de souplesse pouvant modifier les « conditions techniques » de mise en oeuvre de la mesure, réside dans **le mode de gestion** choisi. Le juge peut constituer une tutelle complète avec conseil de famille. Les coûts directs et surtout indirects pour le fonctionnement de la mesure sont alors majorés. Pour les éviter, il peut s'en tenir à une administration légale sous contrôle judiciaire même s'il nomme un proche de la personne. Si le patrimoine est de faible consistance, la solution de la gérance de tutelle confiée à un préposé d'établissement ou à un administrateur spécial inscrit sur la liste du procureur est possible. Enfin, si la tutelle ou la curatelle reste vacante, le juge peut avoir recours à l'une des personnes morales ou physiques, inscrites sur la liste du procureur de la République et donc susceptibles d'assumer la charge d'une tutelle ou d'une curatelle d'Etat. En combinant les types de régimes d'une part et les modes de gestion de l'autre, le juge modifie non seulement le champ de l'intervention et la nature de l'action de l'intervenant mais aussi, en quelque sorte en négatif, la charge induite en coûts indirects pour lui-même ou son successeur et pour le greffe du tribunal. En effet, si le tuteur choisi n'est pas compétent ou s'il a peur de mal faire, il risque de commettre des erreurs ou de solliciter de manière répétitive et intempestive les services du juge ou de son greffe. C'est aussi le cas lorsque le juge n'est pas complètement rassuré quant à la qualité de la gestion du tuteur ou au respect véritable des intérêts ou des souhaits du majeur ; il s'impose alors un suivi plus rapproché mais il ne peut pas multiplier inconsidérément ces situations. En raison de l'obligation faite au juge de veiller à la bonne marche des mesures de protection de son ressort, il existe donc une interaction entre les coûts directs et les coûts indirects.

Quel que soit le mode de gestion choisi, toutes les activités qui doivent être assumées par le tuteur ou le curateur vont engendrer des coûts de production. A la différence des coûts indirects, ces coûts directs, liés à l'exercice des mesures de protection, sont donc renvoyés sur des agents économiques tiers par rapport à l'institution judiciaire. Cet aspect de la fonction de juge des tutelles comme le suivi des mesures, ouvre largement le champ de son activité. Celle-ci déborde en effet, de son cabinet pour le mettre en relation par le biais de l'environnement du majeur, avec l'ensemble du système social.

C'est fréquemment à ce niveau du choix du mode de gestion que surgissent les principales difficultés. En effet, si le juge a la faculté d'« externaliser » les coûts directs liés aux charges que représentent les tutelles, il devient aussi très dépendant de son environnement. Bien souvent, le problème le plus délicat pour lui réside dans les possibilités dont il va disposer pour organiser concrètement la tutelle elle-même ; c'est à dire dans l'offre de services tutélaires qu'il peut mobiliser. La volonté exprimée par les défenseurs du projet de loi, de mettre en oeuvre un système de réponses souples et diversifiées permettant d'adapter la mesure à la personnalité particulière du majeur que l'on cherche à protéger, risque donc de se trouver compromise par le système des contraintes qui vont peser, plus ou moins selon les contextes locaux, sur la décision du juge. A la limite, on peut imaginer que le critère prioritaire (la situation de la personne) puisse passer au second plan au profit de critères tenant compte des ressources disponibles dont dispose le juge pour organiser en pratique la mesure. Pour mieux mesurer le poids de ces contraintes sur lesquelles nous reviendrons[44], il est indispensable d'examiner de plus près la manière dont des ressources ont été affectées pour couvrir les charges et les coûts entraînés par cette nouvelle fonction de protection des « incapables » majeurs, autrement dit de savoir comment le financement des mesures de protection a été mis en place.

Section 3 : La constitution progressive des modes de financement

Pour assurer la couverture des coûts liés à la production des mesures « d'incapacité-protection » destinées aux majeurs selon la loi du 3 janvier 1968, plusieurs solutions pouvaient être envisagées. Il n'y avait, semble-t-il, aucun doute dans l'esprit du législateur : les coûts indirects devaient être supportés par la collectivité dans le cadre de l'organisation d'un *« véritable service public des tutelles »*. C'est bien ce qui s'est produit en effet. Hormis l'examen médical, prévu par la loi et dont les frais sont exceptionnellement supportés par le majeur quand ses revenus le lui permettent, cette forme particulière de la justice rendue au majeur protégé est pratiquement gratuite. Le budget du Ministère de la Justice et donc les contribuables, supportent, pour le fonctionnement des parquets, des tribunaux d'instance et de leurs greffes, les dépenses judiciaires afférentes à la mise sous protection des majeurs. Mais le législateur resta plus évasif sur le sujet de la prise en charge des coûts directs.

Si l'on excepte la réticence, fortement marquée par la commission des lois, à l'égard d'une *« rémunération des gérants par un pourcentage sur les fonds manipulés »*[45], réticence qui cédera devant les nécessités matérielles, on ne sait pas au moment du vote de la loi à quelle logique le financement devra obéir. Bien sûr, le caractère spécifique de consommation forcée des mesures rend délicat le recours au marché comme mécanisme principal de régulation. Mais, entre la logique du service public distribué gratuitement et celle des obligations légales supportées par les divers acteurs concernés, de nombreuses formes hybrides de prise en charge des coûts directs des mesures de protection existent. Le législateur ne tranche pas entre ces diverses solutions. Ainsi, dans un premier temps, l'Etat a laissé se développer et a même encouragé des solutions alternatives au financement socialisé (Sous-section 1). C'est seulement dix ans après le vote de la loi sur la protection des majeurs qu'il a commencé réellement à organiser un financement socialisé dont la visibilité n'est apparue vraiment qu'après les lois de décentralisation (Sous-section 2).

Cette hétérogénéité des financements rend, en l'état actuel des choses, impossible l'établissement d'un compte global rassemblant les diverses sources de financement et indiquant leurs masses respectives. Il est seulement possible de connaître le montant des crédits engagés par l'Etat dans le financement des mesures, soit environ 60 millions de francs en 1986 et plus de 100 millions en 1990. Une estimation portant sur l'ensemble des mesures quel que soit le mode de leur gestion, y compris par des bénévoles, conduit à un chiffre de l'ordre de 1 ou 2 milliards pour l'année 1989 selon que l'on valorise arbitrairement les mesures à un coût moyen de 300 ou de 600 francs par mois.

Sous-section 1 — *Le coût initialement occulté : les alternatives au financement socialisé*

Quand les pouvoirs publics veulent éviter le recours au financement socialisé tout en assurant des ressources à une activité économique particulière, ils peuvent utiliser soit la contrainte soit le volontariat. En matière de tutelle, la loi de 1968 était d'une certaine manière le prolongement de la prise en charge familiale spontanée, en même temps qu'elle tentait de mettre un terme à certains abus. Elle fut perçue aussi, mais avec une certaine méfiance, comme une immixtion de la puissance publique dans le domaine de la sphère privée et notamment dans celui de la gestion des patrimoines familiaux. Il est donc logique que le législateur ait envisagé, comme cela est la règle en matière d'aide sociale, le recours à la solidarité familiale pour assurer l'exercice des mesures de protection (§ 1).

Au-delà de cette solution, la possibilité de trouver dans la société d'autres personnes physiques volontaires susceptibles d'assumer les charges tutélaires bénévolement ou avec une faible indemnité, a retenu d'emblée l'attention de l'Etat, aussi bien pour la gérance de tutelle avec les administrateurs spéciaux que pour les tuteurs d'Etat inscrits sur l'une des listes du procureur (§ 2).

Toutefois, les limites du recours à la solidarité familiale ne peuvent être considérées comme des surprises lors de l'application de la loi. En effet, à de nombreuses reprises, ces limites furent soulignées dans les débats qui ont précédé l'adoption du texte. De même, l'appel aux ressources volontaires est vite apparu comme insuffisant pour faire face aux charges engendrées par l'application de la loi. C'est pourquoi, dès l'année 1969, un décret[46] a rendu obligatoire l'intervention de certains acteurs et le prélèvement sur les ressources du majeur protégé pour en assumer le coût (§ 3).

§ 1 — Le recours à la solidarité familiale : une solution limitée

En ce qui concerne l'économie même des mesures de protection exercées dans un cadre familial, elle présente dans la quasi totalité des cas un caractère non marchand. Il n'y a donc, a priori, pas de dépense ni pour la collectivité publique, ni pour le majeur[47]. Seules subsistent des contraintes pour le tuteur ou le curateur. La tutelle familiale présente, en effet, soit **un caractère obligatoire** pour le conjoint ou les parents au premier degré, soit **un caractère volontaire** dans les autres cas. Pourtant, même quand elles apparaissent possibles, ces solutions présentent dans la pratique des limites dont le législateur a eu conscience dès le vote de la loi et qui conduisent à mettre en doute l'idée d'une véritable priorité dans la loi en faveur des solutions familiales. La place de la tutelle familiale résulte d'influences diverses et parfois contradictoires.

Dans la pratique, les limites du recours à une tutelle exercée par un membre de la famille tiennent soit à la famille, soit à l'avis exprimé par le psychiatre, soit au souhait du majeur lui-même, chacun de ces éléments restant soumis à l'appréciation du juge qui conserve un caractère décisif. En effet, à l'exception du conjoint, tous les autres tuteurs ou curateurs sont datifs; c'est à dire qu'ils sont désignés par le juge. Mais même en ce qui concerne le conjoint, les articles 496 et 509-1 du code civil prévoient que le juge peut l'écarter de la tutelle s'il estime que cette solution n'est pas souhaitable. S'il y a obligation pour les parents et les descendants d'accepter les mesures qui leurs sont confiées par le juge, celui-ci a toujours la possibilité d'envisager une autre solution et cela, même s'il existe un conjoint vivant. Dans la mesure du possible, **le juge essaie de rechercher l'adhésion du futur tuteur ou curateur**. En règle générale, il est peu enclin à confier une mesure à un proche contre son gré. Il peut avoir certaines craintes et donc certaines hésitations quand la charge de tuteur ou de curateur est assumée dans un contexte peu favorable et sans la moindre motivation, ce qui ne garantit guère la bonne exécution de la mesure et la qualité de l'assistance apportée au majeur. Compte tenu du rationnement des solutions alternatives que connaît parfois le juge, il peut être contraint à un arbitrage délicat entre le risque que la mesure ne soit pas exercée correctement et le coût des autres solutions pour lesquelles il manque de ressources financières. Evidemment, si ce risque lui semble exister et s'il dispose d'une autre solution non rationnée, le juge a tendance à la privilégier.

Du côté des membres de la famille, les scénarios sont très variables. Tantôt, pour des raisons symboliques ou plus matérielles, les candidats à la tutelle ne manquent pas, mais paradoxalement puisqu'il y a abondance de ressources, le choix du juge peut rester aussi délicat surtout s'il y a conflit entre les candidats. Quand l'arbitrage est trop difficile, s'il risque de provoquer des effets négatifs ou s'il doit s'accompagner d'un conseil de famille dont il connaît la lourdeur de fonctionnement, le juge aura plutôt recours à une tierce personne, physique ou morale. Tantôt, les personnes de l'entourage du majeur hésitent à assumer cette charge parce qu'elle leur paraît trop difficile à concilier avec leurs obligations familiales ou professionnelles, qu'ils ne s'en croient pas capables ou encore par crainte des soucis et des ennuis.

Le fait que l'environnement familial soit inexistant ou simplement trop distant, empêche évidemment le juge d'avoir recours à cette solution. A l'inverse, le développement des signalements précoces pour les majeurs handicapés mentaux, fait que les parents sont souvent disponibles pour assumer cette responsabilité. Mais même dans ce cas, le juge peut être conduit à écarter la solution familiale. En effet, **le médecin psychiatre peut considérer qu'il ne s'agit pas d'une solution satisfaisante pour l'intérêt du majeur** et il le mentionne alors explicitement dans son rapport. Ces réserves sont partagées par des psychiatres car il arrive que la tutelle familiale *« utilise l'autorité du juge pour mieux en sceller l'organisation autour du membre malade »*[48]. Le risque que soit privilégiée la maintenance de *« l'économie affective des liens familiaux »*[48] plutôt que la préservation des intérêts du majeur protégé pour l'avenir, peut apparaître. Parfois les parents eux-mêmes pensent que ces questions d'argent risquent de perturber la qualité des rapports affectifs avec leur fils ou leur fille, rapports qu'ils souhaitent préserver. Une association comme l'Union des amis et familles des malades mentaux (UNAFAM) exprime aussi de sérieuses réserves sur la préférence accordée aux membres de la famille pour l'exercice des fonctions tutélaires.

Au-delà de la priorité accordée explicitement à la famille dans la procédure[48bis], on peut se demander si ces règles procédurales ne recouvrent pas également des règles sur le fond. Sans doute peut-on y voir l'effet d'un glissement de sens subtil, associé à l'obligation faite à certains membres de la famille d'accepter la charge tutélaire. Mais comment écarter facilement de cette charge des personnes qui non seulement ne répugnent pas à l'exercer mais l'acceptent volontiers, quand elles ne vont pas jusqu'à la revendiquer explicitement ? C'est un aspect de leur travail dont les juges des tutelles soulignent le caractère délicat. Cette intrusion dans la sphère privée des familles, qui ne leur apparaît pas nécessaire dans la grande majorité des cas, n'est facile à vivre ni pour les parents, ni pour les juges. Aussi, ceux-ci ne comprennent pas toujours les réticences manifestées par les psychiatres à l'égard de cette forme de tutelle surtout quand l'avis donné n'est pas expliqué. En outre, certains d'entre eux peuvent craindre d'être désavoués en cas de recours contre une décision qui ne nommerait pas un membre de la famille disponible et motivé.

En réalité, ce sont les conditions d'application de la loi qui ont contribué à conforter cette priorité familiale. Les déclarations des juges sont sur ce point unanimes. Ils suivent dans leur procédure d'instruction un ordre méthodique qui commence toujours par l'exploration de l'environnement familial et des possibilités d'une solution interne au système familial. C'est seulement ensuite, après le constat de la vacance d'une tutelle ou d'une curatelle familiale, qu'intervient normalement la recherche d'une autre solution. L'influence antérieure du schéma de la tutelle au mineur a sans doute joué un rôle dans la conception initiale de la tutelle au majeur dans un contexte où l'autonomie relative des incapables majeurs était moins valorisée qu'aujourd'hui en raison du développement encore limité des solutions en milieu ouvert. En outre, l'existence par la suite d'un contexte où le rationnement des solutions extérieures à la famille s'est souvent imposé, n'a pu qu'inciter à l'approfondissement de cette voie même si l'examen de l'ensemble des solutions familiales se fait de manière plus ou moins exhaustive selon le tribunal ou le greffe. **Cette priorité dans l'instruction** explique que dans plus d'un cas sur deux la mesure de protection soit confiée à la famille. Il est aussi probable que cette solution réponde fréquemment à un souhait, exprimé par les familles et validé par le juge après instruction.

La place qu'occupera à l'avenir la tutelle familiale reste encore un enjeu. En effet, le fait que la mesure soit perçue de plus en plus comme **une prestation supplémentaire** améliorant les conditions de vie des majeurs et procurant une certaine sécurité, lui donne sans doute un caractère différent selon qu'il s'agit d'une mesure destinée à un jeune majeur handicapé mental ou d'une mesure concernant une personne plus âgée.

Dans cette perspective, il n'est pas complétement exclu que l'on assiste à une modification sensible du souhait des familles dans les prochaines années. En effet, la famille traditionnelle assumant aussi bien des fonctions économiques que des fonctions éducatives et affectives se trouvait, d'une certaine manière, prédisposée pour assumer une prise en charge globale de la personne protégée. Il en va autrement dans les modèles familiaux modernes où *« la fonction fondamentale est désormais celle d'affection et de sécurité »*[49]. La dissociation de l'aspect affectif et de la gestion des affaires peut être envisagée plus facilement ou même être souhaitée comme le suggèrent déjà les demandes explicites de certains parents. Si cette tendance, aujourd'hui très minoritaire, se confirmait, elle pourrait limiter en partie le recours à des mesures exercées par des membres de la famille.

A l'inverse, les pouvoirs publics peuvent favoriser cette solution. Ainsi, pour éviter l'inflation du financement socialisé en encourageant les solutions alternatives, cette préférence à la famille a reçu récemment la caution du Ministère des affaires sociales et de la solidarité dans les propos du Directeur de l'action sociale déclarant qu'il fallait *« donner à la tutelle familiale **sa vraie place** »*[50]. L'Etat pourrait adopter une politique plus active dans ce domaine et cette attitude nouvelle révèle une prise de conscience importante. En effet, ce n'est pas parce qu'ils ne se traduisent pas dans des flux comptables que les coûts de production des tutelles familiales n'existent pas. Dans la mesure où ils ont parfois un effet dissuasif, le système judiciaire et l'Etat ne peuvent les ignorer complétement. Désormais, pour éviter de décourager l'aide familiale, **l'intervention de la collectivité pourrait ne plus être conçue exclusivement en termes subsidiaires**, c'est à dire ne s'attacher qu'aux situations où la famille est défaillante. N'aider que les personnes dépourvues d'une aide familiale peut conduire en fait, à pénaliser en termes relatifs (les plus importants dans les arbitrages économiques) les personnes entourées et les familles aidantes, par un mécanisme analogue à celui que l'on retrouve pour l'allocation des ressources d'aide dans d'autres domaines de la politique sociale[51].

C'est dans ce sens qu'il faut comprendre l'invitation du Directeur de l'action sociale à *« explorer les voies permettant d'apporter un soutien psychologique et juridique aux familles assurant des charges tutélaires »*[52]. Rassurer les tuteurs familiaux en leur apportant un appui technique et des conseils, si nécessaire, peut contribuer à vaincre les réticences avant l'engagement et, en toute hypothèse, améliore les conditions de vie des tuteurs et des curateurs ainsi que l'efficacité de la protection. L'aide familiale et l'aide bénévole en général, ne doivent plus être considérées comme des variables indépendantes, exogènes au système d'intervention des pouvoirs publics. **Elles constituent dans la majorité des situations des variables endogènes, c'est à dire des variables sensibles aux formes et à l'intensité de l'intervention publique**. Une manière de prendre en compte cet aspect de la situation des personnes dépendantes consisterait à l'inclusion systématique d'une valorisation monétaire et comptable du temps d'aide bénévole dans l'évaluation des dépenses engagées pour remédier à cette dépendance[53]. Ces mécanismes d'aide aux familles sous la forme de banques de données, de numéro vert, de journées de formation ou de toute autre initiative susceptible de favoriser l'exécution de la mesure, voire les systèmes incitatifs qui pourraient être conçus, favorisent en principe l'élargissement des possibilités de choix du juge mais ils peuvent aussi accroître les attentes des familles et être source de tension si la décision judiciaire n'est pas conforme à leur vœu.

§ 2 — La mobilisation des personnes privées : une opération laborieuse

Le souci de diversifier les solutions pour assurer la protection des majeurs a conduit à définir les conditions dans lesquelles les juges peuvent faire appel à des tiers. Ainsi, conformément à la loi du 3 janvier 1968 dans son article 499, le décret du 15 février 1969 a prévu la liste des personnes physiques et morales susceptibles d'être nommées **administrateur spécial** pour exercer une gérance de tutelle.

La composition de cette liste (article 2 du décret) est intéressante. Les retraités de la justice, de la fonction publique au sens large, les anciens militaires et les anciens notaires sont cités en premier. Les associations reconnues d'utilité publique, les associations déclarées et les fondations ayant une vocation sociale et figurant sur une liste établie chaque année par le procureur de la République, viennent ensuite. Enfin, le texte étend le champ de compétence de deux autres groupes de personnes : il s'agit des personnes physiques et morales agréées comme tuteurs aux prestations sociales en application de la loi de 1966 et des préposés d'établissement cités à l'article premier du décret[54].

Les critères qui semblent avoir présidé à l'élaboration de cette liste sont multiples. Ils combinent la compétence (fonction antérieure liée à la justice ou à la fonction publique), à la disponibilité (recours à des retraités), à la recherche d'économies d'échelle (diversification de l'activité de personnes exerçant déjà des tutelles aux prestations sociales ou des gérances de tutelle), tout en marquant implicitement une certaine préférence pour une culture non marchande (officiers ministériels, fonctionnaires, associations à but non lucratif). Conçue plutôt comme une activité accessoire, la rémunération des administrateurs spéciaux est néanmoins prévue et l'arrêté interministériel du 4 mars 1970[55] en fixe le montant pour la première fois. Il s'agit là des premiers prélèvements sur les ressources de la personne protégée.

Ce premier texte organisant la gérance de tutelle appelle d'emblée deux remarques. En premier lieu, il apparaît **relativement limitatif** quant aux personnes physiques pouvant exercer la fonction d'administrateur spécial. La plupart des retraités, en particulier ceux issus du secteur privé, ne peuvent être nommés comme administrateur spécial. L'époque n'est pas encore à la « crise des vocations » mais plutôt à la « rigueur » dans le choix.

En second lieu, ce décret fait un premier pas important en direction du rapprochement des lois de 1966 sur la tutelle aux prestations sociales et de 1968 sur la protection des majeurs. Il est en effet précisé que les associations agréées dans le premier cas, peuvent aussi être désignées par le juge dans le cadre d'une gérance de tutelle civile. Ainsi, se créent plus nettement les conditions objectives favorisant une évolution parallèle de l'application de ces deux lois. Implicitement, cette extension d'activité favorise l'idée que **ces deux tutelles sont « parentes » et qu'il s'agit, malgré des fondements juridiques différents, de métiers voisins ou même similaires.**

Le décret n° 74-390, du 6 novembre 1974, organisant la tutelle d'Etat, abandonne le caractère restrictif et limitatif d'une telle liste puisqu'il laisse à la sagesse des magistrats le soin de choisir les délégués à la tutelle d'Etat qui seront inscrits sur les listes du procureur. Dans son commentaire du décret, M. MASSIP pense que les juges feront appel en particulier à des magistrats, des notaires honoraires, des officiers ministériels, des avocats, des administrateurs judiciaires, des anciens fonctionnaires et des assistantes sociales. Le recours à des associations tutélaires d'enfants handicapés, à des associations familiales, tuteurs aux prestations sociales, à des associations de parents de malades mentaux et à des sociétés d'hygiène sociale est également envisagé. Une rémunération peut être fixée avec l'accord du juge des tutelles, au cas par cas, et prélevée sur les ressources du majeur. Il s'agit d'un « bénévolat » aménagé car la rémunération est en général sans commune mesure avec le travail nécessaire. Toutefois, quelques administrateurs spéciaux et quelques délégués à la tutelle d'Etat sont résolument bénévoles et refusent de grever de charges supplémentaires les ressources souvent faibles des personnes dont ils s'occupent.

Parmi les administrateurs spéciaux et les personnes inscrites sur la liste du procureur, un petit nombre font des tutelles une véritable activité. Dans l'enquête, nous avons rencontré quelques personnes dans cette situation dont une avec plus de 150 mesures mais dans leur grande majorité, ces tuteurs n'assument qu'un nombre limité de mesures de l'ordre de quelques unités jusqu'à une dizaine.

Lors de la publication du décret, précisant les conditions de mise en œuvre de la tutelle d'Etat, les commentateurs avaient eu l'intuition des conditions nécessaires au fonctionnement du dispositif prévu par la loi. Ainsi, M. MASSIP avait formulé le double voeu *« que les bonnes volontés n'hésitent pas à se manifester, que les magistrats fassent un effort d'ingéniosité pour recruter des délégués compétents »*[56]. Ce souhait, s'il avait été pleinement exaucé, aurait peut-être permis de drainer vers la tutelle des énergies, bénévoles ou faiblement indemnisées, suffisantes pour faire face aux besoins. Mais cela ne s'est pas produit et plusieurs raisons expliquent la difficulté de trouver des bénévoles.

1. La faiblesse de la publicité sur cette fonction. On peut douter évidemment de l'efficacité d'une simple annonce publicitaire annuelle par l'intermédiaire du journal officiel pour susciter des vocations. Le recrutement passe en réalité par les contacts que le juge des tutelles et le procureur de la République peuvent avoir dans leur environnement local ; comme l'exprimait l'un des juges interrogés :*« dénicher un tuteur d'Etat, c'est une question de relations personnelles ! »*[57]. Tout dépend donc de la densité de leur réseau de relations, de leur aptitude à convaincre et à susciter des vocations. La résidence dans la circonscription du tribunal est donc un atout. Mais cet élément ne se rencontre pas toujours aisément, en particulier dans les petits tribunaux d'instance. Les juges à la plus grande stabilité disposent en général d'un groupe de personnes physiques, susceptibles de prendre en charge des mesures, mieux fourni que leurs autres collègues. Contacts avec les maires des communes où vivent des majeurs, organisation de réunions avec des associations locales, invitation d'amis appartenant au cercle des relations du juge à ces réunions, les moyens employés sont variés. Mais leur efficacité demeure limitée et, au bout du compte, il y a souvent peu de vocations. En outre, les personnes recrutées sont assez fréquemment âgées ce qui augmente leur rotation et tend à rendre permanent le problème du recrutement. Les difficultés rencontrées et le faible rendement des efforts, conduisent certains juges au découragement au point de renoncer parfois à poursuivre leur recherche de tuteurs potentiels.

2. La difficulté du recrutement par le juge. Selon un juge *« c'est la croix et la bannière »*[58]. Il est vrai que le problème est complexe. Il faut en effet, trouver « la perle rare », quelqu'un présentant les qualités morales requises, ayant les compétences nécessaires, suffisamment disponible avec en plus *« une fibre sociale »*[58] car il est nécessaire de donner *« une dimension humaine à la gérance »*[58]. Le juge est d'autant plus vigilant sur ce recrutement qu'il en a mesuré l'enjeu pour les personnes protégées et pour lui-même. Il peut penser qu'un tuteur bénévole *« demande une plus grande disponibilité »*[58] de sa part et il ne tient guère, en général, à se transformer en *« super-tuteur permanent »*[58] du fait de l'absence de formation de ses tuteurs bénévoles. Les caractéristiques de la demande pour « l'embauche » d'un tuteur et a fortiori d'un curateur, sont donc relativement exigeantes et les personnes susceptibles de remplir une telle mission ne sont pas si fréquentes que cela.

3. La lourdeur des fonctions tutélaires. Les juges, qui sont bien placés pour évaluer la charge de travail que l'exercice d'une mesure de protection implique, sont plutôt admiratifs devant leurs tuteurs qui acceptent *« cette tâche héroïque »*[59]. Ils comprennent que certaines personnes contactées reculent devant les personnes handicapées à prendre en charge et soient effrayées par le mot « tutelle ». La longueur de la liste des interventions et des opérations qu'un tuteur ou un curateur peut être amené à faire[2], et cela 365 jours par an, la complexité des situations dans lesquelles un majeur peut se trouver ou se mettre, et la difficulté de faire face à des comportements et à des réactions du majeur souvent inattendus, font réfléchir bien des candidats potentiels.

4. La faiblesse des rémunérations. Sauf évidemment, s'il s'agit de majeurs protégés très fortunés mais ce cas est relativement exceptionnel car la probabilité d'une vacance de tutelle familiale est alors réduite, l'indemnisation du tuteur ou du curateur est très faible. Elle compense en général les dépenses qu'il doit engager mais présente un caractère vraiment symbolique s'il s'agit de rémunérer le temps passé. En outre, l'exercice de la tutelle est une activité discrète parfois même ingrate compte tenu de la difficulté de la relation avec le majeur, en particulier dans les situations critiques. Certains juges, mais pas tous, n'y voient pas une activité passionnante et considèrent donc que les bénévoles potentiels trouvent souvent mieux à faire pour employer leur énergie. Bref, qu'il s'agisse de rémunérations pécuniaires ou non, l'activité tutélaire n'apparaît guère attractive.

5. La doctrine du juge à propos du bénévolat. Celle-ci est variable d'un juge à l'autre. Deux positions semblent s'opposer : d'un côté, ceux qui trouvent *« en théorie et en pratique inacceptable »*[60], voire *« farfelu »*, que l'on puisse faire gérer un problème de cette importance par des bénévoles, de l'autre, ceux qui ont pu apprécier la qualité du travail accompli par certains bénévoles et qui considèrent *« qu'on ne pourra pas s'en passer »*[60]. Les premiers, plus sensibles à l'aspect service public de la protection garantie par la loi, n'admettent pas que la réponse dépende du réseau relationnel du juge et de son *« aura »*[1]. Ils soulignent volontiers les risques d'une telle solution. Entre la gestion *« en papy »*[60] et l'aspect *« dame patronesse »*[60], ils s'inquiètent aussi bien du fait que le tuteur bénévole s'investisse trop, que des jugements de valeur qu'il a parfois tendance à porter sur le comportement ou le train de vie du majeur.

Les seconds font plutôt remarquer qu'en matière de tutelle, l'essentiel réside souvent dans la relation personnelle qui s'établit entre le majeur et son tuteur et que sur ce point, *« la meilleure qualité de travail »*[60] provient parfois de bénévoles disponibles et motivés. La majorité des juges souligne l'intérêt du pluralisme des solutions. **A la condition que le juge répartisse avec précaution les mesures confiées en fonction des caractéristiques de « ses » tuteurs**[61], le bénévolat a sa place dans l'ensemble de la palette. Sans doute faut-il admettre aussi qu'il existe **des limites à la substituabilité** non seulement entre les diverses solutions mais sans doute également entre les tuteurs eux-mêmes. Néanmoins, aux yeux de tous les juges il est illusoire de croire que le bénévolat puisse répondre à toutes les situations qui se présentent tant sur un plan quantitatif que sur un plan qualitatif[62].

Une demande exigeante de la part des juges et une offre faible de la part des bénévoles : les conditions d'une pénurie des ressources bénévoles sont réunies. Pourtant la plupart des juges ne désarment pas. Preuves de leur « ingéniosité », des innovations se produisent encore vingt ans après le vote de la loi. Bien sûr, depuis toujours et quand la situation économique du majeur le permet, les juges autorisent en règle générale le tuteur qu'ils sollicitent à effectuer des prélèvements raisonnables sur les revenus. Evidemment, cette solution a des vertus limitées puisqu'elle ne s'applique qu'au cas par cas. Aussi, après concertation des juges, des accords départementaux ont pu être établis pour harmoniser les prélèvements en matière de gérance de tutelle.

A défaut de pouvoir indemniser « correctement » leurs tuteurs, les juges essaient d'alléger leurs charges. Ici, les magistrats organisent, avec la collaboration d'un hôpital, un concours pour inciter une personne ou une association à exercer les mesures laissées vacantes ; c'est ainsi qu'une tutrice privée a pu se lancer à temps plein dans l'activité tutélaire. Là, des magistrats favorisent la création d'une association de tuteurs bénévoles, ce qui permet de les soulager dans leur problèmes quotidiens de gestion et d'administration. Ailleurs, on utilise l'appui logistique d'une association tutélaire existante pour épauler les tuteurs et bénéficier de financements publics[63].

Cette dynamique locale reste pourtant précaire. En effet, la mobilité des juges peut la remettre en cause. Ce travail de stimulation de l'offre constitue aussi un investissement en temps relativement lourd pour le juge. Or, il ne peut en apprécier vraiment les effets réels que s'il reste en fonction dans le même tribunal suffisamment longtemps. En outre, la réglementation mise en place par l'Etat[64], devenue plus soucieuse d'équité entre les majeurs sur l'ensemble du territoire, remet parfois en question les accords locaux et les équilibres laborieusement trouvés. Enfin, la nature de certaines évolutions récentes qui reflètent un phénomène plus large de pénétration dans le secteur social d'une véritable culture marchande[65], peut, à plus ou moins brève échéance, faire disparaître le caractère spécifiquement bénévole du travail accompli et favoriser un nouveau processus de professionnalisation. En effet, les différences de financement avec les associations exerçant la tutelle et la curatelle d'Etat risquent d'apparaître alors comme de moins en moins légitimes. Finalement, c'est la stabilité et la pérennité même des modes de production bénévoles qui semblent poser question.

§ 3 — La solution de la gérance : un transfert de charge imposé

La logique de l'obligation légale, qui existe déjà à l'égard des proches du majeur[66], est étendue aux établissements d'hospitalisation et de soins privés ou publics qui accueillent des majeurs ayant besoin de protection. Simultanément, la nécessité de prendre en charge les coûts de cette activité conduit à la mise en place d'un prélèvement obligatoire sur les ressources du majeur. Cette double obligation résulte à l'origine de la détermination des conditions de l'organisation des tutelles en gérance par un décret n° 69-195 du 15 février 1969, pris en Conseil d'Etat. Ce décret précise en son article premier que *« les établissements d'hospitalisation, de soins ou de cure publics ou privés choisissent parmi leurs préposés la personne la plus qualifiée pour être désignée, le cas échéant, comme gérant de la tutelle »*.

En même temps qu'il prévoit les conditions de production de la mesure de protection, ce décret établit le premier mécanisme de financement en application de la loi du 3 janvier 1968. Evidemment, on peut s'étonner du fait qu'il concerne les mesures par définition les plus légères et non pas les tutelles complètes prévues dans le cadre de la tutelle d'Etat. L'explication réside sans doute dans le fait qu'il fallait donner un cadre juridique aux anciennes pratiques de l'administration provisoire des biens qui avaient perduré après le vote de la loi de 1968. C'est pourquoi la gérance de tutelle devait être organisée rapidement.

Le mécanisme de financement prévu par le décret présente quatre caractéristiques :

- il est supporté par la personne protégée ;

- le niveau du financement doit être fixé par arrêté conjoint de trois ministres : le ministre des affaires sociales, le garde des sceaux, ministre de la justice et le ministre de l'économie et des finances ;

- il distingue deux types de rémunérations : des émoluments dus pour la gérance de tutelle d'une part et une rémunération supplémentaire à caractère exceptionnel d'autre part, si le juge confie au gérant de tutelle des attributions particulières en application des articles 500, alinéa 2 et 501 ;

- il précise enfin, qu'en cas de gérance de tutelle par un préposé d'établissement, les émoluments sont versés à cet établissement. Ainsi est assurée une compensation, au moins partielle, de la charge imposée aux établissements hébergeant des majeurs protégés.

Un an après, conformément au décret, est promulgué un arrêté interministériel en date du 4 mars 1970 déterminant pour la première fois le montant des rémunérations des gérances de tutelle. Pour les émoluments normaux de la gérance de tutelle, ils sont fixés à 2 % du revenu annuel de la personne protégée pour la partie inférieure à 10 000 francs et à 1 % pour la partie excédant cette somme. En outre, une rémunération égale à 1 % du produit des ventes d'actifs et à 70 % des tarifs des syndics et gérants d'immeubles du ressort du tribunal est prévue si des transactions, des dépenses d'entretien ou de réparations des immeubles sont nécessaires. Enfin, une innovation apparaît dans l'article 4 de l'arrêté en question. Elle vise à intéresser les préposés d'établissement et les fonctionnaires et agents des collectivités publiques aux opérations dont ils sont amenés à assurer l'exécution. Ils peuvent percevoir 2% des sommes recouvrées par l'établissement dans la limite d'un plafond égal au triple du taux moyen de la prime de service prévue par l'arrêté du 24 mars 1967. Cet intéressement représente cependant des sommes relativement faibles compte-tenu de la modicité des ressources des majeurs concernés. Quoiqu'il en soit, les réticences de la commission des lois rapportées par M. PLEVEN quant au mode de financement, sont oubliées.

Quelques mois plus tard et alors que l'inflation est encore modérée, un second arrêté du 8 janvier 1971 vient revaloriser le prélèvement tout en amplifiant la dégressivité du financement. En effet, il prévoit des émoluments sur la base de 3 % jusqu'à 5 000 francs de revenu annuel, de 2 % entre 5 000 et 15 000 francs et 1 % au-delà. L'augmentation par rapport au premier barème est significative. Elle représente 50 % du prélèvement initialement prévu pour un revenu annuel de 5 000 francs, 25 % pour un revenu double et 40 % pour un revenu triple. En outre, les mesures de sauvegarde de justice avec mandat spécial qui n'étaient pas concernées par l'arrêté de 1970, sont désormais financées dans les mêmes conditions que les gérances de tutelle. Cet alignement et cette revalorisation du financement intervenus rapidement, semblent indiquer la présence de réactions sur le terrain, sans doute au sein des établissements hospitaliers. Ils révèlent aussi le phénomène d'apprentissage du fonctionnement de la loi par les pouvoirs publics. Dans une large mesure le système de financement des mesures de protection résulte de ce type de processus séquentiel et interactif où les textes procèdent de manière incrémentale en intégrant les informations en provenance du terrain.

Le tableau 2.2 indique pour différents niveaux de revenu, exprimés en proportion du SMIC de l'année 1971, comment varient le prélèvement et la part qu'il occupe dans le revenu. Cette présentation à partir de tranches définies par rapport au SMIC, facilite dans la suite de l'étude les comparaisons des barèmes dans le temps. C'est pourquoi nous l'avons préférée à une présentation privilégiant les tranches définies dans les barèmes successifs ou adoptant des tranches choisies arbitrairement.

La dégressivité du prélèvement et sa relative faiblesse apparaissent nettement. Le taux de prélèvement moyen sur les ressources du majeur, égal à 3 % pour les premiers francs, décroît progressivement ensuite puisqu'il devient inférieur à 2 % dès que le revenu est supérieur à trois fois le SMIC (voir le graphique 2.1). Le dispositif mis en place pour organiser la gérance de tutelle par les décrets et les arrêtés cités précédemment, appelle plusieurs observations.

1. Il exprime une logique de tarification. Le fondement de ce principe de dégressivité, complété par l'absence de plafonnement du prélèvement, s'appuie implicitement sur deux éléments : d'abord, il est possible d'admettre que ce travail de gestion implique un coût fixe auquel vient s'ajouter un coût variable, fonction du niveau des ressources à gérer mais avec des possibilités d'économies d'échelle significatives ; l'hypothèse de coûts moyens décroissants par franc géré peut alors être retenue. Ensuite, le prélèvement, s'il croît de façon monotone avec les ressources du majeur et donc avec sa capacité contributive, ne croît que lentement (un centime par franc supplémentaire) et en outre, il diminue en termes relatifs.

Tableau 2.2 : Le prélèvement au titre de la tutelle en gérance selon le revenu du majeur en 1971

Niveau du revenu annuel en fonction du SMIC	Revenu annuel (en francs 1971)	Prélèvement (en francs 1971)	Part dans le revenu (en %)
0	0	0,00	0,00
0,25	1701	51,02	3,00
0,5	3401	102,03	3,00
0,75	5102	152,03	2,98
SMIC	6802	186,04	2,74
1,5	10203	254,06	2,49
2	13604	322,08	2,37
3	20406	404,06	1,98
5	34010	540,10	1,59

Source : Enquête CEBS/CGP - 1990

Ce système de tarification s'apparente davantage à la logique économique de la gestion des biens. Mais il est plutôt étranger aux pratiques habituelles dans le domaine de l'aide et de l'action sociales. Sans référence à un coût normatif moyen pour assurer la gestion des biens, **il aboutit à faire payer le service rendu à un prix supérieur au coût pour les majeurs ayant des ressources importantes.** Toutefois, il faut considérer que son caractère dégressif est fortement atténué par la faiblesse des taux et que la forte concentration des ressources des personnes concernées en limite l'incidence véritable à quelques cas dont la fortune est vraiment conséquente.

Graphique 2.1 : Le prélèvement sur les ressources du majeur au titre de la gérance de tutelle en 1971

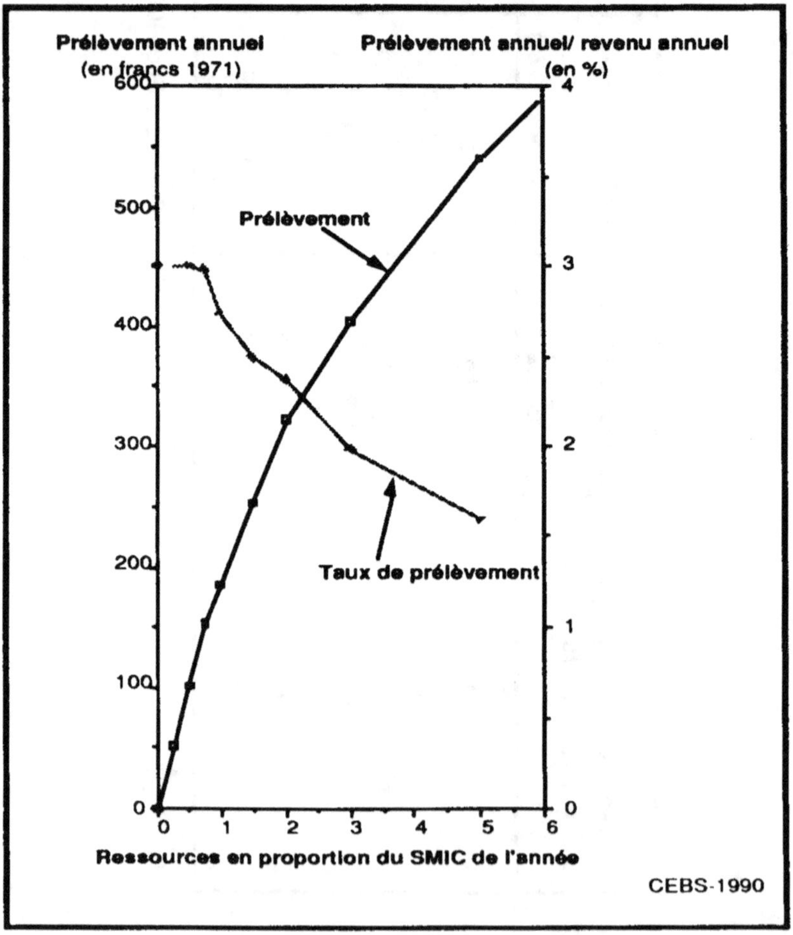

2. On note en second lieu le niveau faible du prélèvement. Sans doute est-ce l'une des raisons qui a conduit à la révision du barème moins d'une année après sa fixation. Dans la mesure où la loi ne prévoit l'ouverture d'une simple gérance de tutelle que lorsque le patrimoine est de faible consistance, ce financement correspond souvent à de faibles revenus. Ainsi, la loi institue une restriction importante par rapport au régime antérieur de l'administration provisoire des biens. Il en résulte un changement dans les caractéristiques de la population dont les biens vont être administrés par le service de l'hôpital. En principe, les patrimoines importants qui sont souvent associés à des ressources relativement élevées, ne sont plus du ressort d'une gérance de tutelle. Pour prendre la mesure de la faiblesse de la compensation prévue, il est commode d'examiner son niveau dans les situations les plus fréquentes, par exemple pour un majeur percevant un revenu compris entre le minimum vieillesse et le salaire minimum interprofessionnel de croissance. Dans cette hypothèse, le prélèvement varie entre une heure un quart et deux heures un quart par mois, payées au SMIC, sans compter les autres dépenses (courrier, transports, locaux, écritures comptables, traitement informatique, etc.). La somme paraît donc bien faible en regard de la charge imposée. Dans une certaine mesure un effet de report du financement sur le budget général de l'établissement intervient. Une partie minime du prix de journée de l'établissement contribue au financement des mesures de protection des majeurs.

Bénéficiant de ressources propres limitées et spécialisés dans la prise en charge de populations en général plus démunies, les services de gérance de tutelle dans les établissements ont souvent pris un caractère secondaire et parfois marginal. Aux yeux des responsables de l'administration hospitalière, les dépenses affectées à la gérance de tutelle apparaissent comme une charge, particulièrement mal venue dans un contexte de rationnement des budgets. La volonté de ne pas y consacrer une personne à temps plein a souvent été utilisée pour limiter le coût d'un tel service. La pression du juge ou sa capacité de persuasion, se sont avérées parfois indispensables pour dégager les ressources nécessaires à l'organisation des gérances de tutelle.

Cette faiblesse des prélèvements s'est trouvée accentuée du fait du contexte inflationniste. L'absence de révision des tranches du barème et la dégressivité des taux, conjuguées avec la hausse des revenus, diminuent automatiquement la valeur relative des prélèvements et leur poids dans les ressources des majeurs (Cf. graphique 2.2). Toutefois, il faut remarquer que l'accroissement des revenus réels des personnes protégés s'accompagne aussi de gains d'échelle quant à leur gestion, qui justifient l'absence de proportionnalité stricte.

Graphique 2.2 : L'érosion des prélèvements sur les ressources des majeurs au titre de la gérance de tutelle

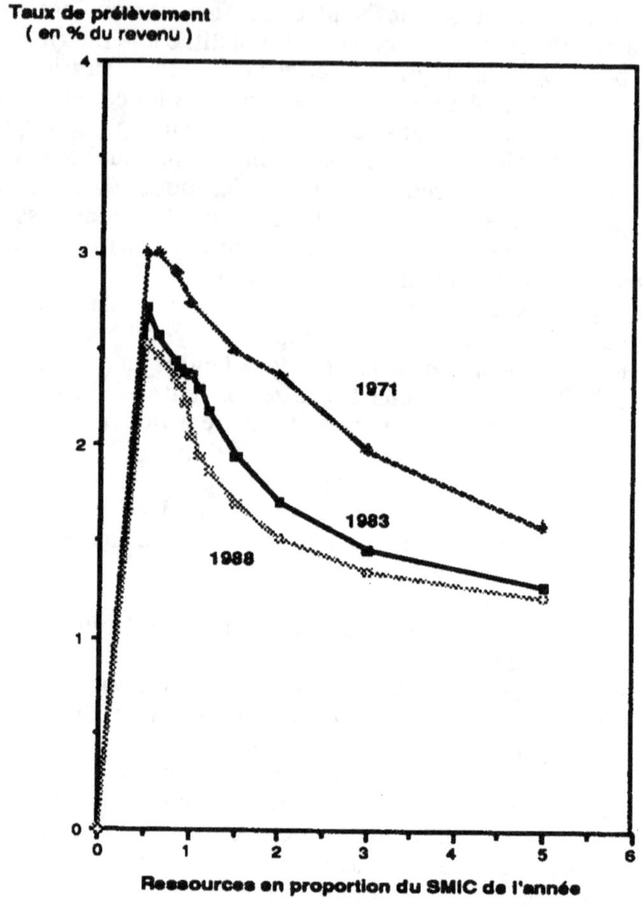

CEBS-1990

Il faut aussi mentionner les avantages qu'une structure d'accueil et d'hébergement de majeurs protégés peut trouver au développement d'un service de gérance. La régularité et la rapidité des paiements des sommes dues par le majeur protégé à l'établissement sont améliorées. La mise en oeuvre avec l'équipe médico-sociale des projets de sortie des majeurs protégés qui supposent parfois la recherche et la location d'un logement, se fait avec une plus grande efficience. Plus important sans doute, les gérants de tutelle maintiennent toujours sur les comptes courants des majeurs une encaisse minimum qui alimente, semble-t-il, la trésorerie de l'établissement.

Enfin, devant le rationnement des solutions alternatives qui leur sont offertes, les juges ont eu tendance, dès les années soixante-dix, à adopter une conception assez large de ce que pouvait être un patrimoine de faible consistance. L'enquête que nous avons pu mener a révélé, en effet, que les patrimoines des personnes en gérance de tutelle ne sont guère différents en moyenne de ceux des autres majeurs protégés sous tutelle complète ou sous curatelle. Ainsi en Ille-et-Vilaine, le patrimoine mobilier moyen des majeurs en gérance de tutelle auprès du Centre hospitalier spécialisé est de 113800 francs en 1990 tandis que celui de l'ensemble des majeurs du département n'est que de 7000 francs au début de la mesure.

3. **Ces observations confortent le constat d'une dérive de la gérance de tutelle.** Pour des raisons qui ne sont pas étrangères au financement, le domaine d'application de la gérance de tutelle a eu tendance à s'élargir au cours du temps. En effet, pendant les premières années après le vote de la loi, la tutelle d'Etat n'a pas été organisée. Certes, le dispositif fonctionnait au ralenti et il y avait encore peu de mesures. Sans doute les notaires du ressort de chaque tribunal, quelques bénévoles et parfois les DDASS, services extérieurs de l'Etat, assumaient-ils l'exercice des rares mesures qui restaient vacantes. Mais l'ajustement se faisait aussi fréquemment par le recours à une gérance de tutelle avec un préposé d'établissement. En effet, seule cette solution présente un caractère obligatoire quant à son organisation et elle dispose d'un mécanisme de financement. Il est donc logique qu'elle ait pu être utilisée comme une soupape en cas d'afflux de signalements. C'est en tout cas le point de vue de M. MASSIP qui fait remarquer qu'en l'absence de textes relatifs à la tutelle d'Etat, les juges se trouvent souvent contraints *« de recourir, par une interprétation extensive et quelque peu déformante de l'article 499, à la tutelle en gérance »*[67].

Cette dérive est d'ailleurs envisagée par le décret de 1969. En effet, par l'extension du domaine des compétences des préposés, ce décret donne **une plus grande souplesse** au dispositif de la gérance de tutelle et ouvre la voie à une prise en charge par les préposés de personnes non hébergées en institution. Cette possibilité sera utilisée non seulement pour des malades qui connaissent des hospitalisations épisodiques mais aussi, dans des cas certes plus exceptionnels, pour des personnes n'ayant jamais séjourné en établissement. Dès le début de la mise en œuvre de la loi, les contraintes qui pèsent sur les juges les amènent à pratiquer des solutions parfois discutables, souvent à la marge des textes de la loi de 1968. L'organisation de la tutelle d'Etat est donc une réforme attendue quand elle survient à la fin de l'année 1974. Avec elle, logiquement, le financement socialisé des mesures de protection devait être institué.

Sous-section 2 — *La tutelle d'Etat et son financement socialisé*

Le décret n° 74-930 du 6 novembre 1974, pris en Conseil d'Etat et portant organisation de la tutelle d'Etat prévue à l'article 433 du Code civil, ouvre de nouvelles possibilités pour l'organisation de la protection des majeurs puisqu'il précise comment la mesure peut être confiée, en cas de vacance, à différents acteurs : le préfet qui la défère au directeur départemental de l'action sanitaire et sociale, les notaires compétents pour instrumenter dans le ressort du tribunal d'instance, les délégués à la tutelle, personnes morales ou physiques inscrites sur les listes établies par le procureur de la République. L'Etat a donc plusieurs solutions pour assurer la responsabilité que lui donne la loi de 1968. Il peut, en particulier, l'assurer au sein de ses services et en gestion directe. Cette voie a été relativement moins utilisée pour des raisons qui méritent une réflexion (§ 1). S'il n'a pas recours à cette solution, l'Etat doit déléguer cette fonction à des tiers ou veiller à ce que les juges aient une autre solution (personnes morales ou physiques inscrites sur la liste du procureur). Toutefois, ce recours, pour lequel la mobilisation de ressources bénévoles s'avère insuffisante, le conduit inévitablement à s'engager dans le financement des mesures de tutelles d'Etat. La mise en place de ce système de financement s'est réalisée dans des conditions mal maîtrisées par l'Etat jusqu'en 1983 (§ 2). Ayant par la suite le souci d'organiser une régulation de ces dépenses, même s'il continue d'abonder la ligne budgétaire concernée, celui-ci tente désormais de limiter le recours au financement socialisé, en particulier par un transfert faisant appel plus systématiquement aux capacités contributives des majeurs protégés (§ 3).

§ 1 — Le développement contrarié des services de tutelle au sein des DDASS

A l'instar de ce qui se passe pour les tutelles des mineurs pupilles de l'Etat, le préfet est responsable de la bonne exécution de la mesure de protection des majeurs. Le décret du 6 novembre 1974 organise d'ailleurs simultanément les tutelles d'Etat pour les mineurs et pour les majeurs. C'est aussi l'une des raisons pour lesquelles le modèle appliqué pour les mineurs a inspiré la solution retenue pour les majeurs, puisque l'article 5 prévoit que cette mission est déléguée dans les deux cas au directeur départemental de l'action sanitaire et sociale. Or, pour les tutelles au majeur, une délégation à un service spécialisé dépendant du Ministère de la justice ou encore aux services extérieurs du Ministère de l'économie et des finances, auraient pu être envisagée. Sans doute l'analogie avec la prise en charge des mineurs dans le cadre de l'aide sociale, a-t-elle incité à choisir plutôt les services extérieurs du ministère des affaires sociales. Ainsi s'est vu confirmé, implicitement du moins, le caractère de prestation sociale des mesures de protection dans le cadre de la tutelle d'Etat, en même temps que se trouvait favorisé leur rapprochement futur avec l'aide sociale.

Sur le plan du financement de l'organisation concrète de ces mesures, le texte du décret de 1974 reste étrangement silencieux. Rien n'est dit expressément quant à la rémunération des tuteurs d'Etat si ce n'est que la tutelle est **gratuite quand elle est assurée par le directeur départemental de l'action sanitaire et sociale**. Trois années plus tard, une circulaire[68] viendra confirmer la gratuité de la tutelle de l'Etat quand elle est confiée au préfet, mais les frais occasionnés par la gestion (frais d'actes de notaire par exemple) continuent à être prélevés sur les revenus de l'incapable majeur.

Progressivement la loi de 1968 commence à être mieux connue, d'autant plus que **l'Etat favorise délibérément son application** en demandant aux préfets et aux directeurs départementaux de l'action sanitaire et sociale, d'inviter les directeurs des établissements concernés à faire un signalement *« chaque fois que l'état mental des intéressés le requiert »*[68]. Dans la même perspective, la circulaire du 6 janvier 1977 **préconise un signalement précoce** lors du passage à la majorité pour les mineurs dépourvus de famille, atteint d'un handicap mental et qui sont confiés au service d'aide sociale à l'enfance, à un établissement ou à un tiers[69]. Ces incitations sont entendues et, à la fin de la décennie des années soixante-dix, la montée en charge des mesures de protection est amorcée.

Pour faire face aux mesures que les juges confient à l'Etat, les directeurs départementaux de l'action sanitaire et sociale ont le choix d'ouvrir un service ou de favoriser la création d'associations tutélaires nouvelles et l'extension du champ de l'activité de celles qui existent. En réalité, **la solution de la gestion directe a été relativement peu choisie**. Comme l'enquête, réalisée par le Ministère de la solidarité, de la santé et de la protection sociale, le précise : en 1986, il y a *« moins de 20 DDASS qui disposent d'un service organisé avec des agents spécialement affectés aux tâches de tutelle et de protection des majeurs incapables »*[70].

Le graphique 2.3 présente les DDASS assurant au moins dix mesures, classées par ordre décroissant de niveau d'activité atteint à la fin de l'année 1986[71]. S'il est vrai que quarante et une directions départementales se sont vues déférer des mesures par les juges des tutelles, seulement dix d'entre elles doivent assurer plus de cinquante mesures[72]. Cette observation conduit donc à distinguer trois situations bien différentes. Tantôt, le service en gestion directe de la DDASS existe et le juge lui confie de manière habituelle des mesures. Tantôt, un tel service n'existe pas mais le juge, ne disposant d'aucune autre solution du fait de l'absence de structures d'offre ou du fait du rationnement des moyens financiers alloués à ces structures, est amené à déférer la mesure au préfet. Dans ce dernier cas, il s'agit seulement de mesures en surplus, confiées au cas par cas, dont l'exécution attend le desserrement des contraintes pesant sur l'offre. Enfin dans une majorité de départements la DDASS ne gère aucune mesure de protection de majeurs.

La localisation des services de l'Etat semble avoir été influencée par le développement antérieur des services de tutelles aux prestations sociales. L'existence d'associations prenant en charge ces tutelles tend à dissuader la DDASS d'ouvrir un service. Au contraire, quand il n'y a aucune structure d'offre de tutelles aux prestations sociales et surtout quand il y a qu'un service géré par la CAF, la DDASS a eu plus fréquemment tendance à créer un service en gestion directe. L'analyse des services DDASS existant avec une activité significative (plus de 10 mesures d'Etat), montre qu'ils représentent 16 % des situations départementales où existait en 1982 au moins une association tutélaire pour les prestations sociales, mais qu'ils représentent 27 % des situations où n'existait aucun service tutélaire. Le pourcentage est encore plus élevé dans les départements où la CAF avait un service propre (35 %) et a fortiori ceux où la CAF intervenait seule (45 %). Ces chiffres suggèrent l'idée que le service en gestion directe de certaines CAF tend à limiter l'initiative des associations privées et, indirectement, à favoriser l'apparition d'un service public des tutelles d'Etat également en gestion directe. Les services de l'Etat n'ont pas souhaité ou n'ont pas pu confier la gestion des tutelles d'Etat aux CAF.

Globalement, mais sans compter les mesures d'Etat confiées à des personnes physiques faute de sources statistiques fiables, les directions départementales n'assurent en 1986 que 16,5 % de l'ensemble des mesures de tutelles et de curatelles d'Etat. Mais comme le montre le graphique 2.4 la situation est très variable d'une région à l'autre. Ce faible développement des mesures prises en charge directement par une DDASS s'explique surtout par le fait qu'**il n'y a pas de financement spécifique prévu pour l'organisation de tels services.** Sachant que cette charge de travail nou-

Graphique 2.3 : Nombre de mesures de tutelle d'Etat gérées par les DDASS
(par département au 31 décembre 1986)

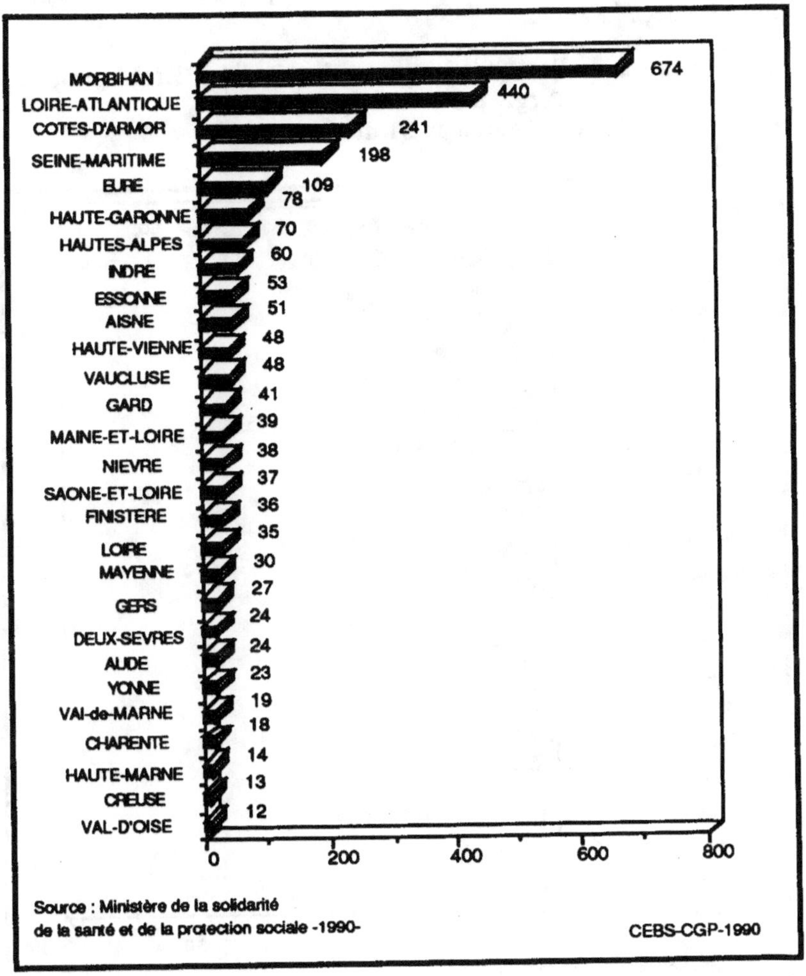

velle doit être assurée dans le cadre de leur budget de fonctionnement, les directeurs départementaux ne sont guère incités à s'engager dans cette voie. Ils ne peuvent en aucune manière être assurés d'un accroissement des moyens en personnel correspondant au développement probable de cette activité. Quand on sait en outre que l'existence de cette solution tend, d'une part à freiner les initiatives des autres acteurs et d'autre part à favoriser la diffusion des mesures de protection, on peut considérer rétrospectivement que leurs craintes étaient bien fondées[74].

Graphique 2.4 : Part des mesures de tutelle d'Etat prises en charge par les DDASS
(par région au 31 décembre 1986)

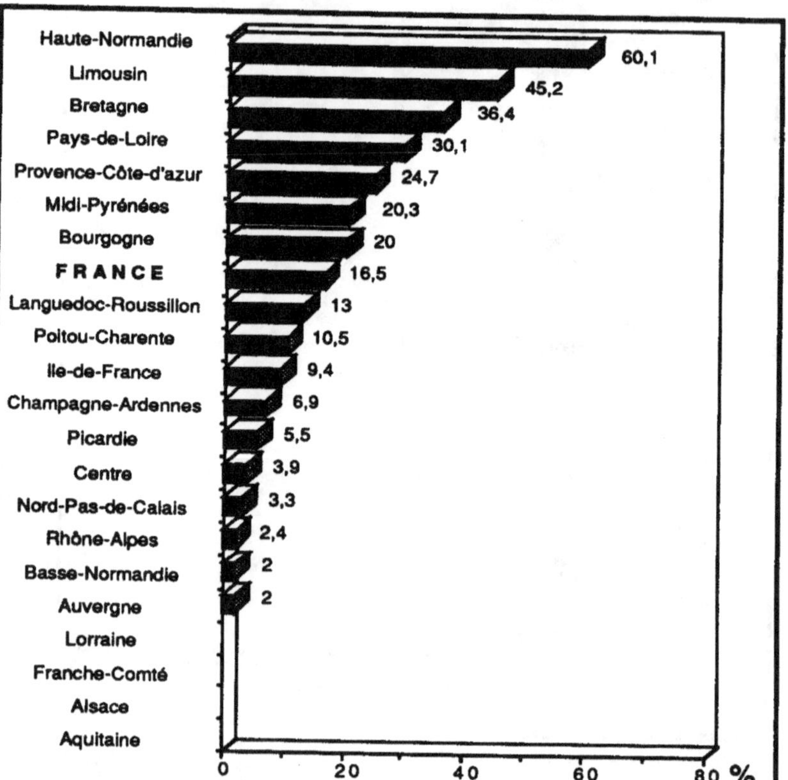

Source: Ministère de la solidarité, de la santé et de la protection sociale-1990

CEBS-CGP1990

Ces réticences semblent avoir été partagées par le ministère puisque la circulaire de 1977 rappelle que « *bien qu'il soit désigné le premier par le texte réglementaire (art.5), le préfet n'est pas nécessairement celui qui doit être investi de la tutelle d'Etat. Celle-ci peut être confiée à différentes personnes physiques ou morales »*. Les notaires du ressort du tribunal et, de façon plus large, les personnes morales ou physiques inscrites sur une liste établie par le procureur de la République sont citées comme des solutions alternatives. L'existence d'un service en gestion directe n'est donc pas incompatible avec celle d'autres services privés conventionnés. En 1986, il n'y a guère que cinq ou six services (souvent de taille réduite) gérés par une DDASS qui soient les seuls à assurer les mesures de tutelle et de curatelle d'Etat dans leur département. Dans tous les autres cas il existe une pluralité des structures d'offre.

Dans un premier temps, l'existence d'un service d'Etat a contribué à une meilleure diffusion des mesures de protection au sein de la population. C'est ce qui explique que le taux de diffusion de ces mesures soit relativement élevé dans les départements où le service public d'Etat a une certaine ancienneté. Jusqu'à la décentralisation, la proximité des services de polyvalence de secteur au sein des DDASS a même facilité le signalement comme le suivi des mesures. En outre, la charge de travail affectée se trouvait relativement diluée parmi un personnel dont les effectifs étaient encore importants.

Ces avantages que présentait un service en gestion directe, ont été remis en cause par les effets de la décentralisation. Bien sûr, ces lois ont conservé à l'Etat toutes ses responsabilités en ce domaine, mais elles eurent aussi pour conséquences une réduction drastique des effectifs des DDASS et une modification sensible des relations existant entre les services de l'Etat et les services sociaux polyvalents de secteur. Ayant fonctionné pendant un temps à guichets ouverts, certains services de l'Etat se sont trouvés débordés et, délais de prise en charge et qualité du service ont pu se dégrader. Sans doute cette situation comporte-t-elle un mécanisme régulateur puisqu'elle incite les juges à rechercher dans la mesure du possible d'autres solutions, mais elle contribue aussi à dégrader l'image du service public quant à la manière dont l'Etat assume les responsabilités que la loi lui a confiées.

Le caractère non spécifique des ressources affectées à cette fonction tutélaire au sein des DDASS, pose donc des problèmes évidents dont le Ministère a pris conscience en particulier après la décentralisation. A cet égard, la circulaire n° 19 AS du 13 juin 1984 est révélatrice. En effet, elle introduit deux innovations : d'abord le Ministère ouvre **une ligne budgétaire** sur le chapitre 46-41 article 30 pour assurer le financement des tutelles d'Etat ; ensuite **elle met fin à la traditionnelle gratuité de la tutelle d'Etat quand celle-ci est assurée par les services des DDASS.** Pour parvenir à cet objectif, il fallait aussi mettre fin aux pratiques anciennes qui consistaient pour le juge à déférer la tutelle au préfet, celui-ci la déléguant au directeur départemental des affaires sanitaires et sociales qui lui-même en confiait l'exécution à une personne morale avec laquelle il avait passé une convention de financement. Le financement de l'Etat, auparavant souvent exclusif, prend à partir de ce moment un caractère subsidiaire en complément du financement assuré par le majeur.

Cette circulaire, sans doute commandée par les problèmes budgétaires, **traduit une évolution dans la conception même du service.** Elle reconnaît implicitement que les services tutélaires des DDASS sont producteurs de prestations de service destinées aux majeurs protégés. Un pas est fait également en direction d'une plus grande équité horizontale entre les majeurs dont la tutelle est exercée par une association déléguée à la tutelle d'Etat et ceux qui bénéficient du service de la DDASS. Toutefois, il semble que les services des DDASS n'ont pas toujours eu les moyens nécessaires pour assurer effectivement la perception de ce prélèvement. En outre, pour que l'équité soit vraiment respectée il faudrait que la prestation servie ait les mêmes caractéristiques quel que soit le gestionnaire. Il faudrait donc que les services extérieurs de l'Etat aient la même faculté que les associations tutélaires pour y affecter les ressources nécessaires en personnel et en moyens. **Malheureusement, aucune recette n'est directement affectée au service producteur,** puisque dans tous les cas la participation des majeurs est versée directement au budget général de l'Etat au titre des recettes diverses.

Cette différence persistante dans le système de financement entre les services gérés directement par l'Etat, financés de manière aveugle dans les budgets de fonctionnement généraux des DDASS, et les services gérés dans un cadre associatif qui sont les seuls éligibles pour émarger sur le budget de l'Etat, introduit une distorsion importante. Elle explique vraisemblablement la différence, évoquée par plusieurs juges, quant à la qualité de la prestation de service rendue en matière de tutelle, entre les services de l'Etat et les autres. Il est clair que **la parité des conditions de financement** entre les différents services est préférable d'un strict point de vue économique. Toutefois, pour qu'elle puisse fonctionner de manière satisfaisante cela suppose de pouvoir isoler non seulement les frais de personnel mais également les frais de structure (locaux, matériels, etc.). En l'absence de cette réforme, les services gérés directement par les DDASS sont condamnés à opérer dans des conditions souvent plus difficiles que leurs homologues du secteur privé conventionné. La comparaison se fait d'autant plus facilement que ces services interviennent dans les mêmes circonscriptions géographiques. Indirectement, les conditions du contrôle par les DDASS de l'activité des autres services, mandataires pour le compte de l'Etat, n'en sont guère favorisées.

Un tel mode d'organisation, dont la logique économique au sein des services extérieurs de l'Etat est mal assurée, semble donner raison a posteriori à ceux qui ont pu éviter la création d'un service en gestion directe en exploitant les autres solutions prévues par le décret du 6 novembre 1974. La question de l'avenir de tels services se trouve désormais incluse dans la problématique plus large du rôle que l'Etat entend donner à ses directions départementales des affaires sanitaires et sociales.

§ 2 — La mise en place décentralisée d'un financement d'Etat

Parmi les autres solutions pouvant permettre d'assurer la protection des majeurs, le décret fait une place importante aux notaires compétents pour instrumenter dans le ressort du tribunal d'instance qui déclare la tutelle vacante. L'article 7 est entièrement consacré à cette solution. Comme pour les personnes physiques susceptibles d'être nommées administrateur spécial, le texte est caractérisé par une certaine prudence. Ainsi, le juge des tutelles doit prendre dans chaque cas examiné, l'avis du président de la chambre départementale des notaires.

M. MASSIP pensait que pourraient se développer de *« nouvelles possibilités d'activité »*[75] pour les notaires. Il semble sur ce point que les attentes du législateur aient été partiellement déçues. Variable selon le type de mesure gérée, **l'apport des notaires est resté marginal** (dans notre enquête moins de 2% des tutelles vacantes), surtout face à la montée en charge du nombre des mesures. D'ailleurs, le Ministère des affaires sociales, qui rappelle systématiquement le rôle des notaires dans les premières circulaires relatives à la tutelle d'Etat, semble ensuite entériner la faible contribution qu'il peut attendre de cette solution. En effet, pour la première fois dans la circulaire du 13 juin 1984, il omet de les mentionner parmi la liste des personnes pouvant exercer les fonctions de tuteurs d'Etat. A priori, deux hypothèses peuvent être envisagées pour expliquer cette prudence des notaires : soit le coût d'opportunité d'une telle activité est trop élevé en regard de la rémunération proposée, soit les qualifications requises pour assumer l'aspect social de la fonction ne correspondent pas au champ de compétence d'élection des notaires. Au-delà du cas particulier des notaires, le rapport « activité-rémunération » n'attire pas beaucoup de vocations privées. Il est vrai que la loi et ses textes d'application n'ouvraient guère la voie à des réponses à but lucratif.

En matière de tutelle d'Etat, le recours à des personnes physiques connaît les mêmes limites que la solution des administrateurs spéciaux pour la gérance de tutelle[76]. C'est donc souvent vers des personnes morales que l'Etat a dû se tourner pour assurer la protection des majeurs. Ce transfert des responsabilités d'organisation de la production des services au secteur privé à but non lucratif, n'est pas exceptionnel dans le secteur sanitaire et social. Dans le domaine des tutelles il correspond aussi au vœu de certains acteurs privés. Dès les années soixante-dix, apparaissent des associations qui ont pris d'elles-mêmes le nom de tutélaires. Sollicitées par les juges ou par les DDASS, quelques UDAF (17 en 1974) acceptèrent aussi d'exercer des mesures de tutelle, d'abord comme administrateur spécial chargé de gérances de tutelle, par la suite comme tuteur d'Etat. Leur nombre ira grandissant puisqu'elles seront 33 en 1978 et 61 en 1983[77].

Le financement de la tutelle d'Etat, soumis au cas par cas à l'appréciation du juge, repose alors seulement sur les revenus du majeur et sur les ressources bénévoles que les associations peuvent mobiliser. Il apparaît bien aléatoire car les procédures de signalement, plus systématiques dans le cadre de l'aide sociale à l'enfance ou dans le cadre hospitalier, concernent surtout des personnes à faible revenu. De nombreuses associations hésitent. Ainsi, parmi les 46 UDAF qui gèrent un service de tutelles majeurs protégés en 1981, seulement 17 gèrent des tutelles d'Etat. Les autres n'assurent que des gérances de tutelle dont le financement, même s'il est faible, paraît mieux assuré.

Il faudra attendre le décret n° 78-190 du 7 février 1978 complétant le décret n° 74-930 du 6 novembre 1974 relatif à la tutelle d'Etat pour qu'un article 12 précise : *« Les dépenses résultant de l'application du présent décret, qui ne peuvent être prélevées sur le patrimoine des personnes soumises à la tutelle d'Etat, sont supportées par l'Etat. Lorsqu'elles font l'objet d'avances du département, celles-ci doivent être remboursées par l'Etat dans un délai maximum d'un an »*. Le financement socialisé de la tutelle d'Etat était né. Activée par la signature de conventions locales entre les associations tutélaires et le conseil général, souvent à l'initiative de la DDASS, la situation de l'offre aura tendance à se débloquer puisqu'en 1983 40 UDAF acceptent des tutelles d'Etat.

Compte tenu du contexte dans lequel il survient, le mécanisme de financement induit par le décret du 7 février 1978, complétant le décret du 6 novembre 1974 relatif à la tutelle d'Etat, se rapproche à la fois de celui de la tutelle aux prestations sociales et de ceux des prestations d'aide sociale. Ces deux facteurs favorisent une évolution rapide des dépenses engagées par l'Etat.

1. L'influence du financement des tutelles aux prestations sociales. Les conventions qui vont se développer au plan local seront largement influencées par celles existant dans certains départements pour l'application de la loi de 1966 et qui lient les Caisses d'allocations familiales à des associations tutélaires. Il en résulte une grande dispersion des prix d'un département à l'autre.

En effet, les prix plafond négociés avec les associations tutélaires dans les conventions pour la tutelle aux prestations sociales, sont extrêmement variables d'une caisse à l'autre. En 1982 le prix moyen est de 686 francs par mois-tutelle mais, si dix départements ont un prix inférieur à 600 francs, onze dépassent 800 francs. Le minimum se situant à 434 francs et le maximum à 1000 francs. Il est vraisemblable que ces différences ont modifié les conditions de la négociation locale en matière de tutelle civile. Cette hétérogénéité dans les tarifs trouve en partie une explication dans l'origine bénévole des fonctions tutélaires. La professionnalisation ne s'est pas faite instantanément. Pendant une période, variable selon l'histoire particulière de chaque association, le travail professionnel et le bénévolat ont coexisté, ce qui a pu justifier l'application de taux de remboursement différenciés afin d'éviter la conversion de l'apport des bénévoles en excédent pour les associations.

Au bout du compte, il est vraisemblable que **ce système de modulation des tarifs selon les associations, qui visait l'économie des ressources, eut un effet inverse en encourageant l'éviction du bénévolat** en raison du caractère subsidiaire du concours des financements socialisés. C'est pourquoi, en règle générale, là où le professionnalisme est apparu précocement, les financements ont été et souvent sont restés plus importants ; la situation inverse se produisant là où le bénévolat a persisté. Il s'agit d'un héritage vraiment inattendu de la persévérance des bénévoles, qui démontre une nouvelle fois la nécessaire prise en compte des effets à moyen et long terme de l'intervention publique.

L'analogie entre les deux catégories de tutelles n'a pas joué qu'au moment de la mise en place du financement de la tutelle d'Etat ; elle s'est prolongée parfois et s'inscrit, même encore en 1990, dans le fonctionnement administratif de certains départements. Ainsi, il arrive que la commission départementale des tutelles, instituée pour les seules tutelles aux prestations sociales, étende son domaine de compétence en traitant également des tutelles civiles.

2. L'analogie avec le financement de l'aide sociale. Le décret de 1978 invite les départements à s'engager dans le financement des mesures de tutelle d'Etat sachant qu'ils seront remboursés par l'Etat. Ainsi, il contribue à la mise en place d'**un système voisin de celui de l'aide sociale avant la décentralisation**, système dont les effets d'opacité sur les flux financiers ont été suffisamment décrits pour qu'il faille insister ici[78]. Des conventions sont signées qui prévoient des taux de remboursement des frais de tutelle sur la base d'un mois-tutelle analogue à celui prévu pour la tutelle aux prestations sociales, parfois pour un montant quelque peu inférieur[79]. En l'absence d'une référence claire, il est vraisemblable que, jusqu'en 1984, un certain nombre de départements n'effectuaient pas les prélèvements sur les revenus des majeurs. Par commodité ou dans un souci d'équité horizontale, ils s'alignaient sur la gratuité de la tutelle d'Etat exercée directement par les DDASS et sur celle de la tutelle aux prestations sociales. Au-delà d'un simple financement subsidiaire par l'Etat, c'est en réalité un nouveau droit à une prestation spécifique qui s'affirmait ainsi. Ce financement par un tiers de la « prestation » dont bénéficie le majeur, contribue évidemment à gommer le second aspect des mesures : la réduction de sa capacité juridique.

La ressemblance avec l'aide sociale pourrait même aller plus loin puisque la tutelle se présente bien comme une **prestation « à guichets ouverts »** pour laquelle le juge constate l'existence du droit, le département avance l'argent, et l'Etat au bout du compte paie. Au début des années quatre-vingts, les conditions favorables à l'inflation des mesures existent. La décentralisation contribuera à en révéler les effets et l'Etat interviendra alors avec une volonté manifeste de régulation des dépenses.

§ 3 — La volonté de régulation du financement par l'Etat

Paradoxalement, en matière de tutelle d'Etat la décentralisation entraîna plutôt une recentralisation des décisions. La nouvelle situation conduit en effet le Ministère des affaires sociales et de la solidarité nationale a faire le point. Deux faits saillants ressortent des informations disponibles à cette époque : la disparité des situations départementales et la croissance rapide des mesures de tutelle d'Etat qu'il faut financer[80]. Les mois-tutelle sont variables d'un département à l'autre, des curatelles d'Etat sont financées sans que les textes ne le prévoient expressément, les prélèvements éventuels sur les ressources des majeurs ne sont pas déterminés précisément. Dans un climat où l'opinion publique semble convaincue de la nécessité d'une réduction des dépenses publiques et dans une période marquée au plan national comme au plan départemental par une certaine prévention à l'égard des associations, la volonté d'assurer une meilleure régulation est devenue prioritaire.

C'est dans ce contexte que le 3 novembre 1983, un télex de la Direction de l'action sociale du Ministère des affaires sociales et de la solidarité nationale est transmis aux DDASS. Celui-ci fixe le coût de la tutelle financée par l'Etat à 300 francs par mois, dont il faut retirer le montant éventuel de la participation des usagers qui se trouve désormais déterminée comme l'indique la première colonne du tableau 2.3.

Sur un plan technique la tarification prévue établit cinq niveaux de tarifs correspondant à cinq classes de revenus, avec un barème progressif variant de la gratuité jusqu'à 300 francs mensuels dès que les revenus du majeur dépassent le salaire minimum interprofessionnel de croissance (SMIC). Le barème des prélèvements n'est plus dégressif comme pour la gérance de tutelle ; il croît par paliers jusqu'au niveau du SMIC où il atteint 3600 francs par an ; il est constant pour des revenus supérieurs.

Le nouveau mode de financement repose donc sur un principe différent de celui qui inspire le financement de la gérance de tutelle : il est fonction de la capacité contributive du majeur au financement de sa mesure de protection. Il est donc progressif pour le majeur mais constant et donc indépendant du revenu pour l'association tutélaire. Dans la mesure où le budget de l'Etat se substitue au majeur quand les ressources de celui-ci sont insuffisantes, la subvention est en relation inverse avec les ressources de l'intéressé. C'est **un principe d'équité verticale** qui est appliqué ; c'est-à-dire que l'on traite de manière différente et adaptée, des personnes dans des situations inégales.

Tableau 2.3 : Evolution des barèmes de prélèvement sur les ressources du majeur pour la tutelle d'Etat entre 1983 et 1990

Tranches de ressources	1983	1984	1985-86	1987	1988-89	1990*
De zéro au minimum vieillesse	0	0	0	0	0	42,5
De 1 M.V. à 1,3 M.V.	0	0	0	0	0	106
De 1,3 M.V. à 1,4 M.V.	50	55	58	60	61	134,5
De 1,4 M.V. à 1,5 M.V.	100	110	116	120	123	149
De 1,5 M.V. au SMIC	150	165	174	180	183	176
Du SMIC à 1,1 SMIC	300	360	381	400	408	221,5
De 1,1 SMIC à 1,2 SMIC	300	480	507	525	535	404,5
De 1,2 SMIC à 1,75 SMIC	300	555	587	607	619	436
Au-dessus de 1,75 SMIC	300	555	587	607	619	575
Nombre de tranches	5	7	7	7	7	moyenne

* Avec 4 tranches et une progressivité croissante avec les ressources

Source : Enquête CEBS-CGP 1990

En créant trois tranches entre 1,3 fois le minimum vieillesse et le SMIC, la discrimination du prélèvement est opérée sur des tranches de faible amplitude dans les niveaux de revenu les plus fréquents parmi les majeurs protégés (voir le graphique 2.5). Toutefois, **un effet de seuil** sensible existe à chaque borne inférieure des tranches. Il est particulièrement net au niveau du SMIC puisqu'un franc supplémentaire gagné pourrait réduire le revenu disponible annuel de 1799 francs.

Graphique 2.5 : Le prélèvement pour la tutelle d'Etat en fonction du revenu du majeur (selon le télex de 1983)

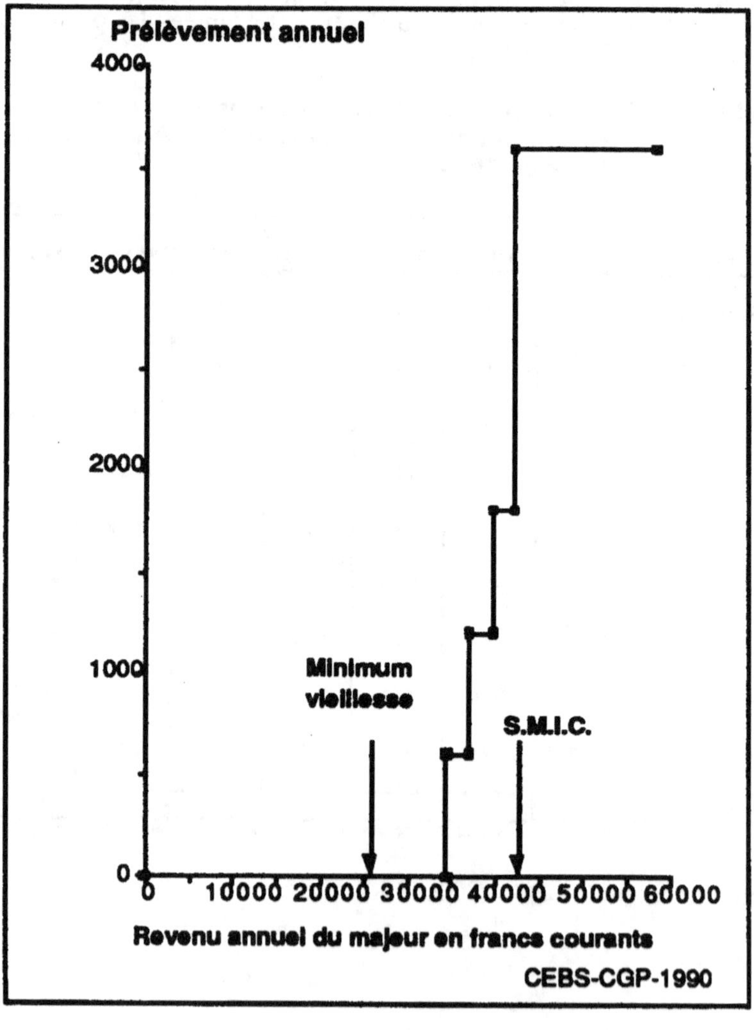

La réaction des associations à ces télex du Ministère fut très vive. Elle porte essentiellement sur le tarif de remboursement des coûts engagés : 300 francs. Ce montant était, en effet, sensiblement inférieur aux conventions approuvées par les conseils généraux sur proposition des DDASS. Ces conventions et les subdélégations pratiquées pour assurer l'exécution des mesures qui étaient déférées au préfet, seront supprimées par un deuxième télex en décembre 1983. Celui-ci prévoit simultanément un tarif de référence de 330 francs pour l'année 1984. Compte tenu des réactions des associations tutélaires, un arbitrage est rendu par le Premier ministre qui fixe à 480 francs le montant de la rémunération des tutelles d'Etat comme l'indique un télex du 13 avril 1984.

Résultat d'un compromis délicat et d'une démarche par tâtonnement, ce nouveau prix n'est pas très simple à interpréter. En effet, « *il s'agit d'un taux moyen directeur qui s'impose au niveau départemental* » et il est en outre assorti de deux taux plancher et plafond fixés respectivement à 330 francs et à 555 francs pour l'année 1984, ce qui entretient un certain flou mais permet une adaptation relativement souple à des contextes locaux et à des situations associatives contrastées. Quelques mois plus tard, une circulaire en date du 13 juin 1984 vient préciser les règles de fonctionnement de ce nouveau dispositif[81]. Le contenu de cette circulaire porte encore la trace des récents affrontements qui opposèrent le Ministère et les associations tutélaires. Il révèle aussi toute la difficulté d'une régulation de ce secteur par l'Etat.

Pour régler le contentieux, le Ministère adopte une attitude pragmatique. Les financements acquis pour les mesures de tutelle d'Etat antérieures au 31 décembre 1983 sont maintenus en francs courants jusqu'à ce qu'ils rentrent, inflation aidant, dans la fourchette des taux plancher et plafond évoqués dans le télex. Seules les nouvelles mesures se verront appliquées le nouveau taux directeur moyen. Une mise en place « en douceur » du dispositif est donc envisagée.

La circulaire tient aussi à rappeler que l'action des services tutélaires se distingue des missions confiées « *au service d'action sociale départemental, aux institutions participant au secteur psychiatrique, ou aux différents services concourant au maintien à domicile des personnes âgées ou à l'insertion sociale et professionnelle des personnes handicapées (par exemple service de suite et d'accompagnement, équipes de préparation et de suite de reclassement)* ». Il s'agit là, vraisemblablement, d'une réponse indirecte à la question de la tutelle à la personne puisqu'implicitement, la circulaire laisse entendre que les délégués à la tutelle ont tendance parfois à sortir du cadre de leur mission et à remplir des fonctions qui devraient être assurées par d'autres services et donc, supportées par d'autres financements.

L'existence supposée d'effets de report plus ou moins délibérés de la part de certains acteurs de l'action sociale locale et la crainte qu'un financement élevé n'encourage l'offre sous ses deux aspects extensif et intensif, entretiennent la méfiance de l'Etat et l'incitent à afficher clairement une volonté de limiter les financements. Il peut, en effet, espérer qu'**un financement contraint ait la vertu** d'amener les associations à limiter leurs efforts en contribuant ainsi à révéler les carences éventuelles des autres acteurs.

Le financement devenant un paramètre exogène, les variables d'ajustement sont soit la quantité, c'est à dire le rationnement du nombre des mesures, soit la flexibilité de la qualité du produit, soit enfin la diminution des coûts de production par les gains de productivité ou par la substitution de travail non marchand à du travail salarié. Si l'on voit bien les avantages économiques que peut avoir l'attitude de l'Etat, il faut bien reconnaître simultanément, qu'au moment où l'on accroît les participations demandées aux bénéficiaires, **le risque d'une dégradation de la qualité** du service rendu aux majeurs protégés n'est pas nul. En outre, des effets de report sur les autres acteurs (départements, caisses de sécurité sociale, etc.) ou sur l'avenir (dégradation de la situation de certains majeurs, frein à la recherche de solutions en milieu ouvert du fait du poids des prélèvements dans les ressources des majeurs, etc.), ne peuvent être exclus et n'ont pas nécessairement un caractère optimal au niveau de l'ensemble de la société. Enfin, sans que cela puisse être un critère d'appréciation de son bien fondé, le retour à des solutions bénévoles familiales ou non, ne peut être considéré comme la panacée et semble aller à contre-courant de la tendance générale au professionnalisme dans le secteur social.

Bien sûr il serait relativement aisé de trouver des réponses à caractère autofinancé pour les quelques personnes ne constituant pas des « problèmes » sociaux ou médicaux lourds et disposant en outre de patrimoines conséquents ; mais ce faisant, on risquerait d'entraîner un alourdissement sensible de la moyenne des autres cas qui devraient toujours être pris en charge dans le cadre du forfait. De plus, il est à craindre que le développement d'une offre à la recherche de son équilibre financier n'ait également, même si ce n'est qu'indirectement, un effet inducteur sur la demande. Aussi, la stimulation d'une offre diversifiée, avec ses effets pervers en termes de «sélection adverse»[82] d'une part et compte tenu de son influence incertaine sur la demande d'autre part, constitue un instrument dont on use avec une extrême prudence dans une perspective de régulation des dépenses.

En augmentant le nombre de tranches, le télex de 1984 vient gommer l'effet de seuil au niveau immédiatement supérieur au SMIC (voir le tableau 2.3). Mais, comme simultanément une majoration sensible des participations est pratiquée, l'effet de seuil tend à se déplacer plus haut. C'est ainsi que l'on enregistre, par rapport au financement prévu dans le premier télex de 1983, une majoration de la contribution de 85 % pour les revenus situés au-dessus d'un revenu égal au SMIC majoré de 20 %. **Mais c'est toujours au niveau d'un revenu égal au SMIC que l'on enregistre l'effet de seuil le plus fort :** un franc supplémentaire de revenu annuel conduit en réalité à une baisse du revenu disponible après prélèvement pour la tutelle, de 2 339 francs soit environ 5 % de baisse.

Graphique 2.6 : Le prélèvement pour la tutelle d'Etat en fonction du revenu du majeur en 1988

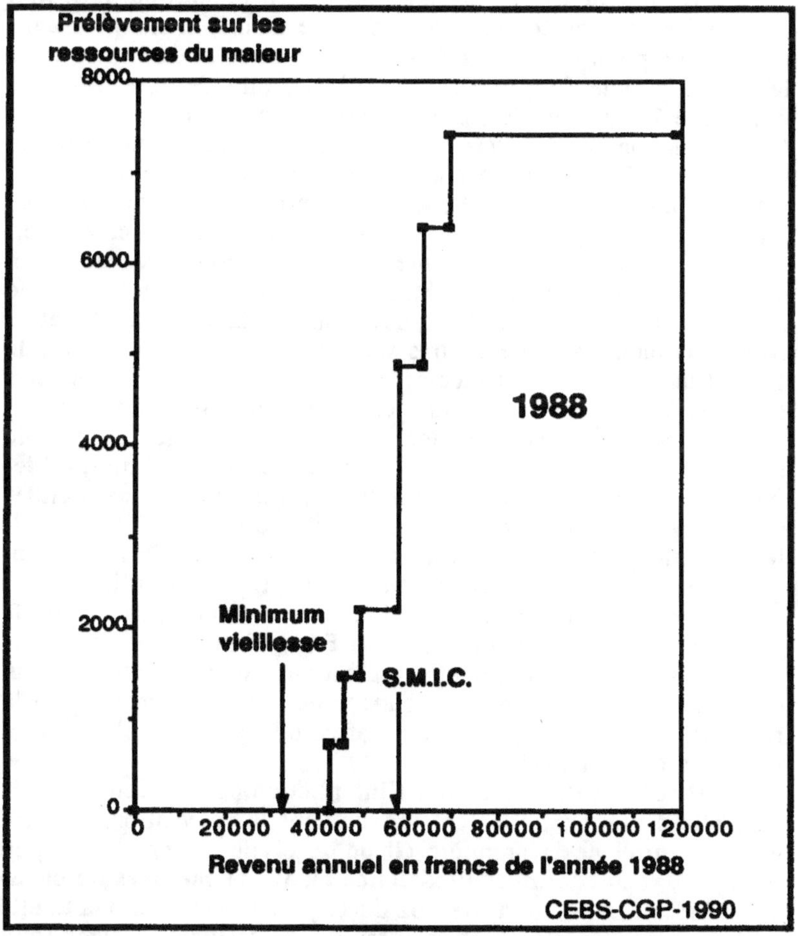

Cet effet de seuil va subsister dans les trois arrêtés du 14 mars 1985, du 24 juin 1986 et du 10 juin 1988, pris en application du décret du 6 novembre 1974, qui définissent les barèmes ultérieurs de prélèvement sur les ressources des majeurs. L'effet maximum est observé en appliquant le barème de 1988 avec une diminution du revenu disponible de 2699 francs ce qui correspond à 4,7 % du montant annuel du SMIC, c'est à dire à plus d'un demi mois de salaire (voir le graphique n° 2.6).

Les conditions de prélèvement sur les ressources des majeurs n'ont donc pas évolué fondamentalement entre 1984 et 1988. Pourtant, il faut noter un alourdissement relatif de la charge financière supportée par les majeurs protégés dans le cadre d'une tutelle d'Etat. En fonction d'un revenu exprimé en proportion du SMIC afin de faciliter les comparaisons dans le temps, la charge a augmenté d'un point entre le barème de 1983 et celui de 1988 ; entre le SMIC et une fois et demi le SMIC, elle dépasse 7 %. Le graphique 2.7 permet de se rendre compte de cette évolution.

L'action du Ministère pour réguler les dépenses ne se limite pas à la modification du barème des prélèvements supportés par les majeurs. La circulaire de 1984, avec le projet de convention-type qui l'accompagne, et celle du 2 avril 1985 qui vient la compléter, vont tenter de mettre un terme à des situations présentant un caractère anormal selon le Ministère : il s'agit du cumul pour une même personne des rémunérations au titre de la tutelle d'Etat et au titre de la tutelle aux prestations sociales dans le cadre de la loi de 1966 d'une part, et du financement de certaines curatelles vacantes dans les mêmes conditions que les tutelles d'Etat, d'autre part.

Confirmé par la première Chambre civile de la Cour de cassation dans un arrêt du 18 avril 1989, **la possibilité du doublement de la mesure civile par une tutelle aux prestations sociales** selon la loi de 1966 offre un financement indirect pour les curatelles vacantes. Les entretiens avec les juges des tutelles montrent qu'ils sont nombreux à avoir utilisé cet artifice ou qu'ils étaient prêts à le faire en cas de nécessité. La coexistence, à côté de la contrainte « dure » de la tutelle d'Etat, d'une contrainte plus « souple » pour la tutelle aux prestations sociales adultes, peut donc jouer encore un rôle de soupape de sécurité. Sur ce point la régulation entreprise par l'Etat et par certaines caisses d'assurance sociale a donc échoué.

Il en a été de même pour l'interdiction de financement de la curatelle d'Etat explicitement prévue dans la convention type. En effet, un arrêt de la première Chambre civile, en date du 7 juin 1988, est venu confirmer **l'existence légale de mesures de curatelle d'Etat**. Le décret n° 88-762 du 17 juin 1988 relatif à la tutelle et à la curatelle d'Etat et la circulaire d'application, viendront organiser cet aspect du dispositif[83].

Graphique 2.7 : Le taux de prélèvement pour la tutelle d'Etat en fonction du revenu du majeur protégé en 1983 et 1988

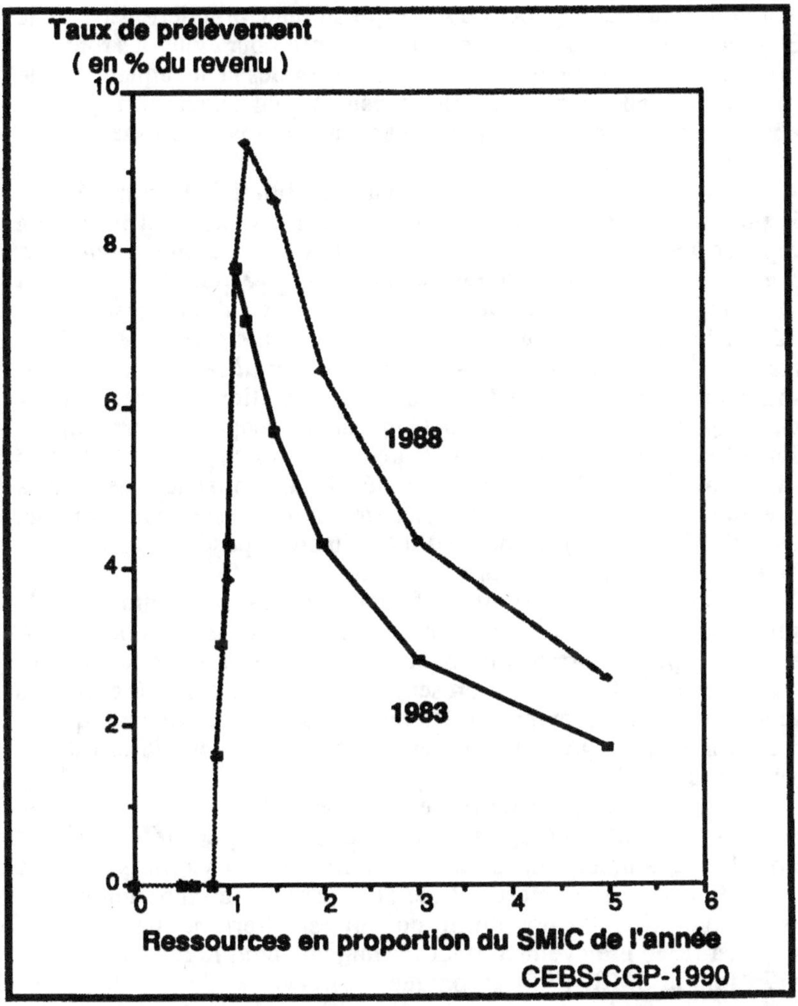

Mais si l'Etat se trouve désormais engagé dans le financement des curatelles d'Etat, il n'abandonne pas pour autant sa détermination d'obtenir une régulation des dépenses. Ainsi, un arrêté interministériel en date du 22 août 1988 introduit une nouvelle disposition stipulant que, pour les personnes protégées placées sous le régime de la tutelle d'Etat et hébergées dans des institutions sociales et médico-sociales ou admises dans un établissement de soins spécialisés, le prélèvement sur les ressources du majeur et le taux de prise en charge sur le budget de l'Etat sont divisés par 2,5 à compter du premier jour du mois qui suit une première période de 30 jours de séjour continu. Une nouvelle fois, pour éviter les ruptures brutales de financement et les réactions qu'elles ne manquent pas de provoquer, seules les nouvelles mesures sont concernées par cet abattement. A moyen terme, le financement moyen par mesure devrait donc baisser.

L'UNAF réagit et le Ministre de la solidarité, de la santé et de la protection sociale doit expliquer cette décision, en affirmant en réponse à une lettre de son président, que *« nul ne conteste, en effet, que les tâches de protection personnelle et de gestion des revenus et des biens sont beaucoup plus légères dès lors qu'une personne est hébergée habituellement et de manière continue dans un établissement social, ou dans un centre hospitalier spécialisé »*[84]. Cette déclaration prend donc acte du double aspect, protection de la personne et de son patrimoine, attaché à toute mesure d'incapacité d'un majeur. En outre, mais sans préjuger de la pertinence ni du tarif de référence ni du coefficient d'abattement adoptés, il faut constater que pour la première fois une considération en termes de coût est prise en compte, même s'il ne s'agit pas encore d'une démarche posée complètement en termes de coûts normatifs.

Une dernière réforme du financement est intervenue avec la publication d'un arrêté interministériel du 22 septembre 1989, remplacé par un arrêté du 15 janvier 1990, pris dans les mêmes conditions. Le tableau 2.4 présente les effets de cette réforme des modalités de prélèvement sur les ressources des majeurs et esquisse une comparaison avec les prélèvements opérés dans le cas d'une gérance de tutelle[85].

Le tableau 2.4 montre deux choses :

- d'abord, la charge financière augmente pour les personnes dont les ressources sont inférieures au minimum vieillesse majoré de 40 % tandis qu'elle est allégée pour les revenus supérieurs, sauf si le juge utilise la possibilité qui lui est offerte d'augmenter, si nécessaire, le prélèvement pour les majeurs dont le revenu dépasse 1,75 fois le SMIC (voir graphique 2.8).

- ensuite la gérance de tutelle devient plus onéreuse pour les majeurs en établissement de soins ou de cure, à cause de l'abattement prévu en cas d'hébergement de longue durée, puisque le prélèvement est alors divisé par 2,5.

Tableau 2.4 : Les prélèvements sur les ressources des majeurs en 1990

Niveau du revenu annuel en fonction du SMIC ANNEE 1990	Revenu annuel 1990	Tutelle d'ETAT		Gérance de tutelle		RATIO
		Prélèvement	en % du revenu	en % du revenu	Prélèvement	Nouveau/ancien Tutelle d'Etat
0	0	0,00	0,00	0,00	0,00	Indéterminé
0,5 SMIC	31716	303,24	0,96	2,39	756,48	Infini
Minimum vieillesse	34720	335,80	0,97	2,37	821,60	Infini
1,3 M.V.	45136	839,50	1,86	2,27	1023,08	Infini
1,4 M.V.	48608	1007,40	2,07	2,20	1070,12	1,38
1,5 M.V.	52080	1175,30	2,26	2,12	1103,70	0,80
SMIC	63432	1689,20	2,66	1,90	1206,48	0,77
1,1 SMIC	69775	2295,68	3,29	1,82	1267,13	0,47
1,2 SMIC	76118	2902,16	3,81	1,74	1327,78	0,45
1,5 SMIC	95148	4721,60	4,96	1,59	1509,72	0,64
2 SMIC	126864	6237,80	4,92	1,43	1812,96	0,84
3 SMIC	190296	6237,80	3,28	1,27	2419,44	0,84
5 SMIC	317160	6237,80	1,97	1,15	3632,40	0,84

Source : Enquête CEBS-CGP 1990

L'application de ce nouveau dispositif n'a pas manqué de soulever de nombreuses questions et de nouvelles difficultés. Pour y répondre une circulaire interministérielle en date du 27 juin 1990 est venue préciser les conditions concrètes du prélèvement. Ainsi, certaines ressources ne sont plus prises en compte et par conséquent le prélèvement n'a pas toujours lieu à partir du premier franc. Par exemple, compte tenu de leur caractère de prestation en nature, l'allocation de logement et l'aide personnalisée au logement se trouvent exclues de l'assiette du prélèvement. De même il a bien fallu exclure les sommes minimales, laissées à la disposition des personnes handicapées ou âgées, hospitalisées ou hébergées dans un établissement sanitaire ou social, et garanties par les articles 142 et 142-1 du Code de la famille et de l'aide sociale et par l'article 5 du décret n° 54-1128 du 15 novembre 1954 (modifié par le décret du 25 novembre 1987 article 5), si on ne voulait pas porter atteinte au principe même d'un tel minimum.

La même attitude s'applique logiquement pour les personnes placées en famille d'accueil en application de la loi n° 89-475 du 10 juillet 1989[86]. Enfin, des exemptions sont possibles sur décision exceptionnelle du préfet, ce qui donne au système une plus grande souplesse en permettant la prise en compte de cas particuliers.

La difficulté en la matière est beaucoup plus générale puisqu'**il s'agit en fait d'apprécier la capacité contributive d'un individu pour déterminer le prix qu'il va payer pour une prestation de service**. Cette modulation du tarif détermine en quelque sorte, en négatif, la subvention affectée par l'Etat à la personne. Cette question est plus large mais elle prend un aspect particulier dans le cadre des mesures de tutelle et de curatelle, puisque dans ce cas le consommateur est vraiment « captif », la décision de consommer le service lui échappant le plus souvent totalement.

Issue d'un long processus de tâtonnement, l'évolution du système de financement socialisé n'est donc sans doute pas achevée. En effet, il n'y a guère de cohérence à faire coexister un système progressif mais plafonné et avec une subvention (tutelle d'Etat), avec un système dégressif sans plafond et sans subvention (gérance de tutelle). **L'harmonisation du financement de ces deux régimes de protection des majeurs est à l'ordre du jour**. Peut-être constituera-t-elle une occasion pour débattre au fond des conditions de financement, c'est à dire en termes de coûts normatifs, de prix relatifs et d'équité ?

Graphique 2.8 : La comparaison des prélèvements pour la tutelle d'Etat entre 1988 et 1990

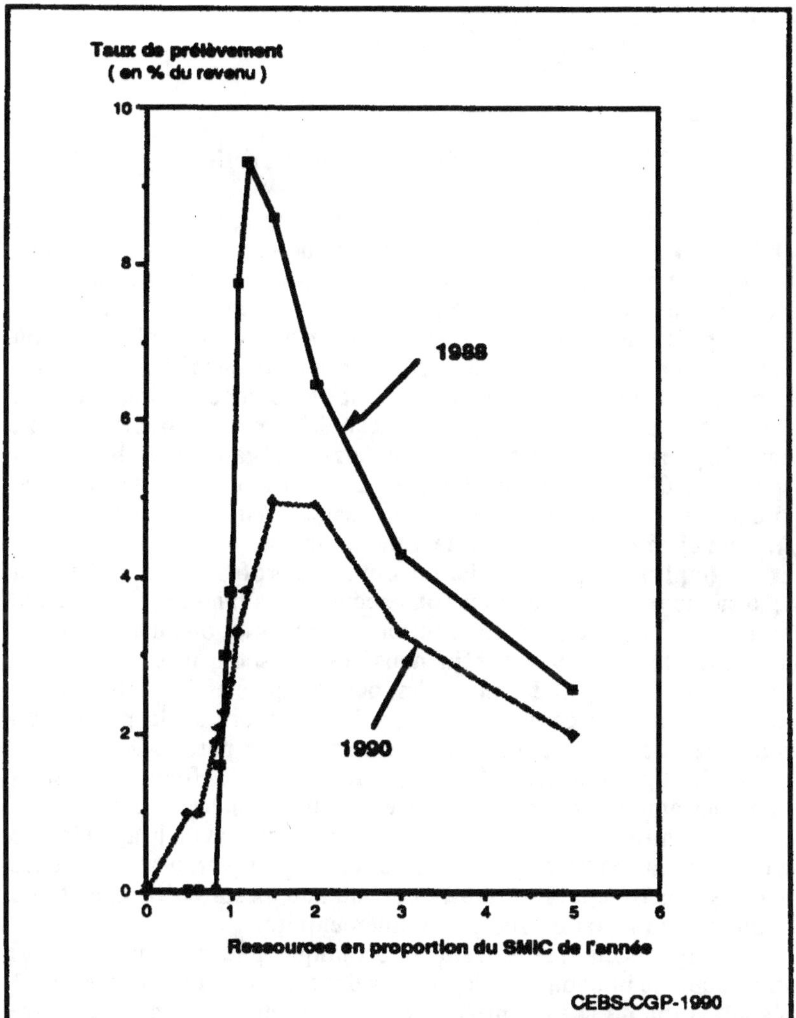

Conclusion de la première partie

L'analyse de la loi du 3 janvier 1968 souligne son aspect de loi charnière au sein de l'ensemble des lois à caractère social dont l'Etat-providence a été la matrice. En effet, cette loi exprime à sa manière l'évolution des modes thérapeutiques dans le domaine de la psychiatrie et, plus généralement, s'inscrit dans un mouvement plus large où la recherche d'une prise en charge à domicile et en milieu ouvert des populations fragiles dans la société est une préoccupation majeure. En réaction par rapport aux pratiques antérieures elle voudrait éviter, dans la mesure du possible, les effets ségrégatifs des dispositifs spéciaux. C'est pourquoi elle tend à couvrir un large éventail de situations humaines et sociales. Cette caractéristique contribue à définir un champ d'application largement ouvert.

Impliquant pour sa mise en œuvre les professions médicales et le système judiciaire, et pour son exécution les familles et la société civile dans le cadre de l'intervention de bénévoles ou du mouvement associatif, la loi de 1968 a défini dans l'espace social un système complexe qui met en jeu des pouvoirs, des logiques et des cultures fort différentes. Dans cette dynamique, les contours de la population protégée dépendent autant de la connaissance par les acteurs des possibilités particulières offertes par la loi, que des fonctions instrumentales annexes pour lesquelles elle peut aussi être utilisée. Entre une application banalisée relativement extensive et un usage réservé à une population bien spécifique, la réalité peut varier selon que les acteurs conçoivent la loi plutôt comme une mesure d'incapacité ou comme une prestation sociale supplémentaire.

Organisant une activité économique particulière, cette loi implique une intendance adaptée. La dépense de travail nécessaire à l'application de la loi constitue un point faible du dispositif. Entre l'ignorance des coûts, souvent associée au recours au bénévolat, et la lenteur remarquable à mettre en place un système de financement, l'intendance du dispositif n'est pas vraiment assurée.

Entre les stratégies des acteurs sociaux et les contraintes économiques, les juges des tutelles, dont le rôle a été conçu par le législateur comme déterminant, doivent trouver leur place dans un système complexe.

PARTIE 2

La mesure de protection : *une décision juridique dépendante*

De par la loi elle-même, le constat juridique de l'incapacité paraît l'élément essentiel du dispositif. Pourtant, cette décision n'est que l'aboutissement d'un processus dans lequel le juge ne tient pas le seul rôle important ; les rapports entre les différents intervenants en font même une décision largement dépendante ; de plus, compte tenu des populations concernées et des préoccupations des autres acteurs, le juge ne peut jamais se soustraire complètement aux données et conséquences sociales de ses décisions.

Pour le juriste mais aussi pour tout citoyen lecteur de la loi de 1968, la décision de mise sous protection d'un majeur incapable, est une mesure privative de droits ; c'est même la conséquence essentielle du constat de l'incapacité que de confier à un tiers l'exercice de tout ou partie des droits de la personne protégée. En tant même qu'elle est attentatoire aux libertés de l'individu et même si cette atteinte doit le protéger contre lui-même et son environnement, **la mesure ne peut être prise que par un juge**. Sa gravité justifie encore la libre appréciation du magistrat.

Les débats préparatoires à la loi montrent combien les parlementaires ont souhaité entourer de garanties pour l'individu, la prise de la mesure de protection. Ils souhaitaient l'avis non pas d'un mais de trois experts, ils voulaient que la décision fût prise par un collège de juges, ils tenaient l'intervention du parquet dans l'instruction du dossier pour une garantie supplémentaire[1], ils avaient même manifesté leur souci des moyens matériels mis à la disposition du juge des tutelles.

Le Gouvernement s'était refusé à alourdir les procédures par crainte de rendre la loi impraticable mais le texte reflète son accord sur le fond. L'expertise médicale et l'avis du parquet encadrent la procédure instruite par le juge et la loi décline, de manière pas toujours claire il est vrai, la gamme des différentes mesures mises à sa disposition et celle des moyens d'en assurer l'exercice. Tout semblait donc prévu pour assurer au juge les conditions d'un pouvoir d'appréciation souverain et d'une décision indépendante.

Mais, la réalité donne une toute autre version des choses, qui laisse le magistrat et la décision qu'il doit prendre, très largement dépendants de l'environnement médical et social. Plusieurs facteurs expliquent ce décalage. Ils tiennent à la nature même de la décision prise par le juge tout autant qu'aux conditions dans lesquelles elle intervient.

En premier lieu, et cet aspect est sans doute celui qui apparaît le moins à la lecture de la loi de 1968, **la décision juridique de protection interfère avec l'action sociale** quand elle n'est pas *« une manière de gérer la misère »*[2]. Comme nous le verrons, la protection des majeurs incapables, surtout quand elle ne peut être assurée par la famille, est une protection de populations démunies, finalement assez typées dans leurs principales caractéristiques. Or d'un côté, par la protection même qu'elle assure aux revenus de son bénéficiaire, la déclaration d'incapacité est une mesure recherchée tant par les organismes publics ou privés prestataires de service qui veulent s'assurer de la bonne gestion ou de l'affectation précises des ressources, que par les services sociaux qui ont épuisé les autres voies de réinsertion ; de l'autre, selon les déclarations unanimes des juges eux-mêmes, il n'est guère de majeur placé sous protection dont la situation ne justifie un suivi social en complément de la protection de ses biens, rendant assez illusoire la séparation introduite par la loi entre la protection de la personne et celle des biens.

Entre la protection de la liberté individuelle et celle de l'ordre public, le juge est ainsi fréquemment sollicité par le majeur, sa famille, le gérant ou l'association, **pour des arbitrages qui tiennent le plus souvent moins dans le contenu juridique de la réponse à donner que dans l'effet individuel et social de la décision pour l'incapable**. Il est ainsi peu de décisions juridiques dont un juge doive autant assumer par la suite les conséquences sociales[3].

En second lieu, à la frontière du juridique et du social, la décision de protection est le fait d'un juge dont le tribunal d'instance est souvent une affectation au début de la carrière. Parfois inexpérimenté, peu préparé par sa formation aux spécificités de la tutelle, **le juge se trouve projeté dans un champ balisé par le jeu d'acteurs stables** (médecins, associations, établissements.) quand lui, ne restera en général à son poste que quelques petites années. L'étroitesse de ses marges de manœuvre tient alors aux modalités du signalement et à l'autorité de l'expertise médicale quand il faut choisir la mesure de protection appropriée ; elle tient tout autant à l'absence de fluidité des rapports entre demande de protection et offre de service des gestionnaires ; elle tient encore aux modalités de financement des mesures qui interfèrent dans ces choix.

Le corps médical occupe une place prépondérante dans le dispositif. Cela est dû en premier lieu à son rôle dans le signalement des personnes. Certes, les familles, les services sociaux, les associations gestionnaires, les établissements ou d'autres tiers ont une place non négligeable dans le signalement des majeurs susceptibles d'un besoin de protection. Mais plus du tiers de la population protégée est connue d'un médecin spécialiste au titre d'un handicap physique ou/et mental susceptible à terme de justifier une protection juridique. De plus, la loi, en imposant la garantie de l'expertise médicale, donne nécessairement aux médecins spécialisés et en particulier à ceux des Centres hospitaliers spécialisés, un rôle déterminant dans le processus de décision. Non seulement le certificat médical du médecin spécialiste conditionne la prise de décision mais, comme nous le verrons à l'étude des rapports médecins-magistrats, il l'oriente largement (Chapitre 3).

Déterminée en amont par l'expertise médicale, la décision juridique l'est aussi par les possibilités de gestion offertes en aval. Le niveau de développement et la diversité des structures d'offre, la politique des associations gestionnaires, l'existence, la disponibilité et la bonne volonté des gérants d'établissements et des administrateurs spéciaux, la présence des familles, sont alors des éléments dont la combinaison variable détermine la dépendance de la décision juridique (Chapitre 4).

Celle-ci est encore influencée par les politiques de financement des mesures et de deux manières au moins. Il y a d'abord rationnement par le montant des fonds publics et par la règlementation des prélèvements sur les ressources des bénéficiaires. Ainsi, alors que la protection du majeur incapable présente certainement les caractères d'une prestation légale, ses conditions de financement en rendent le service incertain. De plus, les modalités du financement des mesures ne rendent pas neutre le choix de leur mode de gestion. Le majeur a donc bien des chances de bénéficier de la mesure la mieux financée pour le gestionnaire qui ne sera pas toujours la mieux adaptée à sa situation (Chapitre 5).

Chapitre 3

La Dépendance Dans L'Évaluation De L'Incapacité

Si le signalement échappe en grande partie au juge des tutelles, la conduite de l'instruction lui appartient principalement. Pour accomplir cet aspect particulier de la fonction de juge d'instance, le juge dispose essentiellement de deux atouts : sa connaissance du droit et la formation qu'il a reçue, en particulier à l'Ecole Nationale de la Magistrature, et le savoir faire accumulé au sein du greffe du tribunal où il exerce ses fonctions. Complémentaires, ces deux ressources ne suffisent pas et, bien souvent, il lui faut apprendre le métier de juge des tutelles sur le terrain (Section 1).

Pour pouvoir prendre une décision d'ouverture d'un régime de protection, en règle générale deux conditions conjuguées sont nécessaires, mettant en œuvre une appréciation médicale et une appréciation juridique. La loi précise que l'altération des facultés de la personne doit être médicalement établie par un médecin spécialiste choisi sur une liste constituée par le procureur de la République et, à sept reprises, elle mentionne les rapports que le juge peut ou doit avoir avec le médecin traitant de la personne protégée, à l'occasion du déroulement de la mesure ou dans la perspective de son aménagement. Elle organise donc une *« collaboration obligée »*[4] entre ces deux instances médicales et juridiques. Dans une certaine mesure la décision juridique apparaît comme le fruit de ce croisement de compétences (Section 2).

L'évaluation du juge doit aussi être globale. En effet, il lui faut non seulement juger de l'opportunité de l'ouverture d'une mesure mais aussi en organiser l'exercice quand elle s'avère nécessaire. C'est pourquoi l'instruction va s'attacher à réunir des éléments d'information portant à la fois sur la situation du majeur et sur la faisabilité des modes de gestion envisageables pour la mesure de protection. Dans ce travail préparatoire à la décision, l'audition du majeur par le juge tient une place importante. Mais pour l'essentiel les informations pertinentes sont fournies par l'entourage du majeur et ceci dès les premières démarches qui ont conduit à l'ouverture du dossier. La vigilance du juge est donc sollicitée d'emblée pour démêler, dans les informations qui sont portées à sa connaissance, les enjeux stratégiques individuels ou institutionnels dont elles sont parfois le reflet. La maîtrise du processus revient donc au magistrat. Au travers de pratiques différenciées de signalements, d'avis divers recueillis lors de l'instruction, des auditions, le juge doit parvenir à une évaluation globale de l'incapacité (Section 3).

Section 1 : Juge des tutelles : un apprentissage toujours recommencé

La fonction de juges des tutelles aux majeurs incapables est assurée par un juge au tribunal d'instance. Dans l'administration de la justice ce choix correspond à l'optimum de proximité du citoyen[5]. Il y a ainsi de 5 à 9 tribunaux d'instance dans les départements objets de l'enquête, auxquels il convient d'ajouter quelques greffes permanents et les « audiences foraines ». Dans la plupart des cas (i.e. à l'exception des grandes villes), le juge d'instance qui fait fonction de président du tribunal d'instance, est le seul juge et assume ainsi l'ensemble des fonctions juridictionnelles. Pour autant, dans un environnement d'institutions et d'acteurs stables, la fonction de juge des tutelles est marquée par une formation de terrain toujours renouvelée en raison de l'instabilité de son titulaire (Sous-section 1). Cependant la fonction juridictionnelle bénéficie de la permanence appréciable des greffes (Sous-section 2).

Sous-section 1 — *La formation et l'instabilité des juges*

§ 1 — Une formation sur le terrain

La diversité des compétences attendues du juge au tribunal d'instance est en même temps une diversité que le magistrat acquiert au contact du terrain et dont il usera en fonction de ses centres d'intérêts, de l'urgence des situations à régler et de l'intérêt bien compris de la gestion de sa carrière. La fonction de juge des tutelles majeurs n'est donc que l'une de ses fonctions et, susceptible d'absorber beaucoup de temps, elle concerne une population et des questions qui, sauf les situations d'urgence, ne peuvent s'inscrire par elles-mêmes au rang des premières priorités[6]. En dehors des tribunaux où la présence de plusieurs magistrats s'accompagne d'une spécialisation des fonctions, c'est donc « *le juge lui-même qui détermine la part de son temps qu'il consacrera aux tutelles* »[7] mais, comme nous l'avons déjà indiqué, l'activité dans ce domaine étant plus flexible, elle représentera souvent une variable résiduelle et cela d'autant plus que le conseil de ne pas y consacrer trop de temps aura parfois été donné au jeune juge avant son installation. Le temps consacré spécifiquement aux tutelles par le magistrat varie donc selon le nombre des mesures, son propre intérêt pour cette activité et les disponibilités du greffe. Concrètement, certains juges y consacrent un jour et demi par semaine, d'autres plus de la moitié de leur temps.

En tant que telle, la fonction de juges des tutelles ne demande aucune compétence juridique spécifique. Elle nécessite du jugé plutôt que de la technique. Aussi bien, le jeune magistrat sortira fréquemment de l'Ecole sans autre notion des tutelles adultes que quelques données générales sur la loi de 1968. Si la formation générale donnée par le droit civil suffit aisément pour répondre à toutes les questions juridiques posées au juge des tutelles, elle est tournée vers des fonctions considérées comme plus nobles, telle l'instruction.

Le stage pourrait être l'occasion donnée au jeune magistrat de s'intéresser au domaine des tutelles, mais les questions traitées au service des tutelles aux majeurs ne sont ni assez variées ni assez importantes pour qu'il soit valorisant d'y passer du temps. A la tête d'un véritable service, exerçant une fonction reconnue, le juge des enfants présente plus d'attrait pour les stagiaires qui auront eu souvent à ses côtés, leur seul contact avec les tutelles[8].

Interrogés sur ce point, les magistrats ne souhaitent cependant pas que l'Ecole les prépare de façon spécifique à l'exercice de la tutelle. Que serait d'ailleurs une telle formation spécialisée ? Les questions juridiques étant limitées, une connaissance des acteurs, des problèmes médicaux et des aspects sociaux de la tutelle pourrait se révéler une bonne préparation à l'exercice de la fonction. Une telle perspective supposerait une revalorisation de la fonction et peut-être son autonomie à l'image du juge des enfants. Certaines associations gestionnaires ont émis le souhait au cours de nos entretiens, que le juge des tutelles aux majeurs dispose ainsi d'un véritable service juridico-social mais cette évolution n'est pas souhaitée par les juges. En effet, tous font valoir que leur fonction concerne des adultes dont la protection ne peut s'envisager de la même manière que celle des enfants et, même s'ils passent plus de temps à régler des questions psychologiques ou sociales, tous craignent le risque permanent d'entrainement sur le terrain social et souhaitent préserver la spécificité de leur fonction juridique.

L'auto-formation par la pratique du terrain revêt donc une très grande importance et de ce point de vue, la jeunesse et l'inexpérience loin d'être des handicaps, facilitent plutôt l'adaptation et la prise en compte des particularismes locaux. Mais, dès sa prise de fonction, le jeune magistrat se trouve confronté à des décisions importantes : conseils aux majeurs et à leurs tuteurs, ordonnances et arbitrages divers. C'est pourquoi les juges souhaitent que l'Ecole dispense une information complète sur deux points sensibles : l'ensemble des prestations sociales et des institutions sociales et médico-sociales ; les règles de gestion des patrimoines et les produits de placement. Le premier point intéresse d'autres fonctions mais celle des tutelles ne peut s'exercer sans une claire compréhension du dédale de ces prestations, de ces institutions et des jeux d'intérêts qui s'y manifestent. Quant au second, s'il est vrai que la plupart des patrimoines à gérer présentent peu de consistance, quelques uns méritent une attention particulière tant en ce qui concerne les décisions à prendre que les contrôles à effectuer. Des possibilités de formation continue sont offertes aux magistrats mais des sessions sur la protection des libertés, les incidences du droit européen ou certaines réformes juridiques, apparaîtront plus motivantes à titre personnel et plus intéressantes pour le déroulement de la carrière.

« Il faut donc au moins six mois au juge pour se mettre au fait des mécanismes et des jeux d'intérêts »[9] y compris parfois les stratégies des majeurs eux-mêmes et cet apprentissage qui laisse à la formation sur le terrain une importance primordiale, crée un flottement à chaque changement de magistrat[10]. D'autant que l'instabilité du titulaire de la fonction de juge des tutelles est une donnée de base et qu'elle renvoie à des éléments du statut et de la carrière.

§ 2 — Une instabilité chronique

Correspondant à une fonction de début de carrière ou à une première nomination, la charge de juge d'instance est en général peu prisée sauf lorsqu'elle correspond à un choix, en particulier à un moyen pour le jeune magistrat d'exercer dans sa région d'origine. Plusieurs raisons se conjuguent pour faire de la fonction de juge au tribunal d'instance, une fonction peu considérée par la hiérarchie judiciaire.

Il convient d'abord de rappeler l'héritage des anciens juges de paix assumé par le juge d'instance. Situés hors des grilles statutaires de la magistrature, de formation juridique superficielle et parfois sommaire, ces auxiliaires de la justice n'étaient pas tenus pour de véritables magistrats par leurs collègues. Ainsi, les « juges de campagne », souvent plus proches des citoyens que les magistrats des autres tribunaux étaient, à raison même de cette proximité, peu considérés par les autres magistrats. Le reproche leur était adressé d'une trop grande sensibilité aux petits conflits de terrain et d'un recours trop fréquent, en marge du droit, aux « jugements de bon sens » plus encore que d'équité. Plus ou moins confusément, le sentiment existe encore et marque les valeurs traditionnelles de la magistrature que *« la bonne justice se prononce à distance »*[11], rappelant que le temps n'est pas éloigné où le statut social, la robe et la hauteur du siège tenaient en respect le simple justiciable. Or c'est précisément cette proximité à la population qui fait douter de la justice des tribunaux d'instance.

En second lieu, rester dans un tribunal d'instance, *« s'enterrer »*[1], n'offre aucun avantage comparatif en termes de carrière. Au contraire, lorsque les jeunes magistrats comparent leur trajectoire professionnelle, ils peuvent constater que ceux d'entre eux qui ont pu éviter les tribunaux d'instance ou bien ont obtenu rapidement leur mutation, montent fréquemment plus vite en grade. Statut dévalorisé et carrière retardée expliquent que les demandes de mutation soient souvent posées dès le troisième mois de la prise de fonction.

Il faut ajouter que pour intéressantes et variées qu'elles soient, les fonctions du juge d'instance ne sont pas socialement aisées à assumer. L'origine citadine des magistrats, renforcée par la formation universitaire, ne porte pas à valoriser quelques années de présence dans de petites villes de province dont les charmes, même lorsqu'ils ne sont pas rapidement épuisés, se goûtent avec des contreparties pesantes. Notable connu de tous au bout de quelques mois et connaissant lui-même tout de la vie locale, le jeune magistrat éprouve des difficultés à assumer cet aspect de la fonction et recherche, en ne résidant pas sur place ou en exerçant en même temps dans un tribunal de grande instance, les moyens d'échapper à cette emprise.

L'ensemble de ces facteurs joue donc pour accroître l'instabilité des magistrats, d'autant qu'il faut au juge d'instance huit à dix mois pour imprimer sa marque au système de la justice locale, la suite pouvant prendre un caractère plus routinier. Or, l'effet de cette instabilité qui affaiblit la fonction même de juge des tutelles, se trouve accusé par la stabilité des autres acteurs du terrain qui est une autre donnée de base. Il en résulte **une dissymétrie défavorable à l'administration de la justice** dans cette matière sensible où l'un des enjeux est la liberté individuelle. Pour représentatif des situations locales qu'il soit, ce tableau laisse place à des contre-exemples. L'enquête a permis l'observation de pratiques dans deux départements où deux des juges sont en poste depuis plus de trois ans (dont l'un depuis plus de dix ans). Indéniablement, cette stabilité permet aux magistrats de se donner les moyens d'équilibrer les phénomènes de dépendance. En l'occurence, l'objectif d'éviter la trop forte pression des demandes de protection a été recherché en pratiquant notamment une politique d'information et de concertation auprès des services sociaux, des médecins spécialistes et des parquets. Alliées à une fermeté des juges, ces attitudes coordonnées qui permettent de prévenir des signalements ou de les détourner vers d'autres voies que l'instruction d'une mesure d'incapacité, ont conduit à une stabilité ou à un faible accroissement du nombre des mesures prononcées jusqu'à ces dernières années. Toutefois l'impression générale laissée par le tableau précédent est un peu corrigée par la stabilité beaucoup plus grande des greffes des tribunaux d'instance.

Sous-section 2 — *Le rôle des greffes : la mémoire juridique et sociale*

§ 1 — La place essentielle du greffe

Dans la formation acquise par les juges sur le terrain, le greffe tient une place primordiale : tous les dossiers y sont archivés, tous les acteurs sont en rapport avec lui et il est la seule institution à être en rapport avec toutes les autres. Alors que le juge d'instance change tous les deux ou trois ans, la plupart des personnels des greffes interrogés, avaient en charge les tutelles depuis huit à dix années et souvent beaucoup plus. Une bonne partie de l'histoire de la tutelle est donc consignée dans leurs mémoires.

Le magistrat peut ainsi acquérir assez rapidement quelques idées générales sur les caractéristiques du ressort de sa juridiction concernant les populations concernées, l'instruction des dossiers, les attitudes des équipes médicales et de leurs patrons, les structures gestionnaires et leurs spécificités, le maquis des régimes de protection et des financements.

Mais le greffe n'est pas seulement la mémoire des connaissances sur la tutelle ; il est tout en même temps une mémoire pratique. Il prépare l'instruction des dossiers et pour cela sollicite les pièces, demande les compléments, pratique les relances[12] ; il reçoit les majeurs, leur famille, leur tuteur, les représentants d'associations et règle souvent seul les mêmes questions que pose le suivi des dossiers ; il prépare les jugements et les ordonnances et contacte le gestionnaire possible de la mesure qui va être prise ; ses initiatives sont également fréquentes dans le contrôle des comptes de gestion ou lorsqu'il faut trancher quelque différent avec un gérant ou une banque. Interlocuteur privilégié des majeurs protégés et de leur tuteur, le personnel des greffes répond à un grand nombre des demandes qui sont adressées au juge.

On peut formuler l'hypothèse qu'à côté de l'empreinte laissée par les juges qui se sont succédés auprès du tribunal il y a aussi place pour l'influence du greffier dans la formation de la «culture» du tribunal. La permanence et la qualité des relations établies entre le greffe et son environnement, la sensibilité des greffiers ou faisant fonction aux questions spécifiques de leur ressort, les protocoles habituels en matière de procédure et plus généralement l'expérience acquise en matière de tutelle, peuvent contribuer à élargir ou à limiter le champ des investigations lors de l'instruction, modeler le libellé des ordonnances et même dans une interlocution privilégiée avec le juge, infléchir l'orientation des décisions. Sans doute la liberté d'initiative du greffier dépend de son rang dans le greffe et de la personnalité du juge, de ses exigences à connaître, décider, contrôler lui-même mais dans certains cas, la vitesse de rotation des magistrats, leur non résidence ou leur désintérêt, font des greffes, ne serait-ce que par nécessité, la pièce principale du dispositif juridique.

§ 2 — Le sous-équipement des greffes

Cette importance met plus crûment en lumière le sous-équipement des greffes. Le Ministère de la justice n'a engagé que tardivement un effort d'informatisation et de rationalisation pour la gestion des dossiers de tutelle et cet effort apparaît encore bien partiel, laissant par exemple chaque greffe à sa propre initiative en matière de comptes de gestion des tuteurs. Une grande disparité existe en matière de taux d'encadrement et de locaux et certains greffes paraissent disposer de marges quand d'autres ne peuvent manifestement faire face. Le plus surprenant réside probablement dans la situation des « faisants fonction » qui, rémunéré(e)s au plus bas de l'échelle, assurent souvent les multiples responsabilités d'un aide greffier.

Nous nous sommes étonnés lors de notre enquête, que les greffes soient dans l'incapacité dans bien des cas de livrer des statistiques précises sur le nombre des dossiers en stock, la typologie des décisions prises et les caractéristiques des populations mais cela explique ceci. Sans doute faut-il y voir aussi l'absence d'intérêt de la Chancellerie pour les populations concernées. D'après l'un des juges interrogés, en effet, depuis de nombreuses années, il n'y a eu aucune circulaire, aucune instruction de la chancellerie en matière de tutelle : *« C'est le mutisme le plus complet »*[13].

Un article récent[14] traitant des tribunaux d'instance, a avancé l'idée selon laquelle pour dégager des gains de productivité et faire face au rationnement des moyens de fonctionnement dans un contexte qui exclut les rémunérations différenciées, les responsables des greffes ont eu tendance à spécialiser leurs employés et à leur laisser une large autonomie d'action dans les secteurs qui leur étaient confiés. Ce modèle d'organisation permet une certaine valorisation du personnel, malgré des tâches pas toujours intéressantes, et surtout, établit des soupapes de sécurité en cas de surcharge de travail. **La principale variable d'ajustement est alors le contenu du travail** lui-même à l'égard duquel l'employé paraît le mieux placé pour pratiquer les délestages rendus nécessaires. Notre enquête auprès d'une trentaine de greffes confirme au moins ce modèle d'organisation à défaut d'en avoir vérifié systématiquement les effets. L'instruction et le suivi des dossiers de tutelle sont en général confiés à une personne précise qui devient l'interlocuteur privilégié pour toutes les questions se rapportant à la tutelle. Ce cloisonnement des tâches fait sans doute perdre un peu en souplesse dans le fonctionnement du greffe (problème des remplacements en cas de maladie) mais il accroît sûrement les traits originaux des pratiques de chaque tribunal. Ce sont ces pratiques *« pas toujours conformes aux règles de l'art, sinon aux prescriptions légales »*[15] qui sont transmises et qui façonnent en quelque sorte une « culture locale ».

Au regard de la volonté annoncée de constituer un véritable *« service public des tutelles »* confié à l'autorité judiciaire[16] et des engagements du Garde des Sceaux concernant la formation des juges des tutelles et les dotations des greffes en personnels et moyens matériels[17], la réalité paraît bien éloignée. Il en résulte souvent une grande dépendance des juges dans leur prise de décision. En effet, quand ils estimeront que la situation du majeur le permet, ils auront d'autant plus tendance à envisager une mesure de protection et un mode de gestion particuliers que ceux-ci n'impliquent pas un coût trop lourd en travail de suivi. En outre, la difficulté de l'organisation dans de bonnes conditions d'un suivi et d'un contrôle efficaces, peut les amener à privilégier systématiquement la sécurité, en particulier dans le choix du tuteur ou du curateur, par exemple en recourant plus volontiers à une association employant des professionnels chevronnés.

Section 2 : Le judiciaire et le médical : des compétences croisées

Aussi loin que l'on remonte dans l'histoire du droit des incapables, le médecin spécialiste apparaît comme un partenaire incontournable des pouvoirs publics et du juge en particulier. Dépositaire du savoir légitime en matière de santé mentale, le corps des médecins-psychiatres a, depuis le milieu du dix-neuvième siècle, donné le «la» de la surveillance et de la relégation, au gré des découvertes, des politiques de soin, des controverses et des contre-expertises. En réformant les régimes de protection, le législateur de 1968 entendait précisément prendre en compte *« l'évolution de la science médicale »* et les *« données nouvelles de la psychiatrie contemporaine »*[18].

En ce sens, la procédure d'instruction du dossier de la personne pour laquelle une protection est demandée, implique la collaboration du médecin spécialiste et du juge des tutelles. Dans tous les cas, le diagnostic médical est indispensable et déterminant mais son caractère trop souvent elliptique situe les enjeux de la confrontation (Sous-section 1). Plus largement, la collaboration du judiciaire et du médical se heurte à la discrétion volontaire des médecins traitants, à la diversité des thérapies et à la quasi-absence des parquets. L'articulation des points de vue juridique et thérapeutique revêt ainsi une tonalité bien imparfaite (Sous-section 2).

Sous-section 1 — *L'importance du certificat médical*

§ 1 — L'avis déterminant du spécialiste

De par sa formation, généralement ignorant des aspects non-juridiques de la tutelle, le juge l'est presque toujours des maladies susceptibles d'altérer les facultés mentales. Le médecin spécialiste dispose ici du monopole légal du diagnostic et la loi de 1968 reconnaît dans son expertise l'élément essentiel de la procédure. Il lui appartient de *« constater l'altération des facultés »* de la personne (art. 493-1).

Selon les termes de la loi, l'expertise médicale est l'un des éléments d'appréciation du juge. Dans la réalité il s'agit du principal car *« dans neuf cas sur dix, le certificat médical détermine la prise d'une décision de protection »*[19]. Quant au choix de la mesure, les magistrats indiquent garder une plus grande liberté d'appréciation mais ce choix correspond généralement lui aussi, à l'indication médicale lorsqu'elle existe. Cette importance du certificat médical explique que le jeune magistrat inexpérimenté se risquera peu à une opinion divergente, et la nécessité de quelques mois de pratique pour qu'il se risque, sur les marges, à ne pas suivre à la lettre les recommandations médicales. En effet, si le juge continue à suivre la position du médecin quant au principe même de l'ouverture d'une mesure, il peut s'en écarter plus fréquemment quant à la nature de la mesure. Son degré de liberté croît en la matière au fur et à mesure que son expérience augmente. Toutefois, bien souvent les écarts observés sont le résultat du jeu d'autres facteurs influençant la décision du juge. Une meilleure connaissance des milieux familiaux, des pratiques médicales, des filières de signalement, une bonne utilisation des informations transitant par les gestionnaires des mesures, ou encore des arbitrages à rendre entre des intérêts divergents des acteurs, permettent d'accroître peu à peu ces marges de liberté.

En règle générale le **certificat se révèle donc déterminant quant au principe d'une mise sous protection**. Pour cette raison, les ordonnances de non lieu sont très rares ; de l'ordre d'une ou deux par an et par juge. Certains juges s'appuient également sur l'expertise médicale pour orienter leur choix entre tutelle et curatelle.

Ils suivent alors le point de vue du médecin, sauf si l'absence de possibilité d'organisation de l'un des régimes les contraint à choisir une autre solution.

Dans la mesure où le certificat joue un rôle prépondérant, les attentes du juge quant à son contenu n'en sont que plus précises. Sur ce point, tous les juges ont souligné leurs difficultés à obtenir des certificats précis. Les certificats standards, les signalements stéréotypés sont unanimement condamnés. Ils ne fournissent guère les indications dont les juges ont besoin pour orienter leur choix. En particulier, le formulaire proposé il y a quelques années par le Ministère est fréquemment mis en cause. Si dans certains cas il paraît avoir permis une amélioration des indications fournies, nombre de juges et de préposés d'établissements en dénoncent le caractère extrêmement sommaire (voir annexe 3.1). Selon un préposé de CHS, *« la plupart du temps la mention « indications complémentaires » n'est pas remplie »*[20] et les juges eux-mêmes furent souvent confrontés aux simples mentions utiles ou, lorsque le formulaire n'était pas utilisé, aux phrases standards sur l'altération des facultés. Interrogés par les magistrats, les médecins se réfugiaient assez facilement derrière le secret médical ou l'affirmation que leur appréciation devait être déterminante dans la décision de protéger le majeur. Cette attitude, très éloignée de la collaboration souhaitée par le législateur, se trouvait plus fréquemment caractérisée par la médecine hospitalière que la médecine de ville[21] et ceci gênait d'autant plus les juges que les CHS fournissent de gros contingents de personnes à protéger et qu'il n'y a pas pour elles, recours à l'expertise. Aujourd'hui encore, les différences d'attitude des praticiens conduisent les juges à rechercher une collaboration privilégiée avec ceux qui fournissent des renseignements précis sur l'état des personnes qu'ils doivent examiner et admettent de faciliter le travail d'évaluation de l'incapacité auquel doit se livrer le juge.

Annexe 3.1 : Certificat fourni en vue de l'ouverture d'une tutelle ou d'une curatelle

Désignation de l'Etablissement

Cabinet du Docteur

PROTECTION DES INCAPABLES MAJEURS
(Application de la loi n° 68-5 du 3 janvier 1968)

CERTIFICAT
fourni en vue de
l'OUVERTURE d'une (1) TUTELLE
CURATELLE

Je, soussigné Docteur ______________________
certifie avoir examiné le ______________ 19____
M ______________ Nom de jeune fille (s'il y a lieu) ______________
Né(e) le ______________ à ______________
Domicile ______________________

et avoir constaté l'altération de ses facultés : (1) mentales - corporelles.

Ce (1) (cette) malade me paraît avoir besoin d'être représenté(e) d'une manière continue dans les actes de la vie civile et, dans ces conditions, l'ouverture d'une *tutelle* serait justifiée.

Ce (1) (cette) malade, sans être hors d'état d'agir lui-même (elle-même), a besoin d'être conseillé(e) ou contrôlé(e) dans les actes de la vie civile et pourrait, dans ces conditions, être placé(e) sous un régime de *curatelle*.

Ce (1) (cette) malade a fait (n'a pas fait) l'objet d'une déclaration aux fins de sauvegarde de justice le ______________ 19 ____

OBSERVATIONS COMPLEMENTAIRES (éventuellement)

____
____
____
____
____
____

Le ______________ *19* ____

Vu et transmis, le ______________ *19* ____

Le Directeur de l'Etablissement,

DESTINATAIRES :
- *Monsieur le Juge des Tutelles*
- *Direction administrative de l'Etablissement*
- *Dossier médical*
- *Receveur de l'Etablissement*

(1) Rayer les mentions ou paragraphes inutiles.

Mod. 30342. - Berger-Levrault. Nancy (B).

Depuis quelques années, une évolution sensible dans le sens de cette collaboration ressort de nos entretiens pour deux raisons conjuguées. La politique hospitalière de placement des malades ou de sortie surveillée, a contraint les médecins à solliciter davantage de mesures de protection pour des personnes qui bénéficiaient auparavant de simples mesures de gestion de fait. Dans le cadre de ce changement de politique, il fallait justifier de manière plus précise les demandes de protection pour des cas de plus en plus fréquents. Mais nombreux sont les juges qui, selon l'expression de l'un deux, avaient déjà réagi pour *« mettre au pas les médecins »*[22]. Un retour systématique des certificats allusifs, au besoin en précisant que le juge n'est pas obligé de se saisir si les indications médicales sont trop succintes, a permis une amélioration progressive des certificats dont le contenu autorise alors un travail plus sérieux d'évaluation de l'incapacité. Dans le même temps, cette exigence s'est souvent prolongée par l'adresse aux médecins de courriers assez longs, par des contacts téléphoniques et des rencontres qui, avec beaucoup de retard, paraissent amorcer un rapprochement voulu par le législateur.

Cette façon de procéder explique aussi le rapprochement des points de vue. En admettant mieux les éléments variés dont peut tenir compte la décision juridique, les médecins sont amenés à proposer des mesures qui ont plus de chances d'être adoptées par les juges y compris pour leur mode de gestion.

§ 2 — Des pratiques diversifiées

Dans cette interlocution entre médecin et juge s'établit une relation différenciée selon les tribunaux et les départements. Des malentendus peuvent apparaître par exemple en ce qui concerne l'audition du majeur. La loi demande au médecin d'indiquer si l'audition de la personne par le juge est possible ou si elle risque de lui porter préjudice et de nuire à sa santé mentale c'est-à-dire s'il y a une contre-indication médicale[23]. Il semble que l'appréciation de ce seuil d'audition varie sensiblement d'un médecin à l'autre. Certains médecins *« ont l'audition plus facile que d'autres »* et l'impossibilité de communiquer n'est pas toujours considérée comme une contre-indication. Dans ces rapports subtils, scandés par la succession des juges, les médecins peuvent parfois s'y perdre. Ainsi, des médecins d'un centre hospitalier spécialisé avaient cru comprendre que le juge des tutelles préférait ne pas se déplacer à l'hôpital psychiatrique ; aussi leurs certificats écartaient presque systématiquement la possibilité d'une audition. Lorsqu'il y eut changement de juge et que celui-ci comprit le protocole mis en place plus ou moins implicitement, il dut préciser aux médecins les préconisations exactes de l'article 1247, alinéa 2 du Nouveau Code de procédure civile et les informer qu'il était prêt à se déplacer.

Beaucoup de juges des tutelles tiennent à rappeller que les critères d'ouverture sont à la fois médicaux et juridiques et donc que **la règle de la double expertise** par un médecin et par un juge doit s'appliquer sauf exception[24]. Parfois, lorsque la relation entre médecin et juge est bien assurée et qu'une certaine confiance existe, des communications orales par téléphone ou même des rencontres périodiques, ont lieu. Elles permettent un échange sur la situation et l'analyse que l'on peut en faire, même si la décision appartient toujours au juge.

L'enquête menée auprès des tribunaux d'instance de la Seine-Maritime et de l'Ille-et-Vilaine met en lumière la distinction opérée par la loi entre le médecin traitant et le médecin spécialiste. Si les certificats accompagnant les requêtes ou les signalements sont répartis entre un grand nombre de médecins, il en va autrement pour les certificats de médecins spécialistes qui sont choisis par le juge ou par les familles avec les conseils éventuels du juge ou du greffe du tribunal. Notre enquête a montré que pour les dossiers en stock au 1er janvier 1990, 229 médecins dans le premier département et 652 dans le second avaient produit des certificats. En moyenne, un médecin d'Ille-et-Vilaine a fourni au total 17 certificats pour des majeurs protégés actuellement sous un régime de protection. Dans la Seine-Maritime le chiffre moyen par médecin est inférieur à 6. Il faut aussi préciser qu'il y a une forte concentration puisque 5 % des médecins ont produit environ 50% des certificats en Ille-et-Vilaine et 40 % en Seine-Maritime.

En ce qui concerne le recours à l'avis du médecin spécialiste les pratiques diffèrent entre la Seine-Maritime et l'Ille-et-Vilaine. Dans le premier département il est demandé dans plus de 60 % des cas contre moins de 10 % dans le second. En conséquence, le chiffre moyen de certificats par médecin spécialiste cité est de 22 en Seine-Maritime contre moins de 6 en Ille-et-Vilaine. Ce point confirme l'hypothèse de pratiques différentes au plan local, pratiques que la mobilité des juges n'atténue que très partiellement. La concentration des certificats demandés se confirme. Si le médecin le plus sollicité réalise à lui tout seul 40 % des certificats en Ille-et-Vilaine, le plus sollicité en Seine-Maritime, qui en a pourtant fait près de trois fois plus, n'en réalise qu'à peine 10 %. Hormis ces situations particulières qui s'expliquent vraisemblablement par un caractère pluripolaire plus affirmé pour la Seine-Maritime, les courbes de concentration sont très voisines puisque dans les deux départements 5 % des médecins spécialistes cités réalisent environ 40 % du total des certificats et que 10% d'entre eux en font près de 60 %. Cela revient à dire, compte tenu du nombre de tribunaux dans les deux départements et parce qu'il s'agit d'une information portant sur un stock de mesures dont certaines sont anciennes, que **chaque juge travaille en moyenne avec un, deux et déjà plus rarement, trois médecins spécialistes.** Ce point nous a été confirmé oralement par une majorité de juges. Ils opèrent une sélection entre les médecins en fonction de la précision du contenu du certificat qui leur est adressé et de la qualité de la communication qu'ils peuvent établir avec le médecin et ont tendance par la suite, à en faire des partenaires privilégiés tant qu'ils restent en fonction dans le même cabinet.

La loi ayant prévu le recours aux prestations des médecins, il faut en assurer la rémunération. Celle-ci dépend aussi de pratiques locales contrastées. Dans quelques tribunaux on a recours à une vraie expertise, dans la grande majorité c'est seulement un certificat détaillé qui est attendu. La rémunération varie alors entre 300 francs et 1000 francs environ. Certains juges auront plutôt tendance à commettre un médecin, le financement étant alors pris en charge par l'Etat. Ils se trouvent alors, d'une certaine manière, en position de client vis à vis du médecin. Quand le majeur est fortuné c'est le majeur (ou sa famille) qui paie. Dans ce dernier cas, les frais de jugement pourraient également être à la charge de la personne. Il faudrait qu'ils soient adressés au percepteur pour que celui-ci en assure le recouvrement. Mais, à notre connaissance, cette pratique n'existe pas dans les tribunaux choisis pour l'enquête et cette forme particulière de la justice est gratuite. Tout se passe comme si, dans l'intérêt des majeurs, on voulait en faciliter l'accès.

Si les rapports entre les médecins et les juges ne sont pas toujours très clairs, cela tient sans doute au fait qu'ils sont aussi « client » et « producteur » l'un vis à vis de l'autre et réciproquement, dans une relation croisée complexe. Il y a, en effet, une ambiguïté dans la position du médecin qui intervient, tantôt comme demandeur quand il est médecin traitant sous la forme d'un signalement, accompagné ou non d'une mesure de sauvegarde médicale, tantôt comme médecin spécialiste auquel le juge demande une expertise, tantôt en cumulant les deux fonctions[25]. Dans le premier cas et même si ce n'est qu'indirectement, le médecin devient le client de la justice et se trouve à son tour dans une position de dépendance. Le phénomène est particulièrement net en ce qui concerne les malades mentaux. En effet, la demande médicale consiste bien souvent non seulement dans une couverture par rapport aux décisions de sortie de l'établissement du malade mais également dans l'attente d'un mode de protection et d'un gestionnaire suffisamment coopératif pour que les projets thérapeutiques envisagés ne soient pas entravés. Le juge n'est pas toujours en mesure d'accéder à l'ensemble de ces souhaits. Il arrive également que le médecin sollicite le tuteur ou le curateur et parfois ainsi indirectement le juge, avant la mise en place d'un protocole de traitement ou avant une intervention chirurgicale pour obtenir une autorisation écrite. Ces démarches sont devenues beaucoup plus fréquentes depuis la loi du 27 juin 1990[26]. Inquiets quant à la mise en cause éventuelle de leur responsabilité, les médecins souhaitent désormais s'entourer de toutes les garanties. Mais en ce domaine qui concerne la personne et non pas ses biens, les pratiques ne sont pas établies encore de manière définitive. Les juges refusent en général de donner la moindre autorisation même si quelques uns d'entre eux prennent des initiatives pour éclairer la décision médicale. Certains considèrent que le tuteur peut agir comme en matière de tutelle au mineur, mais la plupart d'entre eux sont plus réservés et conseillent à leurs tuteurs de ne rien signer. Les médecins risquent donc de se heurter à des fins de non-recevoir et d'adopter plus volontiers pour les majeurs protégés malades, des protocoles de soins minimum sauf pour les cas de véritable urgence. L'hypothèse d'un développement du contentieux en la matière et celle d'un risque de discrimination négative à l'encontre des majeurs protégés, ne peuvent être écartées.

Ainsi, au sein de cette relation croisée d'attentes et de réponses échangées entre les titulaires du pouvoir médical d'un côté et du pouvoir judiciaire de l'autre, les faits ne témoignent pas, sauf exception, de l'étroite collaboration souhaitée par les initiateurs de la loi et à leur suite par ses rédacteurs.

Sous-section 2 — *L'articulation des points de vue juridique et thérapeutique*

§ 1 — Logique médicale et décision de protection

1. La loi met le médecin au premier plan dans le processus de mise sous protection et la place prépondérante a été faite au spécialiste à qui revient le soin d'établir médicalement l'altération des facultés mentales ou corporelles. Mais la lecture de la loi de 1968 révèle aussi l'importance que ses auteurs voulurent conférer au **médecin traitant** car son intervention, prévue à plus de dix reprises, est susceptible d'orienter la décision du juge sur plusieurs points délicats.

En premier lieu, le médecin traitant se trouve bien évidemment au nombre des personnes qui peuvent signaler au juge la nécessité d'une mesure de protection pour l'un de leurs patients. Les articles 491-1 pour la sauvegarde médicale, 493-al.2 pour la tutelle et 509 pour la curatelle lui confient officiellement cette tâche. Mais son rôle de surveillance fut jugé assez important pour que la loi lui permette de former un recours contre le jugement d'ouverture d'une tutelle ou d'une curatelle, même s'il n'est pas intervenu à l'instance (art. 493 al.3). En outre, dans les cas où le juge constitue un conseil de famille, il peut l'appeler à y participer à titre consultatif (art. 496-2) et, pour le moins, à lui demander son avis pour le constituer.

Mais le médecin traitant doit aussi être sollicité pour avis, d'une manière générale chaque fois que le juge des tutelles prend une décision par laquelle il organise la protection des intérêts civils du majeur (art. 490-1, al.3) et, plus particulièrement, avant que le juge n'autorise qu'il soit disposé des droits relatifs à son habitation ou que son mobilier soit aliéné (art. 490-2, al.3). Enfin, cet avis est encore requis lorsque le juge veut énumérer certains actes que la personne aura la capacité de faire elle-même (articles 501 pour la tutelle et 511 pour la curatelle) ou en ajouter sur la liste de ceux pour lesquels l'assistance du curateur est exigée (art. 511) et dans les hypothèses les plus délicates comme celle du mariage (art. 506)[27].

Ces différentes hypothèses mériteraient plus que leur simple mention si, comme l'on pourrait s'y attendre, elles donnaient en pratique l'occasion de vérifier les modalités de collaboration et de confrontation entre les médecins traitants et les juges. **Or la principale observation de l'enquête à ce sujet, réside dans la position très en retrait du médecin traitant** et plusieurs explications peuvent être exprimées. La première réside dans le fait que la notion de médecin traitant recouvrait celle de médecin de famille dans l'esprit du législateur, or c'est l'un des points sur lesquels le texte a vieilli. L'évolution de la famille elle-même, celle de la place du médecin généraliste et les caractéristiques des populations protégées éclairent ce décalage. La seconde tient à la situation ambiguë dans laquelle les sollicitations du juge placent le médecin traitant : déjà conduit à des signalements évasifs pour ne pas déplaire à la famille ou à les éviter pour la même raison, il restera généralement très prudent lorsque le juge requerra son avis avant une décision précise. Pour ces raisons, les juges des tutelles ne sollicitent plus les avis que pour la forme ou même s'en dispensent, sauf pour les décisions délicates (mariage par exemple) ou lorsqu'un conflit peut conduire à la contestation de la décision qu'ils vont prendre. En outre, la portée de ces observations doit être atténuée en raison du nombre des majeurs protégés vivant en établissement ou sous la surveillance d'un établissement. Particulièrement, en centre spécialisé le médecin traitant se trouve être également un spécialiste. Toutefois, avec la diminution du nombre de lits dans les CHS et le développement de la sectorisation, les médecins généralistes peuvent être amenés à rencontrer ces situations plus fréquemment et leur rôle à l'avenir pourrait s'en trouver majoré.

2. La pratique impose donc au juge des tutelles un **rapport privilégié avec les médecins spécialistes** dont la position le met souvent en situation de dépendance, ainsi que l'illustre l'usage du

certificat médical. Le juge peut aussi rencontrer des politiques de soin et des projets thérapeutiques différents car plus que tout autre, le milieu psychiatrique demeure agité par des débats sur les diagnostics et les thérapies.

Sur ce terrain, nul besoin pour le corps médical de revendiquer son indépendance car elle s'impose d'elle-même mais l'observation montre de sensibles différences d'un tribunal à l'autre, selon l'importance des villes et des structures hospitalières, selon les médecins, selon les juges aussi. Il appartiendra à chaque magistrat de resserrer les liens avec les médecins mais, dans cette partie toujours recommencée, ces derniers sont fréquemment confrontés à des pratiques qui changent avec les juges.

Les questions les plus délicates se posent essentiellement à propos des malades suivis par le secteur psychiatrique. D'un hôpital à l'autre et fréquemment à l'intérieur d'un même établissement, le juge peut être confronté de la part des patrons et des équipes médicales, à des manières différentes en matière de soins ; à l'égard de la tutelle, les attitudes varient de l'hostilité déclarée à sa recommandation systématique et les conceptions s'opposent sur la question de l'audition, sur le fait d'associer les familles ou encore sur les avantages et les inconvénients d'une gérance par le préposé de l'établissement. Le magistrat ne reçoit pas d'explication sur les raisons de ces attitudes médicales et hésite à demander des précisions : ne toucherait-il pas là à des conceptions situées au coeur du travail des psychiatres ?

Ces conceptions trouvent souvent leur prolongement dans l'avis du spécialiste, d'autant que le souci médical de prévenir le contenu de la décision de protection peut conduire à s'intéresser à sa gestion. Ainsi, il est fréquent que l'expertise comprenne **des indications précises concernant le mode de gestion de la mesure**, demandant par exemple d'écarter toute solution familiale ou de rechercher un gérant extérieur à l'établissement ou l'inverse; elle peut également être plus ou moins sensible aux pressions gestionnaires qui, depuis quelques années, s'exercent dans le sens des placements en milieu ouvert et induisent des prescriptions différentes.

Ainsi, la dépendance des juges vis à vis du médecin trouve parfois son image inverse. En effet, lorsqu'un médecin indique que l'exercice de la tutelle par un membre de la famille n'est pas souhaitable ou, pire aux yeux du juge, qu'il serait bon de confier la tutelle au préposé de l'établissement, le juge aimerait avoir dans le premier cas des explications plus détaillées et considère dans le second que le médecin empiète sur son domaine de compétence. La plupart des juges tiennent à souligner que la tutelle n'est pas une décision médicale ; seule la sauvegarde médicale a un tel statut avec des effets limités dans le temps.

Dans la mesure où les protocoles de traitement sont centrés sur le majeur qui est souvent leur seul interlocuteur, les équipes médicales font parfois des signalements sans que la famille du majeur en soit avertie. Au contraire, le Nouveau Code de procédure civile (article 1248, alinéa 2) fait obligation au juge autant qu'il est possible, d'entendre les parents, alliés et amis de la personne à protéger. La procédure vient donc surprendre dans certains cas des familles qui n'y sont pas préparées. Le juge qui porte d'emblée le souci de la nomination d'un tuteur, doit examiner si l'un des proches du majeur peut assumer cette fonction. Sa situation est particulièrement inconfortable quand il se trouve coincé entre la famille qui revendique la tutelle et les médecins qui considèrent qu'il est indispensable que le tuteur soit pris en dehors de celle-ci. Connaissant à l'avance les difficultés qu'il risque de rencontrer dans l'organisation concrète de la mesure, le juge peut penser que le médecin a une position trop tranchée et, en l'absence d'arguments suffisamment explicites, il peut même lui arriver de passer outre[28].

De leur côté les médecins ont la faculté, pour les médecins traitants, et l'obligation, lorsque la personne est dans un établissement de soins, de signaler au procureur de la République la situation d'un de leurs malades qui aurait besoin d'être protégé dans les actes de la vie civile[29]. Dès l'enregistrement par le procureur, qui peut demander un nouvel examen médical, la personne est placée sous sauvegarde de justice. Par ces dispositions, les médecins spécialistes, puisque la déclaration d'un médecin traitant doit être accompagnée de l'avis conforme d'un médecin psychiatre, **peuvent prescrire directement, à l'instar des juges des tutelles, une mesure de protection**. Cette mesure a toujours une durée limitée puisqu'elle se périme d'elle-même au bout de deux mois pour la première déclaration aux fins de sauvegarde de justice et au bout de six mois pour les éventuelles décisions de renouvellement. La souplesse de cette mesure qui permet d'engager soit une gestion d'affaires, soit la nomination d'un mandataire spécial sans porter atteinte aux droits de la personne, est vue par certains médecins comme très intéressante en particulier lors de certains épisodes pathologiques chez les malades qu'ils suivent. Mais il semble que cette simple initiative déclenche fréquemment une intervention plus lourde du dispositif judiciaire[30]. Il suffit pour cela que le procureur adresse une requête au juge des tutelles pour que celui-ci mette en marche une procédure d'instruction aux fins de tutelle ou de curatelle. Le médecin perd alors la maitrise du processus engagé et il arrive qu'une personne guérie quelques mois après, se trouve impliquée dans une procédure d'ouverture de tutelle qu'il faut alors arrêter.

§ 2 — La nécessaire intervention du parquet

Cet aspect des rapports juges-médecins met en pleine lumière le rôle des parquets. Lors de l'examen de la loi de 1968 au Sénat, plusieurs parlementaires s'étaient inquiétés du *« rôle très important dévolu au corps médical »*[31] et, en particulier, la Commission des affaires sociales s'était *« émue du pouvoir donné à tout médecin de déclencher une procédure qui, par son caractère automatique, aboutira à priver le malade mis sous sauvegarde d'une partie de ses droits »*[31]. En effet, l'action en rescision pour lésion (art. 491-2) jette un doute sur la pleine capacité de la personne et, de manière virtuelle mais néanmoins indiscutable, le sauvegardé de justice voit sa capacité civile amoindrie du fait de cette présomption du vice de la volonté pesant sur ses actes. Les sénateurs craignaient aussi *« les inconvénients qui résulteraient d'un signalement un peu hâtif »* et le *« risque de faire peser pendant de longues années sur la santé mentale de l'individu une suspicion grave »*[31].

Pour ces raisons, la Commission des affaires sociales avait également proposé d'instituer une procédure d'expertise obligatoire et cet examen médical, confié à un collège de trois médecins dont le médecin auteur de la déclaration, aurait été remis à la diligence du procureur de la République. Si, pour des raisons déjà évoquées de rapidité et de simplification de la procédure, les propositions du Sénat ne furent pas retenues, le législateur a néanmoins gardé au parquet un rôle essentiel qui s'organise autour de deux fonctions importantes dans la procédure de mise sous protection[32]. Le parquet intervient en premier lieu à titre en quelque sorte autonome, chaque fois qu'il est saisi d'une demande de protection ou que lui est signalée une personne en vue d'une éventuelle mesure de protection ; en second lieu, le juge des tutelles saisit le ministère public pour avis au cours de l'instruction dont il a la charge.

1. Le parquet détient d'abord un rôle préventif au niveau de la sauvegarde et du signalement et il dispose d'un double pouvoir d'appréciation dans l'examen des demandes qui lui sont soumises. Il peut décider de prononcer ou de ne pas prononcer la sauvegarde (sauf lorsque la demande en est appuyée par l'avis d'un médecin spécialiste) et il peut décider de saisir ou de ne pas saisir le juge. Ce double pouvoir révèle l'importance donnée au procureur dans cet espace incertain et décisif entre la pleine autonomie et le début de la protection. Trois tâches complémentaires lui incombent théoriquement : celle de filtre qui permet d'éviter le prononcé de mesures injustifiées ou de ne pas saisir le juge de demandes infondées ; celle de sas d'attente pour vérifier la nature exacte et la durée prévisible du problème ; celle de contrôle, si nécessaire, de manière que les sauvegardes ne soient pas prononcées au vu d'avis trop succints ou que la transmission au juge soit justifiée.

Ce rôle de prévention apparaît succintement dans les textes, pour le contrôle médical (art. 1232 du NCPC) et les mesures conservatoires de protection des biens (art. 1233 et 1234) de la personne protégée mais, n'être pas davantage codifiée n'ôte rien de l'intérêt et de l'importance de la fonction. Profiter des signalements ou de toute affaire dont il a à connaître comme ministère public pour alerter les services sociaux, exiger des certificats médicaux précisément remplis avant d'accepter une mesure ou une procédure, renvoyer vers d'autres solutions que les protections de la loi de 1968 si cela s'avère opportun, décider d'un simple renouvellement des mesures de sauvegarde si la situation du majeur n'exige pas davantage, telles sont les tâches incombant théoriquement au procureur et qui permettraient à la fois d'écarter les demandes injustifiées et d'alléger l'office du juge des tutelles et le travail du greffe.

En pratique, les commentaires recueillis auprès des juges et des greffes semblent indiquer **que le parquet ne remplit que rarement ces différentes fonctions**. Pour la plupart des juges, *« le procureur ne s'occupe pas beaucoup des tutelles »*[1], ou même, *« il ne joue pas son rôle de filtre et de protection de la personne »*[1] ou encore, *« pour lui, la tutelle c'est la dernière roue de la charrette »*[1] ; tels sont les propos résumant l'opinion des juges qui déplorent presqu'unanimement *« l'absence des parquets »*[1] et leur fonctionnement *« comme une simple boîte aux lettres »*[1], prononçant de manière quasi-automatique les sauvegardes médicales et transmettant systématiquement les dossiers aux juges des tutelles. Certains juges vont même plus loin en affirmant qu'en matière d'avis médical, *« les parquets ont renoncé à opposer des exigences formelles »*[33].

Sans doute la personnalité des magistrats et leur intérêt personnel pour les tutelles jouent-ils un rôle important dans leur investissement (ou leur désinvestissement) dans ce domaine, et quelques juges ont décrit la présence active des magistrats du parquet. Il faut admettre le caractère un peu marginal de ce rôle au regard de la formation traditionnelle de ces magistrats et de leurs fonctions principales. Il faut remarquer aussi que ces fonctions dans la protection des majeurs, supposeraient l'appui d'un service qui leur fait défaut et risquerait de doubler ou de concurrencer le juge des tutelles. Il y a sans doute là une certaine ambiguïté du rôle assigné aux parquets, à ce stade de la protection.

A défaut de moyens, par manque d'intérêt ou par prudence, le relais se trouve donc passé assez souvent voire automatiquement au juge spécialisé, le juge des tutelles. La continuité du régime de sauvegarde devient alors problématique. Le magistrat va compléter l'expertise médicale par son expertise juridique. Comme il s'agit de personnes situées près de la frontière floue du champ d'application de la loi de 1968, la probabilité qu'elles sortent de cette filière avec une mesure plus lourde (tutelle ou curatelle) est loin d'être négligeable. En effet, la mesure de sauvegarde de justice, mesure limitée dans le temps, limitée dans son domaine (le caractère spécialisé du mandat), et qui créé une situation *« trouble »*[34] autour des actes en principe valables du majeur, présente sur le plan juridique les caractéristiques d'un état provisoire et non celle d'un état durable. La probabilité pour qu'une décision de justice en assure la pérennité paraît donc faible et, au contraire, le risque permanent est grand que le prononcé d'une mesure plus lourde, ne serait-ce qu'en raison de la difficulté de trouver des mandataires, entraîne le majeur dans une situation durable d'incapacité. C'est pourquoi, pour assurer la maîtrise et la régulation de l'ensemble du dispositif prévu par la loi du 3 janvier 1968, ces fonctions de transition, de médiation du parquet, ne devraient pas être sous-estimées. Il apparaît souhaitable que leur revalorisation et même leur réorganisation soient envisagées. Une telle évolution a été relevée dans l'un des tribunaux enquêtés puisqu'après coordination entre le parquet et le juge des tutelles, le premier doit classer les demandes de tutelles et trier les dossiers après enquête afin d'éviter la paralysie du greffe et du juge des tutelles. On pourrait imaginer, même si cela semble un peu paradoxal, que **l'affectation de ressources à ces fonctions apparemment accessoires soit l'une des priorités susceptibles de contribuer à une meilleure régulation de l'ensemble du système.**

2. L'intervention du parquet dans l'instruction conduite par le juge des tutelles ne laisse pas paraître une présence plus active. A tous les stades de cette instruction, le Code de procédure civile fait obligation au juge d'informer le procureur : la déclaration aux fins de sauvegarde judiciaire lui est transmise (art. 1238), de même qu'il est avisé de la procédure engagée aux fins d'ouverture d'une tutelle ou d'une curatelle (art. 1244) ; il est informé de la date et du lieu de l'audition du majeur (art. 1246) ou de l'impossibilité d'y procéder (art. 1247) ; un mois avant la date fixée pour l'audience, le dossier lui est transmis afin qu'il communique son avis écrit (art. 1250) ; enfin, le jugement lui est communiqué (art. 1253) et il peut former recours (art. 1258).

Là aussi, l'investissement des parquets semble éloigné du souci de leur présence dont témoignent les textes. Les juges en ont pris leur parti et la plupart du temps, *« le parquet est avisé pour la forme »*[35] et *«les prescriptions du code ne sont plus respectées à la lettre »*[35]. C'est ainsi que *« le parquet est en général absent aux audiences »*[35] ou que *« sa présence est une simple formalité »* alors que la Cour de cassation en fait un élément substantiel à la suite de l'article 1251[36]. Mais tous les juges atténuent la portée de cette conduite de la procédure en marge des textes. Pour eux, *« le juge seul connait bien les dossiers et le parquet ne peut que s'en remettre à lui »*[35], ce qu'il fait en pratique puisqu'*«il est toujours de l'avis du juge »*[35]. Sa présence aux audiences n'est alors même *« pas jugée indispensable »*[35] ou est considérée comme *« une simple formalité »*[35], d'autant que *« la plupart des dossiers ne posent pas de problème »*[35] et qu'*« il est toujours possible de requérir son avis ou d'attirer son attention si le dossier est un peu délicat »*[35]. La fonction de contrôle souhaitée par le législateur s'en trouve de toute façon très atténuée.

Ainsi, il apparaît qu'également du point de vue de l'instruction des dossiers, les tâches du parquet seraient à réexaminer. Globalement, faute pour le service public des tutelles d'avoir été doté de moyens matériels suffisants et sans doute pour avoir trop misé sur cette coopération procureur-juge des tutelles, **le dispositif de la loi de 1968 tend à manquer de souplesse et à s'alourdir**. En particulier, l'articulation médecin-magistrat ne pouvant avoir l'efficacité souhaitée par le législateur dès le traitement des signalements, le fonctionnement du système tend à être à la fois dévié et enflé. Le signalement tend en effet à se convertir de manière quasi-automatique en mesure de protection durable, sans qu'aucun contrepoids n'exerce une influence contraire vraiment significative. L'absence de procédure de révision systématique de la décision initiale contribue ensuite à éterniser la situation créée.

La prise en compte des contraintes d'offre de services tutélaires, tantôt insuffisantes pour assurer l'exécution des mesures, tantôt rendues précaires par la variabilité du flux des nouvelles mesures et l'inertie des financements, renforce encore le caractère critique de cette situation. Dans ces conditions on conçoit que la qualité de l'évaluation de la situation du majeur par le juge ait un rôle crucial. Mais là encore le juge se trouve dépendant de l'environnement du majeur.

Section 3 : La mesure de l'incapacité : une évaluation globale

Tous les juges des tutelles se plaisent à rappeler que le certificat du spécialiste est un élément essentiel pour l'appréciation de l'incapacité, **tout en n'étant qu'un élément parmi ceux que le juge doit prendre en compte**. La décision de protection est une décision juridique certes dépendante d'un ensemble de facteurs mais, pour cette raison, elle ne saurait s'identifier simplement à l'avis du médecin spécialiste. L'instruction du dossier est ainsi l'occasion de rechercher et d'analyser les informations qui parviennent au tribunal (Sous-section 1) et l'audition du majeur présente alors une importance toute particulière (Sous-section 2).

Sous-section 1 — *Les éléments d'une évaluation globale*

La première source d'information du juge des tutelles provient des **signalements**, entendus ici au sens large comme l'intervention des personnes habilitées à requérir l'ouverture d'un régime de protection et de celles qui peuvent seulement donner au juge avis de la cause qui justifierait, selon elles, cette ouverture. Comme l'indique le tableau 3.1, ces informations qui alertent initialement le juge, proviennent principalement des familles et des institutions ; parmi celles-ci, le secteur psychiatrique tient la première place mais l'intervention des services sociaux et des établissements d'accueil s'est accrue ces dernières années[37].

Tableau 3.1 : Origine du signalement

Saisine et signalement	Ille-et-Vilaine		Seine-Maritime	
	Effectifs	%	Effectifs	%
1 - Majeur	75	1,8	231	5,0
2 - Famille	1377	32,8	1869	40,6
3 - Procureur	1826	43,5	171	3,7
4 - Saisine d'office	957	22,8	2501	54,3
5 - Secteur psychiatrique	1539	36,7	2064	44,8
6 - Services sociaux	348	8,3	543	11,8
7 - Etablissements d'accueil	491	11,7	308	6,7
8 - Notaires, avocats	51	1,2	130	2,8

Source : CEBS/CGP - 1990

Une vision claire des conditions requises par la loi pour l'ouverture d'un dossier est nécessaire pour avoir une bonne compréhension de ce tableau. Ainsi, le lecteur vérifiera facilement que la somme des fréquences dépasse 100 % (respectivement 169,7 % et 158,8 % pour la Seine-Maritime et pour l'Ille-et-Vilaine). Cette situation résulte de la conjonction de deux facteurs. En premier il peut exister des signalements multiples souvent eux-mêmes concertés et conjoints. Par exemple, l'équipe médicale ou le travailleur social peuvent inciter le majeur ou plus fréquemment sa famille, à déposer une requête en même temps qu'ils font un signalement complémentaire. Mais le deuxième facteur est encore plus important. En effet, les interventions des personnes qui ne peuvent donner qu'un avis au juge ne sont pas suffisantes à elles seules pour obliger à l'ouverture d'un dossier. Le juge doit se saisir d'office.

Compte tenu de ces remarques, la somme des saisines par le

majeur, la famille et le procureur, et des saisines d'office, est à peu près égale à 100 si l'on excepte les requêtes multiples.

Le tableau révèle de sensibles différences dans les pratiques de signalement entre les deux départements. Globalement, ces pratiques apparaissent mieux diffusées entre les différents intervenants en Seine-Maritime et l'on note le passage très concentré par le procureur en Ille-et-Vilaine alors que les institutions sociales, médico-sociales et médicales remplissent un rôle plus dynamique dans le premier département. Ces observations doivent être nuancées par les indications fournies pour chaque intervenant puisque les trois quarts des signalements sont le fait conjoint de plusieurs intervenants, or cette pratique des signalements complémentaires indique mieux les caractéristiques du terrain (dans le tableau, le total en pourcentage dépasse 100 en raison des doubles signalements).

Ainsi, majeurs et familles interviennent dans 45,6 % des signalements en Seine-Maritime et 34,6 % en Ille-et-Vilaine mais dans le premier département les majeurs font seuls la démarche dans 56,7 % des cas lorsqu'ils interviennent (2,8 % des signalements) et les familles dans 51,1 % des cas, alors qu'en Ille-et-Vilaine, les majeurs demandent seuls la protection dans 77,3 % des cas (1,4 % des signalements) et les familles interviennent seules dans 85,5 % de leurs démarches. Inversement, près de 49 % des familles de Seine-Maritime opèrent un signalement en s'appuyant sur les institutions ou en étant sollicitées par elles et seulement 14,5 % en Ille-et-Vilaine.

L'analyse des signalements institutionnels confirme cette plus grande imbrication dans le département normand. Ainsi, les signalements du secteur psychiatrique (44,8 % en Seine-Maritime, 36,7 % en Ille-et-Vilaine) s'appuient dans un tiers des cas sur un signalement conjoint de la famille dans ce département (les deux autres tiers étant presque entièrement dirigés vers le juge) alors que, en Ille-et-Vilaine, 3,2 % seulement des signalements psychiatriques usent du même procédé. A l'inverse, 2,6 % des signalements psychiatriques sont adressés directement au procureur en Seine-Maritime, alors que cette pratique intéresse plus de 84 % des mêmes signalements dans le département breton et ceci explique pour une large part le rôle important du procureur dans la procédure de signalement dans ce département.

On peut penser que derrière cette différenciation des pratiques, **se profilent sans doute deux modes d'approche de la mesure de protection**. La première, plus médicale, accompagnée éventuellement d'une mesure de sauvegarde médicale et souvent caractérisée par l'urgence, implique nécessairement, selon la loi, le parquet. La seconde que l'on pourrait qualifier de « sociale » échappe à la pression de l'urgence et s'intéresse principalement aux effets à moyen terme de la mesure de protection. C'est pourquoi elle fait l'économie de ce passage par le procureur et s'adresse directement au décideur final : le juge des tutelles[38]. Cette habitude d'adresser plutôt les signalements directement au procureur, caractérise également mais à un moindre degré, les pratiques des autres institutions d'Ille-et-Vilaine. Dans 85,8 % des cas, les services sociaux de Seine-Maritime s'adressent au juge (et au procureur dans seulement 3,5 % des cas), alors que dans le département breton, ces mêmes services s'adressent au juge dans 64,9 % des cas et au procureur pour 28,2 % de leurs signalements. De même pour les établissements d'accueil, la presque totalité de leurs signalements est adressée au juge en Seine-Maritime (98,1 %) et seulement 49,7 % en Ille-et-Vilaine car un tiers transitent par le procureur et 16,1 % s'appuient sur une demande conjointe des familles.

Ces écarts révélateurs de **pratiques de terrain différenciées** dont la présentation plus complète sera livrée en troisième partie de cette étude, ne doivent pas cacher la réalité des « signalements institutionnels » et les particularités dues à des causes plus profondes. Ainsi que le révèle l'importance des signalements institutionnels, une grande partie des demandes de protection ne pose guère de problème de principe au juge mais seulement des questions d'ajustement de la décision à prendre à la situation qu'il instruit. Il en est ainsi pour les personnes souffrant de handicaps physiques ou mentaux graves ou des personnes âgées atteintes de troubles ; c'est le cas aussi pour les mineurs ayant séjourné en établissement et qui, suivant la filière IME/IMPRO/CAT, se verront destinés presqu'automatiquement vers une mesure de protection des majeurs. Classiques également, sont les demandes des parents qui ne peuvent pas (ou plus) assumer seuls la charge d'enfants lourdement handicapés ou celles des enfants concernant leurs propres parents atteints de maladies de la sénilité.

Pour d'autres demandes, des différences plus difficilement quantifiables que celles tenant à l'origine du signalement, se rapportent aux caractéristiques sociales et économiques des circonscriptions d'intervention des juges qui les évoquent lors des entretiens. Rattachés à des contextes différents, deux grands types de situations sont notables qui donnent lieu à des signalements. Le premier naît dans les villes plus gravement touchées par la crise économique. Dans de nombreux cas, la crise a marginalisé les populations socialement les plus fragiles pour lesquelles le chômage n'a pas tardé à se conjuguer avec des problèmes de logement, de voisinage, de boisson, voire de drogue chez les jeunes ; dans d'autres cas, elle se manifeste par les phénomènes d'endettement des ménages et leur cortège de conséquences que, jusqu'à présent, les interventions sociales n'ont pu que freiner (programmes d'impayés de loyer, loi sur le surendettement des ménages[39]). Le second caractérise les zones rurales de la « campagne profonde » laissées pour compte du développement économique et dont l'étiolement du tissu social et de l'espace économique a accentué la mise à l'écart des populations déjà un peu marginales. Les juges qui y sont confrontés rencontrent fréquemment des conditions de vie d'une rusticité peu enviable à force de dénuement, d'insalubrité, de promiscuité parfois. L'hérédité alcoolique y est souvent lourde, faite d'alcoolisme de sociabilité ou de célibat, et peu de choses séparent souvent ces personnes de leurs homologues soignées en établissement pour leur démence légère et les séquelles de l'alcool. On y retrouve aussi d'anciens salariés agricoles retraités ou jugés trop peu performants dans les exploitations modernes, et des hommes dont le décès de l'épouse a accusé la dépendance en les précipitant dans une autarcie pour eux inassumable.

Bien souvent ces différentes situations sont connues ou au moins repérées par les travailleurs sociaux ou diverses associations et institutions publiques ou privées. Les juges soulignent volontiers que *« le signalement médical, l'endettement, le petit délit, sont une chance pour le majeur »*[40] qui peut se trouver ainsi pris en charge par un service spécialisé et si nécessaire mis sous protection. Mais il y a aussi ceux qui échappent à tout repérage comme *« les jeunes majeurs rejetés par l'école et le travail et qui sont dans la nature »* entre le désoeuvrement et les attaches familiales *« sans être capables de se prendre en charge »*. Certains juges s'étonnent également de constater l'absence de signalement dans certaines zones rurales, sans être à même de proposer une explication : le maintien de solidarités familiales ou locales, la moindre présence des services sociaux, l'absence d'audiences foraines.

Si la mise sous protection a pour origine des pratiques souvent différenciées (attitudes variables des acteurs à l'égard des mesures, procédures plus ou moins systématiques de signalements institutionnels, particularités locales, etc.), elle tend à retrouver une certaine homogénéité, d'une part grâce aux interventions de certains juges qui tentent d'améliorer la qualité des signalements et parfois d'en réguler le nombre et, d'autre part, dans le travail d'instruction du dossier réalisé conjointement par le juge et le greffe, et dans lequel l'audition joue un rôle majeur.

Sous-section 2 — *L'instruction et le rôle de l'audition*

Si l'avis du spécialiste est à la fois une garantie et un élément déterminant pour la décision de protéger une personne, le législateur a voulu que cette décision soit un acte juridique. En plus du certificat médical, l'instruction du dossier du majeur signalé permet au juge avec la collaboration du greffe, de rassembler tout un ensemble de données complémentaires. Les juges soulignent volontiers la pluralité des *« critères décisionnels »*[41] auxquels ils ont recours pour prendre leur décision. En règle générale, quatre critères sont avancés :

- l'empêchement de la personne d'exprimer sa volonté,
- l'impossibilité de gérer seule son patrimoine,
- le degré d'autonomie dans l'expression de la volonté,
- l'analyse de l'environnement familial.

La réunion des deux premiers critères fonde la décision quant au principe de l'ouverture d'une mesure de protection. Le troisième critère, qui repose **sur un avis médical et sur l'audition de l'intéressé** détermine le type de régime de protection applicable. Enfin, le quatrième critère oriente le choix quant à l'organisation de la mesure. Ces critères sont en réalité examinés par le juge *« dans leur interaction permanente, aucun ne pouvant être envisagé séparément »*[1], et les informations nécessaires à leur application émergent *« à l'occasion d'un débat contradictoire entre le juge, l'intéressé, son entourage et le corps médical »*[41]. Le juge est le pivot de cette instruction.

La longueur de l'instruction, le nombre des pièces à réunir, les contacts et les entretiens nécessaires varient d'un dossier à l'autre car selon les cas, il est nécessaire de connaître les antécédents médicaux et sociaux de la personne, ses relations avec les divers membres de sa famille, son lieu de vie et ses conditions d'habitation, de cohabitation, ses liens de voisinage, ses activités professionnelles si elle en exerce, la consistance de ses revenus et de ses biens.

Le plus souvent, les dossiers parviennent au greffe très succintement remplis et il lui échoit à titre principal de collecter l'ensemble de ces informations. Elles sont obtenues du majeur lui-même, de sa famille, de ses proches ou de l'établissement d'hébergement. Les collectivités publiques, les établissements bancaires sont sollicités ; les services sociaux également mais pas systématiquement faute de temps, et très peu les associations intervenant dans le domaine social ; les associations tutélaires et les gérants de tutelle peuvent collaborer à l'enquête en particulier lorsqu'ils sont à l'origine d'un signalement ou encore lorsqu'ils sont nommés mandataire spécial dans le cadre préliminaire de la mesure de sauvegarde de justice.

Lors de ce travail préparatoire, l'audition du majeur (et de ses proches) joue un rôle stratégique dans l'instruction du dossier car elle donne au magistrat le moyen principal de se faire sa propre opinion. Tous les juges sont d'accord pour refuser une protection qui serait *« simplement une décision médicale »*[1], et tous affirment non pas seulement *« la nécessité de faire du droit pour protéger le majeur et d'en faire plus que pour le mineur »*[1] mais plus encore, celle d'expliquer à la personne qu'ils reçoivent que *« le juge est là pour la protéger »*[1]. De ce point de vue, la plupart des juges des tutelles regrettent l'absence d'avocat aux côtés du majeur lors des audiences alors que l'exercice des droits civils est en jeu ; les exceptions concernent presque uniquement les cas pour lesquels un avocat se trouve à l'origine du signalement. Il faut d'ailleurs noter et sans doute cela n'est-il pas sans lien, le peu de recours exercés à l'encontre des décisions de protection.

Montrer que *« le médecin n'est pas le patron »*, *« garder son indépendance, son autonomie de jugement »*, *« affirmer sa faculté d'initiative »*[42], tels sont les propos par lesquels les magistrats revendiquent la spécificité de leur rôle dans l'instruction et particulièrement au travers de l'audition. Pour apprécier la réalité des pratiques, il faudrait pouvoir évaluer la portée réelle de l'ensemble de l'instruction et singulièrement de l'audition, au regard de la proposition contenue dans l'avis médical.

L'enquête nous révèle, à notre surprise, que l'audition est moins systématiquement pratiquée que pouvaient le laisser conclure nos entretiens. Près d'un majeur sur quatre n'est pas auditionné en Ille-et-Vilaine et l'on révèle 43 % d'ordonnances de non audition en Seine-Maritime. Certes, il faut prendre en compte tous les handicaps lourds qui rendent l'audition inutile, mais les propos de certains juges affirmant que *«l'audition n'est pas toujours significative car elle a souvent lieu dans des périodes plus fastes pour le majeur »*[42] ou que la qualité et la durée de l'audition dépendent beaucoup des charges de travail et que *«dans beaucoup de cas l'on peut justifier le fait de ne pas auditionner alors que c'est simplement un problème de temps »*[42], prennent une coloration particulière. Mais il est vrai que les pratiques diffèrent et là où tel juge accepte la recommandation médicale de ne pas auditionner, tel autre passera plus facilement outre y compris en se déplaçant dans l'établissement de traitement[43].

Plus largement, entre les deux départements pour lesquels l'enquête fournit des données précises, l'importante différence dans le recours à l'audition révèle la spécificité des pratiques de terrain. Le signalement s'opérant davantage par les circuits institutionnels déjà repérés en Seine-Maritime, trouve ici un prolongement inattendu mais assez logique. En effet, ce département connait une collaboration suivie entre les structures hospitalières et les associations tutélaires, et les juges peuvent ainsi s'appuyer sur des signalements et des avis médicaux qui les dispensent de l'audition. Il convient d'ajouter un phénomène conjoncturel déjà signalé dans la pratique de certains magistrats qui ne voyaient guère l'intérêt d'auditionner les malades atteints d'altérations graves, mais cela peut évoluer avec de nouveaux magistrats. Dans ce contexte de pratiques différentes, l'ordonnance demandant l'expertise médicale au cours de l'instruction du dossier, prend un sens particulier ; en Ille-et-Vilaine (7,4 % des dossiers) elle mesure probablement un écart d'appréciation entre le magistrat et le médecin ; en Seine-Maritime (64,3 % des dossiers) elle manifeste plutôt le souci des juges de rechercher un avis complémentaire au circuit institutionnalisé des signalements.

Pourtant, dans la pratique, les magistrats conviennent que l'audition ne conduit que rarement à modifier la recommandation de l'avis médical ; au contraire, elle se recoupe avec lui et le conforte le plus souvent. Il faut donc en conclure que la décision du juge confirme presque toujours la proposition du spécialiste. Mais cette corrélation presque parfaite ne doit sans doute pas être mise au compte d'une quelconque soumission. Plus probablement, il faut y voir le fruit d'une meilleure collaboration entre magistrats et médecins et d'une plus grande attention de ces derniers aux visées juridiques de la protection. L'ensemble de l'instruction et de l'audition sert donc plutôt à moduler l'étendue de la protection, la tendance étant, selon la plupart des juges, à prononcer des mesures plus légères que celles proposées par les médecins. Mais là encore, tout est affaire de nuance car ces variations jouent principalement sur le couple curatelle renforcée-tutelle complète et correspondent en général à des motivations précises (choix d'un curateur qui ne peut être tuteur, maintien du droit de vote, etc.).

En fait, l'instruction conduit dans 98 % des cas à une mesure de protection et, si l'on exclut les maladies mentales lourdes pour lesquelles le magistrat en particulier s'il est débutant, ne se risquera pas à une proposition différente de celle du médecin spécialiste, le rôle du juge ne sera véritablement sensible que pour quelques cas intermédiaires lorsque se manifestent l'opposition ou la collaboration de la personne à protéger. L'instruction et l'audition ont également pour fonction de repérer les signalements abusifs ou nouveaux et d'interroger leurs auteurs sur ces pratiques.

Dans l'ensemble, les juges des tutelles signalent peu de demandes abusives de mise sous protection et la plupart ne trouvent pas à dénoncer d'abus particuliers. Quelques détournements flagrants sont fermement combattus ; ainsi cette demande d'un département de verser l'allocation pour les adultes handicapés sous condition d'une mesure de protection. Les juges notent aussi quelques demandes « perverses » venant par exemple des familles ; le souci d'empêcher que les parents ou les grands-parents ne dépensent trop généreusement leurs ressources, conduit parfois vers le juge les héritiers inquiets, souvent sur le conseil des notaires et avec l'aide d'un certificat médical complaisant.

Il reste que les magistrats les plus anciens font part de leur perplexité devant l'augmentation globale du volume des dossiers. Ils ont le sentiment que de plus en plus, *« le juge des tutelles c'est le monsieur qui règle tous les problèmes »*[44] et qu'on le sollicite dès qu'il y a une difficulté que le couple ou les services sociaux n'ont pu résoudre par les voies juridiques ou sociales habituelles. Selon eux, les possibilités données au conjoint en dehors de la loi de 1968 ne sont pas assez utilisées (hypothèses d'alcoolisme, de dépenses incontrôlées,.) ou, dans un autre domaine, ils considèrent que *« les mineurs un peu fragiles et trop entourés »*[44] se retrouvent incapables de s'assumer à leur majorité et qu'ainsi, *« trop de protection en appelle davantage »*[44]. La mesure de protection originairement instituée pour l'incapable majeur ou le prodigue serait ainsi *« élargie à tout le monde »*[44] et surtout, deviendrait plus une garantie pour les administrations *« qui veulent un interlocuteur et un compte pour verser et gérer des prestations »*[44] ou encore une meilleure garantie de paiement pour les créanciers, les bailleurs ou les établissements.

Face à ces pressions, les juges disposent d'une autonomie de décision et certains tentent de *« rester dans l'esprit de la loi »*[44] quand d'autres préfèrent *« fermer un peu les yeux »*[44] quand une intervention sociale ou une simple tutelle aux prestations sociales devraient théoriquement suffire. Mais il faut convenir aussi, que l'équilibre de ce qui reste d'une cellule familiale est parfois mieux préservé par une mesure de protection prononcée pour l'un des conjoints, ou qu'accepter une mesure de protection pour une situation provoquée par un problème d'endettement, peut aider la famille à sortir du marasme ou à surnager.

Dans cette optique, les magistrats sont confrontés à des demandes nouvelles, qui suscitent leur étonnement ou leur interrogation mais dont en fin de compte, ils admettent le bien fondé. L'étonnement vient d'un accroissement des signalements pour des personnes qui auraient pu depuis longtemps déjà bénéficier de mesures de protection. La tutelle (sous ses diverses facettes) mieux connue depuis quelques années, apparaît comme un remède logique aux situations anormalement prolongées de gérance de fait, qu'elles soient assumées par des travailleurs sociaux débordés et ayant épuisé leurs ressources, des maisons de retraite confrontées aux infirmités dues à l'âge, des amis, des voisins voire des facteurs, et aux situations de gestion d'affaire assumées par les familles. Nous admettons sans détour que cette solution est plus saine, surtout si en l'absence de conflit, le juge peut confier l'exercice de la mesure à la personne qui l'exerce en fait. Les interrogations proviennent plutôt des nouvelles pratiques médicales, parfois imposées par les contraintes économiques et décidées le plus souvent sans concertation avec les magistrats qui découvrent des justifications moins médicales que gestionnaires. Les politiques de sortie, de soins en milieu ouvert, conduisent les médecins à « se couvrir » en demandant le prononcé de mesures de protection pour des personnes que tel infirmier ou tel assistant social avait jusque là aidées régulièrement.

Les responsabilités engagées et les sanctions encourues justifient à elles seules la régularisation de telles situations mais leur diversité révèle aux juges que, dans de nombreux cas, ils pourraient encore être saisis à bon escient[45]. Le très faible pourcentage de rejets au terme de l'instruction semble confirmer que, s'ils poussent parfois un peu loin le recours aux signalements, **tous ces facteurs participent d'un esprit proche de l'intention initiale du législateur et que partagent largement les juges des tutelles.**

La question se poserait alors plutôt de prononcer des mesures plus adaptées aux situations réelles des personnes que dépendantes des conditions de l'offre de service. Encore faudrait-il que la prise en compte des contraintes de l'offre de services tutélaires, tantôt insuffisantes pour assurer l'exécution des mesures, tantôt rendues précaires par la variabilité du flux des nouvelles mesures et l'inertie des financements, ne renforcât pas le caractère critique de la situation.

Chapitre 4

LA DÉPENDANCE DANS LE CHOIX DU MODE DE GESTION

Une fois établie le degré de la protection adapté à la situation du majeur, la loi confie au juge le soin d'arrêter les modalités de gestion de la mesure. Théoriquement, ce choix dépend du précédent et en particulier de l'arbitrage entre la nécessité d'une protection complète et la simple protection des biens[1]. En pratique il en va différemment et la présence ou l'absence d'une offre de service comme les préférences formulées par les structures d'offre, orientent assez souvent le choix de la mesure elle-même. Autrement dit, *« savoir qui gérera la mesure importe autant qu'en déterminer le contenu »*[2] et il n'est pas rare que l'ordre séquentiel proposé par la loi se trouve par la pratique inversé. On ne saurait mieux dire en ce domaine que, trop souvent, « nécessité fait loi ».

Néanmoins, le juge des tutelles se doit d'opérer en respectant les priorités que nous avons mises en évidence lors de la première partie de cette étude. La gestion de la mesure obéit à la priorité familiale et une solution interne à la famille (éventuellement dans le simple cadre du régime matrimonial) sera d'abord recherchée en dépit des difficultés rencontrées, diverses et croissantes (Section 1). Si une telle voie s'avère sans issue acceptable, la tutelle est normalement déclarée vacante et, déférée alors à l'Etat, l'exercice en sera confié à la DDASS qui peut elle-même rechercher la collaboration des différentes associations tutélaires. Chacune a son histoire, ses principes d'action et entend n'accepter que dans ce cadre l'exercice des mesures de protection. Il en résulte des compromis qui affectent leurs missions mais aussi, transforment la nature des mesures qui leur sont confiées (Section 2). Les choses se présentent de manière plus aisée en matière de protection des biens seuls, car la vie en établissement détermine de manière quasi automatique la gérance de tutelle quand la solution familiale est écartée. Pourtant, les pratiques se développent en marge de la loi, aussi bien pour les mesures confiées aux préposés que pour celles dont la charge revient aux administrateurs spéciaux (Section 3).

Section 1 : La famille protecteur en déclin

Comme le font ressortir les termes de la loi de 1968 et ses travaux préparatoires[3], il échoit à la famille d'assumer la charge principale des mesures de protection. Dans l'esprit de la loi, il s'agit d'un « rôle naturel » de la famille mais cette fonction de soutien à la personne ne doit pas occulter un autre aspect des préoccupations du législateur. Protéger le patrimoine de l'incapable, c'est en même temps protéger celui de la famille, cellule de base dans la constitution et la transmission du patrimoine social. Le juge doit donc rechercher la gestion familiale de la mesure de protection (Sous-section 1) mais, globalement, si la famille assume correctement ce rôle, cela ne va pas sans quelques difficultés (Sous-section 2).

Sous-section 1 — *La recherche de la protection familiale*

La loi comme la pratique des juges mettent au premier plan la recherche d'une solution familiale. Il n'est donc pas étonnant de trouver une majorité des mesures gérées par un membre de la famille (§ 1). Mais cette gestion familiale peut prendre à l'intérieur du cadre de la loi du 3 janvier 1968 des formes variables (§ 2).

§ 1 — La priorité donnée à la famille

Cette recherche de l'exercice par la famille proche de la mesure de protection, est une obligation faite au juge par la loi de 1968 et la famille ne peut en principe se dérober à la chaine consanguine de solidarité. Cette relation privilégiée qui unit les proches membres de la famille, est un autre trait partagé entre le régime de protection des majeurs et la philosophie familiale de l'action sociale mais ici, les liens sont exprimés de manière plus large et plus forte. Le conjoint, premier protecteur désigné par la loi, ne peut se dérober à ses obligations, du moins pendant cinq années (art. 496-1), non plus que les descendants, et la comparaison de la rédaction de cet article avec celle de l'article 432 concernant les mineurs, montre bien cette extension de la solidarité naturelle aux enfants. Comme l'indiquent les conditions différentes du prononcé de la vacance, tutelle et curatelle se différencient cependant du point de vue de l'exercice familial des charges tutélaires. Tandis que l'institution spécifique du conseil de famille fait de l'impossibilité à le constituer, la condition de la vacance de tutelle, la Cour de cassation impose de rechercher dans la proche famille (conjoint, ascendant, descendant, collatéral) la personne susceptible d'assumer la curatelle[4]. Il est d'ailleurs topique de retrouver en matière de curatelle les personnes désignées en qualité d'administrateur légal pour exercer la gérance de tutelle de l'article 497. Cette priorité familiale se retrouve lorsque la mesure de protection concerne uniquement les biens, par l'intermédiaire de leur consistance, puisque le préposé ou l'administrateur de l'article 499 ne peuvent théoriquement gérer que les biens de faible consistance.

L'audition des membres de la famille joue ici un rôle déterminant car, nécessaire pour établir le degré de l'incapacité, l'audition guide également le juge dans le choix du mode de gestion. Tous les juges déclarent pratiquer l'audition de la famille de manière large. Lors de l'évaluation de l'incapacité, elle leur permet de situer le majeur dans son environnement et, dans le même temps, elle conduit à juger des possibilités d'une gestion familiale. Plusieurs auditions sont en réalité successivement menées en commençant par les membres de la famille les plus proches du majeur et, de même que le juge des tutelles se trouve ainsi grâce à elles mieux à même d'évaluer les éventuelles causes familiales de l'incapacité, il pourra apprécier les possibilités et les chances de succès d'une gestion de la mesure par la famille, parfois contre l'avis médical. En complément, le juge se rend fréquemment au domicile du majeur ce qui permet, lorsque celui-ci ne vit pas en établissement, de compléter utilement le dossier.

Globalement, il ressort des entretiens comme de l'enquête, que **la famille assume correctement ses responsabilités**. Environ une mesure sur deux est gérée par un membre de la famille, avec quelques constantes et quelques différences d'un département à l'autre. Deux raisons se conjuguent pour expliquer ce recours à la famille. Pour beaucoup de juges, la gestion par un membre de la famille ne consiste pas simplement à faire assumer par celle-ci *« une fonction naturelle »*[5] mais constitue *« la moins mauvaise solution si cela marche »*[5], en particulier si le majeur peut trouver sa place dans un réseau familial et social préxistant. Il convient d'ajouter que chaque solution interne à la famille évite d'avoir à rechercher une association tutélaire ou une personne physique agréée, ce qui est souvent délicat en raison de la pénurie de l'offre. En outre, les situations dans lesquelles la gestion familiale paraît souhaitable ou en tout cas possible, ne doivent pas prendre la place des mesures pour lesquelles la prudence ou la nécessité recommandent la recherche d'une gestion extérieure à la sphère familiale.

Pourtant, au-delà de ces remarques générales, la loi n'est pas respectée à la lettre et l'observation conduit à se demander si même elle peut l'être dans plusieurs de ses principales dispositions concernant la gestion familiale. En premier lieu, si les juges se sentent *« le devoir de faire un peu la morale »*[5] en rassurant les familles réticentes, aucun n'applique à la lettre les dispositions de l'article 496-1. La priorité familiale trouve ici une première limite pratique car *« un membre de la famille n'est jamais nommé tuteur contre son gré »*[5] ; son accord est indispensable et au-delà, le consensus des principaux membres intéressés de la famille. Il s'agit là d'un critère de choix dont la Cour de cassation n'a pas reconnu le bien-fondé[6]. A fortiori en matière de tutelle, la priorité donnée à la constitution du conseil de famille se heurte à des obstacles que beaucoup de magistrats renoncent à surmonter. Le refus fréquent des familles, les conflits qui naissent en son sein et le temps supplémentaire nécessaire à leur solution, la lourdeur de son fonctionnement et sa faible efficacité pour le majeur, font du conseil de famille *« une institution qu'il vaut mieux éviter »*[7]. Sa constitution se révèle ainsi exceptionnelle en Ille-et-Vilaine (1,5 % des mesures) mais un peu plus fréquente en Seine-Maritime (11,7 % des mesures).

§ 2 — La diversité des modes d'emploi de la gestion familiale

Les tableaux présentés ci-après précisent les modalités de prise en charge de l'incapable par la famille et les différences les plus significatives dans la mise en œuvre de ce mode de gestion d'un département à l'autre.

Tableau 4.1 : Sauvegarde de justice et gestion par la famille

Mode de gestion	Départements	
	Ille-et-Vilaine	Seine-Maritime
NR	0	3,5
sans mandat	95	30,8
mandat majeur	0,4	0,3
mandat spécial	4,6	60,8
% de mesures concernées	43%	43,6%

Source : CEBS/CGP - 1990

On ne peut tirer de ce tableau 4.1 beaucoup d'indications significatives et les interprétations doivent être prudentes. En effet, si 43 % des mesures en stock dans les greffes, portent l'indication d'une sauvegarde de justice ayant très probablement précédé la mesure d'incapacité au moment de l'instruction du dossier, il est difficile d'expliquer l'absence de toute mention de la sauvegarde dans plus d'un dossier sur deux. Peut-être, la présence du majeur dans sa famille ou en établissement explique-t-elle ce constat. La même hypothèse permet également de minimiser la différence entre le recours au mandat spécial (Seine-Maritime) et l'absence de mandataire (Ille-et-Vilaine). On remarque par contre la très faible proportion de mandataires désignés par le majeur lui-même, ce qui indique pour le moins sa dépossession dès le premier stade de l'instruction.

Parmi les mesures analysées, peu révèlent une sauvegarde comme seule mesure de protection (0,4 % en Ille-et-Vilaine et 0,5 % en Seine-Maritime) et se confirme ainsi que la sauvegarde n'est quasiment pas utilisée en dehors de la période d'instruction. Le croisement de cette variable avec l'ancienneté de la mesure fournit pourtant quelques indications intéressantes.

Tableau 4.2 : L'usage de la sauvegarde de justice

Ancienneté de la mesure		plus de 11 ans	6 à 10 ans	5 ans
Nombre de mesures	Ille-et-Vilaine	11	0	7
	Seine-Maritime	7	7	7

Source : CEBS/CGP - 1990

Comme on peut le lire, certains majeurs demeurent sous la protection d'une simple mesure de sauvegarde depuis de nombreuses années. L'observation plus fine des données de l'enquête indique une concentration des pratiques sur quelques tribunaux seulement, et leur concentration dans le temps est probablement liée à la politique de protection menée par certains juges.

Pour près d'une mesure de curatelle sur deux, le mandat est exercée par un membre de la famille mais le rôle du conjoint se trouve réduit à une part tout à fait minime (Cf. tableau 4.3). La logique de la loi ne paraît pas ici respectée. Même si l'on soustrait les célibataires, les divorcés, les veufs et les impossibilités effectivement constatées par le juge, l'on ne peut que s'étonner de la faible part prise par le conjoint à la gestion des mesures de curatelle. Il est vrai toutefois qu'un certain nombre de juges n'ouvrent pas toujours un régime de protection quand les règles du régime matrimonial suffisent et que la présence d'un conjoint peut constituer un obstacle au signalement efficace qui empêche le juge de connaître un grand nombre de ces situations.

Tableau 4.3 : Curatelle et gestion par la famille.

Mode de gestion	Départements	
	Ille-et-Vilaine	Seine-Maritime
NR	0,4	0,6
conjoint	0,8	2,5
autre membre de la famille	47,1	43,1
Total	48,3%	46,2%

Source : CEBS/CGP - 1990

Tableau 4.4 : Tutelle et gestion par la famille

Mode de gestion	Départements	
	Ille-et-Vilaine	Seine-Maritime
NR	0,1	0,1
Conjoint	2,3	2,4
ALCJ	53,8	19,5
Autres	1,5	35,4
Total	57,6%	57,3%

Source : CEBS/CGP - 1990

Le même constat découle de l'enquête pour les mesures de tutelle (tableau 4.4). En effet, la part prise par les conjoints dans l'administration des mesures est tout aussi réduite en matière de tutelle que de curatelle, alors que la famille contribue globalement pour plus de 57 % à cette gestion. Pour les autres membres de la famille, on relève une intéressante différence dans le partage entre l'administration légale et les autres gestions familiales. Le détail des gestionnaires vient préciser ces différences entre les deux départements (tableau 4.5)[8].

Un premier constat global s'impose au sujet de la part prise par la famille dans la gestion des quatre types de mesures d'incapacité les plus fréquemment prononcées (cf. dernière ligne du tableau 4.5). En dehors de la curatelle 510 (écart de 19 points), cette part varie peu d'un département à l'autre, avec un maximum de 6,4 % pour la tutelle aux biens. Cette homogénéité globale dans le recours à la famille (53,7 % en Ille-et-Vilaine - 49,7 % en Seine-Maritime), cache pourtant des différences intéressantes dans la part prise par chaque catégorie de membres de la famille. Si globalement, les parents sont représentés dans les mêmes proportions (55,5 % en Ille-et-Vilaine - 51,8 % en Seine-Maritime), un quart des mesures prises en charge par la famille le sont par les enfants en Seine-Maritime alors que cette proportion ne représente que 13,1 % dans le département breton[9]. A l'inverse, près du quart des mesures sont assumées par des collatéraux en Ille-et-Vilaine et seulement 8,8 % en Seine-Maritime où le recours aux autres membres de la famille est par contre beaucoup plus féquent (11 % contre 4,2 %). Ces proportions se recoupent bien sûr avec celles des parts de mesures gérées par chaque catégorie de gestionnaires familiaux au regard du nombre total de mesures d'incapacité.

Une autre manière de mettre en évidence ces différences, consiste à comparer les parts prises par les membres de la famille la plus proche du majeur protégé. Le couple parents-enfants représente 75,9 % dans le département normand contre 68,6 % dans le département breton mais la différence s'inverse si l'on ajoute la part assurée par les collatéraux (84,7 % ; 92,4 %). Ces écarts tiennent probablement aux pratiques propres à chaque tribunal, la solidité du tissu familial ou son relachement ouvrant des possibilités différentes pour les juges ; la part prise par les collatéraux ou les autres membres de la famille étant peut-être de ce point de vue, l'élément le plus significatif. Sans doute doit-on également prendre en compte le type de mesure prononcée. En effet, il est assez logique que les tutelles complètes soient gérées, à défaut du conjoint, par les parents ou les enfants, puis les collatéraux, comme c'est le cas en Seine-Maritime. **Dans le département breton, le recours à la tutelle aux biens et à la curatelle 512 deux fois plus souvent en moyenne, joue probablement comme**

substitut partiel de la tutelle complète dont l'usage reste marginal ; mais du coup, la liberté plus grande dans le choix du gestionnaire explique la part prise en particulier par les collatéraux en Ille-et-Vilaine (comme celle prise par les autres membres de la famille en Seine-Maritime) dans la gestion des mesures.

Ces constatations prudentes touchent en réalité aux difficultés posées par la recherche de la gestion familiale.

Tableau 4.5 : La gestion des mesures d'incapacité par la famille

Ille-et-Vilaine

	Catégorie et part dans le total des mesures du département	Mesures d'incapacité C 510	C 512	T. biens	T. Compl.	Part dans Σ mesures du gestion. $\frac{\Sigma\ 4\ MGn}{\Sigma\ MGn}$	Part du gestion. dans Σ des mesures $\frac{\Sigma\ MGn}{\Sigma\ M}$	Part dans les mesures familia. (4 mes.) $\frac{\Sigma\ 4\ MGn}{\Sigma\ 4\ MGf}$
		4,3	22,5	68,6	1			
GESTIONNAIRE	1 Conjoint	3,4	0,3	2,3	0	100	1,9	3,4
	2 Parents	36,3	18,1	34,4	12,5	99,3	29,6	55,5
	3 Enfants	14	5,9	7,3	0	97	7,1	13,1
	4 Collatéraux	15,6	13,3	12,9	10	98,5	12,8	23,8
	5 Autres	2,2	5,6	0,7	37,5	92,1	2,4	4,2
	TOTAL	71,5	43,3	57,6	60	$\frac{\Sigma\ 4\ MGf}{\Sigma\ 5M}$ = 54,3	53,7	100

Seine-Maritime

Gestionnaire	Total des mesures du département	3,5	13,7	30,4	33,1	Σ 4 MGn / Σ MGn	Σ MGn / Σ M	Σ 4 MGn / Σ 4 MGf
1	Conjoint	2,5	2,4	2,6	2,1	83,8	2,3	4,3
2	Parents	31,3	7,9	29,7	35,1	93,1	24,5	51,7
3	Enfants	8,8	18,8	10,3	13,9	83,1	12,8	24,1
4	Collatéraux	4,4	3,5	0,6	9,3	91,8	4,2	8,8
5	Autres	5,6	10,8	8	2,3	82,7	5,9	11
	TOTAL	52,6	43,4	51,2	62,7	Σ 4 MGf / Σ 5M = 52,1	49,7	100

Source : CEBS/CGP - 1990.

Légende:
- Σ4MGn = Somme des quatre catégories de mesures retenues, gérées par n (1, 2, 3, 4, 5).
- ΣMGn = Somme de toutes les mesures gérées par n.
- ΣM = Somme des meusres prononcées dans le département.
- Σ4MGf = Somme des quatre catégories de mesures retenues, gérées par la famille.
- Σ4M = Somme des quatre catégories de mesures retenues, gérées dans le département.
- Σ5M = Σ4M + doubles mesures.

Sous-section 2 — *Les limites de la gestion familiale*

On ne saurait constater globalement le bon exercice de ses responsabilités par la famille sans apporter aussitôt quelques nuances tenant aux difficultés à trouver des familles gestionnaires et aux difficultés rencontrées avec les familles gestionnaires, voire à celles de les écarter de la gestion.

§ 1 — Les difficultés à trouver des familles gestionnaires

Une première remarque s'impose au sujet de l'évolution de long terme. Il eut été étonnant de ne pas enregistrer dans le domaine des tutelles, les conséquences des évolutions de long terme mises en évidence par les recherches consacrées à l'institution familiale[10]. Aussi, la comparaison de la place occupée par la famille parmi les gestionnaires des mesures de protection il y a dix ans et sa place actuelle, met en évidence son net recul. Sans doute l'interprétation du graphique 4.1 doit-elle tenir compte du fait que la comparaison porte sur des stocks. Les chiffres traduisant la part occupée par la famille sont sans doute d'autant plus sous-estimés que la mesure de protection est ancienne car avec le vieillissement des majeurs protégés croît la probabilité d'une transmission de la gestion de la mesure à une association tutélaire ou à un gérant. Il reste que cette diminution de 10 % de la part des familles gestionnaires doit également être mise en relation avec l'augmentation du nombre des mesures. Confier en 1990 60 % des mesures aux familles, supposerait de trouver près de 20 % de familles en plus de celles actuellement gestionnaires, ce qui soulagerait certainement les juges, les associations et les gérants mais représente un défi semble-t-il impossible à relever.

Outre la nucléarisation de la famille qui s'est accompagnée d'une évolution des modes de vie rendant souvent plus difficile l'hébergement à domicile de certains incapables majeurs, les propos recueillis auprès des juges des tutelles et des médecins, mettent en évidence une certaine diversité des situations géographiques, une certaine particularité des « pays ». Sans qu'il soit possible d'en détailler les raisons, il apparaît que les juges n'éprouvent pas tous la même difficulté à trouver des membres de la famille disposés à exercer les mesures de tutelle. Dans le ressort de certains tribunaux, la solidarité familiale joue spontanément car aucune raison économique ou sociale ne vient la contrecarrer. Dans d'autres au contraire, la dislocation de l'institution familiale et du tissu économique et social ou les traditions d'alcoolisme qui vont souvent de pair, empêchent de trouver un support familial à l'exercice de la mesure de protection et, souvent, interdisent de confier la gestion de la mesure à un membre de la famille, dont l'aptitude, à le supposer volontaire, s'est depuis longtemps dissoute dans l'une des incapacités qui justifie précisément la protection décidée par le juge.

Graphique 4.1 : L'évolution de la part de la gestion familiale dans l'ensemble des mesures de tutelle en Ille-et-Vilaine et en Seine-Maritime

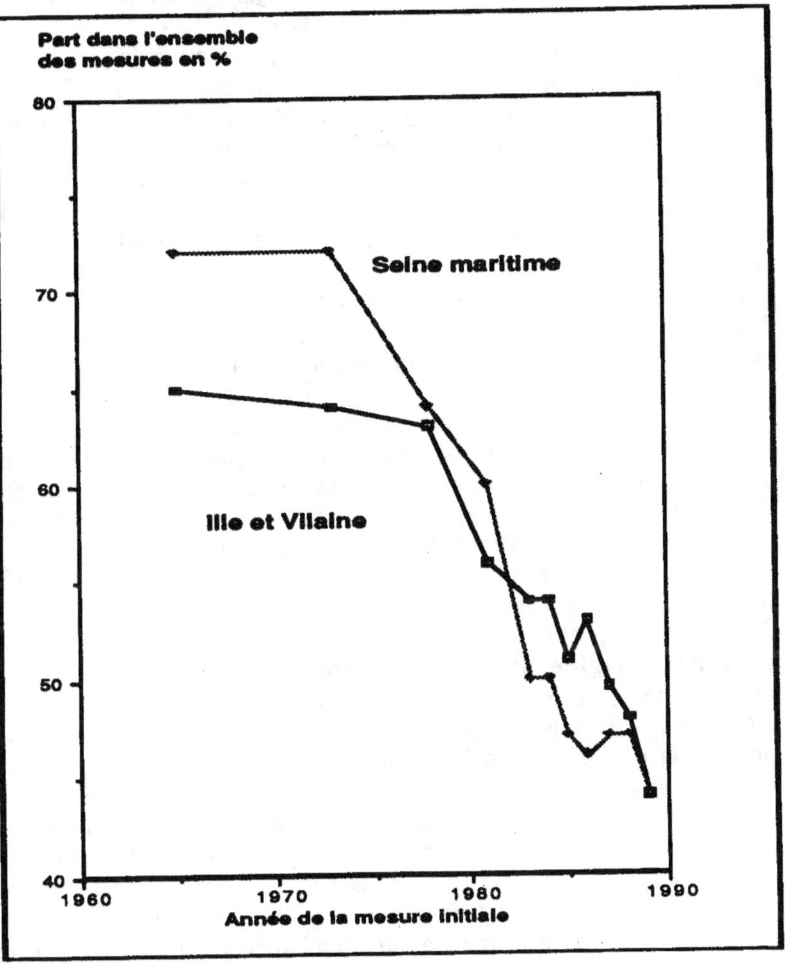

Source : CEBS/CGP - 1990

§ 2 — Les difficultés rencontrées avec les familles gestionnaires

En l'absence de difficultés économiques, sociales ou individuelles de la famille ou de ses membres, le juge se trouve confronté à des situations de toute façon variées et en face desquelles le *« feeling joue un grand rôle »*[11]. La simple perspective de la présence d'un tiers tuteur est assez souvent vécue comme une indiscrétion ou même une intrusion qui provoque des réactions d'hostilité et parfois suscite des vocations aux fonctions tutélaires. Mais le plus fréquemment, les questions de patrimoine véhiculent les sentiments et les réactions les plus vifs à l'égard de la protection d'un membre de la famille. Les juges notent que sur ce point, les familles les plus fortunées s'avancent de manière homogène devant eux. Lorsque s'annonce une incapacité, les choses ont souvent été préparées et les éventuelles divisions seront presque toujours surmontées, pour présenter la façade d'une pacifique unanimité propre à assurer une gestion et une transmission du patrimoine abritée des regards trop indiscrets du juge. Le lieu de vie de la personne protégée peut à l'occasion être source d'indications utiles quand l'établissement alerté sert d'intermédiaire. Mais généralement, ces familles rendent des comptes de gestion où le reproche ne trouve guère de prise et ce n'est qu'à l'occasion d'une cession de patrimoine que le juge, exerçant un contrôle plus circonstancié, pourra se rendre compte du bien-fondé d'un éventuel soupçon.

Les fréquents heurts avec les familles plus modestes trouvent leur origine dans une incompréhension culturelle des droits et obligations nés de la tutelle. Pourquoi rendre des comptes pour les dépenses courantes du jeune majeur alors que cette obligation n'existe pas pour le mineur ? Pourquoi l'âge implique-t-il des obligations nouvelles alors que la dépendance à l'égard de la famille est la même ? Pourquoi cesser une mise en commun des ressources alors que le « pot commun » est une habitude culturelle parfois renforcée par les solidarités issues du chômage ? Il n'est pas rare que l'existence d'un pécule ou d'un patrimoine (personne âgée ou héritage d'un jeune majeur), rende nécessaire la nomination d'un tuteur tiers à la famille et provoque une hostilité organisée à l'égard du magistrat et des pressions sur le majeur protégé. Cependant, la plupart des situations recouvrent de faibles patrimoines et le juge fermera les yeux sur les partages quotidiens un peu excessifs, dans la mesure où le majeur y trouve affectivement son compte. De même, certains juges se montreront peu exigeants sur la remise des comptes.

La gestion familiale de la mesure d'incapacité provoque une autre réserve de la part tant du juge que des médecins et des organismes tutélaires, et elle touche au principe même de la priorité familiale. L'incapacité de la famille à conduire le jeune majeur sur les voies d'une plus grande autonomie est en effet fréquemment évoquée. Or, en règle générale, les familles se montrent plus spontanément volontaires pour la prise en charge de leurs enfants que de leurs parents. Le juge se trouve alors pris entre l'offre spontanée de service, bien commode en situation de pénurie, moins onéreuse et dont le refus toujours délicat peut de surcroît se révéler illégal, et l'intérêt supposé du majeur qui nécessiterait de le voir confier à une institution. **Si la gestion familiale l'emporte généralement, la situation met en évidence le décalage de la philosophie de la loi de 1968 avec celle des thérapies désormais offertes, la difficulté de percevoir l'intérêt du jeune majeur et celle non moins grande de trouver le mode de gestion le plus adapté à sa situation.**

D'une manière plus générale et au-delà même de la tutelle, la recherche d'une collaboration plus étroite des familles et des institutions paraît souhaitable mais il n'est pas certain que la loi de 1968 y soit adaptée.

Cette évocation des différents problèmes rencontrés par le juge dans le recours à la famille, ne peut faire oublier la grande part des mesures dont l'institution familiale assure la gestion. Pourtant, les difficultés à trouver une gestion familiale et celles suscitées par cette gestion, induisent des conséquences sur le choix de la mesure de protection lui-même. Un premier glissement s'opère lorsqu'à défaut de pouvoir confier à la famille l'exercice d'une tutelle complète, le juge prend appui sur l'hébergement du majeur en établissement pour prononcer une simple gérance. Un autre glissement conduit à prononcer une curatelle au lieu d'une tutelle au bénéfice d'un éventail plus large de gestionnaires possibles. Les institutions tutélaires jouent dans ces hypothèses un rôle dynamique important.

Section 2 : La pression des services tutélaires

Avec les services tutélaires, les juges des tutelles se trouvent placés en face d'une double référence. Quantitativement tout d'abord, ces services assurent toujours une part non négligeable de la gestion des mesures de protection. La somme des mesures gérées par la DDASS, l'UDAF et les associations tutélaires (les unes et les autres n'étant pas toujours présentes dans un même département, ni présentes de la même façon), représente toujours un minimum de 10 % du total des mesures (11,5 % en Ille-et-Vilaine où l'UDAF et la DDASS sont absentes) et ce pourcentage peut atteindre le tiers des mesures en gestion (30,6 % en Seine-Maritime). Qualitativement ensuite, non seulement parce que ces services se voient confier de manière quasi-monopolistique les mesures d'Etat mais surtout parce qu'ils représentent pour les juges les « services de référence » au plan professionnel.

Tableau 4.6 : Les mesures gérées par les services tutélaires

Ille-et-Vilaine

	Catégorie et part dans le total des mesures du département	Mesures d'incapacité					Part dans Σ mesures du gestion. $\frac{\Sigma\ 5\ MGn}{\Sigma\ MGn}$	Part du gestion. dans Σ des mesures $\frac{\Sigma\ MGn}{\Sigma\ M}$
		C 510	C 512	T. biens	T. Compl.	doubles mesures		
		4,3	22,5	68,6	1	1,1		
GESTIONNAIRE	1 Ddass	0	0,5	0,9	0	0	100	0,7
	2 Udaf	0	0	0	0	0	0	0
	3 ATI	0	5,2	2,8	0	22,9	100	3,3
	4 Autres assoc.	7,3	15,8	5,7	0	75	93	9,2
	TOTAL	7,3	21,5	9,3	0	97,9	Σ 5 MGn [illegible] / Σ 5M = 13	13,2

Seine-Maritime

G		3,5	13,7	30,4	33,1	4	$\frac{\Sigma\ 5\ MGn}{\Sigma\ MGn}$	$\frac{\Sigma MGn}{\Sigma M}$
GESTIONNAIRE	1 Ddass	5	4	0,3	6,2	0	95,6	3
	2 Udaf	0	0,3	0,7	0,6	73	68,7	4,9
	3 ATI	1,3	4,9	3,4	9,5	18,9	88,2	6,4
	4 Autres assoc.	2,5	16,1	7,1	2,5	6,5	52,9	10,4
	TOTAL	8,8	25,3	11,5	18,8	98,4	$\frac{\Sigma\ 5\ MGn\ u4}{\Sigma\ 5M}$ = 20,6	24,7

Légende : Voir Tableau 4.5.

Source : CEBS/CGP - 1990.

L'examen des mesures gérées par les services tutélaires (Sous-section 1) permet de mieux comprendre leur place dans l'administration de la tutelle. L'avantage du service professionnel se paie cependant de quelques exigences et contreparties (Sous-section 2).

Sous-section 1 — *Les mesures gérées par les services tutélaires*

Une remarque préalable s'impose car dans aucun des deux départements ayant fait l'objet de l'enquête plus approfondie, la DDASS n'est présente de manière significative. En Ille-et-Vilaine, l'absence d'un service DDASS correspond semble-t-il à une doctrine solidement établie qu'est venue encore renforcer la décentralisation. L'affaiblissement en personnels et en moyens de l'administration d'Etat, ne pouvait guère alimenter d'hypothétiques vélléités de créer un service d'Etat, d'autant que les incertitudes entretenues au sujet de l'avenir des DDASS ne sont pas encore levées[12]. Dans le département breton, les quelques mesures gérées par l'Etat correspondent aux majeurs interdits dont aucun autre service tutélaire n'accepte la charge, soit pour défaut de ressources, soit plus fréquemment en raison du caractère dangereux des personnes ; quelques dossiers peuvent être en attente d'une association ou d'une personne physique agréée. En Seine-Maritime, un service DDASS existe depuis assez longtemps mais son développement récent a accompagné celui des mesures prononcées.

Ce tableau 4.6 met en évidence une autre particularité des deux départements, déjà notée lors des entretiens. Les services de l'UDAF sont faiblement présents en matière de tutelle aux majeurs et, pour l'Ille-et-Vilaine, il s'agit même d'une absence complète reflétant là encore la diversité des situations des départements français. Le service tutélaire de l'UDAF représente moins de 5 % des mesures en gestion, ce qui, il est vrai, n'est pas négligeable à l'échelle de ce seul service (1 % représente environ 46 mesures en Seine-Maritime). On notera simplement la forte concentration sur les doubles mesures qui se présente comme une caractéristique commune aux services tutélaires des associations.

Cette concentration vient encore renforcer la présence des associations là où les tableaux révèlent leur forte présence, car les quelques doubles mesures de l'Ille-et-Vilaine (1,1 %) se répartissent également entre la curatelle 512 et la tutelle aux biens alors que cette dernière sert de support à neuf doubles mesures sur dix en Seine-Maritime (4,0 % des mesures en stock). La forte présence des services tutélaires dans la gestion de deux types de mesures dans le département breton et de trois types dans le département normand, reflète bien sûr les particularités mises en évidence au chapitre précédent. L'absence de tutelle complète gérée par les associations tutélaires en Ille-et-Vilaine laisse cependant dubitatif, même si l'ATI n'a pas d'agrément pour l'exercice des mesures d'Etat, mais explique que plus du cinquième des curatelles renforcées soient gérées par les services des associations et servent probablement en partie de substitut à des tutelles complètes. Les services associatifs exercent également une part significative des mandats de gérance (8,5 %) quand on les rapporte au nombre de gérances de tutelle qui représente plus des deux tiers des mesures prononcées dans ce département. En Seine-Maritime, la présence des services associatifs est plus également répartie entre les trois types principaux de mesures et représente plus d'une curatelle renforcée sur cinq, plus de 11 % des tutelles aux biens (22,3 % en incorporant les doubles mesures), et 12,6 % des tutelles complètes.

Cette importance quantitative des services associatifs dans la gestion des mesures de tutelle, ne va pas sans une pression constante exercée sur les délégués. D'après les entretiens et les recoupements faits, les délégués à la tutelle des services associatifs ont chacun en charge une moyenne variable de 35 à 60 mesures. Cette charge doit être rapportée à celle, sensiblement inférieure des délégués assumant les tutelles aux prestations sociales adultes pour les CAF et les MSA. La norme de 30 à 35 dossiers par délégué (recommandation d'une circulaire de 1976 pour les CAF) apparaît comme un maximum compte tenu du temps nécessaire pour conseiller chaque personne dans la gestion de ses prestations sociales. Si cette norme se retrouve au sein de quelques services associatifs, il est souvent indiqué que cette différence de 15% voir plus, compromet la qualité de l'aide que requiert le suivi des majeurs sous protection. La moyenne occulte d'ailleurs les écarts souvent importants dans le temps nécessaire à la gestion des mesures, sans compter les situations marginales parfois très prenantes. *« Quand il vous débarque dans le service une personne un peu dérangée ou violente, on ne peut pas la mettre dehors comme ça et ce sont deux heures de travail ou plus, perdues pour tout un service »*[13]. Les conditions d'accès à ces services ou à ceux des DDASS (porte à guichets, contrôle télévisuel, protection), sont révélatrices des incidents qui ont pu se produire et parfois des inquiétudes qui demeurent. **Selon les responsables des services, les délégués et les juges, le temps nécessaire au suivi des curatelles, a fortiori quand elles ne sont pas renforcées, est en moyenne supérieur à celui nécessité par la gestion des mesures de tutelle, et cette situation de fait n'est pas prise en compte par les financements.** Pour améliorer ce service, les associations en viennent à charger certains délégués de tutelle aux biens de dossiers ne demandant que peu de contacts avec les personnes sous protection, pour laisser plus de temps aux délégués ayant la responsabilité de dossiers délicats. Il convient pourtant de souligner les charges beaucoup plus excessives assumées par les services des UDAF (entre 50 et 60 mesures par délégué) et celles souvent encore plus lourdes des services des DDASS.

Le développement des mesures de tutelles ces dernières années, explique que les DDASS, en position plus difficile pour refuser les mesures à elles confiées par les juges, aient subi directement cette pression. La présence d'un service DDASS, en particulier si son implantation est forte, a généralement servi de recours aux juges lorsqu'aucune autre solution ne se dégageait pour la gestion des mesures, l'offre appelant en quelque sorte la demande dans une situation de pénurie. Comme pour d'autres secteurs de l'action sociale, les services tutélaires des DDASS apparaissaient en effet dans leur domaine propre, aussi bien aux partenaires de la tutelle qu'aux services sociaux, comme devant supporter l'obligation incombant à tout service d'Etat (ou d'une autre collectivité publique). Cette obligation juridique vécue comme un devoir par ces services, fut sans doute à l'origine de quelques abus ou au moins de quelques facilités dans le prononcé des mesures d'Etat. Largement débordés par le nombre des mesures, les services tutélaires des DDASS, faute d'obtenir un personnel et des moyens suffisants, ont donc fait pression sur les juges des tutelles afin qu'ils recherchent plus systématiquement la gestion familiale des mesures ou celle d'autres services tutélaires, voire dans certains cas, pour que les voies alternatives à la protection de la loi de 1968 soient plus systématiquement explorées. Fréquemment, les directeurs des DDASS et les inspecteurs responsables des services tutélaires ont incité, en collaboration avec les magistrats, au développement d'offres alternatives, services associatifs, gérance en établissement et administrateurs spéciaux. D'un département à l'autre, des solutions variées se sont mises en place selon la nature des services existants et des dynamiques locales : services associatifs, services privés bénévoles ou professionnels, gérance en établissement. Devant cette pression, les UDAF dont certaines s'étaient montrées très réservées à la création de services tutélaires pour adultes, cédèrent aux sollicitations en développant leurs services et en les créant là où ils n'existaient pas. Dans un mouvement récent, elles ont eu tendance à donner priorité à la gestion des biens alors que les autres associations résistaient plus vivement à cette évolution, fruit du quantitatif.

Sous-section 2 — *Des services tutélaires exigeants*

Avec les services des DDASS et certains services de gérance de tutelle hospitalière, les services tutélaires des associations représentent pour les magistrats la gestion de référence en matière de tutelle, *« Ce sont de véritables professionnels »*[14] et le sentiment domine qu'une bonne administration des mesures de protection doit reposer sur des délégués bien formés, à la fois aux problèmes personnels des majeurs sous protection et à la gestion des biens. Les services tutélaires offrent ces garanties tant par la qualité des recrutements pratiqués que par l'aide offerte par le service à chaque délégué, pour sa formation et pour résoudre une difficulté ponctuelle.

Les services tutélaires se trouvent pourtant dans des situations différentes et il convient là encore de souligner **la particularité des services tutélaires des DDASS**. En réalité, l'Etat montre peu d'intérêt pour ces services. *« L'Etat ignore ses services »*[15] et cette ignorance amèrement ressentie par toutes les DDASS, est plus mal vécue par celles déjà dépourvues de moyens étoffés avant la décentralisation. Le sentiment domine donc à l'intérieur de ces services que *« l'Etat n'assume pas correctement ses obligations »*[15]. En particulier il n'exige des agents candidats aux fonctions de délégué, ni compétence en matière sociale, ni formation juridique alors que l'exigence d'une qualification plus élevée n'a cessé de s'affirmer ces dernières années. Dès lors, le volontariat des agents les désigne par priorité dans l'affectation au service tutélaire et c'est leur propre intérêt à la fonction de délégué qui les pousse à l'acquisition des compétences nécessaires. L'aide gratuite de quelques avocats (en contrepartie de dossiers qui leur seront confiés) permet le plus souvent de faire face aux problèmes juridiques délicats, car au niveau de rémunération offert, il n'est pas envisageable de recruter dans ces services un juriste permanent. Les agents y suppléent généralement fort bien par les connaissances et les spécialisations acquises mais ils ne doivent rien en attendre en termes de statut ou de rémunération. Leur intérêt pour la fonction et souvent la passion qu'ils y mettent, sont les seules compensations de tâches lourdes et de responsabilités parfois importantes. Mais de l'Etat, *« ils ne doivent pas attendre de reconnaissance de leur travail et de l'apport fait à la société »*[15], et s'ils jouissent d'une bonne considération auprès des juges, ils subissent psychologiquement la faveur de l'administration centrale pour les services privés ou le développement de la gérance bénévole.

Placés dans une situation différente, **les services tutélaires des associations** disposent d'une plus grande marge de manœuvre, notamment en invoquant leur saturation. En réalité, la nécessité d'équilibrer leur budget les conduit à rechercher une compensation entre le rapport coûts-recettes des mesures les plus coûteuses et le même rapport des mesures à gestion plus facile. Ainsi, la gérance de tutelle pour des personnes fortement handicapées au point de ne pouvoir être intéressées à la gestion de leurs affaires, sera recherchée pour permettre l'affectation d'un temps de travail coûteux à des dossiers de curatelle exigeant un suivi important des personnes. Il est d'ailleurs assez fréquent que les services associatifs viennent choisir au greffe les dossiers dont ils s'occuperont mais ce tri ne se présente pas de manière univoque car les juges doivent aussi « placer » les dossiers difficiles et ils leur confient ainsi qu'aux DDASS, les dossiers les plus lourds.

Cette intervention dans le choix des dossiers tient également compte d'une division du travail selon les populations dont les associations assurent principalement la gestion des mesures de protection. Créées dans le sillage des ADAPEI, les ATI sont naturellement spécialisées pour l'intervention auprès des déficients mentaux et des personnes souffrant de troubles associés. Dans certains départements pourtant, ces associations refusent de poursuivre leurs mandats auprès des majeurs, et les juges se trouvent contraints de rechercher un gestionnaire auprès d'autres associations ou des établissements d'hébergement. D'autres associations se sont plutôt spécialisées sur d'autres incapacités pour des majeurs vivant en milieu ouvert. Quoique bien souvent contraints par cette segmentation de l'offre, les juges respectent ces spécialisations correspondant aux traditions et aux populations cibles privilégiées des associations tutélaires car ils souhaitent *« ne pas avoir de relation conflictuelle avec les associations tutélaires »*[16]. Pourquoi en effet chercher le conflit quand cette division du travail associatif est en même temps un certain gage de sa qualité ? Ces associations s'attachent à recruter et à former des délégués pour lesquels la connaissance des populations cibles est une garantie du professionnalisme de l'accompagnement social nécessaire à une gestion des mesures associant le majeur protégé.

Si la spécialisation des services tutélaires oriente la décision du juge en matière de mode de gestion de la mesure, l'influence de ces structures d'offre se fait également sentir pour le choix de la mesure de protection. L'exemple le plus flagrant concerne certainement l'épisode ouvert par le télex de 1985 relatif au financement des curatelles et le report immédiat vers des demandes de tutelles mieux financées[17]. Dans cette situation, les magistrats ne pouvaient que donner satisfaction aux demandes associatives et poussèrent *« un ouf de soulagement quand la Cour de cassation a accepté la curatelle d'Etat »*[17]. Mais l'intervention des services tutélaires s'est également faite notablement sentir dans deux autres directions. La première concerne la pression pour **obtenir une plus forte participation du bénéficiaire au financement** de la mesure de protection prise en sa faveur. Placés face à des taux de participation très faibles, certains services tutélaires furent amenés à solliciter des juges, l'autorisation de prélèvements complémentaires, ponctuellement ou même par convention, de manière systématique. La seconde intéresse le degré de l'incapacité. La curatelle 510 correspond en principe à une incapacité légère et les associations ne souhaitent pas prendre la charge de ces mesures. Les tableaux 4.5 et 4.6 montrent qu'elles en gèrent très peu. Plus fréquemment, familles et administrateurs spéciaux se les voient confier. Mais paradoxalement, c'est la difficulté à suivre les personnes concernées par ces mesures qui motive les réticences des services tutélaires, alors que la tâche éducative devrait être plus motivante quand la probabilité croît de rendre la personne à l'autonomie. Le peu d'usage de la curatelle simple correspond aussi à son peu de faveur auprès des magistrats qui la jugent *« inutile même avant une mainlevée »*[18], faisant leur assez, aisément semble-t-il, une appréciation qui leur évite d'âpres négociations. La plus grande liberté offerte par la loi dans la désignation du curateur conduit d'ailleurs assez souvent les magistrats à prononcer une curatelle renforcée là où une tutelle complète eut été justifiée (ou à profiter du mode d'hébergement pour ne prononcer qu'une tutelle aux biens).

Un dernier domaine demeure sensible aux pressions des associations tutélaires, celui de la **tutelle aux prestations sociales et des doubles mesures**. A peu près partout, les demandes de doubles mesures se sont manifestées, essentiellement pour l'aisance financière apportée à leur gestionnaire et d'autant que le juge judiciaire admit la compatibilité des deux régimes de tutelle[19]. Les réponses varient selon différents facteurs locaux. Dans certains départements, l'exercice en monopole des TPS par la CAF et la MSA règle le problème à la source. Dans d'autres, les juges se montrent résolument hostiles au double financement en considérant la tutelle et la curatelle comme comprenant nécessairement la gestion des prestations sociales ; par exception et de manière transitoire, ils acceptent de prononcer une double mesure. Dans une autre série de départements, les juges se montrent plus compréhensifs soit par principe, puisque rien ne s'oppose à donner satisfaction aux demandes des associations, soit par raison d'une population paupérisée dont les prélèvements sur les revenus ne laissent espérer qu'une insuffisante rémunération du service. Parfois aussi, la demande est inversée et le service spécialisée dans les TPS obtient systématiquement la tutelle des biens des personnes protégées, ce qui constitue un glissement abusif d'une protection à une incapacité.

Si ce dernier exemple marque un véritable détournement de la logique de la loi de 1968, il permet de s'interroger sur les justifications profondes des pratiques de la double mesure. En Seine-Maritime, 90 % des TPS sont jumelées avec une tutelle aux biens et, en Ille-et-Vilaine, 95 % des quelques doubles mesures prononcées concernent des tutelles aux biens et des curatelles renforcées ; dans les deux cas le cumul de privation dans l'usage des droits résultant de ces pratiques conduit à rapprocher les mesures d'incapacité d'une tutelle complète. Au delà de cet exemple un peu marginal, **le déplacement du contenu de la mesure au regard de l'évaluation de l'incapacité paraît être l'un des résultats de la confrontation entre la demande et l'offre de gestion** des mesures de protection car, ainsi que le remarque un juge, *« souvent au bout de l'instruction on ne sait plus à qui confier le dossier »*[20]. La gestion des mesures faite par les administrateurs spéciaux et les gérants confirme cette appréciation.

Section 3 : Les paradoxes de la gérance de tutelle

Si la présence de la famille constitue le premier élément dans le choix du gestionnaire, l'activité des services tutélaires un second, avec en particulier les délicates questions de financement des mesures, le lieu de vie du majeur représente avec son âge, un autre facteur important dans le choix du gestionnaire[21]. Le lieu de vie sur lequel se greffe une spécialisation des services tutélaires, détermine dans un certain nombre de cas le choix entre gérant de tutelle préposé administratif et gérant de tutelle administrateur spécial.

L'augmentation du nombre des mesures depuis quelques années, exerce une pression pour le développement des services de gérance des établissements de soin qui sont peu à peu sortis du cadre tracé par la loi (Sous-section 1). D'un autre côté, les efforts se multiplient pour accroître le nombre des administrateurs spéciaux sans que leur statut, entre bénévolat et semi-professionnalisme, soit clairement aménagé (Sous-section 2).

Sous-section 1 — *Le développement des services de gérance des établissements*

§ 1 — Des services très sollicités

La gérance de tutelle des établissements recouvre en principe les situations dans lesquelles *« le juge des tutelles constate l'inutilité de la constitution complète d'une tutelle »* en raison de la faible consistance des biens à gérer (art. 499). Le même article du code civil précise que le juge *« peut se borner à désigner comme gérant de la tutelle... un préposé appartenant au personnel administratif de l'établissement de traitement ».*

La rédaction de ce texte invite à s'interroger en premier lieu sur les établissements qu'il concerne. Le décret n° 69-195 du 15 février 1969 est venu préciser qu'il convient d'entendre par établissement de traitement, *« les établissements d'hospitalisation, de soins ou de cure publics ou privés »* (art. 1er) et l'on peut constater que cette énumération désigne un nombre beaucoup plus restreint d'établissements que l'arrêté du 12 novembre 1971 pris pour l'application des dispositions relatives au placement sous sauvegarde de justice à la demande du médecin traitant. Se trouvent notamment exclus du champ d'application de l'article 499, les maisons de retraite et d'une manière plus générale, tous les établissements où ne sont pas dispensés de soins médicaux.

Par contre, les termes de la loi semblent faire obligation aux établissements qu'elle vise, de mettre en place un service de gérance de tutelle, bien que l'article premier du décret de 1969 indique seulement qu'ils choisissent parmi leurs préposés, la personne la plus qualifiée pour être désignée, *« le cas échéant »*, comme gérant de tutelle. Si cette obligation est accomplie par les structures hospitalières qui disposaient déjà avant 1968 d'un service d'administration des biens, le choix de ce préposé n'est pas toujours fait spontanément par la direction de certains établissements. Un juge nous a précisé qu'il avait dû rappeler à un directeur d'établissement que la loi lui imposait cette charge. Un autre a multiplié les démarches auprès des établissements pour parvenir à ses fins. Dans quelques petits établissements, c'est le directeur en personne qui assume la fonction de gérant de tutelle. Il n'est pas sûr que cette dernière solution corresponde à l'esprit de la loi qui souhaitait dissocier les responsabilités de soins et d'hébergement de celle de la gérance de tutelle. **Ainsi, sans les sollicitations et les pressions de certains juges des tutelles, l'offre de service de gérance de tutelle ne serait sûrement pas aussi développée**. Toutefois, quand elle est nécessaire, cette implication des juges dans la mise en place de l'offre, ne crée pas toujours le contexte le plus favorable au contrôle de l'activité du gérant que le juge doit ensuite assurer.

Ainsi, tous les établissements hospitaliers disposent d'un service de gérance mais il n'en va pas de même des établissements non médicalisés. Si d'un département à l'autre et à l'intérieur d'un même département, aucune attitude systématique ne peut être relevée, d'une manière générale les directeurs de maisons de retraite sont peu enclins à favoriser le développement d'un service de gérance à l'intérieur de maison ; quelques uns même y sont hostiles et refusent avec obstination de céder aux pressions des magistrats.

Pour expliquer ces attitudes, on relèvera le refus de voir mêler les établissements qui ont en charge la vie des personnes âgées, aux questions tenant à la gestion de leur patrimoine. De plus, l'obligation ainsi faite aux personnes âgées d'avoir un contact extérieur (famille ou autre) pour la gestion de leurs biens est considérée comme une bonne chose pour leur santé. On note aussi parfois un doute sur la rentabilité financière des services ainsi rendus.

Tableau 4.7 : Les mesures gérées en établissement hospitalier et en maison de retraite

Ille-et-Vilaine		Mesures d'incapacité				Part dans Σ mesures du gestion.	Part du gestion. dans Σ des mesures
		C 510	C 512	T. biens	T. Compl.		
	Catégorie et part dans le total des mesures du département	4,3	22,5	68,6	1	$\frac{\Sigma\ 4MGn}{\Sigma\ MGn}$	$\frac{\Sigma MGn}{\Sigma M}$
G E S T I O N N A I R E	1 Hôpital	0,6	0,7	17,6	0	97,7	12,6
	2 Maisons de retraite	0	1,2	9,9	0	98,7	7,1
	TOTAL	0,6	1,9	27,5	0	$\frac{\Sigma\ 4MGn_{1+2}}{\Sigma 5\ M}$ = 19,8	19,7

Le tableau 4.7 qui distingue les mesures gérées par les établissements de soins et celles qui le sont par une maison de retraite, reprend le critère utilisé par les textes. Cette traduction est pourtant imparfaite car l'enquête ne permettait pas de distin-

Seine-Maritime

G		3,5	13,7	30,4	33,1	$\frac{\Sigma\ 4MGn}{\Sigma\ MGn}$	$\frac{\Sigma MGn}{\Sigma M}$
GESTIONNAIRE	1 Hôpital	0	4,8	26,2	7,4	95,3	11,6
	2 Maisons de retraite	2,5	0	3,6	1,8	100	1,8
	TOTAL	2,5	4,8	29,8	9,2	$\frac{\Sigma\ 4MGn_{1+2}}{\Sigma 5\ M}$ = 15,2	13,4

Légende : Voir Tableau 4.5.

Source : CEBS/CGP 1990.

guer parmi les mesures gérées en maison de retraite, celles qui relèvent d'une éventuelle section de cure médicale.

Le premier constat concerne, d'un département à l'autre, la différence **de la part prise par les services de gérance des établissement dans le total des mesures gérées.** Cette variation de près de 1 à 1,5 (13,4 % contre 19,7 %) s'explique en particulier par le poids de l'équipement hospitalier en psychiatrie générale dans les deux départements. L'indice lits-places/population d'Ille-et-Vilaine atteint presque le double de celui de la Seine-Maritime[22]. Il faut aussi mettre cette variation en rapport avec une variation identique dans la part des tutelles aux biens dans chaque département[23]. Plus surprenante, la proportion des curatelles gérées par les services tutélaires des établissements et en particulier des curatelles renforcées, doit être appréciée en tenant compte du faible nombre des mesures concernées, mais elle indique probablement une pression exercée par les juges pour faire accepter la gestion de ces mesures. Cette hypothèse s'est trouvée confirmée dans plusieurs entretiens. Par contre le nombre important de tutelles complètes administrées par les services des établissements de Seine-Maritime pose problème car les fonctions de gérant de tutelle en établissement ne paraissent pas compatibles avec l'exercice de la tutelle d'Etat, même dans le cas où le gérant est administrateur spécial (art. 499). Il peut s'agir ici d'une erreur dans le remplissage des questionnaires[24] qui, rectifiée, gonflerait la part représentée par les tutelles aux biens dans le total des mesures prononcées et celle gérée par les services tutélaires des établissements (en la faisant passer à 36 %). Toutefois des compléments d'informations obtenus après l'enquête dans deux départements non enquêtés, ont révélé que ceux-ci disposaient aussi de service de gérance de tutelle hospitaliers assumant, en principe après convention avec la DDASS, des tutelles voire des curatelles d'Etat et ce, même pour des personnes non hébergées dans l'établissement. Cette extension de l'activité à la demande des juges et de la DDASS, contribue au rapprochement des pratiques de certains services de gérance et de celles des associations tutélaires.

Cette incertitude dans le domaine d'intervention des préposés, n'ôte cependant rien à la **très forte détermination de l'hébergement en établissement hospitalier sur le type de mesure prononcée**. En effet, parmi les personnes protégées et hébergées en établissement (ou rattachées au service sectorisé), la proportion de gérances des biens varie de 37 à plus de 80 % du nombre des mesures prononcées. Ainsi, pour ces personnes, la probabilité de bénéficier d'une simple gérance peut être de 4 à 9 fois plus élevée que pour un majeur n'ayant aucun lien avec un établissement spécialisé. Sans doute les juges peuvent-ils légitimement penser que les services sociaux des établissements assurent en complément du gérant de tutelle, une mission d'aide à la personne. Il faut en effet noter que la plupart des CHS ont fait de gros efforts dans ce domaine depuis dix ans, notamment avec la mise sur pied, souvent autour de jeunes chefs de service, d'équipes soignantes intégrant infirmiers et services sociaux. Les préposés relèvent que les nouvelles techniques de soins ont obligé à mettre en œuvre des pratiques moins rigides et moins cloisonnées et que les services sociaux consacrent souvent près du quart de leur temps aux majeurs incapables. Certains responsables d'équipe thérapeutique manifesteraient souvent, selon les dires de plusieurs gérants de tutelle, une préférence marquée pour la solution de la gérance de tutelle. Selon eux, la proximité du gérant de tutelle favorise une meilleure cohésion avec l'action thérapeutique et la sortie de l'établissement psychiatrique est facilitée par le gérant de tutelle. Lorsque le tuteur est un membre de la famille, celui-ci peut craindre la sortie du majeur et ses réticences, parfois sa mauvaise volonté, peuvent compromettre un projet de sortie. Le gérant de tutelle, plus neutre, inscrit plus facilement son action dans la perspective thérapeutique. Enfin, il arrive même que la permanence de ce lien financier garantisse la régularité d'un contact médical lors de traitements périodiques dont la nécessité est avérée (ex. : traitement aux neuroleptiques-retard). Ces avantages d'une gérance de tutelle par le préposé de l'établissement, qu'un psychiatre confirmait en qualifiant de « confortable » la relation qu'il entretenait avec son gérant, sont aussi contrebalancés par certains inconvénients sur lesquels nous reviendrons.

En réalité, bien souvent une telle disproportion dans le choix de la simple protection des biens s'explique surtout par la pénurie d'offre alternative de gestion et aboutit à un détournement de la vocation initiale des services tutélaires des établissements hospitaliers.

§ 2 — Une loi détournée

La croissance du nombre des mesures gérées par les services de tutelle des établissements constitue un premier indice de ce détournement. La rédaction de l'article 496-2 al.2 du Code civil[25] montre que dans l'esprit des rédacteurs de la loi de 1968, la gérance de tutelle confiée à *« un préposé appartenant au personnel administratif de l'établissement de traitement »* devait être l'exception. **En réalité, l'exception est devenue la règle** pour les personnes à pathologie lourde, et les gérants de tutelle de ces établissements continuent souvent d'exercer leur mandat à l'égard de malades sortis, soit parce que les sorties risquent d'être provisoires ou alternent avec l'hospitalisation, soit en raison des difficultés à trouver une gérance extérieure à l'établissement.

Par une autre interprétation extensive de la loi, ces administrateurs se voient également confier des curatelles, soit à titre de gérance, soit au titre d'administrateur spécial. Tous cependant n'ont pas cette qualité d'administrateur spécial et les gérants souhaitent en général s'en tenir à une stricte interprétation de la loi excluant les curatelles. Malgré cela, les pratiques évoluent sur ce point. Cette extension des mandats confiés aux gérants repose sur une interprétation douteuse de l'article 509-2 du Code[26]. En effet, cet article intéresse les fonctions de curateur et non sa désignation, et l'on peut penser que c'est en raison même de la différence de capacité juridique du majeur que le législateur n'a pas prévu pour la curatelle, des modalités d'exercice du mandat identiques à celles de la tutelle, pour la gérance en établissement comme par ailleurs pour le conseil de famille[27]. Dans le même sens, l'obligation faite au gérant de se soumettre aux règles de la comptabilité publique peut être justifiable pour la gestion du patrimoine du majeur qui n'a pas la jouissance de ses droits civils, mais entraîne une lourdeur inutile pour qui a simplement *« besoin d'être conseillé ou contrôlé dans les actes de la vie civile, »* (art.508). Le phénomène risque de s'amplifier avec la multiplication du nombre des mesures de gérance de tutelle concernant des majeurs en milieu ouvert. Certains d'entre eux n'ont même parfois jamais été hospitalisés ; ils sont suivis par l'équipe de secteur et le préposé de l'établissement psychiatrique assume la fonction de gérant.

Il est vrai qu'en l'absence d'administrateurs spéciaux en nombre suffisant, les juges sont bienheureux de pouvoir recourir aux préposés d'établissements en qualité de gérant de curatelle et qu'ils reconnaissent volontiers leur *« professionnalisme »*[28] ; par contre le cumul de la fonction d'administratif-gérant de tutelle avec celle d'administrateur spécial (décret du 15 février 1969, art.2-4ème) n'est pas toujours accepté par les gérants de CHS. Beaucoup ne conçoivent pas le cumul d'une rémunération complémentaire comme administrateur spécial, d'autant que les charges de travail ne leur permettent pas d'accomplir au mieux les fonctions de gérant[29].

Au-delà de ces discussions, le fait même que l'exception de l'article 496-2 soit devenue la règle pose trois questions de nature différente qui illustrent les limites de la fonction au regard des objectifs poursuivis par la loi.

1. Le caractère exceptionnel du recours au préposé d'établissement hospitalier se justifiait en premier lieu par **la situation juridique du préposé**, puisqu'il est à la fois un agent dans la hiérarchie administrative de l'établissement et un agent du service public des tutelles et à ce titre dépendant du juge.

Le choix du préposé relève du pouvoir discrétionnaire du directeur de l'établissement que rien n'oblige à décharger le gérant de toute autre fonction, lequel se trouve alors doublement inscrit dans la hiérarchie de l'établissement. Beaucoup de directeurs ont découvert l'existence de leurs gérants de tutelle à l'occasion de l'instauration du forfait hospitalier. Leur salarié était aussi leur « payeur » ! Cette situation ambiguë ne favorise pas toujours la prise de conscience de l'espace d'autonomie nécessaire à tout gérant de tutelle pour qu'il puisse représenter les intérêts du majeur protégé. De cette situation résulte une sensibilité de la fonction de gérant à la politique administrative des établissements, qui s'est trouvée accentuée par le passage au budget global. En effet, l'augmentation des charges de gérance de tutelles n'est pas prise en compte dans l'évolution du budget global financé par l'assurance maladie. Les gestionnaires des établissements hospitaliers ont tendance à y voir une charge indue qu'il faut limiter même si quelques recettes viennent en atténuation. Ainsi comme les prélèvements opérés sur les ressources du majeur viennent en réduction de la dotation budgétaire affectée au service de gérance de tutelle, les services financiers ont intérêt à des rentrées régulières qui sont autant de produits de placement. En outre, certains préposés soulignent que les comptes des majeurs contribuent très directement à la trésorerie de l'établissement hospitalier. Mais cet avantage, pas toujours connu ou reconnu, est difficile à évaluer et ne fait pas disparaître dans l'esprit des acteurs, le caractère essentiellement de « charge » associé aux services de gérance de tutelle.

De plus, tenu au respect des principes de la comptabilité publique, le gérant de tutelle ne peut librement faire usage des pouvoirs que la loi de 1968 confie aux tuteurs. Cette dépendance à l'égard des services financiers accentue l'inscription du gérant dans la hiérarchie de l'établissement et donne lieu à des pratiques d'une légalité douteuse au regard des principes mêmes que ces services sont chargés d'appliquer (tel le prélèvement automatique du forfait hospitalier)[30]. Le principe de l'unicité de caisse, le passage obligé par les services du receveur-percepteur de l'hôpital, l'obligation de fermer les comptes des majeurs, la lourdeur des procédures, les délais de versements des ressources des majeurs et la pression exercée parfois pour que les placements soient effectués en priorité (ou même en exclusivité) auprès du Trésor public, sont signalés comme autant de points qui rendent difficiles l'exercice de la gérance de tutelle dans l'esprit de la loi, c'est-à-dire avant tout dans l'intérêt du majeur[31].

2. En second lieu, dans la plupart des cas les médecins et les équipes soignantes considèrent plus **le préposé comme un administratif que comme un tuteur du majeur**. Sans doute, la situation varie d'un hôpital à l'autre et même d'un service à l'autre mais, dans la plupart des cas rencontrés dans l'enquête, l'on ne peut noter aucun rapport direct entre les gérants et les médecins. La liaison est ici assurée par les assistants sociaux ou les infirmiers de secteurs, et il y a peu d'exemples de volonté des médecins de construire un travail d'équipe qui intègre la fonction de gérance. Dans la pratique, les décisions de protection mettent le plus souvent le service de gérance devant le fait accompli même quand les majeurs concernés sont connus des services administratifs. Mais la pratique médicale est aussi influencée par la politique gestionnaire de l'établissement et il est de plus en plus rare que les décisions médicales soient prises en toute indépendance de ces préoccupations économiques. Depuis 1988, une pression s'exerce pour remettre les personnes en milieu ouvert, et la mise en œuvre du projet de sortie requiert nécessairement la collaboration du gérant de tutelle dont s'assurera l'assistante sociale concernée.

Pour ces raisons, les contacts avec les majeurs protégés sont très limités et le gérant est souvent considéré comme un simple préposé administratif chargé de la remise de leur pécule. Existent cependant des situations où un travail de collaboration véritable et prolongé s'établit entre l'équipe soignante et le gérant de tutelle. La fonction tutélaire s'inscrit alors dans un projet global mais cela n'est pas toujours sans poser des problèmes.

3. Enfin, ce mouvement d'ouverture de l'hôpital, on ne peut plus conforme aux idées de la fin des années soixante qui présidèrent entre autres à l'élaboration de la loi de 1968, **place plus que jamais le gérant de tutelle en porte à faux par rapport au projet de soin**. Cette proximité du préposé à l'établissement qui tendait, pour le majeur, à faire confondre structure de soins et gestion du patrimoine[32], tend aujourd'hui à le ramener vers l'établissement en raison de la pénurie d'offre alternative de gérance. Cette situation qui pose parfois des problèmes relativement au projet de l'équipe thérapeutique, pourrait trouver une solution dans la mise en place, en milieu ouvert (à l'extérieur de l'établissement), d'une antenne du service de gérance[33]. Cette autonomie relative parait d'autant plus nécessaire à certains gérants qu'ils suivent parfois plus de la moitié de leurs majeurs en milieu ouvert. Mais cette adaptation du service ne permettrait toujours pas d'échapper aux contraintes lourdes de la comptabilité publique. **Adapté pour des personnes très dépendantes, le service de gérance de tutelle l'est beaucoup moins pour les personnes mobiles, soignées en milieu ouvert. Au-delà de ces modalités concrètes d'organisation du travail c'est aussi le problème de statut même du gérant de tutelle, auxiliaire de la justice et salarié de l'hôpital, qui est posé.**

D'une certaine façon, on peut même se demander si la facilité qu'a constitué le recours aux préposés d'établissements hospitaliers, n'a pas contribué à raréfier l'offre de gérance du côté des administrateurs spéciaux et des structures associatives. Dès lors que la politique de soin se diversifie et mise davantage sur le milieu ouvert et compte-tenu des éléments exposés, il y aurait intérêt à ce que l'usage de l'article 496-2-2 redevienne l'exception.

Un second indice de cet usage de la gérance en établissement non prévu par la loi, se révèle à l'examen de l'application de l'article 499. **L'existence de biens de faible consistance n'apparaît plus aujourd'hui comme un élément déterminant le choix de la tutelle aux biens** pour les majeurs rattachés à un établissement de soins. Pour certains magistrats, *« le texte n'est pas respecté à la lettre »*[34] et d'autres avouent que *« la consistance des biens n'a que peu d'incidence sur le choix de la mesure de tutelle »*[34]. De fait, les gérants eux-mêmes notent une évolution des pratiques des juges qui *« ont tendance à nous confier des patrimoines de plus en plus gros »*[35] et si certains juges assurent appliquer avec rigueur le critère de la consistance des biens, les patrimoines supérieurs à cinq cent mille francs sont fréquents et quelques uns dépassent le million. Il faut cependant ajouter que la présence de problèmes difficiles de gestion conduit toujours le juge à orienter le dossier vers un service tutélaire ou un administrateur spécial connu pour la qualité de son administration ; dans le même sens, la gérance d'un patrimoine un peu conséquent n'est jamais confiée au gérant de tutelle sans son assentiment. Mais cet estompement du critère de la consistance des biens constitue pour les gérants une valorisation de leur fonction et ce mouvement ne trouve comme tempéraments que l'insuffisance de leur formation et la saturation de leurs services. Dans certains services débordés, les gérants avouent même *« ne faire que le minimum »*[35] et avoir renoncé aux récupérations sur succession et ce, malgré une gestion informatisée.

Cet élargissement du champ d'application des tutelles en gérance confiées à des préposés en établissement est confirmé par les résultats observés dans l'enquête. Le tableau 4.8 indique la répartition des patrimoines financiers des majeurs dans les deux départements. Ces patrimoines sont évalués en francs courants **au moment de l'ouverture de la mesure**. Il y a donc une sous-évaluation de la plupart d'entre eux et d'autant plus forte que la date de la première mesure est éloignée. Dans la mesure où l'ancienneté moyenne est plus élevée en Ille-et-Vilaine, il est logique que l'on observe un niveau de patrimoine moyen plus faible qu'en Seine-Maritime. A ces données a été ajoutée l'évaluation de ce patrimoine financier **à la fin 1989** pour l'ensemble des majeurs dont la gérance de tutelle a été confiée au préposé d'un CHS d'Ille-et-Vilaine. Ces chiffres ne sont donc pas parfaitement comparables avec ceux des deux départements. En effet, non seulement ils ne sont pas calculés avec les mêmes francs courants mais ils ne correspondent pas non plus au même moment par rapport à l'ouverture de la mesure. En outre, la connaissance du patrimoine à l'ouverture dans les dossiers des greffes est souvent imparfaite. L'information n'est connue que pour 53 % des majeurs protégés en Ille-et-Vilaine mais seulement pour 25 % en Seine-Maritime. La comparaison des indicateurs de tendance doit donc être réalisée avec prudence.

Si l'on corrige les moyennes de l'influence de l'ancienneté pour raisonner en francs 1989, on obtient un patrimoine moyen financier lors de l'ouverture de la mesure de l'ordre de 80 000 francs en Ille-et-Vilaine ; celui-ci atteint presque 140 000 en Seine-Maritime. Cet écart s'explique par une différence de niveau de revenu moyen dans le département. De plus la population des majeurs protégés du département breton est un peu plus jeune que

Tableau 4.8 : La distribution des patrimoines financiers des majeurs protégés en Ille-et-Vilaine, en Seine-Maritime et dans un CHS

Valeur du Patrimoine	FREQUENCES			FREQUENCES CUMULEES		
en francs	Ille-et-Vilaine	Seine-Maritime	CHS 35	Ille-et-Vilaine	Seine-Maritime	CHS 35
0	0,5	5,4	2,6	0,5	5,4	2,6
1 - 999	0,5	0,6	1,7	1	6	4,3
1000 - 4999	7	9,4	2,6	8	15,4	6,9
5000 - 9999	12,1	11,2	4,8	20,1	26,6	11,7
10000 - 19999	24,2	17,2	11,1	44,3	43,8	22,8
20000 - 49999	35,9	26,8	13,5	80,2	70,6	36,3
50000 - 99999	13,4	14,7	27,5	93,6	85,3	63,8
100000 - 149999	3,5	4	14,8	97,1	89,3	78,6
150000 - 199999	1	1,7	6,7	98,1	91	85,3
200000 - 299999	0,9	3,4	7,6	99	94,4	92,9
300000 - 499999	0,6	1,7	5,2	99,6	96,1	98,1
500000 - 999999	0,36	2,5	1,7	99,96	98,6	99,8
1000000 - 1999999	0,04	0,4	0,2	100	99	100
2000000 - 4999999	0	1	0	100	100	100
TOTAL	100	100	100			

Source : Enquête CEBS/CGP - 1990.

Graphique 4.2 : Les courbes de concentration des patrimoines financiers des majeurs protégés

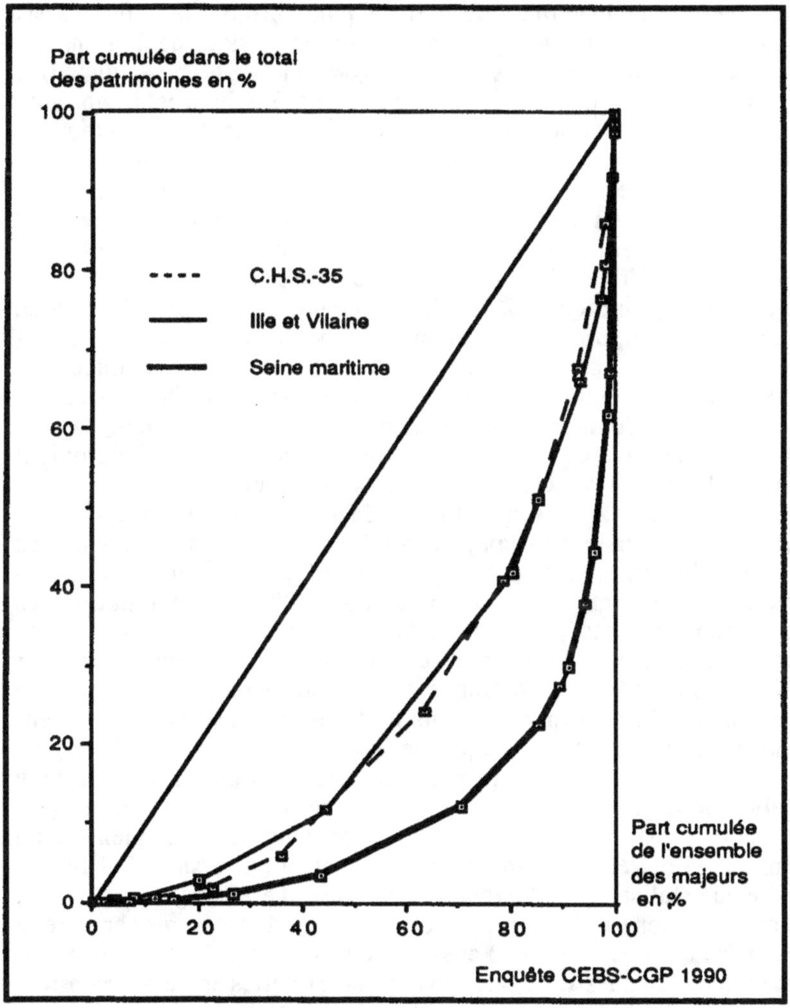

celle de la Seine-Maritime. Enfin, le fait que l'information ne soit connue que dans un petit nombre de cas dans ce dernier département, conduit à penser que l'information est vraisemblablement mieux connue pour les patrimoines les plus importants. La sélection des dossiers où l'information sur le patrimoine financier est connu étant plus forte en Seine-Maritime, le biais de sélection s'y trouve plus important ce qui rend à surévaluer le niveau du patrimoine moyen.

Le patrimoine financier moyen des personnes en CHS. est de 113 000 francs. Compte tenu de l'effort d'épargne vraisemblablement permis par la gérance de tutelle depuis son ouverture, il n'y a pas de différence vraiment significative entre le patrimoine de l'ensemble des majeurs protégés et celui géré par le préposé du CHS. L'existence de patrimoines financiers dont la valeur est importante (supérieure à 300 000 francs 1989) est relativement fréquente puisqu'elle concerne 3 % des majeurs protégés d'Ille-et-Vilaine, 8 % en Seine-Maritime et plus de 7 % dans le CHS. La gestion de patrimoines importants par un préposé d'établissement n'est donc pas rare.

La concentration des patrimoines financiers apparaît relativement forte si l'on en juge par les courbes de concentration représentées dans le graphique 4.2. En Ille-et-Vilaine comme dans le CHS de ce département, 60 % de la valeur totale de l'ensemble des patrimoines financiers appartient environ à 20 % des majeurs. La concentration est sensiblement plus marquée en Seine-Maritime puisqu'une telle part du patrimoine total n'est détenue que par 6 % des majeurs sous protection. Il est difficile de savoir si cette différence ne provient que de l'effet de sélection évoqué précédemment.

Il est assez vraisemblable que la diversité du patrimoine et en particulier l'existence d'un patrimoine immobilier, soit considérées comme des critères de consistance. Cette information sur le patrimoine immobilier n'est connue que pour 90% de la population des deux départements. On constate qu'en Seine-Maritime 68 personnes sont propriétaires d'au moins un bien immeuble pour une valeur moyenne de 460 000 en francs 1989. Cette situation se rencontre seulement chez 30 majeurs dans le département breton. La valeur moyenne du patrimoine immobilier n'atteignant que 330 000 francs. La difficulté de la connaissance de cette information illustre bien celle que le juge rencontre au moment du prononcé de la mesure. L'enquête est souvent délicate et le patrimoine n'est bien connu qu'après l'ouverture d'une mesure de protection, à partir de l'inventaire que réalise normalement la personne qui est chargée de l'exécution de la mesure. Le suivi des comptes que doit assumer ensuite le juge des tutelles comprend aussi cette mise à jour de l'actif et éventuellement du passif. Le fait que certaines tutelles en gérance correspondent à des patrimoines importants ne signifie donc pas nécessairement que le patrimoine avait cette importance au moment du prononcé de la mesure. Le patrimoine est une variable dynamique ; un héritage ou une donation mais aussi une épargne régulière peuvent l'avoir fait évoluer de manière significative, sans que le juge des tutelles ait considéré qu'il y avait lieu de modifier le régime ou le mode de gestion. Le maintien du mode de gestion a d'autant plus de chances de se produire que les modalités de financement des tutelles en gérance ne sont pas satisfaisantes et que les solutions alternatives, elles-mêmes rationnées, sont délicates à mettre en œuvre.

Dans une situation où, de manière générale, la gestion familiale se trouve défaillante, la liste des tuteurs d'Etat insuffisante, les services tutélaires de la DDASS et des associations saturés, et où finalement, la constitution d'une tutelle complète se révèle pour le juge lui-même d'un coût bureaucratique excessif, le repli sur la gérance de tutelle apparaît comme une solution plus facile à mettre en œuvre et moins coûteuse à tous points de vue.

Ainsi, placé face à son administration dans une situation où il ne peut guère négocier de moyens, le gérant de tutelle ne peut guère non plus s'opposer aux sollicitations du juge. Solution de facilité pour gérer les mesures de protection, le recours au préposé administratif est aussi une solution inévitable en raison de l'insuffisance du nombre des gérants privés. En outre, les services ont une bonne connaissance des questions juridiques que peut soulever la gestion d'un patrimoine et le juge pourra leur confier les dossiers un peu délicats ou présentant un caractère contentieux. Enfin, leur expérience dans les CHS, peut en faire des acteurs particulièrement bien placés pour la population spécifique des malades mentaux.

Fort heureusement pour les gérants, les juges sont compréhensifs lorsque, comme c'est généralement le cas, les services sont saturés et se voient refuser un personnel complémentaire. L'inconvénient est alors pour le majeur dont le dossier pourra naviguer pendant quelques mois d'une administration provisoire à une autre, avant de trouver son gestionnaire attitré.

L'évolution de la part occupée par la gérance de tutelle exercée par un préposé d'établissement dans l'ensemble des mesures, ne peut être connue dans l'enquête qu'à partir du stock des mesures existant au 1er janvier 1990. Pour des raisons méthodologiques évidentes déjà signalées, il est difficile de déduire des seules informations obtenues sur la structure du stock des informations précises sur la structure des flux de mesures initiales qui ont constitué ce stock. Il faut donc faire une hypothèse, forte mais pas invraisemblable, qui consiste à supposer des taux de sortie de mesures (par décès ou mainlevée) à peu près identiques pour les mesures en gérance et pour les autres. Si cette condition est vérifiée, la structure du stock selon l'ancienneté de la mesure initiale fournit une bonne estimation de la structure des flux des années correspondantes. Les résultats sont présentés avec une moyenne mobile sur trois années dans le graphique 4.3.

Deux faits ressortent clairement : en premier lieu la situation au début des années soixante-dix montre bien la différence entre les deux départements en matière d'équipement en établissements psychiatriques. A cette époque, **une part importante des mesures provient de ces établissements.** L'existence de services d'administration provisoire des biens déjà constitués explique qu'environ le quart des mesures de cette période leur soit confié en Ille-et-Vilaine.

Graphique 4.3 : Evolution de la part des mesures assurées par un préposé d'établissement en Ille-et-Vilaine et en Seine-Maritime

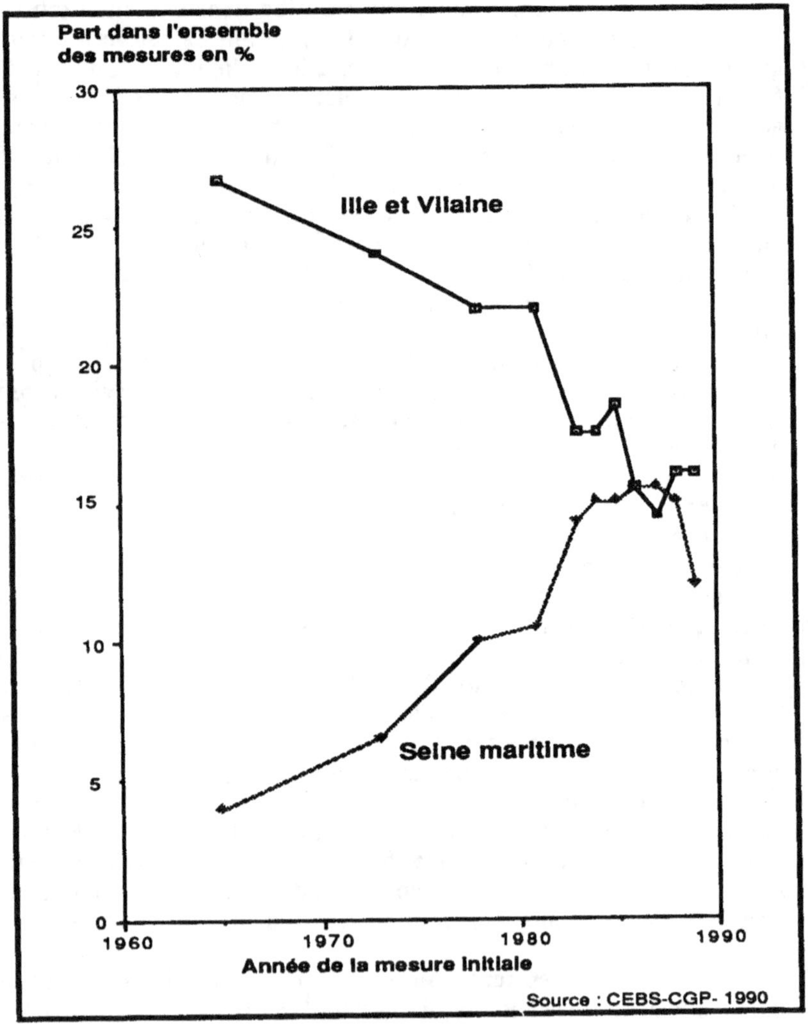

Un équipement moins développé en Seine-Maritime, en corrolaire le recours plus fréquent à des soins en milieu ouvert et des services de gérance sans doute moins disponibles, font que la part des mesures de cette période qui sont confiées à un préposé soit de l'ordre de 5 %. Le deuxième fait qui apparaît à la lecture du graphique 4.3 réside dans la convergence des deux situations. En Ille-et-Vilaine, la diversification de l'offre de services de tutelle et en particulier le développement du nombre des administrateurs spéciaux et, simultanément, la diversification des filières autres que psychiatriques et institutionnelles conduisant à un signalement, ont contribué à faire régresser la part de la gérance par un préposé dans les années récentes.

Au contraire en Seine-Maritime, le développement des signalements et la contrainte limitant l'offre, ont conduit à solliciter davantage les préposés des établissements ces dernières années. Sans qu'il faille y voir une norme quelconque, la part des mesures prononcées dans les cinq dernières années dans les deux départements semble stabilisée et oscille autour de 15 %.

Sous-section 2 — *Les administrateurs spéciaux : un bénévolat aménagé*

§ 1 — Une catégorie utile et fragile

Chaque fois que le juge constate le peu de consistance des biens à gérer et l'inutilité de la constitution d'une tutelle complète, il peut se borner à désigner un administrateur spécial comme gérant de tutelle (art.499).

Dans l'esprit d'une loi déspécifiée et qui proclamait l'indépendance du traitement médical et du lieu d'hébergement par rapport au régime de protection, on peut penser que cette possibilité devait se révéler d'un usage plus fréquent que le recours au préposé administratif de l'établissement de traitement. Hélas pour les juges des tutelles, **il faut constater la pénurie généralisée de cette catégorie de gérants** et leur quasi-inexistence dans le ressort de la plupart des juridictions.

Au regard des mesures gérées par eux, l'utilité des « gérants bénévoles » n'est pourtant pas contestable.

Nous avons fait figurer dans le tableau 4.9 l'ensemble des personnes physiques gestionnaires, y compris les notaires dont on lit la faible part qu'ils prennent dans l'administration des mesures de protection. Dans la logique de la protection familiale, le notaire

Tableau 4.9 : Les mesures gérées par les personnes physiques

Ille-et-Vilaine

	Catégorie et part dans le total des mesures du département	Mesures d'incapacité C 510	C 512	T. biens	T. Compl.	Part dans Σ mesures du gestion.	Part du gestion. dans Σ des mesures
G		4,3	22,5	68,6	1	$\frac{\Sigma\ 4MGn}{\Sigma\ MGn}$	$\frac{\Sigma MGn}{\Sigma M}$
GESTIONNAIRE	1 Pers. Physique	15,1	25,9	2,1	17,5	99,1	8,1
	2 Pers. P. Etat	2,8	1	1,2	0	98	1,2
	3 Notaire	1,1	3,4	1	0	95,5	1,6
	TOTAL	19	30,3	4,3	17,5	$\frac{\Sigma\ 4MGn_{1à3}}{\Sigma 5\ M} = 11$	10,9

apparaît en première place dans le décret du 6 novembre 1974 portant organisation de la tutelle d'Etat, mais les juges soulignent les réticences des jeunes notaires à assumer des charges parfois lourdes et qui, surtout, peuvent les amener à l'arbitrage des diffé

Seine-Maritime

G		3,5	13,7	30,4	33,1	$\frac{\Sigma\ 4MGn}{\Sigma\ MGn}$	$\frac{\Sigma MGn}{\Sigma M}$
GESTIONNAIRE	1 Pers. Physique	18,1	17,5	5,1	2	88,3	6
	2 Pers. P. Etat	7,5	6,4	1,6	6,7	96,7	4
	3 Notaire	8,1	0,5	0	0,2	82,6	0,5
	TOTAL	33,7	24,4	6,7	8,9	$\frac{\Sigma\ 4MGn_{1à3}}{\Sigma 5\ M}$ = 11,2	10,5

Légende : Voir Tableau 4.5.

Source : CEBS/CGP - 1990.

rents familiaux. D'autre part, la répartition des mesures entre tuteurs administrateurs spéciaux et tuteurs d'Etat n'est pas certaine en raison des incertitudes propres au remplissage des questionnaires d'enquête. En effet, les mêmes personnes sont souvent inscrites sur les différentes listes du procureur de la République.

La lecture du tableau impose d'emblée une première remarque. Alors que la lettre de l'article 499 permet d'attendre la participation des gérants de tutelle-administrateurs spéciaux du côté de la tutelle aux biens, celle-ci ne représente que moins du sixième des mesures gérées par eux en Ille-et-Vilaine et à peine 30 % en Seine-Maritime. Par contre, si leur participation à l'administration de la tutelle complète est négligeable en Ille-et-Vilaine (mais cette mesure est peu utilisée) elle occupe plus de 13 % de leur activité en Seine-Maritime. Ce glissement vers des mesures « complètes » se vérifie au travers de la part prise par les « gérants bénévoles » dans l'administration des curatelles. Globalement ils gèrent 24,2 % des curatelles en Ille-et-Vilaine et 17,6 % en Seine-Maritime mais ces proportions sont encore plus importantes pour les curatelles renforcées qui représentent plus de 72 % de leur activité dans le département breton et plus de 45 % en Normandie[36]. Ces indications prennent leur sens dans le rapprochement avec le développement des gérances de tutelle des établissements de soins et, probablement, éclairent-elles l'affaiblissement de la distinction protection des biens – protection de la personne ; de surcroît, elles mettent en évidence l'insuffisant développement des services des associations tutélaires (et éventuellement des DDASS) ainsi que les carences dans le financement de ces mesures.

La concentration de la présence des « gérants bénévoles » dans le ressort de quelques tribunaux et généralement dans la zone d'influence des grands centres urbains, **indique malgré les efforts accomplis, la fragilité de cette catégorie**. Plusieurs éléments expliquent cette situation.

1. En premier lieu, c'est la catégorie de gestionnaires de mesures la plus **difficile à mettre en place et à faire perdurer**. Rien en effet ne peut la faire naître spontanément comme c'est le cas des structures associatives motivées par la poursuite de leur objet social sur le terrain de la protection des majeurs, des services DDASS répondant aux obligations du service public, ou des préposés administratifs qui prirent la suite des services d'administration des biens. Sa création suppose donc l'intervention des magistrats. De plus, les fonctions de gérant ne peuvent guère intéresser que des personnes retraitées et, parmi ces dernières, celles seulement qui présentent des qualités suffisantes de probité ; une sensibilité aux problèmes sociaux et parfois une pratique bénévole, donnent plus de chances de succès aux sollicitations du juge mais restreignent encore le cercle des possibilités. Enfin, le gérant est le plus souvent isolé dans l'exercice de ses fonctions et, en dehors de ses rapports avec le juge, il ne dispose pas des services d'une association propre à le soutenir et à créer une dynamique incitative pour de nouvelles personnes.

2. En second lieu, l'existence d'une liste conséquente d'administrateurs spéciaux **suppose un investissement de longue durée**

de la part des magistrats. Il faut constater sur ce point la démission quasi-générale des procureurs et les difficultés des juges des tutelles. Dans la réalité, la présence ou l'absence d'initiatives dépendent de la personnalité des magistrats et de leur intérêt à s'investir dans ce domaine. Sur l'ensemble des départements étudiés, un seul a vu un procureur, en collaboration avec les juges des tutelles, s'investir personnellement pour constituer une liste conséquente d'administrateurs spéciaux (personnes physiques) et susciter la création d'une structure associative qui puisse leur apporter formation et conseil.

Dans le département concerné par cette initiative, cinq années de réflexions furent nécessaires pour mettre au point le projet d'association de gérants bénévoles. La DDASS, qui n'avait jamais créé son propre service tutélaire, se montrait préoccupée par la difficulté du département à prendre en charge les mesures autres que de tutelle d'Etat et prit cette initiative associant le substitut du procureur chargé des affaires civiles, les juges des tutelles, le directeur du CHS et les représentants des associations chargées des tutelles d'Etat. La longue gestation s'explique par la nécessité d'intéresser tous les partenaires de l'opération, en particulier les maires des communes et les associations relais telle l'Association d'aide ménagère en milieu rural[37]. La forte mobilisation du substitut et de quelques juges fut garante du succès de l'opération dont l'objectif était d'agréer une trentaine de nouveaux gérants afin d'en porter le nombre à soixante environ pour ce département (ce nombre n'excède guère une cinquantaine à l'heure actuelle). La structure associative répond au souci d'encadrer les gérants *« dans le but de faciliter leur tâche par une politique de coordination, d'animation et de formation »*[38]. Il importait en effet que les gérants recrutés ne fussent pas gagnés par le découragement faute d'un soutien approprié, mais aussi que ces indispensables soutiens ne vinsent pas alourdir l'office déjà encombré des juges. Pour ce faire, une subvention de fonctionnement fut sollicitée de l'Etat, afin d'assurer principalement la rémunération d'un permanent salarié de l'association.

Parallèlement à cette association d'initiative administrative et judiciaire, les gérants eux-mêmes formèrent leur propre association (qui regroupe à l'heure actuelle une trentaine de gérants et gère un peu plus de deux cent dossiers) avec le souci d'une représentation spécifique notamment pour les questions de formation à la gérance. Ils craignaient en effet que les structures institutionnelles (directions et gérances des établissements) ne fissent prévaloir leurs préoccupations propres. Alors qu'elle paraissait aller dans le sens d'une dynamique du mouvement qui les avait associés, cette initiative fut assez mal reçue par les magistrats qui crurent y déceler l'émergence d'un groupe de pression. Encore un tel regroupement suscite-t-il les réserves de certains gérants qui refusent d'y participer ou de certains juges qui préfèrent avoir «leurs» gérants de confiance. Il est indéniable cependant qu'une telle structure peut avoir un effet dynamique mais elle suppose que les juges des tutelles aient constamment à l'esprit l'idée de son élargissement.

Comme le montre clairement le graphique 4.4, la part des mesures exercée par un administrateur spécial est restée à peu près constante en Seine-Maritime depuis la loi du 3 janvier 1968. Le développement des associations tutélaires, celui du service de la DDASS et le recours croissant à la gérance par un préposé d'établissement, ont permis de faire face à l'augmentation plus récente du nombre des mesures. Au contraire, en Ille-et-Vilaine l'existence de services d'administration de biens au sein des établissements auxquels les juges ont pu avoir recours, n'a pas impliqué dans les années soixante-dix la nécessité d'un développement important du secteur des administrateurs spéciaux. C'est pourquoi, jusqu'au début des années quatre-vingt, la part des mesures réalisées par ce mode de gestion est restée inférieure à 4 %. Le caractère volontariste du développement des administrateurs spéciaux en Ille-et-Vilaine ressort nettement à partir de l'année 1984. D'après l'enquête réalisée auprès des « gérants bénévoles », les trois quarts d'entre eux gèrent moins de dix dossiers chacun ; dix pour cent en gèrent entre quinze et vingt.

Dans les autres départements (ou dans le ressort des tribunaux où cette association n'est pas implantée), le juge ne peut guère compter que sur deux ou trois gérants, souvent même sur aucun. Dans plusieurs d'entre eux cependant, la pénurie de l'offre pousse actuellement les juges d'instance à rechercher les moyens d'élargir les listes.

3. La quasi-inexistence des gérants-administrateurs spéciaux trouve dans la présence d'autres structures d'offre un troisième facteur d'explication. L'absence ou l'insuffisance d'associations tutélaires ou de services d'Etat auraient contraint à la recherche d'autres modes de gestion au moment de l'accroissement du nombre des mesures de protection qui suivit la loi de 1968. Leur présence et le développement des services de gérance dans les établissements de traitement, ont au contraire rendu inutiles ou marginaux les efforts pour rechercher des administrateurs spéciaux. Mais face à la pénurie de l'offre mise en évidence par l'accroissement des mesures de protection, l'absence de ces administrateurs est plus durement ressentie.

Il faut ajouter que **ces « barrières à l'entrée » qui ont produit comme un effet de concurrence tendant à marginaliser les administrateurs spéciaux, sont encore renforcées par le jeu des acteurs sur le terrain**. Ainsi la pression des associations tutélai-

Graphique 4.4 : Evolution de la part des mesures assurées par des administrateurs spéciaux en Ille-et-Vilaine et en Seine-Maritime

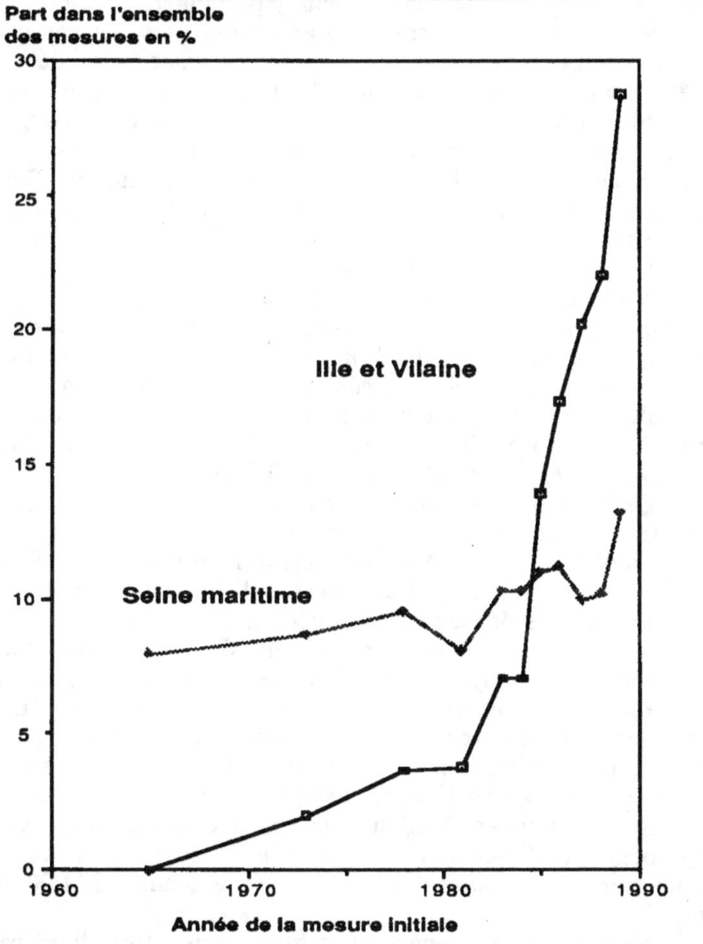

Source : CEBS-CGP- 1990

res s'exerce pour que l'aspect social de la protection des majeurs soit pleinement reconnu et jette une suspicion sur des gérants qui, selon elles, ne sauraient accomplir convenablement le suivi social que nécessitent les missions tutélaires. D'un autre côté, les efforts (tardifs il est vrai) de l'Etat pour aider à la formation des tuteurs[39] sont tournés vers les professionnels et sont accaparées par les institutions, même si parfois quelques bénévoles peuvent y participer.

4. Le dernier élément tient **aux conditions de rémunération de ces gérants.** Il est frappant de constater qu'au début des années soixante-dix, à une époque où la crise du bénévolat commençait à atteindre certains secteurs de l'activité sociale, le pouvoir réglementaire ait cru pouvoir aménager de manière quasi-bénévole une fonction aussi exigeante que celle de gérant de tutelle. Dans la demande de soutien financier qu'il adresse au Ministère, le Préfet de Région insiste sur l'insuffisance de l'offre, sur *« l'urgence sociale »* et sur la nécessité *« d'envisager les solutions palliatives à l'absence de financement »* et il conclut en ces termes : *« La solution retenue, seule envisageable, a été de susciter des candidatures de gérants de tutelle bénévoles grâce à la conjonction des efforts de tous les partenaires concernés »*[40]. L'expression « gérants bénévoles » revient plusieurs fois dans les documents concernant cette association et l'on ne saurait mieux dire ici **qu'il s'agit à l'époque de gérer l'insuffisance des financements publics**[41].

Ce moindre coût nous a d'ailleurs été confirmé par un juge des tutelles ayant fait une enquête portant sur le tiers des dossiers confiés aux « gérants bénévoles » dans le ressort de sa juridiction[42]. Comparativement, le coût d'une mesure d'Etat gérée par un service tutélaire est plus de deux fois supérieur à celui d'une « gérance bénévole » et pour le majeur, le gain de prélèvement sur ses ressources est en moyenne de 8,5 %. Le département concerné est précisément celui où les gérants assument une forte proportion de curatelles et le lien avec le coût des mesures est probable. Mais les magistrats ne doivent-ils pas avoir, à leur place, le souci de rechercher au nom de l'intérêt général, l'administration la moins coûteuse de la justice ? L'enquête réalisée auprès des « gérants bénévoles » d'Ille-et-Vilaine révèle une moyenne d'indemnité perçue sur les ressources des majeurs, s'élevant à 344,00 F par mois.

Sans doute ce « bénévolat ambigu » est-il revendiqué par les gérants *(« ça nous rapporte à peu près ce que ça nous coûte »* ou, *« les personnes qui acceptent d'être gérant ne font pas cela pour de l'argent »)*[43] qui eux-mêmes parlent volontiers de « gérants bénévoles », qualificatif que l'on retrouve dans les statuts de l'association des gérants de l'un des départements enquêtés ; mais ceci expliquant peut-être aussi cela, faut-il alors s'étonner de la difficulté à en recruter ?

§ 2 — Les ambiguïtés du bénévolat

1. En plus des difficultés particulières d'intéresser des personnes bénévoles à la gérance de tutelle, la notion de « gérance bénévole » n'est pas dépourvue d'ambiguïtés.

Elle est ambiguë pour les gérants eux-mêmes car il s'agit d'un bénévolat d'un type particulier qui les met, si l'on peut dire, en situation de travailleur indépendant. En effet, libres d'accepter ou de refuser la charge de nouvelles mesures, ils n'ont de rapports avec aucune structure associative, base traditionnelle de l'activité bénévole, et ne rendent compte qu'au juge de leur activité. D'autre part, leur activité n'est pas tout à fait bénévole. Sur les ressources des personnes protégées, les gérants prélèvent les sommes nécessaires à la couverture de leurs frais et une faible indemnité (qui peut n'être pas négligeable lorsque le patrimoine devient un peu substantiel), pour un total généralement sans rapport avec la rémunération d'un temps de travail équivalent. De là bien sûr l'on peut déduire, comme le confirment les relevés opérés par les juges, que la gérance bénévole coûte moins cher à la personne protégée et surtout à l'Etat, que la gérance exercée par les associations tutélaires[44].

Mais **on touche là aussi l'un des points contestés du recours à la gérance bénévole**. Toutes les associations tutélaires et les DDASS sont attachées au caractère social de l'exercice des mesures de protection et plus particulièrement à l'aspect rééducatif du mandat tutélaire. Les juges eux-mêmes, unanimement nous l'avons vu, défendent la nécessité d'un suivi social pour toutes les personnes sous protection, sauf exception. Il y a place dès lors pour un débat sur la manière légitime d'assurer la mise en œuvre des mesures de protection et les associations tutélaires, de par leur histoire, les qualifications des personnes qu'elles recrutent et leur attachement aux valeurs du mandat éducatif du travail social, se pensent comme détentrices de la seule manière légitime d'exercer le suivi social des mesures de tutelle[45]. En même temps qu'elles œuvrent à la reconnaissance de leur propre légitimité, celle-ci se trouve reconnue par les magistrats qui leur confieront en principe les dossiers les plus lourds (souvent dans tous les sens du terme). Inclure la plupart des mesures de protection dans le champ d'action du travail social et définir la manière légitime de l'exercer, c'est du même coup jeter une suspicion permanente sur l'activité des gérants bénévoles qui *« ne peuvent apporter au majeur l'accompagnement social dont il a besoin »* parce que *« la gestion des biens est aussi l'occasion d'une action éducative »*[46]. Cette démarche qui s'appuie aussi sur les cas de personnes délaissées et dont les mandats tutélaires font en fin de compte retour aux associations, est contestée tant par les juges que par les gérants.

Les juges font valoir que toute gestion des biens ne nécessite pas une mission éducative approfondie[47], et surtout qu'il est bien des gérants dont la faible charge de quelques mesures, permet d'associer le majeur aussi bien que le professionnel débordé peut le faire. Parfois même, la particularité des situations justifie que la mesure soit confiée à un « gérant de confiance » parce que, moins sollicité que l'association tutélaire ou la DDASS, *« il prend le temps de s'occuper de la personne »*[48]. A l'inverse, lorsque se révèle une situation où le suivi social est insuffisant, le juge, alerté par les services sociaux ou l'établissement, y remédie en confiant la mesure à un autre gérant ou à une association. A l'extrême, certains juges considèrent que le suivi éducatif ne peut être correctement assumé par des services associatifs ou DDASS débordés.

Quant aux gérants, beaucoup font valoir leur disponibilité et leurs efforts pour associer au mieux les personnes à leurs actes de gestion. **Quelques uns se voient confier des gérances de biens ne requérant ni compétence très pointue ni très grande disponibilité, mais la plupart gèrent à la fois des tutelles et des curatelles et pour ces dernières, leur nombre confirme que les magistrats attendent des gérants bien davantage qu'une simple gérance**. Beaucoup d'ailleurs consacrent deux à trois jours par semaine (parfois plus) à cette activité en raison du temps passé avec les majeurs et ne seraient pas intéressés par la seule gestion à distance de leurs biens.

Une intéressante initiative relevée par l'enquête montre de manière en quelque sorte inversée, le poids de cette éthique du suivi de la personne qui imprègne profondément la culture de l'administration de la tutelle.

Dans tel département où l'important service de la DDASS n'était soulagé par quasiment aucun service tutélaire d'association, deux magistrats (un président de tribunal d'instance et un juge des tutelles) tentèrent dans un premier temps de susciter la création d'une association tutélaire. Devant l'échec de cette tentative, ils organisèrent avec le CHS de leur ressort territorial[49], un concours pour susciter de toute initiative personnelle ou associative le dépôt d'un projet de création de service tutélaire. La personne retenue, ancienne stagiaire à la DDASS où elle avait déjà montré son dynamisme et son esprit d'initiative, fut dans un premier temps installée dans les locaux même du CHS. Cette coopération trouva assez rapidement sa limite (problèmes de locaux, refus du CHS d'affecter une personne complémentaire, obligation pour les majeurs résidant à l'extérieur de l'hôpital d'y revenir pour la gestion de leurs ressources ce qui suscitait logiquement les réserves des médecins) et, au bout d'un peu plus d'une année, la personne responsable de ce service parallèle à la gérance du CHS, alla s'installer en ville en créant son entreprise qui emploie à l'heure actuelle trois personnes et gère un peu moins de 200 dossiers (dont 80 % de curatelles).

Or, même dans une situation d'importante pénurie d'offre de service, le caractère privé de l'activité suscita dès son origine l'opposition des services sociaux et des équipes hospitalières et rencontre actuellement encore, les réserves appuyées de la plupart des juges et des greffes, et l'hostilité parfois active des assistants sociaux de secteur. Il est clair que ce service doit prouver davantage que les autres et, malgré les satisfecits du juge des tutelles du même ressort territorial, ses défaillances ne sont jamais appréciées avec l'indulgence accordée à d'autres services débordés. On lui reproche son caractère privé et entrepreneurial car la logique de rentabilité heurte de plein fouet celle d'assistance et, quels que soient les efforts de suivi des personnes réalisés par ce service tutélaire privé, l'éthique du milieu rejette l'idée d'activité tutélaire rémunératrice[50]. Il n'est pas certain d'ailleurs que les conditions de financement des mesures de tutelle en autorise l'espoir[51]. Mais, paradoxe ou simple effet de la pénurie, ces reproches n'atténuent pas la forte sollicitation dont ce service est l'objet.

2. Ce débat sur la conception du suivi social, situé au coeur du partage du marché de l'offre de service de tutelle, renvoie bien sûr aux **incertitudes de la loi elle-même concernant le gouvernement de la personne.**

En première approche, le texte paraît porter un intérêt principal à la protection des biens de la personne déclarée incapable. Plusieurs articles concernant en effet cette gestion des biens et le renvoi aux sections du code civil traitant de la tutelle aux mineurs, excluent la référence à l'éducation (art. 495). Ainsi, dans le travail de réforme du Code civil, le projet de cette loi, tenant compte des progrès réalisés en matière de soins psychiatriques et des nouvelles catégories de personnes appelées à bénéficier d'une protection judiciaire, se présentait tourné vers la protection des biens ; le second volet de réforme de la loi de 1838 aurait concerné la protection de la personne.

Le texte est pourtant tout entier baigné dans une atmosphère favorable à l'attention portée à la personne. Il l'est tout d'abord par le rôle donnée à la famille au travers de la place du conjoint, du conseil de famille et de l'administration légale. Qu'il s'agisse ou non de protéger le patrimoine familial, il est clair que la famille apparaissait aux rédacteurs du projet comme le principal maillon d'une chaîne permettant au majeur de renouer le contact social. Les renvois aux sections concernant la tutelle des mineurs ou aux articles concernant le régime matrimonial et qui permettent d'éviter la mise sous tutelle, illustrent ce point.

En second lieu, la séparation des protections des biens et de la personne est un axe de la loi justifié bien plus par **le souci d'élargir les possibilités de personnaliser la protection et de mettre fin à certains abus**, que de valoriser la protection des biens. S'il fallait s'en convaincre, les travaux parlementaires illustrent abondamment cette volonté de protection de la personne par *« l'association du légiste du médecin et de la famille »*[52] mettant même en avant qu'*« associer le malade à l'administration de ses biens peut être une forme de traitement »*[53].

La loi est de plus, imprégnée de la protection de la personne par les majeurs qu'elle concerne et est appelée à concerner. S'agit-il des mineurs en établissements spécialisés dont la protection va quasi-automatiquement se prolonger par des mesures propres aux majeurs ; s'agit-il des mesures jeunes majeurs, justifiées par *« de graves difficultés d'insertion sociale »*[54] ; s'agit-il des malades suivis en psychiatrie normalement objet d'une attention particulière ; s'agit-il des nouvelles catégories de personnes victimes d'un *« affaiblissement dû à l'âge »* (art. 490) ; les « cohortes » institutionnelles d'ayants droit illustrent pleinement que **la protection de la personne est au coeur de la loi** avant même la mise en chantier d'un second et hypothétique volet de réforme.

Mais ces références à la tutelle des mineurs, à la famille, au rôle pédagogique de la tutelle, ne peuvent faire oublier que la loi a exclu l'application des *« règles qui concernent l'éducation de l'enfant »* sans rien énoncer du « mandat de rééducation » propre à la protection du majeur, si ce n'est pour la tutelle complète et pour la tutelle d'Etat, par référence l'une avec la tutelle des mineurs, l'autre avec la tutelle des pupilles. **Or il est éminemment souhaitable de rechercher l'association du majeur à l'administration de ses biens chaque fois que cela est possible, non pas seulement parce que c'est la volonté du législateur, mais surtout parce qu'il y a là un chemin inévitable de l'amélioration de la situation des personnes**[55].

Cette association demande bien sûr qu'on y consacre du temps et elle a un coût. Elle distingue aussi fondamentalement l'administration des biens par le tuteur, du travail réalisé par un cabinet privé d'administrateurs de biens et c'est pourquoi la charge tutélaire est définie comme *« une charge publique »* (art. 427). Le paradoxe veut cependant que la pression financière ait conduit nombre d'associations tutélaires à orienter résolument une partie de leurs services et parfois la totalité, vers une gestion des biens stricto sensu, le chiffre d'affaire réalisé sur ces dossiers permettant de financer une action sociale pour des situations plus lourdes. Mais l'effet de cette politique perturbe les schémas classiques de classement entre professionnels de l'action sociale et amateurs. Ainsi, la surcharge de travail des associations conduit parfois les juges à confier à un gérant de tutelle de confiance un dossier nécessitant une attention particulière à la personne, et l'amateur se trouve alors investi de la mission que le professionnel ne peut plus assurer. Surtout, ces choix encore marginaux révèlent en contrepoint la question posée aux associations : dans cette activité sans spécificité sociale, qu'est-ce qui les distingue des professionnels privés administrateurs de biens qui de surcroît, aux marges de leur travail, peuvent fort bien recevoir les personnes incapables et les aider à comprendre la gestion de leurs biens ?

Il y a probablement là **un déplacement implicite et contraint de la conception de la tutelle** qui pourrait n'être qu'une illustration supplémentaire de l'affadissement de la volonté du législateur par le pouvoir réglementaire. Mais l'on y retrouve aussi ce passage de la gestion des droits à la gestion des coûts fait sans souci d'évaluation des conséquences sur la situation des personnes protégées.

Chapitre 5

UNE DÉCISION SOUS CONTRAINTE DES FINANCEMENTS

Au-delà de la protection recherchée pour le majeur, le juge sait, quand il ouvre une mesure dans le cadre de la loi de 1968, que sa décision entraine simultanément deux types de conséquences : celles qui concernent le domaine de capacité du majeur mis sous protection d'une part, celles qui transfèrent des droits mais aussi une charge plus ou moins lourde sur la personne morale ou physique à qui il confie l'exercice de la mesure, d'autre part. La prise en compte de ce deuxième aspect, celui de l'intendance des tutelles, confirmée par les juges interrogés, est l'un des éléments qui influence le choix du juge dans la recherche d'une réponse adaptée à la situation du majeur.

Si le juge tient compte du souci manifesté par le législateur d'une personnalisation de la mesure à la situation du majeur, il ne peut être indifférent à la qualité du service apporté au majeur. Compte tenu du caractère complexe du service, cette qualité dépend essentiellement de deux éléments : le cadre juridique de la mesure (sauvegarde, tutelle, curatelle allégée ou alourdie, TPSA) et les qualités de la personne physique ou morale qui va l'exercer. Le juge doit choisir entre ces solutions variées en fonction des informations dont il dispose et ce choix doit être fait le plus souvent dans un contexte contraignant. En effet, pour chaque cas particulier l'éventail des solutions techniquement ou pratiquement disponibles est plus ou moins large. En outre, l'incidence économique de la décision judiciaire, dépassant ses seuls effets financiers, n'est pas neutre.

Dans sa pratique de juge des tutelles, le magistrat a un rôle de prescripteur de consommations spécifiques qui n'est pas sans rappeler celui du médecin. En suivant cette idée, le juge est conduit parfois à ordonner une dépense monétaire supplémentaire, supportée en totalité ou en partie par le majeur ou par un tiers, mais en toute hypothèse, il est amené à engager l'utilisation de ressources physiques ou monétaires rares. Traditionnellement, l'analyse économique suggère de distinguer dans cette consommation de ressources, l'influence des variables prix et celle des variables quantité. Cette distinction s'avère pertinente dans le cas précis des mesures de protection. En effet, la tarification implicite ou explicite des mesures de protection produit un **système de prix relatifs** particulier. Celui-ci engendre inévitablement des effets-prix et des effets-revenu qui sont susceptibles d'infléchir les comportements et les stratégies des acteurs (Section 1).

Dans la décision du juge quant au mode de gestion, la déclaration de vacance de la tutelle apparaît normalement au terme de l'exploration vaine des autres alternatives envisageables (tutelle complète avec un conseil de famille, administration légale sous contrôle judiciaire, gérance de tutelle). Ce constat de vacance de la tutelle ou de la curatelle implique le recours à une mesure dite « d'Etat ». Grâce à cette intervention subsidiaire en principe automatique, le système est bouclé, assurant ainsi à toute personne devant être protégée une réponse, si la double expertise du médecin et du juge en fait apparaître la nécessité. Dans un contexte marqué par la rareté des ressources affectées à cette fonction, le juge risque de se trouver placé au coeur d'un arbitrage étonnant entre sa mission de veiller à l'exercice d'un droit inconditionnel, garanti par la loi mais flou dans son domaine d'application, et les moyens concrètement limités dont il peut disposer pour en assurer l'exécution. Abordé sous cet angle, la décision du juge se révèle dépendante du **rationnement des ressources disponibles**, en particulier pour les mesures d'Etat qui constituent le dernier recours et donc la principale variable d'ajustement (Section 2).

Section 1 : Des prix relatifs largement indépendants des coûts

L'analyse peut être menée en considérant que, d'un point de vue strictement économique, la décision du juge conduit à une production jointe complexe qui modifie en particulier la répartition des droits de propriété ou de certaines de leurs composantes et donc les situations des différents agents économiques. En effet, si l'on peut admettre que la situation du majeur se trouve en règle générale améliorée du fait de l'intervention dont il est l'objet[1], celle du tuteur ou du curateur risque de se trouver affectée de manière négative dans un grand nombre de cas. La situation est évidemment différente selon qu'il y a compensation ou non de ces transferts. Le prix du service rendu varie considérablement pour le majeur et pour la collectivité. Il peut être nul (sur le plan des transferts monétaires) dans le cas des tutelles s'appuyant sur la solidarité familiale. Il couvre parfois l'intégralité du coût des ressources consommées qu'il reflète encore mieux quand il est supporté par un seul et même acteur. Mais il est vraisemblable aussi qu'avec son caractère tantôt forfaitaire tantôt proportionnel, il lui arrive de dépasser dans certains cas le coût de production. Avec un système de prix administrés, il n'est pas toujours facile de révéler les coûts de production aux « demandeurs » comme aux producteurs, a fortiori quand ils correspondent à des services aussi personnalisés et qu'ils sont très variables d'un individu à l'autre. Même quand un prix monétaire explicite n'existe pas, les coûts relatifs réels ou supposés ont une influence. C'est pourquoi il est préférable de distinguer les situations « gratuites » (Sous-section 1) de celles qui ont un caractère marchand et qui sont donc rémunérées par un prix (Sous-section 2). Dans les deux cas les prix relatifs des différentes solutions ont une influence sur la décision du juge.

Sous-section 1 — *La gratuité facteur limitatif du développement de l'offre*

En l'absence de flux financiers de compensation, la décision du juge produit un « effet externe » négatif pour le tuteur, en termes de temps libre perdu mais aussi de soucis et de responsabilités supplémentaires. En première analyse les effets de la décision du juge se présentent sous le double aspect complémentaire d'une consommation de service imposée pour le majeur et d'une production de service imposée pour le tuteur.

Il faut cependant se garder de conclusions hâtives sur ce point. En effet, l'analyse économique ne conclut pas nécessairement à la détérioration de la situation du tuteur (§ 1). Pourtant, la gratuité d'une solution de protection n'en fait pas pour autant une panacée (§ 2). Devant l'offre réduite de ce type de recours, les juges sont contraints à s'adapter.

§ 1 — L'existence de rémunérations non pécuniaires

Comme nous l'avons souligné dans le chapitre introductif, le modèle de l'«homo-oeconomicus » n'exclut ni les considérations psychologiques ni les aspects immatériels ou symboliques des situations vécues. L'hypothèse selon laquelle le tuteur ou le curateur peut être sensible à la situation du majeur doit être envisagée. L'économiste décrit généralement cette situation comme un phénomène d'**interdépendance des utilités individuelles**.

Evidente en principe quand les liens juridiques du mariage

rapprochent le tuteur et la personne protégée[6], cette situation apparaît plutôt quand le majeur est un proche du tuteur, un fils ou une fille, un père ou une mère, un frère ou une soeur mais elle peut sortir aussi du cadre de la famille restreinte et exister, comme nous l'ont indiqué de nombreux juges favorables à une extension du champ de l'administration légale sous contrôle judiciaire, entre un neveu et un oncle, des concubins ou des amis. Dans tous ces cas, le tuteur est suffisamment concerné par la situation du majeur pour que l'amélioration des conditions de vie de ce dernier le motive dans son intervention. La décision du juge apparaît alors souvent comme superflue puisqu'elle ne fait souvent qu'entériner une intervention préexistante sous la forme d'une gestion d'affaire. Elle n'est pas inutile cependant, parce qu'existent des risques d'interventions moins désintéressées mais aussi parce qu'en donnant un fondement juridique à cette intervention, elle contribue à la prise de conscience de l'état de majeur de la personne protégée.

Le souhait de certains membres de la famille de se voir confier la mesure de protection peut correspondre également au souci de préserver la sphère privée de la vie familiale. L'intervention d'un tiers dans les affaires de la famille est parfois mal ressentie. Sur cette question les juges soulignent la difficulté de résister dans certains cas à la pression insistante des familles. La crainte d'être désavoué s'il y a un recours, conduit alors à éviter un contentieux peut-être inutile. Dans ces conditions, l'existence d'un conflit au sein de la famille rend plus facile le recours à un tiers.

Indépendamment de ces situations où l'intérêt du tuteur pour le majeur préexiste à la décision du juge, les motivations personnelles des administrateurs spéciaux ou des tuteurs d'Etat, quelquefois totalement bénévoles pour accepter cette mission, peuvent aussi être suffisamment fortes pour qu'ils soient volontaires. Pour l'économiste, ces deux types de cas de figure pourraient correspondre à un « optimum » pour les tuteurs. En définitive, la mise en relation d'une offre bénévole et d'un besoin constaté par le jeu du dispositif organisé dans le cadre de la loi de 1968, conduirait même à une situation supérieure sur le plan de l'optimalité parétienne[3]. Dans cette hypothèse le financement de la mesure n'est pas nécessaire puisqu'indemnisé sous des formes non pécuniaires, le tuteur ou le curateur est prêt à dégager les ressources assurant la protection. L'activité tutélaire s'inscrit alors dans la sphère privée. Il n'est donc pas nécessaire qu'un prix quelconque révèle les coûts à qui que ce soit, dès lors que l'information du tuteur sur les charges qu'il va accepter est satisfaisante. Cette solution à prix apparent nul, présente un certain nombre d'avantages expliquant qu'elle corresponde à la demande des familles et à la décision prise par les juges, pour la majorité des majeurs protégés. Cependant cette situation idéale peut ne pas exister. Le recours à ces solutions gratuites trouve alors ses limites.

§ 2 — Les limites du recours à la gratuité

Le contexte dans lequel la décision du juge intervient n'est pas toujours aussi favorable. En effet, deux difficultés de nature différente peuvent survenir : le majeur peut ne pas trouver la réponse souhaitable pour lui ; le tuteur peut voir sa situation se dégrader.

1. Même si le juge trouve dans l'environnement du majeur des ressources bénévoles disponibles pour assurer l'exercice de la mesure de protection, **cette solution n'est pas toujours la meilleure**. Le problème peut prendre des formes variées. Dans le cas le plus simple, c'est la productivité du tuteur ou sa capacité à assurer la mesure qui est en question. Difficultés relationnelles, absence d'ordre ou de méthode, manque de bon sens, peuvent exister.

D'une manière plus subtile, le problème peut naître du contexte même de l'intervention du tuteur. Certains psychiatres soulignent que le recours à un tuteur familial, en particulier quand il s'agit des parents ou parfois du conjoint du majeur, ne crée pas une situation très dynamique susceptible de permettre une réelle évolution pour le majeur quand celle-ci est possible et souhaitable. Le risque, en effet, n'est pas nul de voir se prolonger les rapports préexistants au sein de la cellule familiale. A la limite ces rapports eux-mêmes peuvent être pathogènes. Plus fréquemment, le majeur continue à être considéré comme un enfant, à être surprotégé ou à être maintenu, éventuellement involontairement, dans un état de dépendance.

Enfin, il arrive que la difficulté provienne des objectifs que se donne le tuteur dans son intervention. Sans parler ici des détournements de fonds qui existent exceptionnellement, il peut s'agir du projet de vie ou des normes que le tuteur cherche à imposer à son protégé. Le juge est parfois conduit à aider le majeur à se faire entendre de son tuteur et à freiner les ardeurs de celui-ci dans le gouvernement de la personne du majeur.

Evidemment, toutes ces carences et tous ces travers ne sont pas l'apanage seulement des tuteurs familiaux ou des tuteurs bénévoles ; ils se manifestent aussi chez certains professionnels mais dans ce cas, il existe en général des mécanismes institutionnels de contrôle ou de régulation qui peuvent avoir un effet préventif (formation, diplôme, travail en équipe, supervision, etc.). Lorsqu'il s'agit d'un tuteur bénévole ce travail de contrôle et de supervision dépend principalement pour ne pas dire exclusivement du juge. Dans la mesure où le suivi est parfois lâche et qu'il ne prend le plus souvent, quand il existe, que la forme d'une étude des comptes annuels de gestion, c'est l'incident ou le hasard qui permet au juge de se rendre compte du problème et de le corriger.

Dans toutes ces situations qui posent problème, le juge est conduit, en s'appuyant sur la double expertise médicale et judiciaire et pour respecter l'intérêt du majeur, **à éviter des solutions pourtant gratuites.**

2. A l'inverse, dans d'autres cas c'est la situation du bénévole ou du parent qui est détériorée par la décision du juge. La loi a prévu que les parents proches du majeur ne pouvaient refuser sans raison valable d'être tuteur ou curateur. Parfois le juge, quand il ne dispose pas d'autres solutions, va faire l'impossible pour convaincre un parent un peu plus éloigné ou simplement réticent à accepter la fonction de tuteur ou de curateur. Même avec « ses » tuteurs bénévoles, le juge peut être amené à « faire du démarchage » (expression de plusieurs juges interrogés) pour réussir à placer une mesure supplémentaire. L'économiste sait bien que c'est à la marge que les problèmes se font le plus sentir. Comment une mesure de protection peut-elle bien fonctionner si elle ne repose que sur la contrainte ? Un excès de formalisme du tuteur ou au contraire un dilettantisme chronique de sa part, risque fort d'ennuyer le juge et d'affaiblir la qualité de la mesure de protection. C'est pourquoi, dans la pratique la plus fréquente, le juge préfère obtenir l'accord du tuteur ou du curateur pour l'exercice de cette mission délicate.

En ce qui concerne les administrateurs spéciaux inscrits sur la liste du procureur, il est vraisemblable que le coût qui leur est imposé par une mesure supplémentaire croît avec le nombre de mesures exercées, au moins à partir d'un certain nombre de mesures. Même si les motivations du tuteur bénévole sont profondes, il peut donc se retrouver au-delà de sa situation optimale et parfois même dans des situations inconfortables, comme nous le confiait l'un d'entre eux, qui considérait qu'il n'avait plus de vraies vacances depuis qu'il avait accepté cette fonction.

A la limite, dans de telles conditions c'est l'efficacité même du suivi des mesures assuré par le juge qui peut se trouver compromise. En effet, comment un juge peut-il faire ensuite des reproches à un tuteur au sujet d'un exercice négligent de la mesure s'il a dû le prier avec insistance d'accepter la mesure en question ? Quelle sanction peut-il mettre en œuvre avec efficacité quand le tuteur l'a prévenu des difficultés prévisibles de gestion ? Paradoxalement, le juge n'a guère comme sanction que la possibilité de retirer la mesure au tuteur. Dans un domaine où les relations personnelles que le tuteur va établir avec son protégé et parfois avec le juge et le greffier sont capitales, la contrainte et l'obligation ont un caractère opérationnel bien faible et ne remplacent jamais parfaitement **des motivations ou des incitations positives.**

§ 3 — La recherche de solutions par les juges

Comme leurs déclarations le prouvent abondamment, les juges sont parfaitement conscients des charges qu'ils imposent avec l'exercice des fonctions tutélaires. Bien sûr, la loi prévoit que le juge, qui dispose dans le cadre de l'administration légale des pouvoirs du conseil de famille, peut autoriser le tuteur à faire des prélèvements sur les ressources du majeur mais cette solution est limitée par la faiblesse des ressources du protégé. Bien souvent le tuteur ne sera pas indemnisé intégralement des dépenses que sa fonction implique. Ainsi se trouve-t-il doublement donateur en nature et en espèces.

Les juges ne considèrent pas cette situation comme normale. C'est pourquoi, certains d'entre eux souhaitent pouvoir mieux indemniser le travail de leurs bénévoles car ils y voient plusieurs avantages. Non seulement cela pourrait éviter la dégradation de leur niveau de vie mais cela pourrait également favoriser le recrutement de nouveaux bénévoles et ainsi alléger la charge de travail de chacun d'eux. Pour améliorer les conditions d'exercice des tuteurs bénévoles on peut aussi imaginer d'autres dispositifs (associations, relais, banque de données, systèmes informatisés, etc.) qui semblent au moins retenir l'attention des juges et même parfois les inciter à innover dans ce domaine.

Le jeu des prix relatifs dans le processus de décision du juge est complexe parce qu'il se manifeste sous plusieurs formes et à plusieurs niveaux. Dans la recherche d'une solution pour un majeur, il est clair qu'il est plus facile pour le juge d'imposer à l'environnement social du majeur des charges compensées plutôt que des charges non compensées. **Le juge doit donc dépenser plus d'énergie, de temps et de persuasion pour trouver une solution non financée.**

Mais le problème est redoublé par la charge du suivi. Souvent les solutions gratuites pour la collectivité ont un coût plus élevé en termes de suivi pour le juge et le greffe. La disponibilité du juge et le travail du greffe du tribunal sont davantage mobilisés pour assurer le bon fonctionnement de ces solutions qui, en général, ont un caractère « artisanal ». Le juge sait cela. Il y a donc dans ce cas des « prix cachés ». Il fait face en quelque sorte à **un double système de prix relatifs des diverses solutions.** S'il choisit les solutions les moins coûteuses pour l'environnement extérieur mais qui sont en même temps les plus coûteuses pour l'institution judiciaire, il sait qu'aucun mécanisme ne garantit la mise à disposition de ressources supplémentaires pour faire face à ce surcroît de travail. Sa propension à recourir aux solutions gratuites quand elles existent, n'est donc pas neutre sur le plan du fonctionnement interne de l'institution judiciaire.

Le choix devient d'autant plus délicat qu'il faut faire intervenir le risque. Plus le juge doit avoir recours à ces solutions non marchandes plus il prend le risque de confier des mesures à des personnes qui n'en sont pas capables et plus la surcharge du travail de suivi est lourde. Le risque d'une défaillance du dispositif de protection s'accroît donc rapidement. L'appréciation de ce risque au cas par cas est difficile et l'attitude du juge par rapport au risque intervient sûrement.

En toute hypothèse, on voit bien que, pour un environnement donné dans le ressort du tribunal où exerce le juge, il y a une limite à l'utilisation des solutions gratuites. Dès lors, le juge se trouve face à l'alternative suivante : soit il essaie de modifier son environnement en investissant du temps pour développer une offre de bénévoles adaptée aux problèmes rencontrées, soit il choisit une solution financée chaque fois qu'il se heurte à cette contrainte. En ce qui concerne le premier terme de l'alternative, sa formation, le contexte de son travail et la probabilité élevée d'une mobilité prochaine ne le prédisposent guère à un investissement vraiment conséquent dans ce genre de tâche. Aussi, le recours au second terme de l'alternative, dans l'intérêt même du majeur, risque fort d'apparaître comme la moins mauvaise des solutions dans un assez grand nombre de cas.

Sous-section 2 — *Les solutions marchandes et institutionnelles*

Le fait pour le juge d'avoir recours a une solution marchande pour répondre au besoin du majeur dont la famille ne peut assumer la charge de la mesure de protection, modifie sensiblement sa position vis à vis des tuteurs (§ 1). L'établissement d'une rémunération du service rendu conduit à la fixation de règles tarifaires. Celles-ci, laissées parfois à l'appréciation des juges, sont de plus en plus fréquemment déterminées de manière administrative. Les prix relatifs des diverses solutions qui en résultent, ont connu depuis 1968 de fortes distorsions (§ 2). De tels écarts ont infléchi parfois les décisions des juges, amenés indirectement à prendre en considération les contraintes de l'offre (§ 3).

§ 1 — Le juge des tutelles : « client » des services tutélaires

S'il est vrai que les solutions marchandes d'aujourd'hui ont souvent débuté hier dans un cadre bénévole, la nécessité de faire face à la montée en charge des mesures de tutelle a eu tendance, au tournant des années quatre-vingt, à saturer l'énergie des bénévoles et à favoriser le double mouvement de professionnalisation et d'abandon des modes de production artisanaux. Là où elles n'existaient pas encore, des associations tutélaires se sont fréquemment constituées à la demande des juges ou des administrations de l'Etat. Avec ce changement dans l'organisation de l'activité tutélaire, la place du juge dans le système s'est aussi modifiée. A la relation personnelle, déférente que le juge peut avoir avec des tuteurs bénévoles qu'il a parfois choisis lui-même, se substitue un rapport plus institutionnel avec l'association tutélaire. Bien sûr, au-delà de ces relations institutionnelles peuvent subsister des rapports directs entre les délégués à la tutelle et les juges mais il s'agit de rapports professionnels. D'une certaine manière, **le juge devient le client de l'association tutélaire**[4].

La situation est un peu différente avec les préposés gérants de tutelle dans les établissements car ils y occupent une position particulière. Ils travaillent assez fréquemment de manière isolée ou avec un service de petite taille ; parmi le personnel de l'établissement hospitalier, ils sont souvent les seuls à sortir de l'établissement dans le cadre de leur travail ce qui contribue à marquer leur spécificité ; souvent leur nomination comme les moyens d'exercer leur activité de gérant de tutelle, sont le résultat de l'action et de l'intervention du juge auprès de la direction de l'hôpital ; compte tenu du nombre de dossiers qu'ils gèrent, il semble que leurs rapports directs avec le juge soient relativement fréquents. Exceptionnellement dotés d'une formation au travail social, les gérants de tutelle se trouvent dans une situation intermédiaire entre les tuteurs individuels et les tuteurs associatifs et, de façon plus générale, ils partagent avec d'autres tuteurs privés un réel besoin de formation dont la réalisation a semble-t-il commencé.

Avec le processus de professionnalisation et la gestion des mesures de tutelle sur une plus grande échelle, on est entré dans une autre logique : celle de l'entreprise. Les contraintes de gestion sont apparues progressivement mais de manière incomplète. En effet, les origines bénévoles et les objectifs philanthropiques ont amené certaines institutions tutélaires à accepter des mesures non financées. Cette situation, compréhensible lorsque l'association bénéficiait du concours de bénévoles, a perduré, parfois même après l'extinction du bénévolat.

La position du juge a ressemblé de plus en plus à celle des médecins puisqu'il est amené dans l'exercice de ses fonctions dans le domaine de la tutelle à prescrire des interventions dont le financement est supporté par des tiers (Caisses de sécurité sociale, Etat). Mais le juge prend d'autant plus le statut de client des structures d'offre que sa responsabilité ne se limite pas à la prescription mais s'étend à l'indication précise de la personne ou de la structure qui est chargée d'assurer l'exécution de la mesure et des moyens de financement dont elle dispose. La question de la rémunération du service rendu devient essentielle.

§ 2 — L'instabilité et l'incohérence des prix relatifs

Le moins que l'on puisse dire, est que depuis le vote de la loi de 1968 le système des prix relatifs associé aux différents régimes de protection et aux différents modes de gestion a connu **des distorsions considérables** aussi bien à un moment donné que dans le temps. Cette situation provient d'une part, de l'échelonnement du calendrier de la mise en place des procédures de financement des différentes mesures et d'autre part, du contenu même des décisions de l'Etat concernant la tarification. Dans la mesure où l'intervention de l'Etat s'est précisée nettement après la décentralisation de l'action sociale en ce domaine, c'est à dire en 1983, il convient d'observer les conditions de financement avant et après cette date.

1. Avant la décentralisation, la mise en place lente et successive des modalités de financement des divers régimes et modes de protection des majeurs suffit pour créer des distorsions temporaires mais importantes et lourdes de conséquences en ce qui concerne le développement de l'offre locale et la structuration des pratiques tutélaires. Ainsi, pendant quelques mois, seule la gérance de tutelle a bénéficié d'un tarif explicite, à taux dégressif et supporté par le majeur. Par la suite les mesures de sauvegarde de justice avec mandataire spécial ont pu être rémunérées sur la même base. Ce système qui a perduré jusqu'à une date récente n'est pas très satisfaisant (voir le graphique 5.1). En effet, certaines de ses caractéristiques posent question :

- non seulement, il apparaît inéquitable par comparaison avec les autres modes de financement puisqu'il ne prend en compte que très partiellement la capacité contributive du majeur,

- mais de plus, il n'a pas été suffisamment actualisé ce qui, dans un contexte inflationniste, revient à une diminution constante de sa valeur exprimée en francs constants sans relation directe avec l'évolution des coûts de production,

- et enfin, la non compensation intégrale des coûts de fonctionnement, conjuguée à la mise en place d'un financement des établissements hospitaliers par un budget global, n'incite guère les gestionnaires à ouvrir un service quand il n'existe pas encore ou à en déployer les moyens, s'il existe déjà.

Graphique 5.1 : Comparaison des financements de la gérance de tutelle et de la tutelle d'Etat en 1983

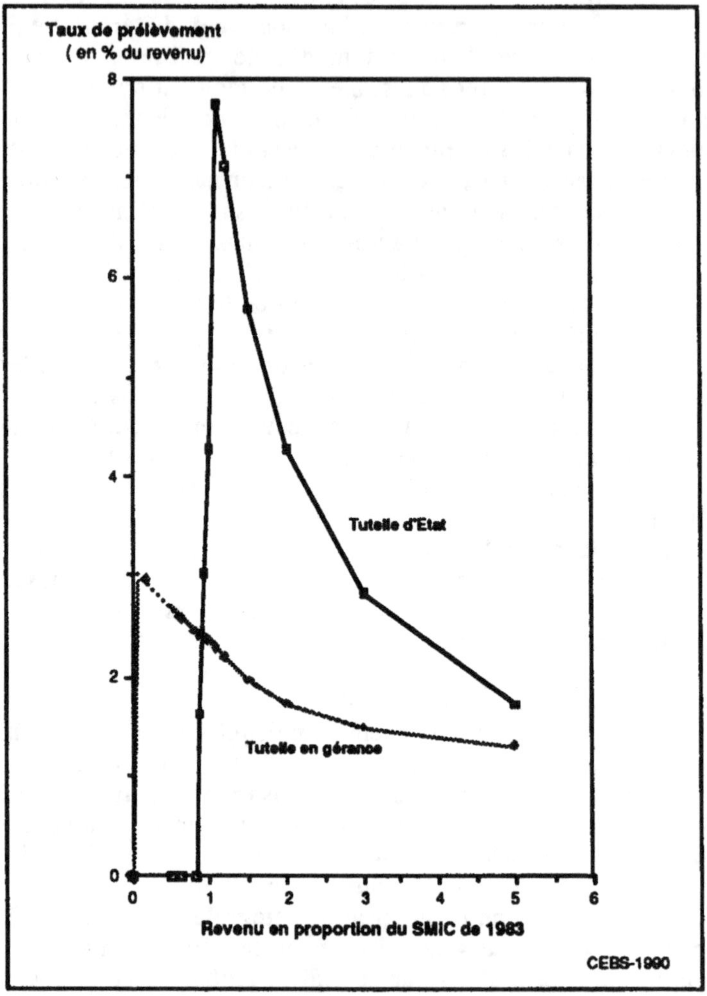

Si l'Etat reste convaincu de l'opportunité du maintien et du développement des services de gérance au sein des structures d'accueil, il est nécessaire qu'il révise les modalités de son financement pour se rapprocher des coûts réels. Dans la mesure où cette solution joue le rôle d'un substitut par rapport aux tutelles et aux curatelles d'Etat et, dans un souci d'équité évident entre les majeurs protégés, une contribution du budget de l'Etat calquée sans toutefois être nécessairement alignée sur celle qu'il apporte pour la tutelle d'Etat, paraîtrait logique.

Assez rapidement aussi, la tutelle aux prestations sociales quand elle n'était pas exercée directement par l'organisme débiteur des prestations, a reçu des ressources garantissant son financement et donc son exécution. Au contraire, jusqu'au milieu des années soixante-dix, la tutelle d'Etat n'était toujours pas financée. C'est principalement après le décret de 1978 que les mesures civiles d'Etat ont commencé à bénéficier d'un financement spécifique[5]. Celui-ci, négocié localement, s'est souvent aligné sur la tarification de la tutelle aux prestations sociales. De même, par extension il a pu être appliqué dans certains départements à des curatelles vacantes. Il n'y avait alors **pas de grandes différences de tarif entre les divers régimes de protection qu'il s'agisse de tutelles faisant référence à la loi de 1966 ou à celle de 1968, qu'il s'agisse de tutelles ou de curatelles d'Etat**. Dans la mesure où l'offre de services tutélaires, assurée par un financement ou par des ressources bénévoles, conserve une certaine élasticité, les juges n'ont guère à se soucier de ces préoccupations économiques.

Il faut souligner qu'avant la décentralisation, le jeu des financements croisés, les décalages importants dans le temps entre l'engagement de la dépense et son remboursement par l'Etat, la confusion des budgets en particulier au niveau départemental, favorisent l'idée d'une consolidation existant au bout du compte entre tous les différents budgets concourant au financement de l'action sociale. **Un certain pragmatisme** prévaut alors au niveau local pour résoudre les problèmes sociaux et l'origine des fonds utilisés apparaît souvent comme un élément secondaire. Au contraire, le processus de décentralisation en clarifiant les financements et en mettant face à leurs responsabilités les décideurs à tous les niveaux de l'administration et du pouvoir politique, a provoqué un cloisonnement étanche entre les différents budgets des multiples acteurs intervenant dans le champ de l'action sociale. Il n'est plus indifférent que ce soit telle institution ou telle autre qui soit mise à contribution. Il a donc fallu clarifier les frontières des compétences et simultanément, celles des financements. C'est dans cette perspective qu'à partir de 1983, il faut replacer l'action de l'Etat dans le domaine de ses compétences en matière de financement des mesures de tutelle qui lui étaient déférées.

2. Après la décentralisation, la clarification a eu lieu et l'ouverture d'une ligne budgétaire spécifique dans le budget de l'Etat en constitue l'illustration la plus évidente. Loin de supprimer les distorsions existant à l'époque, les décisions de l'Etat en ont créé de nouvelles qui persistent encore à la fin des années quatre-vingt.

Ainsi, la diminution sensible du prix mois-tutelle a **modifié considérablement le prix relatif des mesures civiles d'Etat par rapport aux mesures de tutelle aux prestations sociales.** D'une valeur souvent proche de l'unité, ce prix relatif est passé à une valeur située le plus souvent entre 0,4 et 0,6 selon les départements. Cette situation a conduit certaines associations a interrompre leur activité dans le domaine des tutelles d'Etat et à n'accepter que des tutelles aux prestations sociales. Elle en a dissuadé d'autres d'étendre leur activité aux mesures d'Etat malgré les sollicitations dont elles pouvaient être l'objet. Evidemment, ces décisions ont eu des conséquences défavorables quant aux possibilités dont pouvaient disposer les juges de certains départements pour répondre aux problèmes de protection de majeurs qu'ils avaient à résoudre. Cependant cette différenciation des financements entre les mesures de la loi de 1966 et celles de la loi de 1968 aurait pu contribuer à souligner leur fondement et leur contenu en principe différents, si toutefois elle s'était appuyée sur une objectivation des coûts relatifs.

Le nouveau système de financement de la tutelle d'Etat s'écarte aussi sensiblement de celui de la tutelle en gérance. Le graphique n° 5.1, qui se rapporte à l'année 1983, montre que la gérance de tutelle a un coût plus élevé que la tutelle d'Etat pour les personnes dont le revenu est inférieur à 1,35 fois le minimum vieillesse. Pour des revenus supérieurs, le coût de la tutelle d'Etat est sensiblement plus élevé. Ces écarts n'ont pas complétement disparu à la fin des années quatre-vingt. Le graphique 5.2 indique même qu'en 1988 le prélèvement au titre de la tutelle d'Etat peut être 5 fois plus élevé que celui opéré au titre de la gérance de tutelle quand les revenus du majeur sont compris entre 1,2 et 1,5 fois le SMIC. A l'inverse, le financement de la tutelle d'Etat est toujours inférieur à celui de la gérance de tutelle lorsque les ressources du majeur ne dépassent pas le minimum vieillesse majorée de 45 %. Si l'on considère la situation des majeurs au niveau du minimum vieillesse et du salaire minimum interprofessionnel de croissance on observe les prélèvements annuels suivants : zéro et 2 196 francs pour la tutelle d'Etat, 805 francs et 1 179 francs pour la gérance de tutelle, respectivement à ces deux niveaux de ressources. Si le gérant de tutelle ne reçoit que les sommes indiquées ci-dessus, le tuteur d'Etat peut recevoir au total jusqu'à près de 7 000 francs dans les deux situations évoquées. La logique du financement n'apparaît pas clairement.

Le système de financement mis en place par l'Etat après 1983 a eu un autre effet pervers que nous ont signalé tous les juges interrogés ayant exercé pendant cette période. En effet, s'appuyant sur les silences de la loi et voulant éviter toute dérive des financements, les circulaires ministérielles ont exclu la possibilité de

Graphique 5.2 : La valeur relative de la tutelle d'Etat en termes de gérance de tutelle

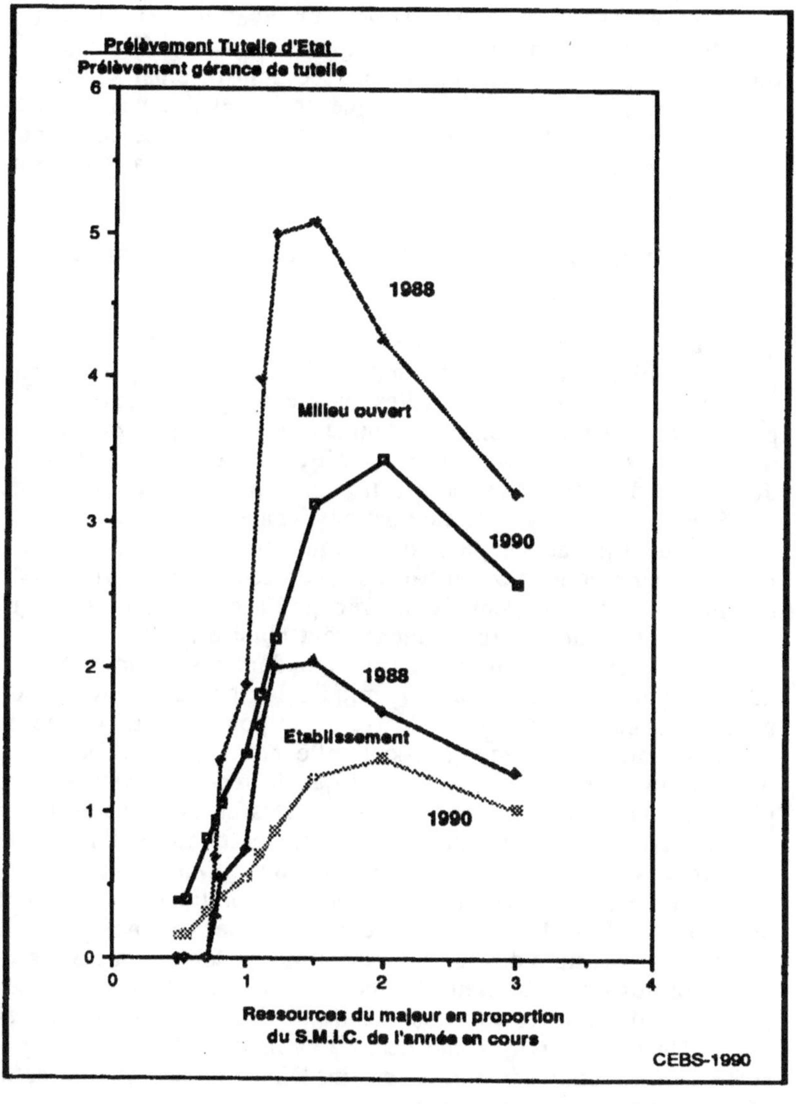

financement de curatelles d'Etat. **Le prix relatif des curatelles était donc nul.** Cette décision a eu vraisemblablement l'effet inverse de celui qui était escompté. Bien sûr, les juges ont eu recours à la gérance de tutelle, quand elle était possible, mais souvent ils ont dû avoir recours à une tutelle d'Etat afin de trouver une réponse satisfaisante pour assurer la protection des majeurs dont ils avaient à connaître de la situation. Dans le premier cas il y a bien un allégement de la charge du budget de l'Etat mais pas dans le second ; dans les deux cas apparaît un alourdissement du régime sous lequel la personne est placée, injustifié par son état et uniquement en raison du système des prix relatifs des mesures d'Etat. Conscients de ces disparités de financement, les acteurs du système (juges, associations tutélaires, et administration publique) ont cherché à s'adapter.

§ 3 — Adaptation au système de prix et adaptation du système de prix

Devant cette situation, les associations ne sont pas restées passives. Elles interviennent auprès des juges, évoquent leurs difficultés de financement. Elles parviennent en partie à faire partager au juge leur échelle de valeur et finalement **leurs problèmes de gestion se trouvent d'une certaine façon intégrés dans la décision judiciaire**. C'est pour cette raison que l'on peut parler de la dépendance du juge par rapport au financement.

Pour sortir de l'impasse dans laquelle ils se sont trouvés, les juges ont eu recours aux substitutions forcées que nous venons de mentionner. Bien souvent ils ont répugné à ces substitutions qui alourdissent la mesure inutilement, sont manifestement en désaccord avec l'esprit de la loi et ne correspondent pas davantage à une démarche d'action sociale dynamique. Ils ont alors essayé de négocier avec les structures d'offre, avec pour objectif d'amener une association à exercer une curatelle non financée. De fortes présomptions permettent de penser que le recours, systématique parfois, à la tutelle aux prestations sociales en doublement de la mesure civile, a en partie son origine **dans cette correction sur le terrain des anomalies du système de prix**. Dans d'autres cas, l'association a pu accepter une mesure de curatelle non financée mais elle a demandé au juge, en compensation, des mesures plus légères, par exemple des tutelles d'Etat de personnes en établissement, ou des mesures mieux financées, par exemple des gérances de tutelle pour des personnes disposant d'un patrimoine conséquent. Un juge nous a même déclaré avoir dû *« faire en quelque sorte un lot »* pour parvenir à ses fins ! Sans doute est-ce à cette période que la dépendance des juges a été la plus grande par rapport au financement.

En réalité, ces distorsions de prix sans grand rapport avec les coûts de production ont des effets très négatifs, non seulement sur la situation des majeurs mais aussi sur l'ensemble du système de la protection des majeurs. Elles ont entretenu entre l'Etat et ses mandataires que sont les associations **un climat de suspicion réciproque** qui rend délicate toute approche vraiment négociée. Elles encouragent au moins, à défaut de les créer, des pratiques discutables quant à leurs effets sur les majeurs et sur les rapports que les juges entretiennent avec les structures d'offre. Elles aggravent enfin les distorsions de prix et les iniquités d'un département à l'autre.

Parmi tous les acteurs, la volonté de chercher des solutions où des adaptations est apparue de plus en plus fortement à partir du milieu des années quatre-vingt. Une commission rassemblant des associations, des juges et des représentants des ministères concernés, s'est réunie et a permis qu'un début d'harmonisation des financements ait lieu. L'année 1988 apparaît comme une année charnière. Il est vrai qu'à partir de cette année, les nouvelles conditions de financement des tutelles d'Etat pour les personnes vivant en établissement (division par 2,5 du mois tutelle) ont réduit l'écart avec la gérance de tutelle, au moins pour ces personnes (voir les deux courbes les plus basses dans le graphique 5.2). **Le processus d'harmonisation des prix relatifs est donc amorcé**. Cette observation est également confirmée par le nouveau barème de 1990 qui rapproche davantage les deux prélèvements supportés par les personnes protégées même en milieu ouvert.

Cependant l'écart relatif demeure encore important puisqu'en ce qui concerne les prélèvements, il est légèrement supérieur à trois pour des revenus compris entre 1,5 fois et 2,5 fois le SMIC et qu'en ce qui concerne la rémunération des tuteurs, l'écart a toujours tendance à s'accroître avec l'inflation. En outre, les variations de tarifs ne sont toujours pas fondées sur une analyse normative des coûts. L'ajustement des structures d'offre à ces nouveaux barèmes ne pose pas de problème à court terme dans la mesure où l'Etat prévoit à chaque modification le maintien au moins en francs courants des tarifications antérieures. L'ajustement comptable est donc progressif. Mais il est clair qu'à long terme, les personnes protégées dont les mesures sont mieux rémunérées disparaissant, le financement moyen des mesures aura inexorablement tendance à diminuer obligeant ainsi les associations tutélaires à des ajustements ambivalents que certaines d'entre elles ont déjà entrepris.

Pour l'instant et en valeur absolue, ces écarts de tarification ne sont nullement négligeables, aussi bien pour les services gestionnaires que pour les majeurs eux-mêmes. Le graphique 5.3 le fait apparaître nettement. A un niveau de ressources relativement faible, entre le SMIC et le double du SMIC, le prélèvement varie du simple au triple à revenu égal, selon que la mesure prononcée est une mesure de gérance de tutelle ou une mesure de tutelle ou de curatelle d'Etat. Le problème se pose principalement pour les personnes vivant dans un domicile privé. Il faut cependant nuancer ces observations en notant que pour la majorité de la population concernée, les ressources sont inférieures au SMIC et qu'à ce niveau les écarts relatifs sont réduits voire inversés. En outre, il ne faut pas oublier que l'Etat vient compléter le financement jusqu'au plafond, éventuellement réduit si la personne est en établissement.

Graphique 5.3 : Les différents financements des mesures de protection en 1990

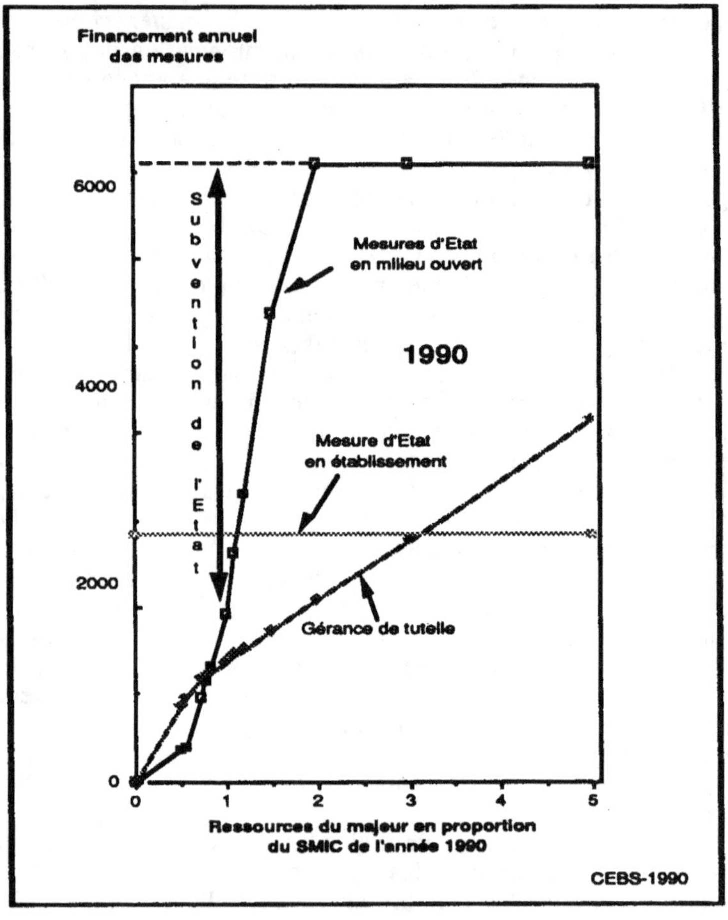

De leur côté, les juges ne sont pas passifs et ils réagissent. Face à un système de prix dont la maitrise leur échappe, conscients intuitivement des charges de travail découlant de leurs prescriptions sans avoir pour autant une connaissance précise des coûts, ils tentent individuellement ou parfois collectivement de réguler le système. Par exemple, utilisant l'espace de liberté d'appréciation que lui laisse la loi, un juge a doublé le taux des prélèvements pour la gérance de tutelle qu'il a confiée à des tuteurs privés (administrateurs spéciaux, notaires). Cette ébauche d'une réponse à caractère marchand oblige évidemment à un débat plus ou moins explicite entre le juge et les tuteurs privés sur le coût de l'exercice d'une mesure de protection.

Dans tous les cas, l'élasticité du financement repose sur la possibilité de faire supporter au majeur une participation plus importante aux frais que son état ne le nécessite. Appréciée au cas par cas, cette éventualité peut aussi faire l'objet de tentatives d'harmonisation. A cet égard, l'initiative prise par les juges d'un département d'uniformiser les prélèvements supplémentaires sur les ressources des majeurs pour compléter les financements insuffisants, est un exemple d'ajustement qui anticipe d'une certaine manière celui auquel l'Etat a eu recours récemment. Mais là aussi, l'intervention de l'Etat n'est pas toujours neutre. En effet, si les récentes décisions en matière de financement ont supprimé plusieurs distorsions dans les prix relatifs ainsi que les effets de seuil des prélèvements sur les majeurs, elles ont pu avoir des effets négatifs sur les régulations négociées localement. Par exemple, en alourdissant la charge financière des majeurs dont les ressources sont faibles, elles risquent de compromettre sérieusement l'arrangement local évoqué ci-dessus ; arrangement qui n'était pas totalement satisfaisant, il est vrai, sur le plan de l'équité par comparaison avec la situation des autres départements. De plus, ce recours au financement par le majeur n'est pas sans limite. Compte tenu de la faiblesse des ressources de certains majeurs, la nécessité de dégager les moyens réels d'un maintien ou d'un retour dans un domicile privé entre déjà parfois en concurrence avec le prélèvement pour la tutelle. En outre, l'impossibilité, qu'il a bien fallu reconnaître, d'effectuer le moindre prélèvement sur le minimum garanti aux personnes hébergées dans le cadre de l'aide sociale, réduit sensiblement l'assiette du prélèvement.

Les acteurs du système et, au premier rang parmi eux les juges, ont dû s'adapter non seulement à des prix relatifs fluctuants mais aussi à des situations de rationnement conduisant à l'encombrement des systèmes de production des mesures de protection ou à la pénurie des solutions disponibles pour répondre aux problèmes des majeurs. Ce rationnement qu'il convient toutefois de relativiser, vient renforcer la dépendance du juge dans sa décision concernant la protection d'un majeur.

Section 2 : Le poids du rationnement des financements

L'une des sources les plus importantes des difficultés rencontrées par les acteurs dans les dernières années, tient à la **contradiction fondamentale entre l'affirmation d'un droit susceptible de s'appliquer sur l'ensemble de la population cible potentielle[6] et le caractère limitatif des ressources qui sont affectées à son application effective.** Compte tenu de la structure lexicographique du processus de la décision judiciaire quant au choix du mode de gestion du régime de protection, le facteur limitatif résiduel se manifeste en apparence au seul niveau de la tutelle d'Etat. L'attention est donc naturellement centrée sur le budget qui est affecté à cette fonction. Néammoins, il est clair que les possibilités de desserrement des contraintes ne concernent pas exclusivement la tutelle d'Etat mais bien également l'ensemble des autres solutions de substitution également.

Dans un contexte marqué par la crise structurelle de l'Etat-providence et par une conjoncture déflationniste, il est logique que l'Etat ait tenté d'assurer la plus grande maîtrise possible des dépenses consacrées à cette fonction comme aux autres (sous-section 1). En opérant ainsi, il a maintenu une pression sur les juges dont l'effet premier pouvait être de les inciter à rechercher dans toute la mesure du possible les solutions alternatives. Les juges se sont alors trouvés dans des situations plus ou moins contraignantes selon le contexte local ou son histoire et leur décision s'est trouvée largement dépendante (sous-section 2).

Sous-section 1 — *Les tentatives de régulation du nombre des mesures de tutelles d'Etat*

Pour parvenir à la maîtrise de ces dépenses, l'Etat a utilisé plusieurs moyens. Il a d'abord tenter d'éviter que le système de rémunération ne soit trop incitatif pour les associations tutélaires[7] et trop ouvert pour les juges (absence de rémunération des curatelles d'Etat). Ce faisant, même s'il invite ici où là des associations à s'engager dans cette voie, il a freiné assez efficacement la création d'associations nouvelles, l'embauche de délégués à la tutelle supplémentaires et donc plus généralement le développement de l'offre. Mais cette solution qui vient contrarier les projets des juges ne suffit pas. Il est nécessaire d'agir en amont sur les mécanismes de signalement et de réexaminer les situations des personnes protégées. Pour réaliser cela, l'Etat envisage d'abord de recourir à une régulation administrative (§ 1) et ensuite à une régulation judiciaire. En réalité, ce recours à l'arbitrage judiciaire sera conduit par les associations tutélaires et viendra contrecarrer les projets d'économies (§ 2). L'Etat se tournera alors vers des solutions financières où, s'il abonde la ligne budgétaire consacrée à la tutelle et à la curatelle d'Etat, il essaie en même temps d'obtenir un effet multiplicateur à ses dépenses en augmentant les prélèvements sur les majeurs.

§ 1 — La volonté de régulation administrative

Après 1983, le choix de l'Etat a été net. Il ne lui paraissait pas souhaitable de mettre en jeu un budget « à guichets ouverts » avec, en quelque sorte, un droit de tirage quasi automatique. A plusieurs reprises, les circulaires de la Direction de l'action sociale affirment le caractère limitatif du budget affecté à la tutelle. *« Lorsque la tutelle d'Etat est confiée à une association, il est versé à celle-ci,* ***dans la limite des crédits*** *délégués sur le chapitre 46-41 article 30, un montant forfaitaire mensuel »* (...) *« Je vous rappelle que les crédits qui vous sont délégués doivent être gérés avec* ***le maximum de rigueur.*** *Il vous appartient donc de veiller à ce que les tutelles ne soient pas toutes rémunérées systématiquement au taux le plus élevé, ce qui conduirait inévitablement à un épuisement rapide des crédits disponibles »*[8]. L'année suivante une nouvelle circulaire insiste à nouveau sur le *« caractère limitatif »* des crédits[9].

Deux années plus tard, ce qui semble devenir un leitmotiv est exprimé d'une manière encore plus nette aux préfets, commissaires de la République puisque la circulaire n° 28 du 24 juin 1986 précise que *« la dotation annuelle qui vous a été notifiée le 14 février, ayant un caractère définitif, il convient de prendre les mesures nécessaires pour maintenir dans le cadre de ces crédits les dépenses engagées pour le financement de la tutelle d'Etat en 1986 »*. Inévitablement, ces mesures nécessaires vont s'intéresser au contenu de la décision du juge des tutelles. Il est évidemment difficile d'intervenir en la matière *« sans s'immiscer dans le domaine de compétence du juge des tutelles »*[10].

A un premier niveau, on suggère explicitement aux directions départementales des affaires sanitaires et sociales **d'informer les juges** de la situation, afin de les persuader de prendre en compte dans leur décision ces contraintes budgétaires avec l'espoir de voir diminuer ainsi le nombre des tutelles vacantes. D'après la circulaire de 1985, *« il convient d'alerter le tribunal des tutelles sur la réalité des moyens dont vous pouvez disposer...* (...) *et de lui demander de limiter en conséquence le développement des mesures nouvelles»*.

A un second niveau, on demande aux services extérieurs de l'Etat, dans le cadre du pouvoir de contrôle du fonctionnement des associations tutélaires prévues par l'article 10 du décret du 6 novembre 1974, de réexaminer systématiquement les dossiers des majeurs sous tutelle d'Etat. En réalité, il s'agit d'apprécier le bien-fondé de la décision du juge quand il a déclaré vacantes des tutelles pour des personnes placées en long séjour dans des institutions à caractère sanitaire ou social. C'est donc **la pertinence de la décision du juge** qui est en cause puisqu'il convient le cas échéant *« de solliciter chaque fois que possible la transformation de la tutelle en* ***une mesure mieux adaptée à leur situation****, qui pourrait être par exemple la gérance de tutelle »*[11]. Quand on connaît l'attachement des juges à l'indépendance du pouvoir judiciaire, on conçoit qu'ils ne pouvaient voir dans cette pratique qu'une forme particulière de tutelle sur leur activité et l'on comprend que les rapports qu'ils entretiennent avec les DDASS aient pu dans certains départements en souffrir quelque peu.

Ayant pris conscience de la difficulté, la Direction de l'action sociale change de mode de régulation dans la circulaire de l'année suivante. Il devient clair en effet, que le contrôle des DDASS ne porte que sur l'activité tutélaire des associations. L'instruction d'élargir le contrôle sur le fonctionnement des associations tutélaires au-delà de la vérification comptable afin d'évaluer les résultats de l'activité tutélaire et d'en *« apprécier l'efficience »*[12] est donnée. Il appartiendra au Préfet, le cas échéant, de communiquer au parquet les *« errements»*[12] constatés dans le fonctionnement des services tutélaires. Le recours éventuel au pouvoir judiciaire est donc envisagé explicitement pour clarifier une situation qui semble confuse.

§ 2 — La régulation contrariée par le pouvoir judiciaire

Ce recours à la justice va effectivement avoir lieu mais principalement à l'initiative des associations tutélaires. En effet, celles-ci se voient confiées des mesures de protection par les juges des tutelles sans avoir le financement permettant de les assumer. Certaines les acceptent, prenant le risque de démontrer ainsi, à tort ou à raison, que le fonctionnement antérieur était inefficient. D'autres refusent purement et simplement ces mesures.

C'est dans ce contexte que s'inscrit l'action engagée par l'UDAF de la Somme quand elle forme un recours en annulation de sa désignation au titre de la tutelle déférée à l'Etat pour un majeur, dès le 29 octobre 1984. Elle obtient, après une longue procédure, gain de cause et la première chambre du tribunal de grande instance de Laon met explicitement en cause le comportement de l'Etat en soulignant ses contradictions puisque selon le tribunal *« dans le même temps où il encourage — pour des raisons d'efficacité mais peut-être plus encore d'économies — les thérapeutiques extra-hospitalières et la recherche de solutions d'insertion en milieu naturel pour de nombreuses personnes handicapées, souvent incapables, et où il a suscité, par voie de conséquence, un considérable accroissement du nombre des majeurs à protéger dans le cadre de la tutelle, l'Etat ne peut, sous peine de se démettre de sa fonction protectrice des incapables majeurs en dernier ressort, placer les personnes privées, physiques ou morales, qui acceptent de se substituer à ses propres structures dans cette délicate et indispensable mission, dans l'impossibilité d'assumer celle-ci conformément à leur éthique, en les privant d'une juste rémunération du service rendu, ainsi que l'y oblige l'article 12 du décret n° 78-190 du 7 février 1978 »*[13] . Il en est de même, comme cela a déjà été évoqué, pour le financement de la curatelle d'Etat et pour le doublement d'une mesure civile et d'une tutelle aux prestations sociales reconnus par la Cour de cassation. **Compte tenu du caractère impératif de la loi de 1968 et de la définition volontairement large de son domaine d'application, la régulation par le contrôle de la décision judiciaire était vouée à l'échec.**

A défaut, la régulation des dépenses a-t-elle réussi ? Il est difficile de répondre à cette question. En effet, on a observé une progression rapide des dépenses de l'Etat depuis 1984 comme le montre clairement le graphique 5.4 mais il est impossible de savoir ce qui se serait passé si l'Etat n'avait pas tenté de limiter par tous les moyens l'explosion des dépenses. De 38 millions de francs en 1984 le financement de l'Etat a été porté à plus de 100 millions en 1989. En effet, la décentralisation survient à un moment où les mesures de tutelles et de curatelles sont de mieux en mieux connues et commencent à se diffuser dans la population et dans les différents départements. Même si le flux de nouvelles mesures voit sa progression ralentie, le stock des mesures continue à progresser tant que les mesures de mainlevée sont en nombre inférieur. L'augmentation des dépenses doit donc être interprétée avec prudence. Le constat de la difficulté de freiner les dépenses, à réglementation constante, amène le Ministère à faire évoluer celle-ci pour parvenir à un ralentissement de leur progression.

Désormais, la régulation s'opère par le biais du prélèvement sur les ressources du majeur. Celle-ci n'est soumise qu'au jeu du marché politique qui, pour de nombreuses raisons, n'exerce qu'une influence limitée en ce domaine. Sans pour autant se désengager, la progression de ses dépenses en témoigne suffisamment, l'Etat espère ainsi donner une plus grande élasticité à l'enveloppe budgétaire dont disposent indirectement les juges pour faire face à l'obligation de protection voulue par le législateur. En attendant ce soulagement, limité sans doute par la faiblesse des ressources du majeur, les juges se sont trouvés plus ou moins contraints par l'existence d'une offre rationnée en raison d'un financement bloqué. Le phénomène a été ressenti partout mais il est apparu plus nettement dans certains départements.

Graphique 5.4 : Evolution des dépenses de financement de la tutelle d'Etat et de la curatelle d'Etat depuis 1984

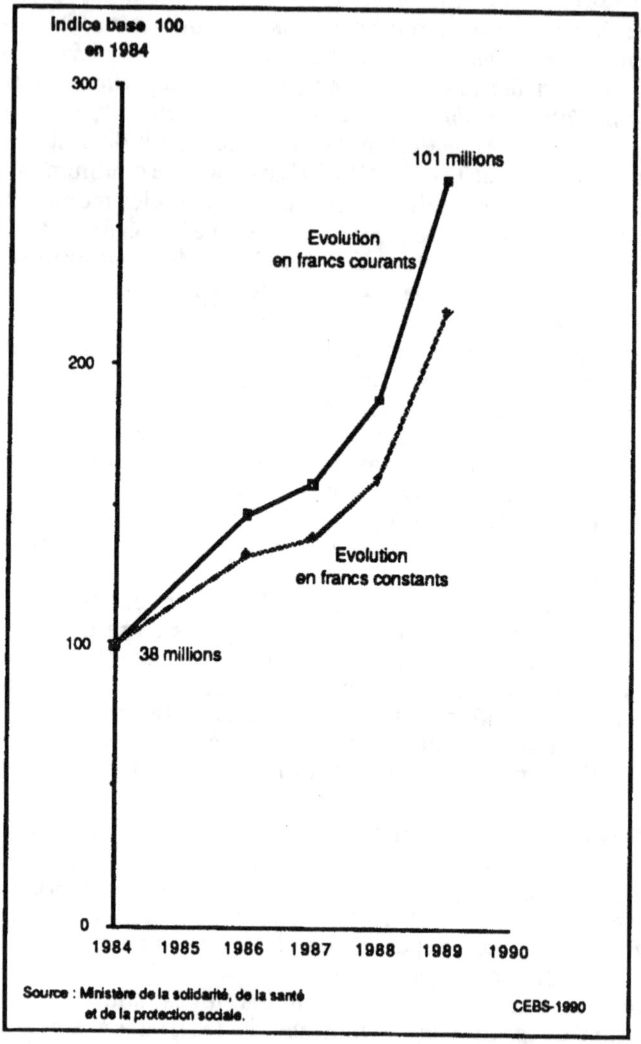

Sous-section 2 — *Les effets du rationnement des financements*

Même si les procédures de régulation de la dépense étatique ne produisent pas tous les effets escomptés, elles maintiennent les juges face à **une situation de rationnement**. Ce contexte agit directement sur les conditions d'exercice de leurs fonctions par les juges des tutelles. Il est vraisemblable que la persistance de ce rationnement, modulé et variable d'un département à l'autre, a exercé sur les juges une pression telle, qu'ils n'ont guère eu tendance à laisser échapper la moindre opportunité d'une solution alternative à la tutelle d'Etat. Mais là encore, ce n'est pas toujours certain. En effet, en masquant la pénurie, parfois par des solutions qui n'étaient pas totalement satisfaisantes, les juges ont pu craindre, comme certains d'entre eux le précisent, non seulement d'entretenir la faiblesse des crédits d'Etat affectés à leur circonscription, crédits dont on sait qu'ils sont inégalement répartis d'un département à l'autre, mais aussi d'empêcher ou de retarder l'émergence de structures d'offre alternatives. En outre, cette pénurie contribue fortement à les persuader que l'Etat n'assume pas pleinement les missions que la loi lui donne et à les rapprocher de la position défendue par les associations tutélaires. En effet, il faut remarquer que, par certains aspects, la situation des juges se rapproche étonnamment de celle de leurs interlocuteurs, médecins et travailleurs sociaux.

A l'instar des premiers, les prescriptions des juges, induites mais non déterminées par les mécanismes de signalement, se trouvent rationnées. Les juges des tutelles sont en fait dans **une position analogue à celle des médecins** par rapport aux organismes de la Sécurité sociale ou à leurs ministères de tutelle. Cette analogie, que la double expertise manifeste à sa manière, a cependant des limites car on imagine mal la mise en place d'un tableau statistique d'activité des juges des tutelles !

Le rapprochement avec la situation des travailleurs sociaux concerne le problème du placement de la mesure, c'est à dire pour le juge celui du choix de la personne à qui il en confie l'exercice. Comme l'assistant social d'un service de polyvalence de secteur ou d'un établissement hospitalier au service des urgences ou dans celui de moyen séjour, le juge doit trouver une solution pour la personne qu'il doit aider. Il sait qu'il engage ainsi les ressources d'autres agents économiques ; il sait aussi que la charge de travail demandée pour son « protégé » est plus ou moins lourde ; il devine enfin, les contraintes de ses partenaires et les compensations financières variables et aléatoires qu'ils peuvent obtenir. Dans sa décision il ne peut éviter de tenir compte de tous ces facteurs. Bien souvent, avant de confier une mesure à un administrateur spécial, à un gérant de tutelle d'un établissement ou à une association tutélaire, le juge s'informe pour savoir si cela est possible. C'est en ce sens qu'il est amené à **intégrer les contraintes de ses partenaires** et c'est donc indirectement que sa décision dépend de l'intensité des contraintes que ceux-ci doivent supporter. Paradoxalement, la faculté dont dispose le juge de reporter vers l'extérieur les charges induites par les mesures de protection, implique qu'il les intègre malgré tout dans sa décision.

Face à cette contrainte du rationnement de l'offre de tutelles d'Etat, le juge doit essayer d'exploiter toutes les opportunités qui se présentent. Il peut commencer par essayer de dissuader les autres acteurs de faire des signalements trop systématiques ; il peut demander au parquet de jouer un rôle de filtre des signalements ; si le signalement a eu lieu, après une enquête la plus large possible sur l'entourage du majeur, il va tenter de convaincre l'un des proches d'accepter la fonction de tuteur ou de curateur ; parfois, il va confier la mesure à une personne dont il n'est pas tout à fait certain des capacités. Le risque peut être grand si le suivi n'est pas assuré et si la mobilité du juge ne s'accompagne pas d'une bonne transmission de l'information, que la protection du majeur soit imparfaite ou même détournée de sa finalité : l'intérêt du majeur.

Pour les majeurs hospitalisés, si les solutions familiales s'avèrent impossibles, malgré toutes les « acrobaties » imaginables[14], le juge va privilégier systématiquement la gérance de tutelle pour confier la mesure au préposé de l'établissement. Il le fera même exceptionnellement pour des patrimoines un peu plus conséquents. Cependant il peut craindre parfois d'accroître excessivement la charge d'un préposé qui n'est pas toujours affecté à temps plein à cette tâche. En outre, de cette manière la personne est encore plus dépendante de l'institution qui l'héberge. Pour d'autres majeurs, il va insister auprès d'un tuteur privé, administrateur spécial, pour qu'il accepte des mesures supplémentaires.

La contrainte du rationnement augmente la charge de travail du juge et la durée de l'instruction en même temps qu'elle met le juge en situation de dépendance par rapport aux structures d'offre. Elle compromet ainsi indirectement la capacité du juge à interpeller les tuteurs s'il conteste leurs décisions ou leurs pratiques.

Même si le juge des tutelles tente de desserrer la contrainte en stimulant l'offre pour réussir la mise en place d'une structure d'offre alternative, il faut s'interroger sur le risque qu'il devienne aussi un peu dépendant de cette solution qu'il a inspirée et dans laquelle il a investi du temps et de l'énergie. Dans tous ces cas de figure où le rationnement est trop fort, le juge exerce son activité dans des conditions qui ne sont pas vraiment satisfaisantes. Dans ces conditions, il n'est guère étonnant que certains juges considèrent que ce n'est pas à eux de suppléer l'Etat dans la mise en place de ses mandataires pour exercer les mesures vacantes. Ils préfèrent alors déférer la mesure au préfet pour que la pénurie apparaisse plus clairement et que les responsables des services extérieurs de l'Etat assument leurs responsabilités. Le juge doit juger les situations qui lui sont soumises mais comme il n'a pas à se transformer en tuteur, il n'a pas non plus dans le cadre de son activité à se transformer en entrepreneur social. Il s'agit en effet, d'**une des formes de glissement de fonction sur le terrain social** vis à vis duquel les juges ont une opinion très réservée.

S'il a la chance de disposer d'un service tutélaire pour assurer des tutelles aux prestations sociales, il sera plus facilement tenté de recourir à la loi de 1966, complétée, si nécessaire, par une mesure civile. En effet, il semble, au moins dans certains départements, que la contrainte sur le financement de ces mesures de la loi de 1966 soit plus faible. La question rebondit alors sur la manière dont cette charge est supportée par les organismes sociaux ou compensée par l'Etat. La coexistence d'une contrainte serrée et d'une contrainte molle offre une solution pour certains dossiers mais contribue à infléchir la décision du juge.

Créer les conditions de l'indépendance du juge suppose de le décharger dans une large mesure de la responsabilité d'organiser le service public de tutelle qu'appelait M. PLEVEN lors du vote de la loi de 1968. Faut-il toutefois supprimer toute contrainte d'offre en donnant à celle-ci une élasticité infinie ? La question est délicate et les dix dernières années en sont une illustration manifeste.

En effet, la décennie des années 1980-1990 se caractérise à la fois par le développement du nombre des mesures de tutelles ou de curatelles vacantes, par l'engagement financier croissant de l'Etat et par une recherche et un apprentissage progressif de modes de régulation efficaces de la dépense. L'instabilité de ce contexte provient dans une large mesure de la contradiction fondamentale existant entre la reconnaissance d'un droit par la loi du 3 janvier 1968 et la volonté de limiter a priori l'enveloppe budgétaire qui lui est associée. Peut-on imaginer que le revenu minimum d'insertion soit contraint par une définition a priori du budget qui lui est consacré ? Comment aurait-on pu définir un quota de bénéficiaires jusqu'où le préfet aurait pu s'engager par département ? Sur quels critères un nombre de bénéficiaires maximum aurait-il été établi pour la circonscription de telle ou telle Commission locale d'insertion ou pour telle ville ? Il en va de même pour les mesures de protection des majeurs. Le fait qu'il s'agisse d'une prestation en nature, à la différence de la prestation RMI[15], ne modifie ni le caractère de droit de cette prestation ni les conséquences financières qui devraient en découler.

L'enjeu dépasse de beaucoup le problème des tutelles civiles. L'ensemble des prestations d'aide sociale en général et, en particulier celles qui sont à la charge des départements, ont les mêmes caractéristiques. Le risque de voir des contraintes budgétaires altérer des droits et multiplier des iniquités à l'endroit d'une population particulièrement fragile, ne saurait être sous-estimé. Cependant avec l'assouplissement du rationnement, la difficulté n'est que déplacée car **une question redoutable demeure** : comment peut-on faire coexister dans le système économique et social, des espaces avec des contraintes totalement lâches (mais s'agit-il encore de contrainte ?) au milieu de situations souvent fortement contraintes ? Le risque d'une enflure de ces espaces ne peut, lui non plus, être écarté avec les conséquences non seulement financières mais aussi en termes de liberté individuelle que l'on peut redouter.

Conclusion de la deuxième partie

Eloignée de l'analyse séquentielle dont la schématisation donnait de la loi de 1968 une perception à la clarté déformante, la mesure de protection se révèle le résultat d'un jeu d'acteurs complexe où interfèrent des rationalités multiples, à tel point que l'on peut se demander qui représente l'intérêt de la personne à protéger. Si le juge est en fin de compte chargé d'une synthèse de l'ensemble des données, les contraintes qu'elles imposent à sa liberté orientent ses choix tantôt vers l'établissement d'hébergement, tantôt vers le service ou le gérant momentanément le moins encombré, tantôt vers le meilleur financement disponible. Fort heureusement, comme sur tous les marchés orientés par la pénurie, si les décisions qui en résultent ne correspondent pas à l'optimum pour chaque majeur sous protection, elles ne constituent pas nécessairement la moindre satisfaction, cette situation étant sans doute pour eux représentée par l'absence de protection. Pourtant, la question de l'optimum du majeur se pose d'autant plus que la décision judiciaire conduit de plus en plus à le transformer en consommateur forcé de la prestation offerte, ce qui va se traduire concrètement dans son budget même si celui-ci est déjà faible.

Comme souvent, le fait d'insister sur les torsions que la pratique impose au système initialement prévu, risque de conduire à une présentation à son tour éloignée de la réalité. La famille gère une mesure sur deux et, dans 40 à plus de 50 % des cas, le majeur protégé loge chez lui ou dans sa famille. Si l'on considère que juges et médecins ont écarté la gestion familiale lorsqu'elle se révélerait nuisible à la personne placée sous protection, il faudrait admettre que pour la moitié des majeurs la décision de protection et son mode de gestion se rapprochent de l'optimum.

Pourtant les importantes différences relevées dans le type de mesure prononcée font douter même de cette conclusion. Comment expliquer entre les départements, un tel écart dans le prononcé de la tutelle complète, mesure la plus privative des droits ? Le milieu naturel de la famille ne devrait-il pas au contraire porter les mesures laissant au bénéficiaire quelques espaces pour l'exercice de ses droits ? Et l'objet du mandat tutélaire n'est-il pas d'abord d'aider la personne à gérer un peu d'autonomie comme l'indiquaient dès 1838 les dispositions relatives au curateur à la personne ?

Même si la corrélation nature de la mesure/gestion familiale logement personnel ou en famille, est difficile à établir précisément, la plupart des observations énoncées dans les deux chapitres précédents, concernent les majeurs détachés de la sphère familiale. Pour eux nous avons noté la difficulté de maintenir la distinction protection des biens/protection de la personne et l'affaiblissement du critère de la consistance des biens. En effet, la probabilité croît de manière importante pour le majeur en établissement, de bénéficier d'une simple tutelle aux biens quelle que soit l'importance de son patrimoine et chacun semble s'accorder à considérer que le service social de l'établissement de soin ou le club du troisième âge de la maison de retraite, fourniront le supplément d'âme[16]. D'un autre côté, la part considérable prise par la «gérance bénévole» dans l'administration des curatelles confirme d'une autre manière cette double évolution. Et le système est complètement détourné de son but quand la tutelle aux prestations sociales, accordée en complément d'une mesure de protection pour des raisons financières, transforme une curatelle renforcée en quasi tutelle complète ou, pour la même raison, quand l'organisme gestionnaire de la tutelle sociale obtient le prononcé de gérances de tutelle.

Doit-on considérer que l'évolution pratique aurait finalement confirmé une lecture de la loi de 1968 donnant la priorité à la protection des biens ou, qu'estompant les différences, elle consacre le fait qu'enfin, *« la plus grande partie des incapables majeurs, internés ou pas, n'est pas plus à même de gouverner sa personne que de gérer son patrimoine »*[17] ? Si l'on croit la Cour de cassation, cette seconde interprétation doit prévaloir car les régimes civils d'incapacité *« ont pour objet, d'une façon générale, de pourvoir à la protection de la personne et des biens de l'incapable »*[18]. Sur cette voie, **on peut douter que les mesures les plus restrictives des libertés soient les mieux à même de permettre la réhabilitation de la personne protégée**. Or précisément, les services tutélaires justifient leur défaveur à l'égard de la sauvegarde de justice ou des formes allégées de curatelle, par le trop peu de place laissée par ces mesures de protection au contrôle des gestionnaires, dans les conditions où ils peuvent travailler. A la question « qu'est-ce qui protège ? », sans doute faut-il répondre qu'une personne dont tous les mécanismes de défense sont affaiblis, est d'abord protégée par les actes juridiques, ce qui justifie la nécessité d'une appréciation du juge la plus libre possible. Mais il est pour le moins paradoxal que les actes juridiques les plus restrictifs des libertés civiles puissent être souhaités par ceux dont le mandat devrait comprendre de limiter au départ la portée de ces restrictions ou d'en revendiquer l'affaiblissement quand les personnes protégées sont accompagnées sur les chemins d'une plus grande autonomie. Alors, compte-tenu du très faible taux de modification des mesures dans le sens de l'allègement (moins de 2 % y compris les mainlevées) et donc du caractère définitif de presque toutes, doit-on conclure en aval, au caractère pathogène de la protection ou en amont, à une sélection spontanée et drastique des personnes les moins autonomes ?

A l'évidence, une révision de la loi s'impose mais il est à craindre que la polarisation du débat sur ses seuls aspects financiers, observée depuis plusieurs années, ne conduise au bout du compte à croire que l'on puisse en faire l'économie. Or, si la plupart des dysfonctionnements notés ont une origine commune (l'oubli des problèmes d'intendance), la réforme des modalités de financement ne suffirait pas à assurer un fonctionnement du système des tutelles satisfaisant dans l'intérêt des majeurs.

PARTIE 3

La protection des majeurs : ***un système contrasté***

Plus de vingt ans après le vote de la loi de 1968, l'étude statistique réalisée sur l'ensemble de la métropole d'une part et l'enquête plus approfondie effectuée dans six départements d'autre part, révèlent que **la situation du système des tutelles est encore fortement différenciée sur le terrain**. La compréhension globale du phénomène tutélaire passe donc aussi par une analyse des facteurs explicatifs de son développement au niveau local. En effet, la variation de la diffusion des tutelles présente plusieurs dimensions à la fois qualitatives et quantitatives.

Sur un plan qualitatif, la loi de 1968 offre plusieurs solutions. Le régime choisi, le mode de gestion adopté et la nature du tuteur, du curateur ou du gérant assurant l'exécution de la mesure, sont autant de caractéristiques susceptibles de connaître des variations dans l'espace, d'un tribunal à l'autre ou dans le temps, d'un juge à l'autre. En outre, comme on le verra, un recours à une mesure dans le cadre de la loi de 1966 concernant la tutelle aux prestations sociales adulte (TPSA), est parfois une possibilité alternative également envisageable et usitée.

Sur le plan quantitatif, l'intensité de la diffusion des diverses mesures semble connaître des variations d'amplitude importante. Celles-ci tiennent apparemment, tantôt à l'espace géographique considéré et à son histoire particulière, tantôt aux caractéristiques spécifiques de certains segments de la population des majeurs au sein d'une circonscription géographique, tantôt aux pratiques des différents acteurs locaux impliqués dans le fonctionnement du système des tutelles. Dans la réalité ces trois types de facteurs s'entrecroisent et leurs effets sont souvent mêlés. Pour la clarté de l'exposé nous les distinguons. D'abord, la diffusion spatiale inégale des mesures de protection est étudiée sur un plan global pour l'ensemble de la métropole (chapitre 6). Ensuite, la variation de la diffusion sociale des mesures de protection est examinée à partir de l'enquête réalisée sur un échantillon représentatif des mesures existant au 31 décembre de l'année 1989 dans les départements d'Ille-et-Vilaine et de Seine-Maritime (chapitre 7). Enfin, grâce au complément d'informations apporté par les entretiens effectués dans les six départements choisis, la diversité des pratiques et des contextes est précisée (chapitre 8).

Chapitre 6

La Diffusion Spatiale Inégale Des Mesures De Protection

Les études menées avant cette enquête ont déjà évoqué les disparités géographiques du phénomène tutélaire au sein de l'hexagone[1]. Par exemple, la situation atypique de la Bretagne et plus généralement celle de l'ouest de la France, ont retenu rapidement l'attention du Ministère lorsqu'avec la mise en place du financement de la tutelle d'Etat les premières données statistiques furent disponibles. Il est alors apparu clairement que la diffusion des mesures de protection pouvait obéir à des déterminations locales spécifiques. Les informations recueillies sur les six départements étudiés dans l'enquête ou sur d'autres régions, confirment l'idée d'une intéraction de l'offre et de la « demande » jouant un rôle encore plus important que la pratique particulière de chaque juge dont on a mis en évidence la grande mobilité et la relative dépendance par rapport au contexte local[2]. C'est cet aspect particulier du phénomène tutélaire que l'on cherche à éclairer dans ce chapitre.

Les précédentes études ne bénéficiaient pas encore de données statistiques exhaustives. En rassemblant et surtout en croisant les informations auprès des trois principaux financeurs (l'Etat, la Caisse nationale des allocations familiales et la Caisse centrale de la mutualité sociale agricole), il nous a été possible de dresser un tableau plus précis de ces disparités géographiques pour les mesures de tutelle bénéficiant d'un financement socialisé au cours de l'année 1986. Au-delà du simple constat et de la mesure de cette variation de la diffusion des mesures de tutelles d'Etat au sein de la population (section 1), il convient de s'interroger sur les facteurs qui peuvent l'expliquer (section 2). Plus récemment, des données statistiques portant sur l'ensemble des mesures de tutelles civiles ont été disponibles grâce aux services statistiques du Ministère de la justice. Elles décrivent la situation à la fin de l'année 1989, donnent une image plus globale du phénomène tutélaire et viennent utilement compléter les informations disponibles en ce qui concerne les seules tutelles financées en partie au moins par des ressources socialisées (section 3).

Section 1 : La diffusion géographique inégale des tutelles d'Etat

Après une rapide présentation des informations disponibles de manière homogène au plan national (sous-section 1), les résultats observés au niveau régional et départemental sont présentés au 31 décembre de l'année 1986 (sous-section 2).

Sous-section 1 — *Le taux d'incidence des tutelles d'Etat*

Les rares statistiques nationales dont nous disposons en matière de tutelle au majeur concernent exclusivement les mesures bénéficiant d'un financement socialisé, c'est à dire les tutelles d'Etat qui ne sont pas gérées par des tuteurs bénévoles. Les services du Ministère de la solidarité, de la santé et de la protection sociale ont réalisé par l'intermédiaire des préfectures et des DDASS, des enquêtes auprès des structures d'offre assurant des mesures d'Etat. Des informations permettant de connaître le nombre de tutelles d'Etat par département et par région sont ainsi disponibles.

Le nombre de tutelles d'Etat peut être rapporté à la population âgée de 20 ans ou plus[3] selon le recensement de 1982. Multiplié par 10 000, le résultat obtenu permet de calculer un taux d'incidence des mesures de tutelle d'Etat. En France, 4,15 personnes sur 10 000 habitants âgés de 20 ans ou plus sont sous tutelle d'Etat, soit environ une personne sur 2 400 habitants. Le phénomène apparaît donc comme tout à fait marginal dans la population.

Cet indicateur (Y) constituait jusqu'à ces derniers mois la seule information portant sur la tutelle au majeur disponible de manière homogène sur l'ensemble du territoire. La portée d'un tel indicateur reste cependant limitée et justifie d'emblée une remarque importante : il s'agit d'un indicateur très partiel par rapport à l'ensemble des mesures de tutelle civile. En effet, il faut se rappeler qu'il ne correspond qu'aux majeurs protégés dont la tutelle a été déclarée vacante par le juge d'instance chargé des tutelles et confiée à la DDASS ou à une association ; soit environ une mesure de tutelle sur vingt. Cela signifie que le juge n'a trouvé ni parent proche, ni administrateur spécial, ni délégué à la tutelle d'Etat bénévole, ni gérant de tutelle susceptible d'assurer l'exécution de la mesure. **Il s'agit donc d'un solde parmi l'ensemble des mesures de tutelles ouvertes.** En réalité cet indicateur résulte du produit de trois taux distincts dont la signification est différente :

$$\frac{\text{Nombre de tutelles vacantes}}{\text{Population totale}} = \frac{\text{Population potentielle}}{\text{Population totale}} \times \frac{\text{Population protégée}}{\text{Population potentielle}} \times \frac{\text{Nombre de tutelles vacantes}}{\text{Population protégée}}$$

$$Y = Y_{1/1} \times Y_{1/2} \times Y_{1/3}$$

Le premier de ces taux (Y_1) correspond à la part de la population totale susceptible d'être protégée dans le cadre de la loi de 1968. Le second taux (Y_2) correspond à la proportion de la population des ayants droit potentiels pour lesquels une mesure de protection a été prononcée. Enfin le troisième taux (Y_3) précise la part des mesures restées vacantes parmi l'ensemble des mesures prononcées. Y_1 est un indicateur du **besoin** tel qu'il est défini par la loi du 3 janvier 1968. Il peut varier d'une zone géographique à l'autre par exemple quand la structure par âge est différente. Y_2 traduit la fréquence du recours à une mesure de protection. Il reflète les pratiques des familles, des médecins et des institutions en matière de signalement et révèle donc l'importance de la « **demande** » validée par les médecins et les juges. Enfin, Y_3 traduit la pratique des juges compte tenu des solutions dont ils disposent pour assurer l'exécution de la mesure de protection. Ce dernier taux dépend indirectement des conditions d'**offre** de services tutélaires. Comme il existe de bonnes raisons de penser que la propension au signalement d'une part, et la fréquence du recours à la tutelle d'Etat d'autre part, varient d'une région à l'autre, on ne peut malheureusement pas en déduire le taux d'incidence de l'ensemble des mesures dans la population de chaque circonscription (c'est-à-dire le produit $Y_1.Y_2$).

Sous-section 2 — *L'ampleur des disparités géographiques du taux d'incidence des tutelles d'Etat*

Le graphique 6.1 donne **le classement des régions françaises** en fonction du taux d'incidence des tutelles d'Etat. Les disparités observées, malgré la taille importante des populations régionales, sont considérables. Le taux d'incidence varie de 0,5 dans la région Nord-Pas-de-Calais à plus de 14 en Bretagne et le coefficient de

Graphique 6.1 : Taux d'incidence des tutelles d'Etat selon la région en 1986

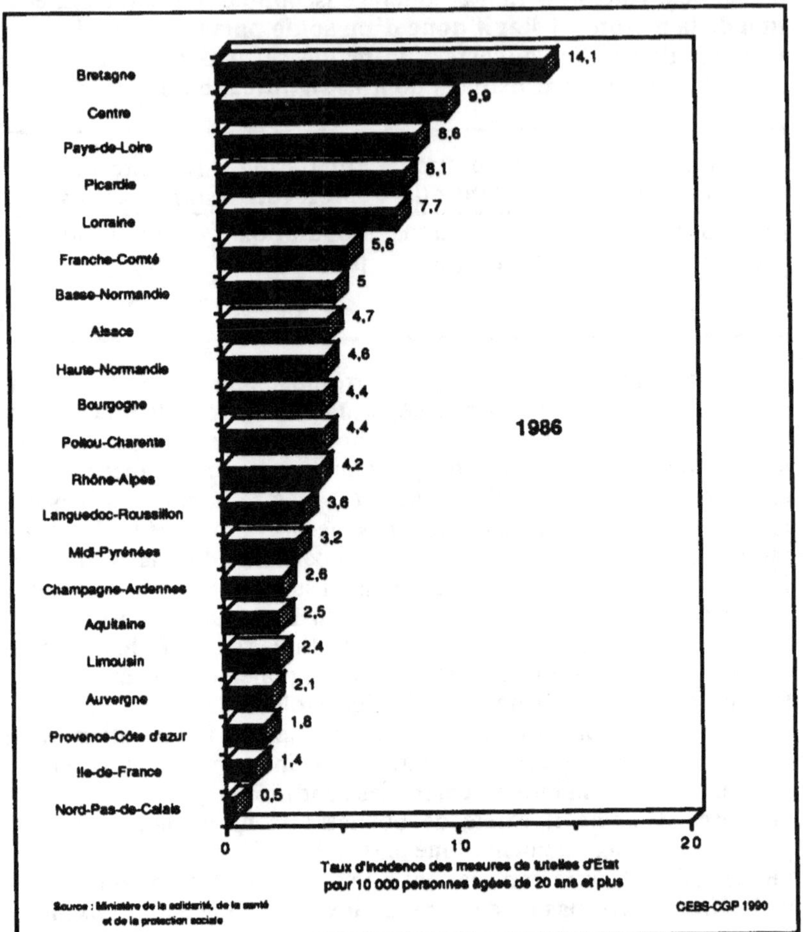

variation calculé autour de la moyenne arithmétique des taux d'incidence régionaux est égal à 0,68. Hormis la prédominance des régions du centre-ouest de la France qui se retrouvent au-dessus de la moyenne nationale, aucune tendance générale n'apparaît avec netteté. En effet, parmi les trois régions où la tutelle d'Etat a connu le plus faible développement, se trouvent une région du nord de la France (le Nord-Pas-de-Calais), une région du Sud (Provence-Côte d'Azur) et l'Ile-de-France.

Carte 6.1 : Le taux d'incidence des tutelles d'Etat selon le département en 1986

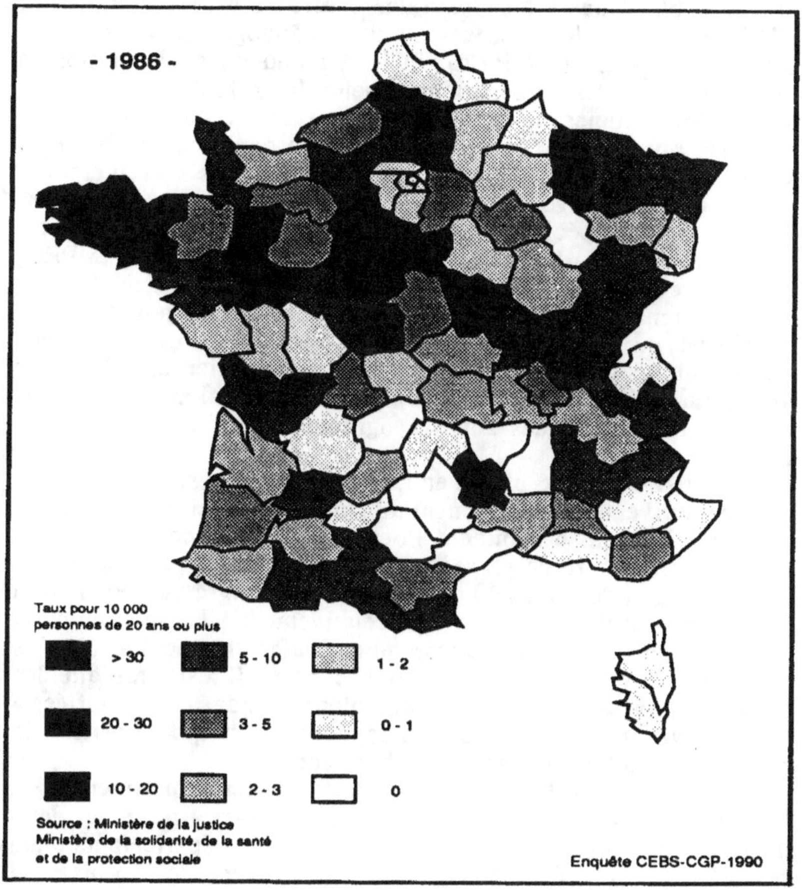

Si nous descendons **à un niveau départemental, les disparités sont encore plus importantes**[4] (Cf. la carte 6.1). Le coefficient de variation est alors de 1,06 traduisant une dispersion plus grande. En 1986, cinq départements (Ardèche, Aveyron, Corrèze, Hérault et Tarn) n'ont pas encore de mesures de tutelles d'Etat. A l'inverse, la situation du centre-ouest de la France et celle de la **Lozère** ressortent nettement sur la carte. La situation extrême, tout à fait exceptionnelle, de ce département du sud de la France s'explique vraisemblablement par un taux très élevé d'établissements pour enfants et pour adultes handicapés.

Cette particularité apparaissait déjà dans les résultats de l'inventaire communal 1979-1980. En effet, la Lozère y occupe la première place aussi bien pour les centres d'aide par le travail (CAT) que pour les instituts médico-pédagogiques ou médico-professionnels (IMP-IMPRO). Si l'on prend en considération la distribution de chaque département selon la taille de la population de leurs communes, il est possible de calculer par rapport à la moyenne observée sur la France entière, le pourcentage théorique de communes qui devraient être dotées de chaque type d'équipement. Le pourcentage réellement observé permet ensuite de calculer un indice de spécificité. Pour le département de la Lozère il est respectivement de 4 pour les CAT et de 2,33 pour les IMP-IMPRO, par rapport à une valeur égale à l'unité pour la France entière[5]. Ce taux d'équipement élevé tend à attirer vers la Lozère une population de handicapés qui provient des autres départements. Cet effet de localisation induite par les équipements[6] vient modifier la valeur des indicateurs utilisés et justifie que certaines régressions soient réalisées sur l'ensemble des zones géographiques à l'exception de la Lozère.

Ainsi, avec 526 places en CAT la Lozère se situe en nombre absolu au niveau du département du Doubs mais celui-ci rassemble près de 7 fois plus d'habitants. Pour 10 000 personnes âgées de 20 à 64 ans le nombre de places en CAT est de 21,5 pour la France entière mais il dépasse 130 pour la Lozère. Malgré une population handicapée 6 fois plus nombreuse relativement à la situation de la France entière, la Lozère ne rassemble finalement que 4,8 fois plus de tutelles avec un financement socialisé. Il est vrai que les mesures de protection des majeurs volontairement « déspécifiées » ne recouvrent pas parfaitement la population qui constitue la clientèle de cette catégorie d'établissements.

Le tableau 6.1 vient également confirmer la pertinence des terrains choisis pour l'enquête. En effet, celle-ci a porté sur deux départements appartenant au premier tiers des départements classés selon le taux d'incidence des tutelles d'Etat (le Morbihan et l'Oise), sur deux autres départements appartenant au dernier tiers (la Vendée et la Haute-Savoie), enfin sur deux départements (la Seine-Maritime et l'Ille-et-Vilaine), situés dans le tiers médian et parmi les plus proches de la moyenne nationale avec les départements de la Sarthe, du Var et de l'Aube. Grâce à un tel échantillon, certes réduit, mais fortement différencié, il est raisonnable d'espérer parvenir à une meilleure compréhension des raisons expliquant ces différences, en même temps qu'à une analyse des effets probables qui leur sont associés. Toutefois, cette analyse locale peut être précédée d'une étude sur l'ensemble des circonscriptions départementales des facteurs susceptibles d'influencer le développement des tutelles d'Etat.

Tableau 6.1 : Classement des départements selon le taux de tutelle d'Etat en 1986
(pour 10 000 personnes âgées de 20 ans ou plus)

1	LOZERE	35,3	31	JURA	5,6	61	ISERE	2,0
2	COTES D'ARMOR	24,2	32	EURE	5,5	62	GERS	2,0
3	EURE ET LOIR	17,7	33	LOT ET GARONNE	5,5	63	GIRONDE	2,0
4	MORBIHAN	16,5	34	DROME	5,5	64	SEVRES (Deux)	1,9
5	MAINE ET LOIRE	15,3	35	INDRE	5,4	65	BELFORT	1,9
6	MAYENNE	14,5	36	CHARENTE	5,3	66	CREUSE	1,6
7	FINISTERE	13,5	37	GARONNE (Haute)	5,2	67	VENDEE	1,4
8	MEUSE	13,1	38	SAONE ET LOIRE	5,0	68	AISNE	1,4
9	SOMME	12,1	39	CHER	4,9	69	MARNE	1,3
10	LOIR ET CHER	10,4	40	ORNE	4,9	70	RHIN (Haut)	1,2
11	NIEVRE	10,1	41	VIENNE (Haute)	4,4	71	PARIS +REGION	1,2
12	LOIRET	10,1	42	ILLE ET VILAINE	4,2	72	YONNE	1,0
13	OISE	9,6	43	AUBE	4,2	73	PAS DE CALAIS	0,8
14	MOSELLE	9,2	44	VAR	4,2	74	TARN ET GARONNE	0,8
15	ALPES (Hautes)	9,2	45	SEINE MARITIME	4,1	75	VIENNE	0,7
16	INDRE ET LOIRE	8,8	46	SARTHE	4,1	76	BOUCHES DU RHONE	0,7
17	SAVOIE	8,6	47	LANDES	4,0	77	ALPES (Haute-Provence)	0,7
18	LOIRE-ATLANTIQUE	8,0	48	AUDE	3,6	78	DORDOGNE	0,6
19	AIN	7,9	49	RHONE	3,4	79	ALPES (Maritimes)	0,6
20	CHARENTE MARITIME	7,8	50	SEINE et MARNE	3,1	80	SAVOIE (Haute)	0,5
21	MANCHE	7,8	51	VAUCLUSE	3,0	81	CORSE	0,3
22	LOIRE	7,3	52	CALVADOS	2,9	82	NORD	0,3
23	MARNE (Haute)	6,7	53	LOIRE (Haute)	2,6	83	CANTAL	0,2
24	MEURTHE ET MOSELLE	6,3	54	VOSGES	2,6	84	ARDENNES	0,1
25	DOUBS	6,2	55	COTE D'OR	2,5	85	TARN	0,0
26	ARIEGE	6,1	56	LOT	2,4	86	HERAULT	0,0
27	PYRENEES (Hautes)	6,1	57	GARD	2,3	87	CORREZE	0,0
28	RHIN (Bas)	6,0	58	PUY DE DOME	2,3	88	AVEYRON	0,0
29	SAONE (Haute)	5,9	59	ALLIER	2,2	89	ARDECHE	0,0
30	PYRENEES ORIENTALES	5,8	60	PYRENEES ATLANTIQUES	2,1	90	FRANCE	4,1

Sources : Caisse nationale des allocations familiales, Caisse centrale de Mutualité sociale agricole, Ministère de la Solidarité, de la santé et de la protection sociale.

CEBS 1990- Enquête Commissariat général du plan.

Section 2 : L'analyse des disparités dans la diffusion géographique des mesures de tutelles

Il est clair que les écarts dans la diffusion de la tutelle d'Etat qui viennent d'être mis en évidence, prennent souvent leur origine dans l'histoire locale de chaque département. Les initiatives plus ou moins anciennes de quelques pionniers, l'adhésion plus ou moins tardive du secteur associatif au principe même des mesures, les traditions d'intervention plus ou moins poussées des DDASS et des autres acteurs sociaux, sont autant de facteurs qui ont exercé une influence déterminante en structurant l'offre de services tutélaires mais surtout en contribuant à l'élaboration d'une culture locale spécifique. La reconnaissance du poids de ce contexte local n'interdit pas de rechercher l'influence de variables exogènes sur le système des tutelles. Une première hypothèse vient spontanément à l'esprit : la possibilité d'une substitution entre la tutelle aux prestations sociales adultes et la tutelle au majeur protégé (sous-section1). Comme cette hypothèse s'avère difficile à vérifier en raison de l'existence simultanée de phénomènes de complémentarité entre les deux mesures, d'autres variables sont testées pour tenter d'expliquer l'ampleur des disparités observées d'un département à l'autre, en matière de tutelle à financement socialisé (sous-section 2).

Sous-section 1 — *La complexité des rapports entre la tutelle d'Etat au majeur et la tutelle aux prestations sociales adulte*

La possibilité de solutions de substitution entre les diverses formes de tutelles avait été posée à l'origine de l'étude et cette hypothèse devait être testée. En effet, l'existence à côté de la loi de 1968, de la loi de 1966 concernant la tutelle aux prestations sociales adultes (TPSA), aurait pu expliquer certaines des différences observées entre les régions et les départements. Il suffisait pour cela que la TPSA ait servi de substitut dans les circonscriptions où l'incidence de la tutelle d'Etat était demeurée faible.

Bien sûr, les deux textes de loi ne concernent pas tout à fait la même population. La loi de 1966 vise en règle générale à éviter la mauvaise utilisation de prestations sociales reçues par des personnes plus jeunes et tend à mettre en place une action éducative dont l'objectif ultime pourrait être la fin de la mesure dès que disparaissent les raisons de son instauration. La loi de 1968, concerne des personnes souvent atteintes d'affections chroniques, avec lesquelles il est parfois difficile de communiquer et qui ne perçoivent pas nécessairement de prestations sociales en espèces. Lors du vote de la loi de 1968, ces deux populations sont encore aisément différenciables. Par la suite, la loi de 1975 concernant les handicapés caractérisa la même volonté de ne pas enfermer l'action sociale dans une définition trop précise de la notion de handicap. L'instauration de l'allocation aux adultes handicapés (AAH)[7] en 1975 étendra sensiblement le champ d'application de la loi de 1966 en même temps qu'elle prendra en compte des personnes susceptibles d'être protégées dans le cadre de la loi de 1968. La substitution devient dès lors plus facilement envisageable puisque les deux populations se recoupent partiellement et que ce sont souvent les mêmes institutions qui signalent les situations et prennent les décisions de mise en place d'une mesure. En même temps les deux types de mesures ne se réfèrent pas sur le fond à la même notion : la TPSA renvoie à l'idée d'un retour assez rapide à l'autonomie ; la tutelle d'Etat renvoie à l'idée de tutelle (ou curatelle) complète non exercée par la famille proche mais en pratique les différences sont très atténuées.

L'étude de la carte 6.2 qui représente le taux de tutelle aux prestations sociales adultes par département, vient déjà interroger sérieusement l'hypothèse d'une substitution systématique de cette tutelle à la tutelle d'Etat. En effet, la comparaison avec la carte 6.1 montre bien qu'un certain nombre de départements qui ont un taux de tutelles d'Etat élevé, connaissent un développement très faible de la tutelle aux prestations sociales adultes. C'est le cas des Côtes-d'Armor, du Finistère, de l'Eure-et-Loir et de la Lozère. De même on peut observer que des départements qui ont un taux de tutelles d'Etat faible compensent cela par un taux de TPSA plus fort. Le Calvados, l'Allier et l'Ardèche sont dans une telle situation. Mais à l'inverse, il se trouve des départements où les deux tutelles sont relativement absentes ; La région parisienne, la Haute-Savoie, l'Aisne et le Haut-Rhin appartiennent à cette catégorie. Enfin, il n'est pas rare non plus que les deux formes de la tutelles connaissent l'une et l'autre un fort développement. La Meuse, la Manche, le Morbihan, et le Maine-et-Loire en sont des exemples manifestes.

Il est donc logique que la prise en compte de la TPSA ne réduise que faiblement la dispersion des taux observés pour la tutelle d'Etat. Mesurée par le coefficient de variation calculé à partir de la moyenne des taux départementaux, la dispersion pour la tutelle d'Etat au majeur protégé est de 0,68, celle de la TPSA de 0,77 mais celle du taux global, égal à la somme des deux taux, reste élevée (0,54). Par ailleurs, **l'indépendance statistique des deux tutelles est confirmée par la régression linéaire sur les taux au niveau départemental.** En effet, le coefficient de corrélation entre le taux d'incidence de la tutelle au majeur et celui de la TPSA n'est pas différent de zéro de manière significative ($r = 0{,}002$)[8].

Carte 6.2 : Le taux d'incidence des tutelles aux prestations sociales adultes selon le département en 1986

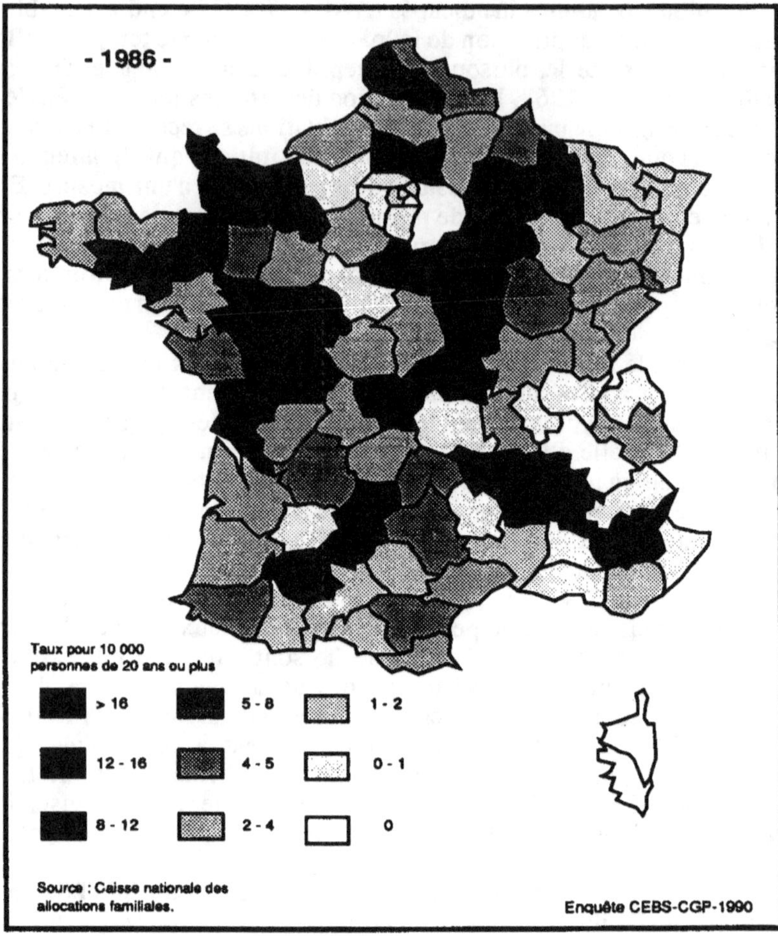

L'analyse des taux d'incidence au niveau régional conduit à des conclusions identiques. En effet, le tableau 6.2 montre qu'il y a beaucoup de régions où la substitution n'a pas joué. Ainsi, l'Ile-de-France et la région Provence-Côte d'Azur qui n'ont que très peu de tutelles d'Etat n'ont pas davantage de TPSA. A l'inverse, la Bretagne comme la Basse-Normandie ont des taux d'incidence très élevés pour les deux types de mesures.

Tableau 6.2 : Taux d'incidence des tutelles d'Etat et des tutelles aux prestations sociales adultes selon la région en 1986

REGIONS	Tutelle d'Etat	Tutelle aux prestations sociales adultes	TOTAL
	Taux pour 10 000 habitants de 20 ans et plus		
Basse-Normandie	5	17,1	22,1
Bretagne	14,1	5,8	19,9
Centre	9,9	4,2	14,1
Pays-de-Loire	8,6	5	13,6
Picardie	8,1	4,4	12,5
Poitou-Charente	4,4	6,2	10,6
Lorraine	7,7	2,8	10,5
Bourgogne	4,4	5	9,4
Champagne-Ardennes	2,6	6,5	9,1
Auvergne	2,1	6,6	8,7
Franche-Comté	5,6	2,9	8,5
FRANCE	4,1	3,5	7,6
Haute-Normandie	4,6	3	7,6
Midi-Pyrénées	3,2	3,5	6,7
Rhône-Alpes	4,2	2,5	6,7
Alsace	4,7	1,7	6,4
Languedoc-Roussillon	3,6	2,6	6,2
Aquitaine	2,5	3,6	6,1
Nord-Pas-de-Calais	0,5	5,1	5,6
Limousin	2,4	2,8	5,2
Provence-Côte d'Azur	1,8	0,8	2,6
Ile-de-France	1,4	0,5	1,9

Source : INSEE, Ministère de la Solidarité, de la Santé et de la Protection sociale, CNAF, CCMSA. CEBS-CGP-1990

Comme le montre le graphique 6.2 qui associe les taux d'incidence des deux formes de tutelle en les comparant à la situation de la France entière (représentée par les deux droites orthogonales en pointillé), il n'y a guère que les régions Champagne-Ardennes, Auvergne et Nord-Pas-de-Calais qui compensent un peu la faiblesse relative de leur taux de tutelle d'Etat au majeur protégé par un taux de TPSA supérieur à la moyenne. A l'inverse, seule la Lorraine compense un taux de TPSA, à peine inférieur à la moyenne, par son taux de tutelle d'Etat au majeur protégé.

Graphique 6.2 : Taux d'incidence des tutelles d'Etat et des tutelles aux prestations sociales adultes selon la région en 1986

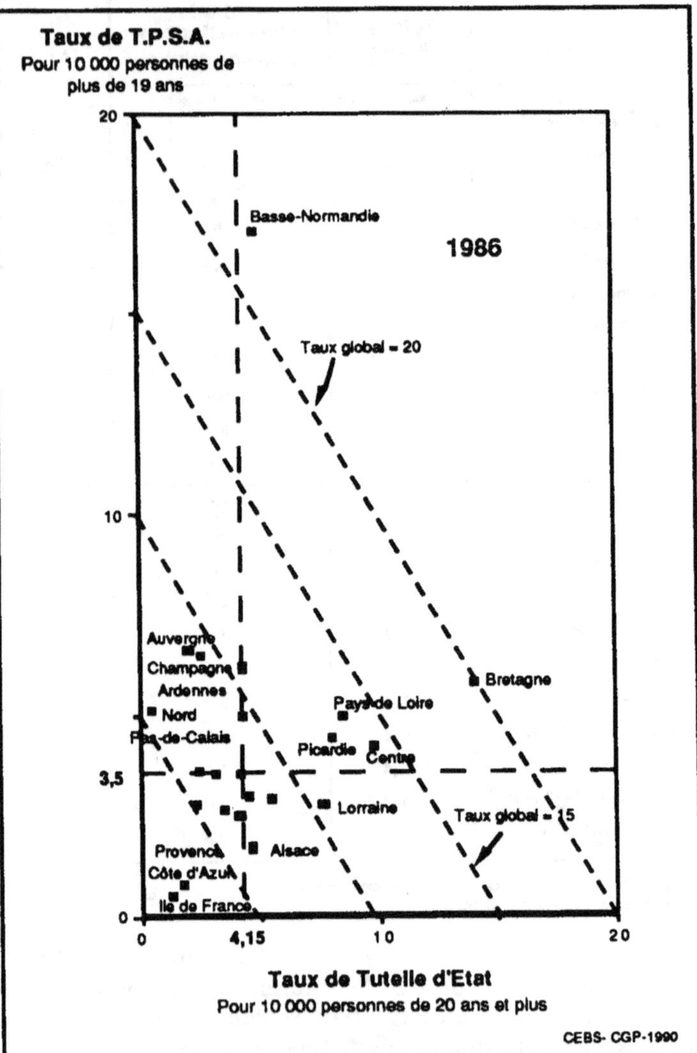

Ce premier constat, portant sur l'ensemble des mesures de tutelles bénéficiant d'un financement socialisé, **conduit à écarter l'hypothèse d'une substitution massive au niveau global entre les deux tutelles.** Il faut cependant nuancer cette remarque. En effet, il n'est pas exclu qu'à un niveau microéconomique, en tout cas microdécisionnel, des phénomènes de substitution aient pu jouer. Ainsi, en amont du signalement, la préférence peut être donnée pour des raisons diverses (rapidité, commodité, réticence vis à vis de l'incapacité) à la TPSA. De même, la décision du juge peut être infléchie par la rigueur inégale du rationnement des ressources financières pour ces deux types de mesures (refus des mesures civiles par les associations tutélaires, absence de financement des curatelles d'Etat). En fait, si l'existence de tels **phénomènes de substitution « forcée » ou à l'inverse de complémentarité par doublement de la mesure pour assurer le financement** est avérée par les entretiens que nous avons eus auprès des juges, il faut relativiser ces situations. Elles sont encore récentes et n'ont pu avoir qu'un caractère conjoncturel puisqu'il existe désormais des possibilités de financement pour toutes les mesures de tutelle ou de curatelle d'Etat. Or, il ne faut pas oublier que les statistiques sur lesquelles nous nous appuyons ici portent sur des données de stock de l'année 1986 ; elles reflètent donc les conséquences de générations de décisions qui ont changé dans le temps.

En outre, on ne peut exclure que l'absence d'une liaison statistique importante entre les taux d'incidence des deux formes de tutelle résulte de la conjugaison de deux phénomènes dont les effets se superposent. D'un côté, l'hypothèse de cultures locales contrastées, relativement favorables aux mesures tutélaires ou au contraire particulièrement réticentes à leur égard, l'existence d'effets de débordement des mesures civiles sur les mesures de tutelle aux prestations sociales et la présence de facteurs identiques favorables au développement de mesures à financement socialisé, pourraient expliquer que l'on trouve des régions où les deux taux seraient corrélés positivement. Autrement dit, il est logique de penser que les facteurs favorables au développement de la tutelle d'Etat sont également ceux qui peuvent favoriser le développement de la tutelle aux prestations sociales adulte. De l'autre, des phénomènes de réseau de diffusion de l'information sur les deux types de tutelle, fortement asymétriques, confortés par des spécialisations plus ou moins affirmées des structures d'offre, peuvent expliquer qu'une seule des filières ait eu tendance à se développer ou encore que l'une d'entre elles ait pris un rôle prédominant[9] au détriment de l'autre. Evidemment, la conjonction de ces deux séries de facteurs produit des résultats globaux qui peuvent être caractérisés par une indépendance des deux variables sur le plan statistique. Cette complexité de la relation existant entre la tutelle au majeur et la tutelle aux prestations sociales, sera confirmée par l'analyse interdépartementale développée plus loin.

Graphique 6.3 : Les régions françaises selon le taux d'incidence des tutelles d'Etat et des tutelles aux prestations sociales adultes

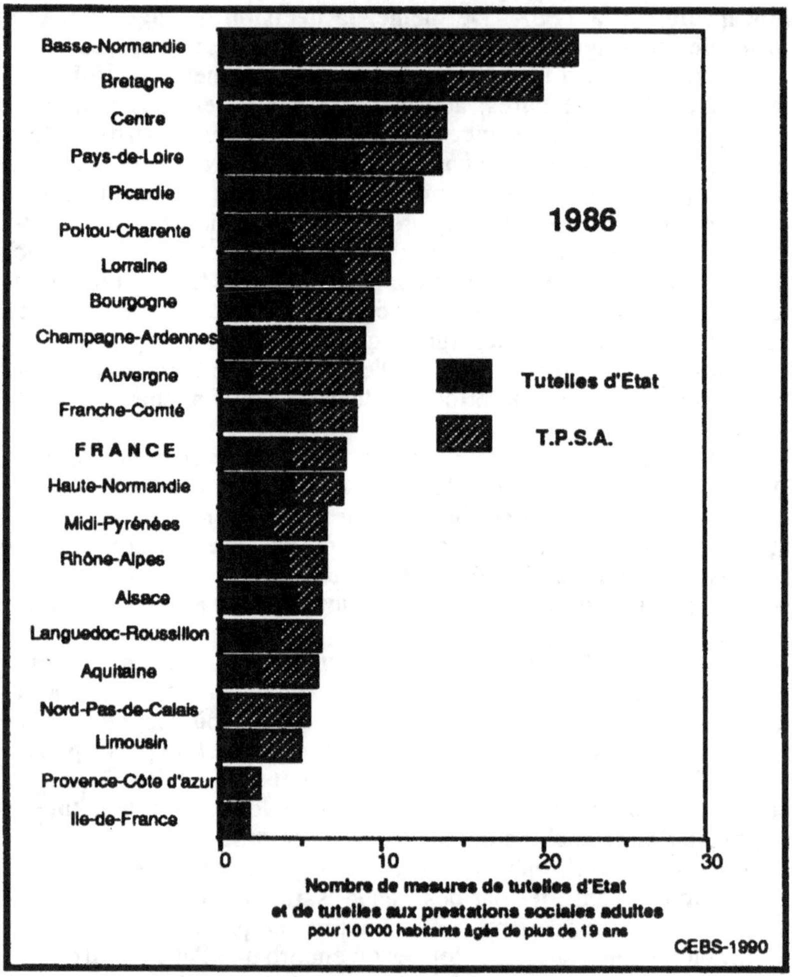

La somme des deux taux d'incidence permet de classer les régions selon l'importance des mesures de tutelle bénéficiant d'un financement socialisé (graphique 6.3). L'éventail des taux d'incidence régionaux entre l'Ile-de-France (dernière pour les deux formes de tutelle) et la Basse-Normandie (où le taux de tutelle aux prestations sociales adultes est particulièrement élevé) ne manque pas de surprendre car il reste très ouvert (de 1 à 11,7). **Une opposition entre la France du nord et la France du sud apparaît plus nettement.** Les neufs premières régions en matière de tutelle avec un financement socialisé sont situées au-dessus d'une ligne reliant La Rochelle à Strasbourg. Cette opposition Nord/Sud est largement confirmée par l'analyse au niveau départemental (voir le tableau 6.3).

Les écarts interdépartementaux restent encore très importants. Entre la Corse, où les tutelles avec un financement socialisé sont particulièrement rares, et la Lozère, où elles sont abondantes malgré un taux d'incidence très faible des mesures de tutelles aux prestations sociales, l'écart va de 1 à 120 ! La dispersion interdépartementale des taux d'incidence des tutelles d'Etat est particulièrement forte (coefficient de variation = 1,06). Elle est un peu plus faible en matière de tutelle aux prestations sociales adultes (coefficient de variation = 0,93) mais la conjonction des deux types de mesures réduit un peu cette dispersion puisque le coefficient de variation n'est plus que de 0,72. Si la combinaison des deux mesures a un certain rôle égalisateur, les contrastes persistent pourtant et des situations départementales différenciées sont observées.

La situation de la Corse mérite un commentaire particulier. En effet, ce département est bien connu pour son niveau de dépenses d'aide sociale par habitant plus élevé que la moyenne nationale (environ le double)[10]. En ce qui concerne la gestion des ressources et des patrimoines des majeurs protégés, la situation est tout à fait différente. Compte tenu des informations à notre disposition, il est impossible de préciser si cette situation est le résultat d'un nombre plus faible de signalements à l'autorité judiciaire ou si elle résulte d'une propension plus grande à gérer les problèmes des personnes relevant de la loi de 1968 directement au sein des familles ou encore si ces deux facteurs jouent simultanément.

Indépendamment de cette situation extrême, les variations du taux d'incidence des deux mesures dans les différents départements, montrent une opposition entre les départements de l'ouest (Côtes-d'Armor(3e), Maine-et-Loire(4e), Manche(5e), Morbihan(6e), Orne(8e), Mayenne(9e)) à fort taux de tutelle et les départements du sud-est (Alpes-Maritimes(88e), Haute-Savoie(87e), Bouches-du-Rhône(85e), Isère(82e)), où la pratique tutélaire est peu développée.

Comme la comparaison des cartes le suggère, l'étude de la décomposition de ce taux global entre les deux types de mesures vient soutenir l'hypothèse de l'existence de quatre situations très contrastées : des départements où la TPSA est fortement développée sans que la TMP le soit ; des départements où la TMP est fréquente mais la TPSA peu ; des départements où les deux formes

Tableau 6.3 : Classement des départements selon le taux global de tutelles socialisées en 1986
(pour 10 000 personnes de 20 ans et plus)

1	LOZERE	36,2	31	ALPES (Hautes)	9,6	61	LOT ET GARONNE	6,1
2	MEUSE	27,9	32	ALPES (Haute-Provence)	9,2	62	EURE	6,0
3	COTES D'ARMOR	27,2	33	DOUBS	8,8	63	VIENNE	6,0
4	MAINE ET LOIRE	25,6	34	AIN	8,7	64	PAS DE CALAIS	5,9
5	MANCHE	25,1	35	SAONE (Haute)	8,6	65	TARN ET GARONNE	5,9
6	MORBIHAN	23,6	36	LOIRE (Haute)	8,6	66	DORDOGNE	5,5
7	EURE ET LOIR	20,5	37	JURA	8,5	67	GIRONDE	5,4
8	ORNE	20,1	38	SAONE ET LOIRE	8,5	68	VAR	5,3
9	MAYENNE	19,2	39	CHER	8,2	69	NORD	5,2
10	DROME	19,2	40	PYRENEES ORIENTALES	8,2	70	AVEYRON	5,0
11	NIEVRE	19,2	41	MEURTHE ET MOSELLE	8,2	71	ARDENNES	4,9
12	ALLIER	18,6	42	CHARENTE	8,1	72	VOSGES	4,9
13	CALVADOS	18,0	43	SEVRES (Deux)	8,0	73	CANTAL	4,8
14	AUBE	17,4	44	AUDE	8,0	74	GARD	3,6
15	FINISTERE	16,8	45	SEINE MARITIME	7,8	75	AISNE	3,5
16	CHARENTE MARITIME	16,7	46	MARNE (Haute)	7,7	76	RHONE	3,4
17	INDRE ET LOIRE	16,2	47	INDRE	7,7	77	VAUCLUSE	3,4
18	SOMME	16,1	48	SARTHE	7,6	78	HERAULT	3,2
19	OISE	15,8	49	RHIN (Bas)	7,5	79	RHIN (Haut)	3,2
20	LOIRET	15,3	50	PYRENEES (Hautes)	7,5	80	SEINE et MARNE	3,1
21	ARDECHE	13,8	51	VIENNE (Haute)	7,5	81	PUY DE DOME	3,0
22	LOT	12,7	52	ARIEGE	7,0	82	ISERE	2,0
23	SAVOIE	12,3	53	GARONNE (Haute)	7,0	83	CORREZE	2,0
24	GERS	11,6	54	MARNE	7,0	84	PARIS + REGION	1,7
25	LOIR ET CHER	11,3	55	COTE D'OR	6,9	85	BOUCHES DU RHONE	1,3
26	CREUSE	10,8	56	LANDES	6,9	86	TARN	1,3
27	ILLE ET VILAINE	10,6	57	PYRENEES ATLANTIQUES	6,6	87	SAVOIE (Haute)	0,9
28	LOIRE-ATLANTIQUE	10,4	58	YONNE	6,2	88	ALPES (Maritimes)	0,7
29	MOSELLE	10,4	59	BELFORT	6,1	89	CORSE	0,3
30	LOIRE	9,6	60	VENDEE	6,1		FRANCE	7,5

Sources : Caisse nationale des allocations familiales, Caisse centrale de Mutualité sociale agricole, Ministère de la Solidarité, de la santé et de la protection sociale.

CEBS-1990- Enquête Commissariat général du plan.

de tutelles sont fortement développées ; enfin des départements ou ni l'une ni l'autre des mesures ne sont vraiment utilisées (voir le tableau 6.4).

Tableau 6.4 : Les départements les plus contrastés

SPÉCIALISATION FORTE	
Tutelle aux prestations sociales	**Tutelle au majeur protégé**
Alpes-de-Haute-Provence Ardèche Creuse Gers Lot	Ain Loir-et-Cher Lozère Moselle Hautes-Alpes
ABSENCE de SPÉCIALISATION	
Forte fréquence des deux tutelles	**Faible fréquence des deux tutelles**
Charente-Maritime Indre-et-Loir Maine-et-Loire Manche Meuse Morbihan Nièvre	Alpes-Maritimes Bouches-du-Rhône Corse Paris et sa région Haute-Savoie Tarn

Source : CEBS/CGP - Enquête générale - 1990.

La relation entre les deux formes de tutelle pour les adultes reste donc complexe. Dans certains départements, le développement d'une des tutelles s'est fait au détriment de l'autre, à l'inverse dans d'autres départements, le développement d'une des formes de tutelle a favorisé celui de l'autre. **Il est donc vain de rechercher l'explication principale de la dispersion des taux de tutelle d'Etat dans la dispersion des taux de TPSA ou réciproquement.** Pourtant, avant d'admettre comme seule explication de la variation du phénomène tutélaire entre les départements, l'influence d'une histoire locale différente, il est nécessaire d'examiner si certains facteurs objectifs ont pu contribuer à infléchir le cours de cette histoire en favorisant un développement plus ou moins important du nombre des mesures de tutelle, ce qui pourrait expliquer une partie de la dispersion des taux d'incidence de la tutelle d'Etat au majeur protégé, de la tutelle aux prestations sociales adultes ou des deux réunies.

Sous-section 2 - *Des facteurs de disparités complexes*

La recherche de facteurs explicatifs des disparités observées dans la diffusion des mesures de tutelles bénéficiant d'un financement socialisé, a été conduite en évaluant la part de la variance explicable par différentes variables. Plusieurs variables explicatives ont été testées mais les résultats présentés ne concernent que les 19 variables qui ont paru les plus significatives (§ 1). Des tests de régression simple et multiple ont été faits sur l'ensemble des 89 circonscriptions géographiques étudiées. Rappelons qu'il s'agit de l'ensemble des départements de la province et de la région de Paris qui rassemble toute la région d'Ile-de-France à l'exception de la Seine-et-Marne. Toutes les régressions sont également réalisées sur 87 départements de la province. La situation originale de la Lozère mais aussi la spécificité de la région parisienne (en termes de taux d'urbanisation, de densité médicale ou de taux d'équipement), justifient en effet que soit recherchée la confirmation ou l'infirmation des résultats obtenus avec l'ensemble des circonscriptions géographiques retenues. Ces régressions ont pour objet de mesurer quantitativement l'influence (ou l'absence d'influence) de facteurs sociaux et institutionnels sur les taux d'incidence. On retient dans l'étude trois variables expliquées qui mesurent l'intensité de la diffusion des tutelles au sein de la population départementale : le taux de tutelles d'Etat bénéficiant d'un financement socialisé (taux de TE) (§ 2), le taux de tutelles aux prestations sociales adulte (taux de TPSA) (§ 3) et enfin le taux global égal à la somme des deux premiers (§ 4). Ces taux ont été calculés pour 10 000 habitants âgés de 20 ans ou plus pour l'année 1986 mais à partir des données du recensement général de la population de 1982.

§ 1 — Les variables explicatives

Les variables susceptibles d'expliquer la dispersion interdépartementale des taux de tutelles avec un financement socialisé, présentées dans le tableau 6.5, peuvent être regroupées dans quatre catégories.

1. Les variables caractérisant l'environnement départemental sur le plan social, démographique et économique. Dans la mesure où la demande de protection dépend de l'état de santé de la personne concernée, on peut s'attendre à ce que la diffusion des mesures de tutelle soit influencée par la structure par âge de la population. Deux variables ont été testées : la part des plus de 75 ans dans la population totale et la part des plus de 65 ans dans la population âgée de 20 ans et plus (appellée dans l'étude le ratio de vieillissement). Ces deux variables, fortement corrélées entre elles, fournissant des résultats très proches, seule la seconde a été retenue. Evidemment, il aurait été intéressant de disposer d'un indicateur départemental de la morbidité pour maladie mentale ou pour toute maladie empêchant l'expression de la volonté. A notre connaissance, un tel indicateur n'existe pas. Toutefois, le fait que l'ouest de la France connaisse un développement important du phénomène tutélaire et, l'observation faite à de nombreuses reprises par nos interlocuteurs qu'une partie des personnes sous tutelle avait un problème d'alcoolisme, nous ont incité à prendre en compte l'alcoolisme par le biais des **taux comparatifs de mortalité masculine par alcoolisme et cirrhose du foie**. Les taux concernant la population féminine ont également été testés. Ils n'exercent aucune influence et c'est la raison pour laquelle ils n'ont pas été retenus.

L'opposition entre le secteur rural et le secteur urbain est souvent manifeste dans le domaine de la politique sociale. En matière de tutelle on peut s'attendre à ce qu'une telle opposition apparaisse. Le rôle des solidarités familiales, la propension à faire des signalements, peuvent être différents et engendrer des variations des taux d'incidence des tutelles perceptibles au niveau départemental. C'est pourquoi deux variables (la densité de population en 1975 et le taux d'urbanisation calculé sur la base de la délimitation entre les communes rurales et urbaines opérée en 1982) ont été prises en compte.

Enfin, deux variables reflètent la situation économique des populations départementales : le taux de chômage d'une part et le revenu fiscal moyen par foyer d'autre part. La première vise à tester globalement l'influence du contexte économique départemental en particulier sur le taux de TPSA. La seconde permet de savoir s'il existe un effet-revenu.

2. Les variables caractérisant le fonctionnement institutionnel du système des tutelles. Dans le domaine de la politique sociale, historiquement la tutelle a d'abord pris la forme de la tutelle aux prestations familiales. Devenue tutelle aux prestations sociales enfant (TPSE) avec la loi de 1966, cette tutelle, explicitement à caractère éducatif et social, a conduit au développement de services de tutelle spécialisés dans cette activité et à l'émergence d'un nouveau corps de professionnels : les délégués à la tutelle. Si dans ce rapport, l'influence de la TPSE sur les structures d'offre de services tutélaires dans le cadre de la loi de 1968 et sur la conception même de la mesure a déjà été soulignée, il s'agit ici d'apprécier l'effet qu'a pu avoir l'existence de tels services sur le recours à la tutelle au majeur ou à la TPSA.

Pour vérifier l'existence de cette influence, un taux de tutelle aux prestations sociales enfant, rapportant le nombre de ces tutelles financées par les Caisses d'allocations familiales à la

Tableau 6.5 : Liste des variables étudiées au niveau départemental

-VARIABLES-	UNITE	Année	Sources
Ratio de vieillissement	Population de 65 ans et plus sur population de 20 à 65 ans	1982	Recensement général
Taux de mortalité des hommes par alcoolisme et cirrhose du foie	Taux comparatif pour 100 000 habitants	1981 1983	INSERM
Densité de population	Nombre d'habitants au kilomètre-carré	1975	Inventaire communal
Taux d'urbanisation	% de la population totale vivant dans une commune urbaine	1982	Recensement général
Taux de chômage	Nombre de chômeurs au sens du BIT sur la population active totale	1985	INSEE
Revenu fiscal moyen	Revenu moyen déclaré	1987	Ministère de l'économie
Taux tutelle aux prestations sociales enfant	Nombre de TPSE, financées par la CAF pour 10 000 habitants de moins de 20 ans	1986	CNAF
Taux mesure DDASS	Nombre de mesures gérées par la DDASSpour 10 000 personnes de 20 ans ou plus	1986	Ministère de la solidarité
Présence service DDASS	1 si la DDASS gère des mesures 0 dans le cas contraire	1986	Ministère de la solidarité
Entourage T.E.	Taux moyen de T.E. des départements limitrophes	1986	Ministère de la solidarité
Dépense totale d'aide sociale par habitant	Dépenses nettes plus sans domicile de secours par habitant	1983	Ministère de la solidarité
Densité de médecins libéraux	Nombre de médecins libéraux pour 100 000 habitants	1983	CNAMTS
Densité de médecins psychiatres et neuro-psychiatres	Nombre de neuro-psychiatres et de psychiatres libéraux pour 100 000 habitants	1983	CNAMTS
Nombre de places en C.A.T.	Nombre de places en C.A.T pour 10 000 habitants de 20 à moins de 65ans.	1988	S.E.S.I.
Indice de spécificité IMP-IMPRO	% effectif de communes équipées rapporté au % attendu compte tenu de la structure communale	1979 1980	Inventaire communal
Taux d'hébergement pour personnes âgées	Nombre de places en hébergement pour1000 personnes de 75 ans ou plus	1986	S.E.S.I.
Taux d'hébergement médicalisé pour personnes âgées	Nombre de places en section de cure médicale et en longséjour pour 1000 personnes de 75 ans ou plus	1986	S.E.S.I.
Indice lits-places en psychiatrie générale	Nombre lits et places pour 1000 habitants	1988	S.E.S.I.
Part de l'hospitalisation partielle en psychiatrie générale	% de l'équipement psychiatrique en hospitalisation partielle	1988	S.E.S.I.

population âgée de moins de 20 ans, a été calculé. Même s'il ne s'agit pas d'un indicateur exhaustif, il fournit une bonne indication quant au niveau de développement de ces tutelles et donc indirectement quant à l'importance des services tutélaires existant à cette fin. L'histoire départementale des institutions tutélaires dépend aussi du mode de gestion des services. Dans plusieurs départements, la Caisse d'allocations familiales s'est engagée directement dans la gestion des TPSE en créant un service propre. Une variable précisant l'existence d'un tel service a été testée. Elle n'exerce aucune influence sur les taux d'incidence de TE et de TPSA. C'est pourquoi cette variable n'a pas été retenue.

Deux variables tentent de préciser l'influence de l'existence d'un service de tutelle aux majeurs géré directement par la DDASS. La première correspond à un taux de mesures d'Etat gérées par la DDASS rapporté à la population âgée de 20 ans et plus. Elément du taux global et du taux de tutelles d'Etat, cette variable est au moins partiellement autocorrélée avec ces deux variables. C'est pourquoi cet indicateur est complété par une variable booléenne associée à la présence ou à l'absence d'un service de tutelle en gestion directe par la DDASS du département. Le système départemental des structures d'offre en matière tutélaire comprend aussi des associations tutélaires d'inadaptés. La présence de ce type de service n'a pas d'influence significative sur les variables dépendantes que nous avons retenues.

Une quatrième variable est également introduite dans l'analyse. Il s'agit de vérifier si la situation des départements voisins en matière de tutelle exerce une influence sur la situation de chaque département. Pour évaluer cet aspect de l'environnement trois indicateurs égaux à la moyenne arithmétique des taux de tutelles (taux TE, taux TPSA et taux global) observés dans les départements limitrophes ont été calculés. Cette démarche permet cependant de tester l'hypothèse d'effets de ressemblance ou de contagion liés à la seule proximité géographique.

3. L'environnement médico-social de la population départementale retient trois critères : le montant des dépenses nettes d'aide sociale par habitant, la densité totale de médecins libéraux pour 100 000 habitants et la densité de médecins libéraux dans les spécialités de psychiatrie et de neuro-psychiatrie. Le premier indicateur est global puisqu'il concerne l'ensemble des dépenses d'aide sociale. Il est la résultante de deux facteurs : le niveau socio-économique des habitants et l'intensité des interventions sociales dans le département. Il pourrait être complété par des indicateurs partiels portant sur les dépenses d'aide sociale aux personnes handicapées et aux personnes âgées. Les tests effectués avec ces indicateurs partiels n'apportent pas d'informations supplémentaires. A l'inverse, les deux indicateurs sur l'environnement cins salariés, en particulier de ceux qui exercent leur profession dans le cadre du service public hospitalier de psychiatrie. Ce dernier handicap est partiellement compensé par les indicateurs d'équipements spécifiques qui ont été introduits. A priori il est possible d'imaginer qu'une densité médicale élevée favorise le signalement des personnes susceptibles d'avoir besoin d'une mesure de protection ; elle peut donc être associée à un taux de tutelle au majeur protégé également élevé.

4. **L'équipement institutionnel spécialisé du département** retenu dans cette analyse comprend six indicateurs. Les deux premiers concernent la population handicapée. Le premier mesure le nombre de places en centres d'aide par le travail rapporté à la population âgée de 20 à 64 ans. Cet indicateur a été complété avec le nombre de places en maisons d'accueil spécialisé et en foyers de vie pour certaines régressions[11]. Le second cherche à examiner l'hypothèse de filières conduisant les jeunes handicapés mentaux vers une mesure de tutelle. Nous avons retenu l'indice de spécificité départementale calculé lors de l'inventaire communal de 1979-1980[12]. Deux indicateurs d'équipement en structures d'hébergement des personnes âgées ont été utilisés. Le premier, rassemble tout l'hébergement des personnes âgées (hospices et maisons de retraite publiques et privées, logements foyers) y compris les longs séjours le second, regroupe les sections de cure médicale et les longs séjours. Ces deux indicateurs sont rapportés à la population âgée de 75 ans ou plus. Enfin, les deux derniers indicateurs portent sur l'équipement spécialisé en psychiatrie. Le nombre de places des établissements privés et publics assurant le service public hospitalier, des établissements privés faisant fonction d'établissements publics et des cliniques privées psychiatriques[13], est rapporté à la population départementale. Dans la mesure où l'entrée en établissement est l'un des facteurs provoquant le signalement, on s'attend ainsi à une corrélation positive entre ces variables explicatives et le taux d'incidence de tutelle d'Etat. En outre, un indicateur mesurant la part des places offertes en hospitalisation partielle dans l'ensemble des possibilités d'accueil est calculé. Cette dernière variable peut traduire l'intensité des soins en milieu ouvert en matière de psychiatrie.

§ 2 — Les facteurs influençant la diffusion de la tutelle au majeur protégé

Les résultats des régressions simples entre le taux de tutelle d'Etat au majeur protégé et l'ensemble des variables explicatives sont présentés dans le tableau 6.6. Les valeurs de la constante et du coefficient de régression, le t de Student-Fisher et le coefficient de détermination (R^2) sont indiqués pour chaque régression. Dans certains cas la régression est réalisée également sur 87 circonscriptions géographiques. La Lozère, dont on connaît la situation totalement déviante non seulement par l'importance du nombre des tutelles d'Etat mais aussi, par le faible développement de la tutelle aux prestations sociales adulte et, la région de Paris dont la spécificité ressort pour la plupart des variables retenues, sont alors éliminées. Dans le tableau les résultats obtenus sur cette partie des départements sont présentés dans la partie inférieure du tableau et en caractères normaux, tandis que les corrélations portant sur l'ensemble sont en caractères gras dans la partie supérieure.

Une première impression d'ensemble doit être soulignée : **la faible part de la variance expliquée par les variables retenues.** La meilleure régression simple, obtenue sans la Lozère ni la région de Paris, a un coefficient de détermination égal à 0,21. Cela signifie qu'au maximum, la variance du taux de TE n'est expliquée par une seule variable (l'entourage TE) que pour une part égale à 21 %. La prise en compte du taux global de mesures de protection prises dans le cadre de la loi de 1968 permet d'expliquer 30 % de la variance. Cet élément sera introduit ultérieurement[14].

La première variable explicative sur l'ensemble des 89 circonscriptions géographiques est le nombre de places en CAT pour 10 000 habitants (R^2 = 0,19). Plus le taux de places en CAT est élevé plus le taux de tutelles d'Etat est important. **Mais cette corrélation est fragile.** En effet, elle disparaît complètement si la Lozère n'est plus prise en considération (R^2 = 0,002). Il semble donc difficile d'y voir une relation bien établie. Ce résultat reste étonnant car il est logique de s'attendre à une relation positive entre les deux variables. Le cas extrême de la Lozère est sur ce plan instructif. L'existence d'un nombre élevé de places en CAT entraîne deux conséquences dont les effets se cumulent. La première d'entre elles consiste dans l'attraction qu'un équipement en CAT important peut exercer sur des populations des départements limitrophes susceptibles de devenir bénéficiaires d'une mesure de protection. La seconde conséquence provient de l'effet de révélation par un signalement qui est majoré par la fréquentation d'un établissement. Ces deux facteurs accroissent le nombre des signalements et donc indirectement celui des tutelles d'Etat.

Néanmoins, pour comprendre **cette absence de corrélation entre le taux de CAT et le taux tutelle d'Etat**, une fois la Lozère éliminée, on peut avancer deux explications qui vont dans un sens contraire à celui des deux conséquences énoncées ci-dessus. D'abord, il est possible d'admettre l'hypothèse selon laquelle les départements bien pourvus en matière de places en CAT sont aussi ceux où les associations de parents d'enfants inadaptés ou handicapés sont les plus mobilisées. Elles ont donc pu s'investir plus ou moins

Tableau 6.6 : Régressions simples avec le taux de tutelle d'Etat

Variable explicative (*) : significatif au seuil de 5 % (**) : significatif au seuil de 1 % (89 départements)	Variable expliquée : Taux de tutelle d'Etat au majeur protégé pour 10 000 habitants en 1986.			
	Constante b	Coefficient directeur a	Test de student t	Coefficient de détermination R^2
65 ans et plus / 2o ans - 64 ans	5,853	- 2,146	- 0,21	0,00
Taux de mortalité masculin par alcoolisme et cirrhose du foie pour 100 000 hab.	0,895	0,085	2,28	0,06 (*)
Densité de population	5,726	- 0,005	- 1,27	0,02
Taux d'urbanisation	10,304	- 0,083	- 2,22	0,05
Taux de chômage	9,224	- 0,387	- 1,26	0,02
Revenu fiscal moyen	11,314	- 0,092	- 1,07	0,01
Taux de tutelle aux prestations sociales adulte pour 10 000 personnes de 20 ans et plus	5,272	- 0,002	- 0,02	0,00
Taux tutelle prestations sociales enfant	4,366	0,053	0,83	0,01
Taux mesure DDASS	4,607	0,832	3,30	0,11 (**)
Présence service DDASS	4,609	2,232	1,73	0,03
Entourage T.E.	2,790	0,455	2,78	0,08 (**)
Dépense d'aide sociale par habitant	7,758	- 0,003	- 0,78	0,01
Densité de médecins libéraux	9,844	- 0,031	- 2,01	0,04
Densité de médecins psychiatres et neuro-psychiatres	6,347	- 0,205	- 0,99	0,01
Nombre de places en C.A.T.pour 10 000 habitants de 20 à 64 ans	0,776	0,177	4,50	0,19 (**)
Indice de spécificité IMP-IMPRO	3,030	2,123	1,30	0,02
Taux d'hébergement pour1000 personnes de 75 ans et plus	0	0,033	9,64	0,09 (**)
Taux d'hébergement médicalisé pour 1000 personnes de 75 ans et plus	2,234	0,073	1,92	0,04 (*)
Indice lits-places en psychiatrie générale pour 1000 habitants	1,672	1,441	3,24	0,11
Part de l'hospitalisation partielle en psychiatrie générale	5,306	- 0,006	- 0,06	0,00
Sans la Lozère et la région de Paris (87 départements)	b	a	t	R^2
Taux mesure DDASS	4,254	0,881	4,42	0,19 (**)
Présence service DDASS	4,162	2,679	2,55	0,07 (*)
Entourage T.E.	1,644	0,611	4,80	0,21 (**)
Taux d'hébergement pour 1000 personnes de 75 ans et plus	- 0,761	0,035	3,02	0,10 (**)
Taux d'hébergement médicalisé pour 1000 personnes de 75 ans et plus	1,112	0,091	2,99	0,10 (**)
Taux de mortalité masculin par alcoolisme et cirrhose du foie pour 100 000 hab.	0	0,096	10,95	0,10 (**)

rapidement dans la création d'associations tutélaires pour inadaptés. Ce facteur soulage dans un premier temps le besoin de tutelles d'Etat financées en raison du recours à des bénévoles[15] ; mais par la suite, le développement de la professionalisation des délégués à la tutelle, la nécessité de relais pour les parents plus âgés et une démarche récemment devenue plus volontariste ou plus favorable vis à vis de la tutelle contribuent à diffuser le modèle du signalement et du recours à des tutelles civiles dans le département. A plus long terme, seulement une partie de ces mesures peut aboutir à des tutelles d'Etat. Une deuxième explication peut également intervenir. Non seulement la population des CAT bénéficie le plus souvent de l'AAH et se trouve donc éligible à la tutelle aux prestations sociales, mais les éducateurs peuvent aussi avoir une meilleure connaissance de la loi de 1966 et les parents une préférence marquée soit pour une tutelle familiale, soit à défaut, pour une TPSA considérée comme plus libérale et plus éducative. Cette explication permettrait alors de comprendre pourquoi existe une faible corrélation positive (R^2 = 0,06) entre le taux de places en CAT et le taux de tutelle aux prestations sociales adultes (voir le tableau 6.8).

La deuxième variable explicative du taux de TE est **l'indice lits-places en psychiatrie générale** pour 1 000 habitants (R^2 = 0,11). Il est difficile de faire la part de l'attraction des départements mieux pourvus en ce domaine et de l'effet institutionnel qui favorise au sein de chaque département les soins, éventuellement occasionnels, en milieu institutionnel quand ceux-ci sont relativement plus abondants.

Une troisième variable, associée à un autre type d'équipement, **le taux d'hébergement pour les personnes âgées**, a un pouvoir explicatif du même ordre de grandeur (R^2 = 0,09). Il est intéressant de remarquer qu'il n'y a pas davantage de corrélation entre le taux de TE et la part de la population âgée de 75 ans ou plus, qu'entre ce taux et le ratio de vieillissement (R^2 = 0,001 dans les deux cas). Il s'agit donc, non pas d'un effet de vieillissement mais d'**un effet lié à l'entrée en institution**. Sans doute faut-il voir là une confirmation des effets de révélation des situations des personnes qui se produisent lors de leur entrée en établissement, ainsi que des procédures parfois instituées qui conduisent à un signalement. Evidemment, pour tester de manière plus approfondie cette hypothèse, il faudrait disposer de statistiques portant sur l'ensemble des mesures classées en fonction de l'âge mais il est probable que la part des mesures familiales est plus forte pour les personnes âgées, **ce qui gomme l'effet d'âge au niveau de la tutelle d'Etat.**

Deux variables, caractérisant le système départemental de tutelle, sont également corrélées, mais faiblement, avec le taux de TE : les variables caractérisant l'existence d'un service en gestion directe par la DDASS et la variable entourage TE. **L'influence de**

l'existence du service DDASS est avérée par le coefficient de détermination associé au taux de mesures gérées par la DDASS (R^2 = 0,11) mais celui-ci traduit pour une part sa corrélation avec le taux de TE. Elle est toutefois confirmée par la corrélation du taux TE avec la variable présence de la DDASS comme service de tutelle au majeur (R^2 = 0,07), calculée en éliminant la Lozère et la région de Paris. La corrélation est positive donc la présence d'un service de la DDASS a plutôt tendance à accompagner un fort développement des mesures d'Etat. Il est difficile de savoir si l'existence du service DDASS a traduit lors de sa création une pression particulière de la « demande » des juges ou/et si elle a contribué à la croissance du nombre des tutelles d'Etat après sa création. On peut penser en effet, que l'existence d'un tel service, jouant en quelque sorte le rôle d'une voiture-balai, favorise le prononcé de mesures de tutelles d'Etat. Evidemment, l'existence d'une corrélation ne prouve pas l'existence d'une relation causale. Ainsi, la DDASS a pu être amenée à intervenir dans certains départements parce que le développement rapide des tutelles a eu tendance à saturer les structures d'offre alternatives. A l'inverse, l'interventionnisme précoce de la DDASS a pu favoriser une meilleure connaissance de ce mode de protection et inciter à sa diffusion. En toute hypothèse, l'action modératrice de la DDASS quand elle gère directement des mesures, paraît manifestement limitée.

L'existence d'un effet de voisinage sur l'ensemble des départements apparaît mais avec une corrélation faible entre le taux de TE d'un département et la moyenne des taux de TE des départements limitrophes (R^2 = 0,08). Le phénomène est beaucoup plus net si l'on fait abstraction du département de la Lozère et de Paris et sa région. L'explication de cette situation est relativement simple. Pour des raisons opposées, mais symétriques, ces deux zones géographiques ne ressemblent guère à leur environnement départemental immédiat. Le fait que la Lozère soit nettement suréquipée entraîne un effet d'attraction sur les départements limitrophes réduisant en partie le besoin de mesures de protection. Au contraire, l'une des spécificités de Paris et sa région tient à un sous-équipement relatif. En effet, les taux et les indices observés pour Paris et sa région sont systématiquement inférieurs à la moyenne départementale, l'écart variant de 15 % pour les centres d'aide par le travail à 31 % pour l'indice lits-places en psychiatrie générale et pour le taux d'hébergement médicalisé pour personnes âgées, en passant par 26 % pour l'ensemble de l'hébergement des personnes âgées. Un tel constat laisse supposer qu'il doit y avoir des phénomènes de débordement dont les effets risquent de se manifester de manière élective sur certains des départements limitrophes de Paris et sa région, accusant ainsi le contraste. Compte tenu de ces résultats, l'influence de l'environnement géographique sous la forme d'un effet de ressemblance ne peut donc être écartée. Si les pratiques locales se forment dans une large mesure au niveau départemental, comme en témoigne la large dispersion des taux, elles ont tendance parfois à dépasser les limites départementales.

Globalement, hormis le taux de CAT et l'effet de voisinage, les régressions effectuées sur les départements de la province à l'exception de la Lozère, confirment les résultats obtenus pour l'ensemble de la métropole. En règle générale, la part de la variance expliquée et la valeur du t de Student-Fisher augmentent ; c'est en particulier vrai pour le taux comparatif de mortalité par alcoolisme qui ne joue un rôle explicatif vraiment significatif qu'en éliminant la Lozère (R^2 = 0,10 mais t supérieur à 3). On remarque également que, contrairement à ce que l'on pouvait penser a priori, le ratio de vieillissement et la densité de médecins libéraux n'ont aucune influence significative sur le taux de TE.

Tableau 6.7 : La régression multiple expliquant le taux de tutelle d'Etat

Variable dépendante : le taux de tutelle d'Etat		
-VARIABLES EXPLICATIVES-	Coefficient de régression	Valeur du t
Constante	- 17,855	- 2,76
Taux CAT	0,166	4,15
Indice lits psychiatrie/population	1,303	2,91
Taux masculin de mortalité-alcoolisme	0,084	2,63
Présence service DDASS	2,658	2,35
Revenu fiscal moyen	0,160	1,95
R^2 = 0,35	F = 9,12	n = 89

L'analyse de régressions multiples sur l'ensemble des départements a été réalisée. Les résultats de la meilleure régression avec des coefficients significatifs sont présentés dans le tableau 6.7.

Cette régression permet d'expliquer 35 % de la variance du taux TE avec cinq variables explicatives. A côté de l'influence de deux indicateurs d'équipements spécialisés (taux de CAT et indice lits-places de psychiatrie générale), de celle de l'alcoolisme et de la présence d'un service géré directement par la DDASS on note une influence du revenu fiscal moyen. Celle-ci, quoique faible et à la limite du seuil de signification à 5 %, peut provenir de la fréquence plus élevée de patrimoines conséquents dans la population sous tutelle dans les départements où le revenu moyen est plus important. On sait en effet que cette situation empêche en principe le recours à des solutions alternatives (à la tutelle d'Etat) comme la gérance de tutelle. Quelle que soit la régression multiple envisagée, **l'introduction du taux de TPSA n'a aucune influence significative,** ce qui confirme les remarques faites précédemment. C'est ce taux de TPSA dont l'explication va être recherchée maintenant.

§ 3 — Les facteurs influençant la diffusion de la tutelle aux prestations sociales adultes

Le tableau 6.8 rassemble les résultats des régressions simples entre le taux de TPSA et les variables explicatives retenues. Un fait majeur doit être noté : **l'existence d'une relation entre le développement local des deux formes de la tutelle aux prestations sociales** (la tutelle aux prestations sociales enfants et la tutelle aux prestations sociales adultes). En effet, 21 % de la variance du taux de TPSA s'explique par le taux de tutelle aux prestations sociales enfants observé dans les départements. Dans la mesure où les tutelles aux prestations familiales avaient bien souvent précédé la loi de 1966, il est logique de penser que le développement de cette forme de tutelle a contribué à favoriser l'essor des mesures de tutelles aux prestations sociales concernant des adultes. La connaissance des conditions d'application concrètes de la loi de 1966 d'une part, l'existence de structures d'offre et de professionnels compétents d'autre part, ont pu exercer une influence dans ce sens en permettant une application plus rapide de la loi de 1966 aux majeurs. Le même phénomène n'a pas joué pour la tutelle d'Etat car si le développement des tutelles aux prestations sociales enfant crée un contexte favorable au signalement des majeurs susceptibles d'être protégés dans le cadre de la loi de 1968, il encourage simultanément le recours à une solution de substitution dans le cadre de la loi de 1966, ce qui limite évidemment l'expansion des tutelles d'Etat. Il n'est donc pas étonnant qu'il n'y ait aucune corrélation avec le taux de TE mais au contraire qu'il en existe une significative avec le taux de TPSA.

Tableau 6.8 : Régressions simples avec le taux de TPSA

Variable explicative (*) : significatif au seuil de 5 % (**) : significatif au seuil de 1 % (89 départements)	Variable expliquée : Taux de tutelle aux prestations sociales adulte pour 10 000 habitants en 1986. Constante b	 Coefficient directeur a	 Test de student t	 Coefficient de détermination R^2
65 ans et plus / 2o ans - 64 ans	1,225	11,858	1,59	0,03
Taux de mortalité masculine par alcoolisme et cirrhose du foie pour 100 000 habitants	2,323	0,042	1,50	0,02
Densité de population	4,990	- 0,005	- 1,84	0,04
Taux d'urbanisation	10,646	- 0,101	- 3,73	0,14 (**)
Taux de chômage	2,175	0,169	0,737	0,01
Revenu fiscal moyen	16.004	- 0,175	- 2,83	0,08 (**)
Taux de tutelle d'Etat pour 10 000 personnes de 20 ans ou plus	4,502	- 0,001	- 0,02	0,00
Taux de tutelle aux prestations sociales enfant	1,026	0,206	4,84	0,21 (**)
Taux mesure DDASS	4,544	- 0,063	- 0,31	0,00
Présence service DDASS	4,636	- 0,486	- 0,50	0,00
Entourage T.E.	2,696	0,384	2,12	0,05 (*)
Dépense d'aide sociale par habitant	4,333	0,00	0,07	0,00
Densité de médecins libéraux	8,620	- 0,028	- 2,45	0,06 (*)
Densité de médecins psychiatres et neuro-psychiatres	6,866	- 0,447	- 3,04	0,10 (**)
Nombre de places en C.A.T.pour 10 000 habitants de 20 à 65 ans	3,922	0,023	0,70	0,01
Indice de spécificité IMP-IMPRO	3,256	1,179	0,96	0,01
Taux d'hébergement pour1000 personnes de 75 ans et plus	0,615	0,024	2,23	0,05 (*)
Taux d'hébergement médicalisé pour 1000 personnes de 75 ans et plus	4,350	0,004	0,16	0,00
Indice lits-places en psychiatrie générale pour 1000 habitants	3,262	0,495	1,42	0,02
Part de l'hospitalisation partielle en psychiatrie générale	4,428	0,009	0,13	0,00
Sans la Lozère et la région de Paris (87 départements)	**b**	**a**	**t**	**R^2**
Densité de popu	5,747	- 0,013	- 2,27	0,06 (*)
Revenu moyen	18,859	- 0,217	- 3,03	0,10 (**)
Taux de tutelle aux prestations sociales enfant	1,128	0,205	4,80	0,21 (**)
Nombre de places en C.A.T.pour 10 000 habitants de 20 à 64 ans	1,284	0,136	2,40	0,06 (*)

Le deuxième facteur explicatif ($R^2 = 0,14$) est le taux d'urbanisation. **Le taux de TPSA est relié négativement avec le caractère urbain du département.** Quoique sensiblement moins accentuée ($R^2 = 0,05$, a = -0,083 et t = - 2,22), la même observation peut être faite à propos de la tutelle d'Etat (cf. tableau 6.6). Les départements fortement urbanisés ne sont donc pas ceux où le phénomène tutélaire a pris l'extension la plus grande. La situation de l'Ile-de-France en est une bonne illustration. Mais le classement des départements où le taux d'urbanisation est le plus fort vient confirmer sans ambiguïté cette observation (voir le tableau 6.3) : Bouches-du-Rhône (85e), Alpes-Maritimes (88e), Rhône (76e), Nord (69e), Var (68e), Pas-de-Calais (64e), etc. Ce résultat reste surprenant même s'il existe des facteurs qui peuvent expliquer l'importance des mesures de tutelle (surtout des TE) dans les départements ruraux. Par exemple le ratio de vieillissement est corrélé négativement avec le taux d'urbanisation ($R^2 = 0,34$) ce qui peut contribuer à une augmentation du nombre des tutelles civiles. En outre, le recours à la famille et aux gérances de tutelle est rendu plus difficile en zone rurale compte tenu de l'éloignement de la famille et de l'isolement des personnes.

Mais à l'inverse, les départements ruraux sont moins bien équipés en établissements puisqu'une corrélation négative ($R^2 = 0,23$) entre le taux d'urbanisation et un indice synthétique des établissements existe, révélant un sous-équipement relatif. L'absence plus fréquente de ces équipements qui limite le recours à la gérance de tutelle atténue l'effet de signalement institutionnel déjà évoqué. Il ne faut pas exclure que la corrélation plus forte à l'égard de la TPSA provienne d'une préférence plus marquée en secteur rural où le recours à une tutelle civile est souvent mal perçu et relativement peu usité compte tenu de ses incidences patrimoniales.

D'autres corrélations, plus faibles, apparaissent. Elles concernent essentiellement les variables qui caractérisent la densité de médecins libéraux et celle de médecins libéraux spécialisés en psychiatrie et en neuro-psychiatrie. La corrélation est faiblement négative ($R^2 = 0,06$ et $R^2 = 0,10$ respectivement). Dans la mesure où l'on s'attendait plutôt à trouver une corrélation positive, reflétant le rôle des médecins dans la circulation de l'information et dans les démarches de signalement, ces résultats illustrent indirectement la prépondérance des facteurs institutionnels dont l'histoire locale est fortement constrastée.

La régression multiple avec quatre variables confirme ces observations. Les densités médicales n'ont pas un pouvoir explicatif avec des coefficients significatifs. Le taux de tutelle aux prestations sociales enfants, le taux d'urbanisation, l'indice IMP-IMPRO, le taux de mortalité comparatif des hommes par alcoolisme et cirrhose du foie et le taux d'incidence de la tutelle au majeur protégé expliquent 37 % de la variance du taux de TPSA.

L'influence du taux de TMP ne peut qu'étonner puisque la régression simple avec le taux de TPSA n'a révélé aucune corrélation. Une fois éliminée la part de la variance expliquée par les quatre autres variables explicatives, le taux de TMP exerce une influence modeste mais significative sur le taux de TPSA, traduisant un effet de substitution. En effet, un taux de TMP élevé tend à freiner la tutelle aux prestations sociales adulte tandis que la situation inverse favorise plutôt son développement. **Ce constat vient confirmer dans une certaine mesure, la coexistence de phénomènes de complémentarité**, les deux types de mesure étant sensibles aux mêmes facteurs, et de phénomènes de substitution dans certains départements et sans doute dans certains contextes particuliers.

Tableau 6.9 : La régression multiple expliquant le taux de TPSA

Variable dépendante : le taux de tutelle aux prestations sociales adulte		
-VARIABLES EXPLICATIVES-	Coefficient de régression	Valeur du t
Taux de tutelle aux prestations sociales enfant	0,210	5,71
Taux d'urbanisation	- 0,073	- 3,94
Taux de mortalité par alcoolisme	0,069	3,24
Indice d'équipement IMP-IMPRO	2,451	2,86
Taux de tutelle au majeur	- 0,141	- 2,00
R^2 = 0,36	F = 9,52	n = 89

§ 4 — L'explication des disparités du taux global des mesures tutélaires avec un financement socialisé

Avec un taux global égal à la somme du taux de TE et du taux de TPSA, on dispose d'un indicateur qui rassemble toutes les mesures pour adultes ayant fait appel à un financement socialisé[16]. Quand cet indicateur est élevé cela peut signifier trois choses : soit la diffusion des mesures tutélaires est importante parmi la population adulte, soit la part des mesures de tutelles qui font appel aux financements socialisés est plus importante qu'ailleurs (en raison de la préférence accordée à la TPSA ou à la tutelle d'Etat), soit encore ces deux phénomènes ont joué simultanément. Avec les informations dont nous disposons il est difficile de faire la part précise de ces différents facteurs. En outre, il est probable que ce taux rassemble un petit nombre de doubles mesures. La TPSA venant compléter la tutelle d'Etat pour en assurer le financement.

Le tableau 6.10 qui rassemble les résultats obtenus à partir de régressions linéaires simples, montre qu'il est plus facile d'expliquer le taux global qui ignore le rôle structurel des deux taux que ses deux composantes prises séparément. Il permet de distinguer trois séries de variables explicatives.

1. Un certain nombre d'entre elles correspondent à **des segments de la population concernée par des mesures de tutelle**. Ainsi, la corrélation avec le nombre de places en CAT ($R^2 = 0,16$) s'applique à une population d'adultes handicapés. De même la corrélation avec l'indice des lits-places de psychiatrie générale rapporté à la population est associée à un autre segment de la population concernée par les tutelles : celui des malades mentaux ($R^2 = 0,12$). La population âgée, en particulier quand elle se trouve hébergée en institution, exerce aussi une influence sur le taux global qui se traduit par une corrélation avec le taux de places d'hébergement pour personnes âgées pour 1 000 personnes âgées de 75 ans ou plus ($R^2 = 0,14$). Enfin, le poids de l'alcoolisme apparaît aussi comme étant non négligeable ($R^2 = 0,08$ et $R^2 = 0,11$ selon que l'on prend en compte tous les départements ou non). Evidemment toutes ces variables sont liées positivement sur le plan statistique avec le taux global. En définitive, face à une population particulièrement hétérogène, il est logique qu'il faille **un ensemble d'indicateurs spécifiques pour rendre compte de la dispersion des taux d'incidence des mesures.**

2. Trois variables, corrélées positivement entre elles[17], exercent une influence négative sur le taux global : **le taux d'urbanisation** ($R^2 = 0,16$), **la densité de médecins libéraux** ($R^2 = 0,10$) et **la densité de psychiatres et de neuro-psychiatres libéraux** ($R^2 = 0,07$). Le fait qu'il s'agisse pour ces deux dernières variables d'une corrélation négative et le contraste avec les corrélations

Tableau 6.10 : Les corrélations simples avec le taux global de tutelle

Variable explicative (*) : significatif au seuil de 5 % (**) : significatif au seuil de 1 % (89 départements)	Variable expliquée : Taux global de tutelle pour 10 000 habitants en 1986. Constante b	Coefficient directeur a	Test de student t	Coefficient de détermination R^2
65 ans et plus / 2o ans - 64 ans	7,073	9,722	0,77	0,00
Taux de mortalité des hommes par alcoolisme et cirrhose du foie pour 100 000 habitants	3,217	0,127	2,78	0,08 (**)
Densité de popu	10,714	- 0,009	- 2,14	0,05 (*)
Taux d'urbanisation	20,954	- 0,184	- 4,13	0,16 (**)
Taux de chômage	12,00	- 0,219	- 0,57	0,00
Revenu fiscal moyen	27,320	- 0,267	- 2,57	0,07 (*)
Taux de tutelle aux prestations sociales enfant	5,390	0,259	3,45	0,12 (**)
Taux mesure DDASS	9,149	0,769	2,38	0,06 (*)
Présence service DDASS	9,243	1,749	1,07	0,01
Entourage T.G.	4,750	0,501	3,08	0,10 (**)
Dépense d'aide sociale par habitant	11,908	-0,003	- 0,58	0,00
Densité de médecins libéraux	18,465	- 0,059	- 3,16	0,10 (**)
Densité de médecins psychiatres et neuro-psychiatres	13,213	- 0,652	- 2,62	0,07 (**)
Nombre de places en C.A.T pour 10 000 habitants de 20 à 65 ans	4,698	0,200	3,99	0,16 (**)
Indice de spécificité IMP-IMPRO	6,285	3,302	1,62	0,03
Taux d'hébergement pour 1000 personnes de 75 ans ou plus	0	0,061	14,69	0,14 (**)
Taux d'hébergement médicalisé pour 1000 personnes de 75 ans ou plus	6,580	0,077	1,64	0,03
Indice lits-places en psychiatrie générale pour 1000 habitants	4,932	1,936	3,53	0,12 (**)
Part de l'hospitalisation partielle en psychiatrie générale	9,733	0,003	0,02	0,00
Sans la Lozère et la région de Paris (87 départements)	b	a	t	R^2
Taux de mortalité des hommes par alcoolisme et cirrhose du foie pour 100 000 habitants	2,738	0,131	3,17	0,11 (**)
Taux de tutelle aux prestations sociales enfant	4,922	0,274	4,07	0,16 (**)
Taux mesure DDASS	8,895	0,805	2,74	0,08 (**)
Entourage T.G.	3,945	0,561	3,86	0,15(**)
Taux d'hébergement médicalisé pour 1000 personnes de 75 ans ou plus	5,587	0,093	2,17	0,05 (*)

positives associées aux variables d'établissements, pourraient suggérer une certaine opposition quant au fonctionnement du système sanitaire et social à domicile et en institution, le premier, souvent organisé sur un mode libéral, étant moins porté à faire des signalements ou à inciter les familles à le faire que le second. Il faut cependant rester très prudent dans l'interprétation car l'entrée en établissement est souvent associée à un événement qui modifie aussi sensiblement la situation des personnes concernées (décès d'un conjoint ou d'un proche, dégradation de l'état de santé, etc.). L'existence d'une forte corrélation de ces deux densités médicales avec la variable mesurant le taux d'urbanisation incite à la prudence.

Tableau 6.11 : La régression multiple expliquant le taux global de tutelle

Variable dépendante : le taux global de tutelle		
-VARIABLES EXPLICATIVES-	Coefficient de régression	Valeur du t
Taux d'hébergement pour personnes âgées	0,057	4,92
Taux d'urbanisation	- 0,110	- 4,22
Taux de tutelle aux prestations sociales enfant	0,220	3,79
Taux CAT	0,141	3,54
R^2 = 0,43	F = 16,31	n = 89

3. Enfin trois variables reflètent en partie **l'histoire institutionnelle locale en matière de tutelle**. La première concerne **la tutelle aux prestations sociales enfants**. Son effet s'exerce principalement sur le taux de TPSA mais il reste non négligeable au niveau du taux global (R^2 = 0,12 avec 89 départements et R^2 = 0,16 avec seulement 87 départements). Le développement de la tutelle aux prestations sociales enfants a préparé le terrain de la tutelle adulte. La seconde variable concerne **la présence de la DDASS**

comme service gestionnaire des mesures de tutelles civiles au nom de l'Etat. Dans ce cas, il n'y a pas de corrélation avec le taux global ($R^2 = 0,01$). Appelé à la rescousse face au développement rapide des mesures dans certains départements, élément empêchant le développement du recours à la TPSA dans d'autres, facteur d'incitation au recours à la tutelle civile ou au contraire, service tellement rationné en ressources qu'il incite à rechercher des solutions de substitution, les effets de la présence de la DDASS sont contradictoires.

Une troisième variable explicative associée au système local des tutelles traduit l'existence d'un **effet de proximité** entre les départements ($R^2 = 0,10$ et $R^2 = 0,15$). Le développement des mesures de tutelle avec un financement socialisé dans les départements limitrophes de chaque département exerce un effet dans le même sens. Le voisinage freine ou favorise le recours à des systèmes socialisés de prise en charge de l'exécution des mesures de protection et d'incapacité[18].

La régression multiple, en ne retenant que quatre variables permet d'expliquer 43 % de la dispersion du taux global entre les départements (Cf. tableau 6.11). Il convient de remarquer que chaque variable a un effet spécifique. La première concerne les personnes âgées en institution, la seconde, les caractéristiques générales du département, la troisième le rôle, sans doute historique, de la TPSE et enfin la dernière, l'influence des équipements pour adultes handicapés. Le poids des facteurs institutionnels se trouve donc largement conforté par l'ensemble des résultats mis en évidence dans cette étude départementale de la variation des tutelles avec un financement socialisé.

Au terme de cette exploration de la variation géographique du phénomène tutélaire, on comprend mieux comment **des facteurs objectifs ont influencé l'histoire et le développement contrasté du phénomène tutélaire dans les départements de la métropole**. Pourtant le caractère incomplet de l'analyse persiste. Il convient en effet, de la prolonger à partir d'indicateurs moins partiels, concernant par exemple l'ensemble des mesures financées de manière socialisée ou non. Il serait souhaitable également de prendre en compte la structure des mesures par segments de population en fonction de l'âge ou du mode d'hébergement et en introduisant des variables reflétant plus précisément l'histoire locale de chaque département (date de création ou de conventionnement des services). Ce travail, difficile dans le cadre limité sur le plan géographique de cette recherche, a pu cependant être entrepris sur les deux départements où nous avons réalisé une enquête sur un échantillon représentatif et grâce aux données récemment produites par la division des statistiques du Ministère de la Justice. La variation du phénomène tutélaire entre les départements peut alors être analysée de manière plus globale et plus approfondie.

Section 3 : La variation dans l'espace de l'application de la loi de 1968

Depuis la fin de l'année 1990 le Ministère de la Justice dispose de données statistiques quasi exhaustives[19] sur les mesures de protection en cours selon les différents tribunaux d'instance et les greffes permanents de France. Ces informations nous ont permis d'évaluer la variation quantitative des conditions d'application de la loi du 3 janvier 1968 selon le département (sous-section 1). Il était ensuite possible d'avancer des explications pour comprendre les facteurs qui influencent la diffusion du phénomène tutélair (sous-section 2).

Sous-section 1 — *La loi de 1968 : une intensité d'application variable en 1989*

La description du phénomène des tutelles en métropole sera faite en deux temps. Nous examinerons d'abord, la diffusion des mesures de protection au sein des différentes populations départementales (§ 1). Nous mettrons ensuite, en rapport cette diffusion avec celle qui a déjà été observée pour les tutelles avec un financement socialisé (§ 2).

§ 1 — La diffusion géographique des mesures de protection

En comparant les chiffres de majeurs pour lesquels un régime de protection a été ouvert avec la population totale âgée de 20 ans ou plus, il est possible de calculer, comme cela a déjà été fait avec les tutelles bénéficiant d'un financement socialisé, **un taux total de tutelles au majeur protégé** (TMP) pour 10 000 personnes.

Les résultats observés au plan national montrent qu'en moyenne 73 personnes sur 10 000 sont placées sous un régime de protection (Cf. Tableau 6.12). Avec environ 270 000 mesures nous changeons d'échelle relativement au phénomène des tutelles avec un financement socialisé (tutelles d'Etat et tutelles aux prestations sociales adultes). L'écart est de l'ordre de dix fois plus. La situation départementale moyenne correspond à un taux de 85 mesures pour 10 000 personnes. Elle est sensiblement plus élevée que la moyenne nationale en raison de la sous estimation du poids démographique de Paris et de sa région dont le taux n'est que de 45. Si le phénomène de diffusion des mesures de protection continue encore à progresser, c'est environ une personne sur 100 qui va se trouver concernée par la loi du 3 janvier 1968. Un doublement du nombre des mesures donnerait raison à M. PLEVEN dans son estimation du domaine d'application de la loi.

Tableau 6.12 : Le classement des départements selon le taux total de tutelles au majeur protégé en 1989

	DEPARTEMENT	Taux total majeur protégé		DEPARTEMENT	Taux total majeur protégé		DEPARTEMENT	Taux total majeur protégé
1	LOZERE	330,5	31	AVEYRON	91,3	61	ARDENNES	72,3
2	COTES D'ARMOR	136,3	32	ORNE	90,5	62	PAS DE CALAIS	71,6
3	GERS	133,2	33	CHARENTE	89,4	63	VENDEE	71,4
4	CHER	130,9	34	MEURTHE ET MOSELLE	86,3	64	RHONE	70,5
5	PYRENEES (Hautes)	123,5	35	LOIRE-ATLANTIQUE	85,9	65	LOIRET	70,4
6	LOT	122,0	36	TARN ET GARONNE	85,3	66	VAR	69,9
7	ARDECHE	121,1	37	ALPES (Hautes)	85,1	66	AUDE	69,9
8	CHARENTE MARITIME	119,9	38	PYRENEES ATLANTIQUES	82,5	68	VAUCLUSE	68,9
9	SARTHE	116,6	39	SAVOIE	82,0	69	MARNE	68,5
10	DORDOGNE	116,3	40	SAONE (Haute)	81,8	70	AIN	67,9
11	ALPES (Maritimes)	114,5	41	FINISTERE	81,6	71	NIEVRE	67,1
11	MARNE (Haute)	114,5	41	ARIEGE	81,6	72	BELFORT	66,9
13	VIENNE	112,5	43	LOT ET GARONNE	79,3	73	GARONNE (Haute)	66,6
14	MAYENNE	109,3	44	DOUBS	78,9	74	ISERE	64,7
15	CREUSE	107,7	45	RHIN (Haut)	78,7	75	SAONE ET LOIRE	63,6
16	CALVADOS	102,9	46	COTE D'OR	78,4	76	RHIN (Bas)	59,4
17	MEUSE	101,9	46	SOMME	78,4	77	LOIR ET CHER	58,3
18	ILLE ET VILAINE	101,3	48	GIRONDE	78,2	78	SAVOIE (Haute)	57,5
19	LOIRE (Haute)	99,2	49	SEVRES (Deux)	78,1	79	BOUCHES DU RHONE	56,4
19	MANCHE	99,2	50	YONNE	78,0	80	AUBE	55,1
21	MORBIHAN	99,0	51	INDRE ET LOIRE	77,4	81	SEINE MARITIME	54,2
22	ALLIER	96,9	52	EURE ET LOIR	76,2	82	AISNE	53,3
23	MAINE ET LOIRE	96,2	53	TARN	75,8	83	VOSGES	51,4
24	CORREZE	94,9	54	INDRE	75,4	84	ALPES (Haute-Provence)	50,2
25	VIENNE (Haute)	94,7	55	HERAULT	74,7	85	MOSELLE	49,8
26	DROME	94,2	56	PYRENEES ORIENTALES	74,1	86	SEINE et MARNE	49,2
27	EURE	93,7	57	JURA	73,9	87	GARD	47,7
28	CANTAL	93,1	58	NORD	73,8	88	PARIS +REGION	45,1
29	OISE	93,0	59	LANDES	73,6	89	CORSE	40,1
30	PUY DE DOME	92,5	60	LOIRE	73,4		FRANCE	73,7

Source : Ministère de la Justice — CEBS/CGP — 1990

La dispersion interdépartementale est réduite par rapport à celle que l'on a notée à propos des tutelles d'Etat et des tutelles aux prestations sociales adulte. Entre la Lozère, toujours aussi déviante par rapport à la moyenne (avec une personne sur trente sous un régime de protection), et la Corse où se confirme le faible développement des tutelles, l'écart va de 1 à 8 environ. Le coefficient de variation vient conforter cette observation puisqu'il n'est que de 0,4 alors qu'il était de l'ordre de l'unité pour les mesures de tutelle avec un financement socialisé.

Le classement des départements choisis pour l'enquête est révélateur des écarts qui peuvent exister entre le taux de tutelle d'Etat et le taux total de tutelle au majeur protégé. Ainsi, la Seine-Maritime et l'Ille-et-Vilaine, choisis pour leur proximité avec la moyenne nationale en ce qui concerne le taux de TE s'écartent-ils sensiblement de cette moyenne en ce qui concerne le taux total de TMP. En effet, l'Ille-et-Vilaine a un taux total de TMP plus élevé que la moyenne (101,3 contre 73,7) tandis que la Seine-maritime se trouve dans les derniers départements avec un taux égal à 54,2. A l'inverse, le Morbihan (99) reste de manière significative au-dessus de la moyenne nationale et la Haute-Savoie (57,5) en dessous ; mais il faut noter que la Vendée dont le taux de TE est faible se trouve très près de la moyenne nationale pour le taux total de TMP (71,4).

A l'étude du classement des départements par ordre décroissant du taux total de TMP une première remarque, confirmée par la carte 6.3, apparaît : le sous développement des mesures de tutelles avec un financement socialisé, que l'on avait noté dans les départements situés au sud de la France, ne se rencontre pas en ce qui concerne l'ensemble des mesures de protection dans le cadre de la loi de 1968. En effet, parmi les vingt premiers départements 11 sont situés au sud de la Loire tandis que parmi les dix derniers, non compris Paris et sa région, 6 sont situés au nord de la Loire. **La spécificité du sud et, plus précisément du sud-est, provient donc surtout des conditions de financement des mesures mais pas de l'intensité de leur diffusion.** Une opposition se dessine pourtant entre la façade ouest de la France et le massif central d'une part, où le phénomène tutélaire est important et le bassin parisien, le Nord-Est de la France et le pourtour méditerranéen d'autre part, où le développement des mesures de tutelle est plus faible[20]. Enfin la faiblesse du développement des mesures tutélaires dans la région parisienne, y compris en Seine-et-Marne, ressort nettement quel que soit le taux envisagé. Plus généralement, c'est l'ensemble du bassin parisien qui n'a connu jusqu'à ces dernières années qu'un développement relativement modéré des mesures de protection organisées par la loi du 3 janvier 1968.

Carte 6.3 : Le taux d'incidence des mesures de protection selon le département en 1989.

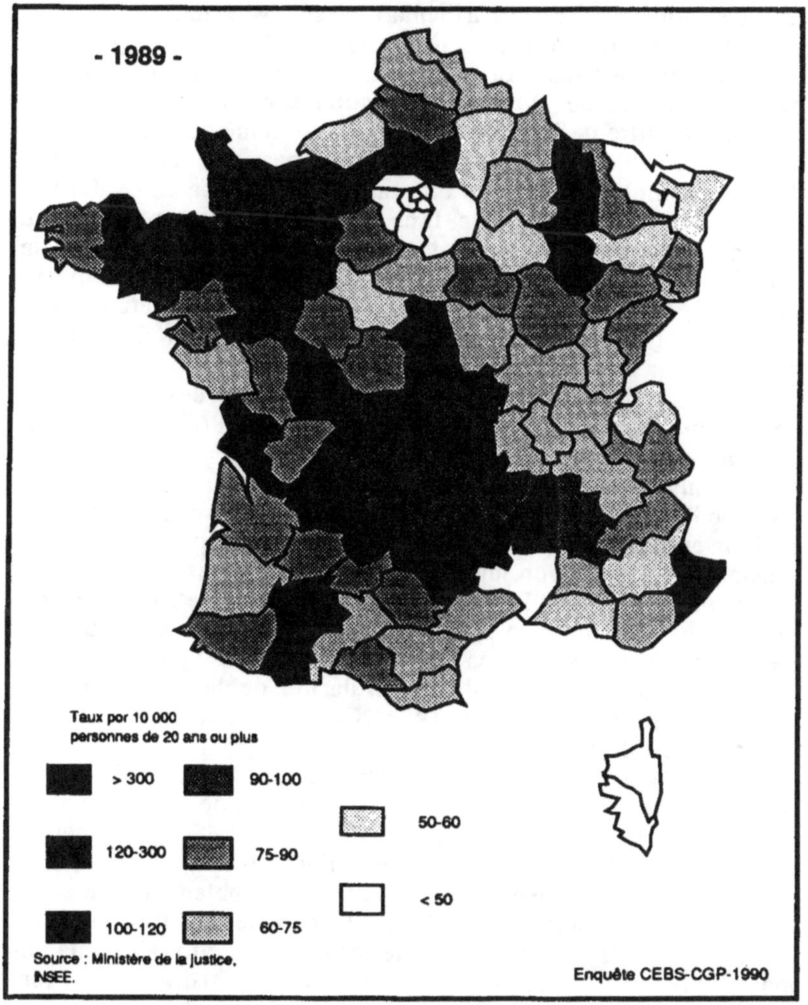

§ 2 — La variation de la part des tutelles d'Etat dans l'ensemble des mesures

Le croisement des informations disponibles auprès des financeurs avec celles des tribunaux s'est révélé impossible pour l'année 1989. Malgré le caractère approximatif que cela présente, le rapport des tutelles d'Etat de 1986 avec les chiffres de l'ensemble des mesures de 1989 a été calculé. Dans la mesure où les dépenses au titre de la tutelle d'Etat ont continué de progresser de manière sensible entre 1986 et 1989, la part des tutelles d'Etat dans l'ensemble des tutelles au majeur protégé, calculée dans le tableau 6.13, est sous estimée. Il ne faut pas exclure non plus qu'en période d'évolution rapide, des écarts importants aient pu se combler où se creuser entre certains départements. Il convient donc de garder une relative prudence dans l'interprétation des résultats obtenus avec cet indicateur calculé à partir de données décalées dans le temps. Avec ces réserves, il apparaît qu'en moyenne sur l'ensemble de la métropole 5,6 % des mesures de protection prononcées dans le cadre de la loi de 1968 sont vacantes et confiées à l'Etat.

Malgré la sous estimation évoquée ci-dessus, on peut affirmer que **le phénomène de la tutelle d'Etat reste marginal au sein de l'ensemble des mesures de protection**. Cette proportion varie sensiblement. Si l'on en juge par la comparaison des tutelles d'Etat de 1986 avec l'ensemble des mesures de 1989, seule l'Eure-et-Loir voit la part des tutelles d'Etat dépasser 20 %. A l'opposé plusieurs départements n'avaient pas de tutelles d'Etat repérées dans les statistiques du Ministère de la solidarité, de la santé et de la protection sociale jusqu'en 1986. Ces départements sont tous situés au sud de la France.

En règle générale, les départements de l'ouest de la France sont situés au-dessus de la proportion moyenne observée dans l'ensemble des départements (soit 6,1%)[21]. Deux exceptions cependant doivent être signalées : l'Ille-et-Vilaine et la Vendée. Pour le premier, nous avons vu que cela provenait principalement du recours à la tutelle aux prestations sociales adulte comme substitut des financements rationnés de l'Etat. Pour le second, il s'agit vraisemblablement d'un effet de la persistance d'un réseau familial et associatif particulièrement dense et, peut-être, d'une attitude plus générale de réserve à l'égard des institutions publiques.

La dispersion de la part occupée par les tutelles d'Etat dans l'ensemble des mesures de protection est importante. En effet, le coefficient de variation est de 0,86. L'histoire institutionnelle locale a conduit les départements vers des situations très différenciées en matière de mode de gestion. Il est vraisemblable toutefois que cette dispersion s'est réduite depuis 1986 du fait du rationnement des financements dans les départements « dépen-

Tableau 6.13 : Estimation de la proportion des tutelles d'Etat (1986) dans l'ensemble des mesures de protection (1989) selon le département

	DEPARTEMENT	Part des tutelles d'Etat		DEPARTEMENT	Part des tutelles d'Etat		DEPARTEMENT	Part des tutelles d'Etat
1	EURE ET LOIR	23,3	31	MEURTHE ET MOSELLE	7,3	61	GIRONDE	2,5
2	MOSELLE	18,5	32	SAONE (Haute)	7,2	61	PYRENEES ATLANTIQUES	2,5
3	LOIR ET CHER	17,9	33	INDRE	7,1	63	PUY DE DOME	2,4
4	COTES D'ARMOR	17,8	34	LOT ET GARONNE	6,9	63	SEVRES (Deux)	2,4
5	MORBIHAN	16,7	35	CHARENTE MARITIME	6,5	65	ALLIER	2,3
6	FINISTERE	16,6	36	SEINE et MARNE	6,3	66	VENDEE	2,0
7	MAINE ET LOIRE	15,9	37	VAR	5,9	66	LOT	2,0
8	SOMME	15,5	37	CHARENTE	5,9	68	MARNE	1,9
9	NIEVRE	15,1	37	MARNE (Haute)	5,9	69	RHIN (Haut)	1,8
10	LOIRET	14,4	40	EURE	5,8	70	GERS	1,5
11	MAYENNE	13,2	40	DROME	5,8	70	CREUSE	1,5
12	MEUSE	12,9	42	AUDE	5,5	72	ALPES (Haute-Provence)	1,3
13	AIN	11,7	43	LANDES	5,4	72	YONNE	1,3
14	INDRE ET LOIRE	11,3	44	ORNE	5,3	74	BOUCHES DU RHONE	1,2
15	ALPES (Hautes)	10,8	45	VOSGES	5,0	75	PAS DE CALAIS	1,1
16	LOZERE	10,7	46	PYRENEES (Hautes)	4,9	76	TARN ET GARONNE	0,9
17	SAVOIE	10,5	47	GARD	4,8	77	SAVOIE (Haute)	0,8
18	OISE	10,3	47	RHONE	4,8	78	CORSE	0,7
19	RHIN (Bas)	10,2	49	VIENNE (Haute)	4,7	78	VIENNE	0,7
20	LOIRE	9,9	50	VAUCLUSE	4,4	80	ALPES (Maritimes)	0,5
21	LOIRE-ATLANTIQUE	9,3	51	ILLE ET VILAINE	4,2	80	DORDOGNE	0,5
22	PYRENEES ORIENTALES	7,9	52	CHER	3,7	82	NORD	0,4
22	DOUBS	7,9	53	SARTHE	3,5	83	ARDENNES	0,2
22	SAONE ET LOIRE	7,9	54	COTE D'OR	3,2	84	CANTAL	0,2
25	GARONNE (Haute)	7,7	54	ISERE	3,2	85	ARDECHE	0,0
26	JURA	7,6	56	CALVADOS	2,8	85	AVEYRON	0,0
26	MANCHE	7,6	56	BELFORT	2,8	85	CORREZE	0,0
26	AUBE	7,6	58	LOIRE (Haute)	2,7	85	HERAULT	0,0
26	SEINE MARITIME	7,6	59	PARIS +REGION	2,6	85	TARN	0,0
30	ARIEGE	7,5	59	AISNE	2,6		FRANCE	5,6

Source : Ministère de la Justice — CEBS/CGP — 1990

siers » et du rattrapage de leur « retard » de développement de l'offre dans certains des autres départements.

Carte 6.4 : La part des tutelles d'Etat (1986) dans l'ensemble des mesures de protection (1989) selon le département

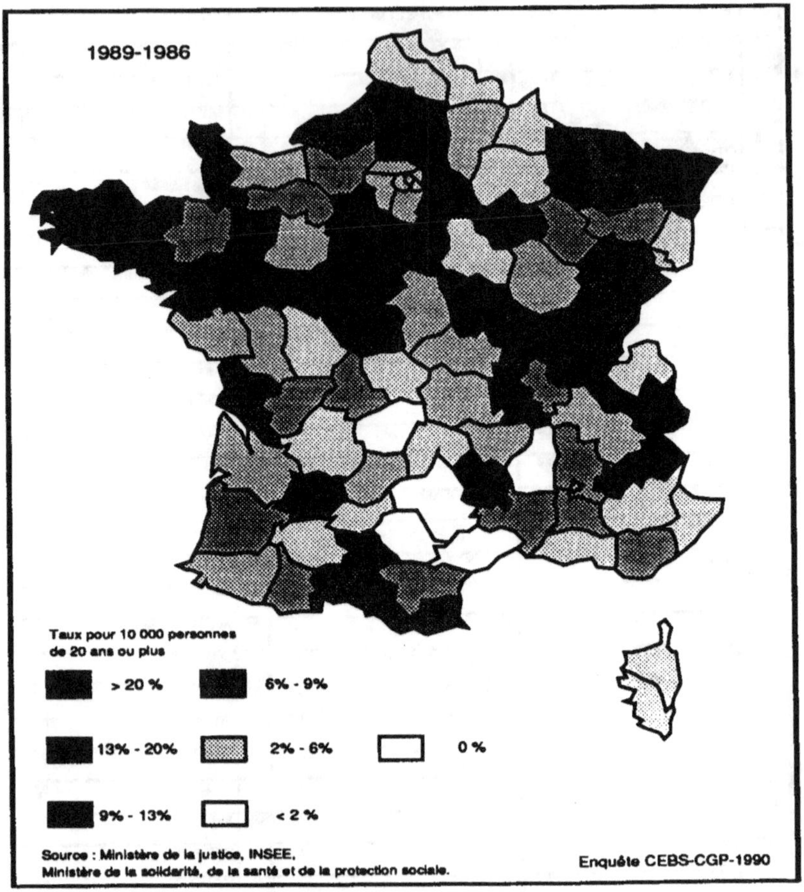

L'examen de la carte 6.4 qui représente l'estimation de la part des tutelles d'Etat dans l'ensemble des mesures de protection dans le cadre de la loi de 1968 met à nouveau en évidence l'opposition nord-sud mais il convient cependant d'y apporter quelques nuances. Les principales régions où les tutelles d'Etat prennent une part importante peuvent être regroupées en deux grands pôles : le quart nord-ouest de la France, à l'exception du Nord, du Pas-de-Calais, du Calvados et de la Sarthe d'une part, l'est et le nord-est de la France, à l'exception de l'Isère, de la Haute-Savoie, du Haut-Rhin et du territoire de Belfort d'autre part. Au contraire, le sud-ouest, le massif central et le bassin méditerranéen connaissent à la fois un faible développement général des tutelles et en particulier, un faible développement des tutelles d'Etat.

Graphique 6.4 : La liaison entre le taux total de TMP et la proportion des tutelles d'Etat selon la région

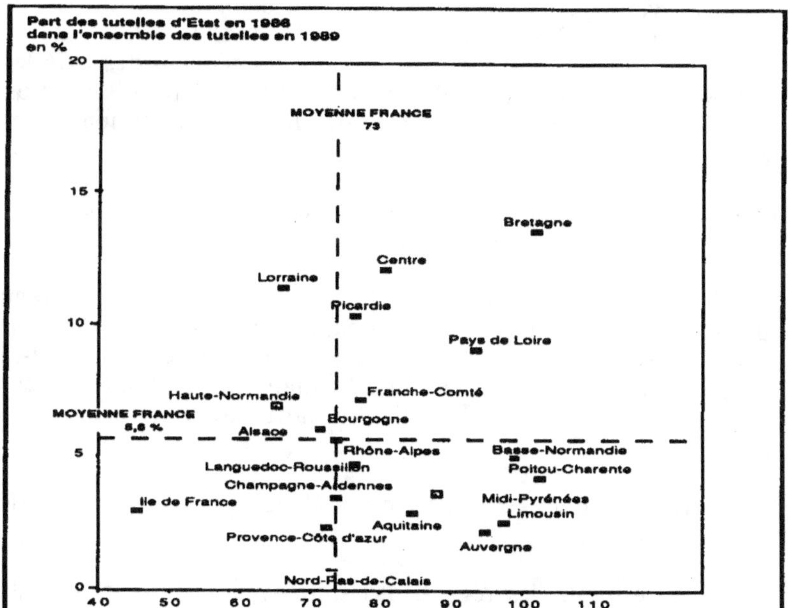

Soures : Ministère de la Justice
Ministère de la solidarité, de la santé
et de la Protection sociale

CEBS-CGP-1990

L'analyse au niveau régional des taux de tutelle au majeur protégé et de la part des tutelles d'Etat dans l'ensemble des mesures, ne fait pas apparaître une liaison claire avec cependant la réserve de la non correspondance des années d'observation. En effet, s'il existe des régions où l'intensité du développement des tutelles au majeur protégé explique le degré d'implication de l'Etat dans la gestion des mesures, il en existe d'autres où ces deux phénomènes ne sont manifestement pas liés. Dans le premier cas il faut citer la Bretagne, le Centre et les Pays de la Loire qui associent un taux de TMP et une proportion de tutelles d'Etat élevés et à l'inverse, la situation originale de l'Ile-de-France où les deux phénomènes sont peu développés. Dans le second cas on remarque la situation de la Haute-Normandie et surtout celle de la Lorraine où la proportion des tutelles d'Etat est forte sans qu'il y ait pour autant un développement général du phénomène tutélaire, tandis que de nombreuses régions sont dans la situation inverse (Auvergne, Limousin, Poitou-Charente, Midi-Pyrénées et Aquitaine). Il semble donc qu'il n'y ait en ce domaine aucun phénomène mécanique. **Il existe une large indépendance entre le développement des tutelles d'Etat et celui plus général des tutelles prononcées dans le cadre de la loi de 1968.** Cette observation conforte l'idée de la prépondérance des facteurs institutionnels et de l'histoire locale.

Sous-section 2 — *La loi de 1968 : l'explication des disparités dans la diffusion géographique*

La variation du phénomène tutélaire dans l'espace interroge quant à ses causes. Des variables explicatives semblent pouvoir être avancées à partir des régressions simples (§ 1) ; celles-ci conservent cependant un pouvoir très limité pour expliquer l'ensemble du phénomène et en particulier la variation du recours à la tutelle d'Etat (§ 2).

§ 1 — Les facteurs exogènes et la diffusion des mesures de protection

Les résultats des régressions simples entre le taux total de TMP et un certain nombre de variables (Cf. tableau 6.14), montrent que **la part de la variance du taux total de TMP qui peut être expliquée par une seule variable est sensiblement plus élevée** que celle qui a pu l'être en ce qui concerne la tutelle d'Etat ou la TPSA. On parvient donc à une certaine objectivation de la dispersion du phénomène tutélaire. Ce résultat est logique car le passage de la tutelle au majeur protégé en général à la seule tutelle d'Etat, se fait par le biais de processus institutionnels dont la spé-

Tableau 6.14 : Les régressions simples avec le taux total de tutelle au majeur protégé

Variables explicatives (*) : significatif au seuil de 5 % (**) : significatif au seuil de 1 % (89 départements)	Variable expliquée : Taux de tutelle au majeur protégé pour 10 000 habitants en 1986.			
	Constante b	Coefficient directeur a	Test de student t	Coefficient de détermination R^2
65 ans et plus / 20 ans - 64 ans	33,58	188,67	3,25	0,11 (**)
Taux de mortalité des hommes par alcoolisme et cirrhose du foie pour 100 000 habitants	87,56	- 0,038	- 0,16	0,00
Densité de popu	90,22	- 0,046	- 2,12	0,06 (*)
Taux d'urbanisation	146,69	- 1,003	- 4,75	0,21 (**)
Revenu fiscal moyen	210,28	- 1,892	- 3,92	0,15 (**)
Taux de tutelle aux prestations sociales enfant	81,09	0,268	0,69	0,00
Taux de tutelle d'Etat	68,08	3,331	6,12	0,30 (**)
Entourage T.M.P.	51,09	0,428	2,32	0,06 (*)
Dépense d'aide sociale pour handicapés par habitant	69,15	0,084	1,65	0,03
Dépense d'aide sociale pour personnes âgées par habitant	66,40	0,176	2,49	0,07 (*)
Dépense d'aide sociale pour handicapés et personnes âgées par habitant	60,63	0,082	2,36	0,06 (*)
Nombre de places en C.A.T.pour 10 000 habitants de 20 à 65 ans	43,83	1,59	9,30	0,50 (**)
Indice de spécificité IMP-IMPRO	46,37	37,35	4,06	0,16 (**)
Indice lits-places en psychiatrie générale pour 1000 habitants	44,68	16,431	7,30	0,38(**)
Part de l'hospitalisation partielle en psychiatrie générale	93,74	- 1,038	- 1,94	0,04
Sans la Lozère (88 départements)	b	a	t	R^2
Taux d'urbanisation	125,69	- 0,700	- 5,19	0,24 (**)
Taux de tutelle aux prestations sociales adulte	74,15	1,912	3,67	0,14 (**)
Dépense d'aide sociale pour handicapés par habitant	75,47	0,038	1,14	0,01
Nombre de places en C.A.T.pour 10 000 habitants de 20 à 65 ans	66,71	0,659	2,98	0,09 (**)
Indice lits-places en psychiatrie générale pour 1000 habitants	59,09	9,742	5,75	0,28 (**)

cificité locale échappe dans une large mesure aux analyses statistiques qui ont été réalisées. Au contraire, la diffusion des mesures quel que soit leur mode de gestion, obéit à des facteurs caractérisant soit la population potentielle soit l'environnement en équipement spécialisé.

Les deux variables qui ont le plus fort coefficient de corrélation avec le taux total de TMP sont des variables caractérisant **la situation du département en termes d'équipement spécialisé.** Le nombre de place en CAT explique à lui seul 50 % de la variance du taux total de TMP[22]. De même, le coefficient de corrélation avec l'indice lits-places en psychiatrie générale pour 1 000 habitants est de 0,38. Etant donné la part prépondérante de la Lozère dans la variance du taux total de TMP il est intéressant de considérer le résultat de la régression sur l'ensemble des départements non compris ce département. Le coefficient de corrélation reste positif et significatif au seuil de 1 %, mais sa valeur diminue considérablement pour la variable nombre de places en CAT ($R^2 = 0,09$ contre $R^2 = 0,50$ avec la Lozère). Le même phénomène est observé à propos de l'indice concernant le nombre de lits en psychiatrie générale mais cette variable conserve un coefficient de corrélation élevé ($R^2 = 0,28$).

L'examen des variables associées à la situation économique sociale et démographique des départements confirme les résultats observés avec les tutelles dont le financement est socialisé. **Une corrélation inverse significative existe entre le phénomène tutélaire et le taux d'urbanisation d'une part, et le revenu fiscal moyen** d'autre part. Ce phénomène est vérifié également si l'on ne prend pas en compte la Lozère. Le caractère urbain d'un département est donc plutôt associé avec une diffusion réduite des mesures de protection. Un facteur explicatif nouveau joue un rôle significatif : il s'agit du ratio de vieillissement ($R^2 = 0,11$). **Le vieillissement de la population départementale explique partiellement l'intensité de la diffusion du phénomène tutélaire**. On se souvient qu'aucune corrélation n'existe avec le taux de tutelle d'Etat. Cet apparent paradoxe est révélateur. En effet, si le vieillissement et son corrollaire la croissance de la morbidité, expliquent une augmentation de la diffusion des mesures de protection au sein de la population, il est vraisemblable que la population âgée sous tutelle bénéficie le plus souvent d'un mode de gestion familiale ou par un préposé d'établissement. Elle se trouve donc concernée par une tutelle d'Etat beaucoup moins fréquemment. Un autre fait troublant mérite d'être signalé. En effet, la variable taux de mortalité comparatif par alcoolisme et cirrhose du foie est totalement indépendante sur le plan statistique du taux total de TMP. Comme cette variable exerce une influence limitée ($R^2 = 0,06$) mais significative sur le taux de tutelle d'Etat, on peut en déduire comme sur un cliché en négatif les caractéristiques qui sont plutôt associées à la tutelle d'Etat. Celle-ci comprendrait donc de manière élective, des adultes relativement plus jeunes que l'ensemble de la population sous un régime d'incapacité-protection ainsi que plus fréquemment des personnes ayant un problème d'alcoolisme.

Les variables qui caractérisent le système des tutelles au niveau départemental ont une influence très faible. Contrairement à ce qui a été observé avec le taux de TPSA, mais comme pour le taux de tutelle d'Etat, il n'existe aucune corrélation avec le taux de tutelle aux prestations sociales enfants. Autrement dit, le développement de cette forme de tutelle favorise le recours à la TPSA mais n'exerce pas d'influence significative sur l'intensité du recours aux mesures de protection dans le cadre de la loi de 1968. L'influence de la situation des départements voisins paraît réduite ($R^2 = 0,06$) même si elle est un peu plus marquée hors la Lozère ($R^2 = 0,08$). De même, s'il existe une liaison statistique entre le taux de tutelle d'Etat et le taux de TMP ($R^2 = 0,3$) celle-ci disparaît avec la Lozère ($R^2 = 0,03$). A l'inverse, apparaît alors une relation significative avec le taux de TPSA ($R^2 = 0,14$) qui traduit l'influence des facteurs explicatifs communs aux deux formes de tutelle et le caractère complémentaire et instrumental de la TPSA pour le financement des mesures de la loi de 1968.

Le rôle joué par les dépenses d'aide sociale en direction des personnes handicapées est nul mais celui des dépenses d'aide sociale aux personnes âgées est significativement différent de zéro ($R^2 = 0,07$). L'influence des densités médicales (non indiquée dans le tableau 6.14) est très faible et toujours orientée négativement.

Le calcul d'une régression multiple avec quatre variable permet d'expliquer 68 % de la variance du taux total de TMP. Les variables explicatives qui peuvent être retenues reflètent comme pour la tutelle d'Etat, les segments de la population potentielle susceptibles d'être concernés par une mesure de protection ; c'est à dire les personnes âgées, la population en CAT, celle en lien avec un établissement psychiatrique et enfin celle qui bénéficie de manière spécifique d'une tutelle d'Etat.

Il est donc possible d'avancer des explications logiques de la dispersion observée en matière de développement différencié de l'application de la loi de 1968 à travers les départements de la métropole. Ces explications renvoient à l'histoire démographique départementale ainsi qu'à l'intensité du développement des réponses institutionnelles apportées au plan local aux problèmes de ces populations sensibles. Même s'il est vrai que ces explications sont largement influencées par la situation exceptionnelle de la Lozère[23], des facteurs objectifs permettent de comprendre les raisons d'une diffusion variable des mesures de tutelle d'un département à l'autre.

Tableau 6.15 : La régression multiple expliquant le taux total de tutelle au majeur protégé

Variable dépendante : le taux total de tutelle au majeur protégé.		
-VARIABLES EXPLICATIVES-	Coefficient de régression	Valeur du t
Taux CAT	1,046	6,48
65 ans et plus / 20 ans - 64 ans	121,13	6,36
Taux de tutelle d'Etat	1,753	4,15
Indice lits-places/population en psychiatrie générale	6,358	3,09
R^2 = 0,68	F = 44,37	n = 89

§ 2 — Les facteurs endogènes du système tutélaire et la tutelle d'Etat

Si l'on revient à la tutelle d'Etat il est possible de calculer la part des tutelles d'Etat dans l'ensemble des mesures prononcées dans le cadre de la loi de 1968 avec les réserves qu'imposent comme cela a déjà été dit, l'utilisation de données correspondant à deux années différentes. **Cette variable n'est corrélée de manière vraiment significative avec aucune autre.** Le contraste avec le taux total de tutelle au majeur protégé qui est sensible à plusieurs d'entre elles, est particulièrement net. Le tableau 6.16 montre qu'aucune variable explicative ne parvient à expliquer plus de 10 % de la variance de la part des tutelles d'Etat dans l'ensemble des mesures.

Trois variables gardent cependant un pouvoir explicatif partiel significatif : la première concerne **le taux de mortalité par alcoolisme et par cirrhose du foie des hommes** (R^2 = 0,09) ce qui confirme la remarque faite dans le paragraphe précédent à propos des caractères spécifiques des majeurs sous tutelle d'Etat ; les deux autres concernent le niveau des dépenses d'aide sociale destinées aux personnes handicapées par habitant. Ces deux dernières régressions font apparaître une relation inverse entre la part des tutelles d'Etat et le niveau des dépenses d'aide sociale aux per-

Tableau 6.16 : Les régressions simples avec la part des tutelles d'Etat dans l'ensemble des mesures de protection des majeurs

Variable explicative (*) : significatif au seuil de 5 % (**) : significatif au seuil de 1 % (89 départements)	Variable expliquée : Part de la tutelle d'Etat dans l'ensemble des tutelles au majeur protégé.			
	Constante b	Coefficient directeur a	Test de student t	Coefficient de détermination R^2
65 ans et plus / 2o ans - 64 ans	10,03	- 14,336	- 1,52	0,03
Part des 75 ans et plus	10,672	- 0,626	- 1,82	0,04
Taux de mortalité masculin par alcoolisme et cirrhose du foie pour 100 000 hab.	1,056	0,097	2,84	0,09 (**)
Taux d'urbanisation	7,165	- 0,018	- 0,49	0,00
Revenu fiscal moyen	2,059	0,061	0,756	0,01
Taux de tutelle au majeur protégé pour 10 000 personnes de 20 ans et plus	5,636	0,005	0,31	0,00
Taux tutelle prestations sociales enfant	4,905	0,07	1,17	0,01
Présence service DDASS	5,360	2,455	2,04	0,05 (*)
Dépense d'aide sociale à domicile pour handicapés par habitant	8,268	- 0,025	- 2,93	0,09 (**)
Dépense d'aide sociale totale pour handicapés par habitant	10,648	- 0,023	- 3,064	0,10 (**)
Dépense d'aide sociale pour personnes âgées par habitant	7,022	- 0,009	- 0,77	0,01
Densité de médecins libéraux	10,584	- 0,031	- 2,01	0,04 (*)
Densité de médecins psychiatres et neuro-psychiatres	7,038	- 0,181	- 0,94	0,01
Nombre de places en C.A.T.pour 10 000 habitants de 20 à 64 ans	6,142	0,003	0,07	0,00
Taux d'hébergement médicalisé pour 1000 personnes de 75 ans et plus	2,289	0,090	2,59	0,07 (*)
Indice lits-places en psychiatrie générale pour 1000 habitants	5,750	0,131	0,30	0,00

sonnes handicapées. Il est possible que ceci traduise l'existence de substitutions entre les modes de prises en charge des personnes handicapés. Lorsqu'il y a une prise en charge par le biais d'une allocation tierce personne ou par un hébergement collectif, la probabilité que la mesure de tutelle soit assumée par un membre de la famille ou par un gérant de tutelle est plus forte. En effet, compte-tenu de la prise en charge de la personne handicapée déjà assurée, la charge tutélaire est réduite. Au contraire, le faible développement de ces prestations d'aide sociale en nature implique sans doute la mise en oeuvre d'autres modes de prises en charge, où une tutelle d'Etat peut avoir sa place comme accompagnement social de substitution ou comme mesure complémentaire. Toutefois, la faiblesse des coefficients de corrélation invite à la prudence quant à l'interprétation.

A un degré moindre, il faut noter une liaison inverse avec la densité de médecins libéraux généralistes ($R^2 = 0,04$) et une liaison directe avec le taux d'équipement en hébergement médicalisé pour personnes âgées ($R^2 = 0,07$).

Les principales variables qui ont permis d'expliquer l'intensité de la diffusion des mesures de protection parmi la population, n'ont ainsi plus aucune influence pour expliquer la part des tutelles d'Etat. Les indicateurs de vieillissement ont une influence négative tout à fait négligeable et non significative ; le taux d'urbanisation et le revenu fiscal moyen ont un effet nul ; enfin, **les deux indicateurs spécifiques, le taux de places en CAT et l'indice des lits de psychiatrie générale, n'ont pas la moindre influence**. Cette dernière observation vient modérer le poids qu'il faut accorder au rôle des institutions dans le développement de la tutelle d'Etat. En effet, ces institutions d'accueil et d'hébergement favorisent les signalements et donc le développement des mesures de protection dans le cadre de 1968 mais elles n'orientent pas de manière privilégiée vers la tutelle d'Etat. Elles n'ont donc sur les tutelles d'Etat qu'un effet indirect et probablement moins que proportionnel au développement des mesures de protection tous modes de gestion confondus.

Enfin, le tableau 6.16 suggère une dernière remarque importante. En effet, il était possible de supposer que le degré d'engagement de l'Etat dans le phénomène tutélaire risquait d'être d'autant plus prononcé que la diffusion des mesures de protection dans le cadre de la loi de 1968 avait connu un développement intense. Sous réserve de l'évolution des tutelles d'Etat par département entre 1986 et 1989, on peut affirmer qu'il n'en est rien. Le coefficient de corrélation entre la part des tutelles d'Etat dans l'ensemble des mesures et le taux total de TMP est nul. Par conséquent, **l'implication de l'Etat dans le phénomène tutélaire est indépendante du degré de développement de celui-ci.**

Au terme de ce chapitre, il convient donc de dissocier deux phénomènes qu'il était tentant a priori d'associer : le phénomène des tutelles correspondant à l'application de la loi de 1968 et la tutelle d'Etat, correspondant à l'un de ses modes de gestion particulier. Le premier semble dépendre en effet, de facteurs objectifs largement exogènes au système local des tutelles. Au contraire, la détermination du second obéit directement à des facteurs liés à l'histoire locale du développement du système tutélaire, y compris dans sa dimension connexe de la tutelle aux prestations sociales enfants. Pour approfondir cette étude de la diffusion des mesures tutélaires au sein de la population des majeurs, une analyse plus détaillée, à un niveau infra-départemental est nécessaire. Pour des raisons de coût évidentes, elle n'a été conduite que dans deux départements : l'Ille-et-Vilaine et la Seine-Maritime. Elle va nous permettre de préciser les caractéristiques de la population protégée.

Chapitre 7

La Variation De La Diffusion Sociale Des Mesures De Protection

L'objet de ce chapitre est d'analyser à un niveau local et de manière plus précise la diffusion des mesures de protection prononcées dans le cadre de la loi du 3 janvier 1968 au sein de la population. Comme le chapitre précédent l'a montré, cette diffusion connaît des disparités importantes entre les différents départements mais en va-t-il de même à un niveau infra-départemental ? En outre, l'hypothèse est souvent faite d'une diffusion variable selon différents sous groupes au sein de la population. Si cette hypothèse se vérifie, quelles sont les caractéristiques individuelles qui influencent la fréquence des mesures au sein de la population des majeurs ? Enfin, à partir des éléments d'information contenus dans les dossiers constitués dans les greffes des tribunaux d'instance, y a-t-il des informations permettant de caractériser la population placée sous un régime de protection ?

Les réponses à ces trois séries de questions ont été recherchées sur la base de l'enquête menée auprès des tribunaux d'instance des départements d'Ille-et-Vilaine et de Seine-Maritime, construite à partir d'un échantillon représentatif de la population sous un régime de protection à la fin de l'année 1989.

Grâce à ces données, l'analyse de la diffusion des mesures dans l'espace, au niveau cantonnal et par circonscription juridique, a permis d'évaluer la dispersion du phénomène et de confirmer l'influence attendue de la localisation des équipements spécifiques dans le processus de diffusion des mesures (section 1).

L'étude de la diffusion des mesures de protection en fonction des deux principales variables démographiques, l'âge et le sexe, confirme l'amplitude du champ d'application des mesures (section 2). L'examen des informations disponibles dans les dossiers vient souligner une grande hétérogénéité des situations des majeurs protégés, ce qui modifie sensiblement les conditions dans lesquelles la mesure peut être exercée (section 3).

Section 1 : La diffusion des mesures tutélaires pour adultes dans deux contextes départementaux

Comme le contexte local joue un rôle essentiel dans le développement du phénomène des tutelles, il est nécessaire d'examiner les traits caractéristiques de chacun des deux départements choisis. Cet examen des contextes départementaux doit prendre en compte non seulement les variables associées au système des tutelles mais aussi les variables d'environnement (sous-section 1). Cet éclairage facilite grandement l'analyse des résultats observés en ce qui concerne la diffusion des tutelles dans les deux départements étudiés (sous-section 2).

Sous-section 1 — *Les caractéristiques générales de l'Ille-et-Vilaine et de la Seine-Maritime par rapport à la tutelle*

Les deux départements enquêtés ont été choisis en raison de leur taux de tutelle d'Etat avec un financement socialisé très proche de la moyenne observée pour la métropole dans son ensemble. Il est donc logique qu'ils partagent aussi un certain nombre de caractéristiques communes (§ 1). Pourtant le caractère particulier et même très partiel à l'égard de l'ensemble des phénomènes tutélaires, du taux de tutelle d'Etat avec un financement socialisé utilisé comme critère de choix, explique que l'Ille-et-Vilaine et la Seine-Maritime se différencient nettement pour d'autres caractéristiques (§ 2). En réalité, ces deux départements connaissent deux systèmes tutélaires assez différents (§ 3).

§ 1 — Les points communs entre l'Ille-et-Vilaine et la Seine-Maritime

Plusieurs variables rapprochent l'Ille-et-Vilaine et la Seine-Maritime. Leurs valeurs respectives sont précisées dans le tableau 7.1 avec les valeurs moyennes correspondant à l'ensemble des 89 circonscriptions géographiques.

Tableau 7.1 : Les facteurs de ressemblance entre l'Ille-et-Vilaine et la Seine-Maritime.[1]

FACTEURS	35	76	Moyenne
Ratio de vieillissement	0,21	0,21	0,25
Part des plus de 75 ans	5,3	5,5	7,2
Taux comparatif de mortalité par alcoolisme des femmes	23	25	14
Revenu fiscal moyen	67,9	69,5	65,9
Taux de TMP d'Etat	4,2	4,1	4,1
Service tutelle CAF	non	non	
Dépenses d'aide sociale pour handicapés par hab. en 1983	183	188	196
Densité de médecins libéraux	136	133	147
Densité de psychiatres	4,7	4,3	5,3
Indice IMP-IMPRO	1,12	1,11	0,9
Taux d'hébergement total pour personnes âgées	265	262	162

Parmi les facteurs de ressemblances se trouvent des caractéristiques démographiques et économiques. Le poids de la population âgée, plus faible que la moyenne nationale, est à peu près le même que l'on utilise le ratio de vieillissement (rapport entre la population des plus de 65 ans sur la population de 20 à 65 ans) ou la part dans la population totale des personnes ayant 75 ans ou plus. Les écarts observés dans l'incidence des mesures tutélaires entre les deux départements ne trouvent pas leur origine dans ce facteur.

Dans les deux départements le taux comparatif de mortalité par alcoolisme et cirrhose du foie des femmes est sensiblement supérieur à la moyenne observée sur l'ensemble des départements. Toutefois, il n'y a pas de différence vraiment significative sur ce point entre l'Ille-et-Vilaine et la Seine-Maritime.

Le revenu fiscal moyen calculé par l'administration fiscale

n'indique également qu'une différence très faible, les deux départements se trouvant l'un et l'autre au-dessus de la moyenne.

La politique d'aide sociale en direction des handicapés, mesurée par la dépense par habitant, est identique dans les deux département y compris dans sa structure entre les dépenses à domicile et celles en établissement. Elle ne s'écarte pas davantage de la moyenne nationale. Venant confirmer cette observation, l'équipement en établissement IMP-IMPRO est similaire même s'il est légèrement supérieur à la moyenne nationale[2]. Il n'y a donc pas de raisons, du moins quantitatives, de supposer l'existence d'une filière plus importante dans l'un ou l'autre de ces départements, et susceptible de conduire vers une mesure dans le cadre de la loi de 1968 ou vers une TPSA.

Il faut remarquer que si l'Ille-et-Vilaine et la Seine-Maritime ont une population sensiblement plus jeune que la moyenne des départements, ils sont aussi nettement suréquipés en structures d'hébergement pour personnes âgées[3]. Cette caractéristique, qu'ils partagent avec de nombreux départements de l'ouest, peut favoriser le développement des mesures de tutelle.

Enfin, la densité médicale en médecins généralistes ou en médecins spécialisés en psychiatrie et en neuropsychiatrie, est très voisine dans les deux départements mais elle se trouve légèrement inférieure à la moyenne des départements. L'ensemble des facteurs qui viennent d'être décrits ont tendance à rapprocher l'Ille-et-Vilaine et la Seine-Maritime ; ceux qui suivent vont les différencier.

§ 2 — Les différences entre l'Ile-et-Vilaine et la Seine-Maritime

Le tableau 7.2 rassemble les variables pour lesquelles apparaissent des différences notables entre l'Ille-et-Vilaine et la Seine-Maritime. Les variables de l'environnement du système tutélaire diffèrent sur les trois plans, déjà distingués, du contexte socioéconomique, de la politique médicale et sociale départementale et des taux d'équipement en structures spécialisées. Sur le premier plan, il convient de noter le caractère urbain et dense sensiblement plus marqué de la Seine-Maritime. Ce fait est associé à un taux de chômage relativement fort. Le niveau élevé de la mortalité par alcoolisme et cirrhose du foie des hommes pour les deux départements confirme l'observation, déjà faite à propos de la population féminine, mais le phénomène apparaît encore plus nettement en Seine-Maritime.

Avec les précautions nécessaires, compte tenu du caractère partiel de l'indicateur de la politique sociale retenu (les seules dépenses d'aide sociale légale), **la Seine-Maritime se caractérise par un niveau de dépenses particulièrement élevé**. Il est vrai qu'elle occupe depuis déjà longtemps une place au tout premier rang en ce domaine. En Ille-et-Vilaine ces dépenses, pourtant inférieures de 23 % à celles de la Seine-Maritime, sont encore supérieures à la moyenne des départements. L'écart entre les deux départements est accentué, si l'on ne prend en considération que les dépenses d'aide sociale destinées aux personnes âgées. Elles sont en effet, inférieures du tiers dans le département breton.

Tableau 7.2 : Les facteurs de dissemblance entre l'Ille-et-Vilaine et la Seine-Maritime[6].

FACTEURS	35	76	Moyenne
Densité de population	104	187	102
Taux d'urbanisation	60	76	61
Taux de chômage	9,8	12,8	10,3
Taux comparatif de mortalité par alcoolisme des hommes	57	73	52
Taux de TPSA	6,4	3,7	4,5
Taux global de tutelles	10,6	7,8	9,8
Taux de TPSE	12	27	17
Présence service DDASS	non	oui	
Entourage taux global de tutelles	21,1	9,5	10
Dépense d'aide sociale par habitant en 1983	852	1105	772
Dépense d'aide sociale pour personnes âgées par habitant	137	203	109
Taux de CAT	32	17	26
Hébergement médicalisé pour personnes âgées	76	47	42
Indice lits-population en psychiatrie générale	2,4	1,2	2,5
Part de l'hospitalisation partielle en psychiatrie	7	25	8

Enfin, il existe une corrélation négative entre le taux d'urbanisation et certains types d'équipements en particulier avec le taux de places en CAT ($R^2 = 0,10$) mais surtout avec l'indice lits-places/population en psychiatrie générale ($R^2 = 0,23$)[4]. La situation de la Seine-Maritime, le département le plus urbain, s'inscrit parfaitement dans cette logique puisqu'elle est nettement moins bien équipée que la moyenne des départements pour ces deux structures. Son classement témoigne d'un tel sous équipement relatif puisque la Seine-Maritime se situe au 73ème rang pour les CAT et au 83ème rang pour la psychiatrie générale. Au contraire, l'Ille-et-Vilaine (respectivement classée au 12ème et au 39ème rang) dispose dans les deux cas d'un équipement au moins équivalent à la moyenne. **Ce suréquipement relatif du département breton** (d'un tiers environ) se retrouve aussi pour le taux d'hébergement médicalisé pour personnes âgées où l'Ille-et-Vilaine occupe la seconde place de l'ensemble des départements ; la Seine-Maritime (29e pour ce critère) dépasse cependant le taux observé dans la moyenne des départements. Une dernière particularité doit être signalée en matière de structures hospitalières : en Seine-Maritime, une partie importante des places en psychiatrie générale (le quart) est réservée à l'hospitalisation partielle. Cet indicateur est trois fois moins élevé en Ille-et-Vilaine qui se situe pourtant à un niveau proche de la moyenne des départements. Cette dernière observation est intéressante parce que l'hospitalisation partielle favorise les soins ambulatoires et sans doute le taux de rotation en établissement psychiatrique. Ces deux facteurs peuvent être à l'origine de signalements au juge des tutelles. **Globalement, la position relativement favorable de l'Ille-et-Vilaine en matière d'équipements spécifiques, laisse attendre un développement plus important du phénomène tutélaire dans le département breton.**

§ 3 — Deux systèmes tutélaires différenciés

Les éléments différenciant le contexte dans lequel se développe le système des tutelles sont donc importants mais ce système lui-même diffère sensiblement d'un département à l'autre. Evidemment, pour des raisons qui ont été développées précédemment[5], l'existence d'un service géré directement par la DDASS de Seine-Maritime est une différence déterminante. Mais il est possible de repérer également trois caractéristiques qui donnent une forme bien spécifique à chacun des systèmes de tutelle des deux départements.

La première, concerne **la situation des départements voisins.** Le département breton est entouré de départements où le taux global de tutelle représente plus du double de la situation départementale moyenne en métropole. Au contraire, la Seine-Maritime se trouve entourée de départements qui n'ont connu jusqu'en 1986 qu'une évolution modérée de la tutelle d'Etat et de la TPSA (carte non présentée).

La seconde différence tient **au degré de diffusion des mesures de tutelle aux prestations sociales enfant** dans les deux départements. Avec un taux de 27 mesures pour 10 000 personnes âgées de moins de 20 ans, la Seine-Maritime (15e) se situe nettement au-dessus de la moyenne des départements. A l'opposé, l'Ille-et-Vilaine (62e) avec seulement 12 mesures pour 10 000 n'atteint même pas la moitié de la moyenne nationale.

Etant donnée la forte corrélation entre le taux de TPSE et le taux de TPSA, mise en évidence dans le chapitre 6, on s'attendrait plutôt à trouver une troisième différence dans un développement plus marqué de la tutelle aux prestations sociales adulte en Seine-Maritime. Or, il n'en est rien. **En effet, c'est en Ille-et-Vilaine (18ème) et non en Seine-Maritime (41e) que l'on rencontre le taux de TPSA le plus fort (6,4 contre 3,7 respectivement).** L'explication de cette situation étonnante tient au fait qu'une proportion élevée des mesures de TPSA en Ille-et-Vilaine (environ 90 %) vient simplement doubler une mesure civile ou plus rarement d'Etat pour en assurer le financement. Dans ce département, selon la manière dont on considère le problème, il est possible d'avancer l'idée qu'une « complémentarité technique » existe entre les mesures loi de 1966 et celles de la loi de 1968[7] , ou encore, qu'il y a purement et simplement substitution des circuits de financement, indépendamment des conditions d'exercice de la mesure. L'existence de cette pratique des juges pour aboutir à l'exercice effectif d'une mesure de protection, explique le taux global de tutelle avec un financement socialisé relativement plus élevé observé en Ille-et-Vilaine. En Seine-Maritime cette pratique existe, mais à un degré moindre. Le recours au service DDASS est alors un substitut à la limitation des financements disponibles.

Le taux de TMP d'Etat, à peu près semblable dans les deux départements, est donc une illusion. En réalité, derrière ce chiffre à peu près identique se cache une forte disparité quant au développement des tutelles de la loi de 1968. La forte diffusion de celles-ci en Ille-et-Vilaine (au 18e rang des départements) est masquée en partie par la double inscription de certaines mesures dans le cadre des lois de 1966 et de 1968 pour en assurer le financement. Au contraire, la diffusion modérée des mesures tutélaires en Seine-Maritime (81e rang) contraste avec une part plus importante des tutelles d'Etat parmi ces mesures, puisque ce département se trouve classé au 29ème rang pour les seules mesures d'Etat.

Globalement, il ressort que **la diffusion de l'ensemble des mesures de protection dans le cadre des lois de 1966 et de 1968 est**

1,7 fois plus importante en Ille-et-Vilaine relativement à la Seine-Maritime. Néanmoins, le caractère vraiment marginal de la tutelle d'Etat (entre 5 et 10 %) est confirmé dans les deux départements. Cette observation n'implique pas pour autant que l'intervention de l'Etat soit négligeable. En effet, c'est à la marge que l'ajustement entre les problèmes et les ressources qui sont consacrées à leur solution fait souvent difficulté. La situation des deux départements enquêtés vient donc mettre en évidence un paradoxe surprenant : le département où la diffusion des tutelles est la plus importante (l'Ille-et-Vilaine) n'est pas celui où la part des tutelles d'Etat dans l'ensemble des mesures est la plus élevée. **L'implication de l'Etat dans le phénomène tutélaire n'est pas seulement le résultat mécanique de l'évolution des mises sous tutelle.** Elle dépend surtout du degré de mobilisation des autres solutions (TPSA, tutelle en gérance, tutelle familiale). Cette dernière observation ne fait qu'illustrer l'absence de corrélation existant sur l'ensemble des départements entre le taux total de tutelles civiles et la part des tutelles d'Etat parmi ces mesures.

Sous-section 2 — *La variation du phénomène tutélaire à un niveau infra-départemental*

Grâce à l'étude exhaustive des mesures prises par les tribunaux d'un département, il est possible d'examiner si le phénomène des tutelles connaît au niveau infra-départemental les mêmes disparités que celles qui ont été notées entre les départements de la métropole. On examinera successivement la situation de la Seine-Maritime (§ 1) puis celle de l'Ille-et-Vilaine (§ 2).

§ 1 — La diffusion des mesures de protection en Seine-Maritime

Le tableau 7.3 rassemble les résultats disponibles pour les tribunaux de la Seine-Maritime. Les mesures concernant les majeurs protégés peuvent être affectées à un tribunal de deux manières différentes. Quand la commune du lieu de résidence est connue, (dans 95 % des cas), la mesure est affectée au tribunal dont dépend la commune. Mais il arrive qu'un greffe d'un tribunal conserve le suivi d'une mesure concernant une personne qui a changé de lieu de résidence pour habiter une commune qui appartient à la compétence d'un autre tribunal. Il arrive aussi que des dossiers d'un greffe permanent soient conservés dans le greffe du tribunal d'instance dont ils dépendent. C'est pourquoi les mesures ont également été affectées au tribunal d'instance ou au greffe permanent où les informations ont été collectées. Les calculs ont alors été réalisés en tenant compte de l'ensemble des mesures, que le lieu de résidence soit connu ou non ou même qu'il soit situé à l'intérieur ou hors du département (1,4 % des mesures). Ceci explique que le taux de tutelle évalué sur l'ensemble du département soit seulement de 52,2 pour 10 000 personnes âgées de 20 ans ou plus en tenant compte du lieu de résidence mais qu'il dépasse 55 si l'on prend toutes les mesures existant dans les greffes.

Tableau 7.3 : Les mesures de tutelle selon le tribunal en Seine-Maritime

TRIBUNAL	Population Totale 20 ans et+	Majeurs protégés -Résidence-	Taux TMP total -Résidence-	Taux TMP Indice Moyenne	Nombre de mesures - Greffe -	Taux TMP total - Greffe -
BOLBEC	47134	256	54,31	1,00	282	
Le HAVRE	199375	1157	58,03	1,10	1092	
FECAMP	20152	198	98,25	1,89	302	
TGI du HAVRE	266661	1611	60,41	1,16	1676	62,85
DIEPPE	89373	443	49,57	0,94	460	
NEUFCHATEL-en-BRAY	46689	217	46,48	0,90	209	
TGI de DIEPPE	136062	660	48,51	0,93	669	49,17
YVETOT	48799	193	39,55	0,75	167	
ROUEN	334975	1683	50,24	0,98	1986	
ELBEUF	37082	152	40,99	0,77	105	
TGI de ROUEN	420856	2028	48,19	0,92	2258	53,65
TOTAL	823579	4299	52,20	1,00	4603	55,89

Source : Enquête CEBS-CGP 1990 et RGP 1982.

Tableau 7.4 : Le classement des cantons de la Seine-Maritime selon le taux de tutelle

	- CANTON -	Taux de Tutelle		- CANTON -	Taux de Tutelle
1	SOTTEVILLE-les-ROUEN	161,01	31	CANY-BARVILLE	38,70
2	BOLBEC	99,24	32	CRIQUETOT-L'ESNEVAL	38,31
3	FECAMP	98,25	33	Le PETIT-QUEVILLY	36,30
4	DIEPPE	92,62	34	OFFRANVILLE	35,85
5	DARNETAL	80,46	35	CAUDEBEC-les-ELBEUF	35,36
6	Le HAVRE	66,94	36	GOURNAY-en-BRAY	35,15
7	BOIS-GUILLAUME	66,73	37	St-ETIENNE-du-ROUVRAY	34,53
8	NEUFCHATEL-en-BRAY	63,30	38	GRAND-COURONNE	34,28
9	SAINT-SAENS	62,67	39	CAUDEBEC-en-CAUX	32,52
10	LONGUEVILLE-s/-SCIE	62,44	40	ENVERMEU	30,22
11	BACQUEVILLE	61,41	41	N-D de BONDEVILLE	29,39
12	St-VALERY-en-CAUX	60,04	42	MONTIVILLIERS	29,15
13	FORGES-les-EAUX	59,16	43	BOOS	28,53
14	GODERVILLE	56,79	44	FAUVILLE-en-CAUX	27,84
15	VALMONT	54,03	45	TOTES	26,71
16	ROUEN	52,85	46	PAVILLY	25,11
17	YVETOT	49,53	47	Le HAVRE 7ième	22,23
18	DUCLAIR	47,81	48	Le GRAND-QUEVILLY	21,96
19	BUCHY	47,69	49	EU	20,70
20	FONTAINE-LE-DUN	46,00	50	DIEPPE-EST	19,54
21	ELBEUF	45,74	51	BELLECOMBRE	19,12
22	LILLEBONNE	45,66	52	YERVILLE	18,14
23	CLERES	43,78	53	LONDINIERES	16,95
24	St-ETIENNE-du-ROUVRAY	43,27	54	MAROMME	16,33
25	OURVILLE-en-CAUX	42,54	55	GONFREVILLE-L'ORCHER	15,00
26	St-ROMAIN-de-COLBOSC	42,41	56	DOUDEVILLE	13,41
27	ARGUEIL	41,75		SEINE - MARITIME	52,20
28	MONT-SAINT-AIGNAN	41,01		Moyenne cantonale	44,90
29	BLANGY-S/-BRESLE	40,19		Ecart-type	25,70
30	AUMALE	38,83		Coefficient de variation	0,57

La dispersion du taux des tutelles entre les circonscriptions des différents tribunaux reste non négligeable. Le taux varie en effet, de 1 à 2 entre Yvetôt (39,6) et Fécamp (98,3). **La taille réduite de ces circonscriptions suggère que la localisation des équipements vient superposer son influence à celles des cultures locales différentes.** Si l'on considère des circonscriptions de taille plus importante, correspondant à la compétence des trois tribunaux de grande instance du département, les écarts sont plus faibles : de 49 à Dieppe à 63 au Havre. La circonscription du Havre présente donc un développement plus important du phénomène tutélaire. Il est vraisemblable qu'elle a connu une croissance plus rapide du nombre des mesures ; peut être en raison de l'existence précoce, à l'initiative d'un juge, d'un service de tutelles spécialisé dans les tutelles familiales et les tutelles mineurs. En effet, ce service a diversifié par la suite son champ d'activité vers les adultes dans le cadre de la loi de 1966 d'abord, puis, plus tardivement, vers l'exercice des mesures civiles de la loi de 1968. La proximité géographique d'un établissement de psychiatrie générale, d'un centre hospitalier important et de l'association tutélaire (tous les trois à moins d'un kilomètre du tribunal d'instance), a facilité aussi les relations entre les acteurs et la coordination de leurs initiatives, ce qui a favorisé le développement des solutions institutionnelles et les démarches de signalement.

Graphique 7.1 : Taux total de tutelle et part de la population de 75 ans ou plus (Seine-Martime)

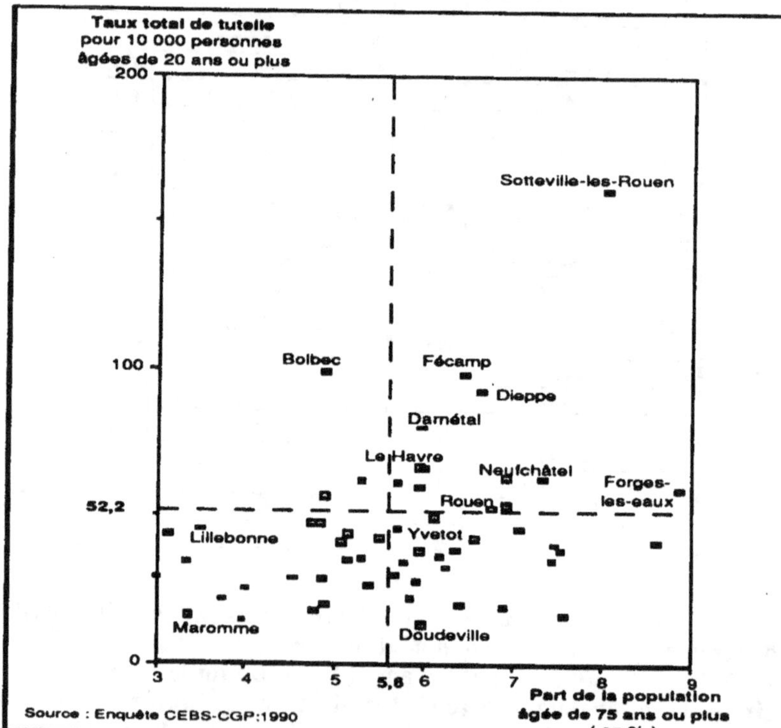

Source : Enquête CEBS-CGP:1990

L'analyse peut encore descendre à un niveau géographique plus fin : le canton ou le groupe de cantons quand une ville rassemble plusieurs d'entre eux. Le tableau 7.4 présente leur classement par taux de tutelle décroissant en Seine-Maritime. La dispersion est alors plus importante (coefficient de variation = 0,57). Elle se situe à un niveau identique à la dispersion du taux global de mesures socialisées observée entre les départements (coefficient de variation = 0,54). Le canton où le taux de tutelle est le plus fort correspond au lieu d'implantation du CHS le plus important du département. Il s'agit donc là d'une localisation des majeurs protégés induite par la présence d'un équipement. En ce qui concerne les dix premiers cantons, le lieu d'implantation des établissements et celui des tribunaux d'instance eux-mêmes paraissent pouvoir être retenus comme variables explicatives. Le caractère rural ou urbain du canton semble jouer un rôle secondaire puisque l'on trouve dans les premiers comme dans les derniers du classement aussi bien des cantons ruraux que des cantons urbains de la périphérie des villes.

Le graphique 7.1 donne une image de cette dispersion du phénomène tutélaire en l'associant à celle de la part de la population du canton âgée de 75 ans ou plus. Les droites orthogonales représentent la moyenne départementale. La régression entre ces deux variables fait apparaître une relation significative mais faible ($R^2 = 0,10$).

La situation de Bolbec attire l'attention. Il s'agit, en effet, du seul canton où la part de la population âgée est faible avec un taux de tutelle plus élevé que la moyenne. L'analyse de l'agglomération de Rouen fait ressortir une forte opposition entre la ville centre et la banlieue. Le taux de tutelle est plus fort à Rouen qu'à Petit-Quevilly, Grand-Quevilly, Maromme, Mont-Saint-Aignan, Notre-Dame de Bondeville et Grand-Couronne. Seules les communes périphériques, fortement pourvues en établissements comme Bois-guillaume et Darnétal, ont un taux plus élevé. **L'implantation des équipements plus que le caractère urbain expliquerait donc les différences observées.** Les villes connaissent un taux de tutelle plus élevé du fait d'un équipement en structures d'accueil et de soins plus développé. Ce phénomène explique pourquoi de manière paradoxale une liaison négative a été trouvée entre le taux global de tutelle avec un financement socialisé et le taux d'urbanisation. Il y a plus de mesures en ville mais celles-ci prennent moins fréquemment la forme d'une mesure socialisée en raison de l'existence des gérants de tutelle à proximité.

§ 2 — La diffusion des mesures de protection en Ille-et-Vilaine

Le tableau 7.5 fournit un certain nombre d'indications sur la situation observée dans chaque tribunal du département d'Ille-et-Vilaine.

La première colonne indique le nombre de tutelles observé lors de l'enquête à la fin 1989, rapporté à la population âgée de 20 ans ou plus de 20 ans, calculée lors du recensement de 1982. La diffusion des mesures de protection varie de 1 à 2 entre Saint-Malo et Vitré, où le phénomène tutélaire reste limité et Fougères, où il connaît un développement important. A l'instar de ce qui a pu être observé en Seine-Maritime, il ne semble pas y avoir une corrélation très nette entre la part de la population âgée et la diffusion des mesures de protection. Ce résultat confirme donc la faible influence de la variable vieillissement, déjà notée lors de l'analyse interdépartementale.

L'influence des équipements spécifiques (pour les handicapés et pour les personnes âgées) a été également recherchée. Deux taux ont été calculés : un indicateur global rassemblant toutes les structures d'accueil et d'hébergement pour handicapés a été rapporté à la population âgée de 20 ans et plus et un taux d'équipement pour l'hébergement des personnes âgées pour 1 000 personnes âgées de 75 ans ou plus. A partir de chacun de ces deux taux, un indice base 100 pour la moyenne départementale a été calculé et l'indice global est égal à la moyenne arithmétique de ces deux indices. Le résultat est indiqué dans la dernière colonne du tableau 7.5. Si les résultats notés pour cet indicateur sont concluants en ce qui concerne le tribunal de Fougères, qui est particulièrement bien doté en équipements, la situation relative de Montfort et de Vitré vient infirmer l'existence d'une liaison. Pour progresser dans l'analyse, l'étude doit être poursuivie à un niveau infra-départemental : celui du canton.

Tableau 7.5 : La diffusion des mesures de protection et les taux d'équipement selon le tribunal en Ille-et-Vilaine

TRIBUNAL	Taux de tutelle pour 10 000 20 ans et plus	75 ans et plus en %	Taux d'équipement pour handicapés pour 10 000 20 ans et +	Taux d'équipement pour personnes âgées pour 100 75 ans et +	Indice global d'équipement Base 100 Département
FOUGERES	148,7	9,1	12,3	28,2	1,5
MONTFORT	87,2	9,5	0,0	24,4	0,5
REDON	124,2	9,4	8,8	17,0	1,0
RENNES	83,9	5,9	6,1	23,1	0,9
SAINT-MALO	74,2	10,5	7,2	24,3	1,0
VITRE	72,4	8,6	5,6	38,2	1,2
DEPARTEMENT	87,8	7,9	6,7	24,9	1,0

Source : INSEE, CEBS/CGP-1990 et DDASS-35.

Tableau 7.6 : Le classement des cantons d'Ille-et-Vilaine en fonction du taux de diffusion des mesures de protection en 1989

	CANTON	Taux TMP total		CANTON	Taux TMP total
1	ANTRAIN	357,9	17	DOL-de-BRETAGNE	86,5
2	LOUVIGNE-du-DESERT	139,3	18	VITRE et cantons	80,9
3	St-AUBIN-du-CORMIER	124,4	19	DINARD	79,2
4	TRIBUNAL REDON	124,2	20	RETIERS	78,6
5	FOUGERES et cantons	119,0	21	MORDELLES	77,5
6	CHATEAUNEUF-d'I.-&-V.	115,0	22	SAINT-MALO et cantons	76,2
7	LIFFRE	114,8	23	HEDE	69,8
8	St-MEEN-le-GRAND	101,4	24	COMBOURG	69,5
9	St-BRICE-en-COGLES	97,8	25	MONTAUBAN	47,6
10	JANZE	97,4	26	CANCALE	43,2
11	La GUERCHE-de-BRETAGNE	96,1	27	CHATEAUBOURG	41,4
12	MONTFORT	95,0	28	ARGENTRE-du-PLESSIS	40,8
13	BECHEREL	90,0	29	St-AUBIN-d'AUBIGNE	35,8
14	PLELAN-le-GRAND	89,3	30	CHATEAUGIRON	32,2
15	RENNES et cantons	87,9	31	PLEINE-FOUGERES	28,2
16	TINTENIAC	87,8		**DEPARTEMENT**	92,0

Source : INSEE, CEBS-CGP-1990, DDASS-35

En l'occurence, il n'a pas été possible de descendre de manière systématique jusqu'à un tel niveau. En effet, nous n'avons pu obtenir la répartition des mesures du tribunal d'instance de Redon. C'est pourquoi ce secteur constitue un seul ensemble géographique. En outre, l'analyse des taux d'équipement en zone urbaine selon le découpage cantonnal présente un caractère largement arbitraire compte tenu de la grande proximité des équipements. Les cantons comprenant une fraction de commune ont donc été agrégés avec cette commune. Le département d'Ille-et-Vilaine a donc été découpé en 31 secteurs géographiques de taille variable allant de 5013 personnes âgées de 20 ans ou plus dans le canton de Tinténiac jusqu'à 187 000 pour Rennes en passant par 49 400 pour l'ensemble du tribunal de Redon.

Le classement de ces secteurs est établi dans le tableau 7.6. L'amplitude des écarts rappelle étrangement celle qui a été notée à propos des départements français (de l'ordre de 1 à 10). La dispersion de la diffusion du phénomène tutélaire est donc, dans cet exemple, du même ordre au plan inter-départemental et au niveau infra-départemental. Un canton, situé dans le ressort du tribunal de Fougères, connaît une situation à peu près identique, toutes proportions gardées, avec le département de la Lozère. Il s'agit du canton d'Antrain ; ce canton mis à part, l'amplitude des écarts dans le taux de diffusion des tutelles est réduite de 1 à 5.

Globalement, la dispersion des taux observés est légèrement plus importante que celle qui a été mise en évidence en Seine-Maritime. En effet, le coefficient de variation est de 0,63 contre 0,56 dans le département normand. Cette dispersion est de même importance pour ce qui concerne les taux d'équipement en hébergement pour personnes âgées (0,45 pour l'ensemble des équipements et 0,60 pour les places médicalisées). La dispersion des taux d'équipement pour personnes handicapées est sensiblement plus grande (le coefficient de variation est de 1,5). Il est vrai qu'il n'y a qu'un secteur sur deux à être doté de ce type d'équipement.

Le facteur rural/urbain ne semble pas intervenir de manière systématique. On trouve en effet, des cantons ruraux, aussi bien dans les cantons où la tutelle au majeur a connu un développement important que dans ceux qu'elle a encore peu pénétré. Néanmoins, **les pôles urbains sont plutôt situés légérement en dessous de la moyenne départementale** (entre 5 et 10 points en dessous). La seule exception reste le secteur de Fougères (119 pour une moyenne départementale de 92). Tout se passe comme si le développement important des tutelles dans les cantons limitrophes (Antrain, Louvigné-du-Désert, Saint-Aubin-du-Cormier) avait en quelque sorte « déteint » sur les pratiques locales de la ville-centre.

Comme en ce qui concerne la France entière, l'influence de la localisation des établissements ressort nettement. Ainsi le canton d'Antrain est bien doté en établissements pour personnes âgées. Il dispose en effet, de 385 places dont 221 médicalisées pour une population de personnes âgées estimée pour l'année 1990 à 867 personnes. Mais ce canton est également bien pourvu en structures d'accueil pour handicapés. On y compte en effet deux foyers de vie et dans le canton limitrophe un centre d'aide par le travail. Le deuxième canton, Louvigné-du-Désert, peu éloigné d'Antrain géographiquement, est lui aussi bien équipé avec 256 places pour 800 personnes âgées et une maison d'accueil spécialisé comptant 48 places. A l'inverse, parmi les cinq cantons où la tutelle au majeur protégé est le moins développée, le taux d'équipement en hébergement pour personnes âgées est très proche de la moyenne départementale mais aucun n'est pourvu de la moindre structure d'accueil pour les populations handicapées. L'influence de la localisation de ces équipements spécialisés est donc confirmée. Le graphique 7.2 tente de la mettre en évidence.

Graphique 7.2 : La liaison entre l'indice global d'équipement et le taux de tutelle (Ille-et-Vilaine)

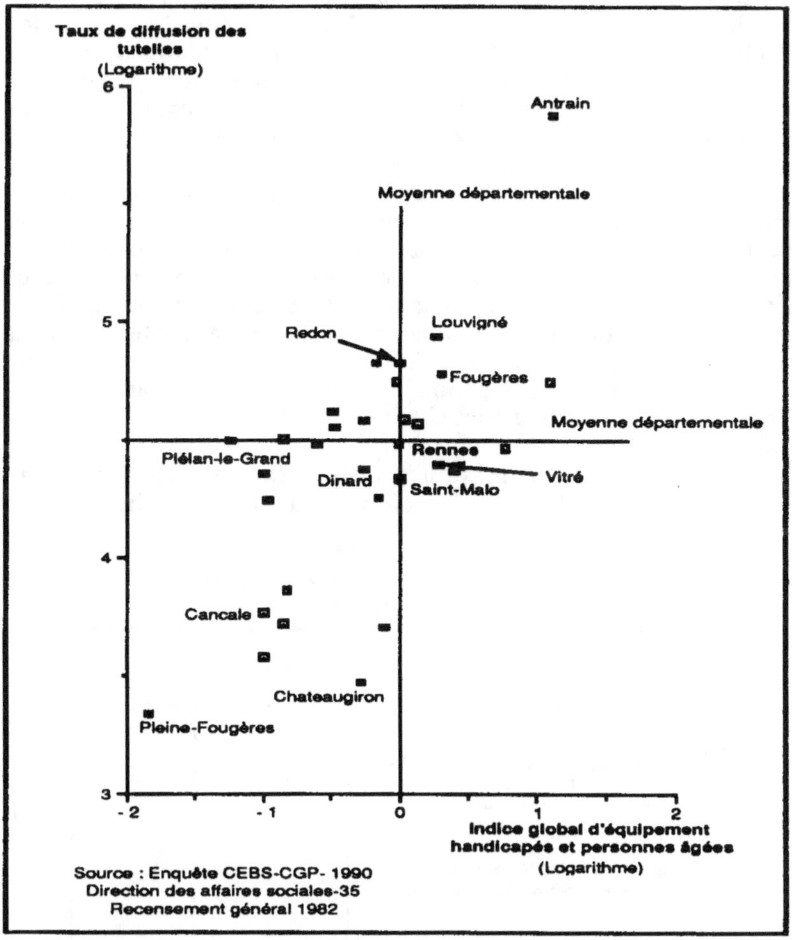

Pour en faciliter la lecture, le logarithme de l'indice global est indiqué en abscisse et celui du taux de tutelle en ordonnées. Les deux droites perpendiculaires correspondent à la moyenne départementale pour chacune des variables. Tous les cas de figures existent mais les secteurs géographiques avec un faible indice global d'équipement sont plutôt associés avec un taux de tutelle bas et inversement. L'examen du nuage de points laisse donc supposer l'existence probable d'une liaison statistique directe entre les deux variables. Le calcul du coefficient de corrélation linéaire vient le confirmer en montrant que l'on parvient à expliquer ainsi 46 % de la variance observée en matière de taux de tutelle.

La régression multiple pour expliquer le taux de tutelle conduit à retenir comme première variable explicative le taux de places pour handicapés (Cf. tableau 7.7). Le taux de places médicalisées pour les personnes âgées a un pouvoir explicatif complémentaire supérieur à celui du taux d'équipement en hébergement pour personnes âgées médicalisé ou non. Globalement 54 % de la variance est expliqué par ces deux variables. La liaison entre les établissements et la tutelle est mise une nouvelle fois en évidence. Son interprétation reste délicate et appelle deux remarques. En premier lieu, si l'existence d'équipements tend à favoriser le développement des tutelles, la population concernée déborde assez largement de celle des établissements[8]. En second lieu, il est difficile de savoir le poids du phénomène d'attraction des établissements, phénomène vraisemblablement sélectif en ce qu'il risque de concerner principalement des personnes plus isolées et donc avec moins d'entourage. Evidemment, si cette hypothèse est exacte, le besoin de protection et le recours à la gérance par un préposé ou à la tutelle d'Etat s'en trouverait accru.

Tableau 7.7 : La régression multiple expliquant le taux de tutelle dans les cantons d'Ille-et-Vilaine

Variable dépendante : le taux total de tutelle au majeur protégé.		
-VARIABLES EXPLICATIVES-	Coefficient de régression	Valeur du t
Taux de places pour handicapés pour 10 000 personnes de 20 ans ou plus	3,39	3,81
Taux de places médicalisées pour 1000 personnes de 75 ou plus	5,36	3,45
Constante	28,84	2,00
R^2 = 0,54	F = 16,56	n = 31

Section 2 : L'influence de l'âge et du sexe sur la diffusion des mesures de protection

Il est fréquent d'associer l'idée de mesures de tutelle avec celle de population âgée. Il est vrai que la morbidité associée avec l'incapacité en général, tend à croître de manière sensible avec l'âge et plus nettement après 65 ans. Cette association semble donc logique mais elle se trouve contrariée à la fois par le souci qui avait animé les inspirateurs de la loi de 1968 de construire des régimes de protection de portée générale et par la modification des comportements privés des familles et des pratiques institutionnelles à l'égard des jeunes handicapés mentaux. En outre, le recours à la tutelle quand la situation d'un ménage où d'une personne se trouve rendue précaire par un endettement excessif, contribue marginalement à étendre le champ d'application de la loi. Comment les mesures de tutelle sont elles diffusées parmi les classes d'âge de la population des deux départements objets de l'enquête ? La réponse à cette première question (sous-section 1) sera complétée par l'étude de l'influence du sexe sur la diffusion des mesures (sous-section 2).

Sous-section 1 — *L'influence de l'âge sur la diffusion des tutelles*

Dans l'enquête réalisée auprès des greffes des tribunaux d'instance d'Ille-et-Vilaine et de Seine-Maritime, la variable année de naissance est l'une de celle qui est identifiée avec le plus de précision. Il est donc facile de connaître la distribution par âge de la population des majeurs protégés. Le graphique 7.3 indique la répartition de la population des majeurs protégés en trois groupes d'âge : 18 ans à moins de 40 ans, 40 ans à moins de 60 ans et enfin 60 ans ou plus.

Une première remarque ressort nettement de ce graphique : **les trois groupes d'âge ont une importance à peu près égale**. Le groupe le plus important dans les deux départements est même celui des moins de 40 ans. Il est donc tout à fait abusif d'associer de manière exclusive le phénomène tutélaire avec le vieillissement de la population. Tous les groupes d'âge de la population sont concernés.

Une deuxième remarque différencie la structure de la population des majeurs protégés d'Ille-et-Vilaine de celle qui est observée en Seine-Maritime : la population des majeurs du département breton est un peu plus jeune que celle du département de Haute-Normandie. Il est possible qu'ayant atteint sa vitesse de croisière à la fin des années soixante-dix, le département d'Ille-et-Vilaine puisse porter une attention plus grande aux situations des majeurs plus jeunes. On notera cependant le poids du tribunal de Rennes dans cet écart mais le caractère spécifique des problèmes posés par les grandes agglomérations ne paraît pas fournir une explication satisfaisante puisqu'en Normandie, les tribunaux de Rouen et du Havre ne présentent pas les mêmes spécificités dans l'âge des majeurs protégés. Peut-être faudrait-il alors rechercher une explication du côté des pratiques de signalement. A l'inverse, le caractère légèrement plus âgé de la population protégée en Seine-Maritime peut trouver une raison convaincante dans une montée en régime s'appuyant surtout sur les signalements les plus manifestes. La diffusion plus importante des mesures de protection en Ille-et-Vilaine s'explique donc, en partie, par un signalement plus précoce des situations ; ce signalement étant lié vraisemblablement à une fréquentation plus importante des structures d'offre spécifiques (CAT et CHS) dont la présence est relativement plus importante en Ille-et-Vilaine qu'en Seine-Maritime[9].

Graphique 7.3 : La répartition des majeurs protégés par grands groupes d'âge

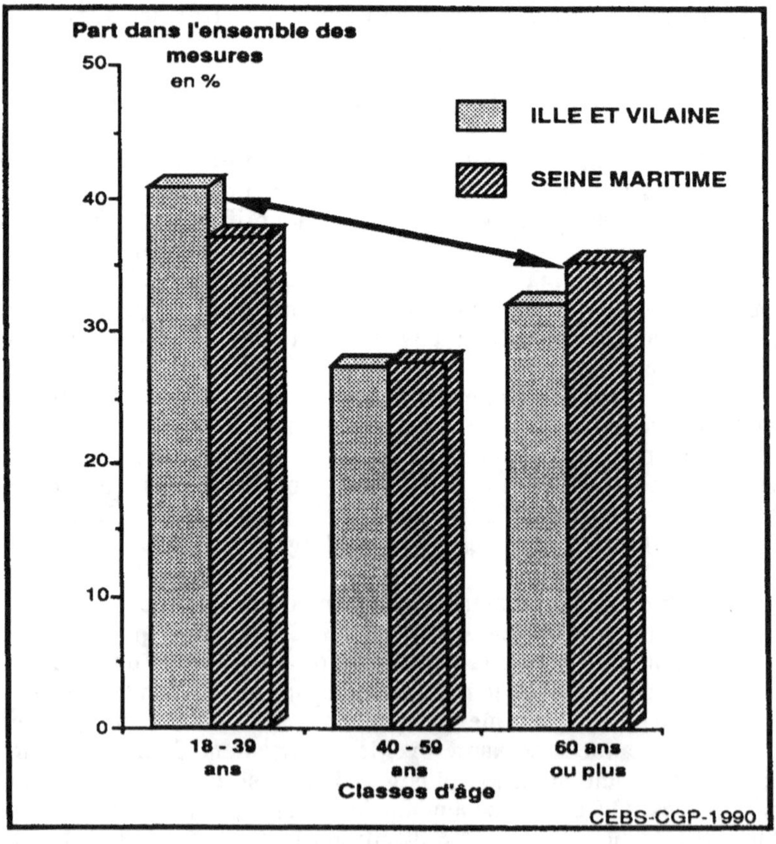

L'analyse de la répartition par âge des majeurs protégés au niveau de chaque tribunal présentée dans le tableau 7.8, fait apparaître aussi de petites différences. Aucune corrélation n'apparaît nettement : ni la taille du tribunal, ni le rattachement de certains greffes à des tribunaux principaux, ne permettent d'expliquer les écarts en général peu importants que l'on peut relever. Probablement, les équipements sociaux et médico-sociaux (maisons de retraite, IME, IMP, IMPRO, CHS, CAT, etc.) implantés dans le ressort de chaque tribunal et, peut-être, la structure d'âge de la population des cantons, autoriseraient-ils des explications pertinentes. Ainsi, la présence d'un centre d'aide par le travail ou d'un foyer d'hébergement augmente la part des jeunes ; celle d'une maison de retraite ou d'un long séjour a l'effet inverse.

Tableau 7.8 : La répartition des majeurs protégés par groupes d'âge selon le tribunal d'instance

TRIBUNAL d'INSTANCE	18-39 ans	40-59 ans	60-74 ans	75 ans ou plus	TOTAL
DIEPPE	30	19,5	13,9	36,5	100
ELBEUF	36,2	22,9	18,1	22,8	100
Le HAVRE	36,8	26,9	11,3	25	100
NEUFCHATEL	33,5	20,6	13,4	32,5	100
ROUEN	37,5	31,5	11,7	19,3	100
YVETOT	41,3	23,4	19,7	15,6	100
FECAMP	40,4	23,8	15,9	19,9	100
BOLBEC	44,7	31,2	10,7	13,4	100
Seine Maritime	**37,1**	**27,8**	**12,5**	**22,6**	**100**
FOUGERES	36,2	26,4	17,4	20	100
MONTFORT	38	31	24	7	100
RENNES	45,4	26,1	15	13,5	100
St-MALO	33,6	29,4	17,7	19,3	100
VITRE	43,1	28,4	19,5	9	100
Ille et Vilaine	**40,8**	**27,2**	**16,6**	**15,4**	**100**

Source : CEBS/CGP - 1990

La population de Rennes, particulièrement jeune et celle de Dieppe beaucoup plus âgée, représentent les situations extrêmes. Il s'agit là d'une différence qui se répercutera sur l'évolution future du stock des mesures. En effet, le taux de rotation des mesures concernant la population âgée est plus élevé que celui des plus jeunes. Une distinction est faite dans le groupe d'âge le plus élevé entre ceux qui ont 75 ans ou plus et ceux qui ont entre 60 ans et 75 ans. Il ressort nettement que la population âgée concernée par une mesure de protection est surtout celle qui a dépassé l'âge de 75 ans. En effet, alors que dans la population totale le groupe d'âge de 60 à 75 ans représente environ le double de celui des personnes âgées de 75 ans ou plus, dans la population des majeurs protégés le groupe des personnes protégées de 75 ans ou plus a un poids à peu près égal en Ille-et-Vilaine et sensiblement plus élevé en Seine-Maritime, à celui des 60-74 ans.

Tableau 7.9 : La répartition par âge des majeurs en Ille-et-Vilaine et en Seine-Maritime

AGE	ILLE ET VILAINE			SEINE MARITIME		
	Population 1982	Majeurs protégés 1990	Taux d'incidence pour 10 000	Population 1982	Majeurs protégés 1990	Taux d'incidence pour 10 000
18-19 ans	25932	11	4,2	41176	7	1,7
20-24 ans	63148	343	54,3	99848	273	27,3
25-29 ans	58876	569	96,6	97496	476	48,8
30-34 ans	60748	509	83,8	97632	537	55,0
35-39 ans	47704	568	119,1	78756	416	52,8
40-44 ans	36612	376	102,7	60128	442	73,5
45-49 ans	40260	258	64,1	65856	295	44,8
50-54 ans	42176	352	83,5	67144	280	41,7
55-59 ans	39700	348	87,7	61368	260	42,4
60-64 ans	33796	329	97,3	50360	229	45,5
65-69 ans	23156	320	138,2	36108	210	58,2
70-74 ans	28008	165	58,9	41120	137	33,3
75-79 ans	20616	190	92,2	32960	224	68,0
80-84 ans	12408	218	175,7	20500	294	143,4
85-89 ans	5308	204	384,3	9564	230	240,5
90 ans et +	1972	140	709,9	3792	293	772,7
TOTAL	540420	4900	90,7	863808	4603	53,3

Source : CEBS/CGP - 1990

Bien entendu, le fait que la population des majeurs soit répartie en trois groupes d'âge d'importance voisine ne signifie pas que la diffusion des mesures n'est pas influencée par l'âge. Comme la dernière remarque à propos de la population protégée âgée de 75 ans ou plus le suggère, il faut tenir compte du poids des différents groupes d'âge dans l'ensemble de la population. Le tableau 7.9 indique par classe d'âge quinquennale (sauf pour les classes extrêmes) la répartition de la population totale et celle des majeurs protégés. Ce tableau permet de représenter la distribution de la population selon l'âge par deux histogrammes qui sont représentés à la manière de pyramides des âges dans le graphique 7.4.

Graphique 7.4 : Les histogrammes de l'âge des majeurs protégés d'Ille-et-Vilaine et de Seine-Maritime
(ensemble des deux sexes)

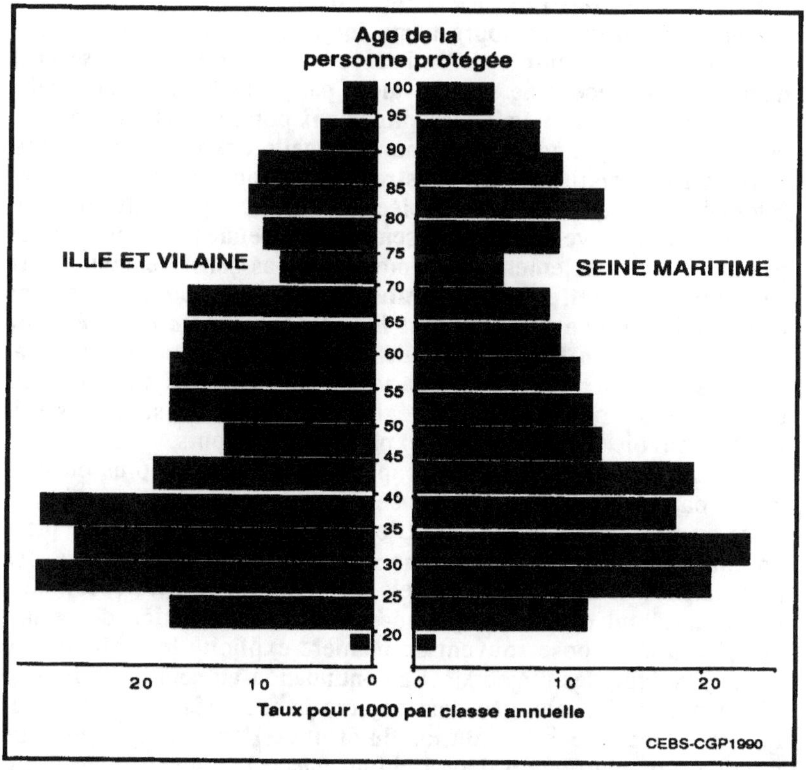

Ces deux histogrammes confirment les différences notées entre les deux départements et, notamment, la relative jeunesse de la population des majeurs protégés en Ille-et-Vilaine. Mais la fréquence faible des classes d'âge comprise entre 45 et 75 ans peut surprendre si l'on prend comme référence l'histogramme des âges dans la population totale. Ces classes d'âge sont manifestement sous-représentées. En ce qui concerne la classe des 70-75 ans, le phénomène est amplifié par l'existence des classes creuses correspondant à la période troublée de la guerre 14-18. Le décalage des années de référence (1982 pour la population totale et 1990 pour la population des majeurs protégés) rend par ailleurs difficile la comparaison sur ces classes d'âge.

Néanmoins, on peut affimer qu'en réalité tout se passe comme si **la diffusion des mesures de tutelle se faisait de manière privilégiée à deux moments du cycle vital : au début de l'âge adulte et en fin de vie.** Le phénomène est particulièrement net en Ille-et-Vilaine dont l'avance dans le domaine de la diffusion des mesures de protection fournit une indication sur ce qui pourrait advenir pour l'ensemble de la France si les tendances observées dans le passé récent ne se trouvaient pas infléchies. Il en résulte que la population protégée rassemble deux populations différentes : celle des jeunes handicapés mentaux et celle des personnes âgées. Cette différenciation et la sous-représentation des classes d'âge intermédiaires qui lui est associée aujourd'hui, pourrait s'estomper à l'avenir avec le vieillissement des jeunes majeurs si les pratiques de signalement ne se modifient pas sensiblement. Cette **bi-polarité actuelle de la population protégée pourrait n'être qu'un phénomène relativement limité dans le temps à l'échelle de l'évolution en longue période du phénomène tutélaire.** Chacune de ces deux périodes de la vie humaine où les signalements conduisant à l'ouverture d'un régime de protection sont plus fréquents renvoie à des facteurs explicatifs différents.

La population des handicapés mentaux est de plus en plus suivie par des institutions et des services qui viennent compléter la prise en charge par la famille. L'existence de ces filières de prise en charge favorise la circulation de l'information par le jeu des associations et des professionnels qui les animent. La reconnaissance du statut de handicapé, nécessaire à l'attribution de certaines prestations, pose souvent de manière explicite le problème du statut juridique des majeurs[10]. La continuation au sein de la famille d'une minorité prolongée des majeurs handicapés est moins fréquente, d'autant que l'évolution du droit de l'enfance reconnaît de plus en plus clairement dans l'enfant une personne sujet de droit. **C'est pourquoi l'application de la loi tend à se produire de plus en plus précocement et de manière de plus en plus systématique.** Dans ce domaine le département d'Ille-et-Vilaine est vraisemblablement plus avancé que la Seine-Maritime ce qui explique les différences observées dans la structure par âge.

Graphique 7.5 : Le taux d'incidence des mesures de tutelle en fonction de l'âge en Ille-et-Vilaine et en Seine-Maritime

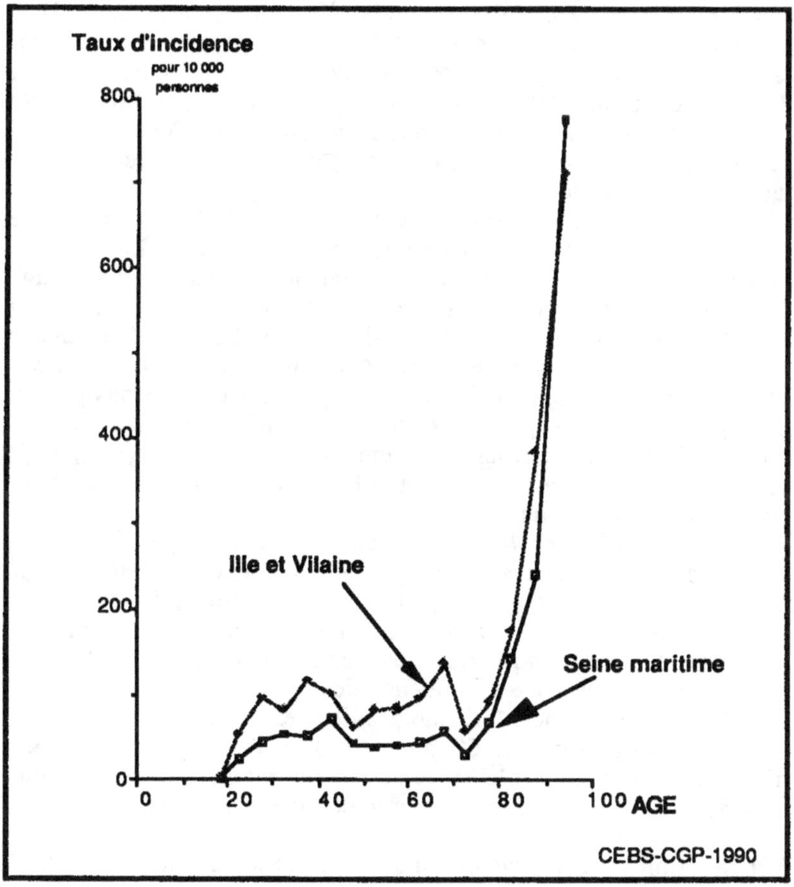

Une deuxième période privilégiée de signalement apparaît pour les classes d'âge les plus élevées. Il s'agit évidemment d'**un phénomène lié à la croissance de la morbidité** susceptible d'empêcher l'expression de la volonté mais il est probable également que cette période du cycle vital, perturbée par des événements importants (héritage, perte des parents ou du conjoint, entrée en établissement, etc.), est aussi l'occasion d'une révélation de situations existant depuis un certain temps, qui auraient déjà pu conduire à l'ouverture d'une mesure de protection. L'entourage avait trouvé auparavant une solution par le recours à une procuration et à une gestion d'affaire ou, simplement, par l'application des règles des régimes matrimoniaux.

Pour éclairer la variation de la diffusion des mesures « d'incapacité-protection » en fonction de l'âge, il est possible de comparer la population des majeurs à celle de la population totale. Un taux d'incidence pour 10 000 personnes peut alors être calculé. Sa valeur selon les classes d'âge retenues est donnée dans le tableau 7.9. Le graphique 7.5 montre l'allure générale de l'évolution de ce taux en fonction de l'âge.

L'utilisation du recensement de 1982 produit un décalage pour les classes d'âge perturbées par les guerres. Les classes creuses de 14-18 se trouvaient principalement dans la classe d'âge 65-70 ans lors du recensement de 1982. En 1990, elles se trouvent essentiellement dans la classe de 70 à 75 ans. Le taux d'incidence se trouve donc trop élevé entre 65 et 70 ans et trop bas entre 70 et 75 ans. Un phénomène analogue existe pour les générations perturbées par la seconde guerre mondiale. Malgré cette imperfection que les résultats du dernier recensement permettront de corriger, le graphique montre que **le taux d'incidence n'augmente de manière significative qu'à partir de 80 ans.**

La liaison avec le vieillissement est donc bien réelle mais elle n'apparaît qu'aux âges les plus élevés et, compte tenu de la faiblesse des effectifs à cet âge, elle ne se traduit nullement par la prépondérance des personnes âgées dans la population des majeurs protégés. Le graphique 7.5 vient également confirmer que la différence entre le taux d'incidence des mesures de tutelle en Ille-et-Vilaine et en Seine-Maritime provient essentiellement des classes d'âge inférieures à 60 ans. Au-delà de cet âge, les taux d'incidence ont des valeurs relativement proches dans les deux départements ; il y a donc convergence des pratiques.

Sous-section 2 : *L'influence du sexe sur la diffusion des tutelles*

L'analyse des résultats observés dans les deux départements en ce qui concerne le sexe des majeurs protégés révèle une différence entre l'Ille-et-Vilaine et la Seine-Maritime (Cf. graphique 7.6). Dans le département normand, il n'y a apparemment, toutes classes d'âge confondues, aucune différence selon le sexe. Pour les deux sexes, le taux d'incidence est de l'ordre de 53 pour 10 000 personnes âgées de 18 ans ou plus. Au contraire, la diffusion du phénomène tutélaire est sensiblement plus élevée parmi la population masculine que dans la population féminine d'Ille-et-Vilaine (101 pour 10 000 personnes âgées de 18 ans ou plus contre 81 respectivement). Cette différence dans le département breton ne s'explique pas par un taux de célibat plus élevé des hommes car il n'y a aucune différence entre les deux départements. De même, l'alcoolisme est plus important en Seine-Maritime, si l'on en juge par le taux comparatif de mortalité par alcoolisme ou cirrhose du foie.

Graphique 7.6 : Le taux d'incidence des mesures de tutelles selon le sexe en Ille-et-Vilaine et en Seine-Maritime

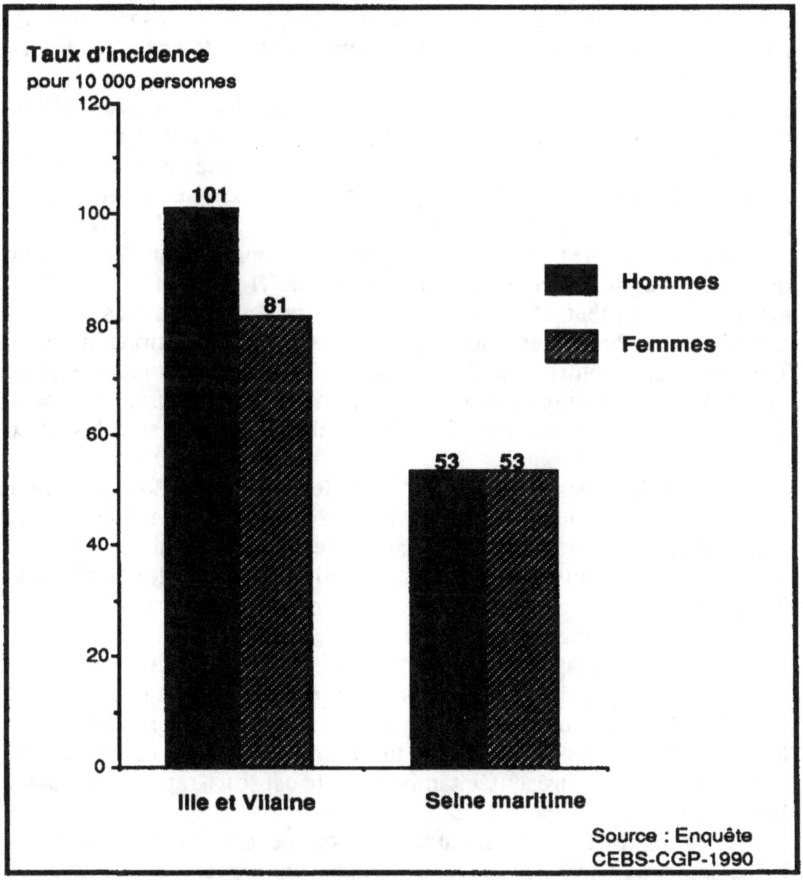

L'explication provient, en réalité, de la diffusion plus forte des mesures de tutelle parmi la population âgée de 75 ans ou plus en Seine-Maritime. En effet, la comparaison des taux de diffusion masculin et féminin par âge montre que la diffusion est nettement plus forte dans la population féminine au-delà de 75 ans tandis que la situation inverse est observée avant 60 ans. Comme la population des majeurs de 75 ans et plus représente 22,6 % en Seine-Maritime contre seulement 15,3 % en Ille-et-Vilaine, il en résulte une sous-représentation relative des femmes dans la population protégée en Ille-et-Vilaine. Les quatre cinquièmes de l'écart existant entre les taux d'incidence masculin et féminin en Ille-et-Vilaine, proviennent uniquement de cette différence dans la structure par âge des majeurs. A l'inverse, **la diffusion égale des mesures de tutelle entre les hommes et les femmes de Seine-Maritime cache en réalité une diffusion inférieure de 25 à 30 % environ chez les femmes avant l'âge de 60 ans et une diffusion supérieure au-delà de cet âge**.

L'incidence relativement plus forte des mesures de tutelle parmi la population féminine âgée doit être mise en relation avec d'autres phénomènes bien connus[11]. Dans les classes d'âge les plus élevées, les femmes sont à la fois plus fréquemment handicapées et plus fréquemment veuves que les hommes. Il en résulte un isolement plus fréquent et un recours aux services spécialisés ou aux structures d'hébergement plus important parmi la population féminine. Tous ces faits contribuent à accroître le besoin de protection et la probabilité d'un signalement, et permettent de comprendre pourquoi les taux d'incidence féminins s'élèvent au-dessus des taux masculins après 75 ans.

L'analyse des variations du taux de féminisation, selon le lieu d'hébergement du majeur, fait apparaître de nombreuses convergences entre les deux départements. Sans surprise, la population féminine est sur-représentée dans les maisons de retraite et dans les longs séjours. Au contraire, elle est sous-représentée dans les foyers d'hébergement, les foyers-logements et parmi les « sans domicile fixe ». Aucune différence n'apparaît en ce qui concerne le domicile personnel et les hôpitaux psychiatriques. Pour la population des majeurs vivant dans une famille, une différence entre l'Ille-et-Vilaine et la Seine-Maritime doit être notée : dans le premier département la population féminine est sur-représentée tandis qu'elle est sous-représentée dans le second.

La nature de la mesure prononcée est donc faiblement influencée par le sexe de la personne protégée. Les femmes se trouvent un peu plus fréquemment sous un régime de tutelle tandis que les hommes sont sur-représentés pour les mesures de curatelle et pour les mesures de tutelle aux prestations sociales adultes. Le phénomène apparaît plus nettement en Seine-Maritime. Enfin, une dernière différence peut être observée en ce qui concerne le mode de gestion de la mesure : les tutelles vacantes sont majoritairement féminines en Seine-Maritime tandis que la situation inverse se produit en Ille-et-Vilaine.

Section 3 : Les caractéristiques socio-économiques des majeurs protégés

L'étude des dossiers des majeurs à partir des tribunaux d'instance permet de connaître un nombre limité d'informations concernant la population sous un régime de tutelle. La première d'entre elles est le lieu d'hébergement du majeur. Il s'agit là d'une variable importante, car elle détermine dans une large mesure le degré de prise en charge de la personne protégée par son environnement quotidien. Elle conditionne également l'éventail des modes de gestion auxquels le juge peut avoir recours (solution familiale, gérance par un préposé d'établissement) et influence pour une part la charge de travail du tuteur ainsi que les conditions de financement de la mesure s'il s'agit d'une tutelle d'Etat (sous-section 1).

Une deuxième information est capitale ; il s'agit du montant du patrimoine du majeur. Il est recueilli et évalué à l'ouverture de la mesure. Il est vraisemblable qu'il n'est pas estimé avec certitude ; la première tâche du tuteur consistant souvent à établir un inventaire du patrimoine. Nous comparons cette information avec celle plus fiable de la population en gérance de tutelle dans un CHS (sous-section 2).

Enfin, la date du prononcé de la première mesure a été enregistrée systématiquement. Elle permet de connaître l'ancienneté de la mise sous un régime de protection. Des comparaisons sont alors possibles avec les données de certaines associations tutélaires. L'influence de l'âge permet d'évaluer de manière prospective la variation quantitative du stock des mesures à moyen terme. Les récentes modifications de la structure des prescriptions des juges selon la nature des décisions prises est également envisagée (Sous-section 3).

Sous-section 1 — *Le mode d'hébergement des majeurs protégés en Ille-et-Vilaine et en Seine-Maritime*

L'enquête conduite par le FRENE dans le département de la Somme, avait déjà révélé pour les tribunaux d'Abbeville et d'Amiens une importance prépondérante de l'hébergement en établissement de la population protégée (respectivement la moitié et les deux tiers)[12]. Les résultats observés en Ille-et-Vilaine et en Seine-Maritime viennent nuancer cette observation. En effet, **le mode principal d'hé-**

bergement des majeurs protégés est l'hébergement dans la famille y compris l'accueil familial. Une personne sur quatre en Ille-et-Vilaine et presqu'une sur trois en Seine-Maritime se trouvent dans cette situation.

La fréquence des majeurs vivant à leur domicile personnel est également plus élevée en Seine-Maritime (23 % contre seulement 16 % en Ille-et-Vilaine). Cette situation explique que la part de la population vivant dans une structure d'hébergement collectif soit nettement plus importante en Ille-et-Vilaine qu'en Seine-Maritime. Parmi l'ensemble des mesures de protection 58 % des majeurs protégés en Ille-et-Vilaine mais seulement 44 % en Seine-Maritime vivent dans une institution. Ce point est essentiel car il permet de trouver là une confirmation supplémentaire que la diffusion plus importante des mesures de tutelle dans le département breton, provient principalement de signalements concernant la population vivant en établissement. Comme cette population est déjà prise en charge pour les soins courants et pour sa vie quotidienne et qu'il est souvent possible d'avoir recours à une gérance de tutelle par un préposé de l'établissement d'accueil, il est logique que cette diffusion plus importante ait peu de répercussions en ce qui concerne la tutelle d'Etat.

Tableau 7.10 : Le mode d'hébergement des majeurs protégés

TRIBUNAL d'INSTANCE	Domicile personnel	Famille Accueil familial	Foyer d'héber-gement	Foyer-log. Maison de retraite	Long séjours	Hôpital psychiatrique	Divers
DIEPPE	31,3	15,7	5,7	7,4	36,1	0,9	2,9
ELBEUF	19,1	37,1	2,9	16,2	0	23,8	0,9
Le HAVRE	15,9	33	11,3	12,4	5,5	21,7	0,2
NEUFCHATEL	9,6	31,6	1,9	50,7	1,4	3,4	1,4
ROUEN	25,5	31,6	5,4	13	1,7	22,2	0,6
YVETOT	53,8	15,6	7,2	22,2	0	1,2	0
FECAMP	17,2	45	12,8	11,9	6,6	6	0,7
BOLBEC	17,7	40,4	27	2,1	9,9	2,8	0,1
Seine Maritime	**23**	**31,3**	**8,5**	**13,7**	**6,7**	**16,1**	**0,7**
FOUGERES	11,1	22,5	12,4	37,3	0	15,5	1,2
MONTFORT	23	29	3	23	1	21	0
RENNES	16,5	23,3	13	12	2,5	30	2,7
St-MALO	17,8	25,1	9,9	22,5	3,8	20,9	0
VITRE	13,9	36,2	9,8	14,6	8,7	15,4	1,4
Ille et Vilaine	**15,7**	**24,9**	**11,7**	**19,6**	**2,8**	**23,7**	**1,6**

Source : CEBS/CGP - 1990

Une deuxième observation à partir du tableau 7.10, vient prolonger cette réflexion : **la part des majeurs protégés se trouvant dans une structure psychiatrique est environ 1,5 fois plus importante en Ille-et-Vilaine relativement à ce qui a été noté en Seine-Maritime.** Evidemment, ce fait doit être mis en relation avec la remarque, faite précédemment[13], suivant laquelle l'indice lits-places en psychiatrie générale rapporté à la population est deux fois plus élevé en Ille-et-Vilaine qu'en Seine-Maritime. La même remarque peut être faite en ce qui concerne l'hébergement médicalisé pour les personnes âgées.

Enfin, dans les tribunaux qui ne correspondent pas à des villes centres les modes d'hébergement de personnes âgées jouent souvent un rôle dominant. Cette situation est particulièrement manifeste à Dieppe et à Neufchâtel en Braye en Seine-Maritime et à Fougères en Ille-et-Vilaine.

Tableau 7.11 : Le mode d'hébergement des majeurs protégés : comparaisons avec la population des services tutélaires

Mode d'hébergement	UDAF-29	ADT-22	CEBS-76	CEBS-35
Domicile personnel	56,5	54,2	23	15,7
Hébergement familial et famille d'accueil	7,4	10	31,3	24,9
Hébergement social	24	25,3	22,2	31,3
Hôpital psychiatrique	6,9	8,4	16,1	23,7
Long séjour	3,5	1,4	6,7	2,8
Divers	1,7	0,7	0,7	1,6
TOTAL	100	100	100	100

Source : ADT-22 ; Enquête CEBS-UDAF-29-1988 ; Enquête CEBS-CGP-1990

La comparaison des modes d'hébergement de l'ensemble des majeurs protégés et de ceux dont la gestion de la mesure de protection a été confiée à un service tutélaire, est possible en utilisant les résultats d'enquêtes antérieures. Le fait frappant est évidemment la part prépondérante des majeurs vivant à leur domicile personnel : une majorité des majeurs dont la mesure est exercée par l'Association départementale de tutelle des Côtes-d'Armor et par l'UDAF du Finistère. Dans les deux cas, la part de la population prise en charge par l'association tutélaire et vivant en établissement est inférieure à 35 %. Cette différence s'explique à la fois par la possibilité pour le juge, parfois la nécessité quand il y a rationnement, de recourir aux services d'un gérant de tutelle, préposé d'établissement et par la solution familiale, suggérée par la loi et, généralement, sollicitée lorsque le majeur est hébergé dans sa famille. De fait, l'hébergement familial est peu fréquent lorsque la mesure est assumée par une association tutélaire.

Une certaine spécialisation des modes de gestion des régimes de protection associés aux différents modes d'hébergement apparaît. A l'hébergement dans la famille, est souvent associée une tutelle familiale. Avec un hébergement institutionnel, la gérance de tutelle répond souvent aux problèmes de vacance d'une tutelle familiale. C'est pourquoi, les associations tutélaires se voient confier une part importante de mesures concernant des majeurs vivant à leur domicile personnel. **Ainsi, la probabilité que tel ou tel mode de gestion de la mesure soit adopté, dépend dans une large mesure, comme les entretiens avec les juges l'ont confirmé, du mode d'hébergement et du lieu de résidence du majeur.**

Sous-section 2 — Le patrimoine des majeurs protégés et la charge de gestion en Ille-et-Vilaine et en Seine-Maritime

Le montant du patrimoine des majeurs a pu être évalué au moment de l'ouverture de la mesure de protection mais seulement pour un dossier sur quatre en Seine-Maritime et pour un dossier sur deux en Ille-et-Vilaine en ce qui concerne le patrimoine mobilier et, encore moins fréquemment, en ce qui concerne le patrimoine immobilier. L'incertitude qui subsiste sur cette variable est donc très importante. Il est difficile d'imaginer ce qu'il en est pour les majeurs pour lesquels l'information n'a pas été collectée. S'agit-il de majeurs qui n'ont pas de patrimoine, sans que l'on en soit encore parfaitement assuré, avant l'inventaire du tuteur ? ou au contraire, y a-t-il parmi eux des personnes dont le patrimoine est complexe, ou encore sous une forme immobilière difficilement estimable ?

Une deuxième réserve s'impose. En effet, il est clair que la variable calculée dans l'enquête auprès des tribunaux d'instance, correspond à des francs courants différents ; ce qui rend encore plus aléatoire la valeur des indices pouvant être calculés.

D'après les renseignements disponibles, il n'y aurait que 68 majeurs en Seine-Maritime propriétaires d'un patrimoine immobilier. Toutefois, l'information est inconnue en ce qui concerne l'existence ou la valeur de l'éventuel patrimoine immobilier dans 95 % des cas. La valeur moyenne du patrimoine immobilier connu est de 368 000 francs. En Ille-et-Vilaine, dans 98 % des cas l'information sur le patrimoine immobilier est inconnue. Dans ce département sa valeur n'est connue que pour 30 majeurs et pour une valeur moyenne de 186 000 francs.

Tableau 7.12 : La répartition des majeurs protégés selon leur patrimoine mobilier en Ille-et-Vilaine, en Seine-Maritime et dans le CHS-35

Valeur du Patrimoine	FREQUENCES			FREQUENCES CUMULEES		
en francs	Ille-et-Vilaine	Seine-maritime	C.H.S. 35	Ille-et-Vilaine	Seine-maritime	C.H.S. 35
0	0,5	5,4	2,6	0,5	5,4	2,6
1-999	0,5	0,6	1,7	1	6	4,3
1000-4999	7	9,4	2,6	8	15,4	6,9
5000-9999	12,1	11,2	4,8	20,1	26,6	11,7
10000-19999	24,2	17,2	11,1	44,3	43,8	22,8
20000-49999	35,9	26,8	13,5	80,2	70,6	36,3
50000-99999	13,4	14,7	27,5	93,6	85,3	63,8
100000-149999	3,5	4	14,8	97,1	89,3	78,6
150000-199999	1	1,7	6,7	98,1	91	85,3
200000-299999	0,9	3,4	7,6	99	94,4	92,9
300000-499999	0,6	1,7	5,2	99,6	96,1	98,1
500000-999999	0,36	2,5	1,7	99,96	98,6	99,8
1000000-1999999	0,04	0,4	0,2	100	99	100
2000000-4999999	0	1	0	100	100	100
TOTAL	100	100	100			

Source : CEBS/CGP - 1990

En ce qui concerne le patrimoine mobilier, il est mieux connu et en général évalué avec précision. Le Tableau 7.12 indique la fréquence et la fréquence cumulée des majeurs par classe de patrimoine. Le patrimoine mobilier dépasse 50 000 francs pour 20 % des majeurs en Ille-et-Vilaine et pour 30 % environ en Seine-Maritime. La valeur du patrimoine moyen est de 41 000 francs pour les majeurs du département breton et de 106 000 francs dans le département normand. Cette différence sensible s'explique par le fait que la population protégée est plus jeune en Ille-et-Vilaine mais elle résulte également de l'ancienneté plus élevée des mesures dans ce département. Une correction de ce dernier facteur maintient cependant un écart du simple au double. Bien sûr, pour une faible part, cet écart provient d'une différence probable dans la richesse de ces deux départements mais on peut aussi faire l'hypothèse que le développement plus important des mesures en Ille-et-Vilaine a surtout concerné des majeurs avec un faible patrimoine.

Le Tableau 7.12 indique également la répartition des patrimoines des majeurs d'un Centre hospitalier spécialisé. Le montant du patrimoine mobilier est évalué au début de 1990. Il y a donc une surestimation relative par rapport aux données départementales calculées dans l'enquête pour deux raisons différentes : d'abord, il y a un décalage dans le temps analogue à celui qui existe entre les deux départements du fait de la différence d'ancienneté, ensuite l'intervention du préposé, en particulier pour une personne en établissement, est normalement la source d'une épargne supplémentaire qui vient gonfler le patrimoine des majeurs dont la gérance est assurée par le préposé. Il n'est possible de corriger que le premier facteur en actualisant les chiffres moyens observés. Le patrimoine moyen corrigé est environ de 65 000 francs en Ille-et-Vilaine, de 135 000 francs en Seine-Maritime et de 113 800 francs pour les majeurs protégés dont la gérance de tutelle est assurée par le préposé du CHS. Il y a donc quelques patrimoines relativement importants qui appartiennent à un majeur sous un régime de gérance de tutelle. Parmi les 460 mesures en gérance, un patrimoine dépasse le million de francs, 8 sont compris entre 500 000 et 1 million, 24 entre 300 000 et 500 000, enfin, 35 entre 200 000 et 300 000. Un quart des patrimoines dépasse 137 000 francs. A partir de ces données partielles et malgré la difficulté de la comparaison, **il semble qu'il n'y ait pas de différences importantes et, pas toujours dans le sens attendu, entre les patrimoines en gérance et la moyenne des patrimoines des majeurs protégés.**

Faut-il en conclure pour autant que le critère de la « faible consistance du patrimoine » prévu par la loi pour l'ouverture d'une gérance de tutelle n'est pas appliqué ? Ce n'est pas certain. En effet, certaines mesures ont pu être ouvertes avec un patrimoine faible et la taille de celui-ci a pu croître ensuite, soit en raison d'un héritage, soit du fait de la continuité de l'effort d'épargne que permet parfois un séjour prolongé en établissement psychiatrique. Dans la mesure où le travail du préposé donne satisfaction au juge, on ne voit pas pourquoi celui-ci aurait l'idée de lui retirer la mesure même si le patrimoine augmentant, il dépasse un certain seuil. En outre, s'il est vrai que les préposés demandent parfois à être déchargés d'une mesure trop lourde à gérer dans le cadre de la comptabilité publique, ils peuvent aussi souhaiter avoir en gestion des patrimoines plus conséquents afin que la rémunération moyenne soit plus proche du coût réel moyen. Enfin, les patrimoines les plus lourds surtout si leur structure est homogène ne sont pas nécessairement les plus délicats à gérer.

Graphique 7.7 : Les courbes de concentration du patrimoine des majeurs en Ille-et-Vilaine et en Seine-Maritime

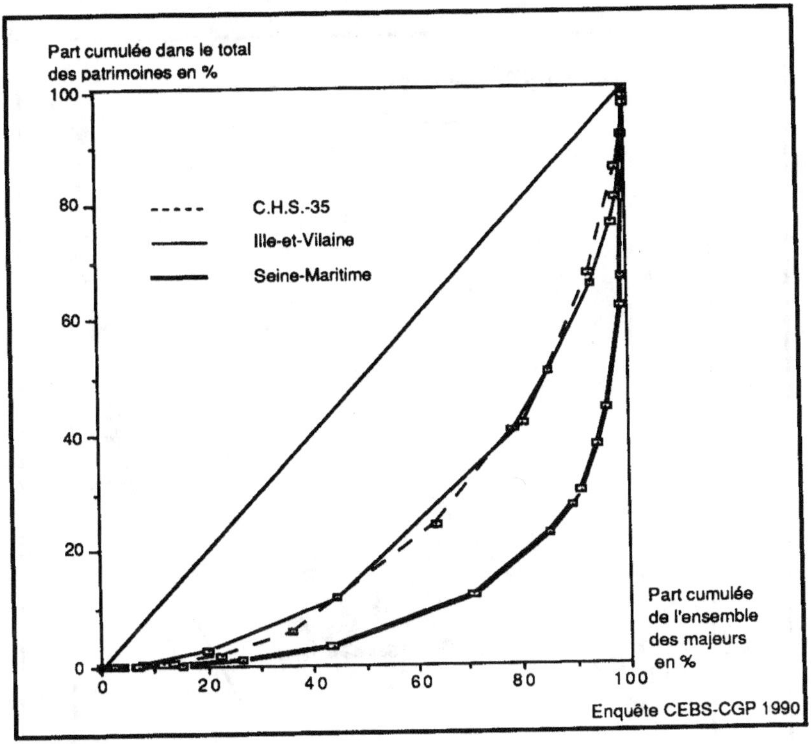

Le Graphique 7.7 qui représente la concentration des patrimoines mobiliers montre que la concentration est sensiblement plus forte en Seine-Maritime. Il n'y a aucune différence dans la concentration des patrimoines gérés par le préposé du CHS-35 et l'ensemble des patrimoines des majeurs de ce département. L'indice de GINI qui mesure la concentration des patrimoines, est d'ailleurs voisin puisqu'il est de 0,53 dans le département et de 0,54 dans le CHS. En Seine-Maritime cet indice est de 0,78. Dans tous les cas, la concentration relativement forte vient souligner l'hétérogénéité relativement grande des situations des majeurs protégés sur le plan patrimonial.

Graphique 7.8 : Les courbes de concentration des actes de disposition en Ille-et-Vilaine et en Seine-Maritime

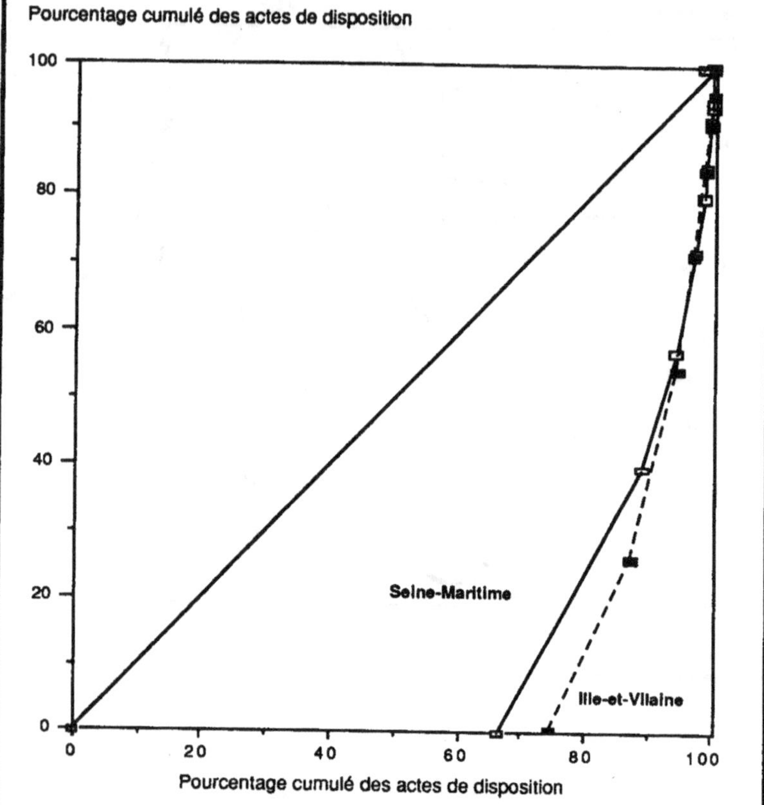

Source : Enquête CEBS-CGP-1990

L'évaluation de la charge de travail demandée par la gestion des dossiers est difficile à effectuer sur la base des données recueillies auprès des tribunaux d'instance. Nous ne disposons en effet, que des indications portées dans le dossier des majeurs à l'occasion des rapports entre le juge, le tuteur ou le majeur quand elles se traduisent dans une décision. Le graphique 7.8 représente les courbes de concentration associées aux actes de disposition pour lesquels le tuteur doit solliciter l'accord explicite du juge. Le recours à un tel indicateur pose un problème méthodologique certain. En effet, il associe à chaque individu appartenant au stock des mesures, le flux du nombre des actes de disposition depuis l'ouverture de la mesure. Par conséquent la valeur prise par cet indicateur devrait être une fonction croissante de l'ancienneté de la mesure. Compte tenu de cette remarque on s'attendrait à trouver un nombre d'actes de disposition plus important en Ille-et-Vilaine où l'ancienneté moyenne est de l'ordre de 8 ans qu'en Seine-Maritime où elle est légèrement supérieure à 5 ans. Or, il n'en est rien. le nombre moyen d'actes de disposition par majeur protégé est même un peu plus élevé dans le département normand (0,58 contre 0,50 en Ille-et-Vilaine). Rapporté à l'année-mesure l'écart va du simple au double de 0,12 acte de disposition en moyenne par année-mesure en Seine-Maritime à 0,06 en Ille-et-Vilaine.

Cette différence s'explique d'abord par une diffusion plus réduite des actes de disposition dans la population, puisqu'il n'y a eu aucun acte de disposition pour 3 majeur sur 4 en Ille-et-Vilaine contre seulement 2 sur 3 en Seine-Maritime. Ce phénomène est illustré par les deux courbes de concentration et par l'indice de Gini (égal à 0,78 en Seine-Maritime, il dépasse 0,82 en Ille-et-Vilaine). Mais il faut aussi noter une différence dans la fréquence des actes de disposition quand il y en a. En effet, la différence observée de 1 à 2 en ce qui concerne le nombre moyen d'actes de disposition par année-mesure est encore de 1 à 1,5 si l'on calcule le nombre moyen d'actes par année-mesure, pour les seuls majeurs ayant eu au moins un acte (0,36 par année-mesure en Seine-Maritime contre 0,24 en Ille-et-Vilaine).

Cette différence du recours aux actes de disposition autorisés par le juge ne semble pas s'expliquer par une différence sensible en ce qui concerne le suivi des mesures par les juges des deux départements. En effet, le nombre moyen de comptes de gestion reçu dépasse 0,5 par année-mesure en Ille-et-Vilaine tandis qu'il est inférieur à 0,38 en Seine-Maritime. Il paraît plus vraisemblable que la différence notée doive être mise en rapport avec certaines observations faites dans le département normand, à la fois du fait de la structure différente des prescriptions (plus de conseils de famille et d'administrations légales sous contrôle judiciaire) et en raison des caractéristiques particulières de la population protégée (davantage de personnes âgées et un patrimoine moyen sensiblement plus important).

Sous-section 3 : *L'ancienneté des mesures de protection en Ille-et-Vilaine et en Seine-Maritime*

L'étude de la population des majeurs sous protection à la fin de l'année 1989 permet l'analyse de l'ancienneté de la mesure de protection. Celle-ci est calculée par rapport à la mesure initiale. Le graphique 7.9 présente les histogrammes de cette ancienneté dans les deux départements étudiés. Si l'on trouve en Seine-Maritime

13 % de mesures dont l'origine est antérieure à 1980, le chiffre observé en Ille-et-Vilaine dépasse légèrement 30 %. Cette première observation sur la structure du stock de mesures existant, illustre bien les difficultés d'interprétation des données issues d'une enquête en coupe transversale. En effet, il est impossible de reconstituer à partir de cette seule information portant sur le stock des mesures d'une année (t), les flux successifs des mesures de chaque année (t - k) pour la période passée. Plusieurs explications de la différence observée sont en effet possibles. Un tel résultat peut effectivement provenir soit d'une antériorité dans le temps de la diffusion du phénomène tutélaire en Ille-et-Vilaine, soit d'un ralentissement du phénomène dans les années récentes dans ce même département, soit encore d'une diffusion des mesures plus importante dans des groupes de majeurs où les taux de sorties sont plus faibles (par exemple, parmi les jeunes adultes), soit enfin, du cumul de plusieurs de ces facteurs. La prudence s'impose donc dans l'interprétation de ces différences.

Même si le fait de raisonner sur des stocks de mesures et non sur le total des mesures effectivement prononcées depuis vingt ans, conduit nécessairement à survaloriser la part des mesures de protection récemment prononcées, les indications fournies par l'ancienneté des mesures administrées par les greffes, donnent une approximative image de la diffusion des mesures et de son rythme et permettent de formuler certaines hypothèses. Ainsi, le fait que le taux de diffusion des mesures tutélaires soit plus élevé dans le département breton et que la structure par grands groupes d'âge ne fasse apparaître que des différences mineures entre les deux départements, permet de supposer que la différence observée dans le taux d'incidence remonte vraisemblablement déjà aux années soixante-dix. On note aussi la présence de quelques mesures dont l'origine est antérieure à la loi de 1968. Il s'agit soit de mesures d'administration provisoire, soit de mesures d'interdiction converties après le vote de la loi. L'existence de ces mesures montre qu'il peut y avoir des mesures au long cours.

Dès 1978, cette diffusion des mesures de protection atteint son rythme de croisière dans le département breton et il est même probable, compte tenu des décès, que le nombre de mesures prononcées chaque année à la fin de la décennie soixante-dix, était au moins égal au nombre de mesures prononcées dix années plus tard (graphique 7.9). On y note également que si cette diffusion connait dès l'origine un taux plus élevé, l'année 1978 marque une brusque rupture, une sorte de doublement. La fin des années soixante-dix marque aussi pour la Seine-Maritime, le début d'une montée en régime progressive avec une accélération progressive du taux annuel de mesures prononcées et peut-être une évolution vers le palier atteint en 1990.

Graphique 7.9 : La répartition des mesures de protection selon leur ancienneté dans les départements d'Ille-et-Vilaine et de Seine-Maritime en 1989.

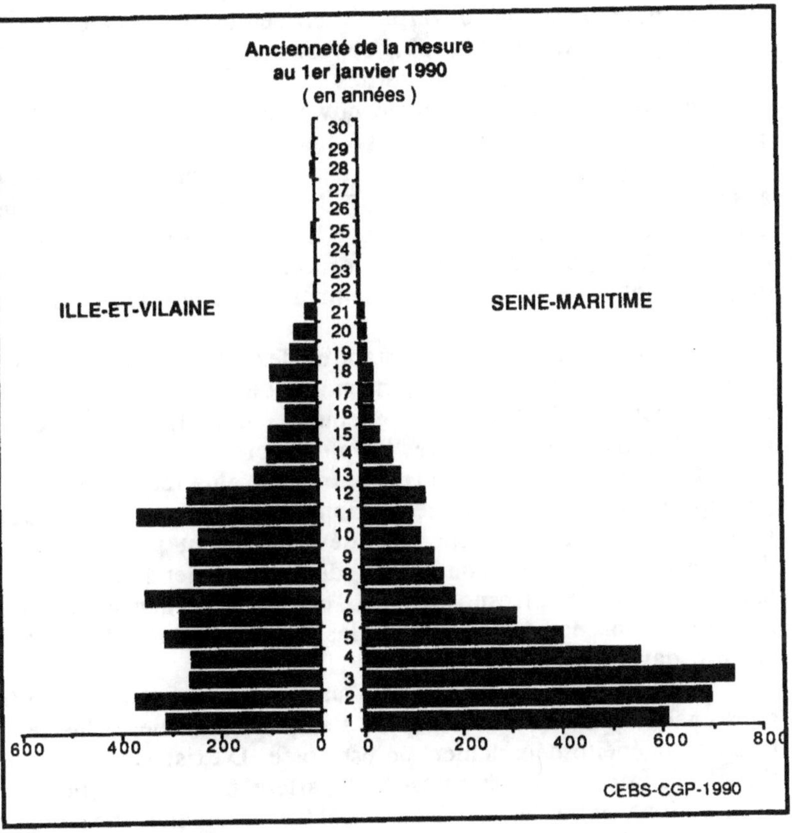

Cette pyramide d'ancienneté confirme pour ces deux départements l'absence de corrélation entre la présence (ou l'absence d'un service DDASS gestionnaire et le taux de diffusion des mesures. L'Ille-et-Vilaine où l'on a relevé l'absence d'un tel service, connaît précocément une forte diffusion des mesures de protection et, inversement, pour le département normand. Cette observation n'autorise pourtant pas de conclusion générale car la même étude faite sur le département du Morbihan aurait probablement montré au contraire l'existence d'une telle corrélation.

Cependant, malgré cette forte accélération du taux de diffusion en Seine-Maritime, le taux global de diffusion des mesures de protection pour 10 000 habitants reste près de moitié inférieur à celui atteint dans le département breton[14], confirmant ainsi une observation déjà faite à propos du besoin de protection : non seulement, la forte augmentation de ces dernières années correspond à des besoins effectivement non satisfaits mais l'écart reste probablement assez élevé entre le niveau de couverture atteint et les besoins réels.

L'examen du graphique 7.9 oppose très nettement les deux départements quant à l'ancienneté des mesures existant à la fin de l'année 1989. De fait, l'ancienneté moyenne des mesures est de 8 ans en Ille-et-Vilaine contre seulement 5,6 en Seine-Maritime. 57 % des mesures de protection dans le département normand ont moins de 4 ans mais ce n'est le cas que de 28,6% des mesures d'Ille-et-Vilaine. L'allure de l'histogramme montre que la Seine-Maritime a vraisemblablement connu un développement récent du nombre des mesures de protection, processus qui n'a commencé à décroître que depuis 1988.

Au contraire, une relative stabilité des effectifs existe en Ille-et-Vilaine pour les mesures ayant moins de 11 ans d'ancienneté. Derrière cette stabilité, et, compte tenu du cumul des taux de sortie quand on considère les mesures les plus anciennes, il y a principalement une diminution des flux d'entrée les plus récents. Celle-ci peut provenir des efforts de régulation des flux d'entrée mais être accompagnée simultanément d'un développement plus important des mesures en direction de jeunes adultes, qui viendrait diminuer les taux de sortie correspondant aux cohortes des années les plus récentes. L'absence de données sur les cohortes interdit de pouvoir en dire davantage.

Le graphique 7.10 indique l'ancienneté moyenne observée dans chaque tribunal d'instance où l'enquête a eu lieu. Une relative homogénéité départementale est notée. L'existence d'institutions dont la circonscription est le département, la circulation des informations entre les tribunaux proches, l'appartenance à une même Cour d'appel, sont autant de facteurs qui peuvent contribuer à favoriser des pratiques semblables. On remarque aussi l'ancienneté relativement plus élevée des mesures dans l'arrondissement du Havre, phénomène dont on a déjà supposé l'existence étant donné le développement plus précoce des structures d'offre de services de tutelle locales.

Graphique 7.10 : L'ancienneté moyenne des mesures selon le tribunal d'instance en Ille-et-Vilaine et en Seine-Maritime en 1989

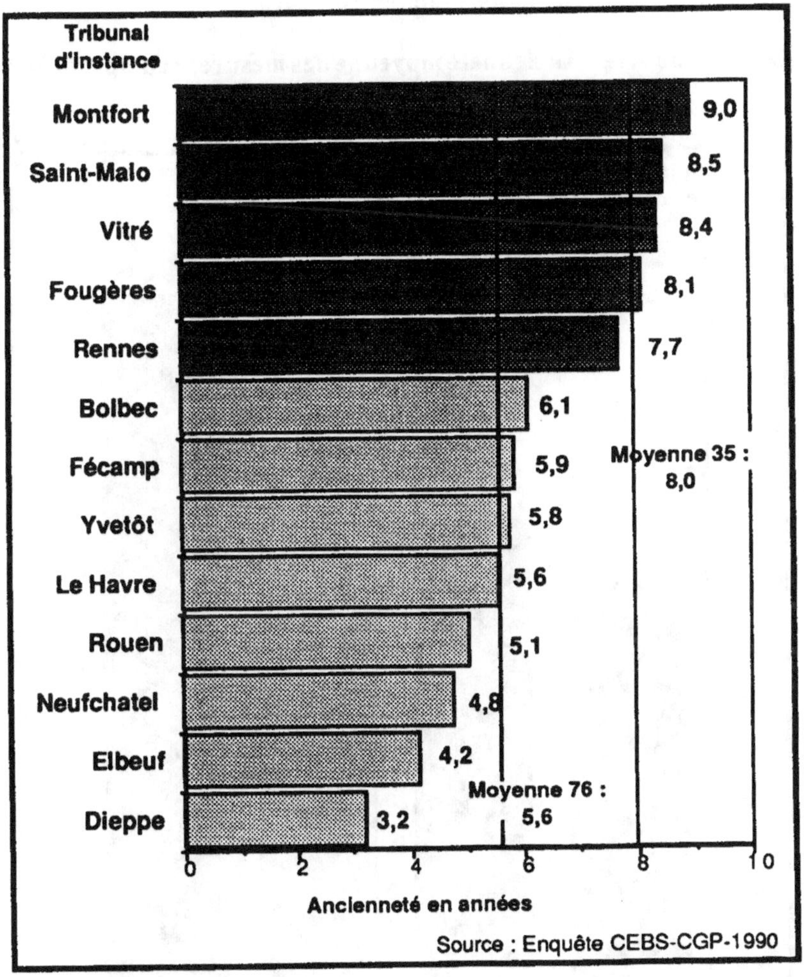

La comparaison des anciennetés moyennes calculées à partir des populations dont la mesure est exercée par une association tutélaire montre que les anciennetés sont un peu plus élevées pour l'ensemble des populations protégées en Seine-Maritime et nettement plus en Ille-et-Vilaine (voir le graphique 7.11). Le développement du phénomène tutélaire ayant été précoce dans le Finistère et dans les Côtes-d'Armor, à l'instar de l'Ille-et-Vilaine, même l'ancienneté de la Seine-Maritime paraît élevée. Ce résultat provient du poids des mesures confiées à un membre de la famille du majeur; dans bon nombre de cas, il s'agit de mesures au long cours concernant de jeunes majeurs. Ces mesures à l'ancienneté plus élevée sont rarement attribuées à des associations tutélaires.

Graphique 7.11 : Ancienneté moyenne des mesures : comparaisons des résultats de diverses enquêtes

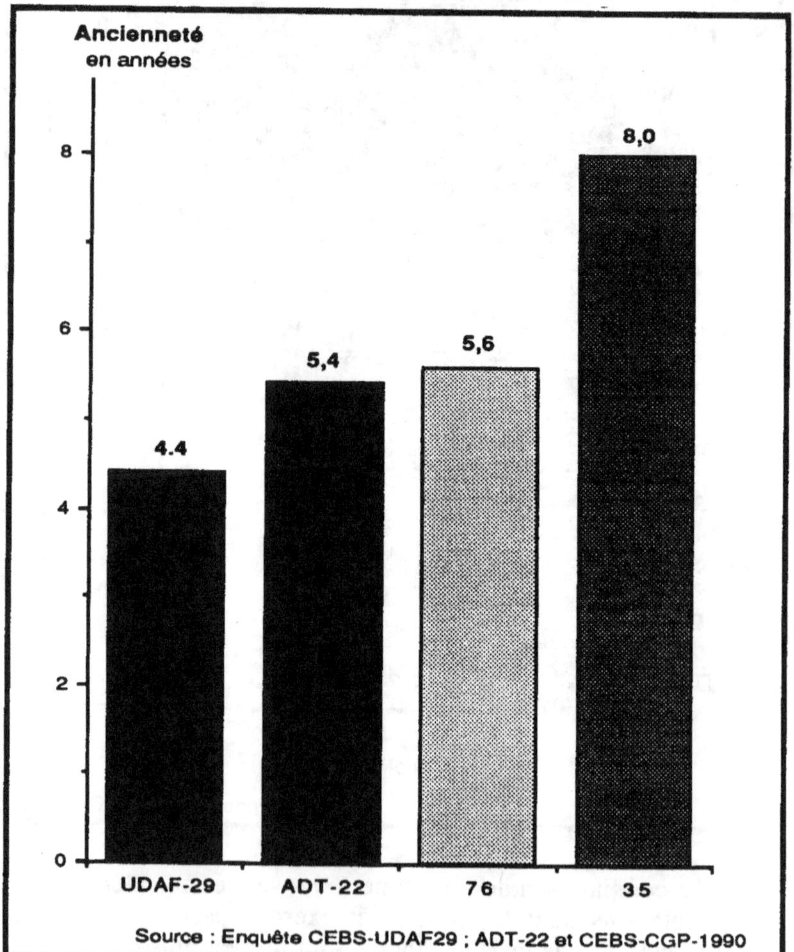

Le tableau 7.13 vient d'une certaine manière confirmer cette hypothèse puisque les mesures dont l'ancienneté est la plus élevée sont les tutelles familiales dans les deux départements et qu'à l'inverse, les mesures dont l'ancienneté est la plus faible correspondent aux tutelles en gérance et aux tutelles d'Etat.

Tableau 7.13 : L'ancienneté de la mesure de protection selon le mode de gestion en Ille-et-Vilaine et en Seine-Maritime en 1989

FORME DE TUTELLE	Ille-et-Vilaine	Seine-Maritime
Tutelle complète avec conseil de famille	10,6	6,6
Administration légale sous contrôle judiciaire	8,9	3,9
Tutelle avec un administrateur spécial	8,3	5,7
Tutelle en gérance	7,9	4,4
Tutelle d'Etat	5,3	3,5

Source : Enquête CEBS-CGP-1990

L'étude de la relation existant entre l'âge et l'ancienneté représentée dans le graphique 7.12 pour la Seine-Maritime, fait apparaître une courbe en forme de U renversé. Pour des raisons évidentes, la population qui vient d'atteindre l'âge de la majorité n'est sous un régime de protection que depuis un petit nombre d'années. De l'âge de 25 ans à 40 ans, l'ancienneté croît de 4 ans jusqu'à 6 ans en moyenne, sous l'influence du vieillissement des personnes protégées. Entre 45 ans et 65 ans, l'ancienneté moyenne varie peu et se trouve comprise entre 5 et 6 ans. Cette stabilité pose question. Logiquement, l'ancienneté moyenne devrait augmenter jusqu'à ce que les signalements liés aux maladies de la dégénérescence et aux accidents de fin de vie, ne viennent adjoindre à la population protégée de longue date des personnes protégées de fraîche date et seulement pour la fin de leur vie, faisant à nouveau diminuer l'ancienneté moyenne.

L'influence de la montée en charge encore récente des mesures de protection, permet de comprendre ce plateau de stabilité encore trop précoce de l'ancienneté. En effet, l'extension des mesures a été déterminée par la diffusion de l'information sur la loi de 1968. Lors de la montée en charge, on a observé une régularisation de situation concernant des majeurs de tous âges. A l'avenir, le nombre de mesures prononcées entre 25 ans et 60 ans devrait être plus faible et dépendre surtout de l'incidence de la morbidité. La courbe devrait évoluer vers un V renversé et dissymétrique, la partie ascendante étant plus lente et plus longue que la partie descendante.

Graphique 7.12 : L'évolution de l'ancienneté moyenne en fonction de l'âge en Seine-Maritime

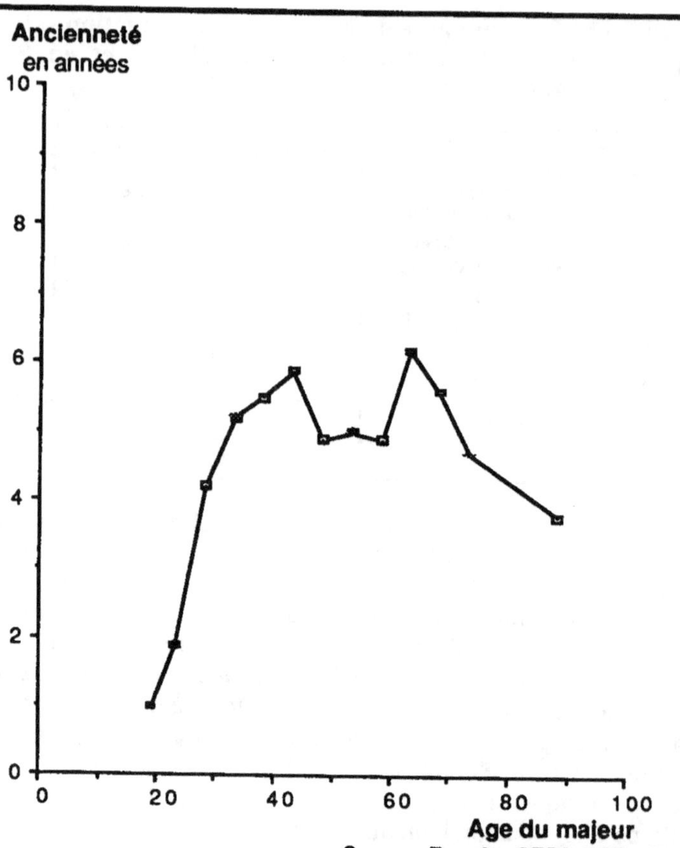

Source : Enquête CEBS-CGP-1990

L'examen de l'ancienneté selon le type de mesures révèle que l'ancienneté des curatelles est plus faible aussi bien en Ille-et-Vilaine qu'en Seine-Maritime (Cf. graphiques 7.13 et 7.14). Le même phénomène apparaît pour les tutelles aux prestations sociales adulte (ancienneté moyenne 3,8 et 7,4 contre 5,9 et 8,7 pour les tutelles respectivement). Il pourrait s'agir d'une conséquence de taux de sortie significativement plus élevés pour les curatelles et les TPSA mais ce phénomène semble ne pas exister et cette hypothèse doit donc être écartée. En effet, les sorties un peu plus précoces de ces mesures (mesure inadaptée) sont compensées par le fait que les tutelles concernent plus fréquemment des personnes dont l'espérance de vie est faible. Il faut donc chercher une autre explication.

Graphique 7.13 : Répartition des mesures de tutelle et de curatelle selon leur ancienneté en Ille-et-Vilaine

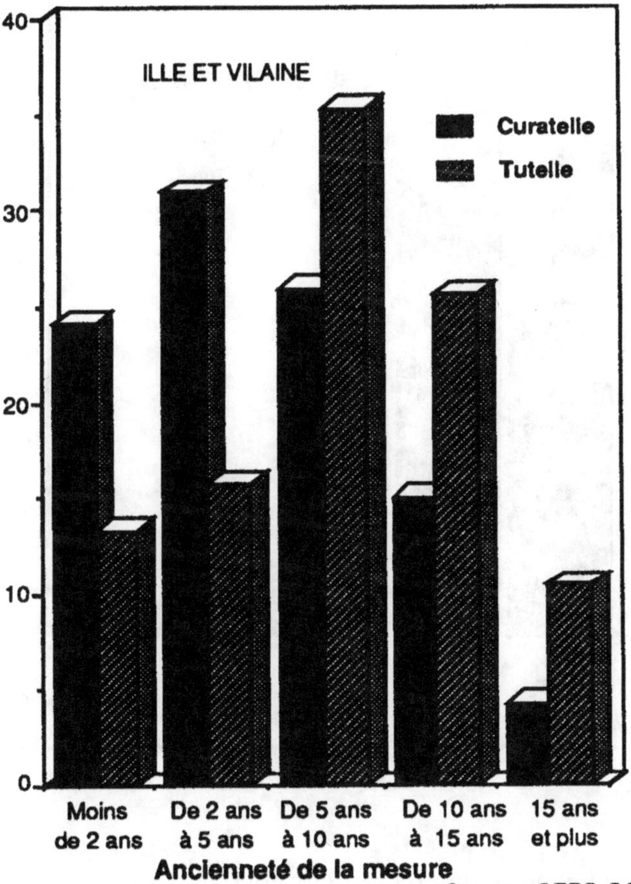

Source : CEBS-CGP-1990

Graphique 7.14 : Répartition des mesures de tutelle et de curatelle selon leur ancienneté en Seine-Maritime

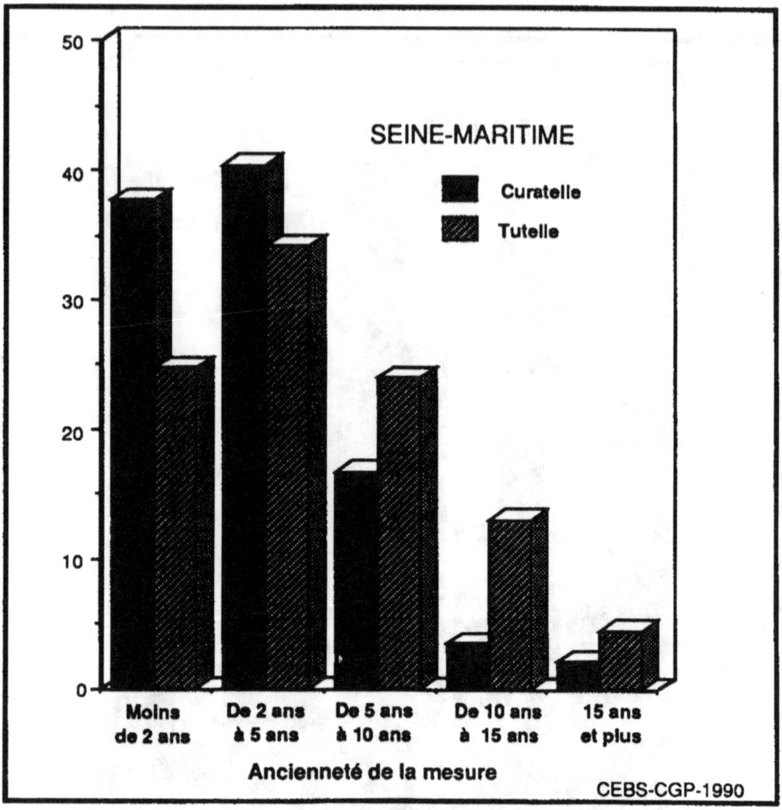

Cette explication pourrait être fournie par la variations des conditions dans lesquelles se sont trouvés les juges pour déterminer leur prescription entre un régime ou un autre. Paradoxalement, il s'agit d'un résultat provenant de l'effet combiné de la conjonction d'une plus grande liberté de prescription des juges avec la permanence des contraintes qu'ils subissent pour adopter, conformément à la loi, une solution adaptée à la situation particulière de chaque majeur.

L'amélioration des conditions de la prescription des juges provient du desserrement des financements. En effet, un certain nombre de juges avaient des difficultés à prononcer des mesures de curatelle parce que les financements de la curatelle d'Etat n'étaient pas établis avant que la jurisprudence ne viennent rappeller à l'Etat ses obligations en la matière[15]. Sans attendre cette possibilité et pour contourner le rationnement des financements socialisés, d'autres juges ont eu recours à un financement permis par la combinaison d'une mesure de curatelle et d'une mesure de tutelle aux prestations sociales adulte. Ces pratiques, relativement récentes, expliquent que l'ancienneté des mesures de curatelle soit sensiblement plus faible que celle des mesures de tutelle (4 années en moyenne contre 6 années en Seine-Maritime et 6 contre plus de 8,5 en Ille-et-Vilaine).

Graphique 7.15 : Evolution du ratio curatelle/tutelle selon l'année de la mesure initiale en Ille-et-Vilaine et en Seine-Maritime

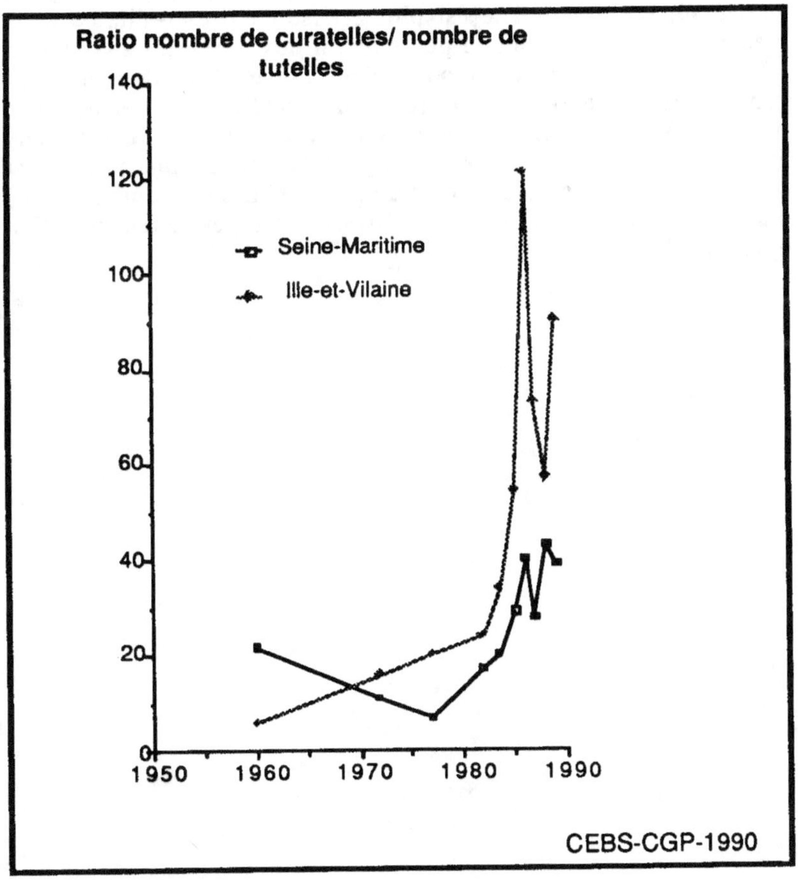

Un autre facteur intervient également pour expliquer cette évolution. En effet, si la loi donne un très large pouvoir au juge pour aménager la mesure des majeurs protégés, elle ne lui permet pas de lui laisser le droit de vote dès lors qu'il se trouve sous une mesure de tutelle. La jurisprudence a logiquement confirmé ce point, conséquence de la loi électorale[16]. Pour éviter le traumatisme qu'une telle interdiction entraîne, les juges ont eu recours assez fréquemment à l'artifice qui consiste à prononcer simplement une mesure de curatelle renforcée, ce qui permet à la personne protégée de conserver son droit de vote. Mais une telle solution n'est pas sans inconvénient.

Ces deux facteurs ont joué un rôle dans l'augmentation de la part des mesures de curatelle relativement aux mesures de tutelle. Le graphique 7.15 montre que dans les deux départements étudiés la part des mesures de curatelles dans les prescriptions des juges a augmenté. Le phénomène est plus accusé en Ille-et-Vilaine mais même en Seine-Maritime le poids relatif des curatelles a connu un doublement au cours des cinq dernières années. On a donc observé dans les deux départements enquêtés une modification sensible des prescriptions des juges ; celle-ci pourrait aussi s'expliquer par une évolution du profil des personnes pour lesquelles une mesure est demandée (plus de jeunes et quelques situations d'endettement) mais les informations dont nous disposons ne permettent pas d'en apprécier l'impact.

Chapitre 8

DES PRATIQUES LOCALES CONTRASTÉES

Le phénomène tutélaire connaît d'importantes variations dans sa diffusion locale. L'objet de ce chapitre est d'explorer les facteurs susceptibles d'intervenir dans l'explication de ces différences. Depuis les éléments qui précèdent la décision du juge jusqu'au régime de protection choisi, les différents acteurs impliqués peuvent infléchir le processus.

L'enquête menée auprès des tribunaux d'instance à partir des dossiers des majeurs retient certains aspects plus particulièrement liés à la procédure. Elle constitue ainsi une source d'information révélant indirectement les rapports existants entre le tribunal d'instance et son environnement[1].

La position centrale du juge et du tribunal d'instance dans la dynamique du système (Cf. schéma 8.1 et supra schéma 1.4) invite à considérer la procédure comme un filtre sélectif alimenté en amont par les saisines et les signalements, et produisant en aval un flux de décisions d'ouverture, de suivi et de mainlevée de mesures de protection. En première partie, nous avons exposé l'ordre séquentiel des choix opérés par le juge des tutelles tout en indiquant les influences réciproques des options concernant la mesure de protection et le gestionnaire. L'enquête permet d'éclairer les pratiques locales en révélant les éléments de leurs diversités. Les différenciations apparaissent dans le choix des mesures de protection (section 1) et dans leur gestion (section 2).

Schéma 8.1 : La position centrale du juge

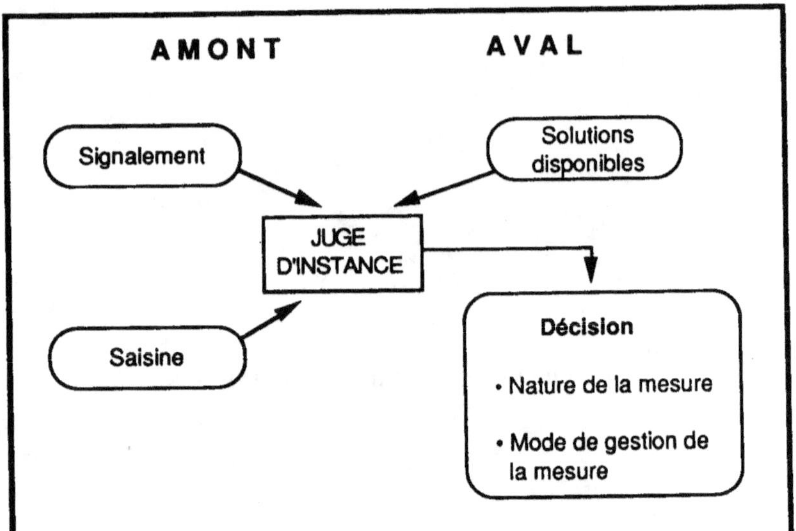

Source : CEBS/CGP - 1990

Section 1 : Les différenciations dans le choix des mesures de protection

L'ouverture d'un régime de protection est toujours l'aboutissement d'une démarche plus ou moins longue qui prend le plus souvent son origine en dehors de l'appareil judiciaire. Ce facteur déclenchant prend-il son origine auprès des mêmes acteurs et de la même manière dans les tribunaux étudiés ? Une fois le système judiciaire stimulé, la procédure d'instruction s'engage. Présente-t-elle toujours des caractéristiques identiques ? Au cœur du système tutélaire, la manière dont fonctionne la procédure peut nous éclairer sur les effets produits. Elle sera présentée sous les deux angles de l'origine de la saisine et de l'instruction des demandes (sous-section 1). L'analyse peut ensuite se poursuivre sur le stock des mesures prononcées. Quelles sont en fin de compte les raisons retenues pour la mise sous protection ? Quelle utilisation les juges font-ils des possibilités offertes par la loi de 1968 ? (sous-section 2).

Sous-section 1 — *L'origine de la saisine et l'instruction des demandes*

§ 1 — L'origine de la saisine

L'étude des facteurs influençant le processus de décision de mise sous protection avait permis de mettre en évidence la part différenciée prise par les acteurs principaux du signalement[2]. Une exploitation plus approfondie de l'enquête menée en Ille-et-Vilaine et en Seine-Maritime, autorise quelques compléments intéressants illustrant les pratiques propres à chaque tribunal. Plusieurs cas de figures se présentent.

La saisine peut être directe mais aussi accompagnée d'un signalement (1). Dans d'autres situations la procédure ne provient que d'un simple signalement au juge qui s'autosaisit (2). Enfin, l'analyse des combinaisons des signalements multiples permet de préciser les relations existant entre les acteurs concernés par la demande d'une mesure de protection (3).

1. Les saisines et les multi-signalements

L'analyse confirme d'abord la part importante des multi-signalements qui recouvrent tous les cas dans lesquels le besoin éventuel de protection est signalé par au moins deux acteurs.

La logique de la loi voudrait que l'on distinguât d'une part les personnes qui peuvent saisir le juge au sens de l'article 493 al.2 et d'autre part celles qui peuvent seulement signaler au juge le majeur justifiant, selon elles, d'une mesure de protection (art. 493 al.3). Le questionnaire révèle qu'en réalité, les signalements ne sont pas seulement adressés au juge mais peuvent accompagner les saisines du majeur, de la famille ou du procureur. Les présentations qui suivent tiennent compte de cette réalité.

Le tableau 8.1 montre pour chacun des acteurs pouvant saisir le juge des tutelles, la part qu'il représente dans le total des saisines. Dans chaque case, le pourcentage S1 représente la part des saisines effectuées par l'acteur seul et le pourcentage S2 la totalité des interventions de cet acteur, seul ou conjointement avec un autre acteur pouvant seulement opérer un signalement. Le dédoublement de l'indicateur S1 pour la famille, correspond pour le premier pourcentage aux membres de la famille qui peuvent seuls saisir le juge et pour le second, à l'intervention de tous les membres de la famille (ceux qui peuvent saisir et ceux qui peuvent seulement signaler). Ce même dédoublement n'a pas lieu d'être pour les autres acteurs.

Les résultats fournis par ce tableau ont été présentés au chapitre 3 et l'on notera seulement ici la part importante prise en Seine-Maritime par les membres de la famille dont la démarche est conjointe avec d'autres acteurs. S'il convient de rester réservé dans l'interprétation de l'écart observé entre les deux départements, il semble se confirmer une présence plus active de la famille dans le département normand. Comme on le verra (tableau 8.5 en particulier), ces démarches conjointes sont le signe de pratiques locales spécifiques, en particulier de la part des milieux médicaux.

Tableau 8.1 : L'origine de la saisine (en % du nombre des mesures instruites)

Origine \ Départements		35	76
1. majeur	S1	1,4	2,8
	S2	1,8	5
2. famille	S1	28,1 28,2	20,7 20,8
	S2	32,8	40,6
3. procureur	S1	5,8	0,1
	S2	43,5	3,7
4. saisine d'office	S1	5,6	5,2
	S2	22,8	54,3
NR		0,2	0,3
TOTAL (Σ S2)[1]		± 100,0	± 100,0

Source : CEBS/CGP - 1990

note 1 : Le total est supérieur à 100 en raison des doubles comptages des signalements ; par exemple, l'association famille + procureur est ajoutée à l'association procureur + famille dans les deux lignes concernées. Les chevauchements sont cependant minimes.

Tableau 8.2 : Les multi-signalements selon les tribunaux

	ILLE-ET-VILAINE						SEINE-MARITIME							
	Fougères	Montfort	Rennes	Saint-Malo	Vitré	35	76	Elbeuf	Le Havre	Neufchâtel	Rouen	Yvetot	Fécamp	Bolbec
1. majeur	0	1,6	1,1	0,4	2	0,8	2,7	2,9	1,1	3,6	4,6	0	0	0
2. famille	11,1	1,6	6,2	2,1	36,0	10,4	34,1	40,0	32,4	7,1	34,4	0,8	40,9	47,8
3. procureur	47,6	59,0	68,5	70,0	45,5	60,8	2,6	2,9	1,4	0	3,5	1,5	2,7	1,4
4. juge	41,2	37,7	24,2	27,5	16,5	28,0	60,7	54,3	65,0	89,3	57,6	97,7	56,4	50,7
5. $\frac{\Sigma \text{ signalement}}{\Sigma \text{ instruction}}$	71,7	61,0	52,4	65,7	91,8	62,8	82,6	100,0	95,9	13,4	96,2	77,8	98,7	97,8

Source : CEBS/CGP - 1990

Le tableau 8.2 autorise une analyse plus fine des signalements selon les tribunaux. Chacune des quatre premières lignes indique pour chaque tribunal la part des signalements associés à l'un des quatre acteurs pouvant saisir le juge des tutelles (à la différence des autres tableaux, il n'y a donc pas ici de double comptage). Pour chaque tribunal, la somme en colonne de ces parts est donc égale à 100. Comme les saisines simples ont été écartées, toutes les mesures ne sont pas prises en compte. C'est pourquoi la ligne 5 précise pour chaque tribunal le pourcentage représenté par ces signalements dans le total des mesures instruites ; ce pourcentage permet donc de relativiser ceux de la colonne : plus il est élevé plus les quatre autres pourcentages de la colonne sont significatifs.

La première observation vient confirmer la relative homogénéité des pratiques des différents tribunaux appartenant à un même département. Cette remarque est particulièrement nette en ce qui concerne les rôles respectifs du procureur et du juge. Une telle observation vient à l'appui de l'hypothèse d'une culture locale en matière de tutelle.

En second lieu les données du tableau 8.2 confirment ce que le tableau précédent laissait percevoir : le multi-signalement peut y être noté dans 82,6 % des dossiers instruits en Seine-Maritime contre seulement dans 62,8 % des dossiers en Ille-et-Vilaine. La pratique du signalement multiple accentue les écarts entre les deux départements pour les signalements associés à la famille ou au parquet. Enfin, **cette pratique varie de manière importante pour certains tribunaux** et le tableau autorise quelques observations prudentes[3].

Pour l'Ille-et-Vilaine, deux tribunaux s'éloignent plus nettement des pourcentages moyens : Vitré et Fougères où le multi-signalement est en même temps nettement plus élevé que la moyenne. Le tribunal de Vitré se trouve dans la position la plus singulière avec 91,8 % de multi-signalements et des écarts très importants au profit de la famille et du majeur et au détriment du juge et plus encore du procureur. Pour Fougères, le déplacement des signalements s'opère au profit du juge (+13,2 %) et au détriment du procureur (-13,2 %). A l'inverse, le tribunal de Rennes dans le ressort duquel les multi-signalements sont inférieurs à la moyenne du département (-10,4 %) se signale par un rôle accru du procureur (+7,7 %) au détriment du juge et de la famille.

Des observations similaires peuvent être faites pour la Seine-Maritime. Parmi les tribunaux au multi-signalement nettement supérieur à la moyenne du département, trois (Elbeuf, Fécamp et Bolbec) se signalent par un rôle accru de la famille au détriment de celui du juge et de celui du majeur (pour Fécamp et Bolbec) ; pour Le Havre et Rouen qui sont de gros tribunaux, le déplacement se fait au profit du juge dans le premier cas et dans le second, l'image offerte est assez proche de la moyenne. A l'inverse, Neufchâtel et Yvetôt dont les multi-signalements sont inférieurs à la moyenne présentent un rôle plus important du juge (+28,6 et +30 %) au détriment de la famille (-27,0 et -33,3 %) et accessoirement du procureur et du majeur).

Ainsi, dans sept des dix tribunaux repérés, **semble exister une relation entre la pratique de multi-signalements (ou son**

absence) et le rôle de la famille. Logiquement la variable d'ajustement par rapport à cette place de la famille est plutôt le rôle joué par le procureur en Ille-et-Vilaine et celui du juge en Seine-Maritime, à cause du rôle dominant de ces acteurs dans chacun des départements. Pour tenter de dégager une explication il convient d'analyser plus en détail les intervenants des différents types de multi-signalements.

2. Les signalements

Le tableau 8.3 présente la part globale de chaque catégorie d'acteurs pouvant seulement signaler un éventuel besoin de protection. Son commentaire global a été présenté en seconde partie. **Dans un cas sur deux un établissement intervient dans le signalement.** La part relativement plus faible du secteur psychiatrique en Ille-et-Vilaine où l'on sait que l'indice lit / population est le double de celui de la Seine-Maritime surpend[4]. Cela peut signifier que cet indice a perdu une part importante de sa signification avec le développement de la sectorisation mais l'explication peut aussi venir du fait que la diffusion plus importante des mesures en Ille-et-Vilaine s'effectue souvent par le canal de populations plus jeunes, prises en charge par d'autres filières et non suivies par le secteur psychiatrique. Enfin, il est possible, comme l'indique le recours nettement plus important à la sauvegarde médicale en Ille-et-Vilaine (un cas sur 20 contre un pourcentage peu différent de zéro dans le département normand), qu'une partie des démarches du secteur psychiatrique passant par le procureur aient été identifiées comme provenant de lui. En toute hypothèse, les signalements émanant du secteur psychiatrique n'empruntent pas les mêmes voies.

Tableau 8.3 : L'origine des simples signalements (en % du nombre des mesures instruites)

Origine \ Départements	35	76
5. secteur psychiatrique	36,7	44,8
6. services sociaux	8,3	11,8
7. établissement d'accueil	11,7	6,7
8. notaires, avocats	1,2	2,8
9. autre juge	0,2	0,1

Source : CEBS/CGP - 1990

Pour approfondir le processus à l'origine des mesures il est intéressant d'examiner de quelle manière saisines et signalements se combinent, chaque acteur autorisé à saisir le juge pouvant le faire conjointement avec un acteur qui peut seulement lui signaler la cause.

3. Les combinaisons des saisines et des signalements

Ce premier tableau confirme que **le majeur qui saisit rarement seul le juge, est aussi faiblement associé aux différentes voies du signalement**. Tout au plus peut-on noter le rôle des secteurs psychiatriques et des services sociaux dans le département normand.

Dans le tableau 8.5, l'écart le plus intéressant confirme le rôle dynamique du secteur psychiatrique en Seine-Maritime et le souci des médecins d'associer la famille (et le majeur selon le tableau 8.4) au processus de protection. Il est remarquable que l'Ille-et-Vilaine présente une physionomie tout à fait différente de la pratique médicale ; on y notera cependant une pratique différente de la part des établissements d'accueil.

Tableau 8.4 : Saisine et signalement : le majeur (en % du nombre des mesures instuites)

1. MAJEUR	35	76
seul	1,4	2,8
M + famille	0,2	0,2
M + procureur	0	0
M + secteur psychiatrique	0	0,9
M + services sociaux	0,1	0,9
M + établissements d'accueil	0	0,1
M + notaires, avocats	0	0,1
TOTAL	1,8	5,0

Source : CEBS/CGP - 1990

Tableau 8.5 : Saisine et signalement : la famille (en % du nombre des mesures instruites)

2. FAMILLE	35	76
seule (large)	28,2	20,8
F + majeur	0,2	0,2
F + procureur	0,2	0,5
F + juge	0,4	2,7
F + secteur psychiatrique	1,2	14,6
F + services sociaux	0,2	0,2
F + établissements d'accueil	1,9	0
F + notaires, avocats	0,6	1,6
TOTAL	32,8	40,6

Source : CEBS/CGP - 1990

Il est possible également lorsque le juge reçoit un signalement, que sa première démarche auprès de la famille consiste à lui demander de le saisir. Certains juges de Seine-Maritime nous ont fait part d'une telle pratique en particulier quand la famille n'a pas été associée dès le départ au signalement. En outre, le fait que la famille confirme le signalement lui permet déjà de s'approprier la démarche engagée ce qui favorise ensuite les rapports avec le juge pour le choix du tuteur ou du curateur et ensuite pour le suivi.

L'intérêt d'un commentaire en parallèle des tableaux 8.6 et 8.7 réside dans un sorte **d'inversion des pratiques qu'il permet de confirmer entre le rôle du procureur en Ille-et-Vilaine et celui du juge en Seine-Maritime**. Outre la différence dans le nombre de saisines faites par le procureur tout seul, en Ille-et-Vilaine celui-ci se trouve associé dans 37,1 % des cas aux signalements institutionnels dont 30,9 % aux signalements du seul secteur psychiatrique, contre respectivement 1,6 et 1,2% en Seine-Maritime. A l'inverse, en Seine-Maritime le juge des tutelles se trouve associé à 45 % des signalements institutionnels dont 28,2 % à cause du secteur psychiatrique, contre seulement 15,1 et 4,6 %

dans le département breton. On notera aussi que la famille est plus fréquemment associée aux saisines du procureur et du juge en Seine-Maritime.

Tableau 8.6 : Saisine et signalement : le procureur (en % du nombre des mesures instruites)

3. PROCUREUR	35	76
seul	5,8	1,0
P + majeur	0	0
P + famille	0,2	0,5
P + juge	0	0,1
P + secteur psychiatrique	30,9	1,2
P + services sociaux	2,3	0,4
P + établissements d'accueil	3,9	0,0
P + notaires, avocats	0,2	0,1
P + autre juge	0,1	0
TOTAL	43,5	3,7

Source : CEBS/CGP - 1990

Cette première série de tableaux semble donc indiquer **une philosophie différente de la pratique de la tutelle dans les deux départements**. Outre les places respectives du procureur et du juge dans les mécanismes de la saisine, la Seine-Maritime laisse percevoir un rôle plus central du juge, vers lequel convergent les pratiques de signalement des principaux acteurs institutionnels (secteur psychiatrique, services sociaux et établissements d'accueil). Dans ce même département, la famille (au sens large) semble plus largement associée à ces mécanismes de saisine et de signalement. Le tableau 8.8 construit non plus à partir des saisines mais des signalements, confirme ces observations.

Dans la mesure où l'on peut se fier à la manière dont les informations concernant les signalements et les saisines sont consignées dans les dossiers des majeurs aux greffes des tutelles, ce tableau confirme l'association plus systématique de la famille

Tableau 8.7 : Saisine et signalement : le juge (en % du nombre des mesures instruites)

4. JUGE	35	76
seul	5,6	5,2
J + majeur	0	0
J + famille	0,5	2,7
J + procureur	0	0,1
J + secteur psychiatrique	4,6	28,2
J + services sociaux	5,6	10,2
J + établissements d'accueil	5,9	6,6
J + notaires, avocats	0,4	1,1
J + autre juge	0,1	0,1
TOTAL	22,8	54,3

Source : CEBS/CGP - 1990

Tableau 8.8 : Les voies empruntées par les signalements (en % du nombre des mesures instruites)

	Secteur psychiatrique		Services sociaux		Etablissements d'accueil	
	35	76	35	76	35	76
seul	0	0,1	0,2	0,1	0,1	0
+ majeur	0	0,9	0,1	0,9	0	0,1
+ famille	1,2	14,6	0,2	0,2	1,9	0
+ procureur	30,9	1,2	2,3	0,4	3,9	0
+ juge	4,6	28,2	5,6	10,2	5,9	6,6
TOTAL ±	36,7	45,0	8,4	11,8	11,7	6,7

Source : CEBS/CGP - 1990

(et du majeur accessoirement) au mécanisme de signalement enclenché par les acteurs institutionnels du département normand ; il confirme également pour ce département, une pratique de ces acteurs presque systématiquement tournée vers le juge alors que le département breton montre des rapports beaucoup plus étroits entre le secteur psychiatrique et le parquet. On relève ici une différence importante dans la pratique des équipes médicales qui, en Ille-et-Vilaine, paraissent écarter la collaboration de la famille mais aussi celle du juge. Si les entretiens donnent des indications allant dans le même sens, on ne peut cependant interpréter ce passage par le procureur comme un signe d'une présence active de sa part dans le processus de mise sous tutelle ; il s'agit là plutôt d'un simple phénomène de « boîte aux lettres », comme semble le confirmer la faible proportion de sauvegardes médicales au regard du nombre de signalements adressés aux procureurs. Un examen plus précis de ces pratiques selon les différents tribunaux aurait peut-être permis une analyse plus fine de ces comportements mais les données fournies par l'enquête ne pouvaient faire l'objet d'une exploitation fiable.

§ 2 — L'instruction des demandes

Les éléments disponibles dans le dossier des majeurs protégés permettent de repérer trois aspects particuliers de la procédure d'instruction. Ils concernent l'audition du majeur (1), l'avis adressé au procureur (2) et enfin l'avis adressé à la DDASS (3).

1. L'audition du majeur

La loi fait en principe obligation au juge de procéder à l'audition du majeur ; toutefois lorsque le médecin déconseille cette audition dans l'intérêt du majeur, le juge est amené à prononcer une ordonnance de non-audition. Les résultats concernant l'existence éventuelle d'une telle ordonnance sont présentés dans le graphique 8.1. Il apparaît que cette situation est minoritaire, particulièrement en Ille-et-Vilaine où dans trois cas sur quatre le juge procède effectivement à l'audition du majeur. La situation de la Seine-Maritime fait apparaître une proportion sensiblement plus forte de non-audition (environ 43 %). D'après les informations obtenues sur le terrain lors de l'enquête, il semble que l'on puisse faire l'hypothèse de l'existence, pendant plusieurs années, d'une sorte de malentendu entre les juges de certains tribunaux d'instance et les médecins de certains secteurs psychiatriques. En effet, les médecins ont pu penser que la démarche d'audition, en particulier quand elle devait se dérouler en milieu hospitalier, posait un problème au juge. En outre, les médecins ont pu croire que l'impossibilité de communiquer avec le malade suffisait pour justifier une ordonnance de non-audition. Cette interprétation ne correspond pas aux textes (articles 1246 et 1247 du Code de procédure civile). A l'occasion d'un changement de juge, les conditions des auditions furent éclaircies et l'on peut penser que leur fréquence augmentera à l'avenir.

Graphique 8.1 : Existence d'une ordonnance de non-audition

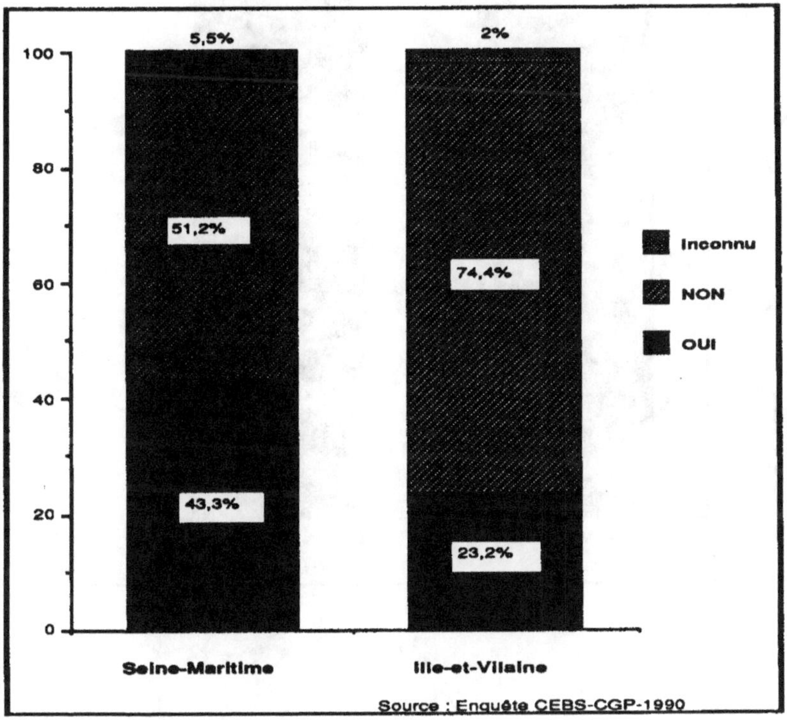

2. L'avis au procureur

Graphique 8.2 : Avis au procureur

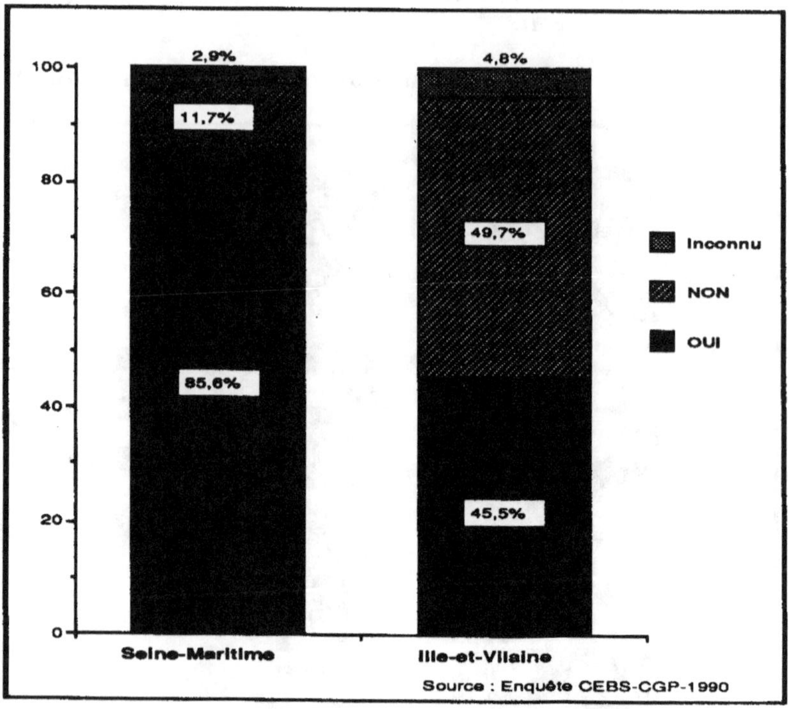

Les observations réalisées dans les deux départements sont présentées dans le graphique 8.2. Une nouvelle fois la Seine-Maritime se distingue du département breton. Cette différence doit être rapprochée de deux faits évoqués précédemment. En premier lieu, compte tenu des mécanismes de saisine qui montraient une forte présence du procureur en Ille-et-Vilaine (concerné par 43,5 % des signalements contre 3,7 % seulement en Seine-Maritime, tableau 8.6), il apparaît logique que le procureur, saisi à ce stade de la procédure, ne le soit pas à nouveau par le juge auquel il transmet les dossiers. Dans la suite de l'instruction, il sera de toutes façons informé des propositions du juge, comme le code de procédure pénale le prévoit.

En second lieu, le fait que les ordonnances de non audition soient plus fréquentes dans le département normand, implique comme le prévoit l'article 1247 alinéa 2 du code de procédure civile, que le procureur en soit informé. Ces deux facteurs peuvent expliquer la fréquence plus élevé des avis au procureur.

3. L'avis à la DDASS

Graphique 8.3 : Avis à la DDASS

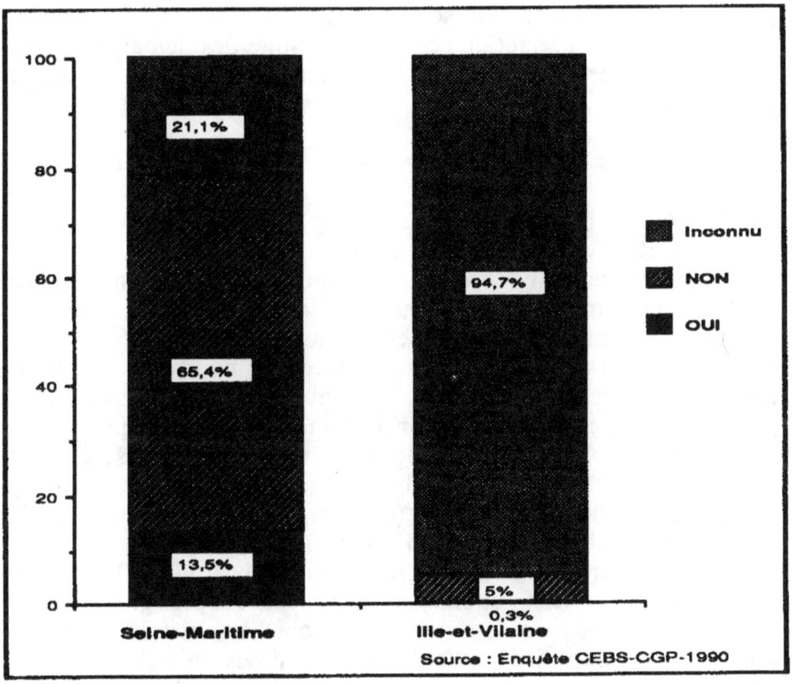

Dans les dossiers des majeurs auprès des tribunaux d'instance, on trouve peu de traces concernant les avis à la Direction départementale des affaires sanitaires et sociales. Ceux-ci concernent éventuellement les situations où le juge envisage de faire procéder à une enquête sociale pour obtenir des informations susceptibles de l'éclairer dans sa prise de décision. Dans l'enquête il semble que cette procédure soit relativement peu utilisée. En règle générale quand un besoin d'information existe, les juges ont plutôt recours aux services de la gendarmerie, partenaire avec lequel ils entretiennent des relations habituelles. En Seine-Maritime les avis à la DDASS sont mentionnés dans plus d'un dossier sur huit. Ce fait doit être mis en relation avec l'existence d'un service de tutelle géré directement par la DDASS du département normand, à la différence de la situation en Ille-et-Vilaine. Les rapports entre la DDASS et les tribunaux d'instance sont alors plus étroits.

Sous-section 2 — *L'analyse des mesures de protection*

§ 1 — Les raisons de la mise sous protection

L'enquête permet de confronter l'objet des demandes parvenant au juge et les raisons qui justifient la protection en fin de procédure.

1. Objet de la demande à l'ouverture du dossier

L'étude du processus de décision des mesures de protection a montré de quelle façon cette décision dépend de facteurs externes que le juge doit prendre en compte[5]. L'orientation de l'avis médical, largement déterminante, est souvent renforcée par les pressions ou les options des gestionnaires. D'une manière générale, ces acteurs expriment leurs préférences pour des mesures de protection assez complètes qui assurent un fort encadrement de la personne placée sous protection et dans le même temps, mettent les gestionnaires à l'abri des désagréments que serait susceptible de provoquer une trop grande liberté laissée au majeur.

On ne peut donc s'étonner (tableau 8.9) que près de huit sur dix des demandes de protection à l'ouverture du dossier désignent la tutelle comme mesure souhaitable en Seine-Maritime (60 % en Ille-et-Vilaine). On note dès ce stade de la procédure la plus grande faveur de la curatelle dans le département breton. Les chiffres sur l'auto-saisine sont inexpliqués mais la répartition des 16,1 % (Ille-et-Vilaine) selon les proportions prises par les demandes de curatelle et de tutelle accentuerait encore ce décalage en faveur de la curatelle.

Le tableau suivant (8.10) met en évidence **une forte corrélation entre l'objet de la demande et la mesure initiale de protection**. Cette corrélation est presque parfaite pour l'Ille-et-Vilaine pour la sauvegarde, la curatelle et la tutelle (augmentées en proportion de l'auto-saisine), elle est réelle quoique moins forte en Seine-Maritime où l'on perçoit une plus forte dispersion dans le choix des mesures.

Dans la mesure où le formulaire du greffe enregistrant l'objet de la demande à l'ouverture du dossier ne distingue pas entre les différentes formes de curatelles ou de tutelles, puisque c'est le rôle de l'instruction de les déterminer, la comparaison ne peut être menée plus loin avec la décision de protection finalement arrêtée par le juge.

Tableau 8.9 : Objet de la demande à l'ouverture du dossier

Départements / Mesure	35	76
1. SJ	0,6	8,1
2. curatelle	20,4	12,8
3. tutelle	60,0	78,1
4. révision	0,1	0,1
5. non précisé	2,4	0,1
6. autosaisine	16,1	0
7. NR	0,5	0,8
Rejet	0,4	0,7
Ouverture	98,1	97,2

Source : CEBS/CGP - 1990

2. Raisons retenues pour la mise sous protection

La mise sous protection répond à la nécessité de protéger le majeur contre les conséquences d'un affaiblissement des facultés mentales ou physiques (art. 490) mais le juge peut également estimer indispensable la protection du majeur prodigue, intempérant ou oisif, lorsque l'un de ces états l'expose à tomber dans le besoin ou compromet l'exécution de ses obligations familiales (art. 488). Dans cette seconde hypothèse, la responsabilité du magistrat est plus importante puisqu'il ne lui est pas nécessaire de requérir l'avis de médecins spécialistes[6]. L'enquête permet d'évaluer la part de chaque cause de mise sous protection pour les majeurs protégés dans les départements retenus.

Tableau 8.10 : Mesure initiale de protection

Mesure \ Départements	35	76
1. TPS	0,8	7,4
2. SJ	0,4	0,5
3. curatelle	27,0	17,3
4. tutelle	69,6	63,4
5. doubles mesures	1,1	4,2
6. NR	1,1	7,2

Source : CEBS/CGP - 1990

Il a paru intéressant de rechercher dans quelle proportion chaque facteur est invoqué seul et de quelle manière les facteurs sont éventuellement associés. Sans doute une analyse par tribunal aurait-elle révélé des différences sensibles, soulignant les spécificités sociales et économiques de leurs aires de compétence ; sur ce point également, seuls des comparaisons de niveau départemental ont été effectuées et elles révèlent des pratiques suffisamment différentes pour permettre d'affirmer que la prise en compte de tel ou tel facteur éventuellement associé à tel ou tel autre, trouve sa source bien plus dans les cultures locales que dans la situation des majeurs eux-mêmes (graphiques 8.4 et 8.5).

On relèvera d'abord qu'en Ille-et-Vilaine les causes de mise sous protection sont invoquées seules, sans être associées les unes aux autres, pour 93 % des majeurs protégés contre 10,3 % des majeurs pour lesquels plusieurs causes sont simultanément avancées. En Seine-Maritime les proportions sont très différentes avec presque une inversion pour les causes associées (75,5 % des dossiers) et une part notablement inférieure pour les causes invoquées seules (57,9 %). Comment expliquer que les magistrats du département breton se contentent dans presque tous les cas d'une seule cause de mise sous protection et qu'à l'inverse, leurs collègues de Seine-Maritime préfèrent s'appuyer sur au moins deux des mêmes causes ? Faut-il proposer un rapprochement avec la pratique plus répandue des multi-signalements dans le département normand, la participation de plusieurs acteurs au processus de signalement permettant de mieux cerner la personnalité des personnes concernées ?

Graphique 8.4 : Raisons de la mise sous protection (Ille-et-Vilaine)

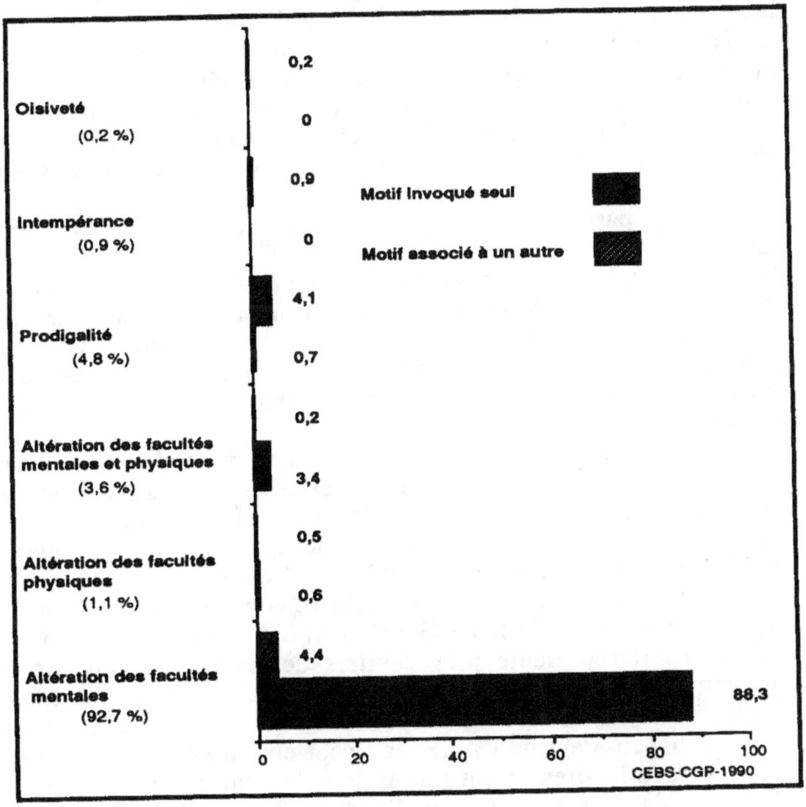

L'analyse des facteurs de mise sous protection relevés permettrait d'étayer cet axe de réflexion. En effet, l'altération des facultés mentales qui ne peut-être constatée que par le spécialiste, est invoquée comme seule cause de mise sous protection dans 88,3 % des cas en Ille-et-Vilaine, contre seulement 44,2 % des cas en Seine-Maritime, soit strictement la proportion d'un demi. En croisant ces données avec le rôle particulier du secteur psychiatrique en Ille-et-Vilaine et la place plus grande faite à la famille et aux services sociaux en Seine-Maritime, on pourrait suggérer un début d'explication. Ainsi, la part prépondérante des facteurs invoqués seuls en Ille-et-Vilaine, c'est-à-dire principalement de l'altération des facultés mentales, serait en raison directe des rapports triangulaires procureur-juge-secteur psychiatrique et inversement pour la Seine-Maritime où d'autres acteurs apporteraient des aspects plus variés de la situation des majeurs, expliquant par exemple que l'altération des facultés mentales soit associée pour 36,5 % des majeurs à d'autres causes de mise sous protection. Quelle que soit l'apparente cohérence de ces rapprochements, il ne s'agit là que d'une hypothèse et la prudence est de mise.

Cette part presque unique prise par le facteur altération des facultés mentales (92,7 au total) explique bien sûr le peu de place laissée aux autres facteurs en Ille-et-Vilaine. Cette place est faible lorsque les raisons de mise sous protection sont invoquées seules (4,7 % contre 13,7 % en Seine-Maritime) ou lorsqu'elles sont invoquées de manière associée (10,6 contre 52,7% en Seine-Maritime). Les deux graphiques permettent des observations comparatives plus fines.

On notera tout d'abord la faible part prise par le facteur « altération des facultés physiques » parmi les raisons justifiant la mise sous protection. Invoquée seule ou associée à une autre, cette cause est négligeable en Ille-et-Vilaine et très faible en Seine-Maritime. La comparaison du couple « altération des facultés mentales et physiques » permet de nuancer ce constat. Très faiblement représenté en Ille-et-Vilaine (3,6 % dont 3,4 comme facteur invoqué seul), il représente près du tiers des motifs de mise sous protection en Seine-Maritime (32,4 % dont 8,7 comme facteur invoqué seul). Cette différence peut provenir du fait que le département, dispensateur de l'AAH, fait peut-être moins pression pour que les bénéficiaires soient placés sous le contrôle d'une mesure de tutelle dans un cas que dans l'autre ; cependant, le fait que ce facteur soit très peu associé à d'autres en Ille-et-Vilaine pourrait aussi indiquer qu'en présence de deux motifs de protection les services des greffes ne mentionnent que la principale.

En second lieu, la Seine-Maritime ne présente pas seulement une physionomie intéressante par la diversité des raisons

Graphique 8.5 : Raisons de la mise sous protection (Seine-Maritime)

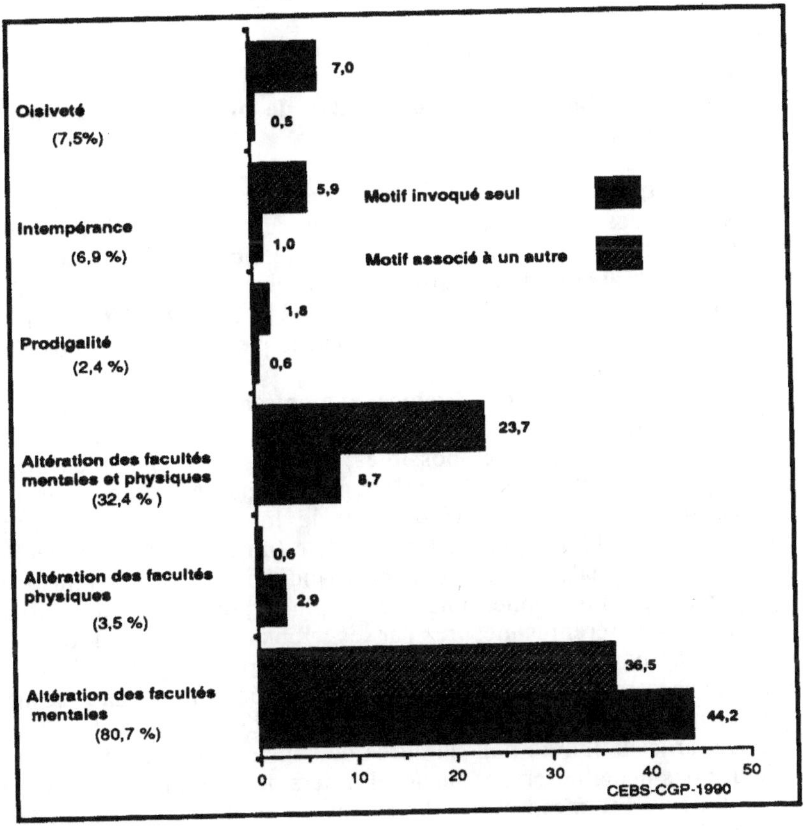

invoquées pour justifier la protection car il faut noter parmi celles-ci, la place faite aux motifs tirés de l'article 488. Peu invoquées seules (0,7 % en Ille-et-Vilaine et 2,1 % en Seine-Maritime), les raisons tirées de la prodigalité, de l'intempérance ou de l'oisiveté, représentent au total 16,8 % des facteurs en Seine-Maritime mais seulement 5,9 % dans le département breton. On notera au surplus que dans ces parts, la prodigalité représente 4,8 % en Ille-et-Vilaine contre 2,4 % dans le département normand. Ainsi, de ces trois facteurs, la prodigalité qui est peut-être le plus aisément identifiable, est la cause de protection de loin la moins représentée en Seine-Maritime. Doit-on voir dans cette application de l'article 488, le signe d'un contrôle social plus grand à mettre en rapport avec la pratique plus développée des multi-signalements ?

§ 2 — Les mesures prononcées

1. L'utilisation des possibilités de protection par les magistrats

Le questionnaire soumis aux greffes proposait la gamme la plus large des mesures de protection en suivant les indications de la loi de 1968 mais sans distinguer protection des biens et de la personne en dehors de la distinction clairement identifiable, tutelle aux biens, tutelle complète. Les tableaux 8.11 et 8.12 permettent de mettre en évidence l'utilisation par chaque tribunal des possibilités offertes par la loi.

D'emblée, ces deux tableaux montrent une utilisation très différente des possibilités offertes par la loi de 1968. Sur un total théorique de dix mesures possibles, certains tribunaux n'en utilisent pas la moitié. Ces écarts ne portent pas seulement sur les possibilités marginales offertes par la loi puisque se trouvent écartées des tableaux, la tutelle complète (un tribunal), la curatelle 510 (un tribunal) et la sauvegarde judiciaire (cinq tribunaux). Cependant, pour donner une vision plus approchante de l'utilisation des différentes mesures par les tribunaux, le second total est calculé après avoir supprimé ou regroupé certaines possibilités. La sauvegarde médicale ne peut être considérée comme une mesure de protection car le juge ne la prononce pas et la transforme en sauvegarde judiciaire pour la durée de l'instruction (sa mention ne figure pas nécessairement sur les dossiers des majeurs) ; quant aux curatelles 511, mesures d'allègement ou d'alourdissement de la curatelle 510, les magistrats procèdent assez souvent par voie conventionnelle avec les tuteurs sans que cela donne toujours lieu à une ordonnance modifiant le régime de protection, dans la mesure où la souplesse est de mise en ce domaine.

Même après ces regroupements, les écarts entre les tribunaux demeurent importants puisqu'ils portent sur les trois mesures de protection déjà relevées (sauvegarde judiciaire, curatelle 510, tutelle complète).

Ces différences dans l'utilisation des possibilités de protection selon les différents tribunaux, prennent tout leur sens lorsque la simple mention de cette utilisation cède la place dans les tableaux à la part prise par chaque type de mesure. Apparaissent ainsi les véritables usages de ces mesures par les tribunaux.

Tableau 8.11 : L'utilisation des possibilités de protection en Ille-et-Vilaine

Mesures \ Ille-et-Vilaine	35	Fougères	Montfort	Rennes	St-Malo	Vitré
1- TPS	1	0	1	1	1	1
2- SM	1	0	0	0	0	1
3- SJ	1	1	0	1	1	1
4- C.511-	0	0	0	0	0	0
5- C.510	1	1	1	1	1	1
6- C.511+	1	0	0	1	0	0
7- C.512	1	1	1	1	1	1
8- Tutelle biens	1	1	1	1	1	1
9- Tutelle complète	1	1	1	1	1	1
10- Doubles	1	0	1	0	1	1
Total des utilisations	9	5	6	7	7	8
Total après regroupement	7	5	6	6	7	7

Source : CEBS/CGP - 1990

2. L'utilisation des mesures de protection par les tribunaux

Les indications de niveau départemental fournies par ces tableaux 8.13 et 8.14 avaient fait l'objet de quelques remarques générales comparatives des choix des mesures de protection[7]. Leur détail par tribunal permet ici de mettre en évidence les différences de pratiques et même de véritables cultures locales dans l'usage des mesures de protection.

Tableau 8.12 : L'utilisation des possibilités de protection en Seine-Maritime

Mesures / Seine-Maritime	76	Elbeuf	Le Havre	Neuf-châtel	Rouen	Yvetôt	Fécamp	Bolbec
1- TPS	1	0	1	1	1	1	1	1
2- SM	0	0	0	0	0	0	0	0
3- SJ	1	0	1	1	1	0	0	0
4- C.511-	0	0	0	0	0	0	0	0
5- C.510	1	0	1	1	1	1	1	1
6- C.511+	1	0	1	1	0	0	0	0
7- C.512	1	1	1	1	1	1	1	1
8- Tutelle biens	1	1	1	1	1	1	1	1
9- Tutelle complète	1	1	1	1	1	1	0	1
10- Doubles	1	1	1	1	1	0	0	0
Total des utilisations	8	4	8	8	7	5	4	5
Total après regroupement	7	4	7	7	7	5	4	5

Source : CEBS/CGP - 1990

Légende :
- les indices 1 ou 0 marquent l'utilisation de la mesure ou son absence.
- total après regroupement : en supprimant la sauvegarde médicale et en regroupant curatelles 510 et 511.

Tableau 8.13 : L'utilisation des mesures de protection en Ille-et-Vilaine

Mesures \ Ille-et-Vilaine	35	Fougères	Montfort	Rennes	St-Malo	Vitré
1- TPS	0,8	0,0	2,0	0,7	1,6	0,8
2- SM	0,0	0,0	0,0	0,0	0,0	0,3
3- SJ	0,4	0,7	0,0	0,1	0,9	0,3
4- C.511-	0,0	0,0	0,0	0,0	0,0	0,0
5- C.510	4,3	1,7	4,0	6,8	0,7	4,4
6- C.511+	0,2	0,0	0,0	0,4	0,0	0,0
7- C.512	22,5	17,4	12,0	26,4	21,1	18,5
8- Tutelle biens	68,6	78,7	70,0	62,8	73,9	65,4
9- Tutelle complète	1,0	0,2	4,0	1,2	0,7	1,0
10- Doubles mesures	1,1	0,0	8,0	0,0	0,5	9,2
11- NR	1,1	1,2	0.0	1,4	0,5	0,3
Total ±	100,0	100,0	100,0	100,0	100,0	100,0

Source : CEBS/CGP - 1990

Dans un département où il se prononce peu de tutelles complètes comme **l'Ille-et-Vilaine**, on note tout d'abord des écarts importants dans l'usage de la curatelle et de la tutelle aux biens. En matière de curatelle, le tribunal de Rennes se distingue à la fois par son fort taux de curatelles renforcées, mesure la plus proche de la tutelle complète (+ 4 % par rapport à la moyenne) et son fort taux de curatelles simples (+ 2,5 % par rapport à la moyenne). Au total, toutes mesures de curatelles confondues, le tribunal de Rennes s'écarte de 6,6 points de la moyenne alors que tous les autres tribunaux sont en-dessous de cette moyenne, avec des écarts parfois importants (- 11 % pour Montfort, - 8 % pour Fougères). En sens inverse, les tribunaux faisant un usage modéré des curatelles utilisent fortement la tutelle aux biens, avec des écarts positifs de + 10% pour Fougères, + 5% pour Saint-Malo et + 5,4% pour Montfort (en prenant en compte les tutelles complètes). **Ainsi, semble se confirmer l'hypothèse déjà avancée qui proposait de voir dans la tutelle aux biens un substitut partiel aux autres mesures de protection** (aux curatelles en particulier), une sorte de protection minimale accordée par priorité aux personnes en établissement et chaque fois qu'il est difficile de trouver un gestionnaire extérieur.

Les pratiques différentes d'un tribunal à l'autre reflètent certainement les orientations choisies par les magistrats avec leurs greffes et probablement, une plus grande diversité des offres de gestion permettant un usage plus varié des mesures de tutelle dans les grandes villes (Rennes, Saint-Malo) ; on note aussi la particularité de Vitré qui joue sur la gamme de mesures la plus étendue avec des usages proches de la moyenne. Quant aux doubles mesures, la fiabilité des résultats n'est pas certaine car les indications paraissent sous-estimées dans plusieurs tribunaux.

Le département de **Seine-Maritime** illustre de manière plus nette encore **les cultures locales des tribunaux**. En effet, le regroupement des tribunaux selon leurs dépendances institutionnelles (Fécamp et Bolbec sont rattachés à Le Havre ; Elbeuf et Yvetôt sont rattachés à Rouen) permet une lecture beaucoup plus claire de l'usage des mesures de protection imprimé par les juges.

Ainsi, pour le groupe de Le Havre, on note un usage nettement supérieur à la moyenne de la tutelle aux prestations sociales (+5,4 à +8,5 %) alors qu'il est inférieur à la moyenne pour le groupe de Rouen (de -4,4 à -7,4 %) sauf Yvetôt. Si les résultats sont un peu irréguliers pour la curatelle renforcée, la tutelle met particulièrement bien en évidence cette corrélation des tribunaux : d'un côté les adeptes de la tutelle aux biens avec des écarts allant jusqu'à plus 33,9 % (groupe de Le Havre) et de l'autre les adeptes de la tutelle complète avec des écarts comparables et inversés (groupe de Rouen). Pour ce dernier groupe, un tel usage de la tutelle complète laisse interrogatif. D'autres corrélations sont cependant moins nettement établies, qui rendent relatives à chaque tribunal certaines explications proposées. Ainsi, les tribunaux de Fécamp et Bolbec, faibles utilisateurs des curatelles, utilisent fortement la tutelle aux biens et inversement pour Elbeuf et Yvetôt mais, si ces tribunaux n'appartiennent pas au même groupe de rattachement, les tribunaux de Rouen, Neufchâtel et même Le Havre ne confirment pas l'observation.

Tableau 8.14 : L'utilisation des mesures de protection en Seine-Maritime

Mesures / Seine-Maritime	76	Elbeuf	Le Havre	Neuf-châtel	Rouen	Yvetôt	Fécamp	Bolbec
1- TPS	7,4	0,0	13,7	4,8	3,0	9,6	15,9	12,8
2- SM	0,0	0,0	0,0	0,0	0,0	0,0	0,0	0,0
3- SJ	0,5	0,0	0,5	1,9	0,6	0,0	0,0	0,0
4- C.511-	0,0	0,0	0,0	0,0	0,0	0,0	0,0	0,0
5- C.510	3,5	0,0	2,5	4,8	3,0	12,6	4,6	3,5
6- C.511+	0,2	0,0	0,3	1,0	0,0	0,0	0,0	0,0
7- C.512	13,6	21,9	15,4	17,2	11,3	10,8	8,6	8,5
8- Tutelle biens	30,6	10,5	59,1	65,6	9,4	1,2	70,9	74,5
9- Tutelle complète	32,8	58,1	6,9	1,4	62,8	65,9	0,0	0,7
10- Doubles mesures	4,2	8,6	1,1	2,4	8,4	0,0	0,0	0,0
11- NR	0,9	1,0	0,5	1,0	1,5	0,0	0,0	0,0
Total ±	100,0	100,0	100,0	100,0	100,0	100,0	100,0	100,0

Source : CEBS/CGP - 1990

Outre des écarts à la moyenne beaucoup plus importants qu'en Ille-et-Vilaine pour la tutelle en particulier, le département normand confirme la particularité d'un usage plus répandu de la tutelle aux prestations sociales, avec pour quatre tribunaux des parts très élevées dans l'utilisation de la mesure. Les doubles mesures mettent également en évidence la possibilité de regroupements des tribunaux autour de Le Havre et de Rouen, à l'exception du tribunal d'Yvetôt.

Ces observations peuvent être complétées en examinant l'usage des mesures de protection dans le temps et non plus seulement à partir du stock arrêté au 31 décembre 1989.

3. L'utilisation des mesures de protection dans le temps

Le croisement de l'usage des mesures de protection fait par les tribunaux avec l'ancienneté de ces mesures, autorise d'intéressantes observations sur l'évolution des pratiques judiciaires depuis le début de la mise en œuvre de la loi de 1968.

La comparaison des graphiques (8.6 et 8.7)[8] **confirme d'abord la différence d'évolution générale** entre l'Ille-et-Vilaine où le stock des mesures s'est constitué il y a plus de dix ans, et la Seine-Maritime qui a connu une plus récente montée en régime de la protection des incapables. Pour les quatre principales catégories de mesures de protection sélectionnées pour ces graphiques, les mesures prononcées de 1985 à 1990 représentent près de la moitié des mesures en stock dans le département de Seine-Maritime (49,8 %) contre seulement un peu plus du tiers du stock dans le département breton (35,5 %)[9].

Par rapport à ces moyennes, on notera dans le département breton deux écarts intéressant les deux tribunaux les plus importants. Dans le tribunal de St-Malo, la montée en régime de la protection paraît s'être amorcée plus tôt que dans les autres tribunaux, si l'on en juge par l'importance du stock des mesures dont l'ancienneté va de douze à seize ans mais aussi par le pourcentage nettement inférieur à la moyenne départementale, des mesures les plus récemment prononcées (27,9 %). A l'inverse, dans le ressort du tribunal de Rennes, la part des mesures les plus récentes est nettement plus élevée que la moyenne du département (38,9 %) et ce tribunal présente la particularité de posséder dans son stock la plus faible part de mesures ayant une ancienneté supérieure à seize années (7,3 %), score partagé avec le tribunal de St-Malo (7,9 %). Pour le département normand, on observe pour tous les tribunaux cette montée en régime beaucoup plus tardive des mesures de protection. Pourtant, les écarts sont importants pour la tranche des mesures les plus récentes et les tribunaux les plus importants (Le Havre et Rouen) tirent l'ensemble des autres vers la moyenne départementale. Ces disparités qui ne tiennent pas toutes à la taille des tribunaux paraissent dues à des pratiques locales spécifiques.

En second lieu, ces diagrammes visualisent les grandes

Graphique 8.6 : L'usage des mesures de protection dans le temps - Ille-et-Vilaine (en % du total des mesures prononcées dans le département et dans le ressort de chaque tribunal)

Graphique 8.6 a : ILLE-ET-VILAINE

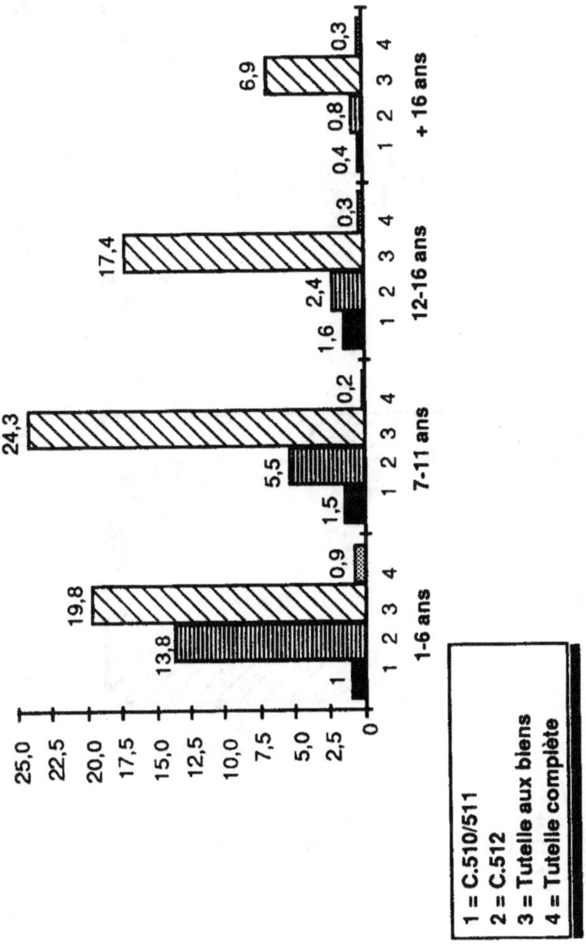

orientations précédemment évoquées. **Leur principal intérêt est de montrer la substitution des différentes catégories de mesures parallèlement à la montée en régime de la protection elle-même.**

Ce phénomène de substitution est remarquablement homo-

Graphique 8.6 b : FOUGERES

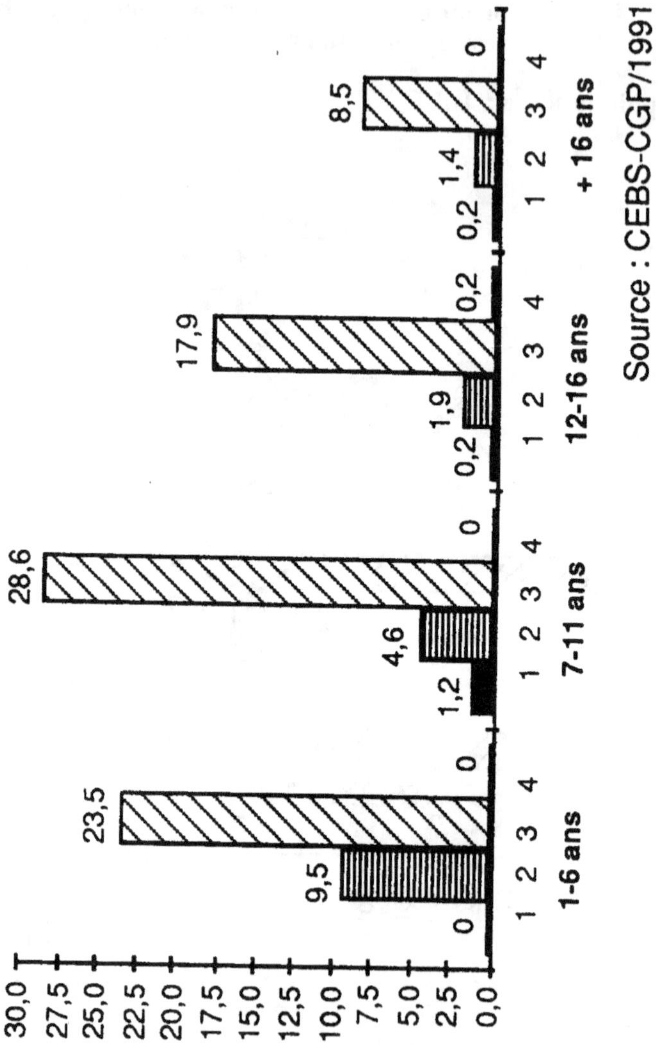

gène pour **l'Ille-et-Vilaine** où la physionomie des diagrammes est proche de la moyenne départementale pour tous les tribunaux. On y relève la substitution des curatelles renforcées aux tutelles aux biens depuis moins de dix ans (phénomène moins net pour Vitré) et la désaffection continue de la tutelle complète. Le développement

Graphique 8.6 c : RENNES

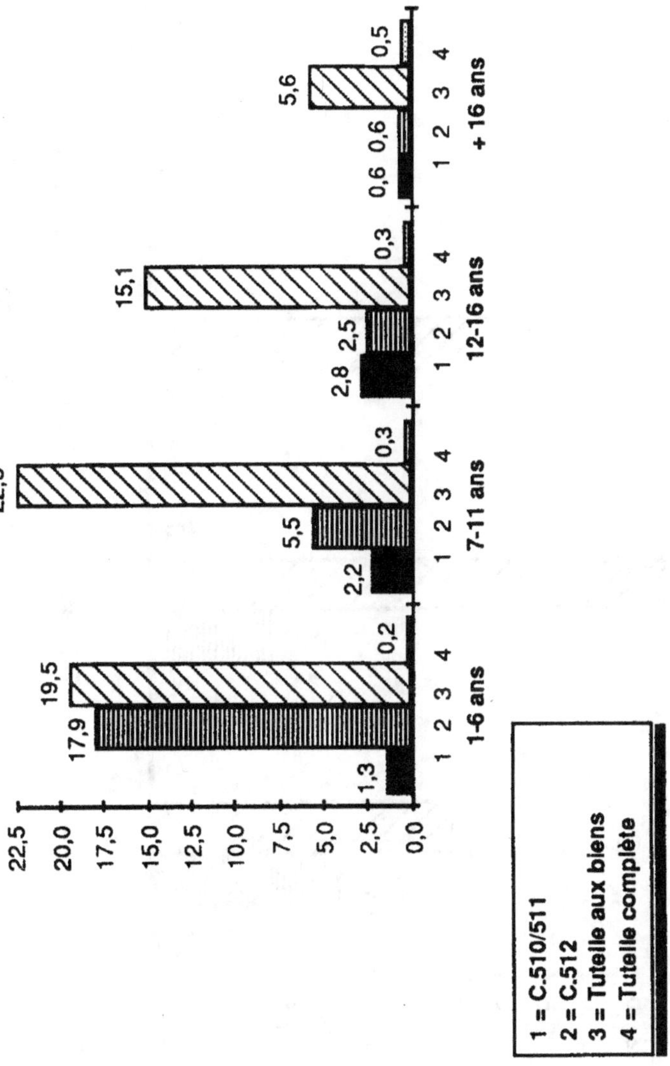

de l'usage de la curatelle 512, amorcé avant la réforme du financement de la curatelle d'Etat, a sans doute été accéléré par elle mais il correspond aussi dans bien des cas, à la politique de sortie des malades des établissements spécialisés. En effet, dès lors que les établissements n'assument plus leur substitut de mandat à la

Graphique 8.6 d : SAINT-MALO

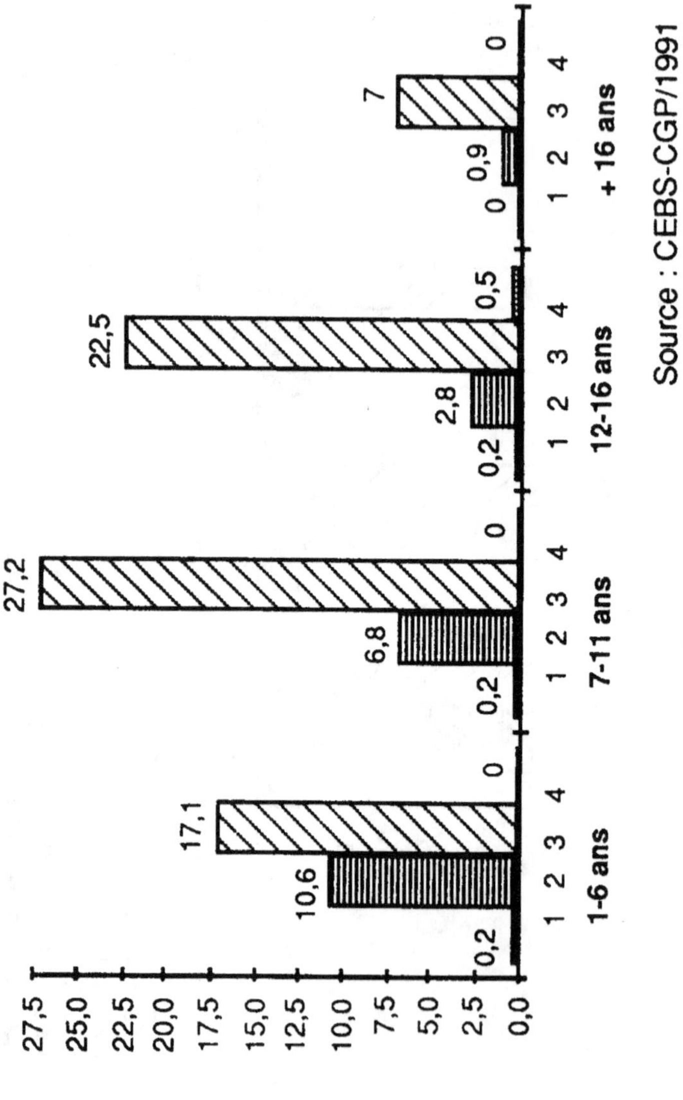

personne, qui accompagne la protection des biens, (relais ici évident de l'administration provisoire) la curatelle renforcée apparaît comme la mesure la plus satisfaisante pour tous : pour les médecins, soulagés d'une part des risques encourus avec la découverte des bienfaits des projets de sortie ; pour le juge, débarrassé du

Graphique 8.7 : L'usage des mesures de protection dans le temps - Seine-Maritime (en % du total des mesures prononcées dans le département et dans le ressort de chaque tribunal)

Graphique 8.7 a : SEINE-MARITIME

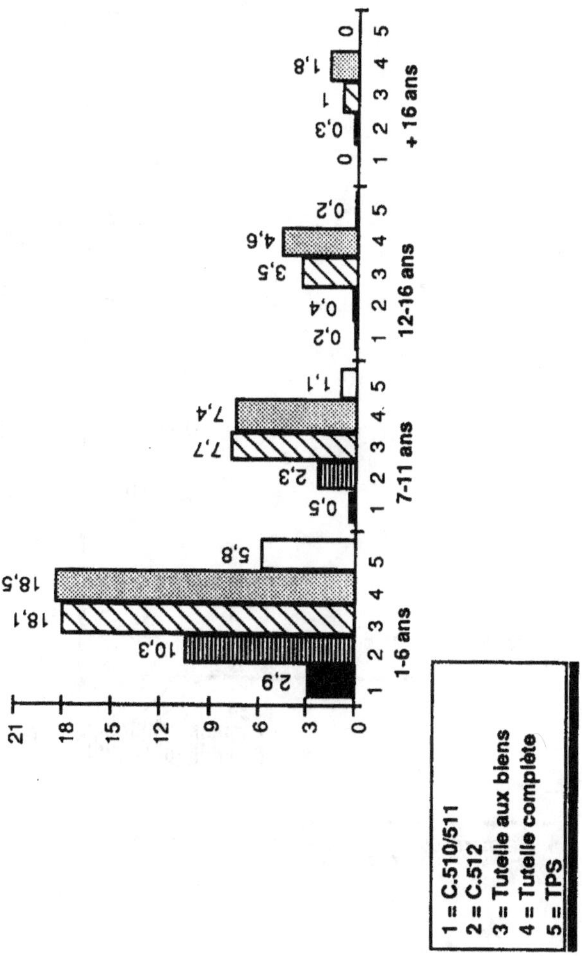

souci de solliciter la famille pour gérer la tutelle complète ; pour le gestionnaire, allégé des aléas de la gestion des curatelles simples ; pour le majeur enfin, assuré d'une protection efficace sinon toujours efficiente en termes de reconduction sur les chemins de l'autonomie.

Graphique 8.7 b : ELBEUF

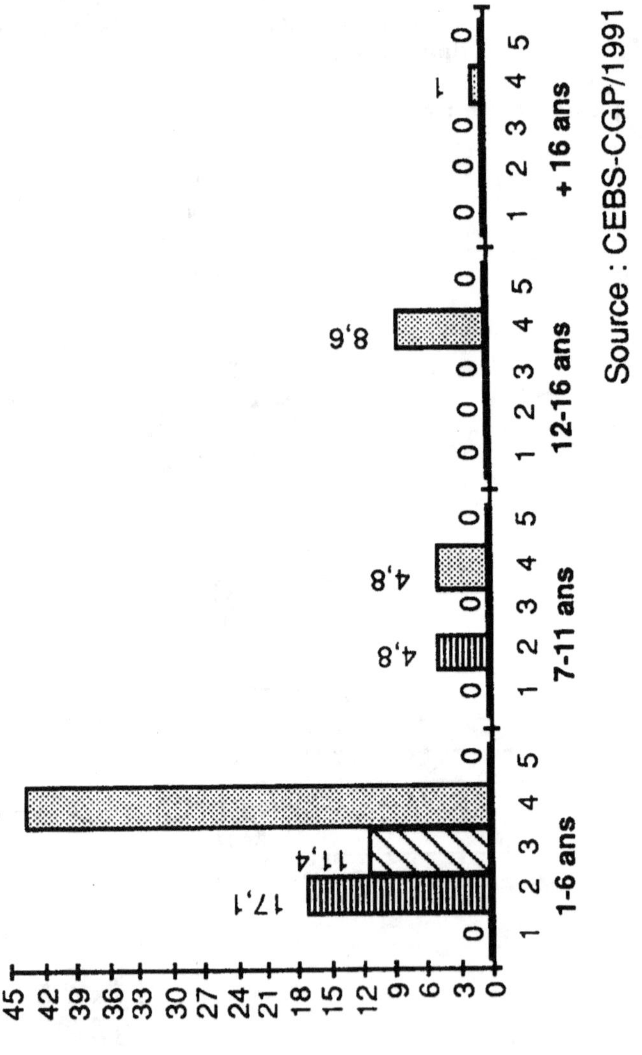

Les diagrammes consacrés aux tribunaux de la **Seine-Maritime** permettent de mieux identifier les deux modalités de la montée en régime des mesures. D'un côté les tribunaux s'appuyant principalement sur la tutelle complète (Rouen, Elbeuf, Yvetôt) et de l'autre les tribunaux ayant en faveur la tutelle aux biens (Le Havre, Fécamp, Bolbec et aussi Neufchâtel). Dans le premier

Graphique 8.7 c : LE HAVRE

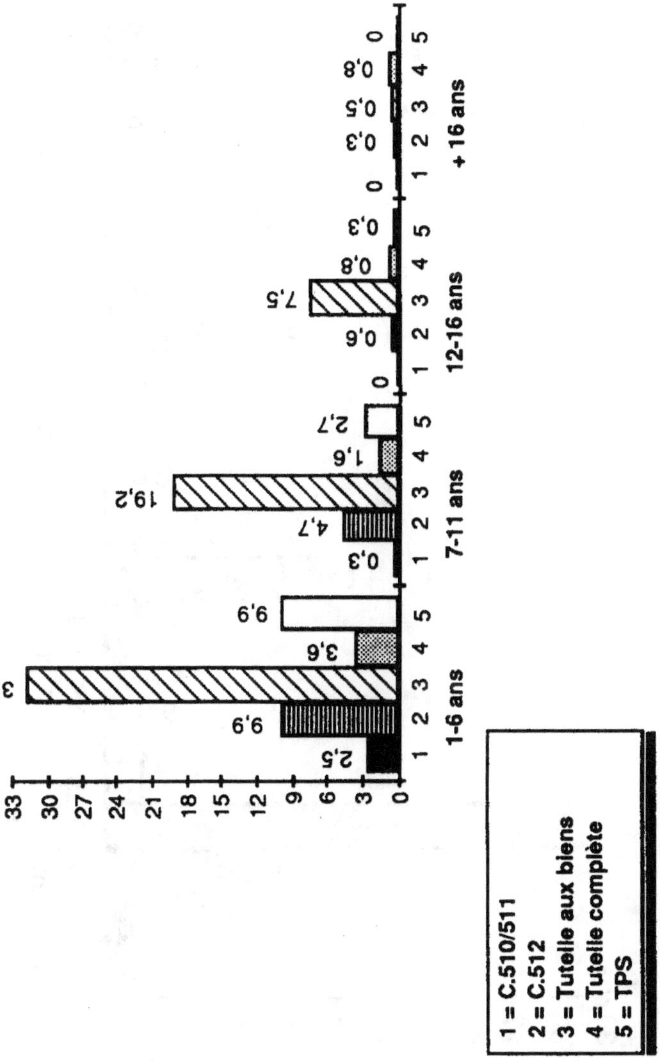

groupe, l'usage principal est complété par ceux de la curatelle 512 (et 510 pour Yvetôt) et de la tutelle aux biens (sauf pour Yvetôt) ; dans le second groupe, l'usage principal est complété par ceux de la curatelle 512 et de la curatelle 510 (sauf Le Havre), avec également de fortes proportions de tutelles aux prestations sociales.

Pour comparer les deux départements, l'on pourrait avancer

Graphique 8.7 d : ROUEN

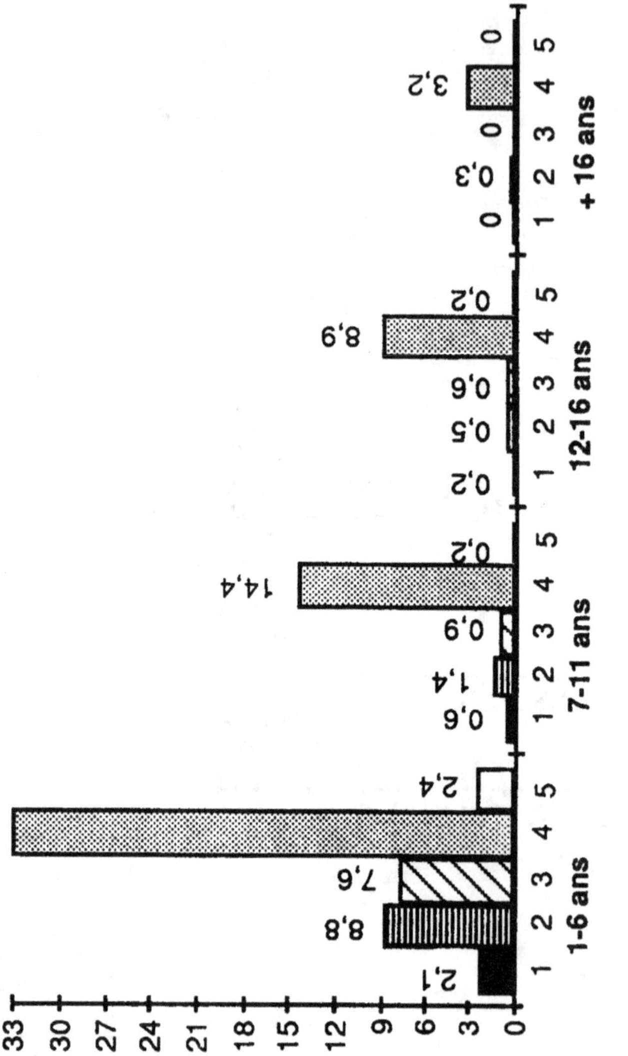

Source : CEBS-CGP/1991

que les choix plus homogènes effectués par les juges en Ille-et-Vilaine sont davantages marqués par l'histoire (la diminution du recours à la tutelle aux biens impose presque nécessairement le recours à la curatelle compte tenu des facteurs déterminant le choix des mesures exposés en deuxième partie), tandis que ceux effectués en Seine-Maritime seraient davantage marqués par les cultures locales des magistrats et des greffes.

L'étude des gestionnaires des mesures permet de compléter cette présentation encore impressionniste.

Section 2 : Les différenciations dans la gestion des mesures de tutelle

La loi de 1968 offre au juge un certain nombre de possibilités en matière de gestion des mesures de protection. Dans l'étude de la sélection de ces possibilités, nous avons classé les gestionnaires en trois catégories : les membres de la famille, les services tutélaires, les personnes physiques (chapitre 4). Pour chacune de ces catégories, l'enquête apporte des indications intéressantes sur les pratiques propres aux départements et aux tribunaux en matière de gestion des mesures. En raison des spécificités de la gestion familiale, la mise à contribution de la famille sera étudiée en premier (sous-section 1) puis sera exposée celle des autres gestionnaires (sous-section 2).

Sous-section 1 — *La gestion des mesures par la famille*

§ 1 — La mise à contribution de la famille

C'est théoriquement aux membres de la famille que la plus grande variété des mesures peut être confiée. Les tableaux suivants mettent en évidence l'utilisation de chaque gestionnaire ou son absence (le choix s'est porté sur les mesures les plus couramment prononcées).

Sans donner aucune indication chiffrée de la part prise par chaque gestionnaire dans la gestion des mesures, le tableau montre clairement que **le conjoint est le moins sollicité des membres de la famille**, qu'il s'agisse des protections les plus complètes ou des plus légères. Il est vrai que dans un grand nombre de situations, l'application des règles du droit matrimonial suffit. On relève également que les membres éloignés de la famille sont sollicités au même titre que les parents et les enfants ; nous verrons qu'ils ne le sont pas autant.

Tableau 8.15 : La mise à contribution des membres de la famille — Ille et Vilaine

gestionnaire / mesure	conjoint	parents	enfants	collatéraux	famille éloignée	Σ contri-butions
SJ	. . . . . .	0 6	. . . . . .	. . . . . .	0 . . . 5 .	2/25
C.510	0 . . 4 . .	0 1 . 4 . 6	0 1 . 4 5 6	0 . . 4 . 6	0 . . 4 . 6	12/25
C.512	0 6	0 1 2 4 5 6	0 1 2 4 5 6	0 1 . 4 5 6	0 1 2 4 5 6	20/25
Tutelle aux biens	0 1 . 4 5 6	0 1 2 4 5 6	0 1 2 4 5 6	0 1 2 4 5 6	0 1 . 4 5 6	23/25
Tutelle complète	. . . . . .	0 1 . 4 . .	. . . . . .	0 . 2 . . 6	0 . 2 4 . 6	7/25
Σ /25	6	16	14	13	15	

Source : CEBS/CGP - 1990

Légende : - Les numéros indiquent l'utilisation du gestionnaire pour chaque tribunal de la manière suivante :

- Ille-et-Vilaine : 0
- Fougères : 1
- Montfort : 2
- Rennes : 4
- St-Malo : 5
- Vitré : 6

- Les points indiquent l'absence d'utilisation.

Tableau 8.16 : La mise à contribution des membres de la famille — Seine-Maritime

mesure \ gestionnaire	conjoint	parents	enfants	collatéraux	famille éloignée	Σ/35
SJ	. . . .	0 . . 4 5 . . .	0 . . 4 5 . . .	0 . . . 5 . . .	0 . . 4	6
C.510	0 . 3 . . 6 . .	0 . 3 4 5 6 7 8	0 . 3 4 5 . . .	0 . . . 5 6 . .	0 . . 4 5 6 7 8	18
C.512	0 . 3 4 5 6 7 .	0 2 3 4 5 6 . 8	0 2 3 4 5 6 7 8	0 2 . 4 5 6 . .	0 2 3 4 5 6 7 8	29
Tutelle aux biens	0 . 3 4 . . 7 8	0 . 3 4 5 . 7 8	0 . 3 4 5 . 7 8	0 . 3 4 5 6 . .	0 . 3 4 . 6 7 8	23
Tutelle complète	. 2 . . 5 6 . .	0 2 3 4 5 6 . .	0 2 3 4 5 6 . .	0 2 . . 5 6 . .	0 2 3 . 5 6 . .	20
Σ/35	14	24	22	14	22	

Source : CEBS/CGP - 1990

Légende :
- Seine-Maritime : 0
- Elbeuf : 2
- Le Havre : 3
- Neufchâtel : 4
- Rouen : 5
- Yvetôt : 6
- Fécamp : 7
- Bolbec : 8

Comparativement à l'Ille-et-Vilaine, ce tableau impose la vision d'une **utilisation plus diversifiée des différents membres de la famille** pour gérer les principales mesures de protection. Le conjoint est appelé plus fréquemment à gérer ces mesures, même si son rôle est nettement moins important que celui de la plupart des autres membres de la famille. Les membres les plus éloignés sont aussi sollicités que les membres les plus proches mais les collatéraux pas plus que les conjoints. Au sujet de ces derniers on relève que deux tribunaux n'ont jamais recours à leurs services et que pour deux autres ce recours est exceptionnel : on retrouve ici le groupe Le Havre, Fécamp, Bolbec et le tribunal de Neufchâtel ce qui permet d'y lire la marque personnelle des magistrats. Plus largement, le tableau de la Seine-Maritime permet de relever que choix de la mesure et choix du gestionnaire vont souvent de pair. Entre la tutelle aux biens et la tutelle complète, chacun des deux groupes de tribunaux (2, 5, 6 et 3, 7, 8) est spécifiquement représenté dans l'utilisation des gestionnaires. Ceci dénote surtout **la capacité alternative des gestionnaires selon les sollicitations dont ils sont l'objet** : les conjoints qui dans le premier groupe gèrent des tutelles complètes, administrent des biens dans le second et cette remarque vaut pour tous les gestionnaires familiaux. Ainsi se trouvent relativisées bien des remarques sur la supposée capacité (ou incapacité) de telle ou telle catégorie de gestionnaires à se voir confier la gestion des mesures.

Les arbres de dispersion permettent de mieux visualiser les écarts dans l'utilisation des différentes possibilités de gestion.

Graphique 8.8 : Arbres de dispersion de l'utilisation des gestionnaires familiaux (en nombre de possibilités utilisées)

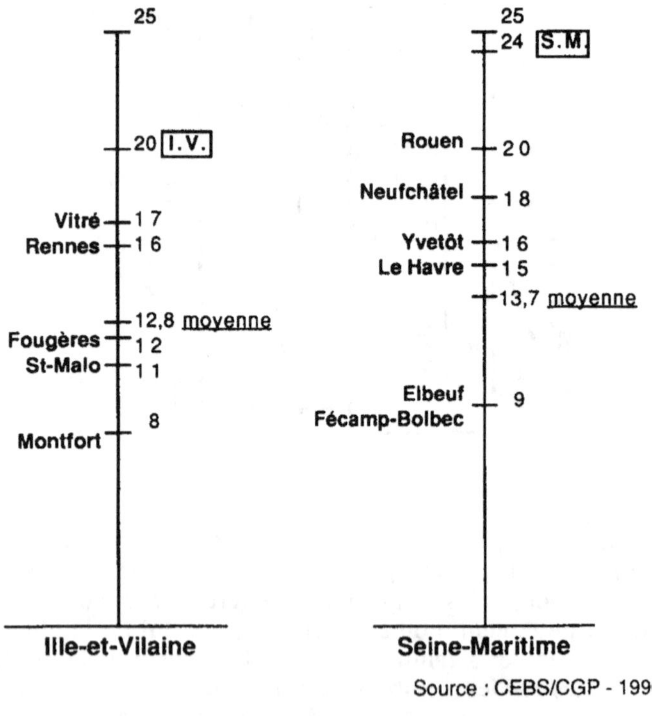

Source : CEBS/CGP - 1990

La dispersion dans l'utilisation des gestionnaires familiaux présente une physionomie comparable dans les deux départements et ce sont les petits tribunaux qui utilisent le moins complètement les possibilités offertes par la loi (Montfort, Elbeuf, Fécamp, Bolbec). Mais un tribunal de taille importante comme celui de St-Malo, se trouve également parmi les utilisateurs d'un nombre limité de possibilités de la gestion familiale.
Cependant, la comparaison des mesures gérées par la famille laisse apparaître des pratiques très diversifiées selon les tribunaux.

§ 2 — Les mesures gérées par la famille

1. La première indication de cette diversité nous est donnée par la mesure globale de la mise à contribution de la famille pour la gestion des quatre principales mesures de protection. Les écarts globaux d'un département à l'autre sont importants pour les curatelles 510 et non négligeables pour les tutelles aux biens. Le tableau 8.17 montre des écarts beaucoup plus considérables lorsque l'intérêt se porte sur chaque tribunal. Il devient alors plus difficile de mettre en évidence des identités de pratiques d'un tribunal à l'autre.

Lorsque pour chaque catégorie de mesure, on recherche l'écart entre le tribunal où elle est le plus prononcée et celui où elle l'est le moins, dans cinq cas sur huit (deux sur quatre en Ille-et-Vilaine, trois sur quatre en Seine-Maritime), l'observation enregistre des différences de 80 à 100 % dans le recours aux membres de la famille pour gérer les quatre principales mesures de protection. Certains de ces écarts peuvent être relativisés. Les curatelles 510 ne représentent en effet que 4,3 % des mesures en Ille-et-Vilaine et 3,5 % en Seine-Maritime ; de même, les tutelles complètes représentent moins de 1 % des mesures gérées en Ille-et-Vilaine. Il en va différemment pour les autres mesures à propos desquelles des écarts importants se jumellent avec un usage très fréquent des mesures de protection.

Ainsi, en Seine-Maritime, des écarts de 100% concernent les tutelles aux biens (30,6 % des mesures de protection) et les tutelles complètes (32,8 % des mesures de protection). On note en Ille-et-Vilaine des pratiques beaucoup moins diversifiées pour les deux mesures principalement prononcées, les curatelles renforcées (22,5 % des mesures prononcées) et les tutelles aux biens (68,6 % des mesures). Encore une fois, il est loisible de relever une plus grande homogénéité des pratiques en Ille-et-Vilaine **sans qu'aucun facteur social ou économique ne vienne éclairer ce constat**. A l'inverse, la grande distorsion des pratiques dans le département normand ne se laisse pas non plus appréhender par des facteurs de ce type. Même les rapprochements effectués précédemment entre les deux groupes de tribunaux ne paraissent plus fondés, à l'examen de la gestion des mesures.

Tableau 8.17 : La gestion des mesures de protection par la famille (en % du total de chaque mesure)

Tribunal / Mesure	ILLE-ET-VILAINE						SEINE-MARITIME							
	Fougères	Montfort	Rennes	Saint-Malo	Vitré	I.V.	S.M.	Elbeuf	Le Havre	Neufchâtel	Rouen	Yvetot	Fécamp	Bolbec
C.510	42,9	0	80,5	33,3	52,7	71,5	52,6	*	55,5	40,0	50,0	43,0	28,6	80,0
C.512	52,8	58,3	39,2	43,3	52,8	43,2	43,4	62,5	42,9	55,6	34,6	44,5	30,8	50,0
Tut. biens	42,8	67,1	54,0	55,6	65,9	57,6	51,2	0	55,4	64,4	9,6	100	58,0	61,9
Tut. compl.	100	75,0	62,5	0	100	60,0	62,7	72,2	48,0	100	63,4	59,2	*	0

Source : CEBS/CGP - 1990

Légende : - 0 = absence de mesure gérée par la famille
- * = absence de mesure prononcée

L'examen détaillé des pratiques de chaque tribunal confirme cette impression. Les graphiques suivants (8.9 et 8.10) permettent, pour chacune des quatre mesures de voir comment les différents membres de la famille sont mis à contribution dans chaque tribunal. **C'est ici la diversité même des pratiques qui retient l'attention.**

Pour **l'Ille-et-Vilaine**, la lecture des diagrammes laisse apparaître peu de similitudes dans les pratiques d'un tribunal à l'autre. Il est même remarquable que les moyennes départementales elles-mêmes ne se retrouvent pas exprimées dans les graphiques particuliers des tribunaux. En effet, les correspondances entre la moyenne départementale et le tribunal de Rennes pour la curatelle 510 et la curatelle 512 s'expliquent par l'importance du tribunal et un taux de mesures prononcées nettement supérieur à la moyenne départementale : 6,8 % pour une moyenne de 4,3 % en matière de curatelle 510 ; 26,4 % pour une moyenne de 22,5 % en matière de curatelle renforcée. Dans les deux cas, le tribunal de Rennes oriente d'autant la moyenne départementale qu'il est le seul à l'excéder. La situation est un peu différente pour la tutelle aux biens puisque les diagrammes permettent de rapprocher les pratiques des tribunaux de Fougères, St-Malo et Vitré.

Le détail des résultats confirme **le faible recours au conjoint** pour gérer les mesures de protection et ceci, quels que soient le tribunal et la mesure concernés. Le conjoint se trouve placé au même rang que les membres éloignés de la famille et même loin derrière en matière de tutelle complète, puisque l'on ne recourt jamais à ses services là où l'on s'attendrait à l'exercice de sa priorité. A l'inverse, si l'on ne peut s'étonner de la part prépondérante prise par les parents dans la gestion des mesures de protection, **le recours plus fréquent pour toutes les mesures, aux collatéraux plutôt qu'aux enfants**, ne laisse pas d'étonner. (La variable de l'âge du majeur protégé tend à montrer que les parents se trouvent davantage placés en institution où la gestion est confiée à un tiers).

Une autre remarque générale concerne tous les cas de figures dans lesquels un tribunal ne recourt jamais à l'un des membres de la famille pour la gestion des mesures de protection. Particulièrement notables sont les cas de la curatelle simple et de la tutelle complète. Le tribunal de Montfort se caractérise même par le fait que le conjoint ne peut jamais y être sollicité. Au-delà, on relève pour chaque type de mesure :

- pour la curatelle 510, les positions des tribunaux de St-Malo où les enfants sont seuls gestionnaires, et de Vitré qui donne la préférence aux collatéraux ;
- pour la curatelle 512, les pratiques des tribunaux de St-Malo qui utilise de manière homogène les services de quatre catégories de gestionnaires et de Montfort qui privilégie les membres éloignés de la famille ;
- pour la tutelle aux biens, les écarts dans les pratiques des tribunaux sont moins sensibles, sauf le tribunal de Rennes qui privilégie les enfants au détriment des collatéraux. On relève aussi

Graphiques 8.9 : La gestion des mesures de protection par la famille — Ille-et-Vilaine

Graphique 8.9 a : Curatelles 510

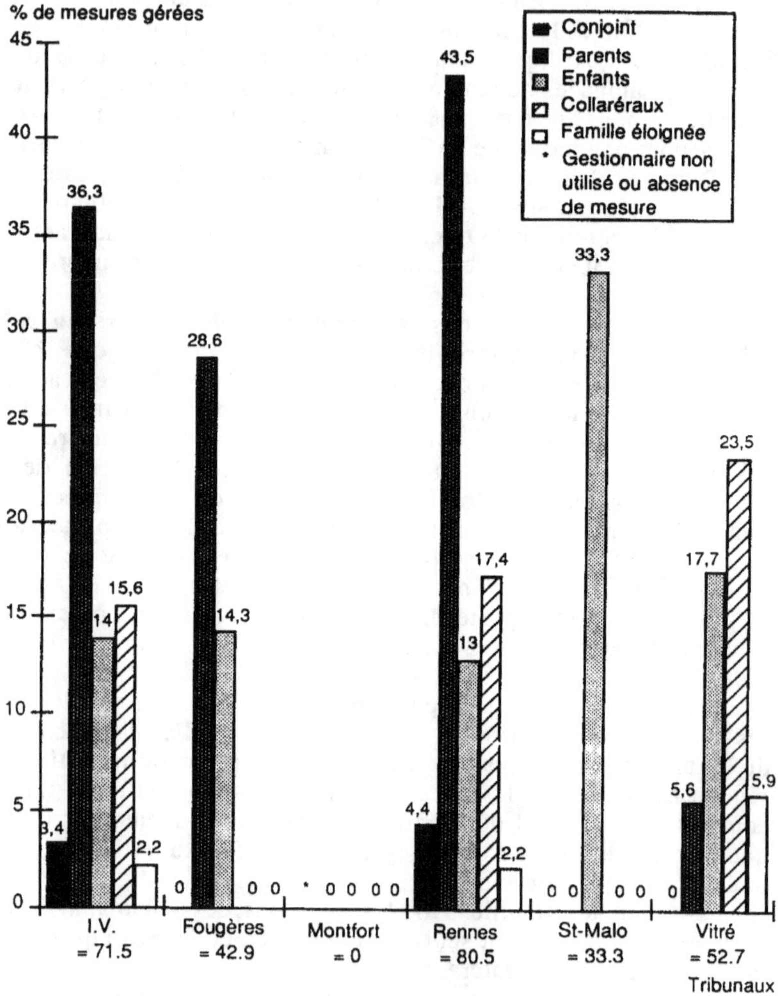

Graphique 8.9 b : Curatelles 512

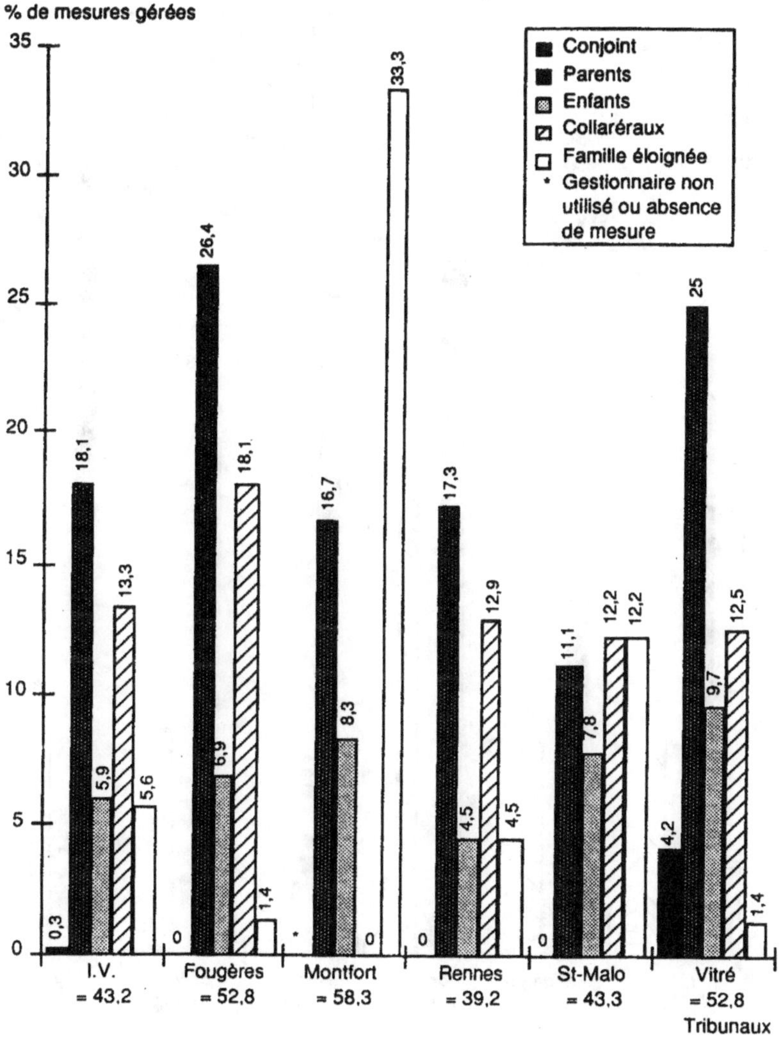

Graphique 8.9 c : Tutelles aux biens

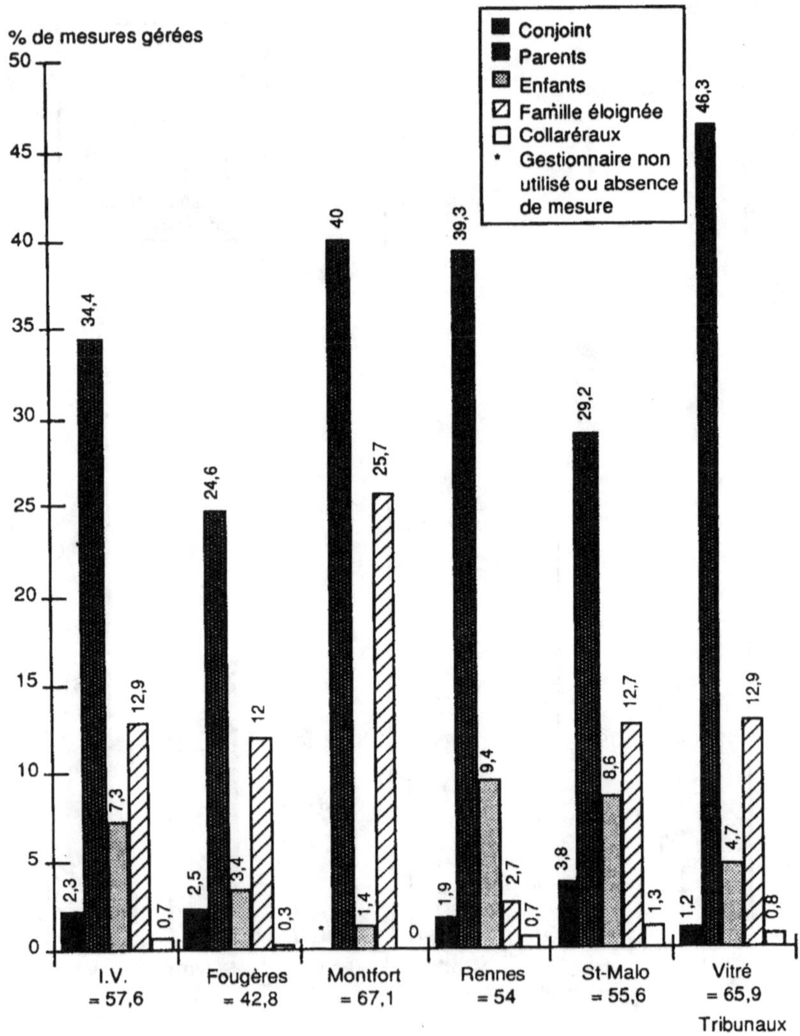

Graphique 8.9 d : Tutelles complètes

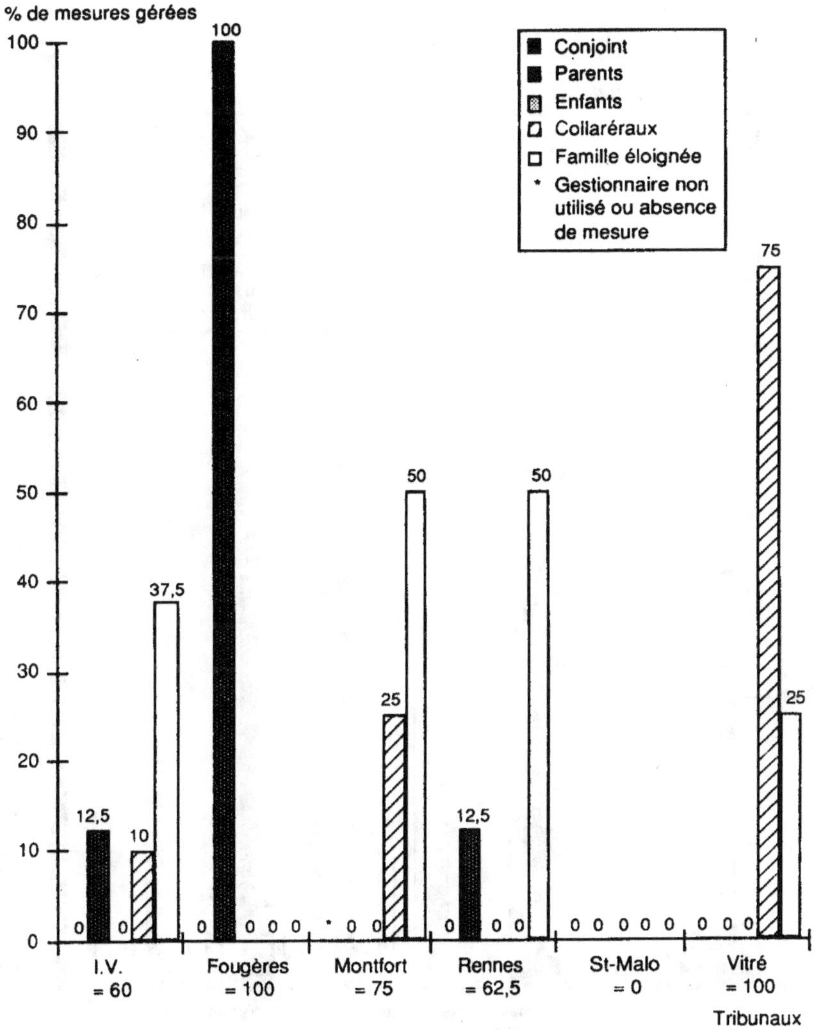

Graphiques 8.10 : La gestion des mesures de protection par la famille - Seine-Maritime

Graphique 8.10 a : Curatelles 510

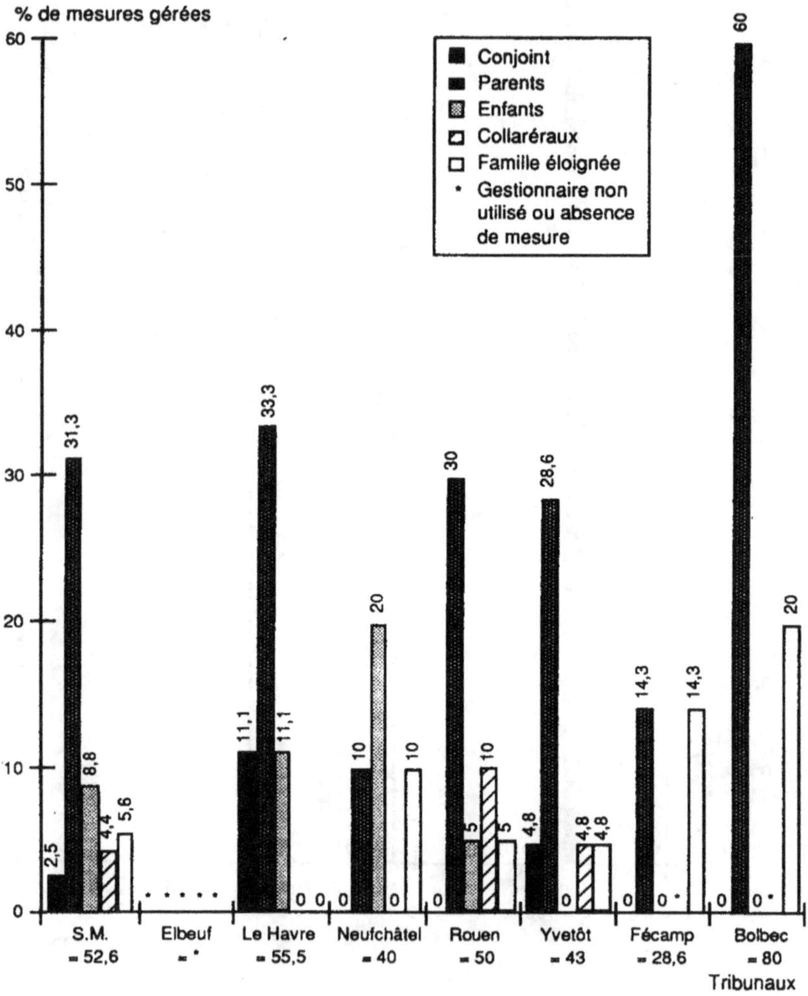

Graphique 8.10 b : Curatelles 512

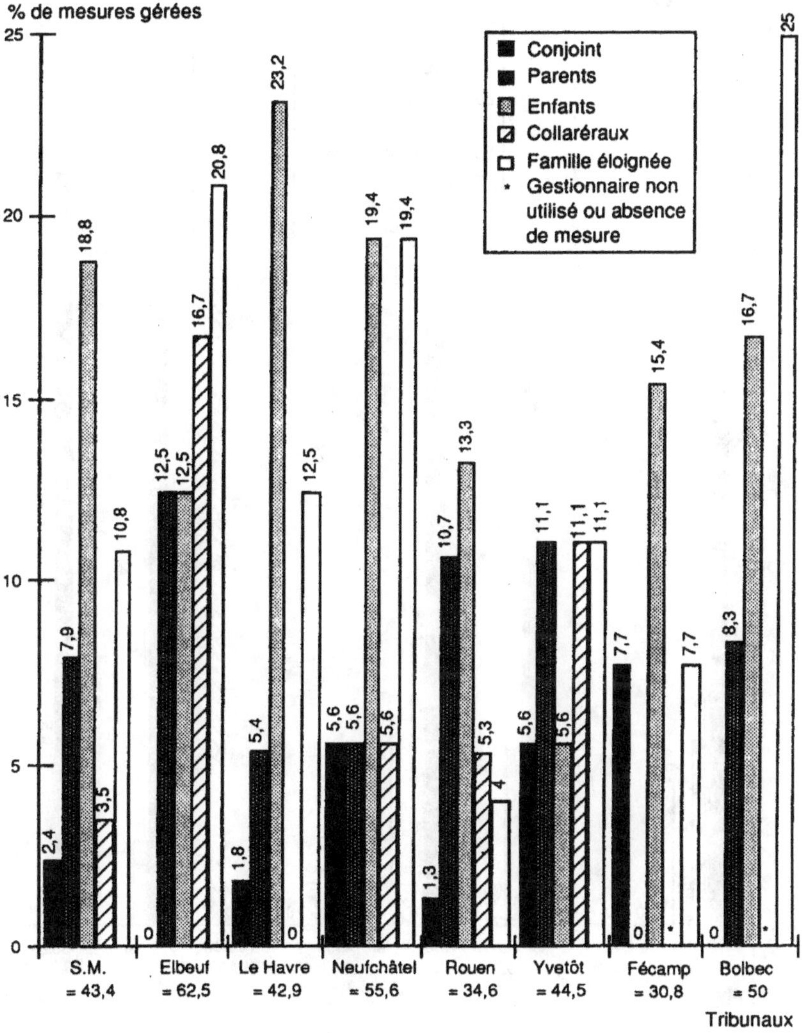

Graphique 8.10 c : Tutelles aux biens

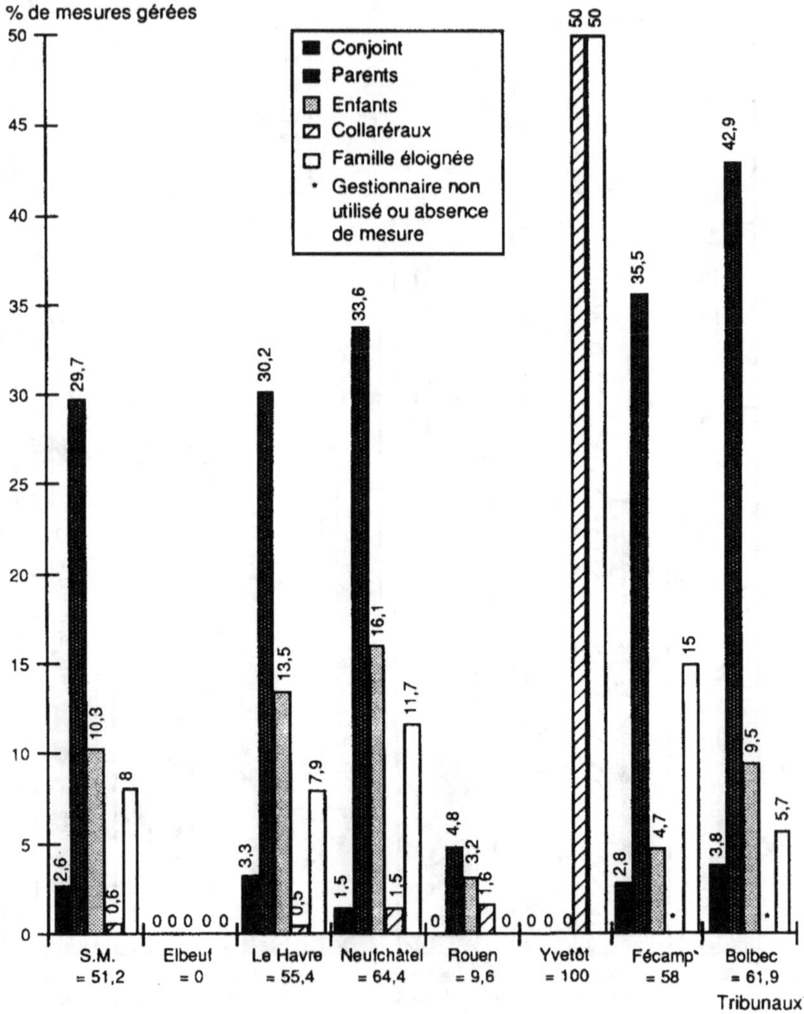

Graphique 8.10 d : Tutelles complètes

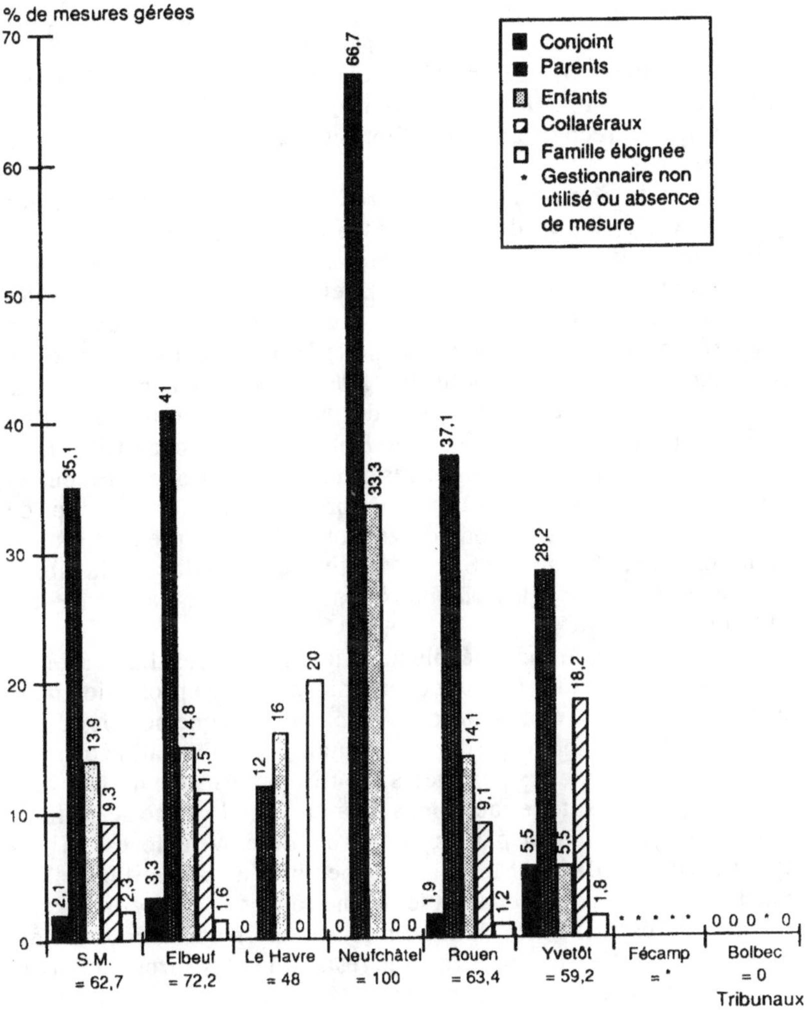

les similitudes des choix opérés par les tribunaux de Fougères, St-Malo et dans une moindre mesure, de Vitré ;

- pour la tutelle complète, seuls trois gestionnaires sont mis à contribution avec des pratiques variant de l'exclusivité accordée aux enfants (Fougères), aux membres de la famille les plus éloignés (Montfort et Vitré selon des proportions inverses), en passant par Rennes qui ne recourt qu'aux enfants et aux « autres membres de la famille».

Pour **la Seine-Maritime** on relève de la même manière, une grande hétérogénéïté des pratiques d'un tribunal à l'autre, avec cependant quelques régularités intéressantes. Les plus grands écarts concernent les curatelles pour lesquelles les moyennes départementales ne se retrouvent dans aucun tribunal à l'exception (imparfaite) de Le Havre pour les curatelles renforcées. On retrouve pourtant en matière de tutelle les groupes de tribunaux que nous avions déjà identifiés dans l'étude des mesures de protection. D'un côté, le groupe Le Havre, Fécamp, Bolbec (et Neufchâtel) pour les tutelles aux biens ; de l'autre, les tribunaux de Rouen, Elbeuf et Yvetôt (moins nettement). Or il y a là correspondance entre le type de mesure prononcée et le mode de gestion puisque le premier groupe comprend les tribunaux de Seine-Maritime qui privilégient la tutelle aux biens et le second, les tribunaux dont la préférence se tourne vers la tutelle complète.

Dans ce département également, le détail des résultats révèle le faible recours au conjoint pour exercer la mesure de protection mais cette utilisation est moins uniformément modeste que pour le département breton. La moyenne départementale est la plus faible pour les curatelles et les tutelles complètes (de très peu dans ce dernier cas) mais pas pour les tutelles aux biens. D'autre part, la place de gestionnaire privilégié occupée par les parents en Ille-et-Vilaine, est ici partagée avec les enfants et les « autres membres de la famille », alors que les collatéraux qui tenaient le second rôle en Ille-et-Vilaine sont ici moins présents. Enfin, la forte représentation des membres éloignés de la famille est peut-être ici le résultat le plus surprenant mais qui vient confirmer les observations déjà faites sur une utilisation plus diversifiée des membres de la famille en Seine-Maritime[10].

Dans les remarques générales, on note également pour chaque catégorie de mesure, plusieurs tribunaux n'utilisant pas toutes les possibilités de gestion familiale. Ainsi, le tribunal d'Elbeuf ne confie aucune tutelle aux biens à la famille et celui de Bolbec aucune tutelle complète ; ainsi, les tribunaux de Fécamp et Bolbec n'ont jamais recours aux collatéraux, celui d'Elbeuf ne prononce aucune curatelle simple et celui de Fécamp aucune tutelle complète. Pour chaque type de mesure on remarque encore :

- pour les curatelles 510 la singularité du tribunal de Bolbec qui n'utilise que deux gestionnaires et principalement les parents ;

- pour la curatelle 512, les pratiques très personnalisées de chaque tribunal ;

- pour la tutelle aux biens, le recours unique aux collatéraux et autres membres de la famille pour le tribunal d'Yvetôt ;

- pour la tutelle complète, une observation similaire concerne le tribunal de Neufchâtel.

Au-delà de ces observations, la plupart sous la forme de simples constats, **ces résultats permettent de nuancer l'influence des magistrats dans le choix du gestionnaire**. Finalement et malgré quelques corrélations dans les histogrammes (l'exemple des tutelles en Seine-Maritime), la diversité des pratiques doit logiquement renvoyer à une diversité des cultures locales, à la constitution desquelles la structuration des acteurs et l'influence des greffes pourraient avoir une part importante.

2. Une autre manière de mettre en évidence cette diversité consiste à la visualiser à l'aide d'arbres de dispersion. Dans les graphiques 8.11 et 8.12 est représentée, pour cent mesures de chaque type prononcées dans chaque tribunal, la part gérée par chaque membre de la famille. Les constats faits à partir des histogrammes se trouvent confirmés. En Ille-et-Vilaine, l'observation des mesures les plus gérées par les différents membres de la famille (curatelle 512, tutelle aux biens) montre quelques régularités dans le recours à ces gestionnaires. Mais la dispersion des tribunaux sur les arbres indique aussi la dissemblance des pratiques et les écarts les plus importants sont relevés pour les gestionnaires les plus utilisés (parents, collatéraux). Pour les mesures auxquelles il est moins fait recours comme la curatelle 510 (graphique non présenté), la dispersion est encore plus importante. En Seine-Maritime les deux groupes de tribunaux se retrouvent assez bien identifiées dans leurs pratiques communes, pour la curatelle renforcée et pour les tutelles (les deux gestionnaires principaux sont les parents et les enfants auxquels il faut ajouter la « famille éloignée » pour la curatelle renforcée et la tutelle aux biens).

3. Une dernière manière d'appréhender la diversité des pratiques consiste à partir non plus des mesures en s'interrogeant sur la part prise par chaque membre de la famille pour leur gestion mais en partant de chaque gestionnaire, à analyser la diversité des mesures dont il a la charge. Ce procédé met en évidence de manière intéressante les relatives spécialisations de chaque catégorie de membres de la famille ainsi que les pratiques des tribunaux au travers de la diversité (ou de son absence) des mandats de gestion

Graphiques 8.11 : Part de chaque membre de la famille dans la gestion des différentes mesures - Ille-et Vilaine
(pour 100 mesures prononcées dans chaque tribunal)

Graphique 8.11 a : Curatelles 512

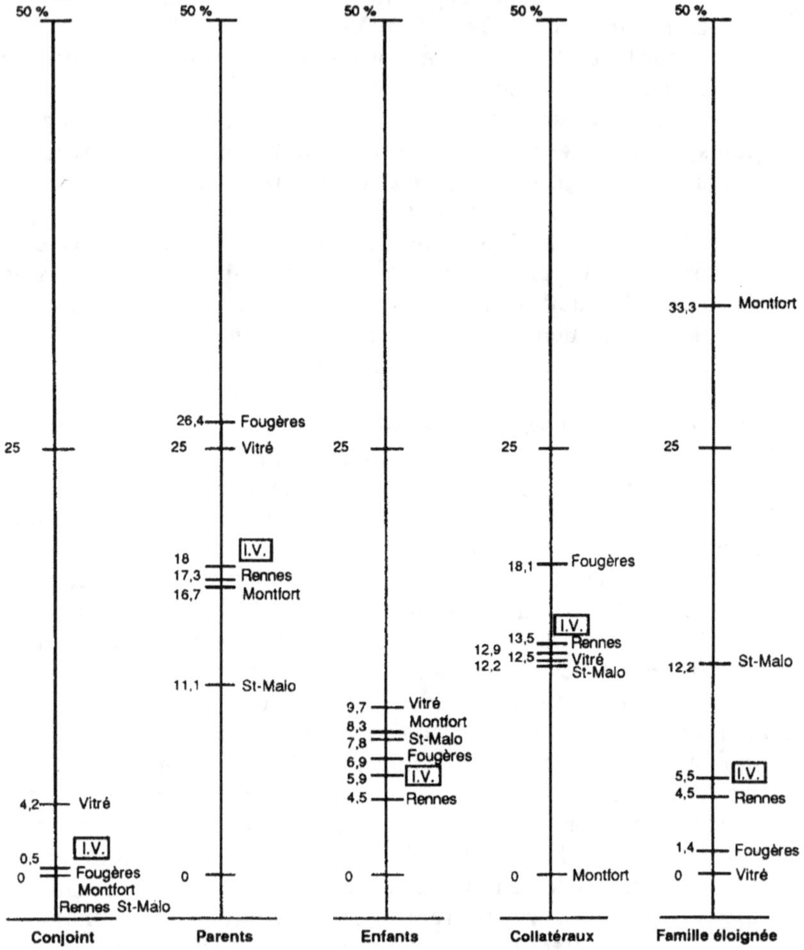

Graphique 8.11 b : Tutelles aux biens

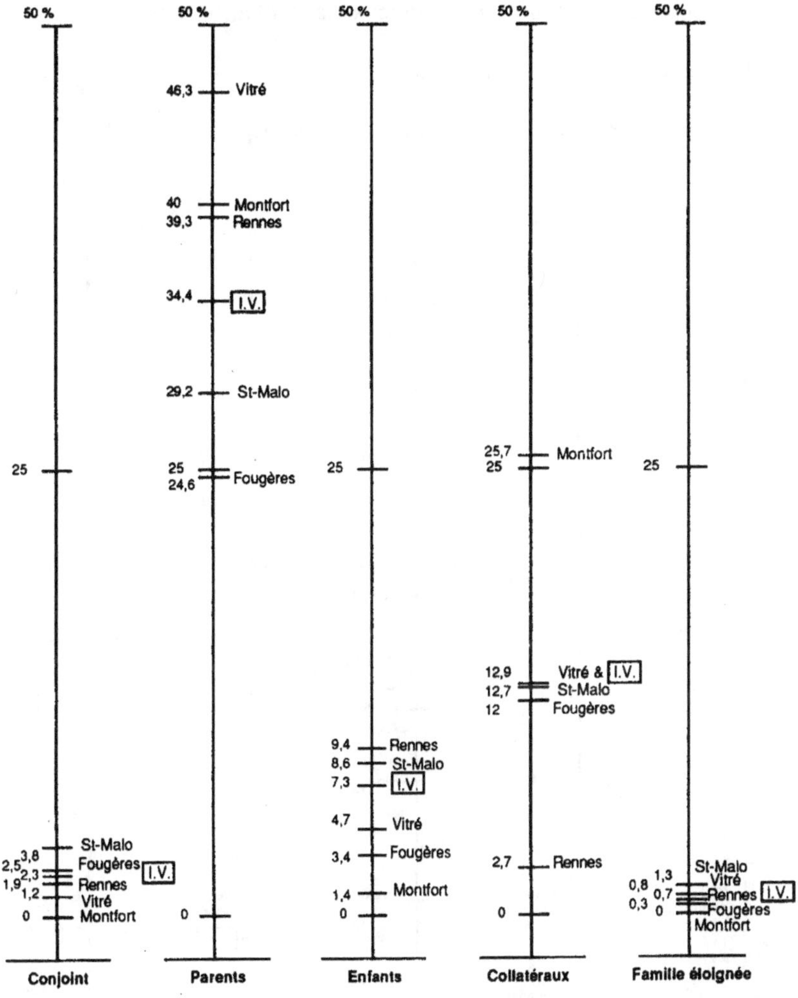

Graphiques 8.12 : Part de chaque membre de la famille dans la gestion des différentes mesures - Seine-Maritime
(pour 100 mesures prononcées dans chaque tribunal)

Graphique 8.12 a : Curatelles 512

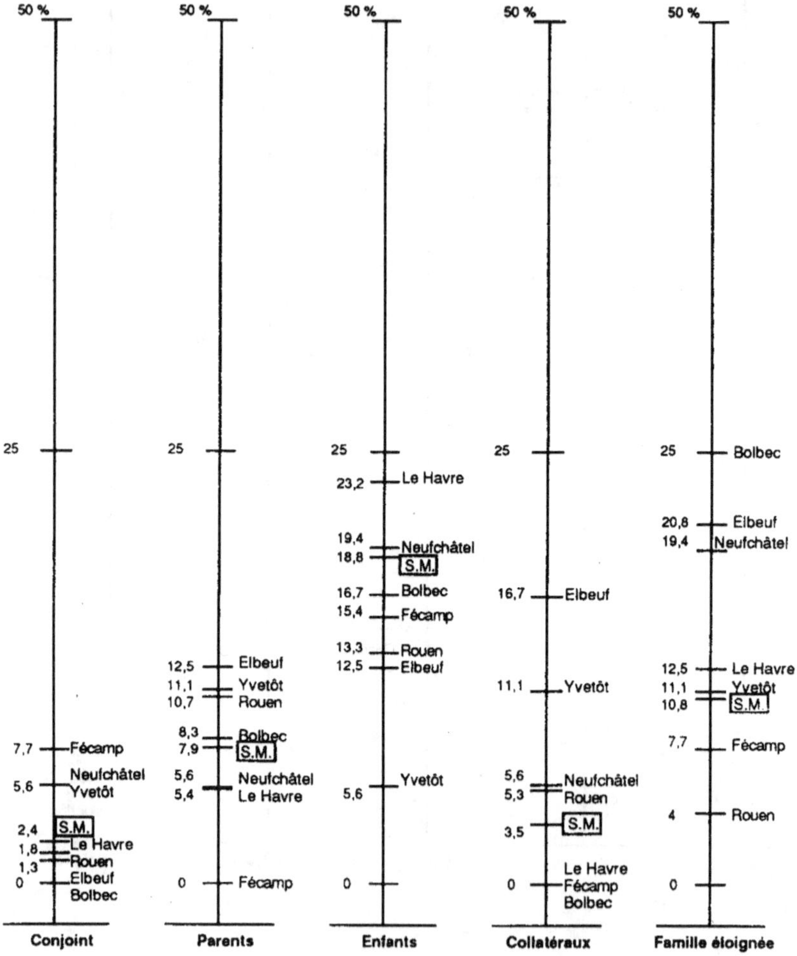

Graphique 8.12 b : Tutelles aux biens

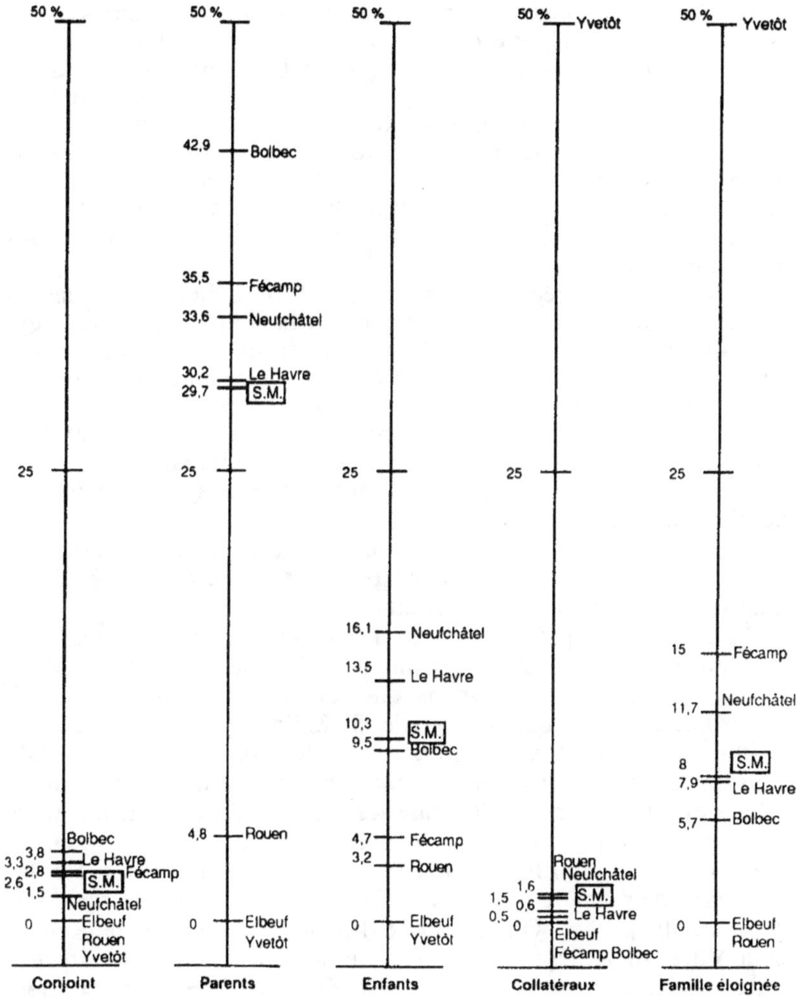

qui leur sont confiés.

On relève ainsi en **Ille-et-Vilaine**, les observations suivantes pour chaque catégorie de gestionnaires (graphiques 8.13[11]) :

- mesures gérées par le conjoint : très forte concentration sur la tutelle aux biens avec les exceptions de Vitré (curatelle 512) et dans une moindre mesure de Rennes (curatelle 510) ;

- mesures gérées par les parents : très forte concentration également sur la tutelle aux biens pour tous les tribunaux. On note en complément les curatelles renforcées confiées aux parents dans le ressort de quelques tribunaux (Fougères, Rennes, Vitré) et les curatelles simples (Rennes) ;

- mesures gérées par les enfants : forte concentration sur la tutelle aux biens avec un complément sur la curatelle renforcée qui peut aller jusqu'à l'équilibre (Montfort). Certains tribunaux confient également la gestion d'une part significative de curatelles simples aux enfants (Vitré, Rennes) ;

- mesures gérées par les collatéraux : forte concentration sur la tutelle aux biens avec un complément principal du côté de la curatelle 512. Quelques curatelles simples (Rennes, Vitré) leur sont aussi confiées ;

- mesures gérées par les autres membres de la famille : dispersion plus grande sur trois types de mesures et même sur quatre types dans le cas du tribunal de Vitré.

Au-delà de ces évidences, il convient de noter la très forte spécialisation de certains gestionnaires familiaux et les spécificités des habitudes des tribunaux que révèlent ces pratiques. Ainsi, les tribunaux de Fougères et de St-Malo ne confient que des tutelles aux biens aux conjoints ; ceux de Montfort et de St-Malo utilisent de même les parents dans une proportion supérieure à 90% pour leur confier des tutelles aux biens et le tribunal de Montfort pratique de même avec les collatéraux. A l'inverse, les membres de la famille éloignée sont sollicités par l'ensemble des tribunaux de manière plus diversifiée que l'ensemble des membres de la famille proche. On relèvera enfin que les tribunaux de Rennes et de Vitré, apparaissent comme faisant l'usage le plus diversifié des différents gestionnaires familiaux : sauf pour le conjoint, ils confient au moins de manière significative trois types de mesures à chacune des catégories de membres de la famille.

Graphiques 8.13 : Mesures gérées par les différents membres de la famille - Ille-et-Vilaine (pour 100 mesures gérées par chaque membre de la famille dans chaque tribunal)

Graphique 8.13 a : Parents

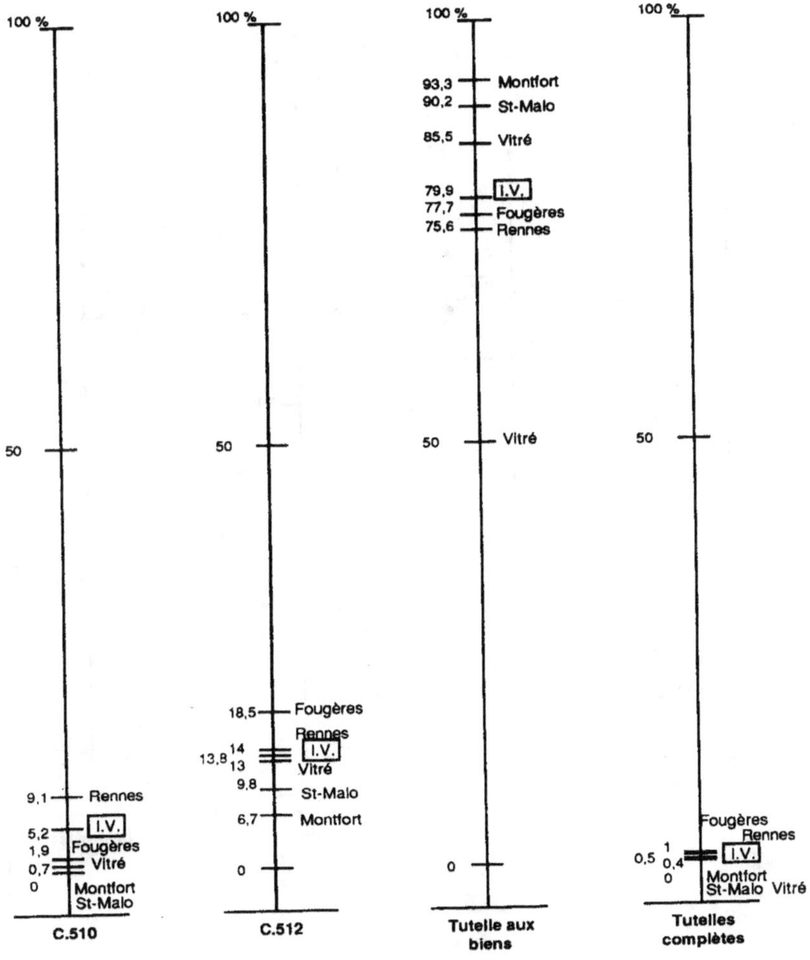

Graphique 8.13 b : Famille éloignée

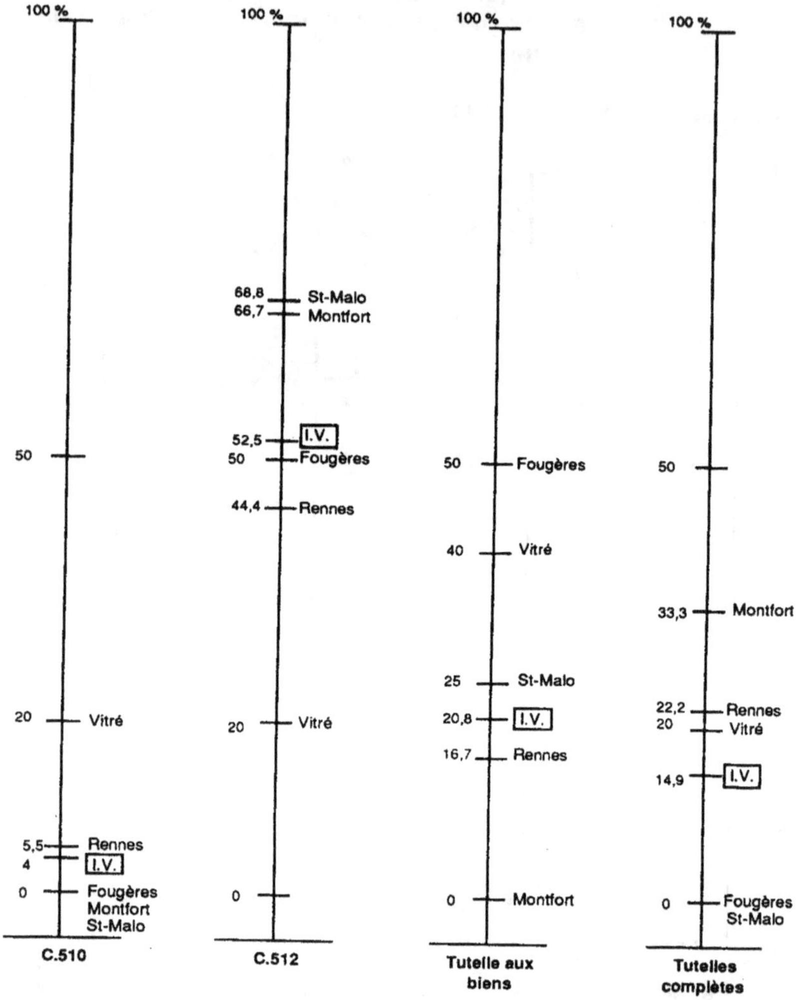

Les séries correspondantes d'arbres de dispersion constituées pour la **Seine-Maritime** laissent immédiatement percer les remarques suivantes (graphiques 8.14[12]) :

- On y voit d'abord une utilisation plus « éclatée » des gestionnaires pour chaque type de mesure. En Ille-et-Vilaine, les utilisations faites des différents gestionnaires par les tribunaux, se trouvaient, assez souvent, relativement concentrées autour de la moyenne. En Seine-Maritime, les graphiques imposent l'image fréquente d'écarts importants entre les tribunaux qui, pour une même mesure, font beaucoup usage d'un gestionnaire et ceux qui y ont très peu recours ;

- En second lieu, on retrouve nettement les deux groupes de tribunaux déjà identifiés par le choix des mesures : Le Havre, Fécamp, Bolbec d'un côté ; Rouen, Elbeuf, Yvetôt de l'autre. Le tribunal de Neufchâtel quant à lui, se trouve fréquemment en harmonie avec le groupe de Le Havre. Ces deux groupes sont nettement repérables pour les mesures gérées par le conjoint (tutelles), pour celles gérées par les parents (curatelles 512 et tutelles), pour celles gérées par les enfants (curatelles 512 et plus nettement tutelles), pour celles gérées par les collatéraux (tutelles complètes et moins nettement curatelles 512) et pour les mesures gérées par les autres membres de la famille (curatelles 512 et tutelles aux biens). Le domaine des tutelles est même le siège d'inversions de choix en matière de gestionnaires (conjoint, parents, enfants), correspondant aux inversions déjà mises en évidence dans le choix des mesures ;

- Comme en Ille-et-Vilaine, le conjoint se trouve être, en Seine-Maritime, parmi les gestionnaires les moins mis à contribution. Le fait est certes moins marquant que dans le département breton mais le conjoint demeure le gestionnaire auquel le plus de tribunaux n'ont jamais recours pour gérer les mesures ;

- A l'inverse, on note en Seine-Maritime également, un usage parmi les mieux répartis des membres les plus éloignés de la famille.

Les interprétations de ces tableaux et graphiques concernant la gestion familiale peuvent paraître modestes et nous avons déjà évoqué la difficulté d'isoler les variables pertinentes pour expliquer les pratiques en matière de tutelle. **Il est cependant possible de trouver ici confirmation des cultures locales en la matière mais il apparaît plus délicat d'isoler les contributions à leur constitution.**

Sans doute le système local des acteurs dont les greffes gèrent le quotidien des relations, sert-il de toile de fond à la diversité des pratiques mises en évidence. Il convient cependant de s'arrêter sur **deux aspects révélés ici et jouant contradictoirement pour l'interprétation**. D'une part la corrélation entre type

Graphiques 8.14 : Mesures gérées par les différents membres de la famille - Seine-Maritime (pour 100 mesures gérées par chaque membre de la famille dans chaque tribunal)

Graphique 8.14 a : Parents

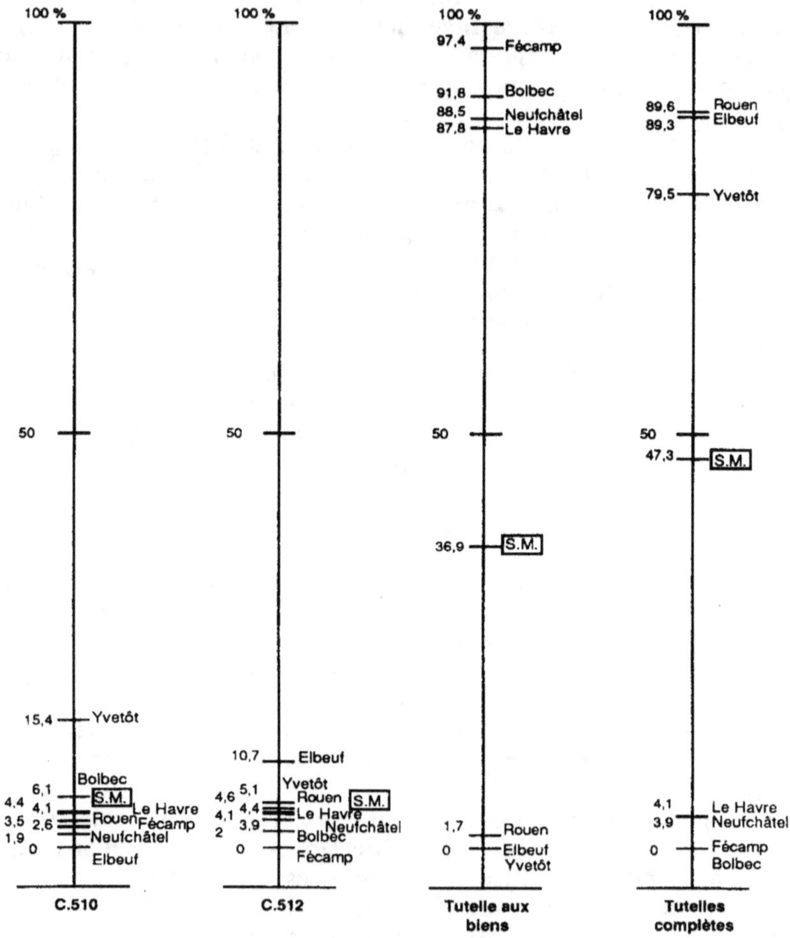

Graphique 8.14 b : Famille éloignée

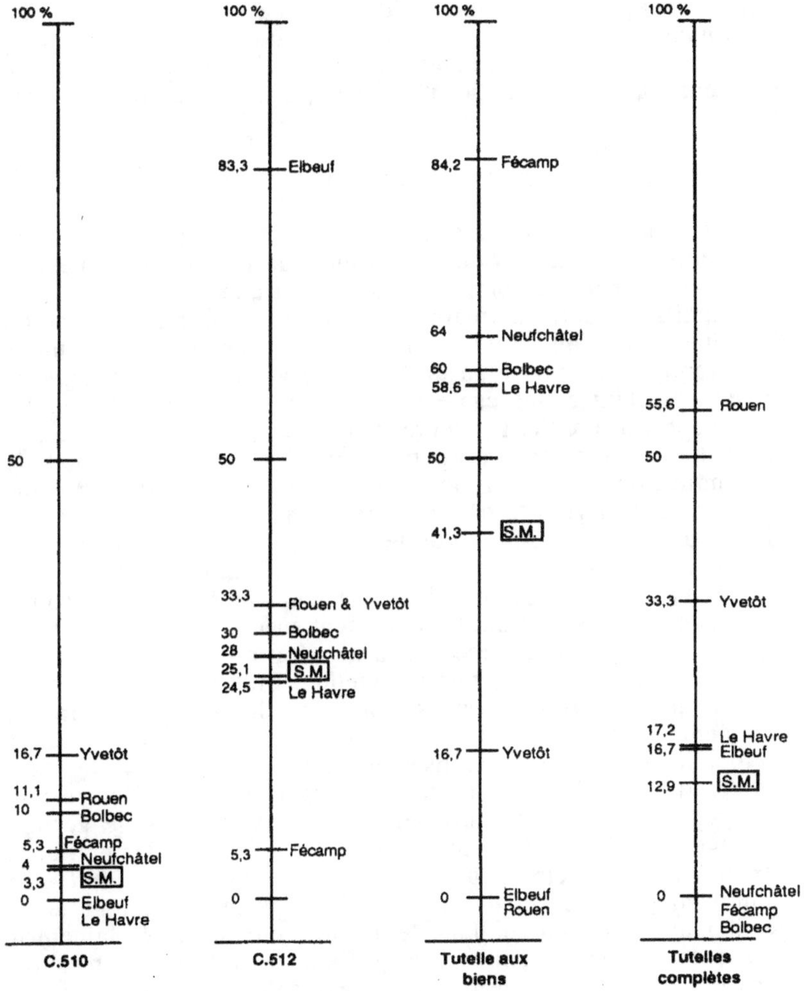

de mesure et catégorie de gestionnaire est certaine mais l'un détermine-t-il l'autre ou inversement ? D'autre part, l'influence personnelle des magistrats tant sur le choix des mesures que sur celui du gestionnaire paraît également certain, puisque l'on relève dans les tribunaux des spécificités en rendant compte. Le premier aspect joue en faveur d'une détermination par l'offre ; le second indique la liberté du juge.

Sous-section 2 — *La gestion des mesures par les autres gestionnaires*

L'étude de la mise à contribution des intervenants extérieurs à la famille dans la gestion des mesures de protection ne peut se présenter de manière complètement symétrique à celle de la gestion familiale. Cette dernière reposait sur le principe, en partie théorique, que le juge doit par priorité rechercher parmi les membres de la famille la réponse au problème de gestion de la mesure de protection, étant donné également que les membres de la famille peuvent se voir confier à peu près toutes les mesures de protection. A l'échelle du ressort d'un tribunal, il était donc normal de s'attendre à retrouver l'ensemble des combinaisons possibles même si, nous l'avons vu, c'est loin d'être le cas.

La situation se présente de manière très différente pour le recours aux intervenants extérieurs à la famille. En effet, ces gestionnaires ne sont pas tous présents dans le ressort de chaque tribunal et de plus, ils sont fréquemment spécialisées dans certains types de mesures, soit parce que la loi détermine le cadre de leurs interventions (gérance de tutelle, tutelle d'Etat, tutelle aux prestations sociales), soit parce qu'ils n'ont pas sollicité ou reçu certains agréments (tutelle d'Etat en particulier), soit enfin parce que leurs options les ont professionnalisés notamment en fonction des causes déterminant l'incapacité des majeurs à protéger. Il en résulte une impossibilité de prendre les différentes mesures de gestion pour point de départ de l'étude mais la comparaison des pratiques des tribunaux peut être menée de deux points de vue successifs : en examinant pour chacun le recours global à chaque catégorie de gestionnaires puis en étudiant de manière plus détaillée la contribution de ces gestionnaires à la gestion des différentes mesures dans le ressort de chaque tribunal. Ces comparaisons doivent être effectuées de conserve pour l'ensemble des intervenants non familiaux car le recours à l'un ou à l'autre est un choix contraint lorsqu'il dépend comme nous l'avons vu, des conditions de l'offre de service.

§ 1 — La mise à contribution des autres gestionnaires

D'un point de vue global, l'enquête menée auprès des greffes montre des résultats sensiblement différents entre les deux départements.

Tableau 8.18 : La part des gestionnaires extérieurs à la famille dans la gestion des mesures - Ille-et-Vilaine (en % du total des mesures gérées).

Tribunaux	Pers. Physi.	Pers. Physi. Etat	Notai.	Admi. Hospit.	Admi. Mais. Retr.	Ddass	Udaf	Ati	Autres Ass.	TOTAL
Ille-et-Vilaine	8,0	1,2	1,6	12,3	7,0	0,7	-	3,0	7,7	41,6
	8,1	1,2	1,6	12,6	7,1	0,7	-	3,3	9,2	43,9
Fougères	6,3	2,2	0,7	12,8	21,3	1,7	-	0,7	7,5	53,2
	6,3	2,2	0,7	13,3	21,3	1,7	-	0,7	7,8	54,0
Montfort	8,0	0,0	0,0	8,0	8,0	2,0	-	1,0	5,0	32,0
	8,0	0,0	0,0	8,0	8,0	2,0	-	2,0	14,0	42,0
Rennes	10,3	0,9	0,9	11,2	1,8	0,3	-	3,7	9,6	38,7
	10,5	0,9	0,9	11,4	1,8	0,3	-	3,7	10,0	39,5
St-Malo	4,5	0,7	4,9	14,3	6,6	0,9	-	4,9	5,6	42,4
	4,5	0,7	4,9	14,8	7,0	0,9	-	4,9	7,5	45,2
Vitré	7,7	1,8	0,3	13,1	5,1	0,0	-	1,3	3,8	33,1
	7,7	2,1	0,3	13,3	5,1	0,0	-	3,9	10,8	43,2

Source : CEBS/CGP - 1990

Légende :
Dans chaque case le premier chiffre indique la part prise par chaque catégorie de gestionnaires dans la gestion des quatre principales mesures de protection (curatelles 510 et 512 - tutelles aux biens et complètes) ; le second représente la part prise globalement par la même catégorie de gestionnaires dans la totalité des mesures gérées.

1. Le tableau 8.18 donne pour **l'Ille-et-Vilaine** l'image de pratiques relativement homogènes d'un tribunal à l'autre, qu'il s'agisse de la contribution globale de chaque catégorie de gestionnaires ou de leur participation à la gestion des quatre mesures principales.

La comparaison entre la part prise par chaque catégorie de gestionnaires dans la gestion des quatre principales mesures de protection avec leur participation totale à la gestion de toutes les mesures, indique une remarquable concentration sur ces quatre mesures de curatelle et de tutelle. Les exceptions constituées par la catégorie des « autres associations » pour les tribunaux de Montfort et de Vitré trouvent aisément explication. La gestion des **doubles mesures** ayant été comptabilisée séparément, les mesures d'incapacité concernées par ce doublement se trouvent alors séparées des quatre mesures regroupées dans le pourcentage des lignes supérieures. Pour Montfort, les doubles mesures représentent 7 % des mesures gérées par les « autres associations » et pour Vitré 6,4 %, le reste de l'écart avec le total des mesures gérées par ces gestionnaires étant constitué de tutelles aux prestations sociales non doublées d'une mesure d'incapacité. Du même coup, les écarts de ces deux tribunaux dans le total des mesures gérées en dehors de la famille se trouvent également éclairés. La même explication vaut à un moindre degré pour d'autres tribunaux (St-Malo) ou d'autres gestionnaires (ATI dans le ressort de Vitré).

D'autres écarts s'expliquent par **le mode d'hébergement** des majeurs. Ainsi dans le ressort du tribunal de Fougères, la proportion de personnes incapables résidant en maison de retraite et foyer logement est nettement supérieure à la moyenne de l'Ille-et-Vilaine (37,3 pour 19,6 %) et rend compte ainsi, à la fois du pourcentage élevé de mesures gérées par ces établissements et de l'écart au total des mesures gérées. A l'inverse, dans le ressort du tribunal de Montfort, c'est la forte proportion de majeurs habitant à leur domicile personnel (23 % pour une moyenne départementale de 15,7 %) ou au domicile familial (29 % pour une moyenne de 24,9 %) qui peut expliquer à la fois la part plus faible des mesures gérées en établissement et celle plus élevée des mesures gérées par la catégorie des « autres associations ».

L'influence des gestionnaires se fait également sentir. C'est le cas du tribunal de Rennes dans le ressort duquel l'implantation d'une association dynamique de gérants bénévoles rend compte de la part des administrateurs spéciaux dans la gestion des mesures, laquelle vient compenser celle, faible, prise par les préposés des maisons de retraite (12 % des majeurs recourrent à ce mode d'hébergement pour une moyenne départementale de 19,6 %). L'influence de l'offre de service se lit encore au travers des participations diversifiées de l'ATI à la gestion des mesures selon les tribunaux, ou de la faible présence des administrateurs spéciaux dans le ressort du tribunal de St-Malo.

Enfin, on peut sans doute entrevoir une **influence des démarches des magistrats** dans le nombre de mesures confiées aux administrateurs spéciaux (Rennes, St-Malo), aux notaires (St-

Malo), aux maisons de retraite (Fougères, Rennes) et aux associations.

Nous nous sommes attachés ici à éclairer les écarts les plus importants mais un examen plus détaillé montre que les mêmes variables (doubles mesures, TPS, mode d'hébergement, influence de l'offre) rendent compte également des différences plus faibles. Cependant, ces écarts jouent souvent sur un petit nombre de mesures et ne sont pas nécessairement significatifs.

2. Le département de **Seine-Maritime** présente une physionomie beaucoup plus contrastée ainsi que le met en évidence le tableau 8.19. Les pratiques y apparaissent beaucoup plus hétérogènes d'un tribunal à l'autre, tant pour la contribution globale de chaque catégorie de gestionnaires que pour leur participation à la gestion des quatre mesures principales.

Dans le département normand, la concentration de l'apport des gestionnaires non familiaux sur les quatre principales mesures de protection constitue le premier fait notable et confirme les indications déjà données au chapitre quatre. Les seuls écarts concernent tous les gestionnaires associatifs (UDAF, ATI, autres associations) qui ont la charge principale des doubles mesures et des tutelles aux prestations sociales non dédoublées. Ainsi, pour le tribunal d'Elbeuf, l'UDAF gère 6,7 % de doubles mesures et l'ATI 1,9 % ; pour celui de Rouen, l'UDAF gère 6,2 % de doubles mesures et 2,3 % de TPS et les autres associations 1,7 de doubles mesures ; pour celui d'Yvetôt, l'UDAF gère 7,8 % de TPS et l'ATI 1,8 % ; pour celui de Neufchâtel, l'UDAF gère 4,3 % de TPS et 2,4 % de doubles mesures ; quant aux tribunaux de Le Havre, Fécamp et Bolbec, les différences sont constituées principalement de la gestion des TPS par la catégorie des « autres associations » (respectivement, 11,8 %, 13,9 et 12,7 %) ou par l'ATI (1,1 % pour Le Havre et 1,3 % pour Bolbec).

La réintégration des doubles mesures parmi les quatre mesures principalement gérées accentue certains écarts à la moyenne générale (35,9 %) ; c'est en particulier le cas pour les tribunaux d'Elbeuf (+7,1), de Le Havre (+ 3,6), de Rouen (+ 11,6), pour lesquels avec le tribunal d'Yvetôt (+ 3,7), la concentration des mesures gérées sur les mesures principales est nettement supérieure à la moyenne. La contribution globale des gestionnaires non familiaux à la gestion des mesures, confirme aussi la répartition diversifiée d'un tribunal à l'autre, entre gestion familiale et gestion non familiale des mesures de protection.

L'interprétation des écarts à la moyenne pour chaque catégorie de gestionnaires **se révèle beaucoup plus délicate.**

On peut tout d'abord s'interroger sur la fiabilité de l'enquête servant de base sur ce point à la constitution du tableau car plusieurs de ces écarts paraissent contradictoires avec les indications recueillies sur l'hébergement des majeurs. Ainsi, pour le

Tableau 8.19 : la part des gestionnaires extérieurs à la famille dans la gestion des mesures - Seine-Maritime (en % du total des mesures gérées)

Tribunaux	Pers. Physi.	Pers. Physi. Etat	Notai.	Admi. Hospit.	Admi. Mais. Retr.	Ddass	Udaf	Atl	Autres Ass.	TOTAL
Seine-Maritime	5,3	3,8	0,4	11,1	1,8	2,8	0,5	4,9	5,3	35,9
	6,0	4,0	0,5	11,6	1,8	3,0	4,9	6,4	10,4	48,6
Elbeuf	0,0	1,0	0,0	12,4	5,7	8,6	0,0	6,7	0,0	34,4
	0,0	1,0	0,0	12,4	5,7	8,6	6,7	8,6	0,0	43,0
Le Havre	4,9	0,8	0,0	14,8	0,0	0,0	0,0	1,4	16,5	38,4
	5,5	1,1	0,0	14,8	0,0	0,0	0,0	2,5	29,7	53,6
Neufchâtel	27,3	1,0	0,0	0,0	0,0	1,0	0,5	1,9	0,0	30,7
	28,2	1,4	0,0	0,0	0,0	1,0	7,2	1,9	0,0	39,7
Rouen	2,7	7,9	0,9	11,3	3,2	4,1	0,9	7,4	1,2	39,6
	2,7	7,9	0,9	11,5	3,2	4,4	9,4	10,1	1,2	51,3
Yvetôt	4,2	0,0	0,6	1,2	6,6	19,8	0,0	7,2	0,0	39,6
	4,2	0,0	0,6	1,2	6,6	19,8	7,8	9,0	0,0	49,2
Fécamp	9,9	0,7	0,0	11,9	0,7	0,0	0,0	9,9	5,3	38,4
	9,9	0,7	0,0	11,9	0,7	0,0	0,0	11,3	19,2	53,7
Bolbec	2,8	2,1	0,0	22,7	0,0	0,0	0,0	0,7	5,7	34,0
	2,8	2,1	0,0	22,7	0,0	0,0	0,0	0,7	18,4	46,7

Source : CEBS/CGP - 1990

tribunal de Neufchâtel, la très forte proportion d'administrateurs spéciaux (+ 22 %) ne trouve pas sa source dans un nombre particulièrement élevé de bénévoles d'autant que la proportion de la population habitant à son domicile personnel (9,6 %) est nettement inférieure à la moyenne départementale (23 %). A l'inverse, les majeurs hébergés en maison de retraite constituent un groupe nettement supérieur à la moyenne (50,7 % pour 13,7 %) alors que les préposés de ces établissements ne géreraient aucune mesure ; de même, la très faible part d'incapables accueillis en structure hospitalière (4,8 % pour une moyenne de 22,8 %) n'explique pas totalement l'absence de mesure exercée par les services de gérance de biens.

Le même type de remarques vaut pour le tribunal de Le Havre à propos de l'absence de mesure exercée en maison de retraite, alors que la population qui y est hébergée se situe dans la moyenne départementale (12,4 pour 13,7 %) et même au-dessus de cette moyenne si l'on inclut les foyers d'hébergement (23,7 pour 22,2 %). Ces remarques valent encore pour le tribunal de Bolbec où les mesures gérées par la gérance hospitalière ne trouvent pas de correspondance dans la part, nettement inférieure à la moyenne, de la population accueillie en milieu hospitalier (12,7 % pour 22,8 %) ; inversement, si une très faible part des majeurs est hébergée en maison de retraite (2,1 % pour une moyenne de 13,7), beaucoup bénéficient de la formule du foyer d'hébergement (27 % pour une moyenne de 8,5) ce qui, il est vrai, peut induire des modalités différentes de gestion des mesures de protection. D'autres écarts paraissent en partie surprenants, comme ceux enregistrés pour les mesures gérées par les services de la DDASS (Elbeuf et Yvetôt) ou de l'ATI.

La portée critique de ces remarques doit pourtant être atténuée par **l'incidence de plusieurs facteurs.**

En premier lieu, il apparaît clairement que d'un tribunal à l'autre, **les gestionnaires sont en partie substituables** ou, du moins, que l'histoire locale tend à minorer la présence de l'UDAF ou de l'ATI lorsqu'une autre structure associative a développé ses services et inversement. Ainsi le tableau laisse clairement percevoir que la forte présence de services associatifs dans les tribunaux de Le Havre (+19,3 %) et de Fécamp (+8,8 %) se trouve compensée par un taux plus faible de gestion en établissement (auquel on peut ajouter les mesures gérées par la DDASS) et inversement pour les tribunaux de Elbeuf, Rouen et Yvetôt).

En second lieu, ce mécanisme de substitution de l'offre **peut aussi bien concerner les rapports entre gestion par les personnes physiques et gestion par les services tutélaires.** Ainsi la forte proportion de majeurs habitant à leur domicile dans les tribunaux d'Yvetôt (+30,8 %) et de Rouen (+2,5 % mais avec tous les autres tribunaux sensiblement inférieurs à la moyenne de - 3,9 % à - 12,9 %), ne trouve pas de correspondance dans la part des gestionnaires administrateurs spéciaux mais plutôt dans la présence associative, celle des services de la DDASS ou encore des personnes physiques tuteurs d'Etat. De même, la variable de l'hébergement permet de corréler un taux d'habitat au domicile personnel inférieur à la moyenne et une faible présence des administrateurs spéciaux, avec un taux d'accueil en hôpital ou maison de retraite supérieur à la moyenne et une forte présence de la gérance d'établissement (tribunaux d'Elbeuf et de Rouen), ou avec un taux élevé de logements en foyer d'hébergement et une forte présence de l'ATI ou d'une autre structure associative (Fécamp, Bolbec).

Enfin, même si certaines corrections que permettraient seul un retour sur le terrain, devraient être apportées, la structure générale du tableau 8.19 permet de retrouver les deux groupes de tribunaux, Le Havre, Fécamp, Bolbec d'un côté, Rouen, Elbeuf, Yvetôt de l'autre. L'opposition entre ces deux groupes est en particulier très nette sur les parts de mesures confiées aux catégories de gestionnaires maisons de retraite, DDASS, UDAF, autres associations et ATI (sauf Fécamp pour ce dernier gestionnaire). **Se trouve ainsi confirmée une identité des pratiques locales** qui doit sans doute autant à la mémoire des greffes, à la pratique des magistrats et à la structuration historique du milieu de l'action sociale locale.

L'étude de la contribution de chaque catégorie de gestionnaires à la gestion des quatre principales mesures de protection confirme ces impressions générales.

§ 2 — Les mesures gérées par les autres gestionnaires

1. Le tableau 8.20 donne une vision générale des mesures gérées par les gestionnaires extérieurs à la famille, dans chacun des deux départements.

S'impose d'abord le fait **d'une gestion des mesures concentrée sur quelques gestionnaires pour chaque type de mesures**. Le phénomène s'observe avec beaucoup de netteté **en Ille-et-Vilaine** où les quatre types de mesures sont principalement confiées à deux catégories de gestionnaires dont l'un dominant, voire à une seule catégorie dans le cas de la tutelle complète. **La Seine-Maritime**, si elle montre de la même façon le recours privilégié à une catégorie particulière de gestionnaires pour chaque type de mesures, confirme également pour les gestionnaires non familiaux **un usage plus diversifié déjà observé pour la famille**. En effet, à côté du gestionnaire principal, en apparaissent plusieurs autres qui, pour chaque type de mesures, se partagent la gestion. Pour la tutelle complète, cette répartition est telle qu'aucun gestionnaire n'est dominant.

Cette spécialisation des gestionnaires invite à voir là un effet de l'offre de service. L'observation est certainement juste pour la gérance d'établissement centrée sur la tutelle aux biens et pour la catégorie des « autres associations », fortement représen-

Tableau 8.20 : La gestion des mesures de protection en dehors de la famille (en % du total de chaque mesure)

ILLE-ET-VILAINE

Tribunaux	Pers. Physi.	Pers. Physi. Etat	Notai.	Admi. Hospit.	Admi. Mais. Retr.	Ddass	Udaf	Atl	Autres Ass.	Autres gest.	TOTAL
1. C510	15,1	2,8	1,1	0,6	0,0	0,0	*	0,0	7,3	n	100,0
2. C512	25,9	1,0	3,4	0,7	1,2	0,5	*	5,2	15,8	n	100,0
3. Tutelle aux biens	2,1	1,2	1,0	17,6	9,9	0,9	*	2,8	5,7	n	100,0
4. Tutelle complète	17,5	0,0	0,0	0,0	0,0	0,0	*	0,0	0,0	n	100,0
Σ1 + 2 + 3 + 4 / Total mesures	8,0	1,2	1,6	12,3	7,0	0,7	*	3,0	7,7	Total =	41,6
Σ mes. gérées / Total mesures	8,1	1,2	1,6	12,6	7,1	0,7	*	3,3	9,2	Total =	43,9

tée dans la gestion des curatelles et en particulier des curatelles 512, mais doit être complétée par le fait que les gestionnaires dont les services sont les plus fréquemment utilisés peuvent tous gérer deux et souvent trois types de mesures différents (la chose est particulièrement nette en Seine-Maritime). Dans le sens de cette

8.20 (suite)

SEINE-MARITIME

Tribunaux	Pers. Physi.	Pers. Physi. Etat	Notai.	Admi. Hospit.	Admi. Mais. Retr.	Ddass	Udaf	Atl	Autres Ass.	Autres gest.	TOTAL
1. C510	18,1	7,5	8,1	0,0	2,5	5,0	0,0	1,3	2,5	n	100,0
2. C512	17,5	6,4	0,5	4,8	0,0	4,0	0,3	4,9	16,1	n	100,0
3. Tutelle aux biens	5,1	1,6	0,0	26,2	3,6	0,3	0,7	3,4	7,1	n	100,0
4. Tutelle complète	2,0	6,7	0,2	7,4	1,8	6,2	0,6	9,5	2,5	n	100,0
Σ1 + 2 + 3 + 4 / Total mesures	5,3	3,8	0,4	11,1	1,8	2,8	0,5	4,9	5,3	Total =	35,9
Σ mes. gérées / Total mesures	6,0	4,0	0,5	11,6	1,0	3,0	4,9	6,4	10,4	Total =	48,6

Source : CEBS/CGP - 1990

Légende : - 0 absence de mesure gérée par le gestionnaire.
- * absence du gestionnaire.

« déspécialisation », la part prise en Seine-Maritime par la gérance hospitalière dans la gestion des curatelles et des tutelles complètes ne laisse pas encore une fois d'étonner. Il reste que **ce constat renforce l'idée d'une capacité alternative des structures d'offre** qui leur permet dans la négociation avec les juges de trouver des accords ménageant les demandes de protection et l'équilibre financier des services tutélaires.

Une autre observation concerne la part prise par chacune des trois grandes catégories de gestionnaires (ensemble des personnes physiques, services de gérance, services tutélaires) dans la gestion des mesures. L'Ille-et-Vilaine montre le premier rang tenu par les « personnes physiques » pour tous les types de mesures à l'exception de la tutelle aux biens ; en Seine-Maritime les « personnes physiques » tiennent ce premier rang pour les curatelles, à égalité avec les services tutélaires pour les curatelles renforcées. Sans doute la forte présence des gestionnaires « personnes physiques » dans le département breton s'explique-t-elle en partie par les efforts faits pour y développer la gérance bénévole mais dans les deux départements, la diversité des mesures gérées par cette catégorie de gestionnaires tend à indiquer **son rôle de soupape de sécurité** en cas de trop grande pénurie de l'offre de service.

Enfin, il convient de noter que les curatelles, mesures les plus délicates à gérer, sont principalement et parfois en priorité confiées aux « personnes physiques ». Cette remarque vaut en premier lieu pour les curatelles simples, jugées inefficaces par les services tutélaires en raison de la trop grande liberté laissée au majeur ; elle vaut aussi pour les curatelles renforcées.

2. L'examen des graphiques donne une image détaillée des pratiques en usage dans chaque tribunal, dans leur recours aux gestionnaires extérieurs à la famille.

Pour **l'Ille-et-Vilaine**, les graphiques 8.15[13] donnent peu de prise pour la comparaison des pratiques. Aucune corrélation ou similitude n'apparaît nettement dans les usages des différents modes de gestion non familiaux des mesures de protection. **La diversité des pratiques** paraît le caractère dominant, dont on peut supposer qu'il répond principalement à la diversité de l'offre mais aussi, probablement aux stratégies déployées par les magistrats et les greffes. L'observation montre plus particulièrement :

- Pour le tribunal de Montfort, la plus faible utilisation de la palette des gestionnaires non familiaux, en remarquant que l'étude de la gestion familiale avait conduit au même constat. La situation inverse n'est cependant vérifiée que pour le tribunal de Rennes et l'on peut penser que c'est dans ce cas l'effet de taille de l'agglomération et la variété des attitudes sociales pouvant s'y enraciner, qui rendent possible cette double performance ;

- Pour l'ensemble des tribunaux, une utilisation variée des différentes possibilités de gestion non familiale avec une variété des mesures qui, d'un tribunal à l'autre, sont confiées à ces différents gestionnaires et une variété dans les proportions des différents types de mesures confiées à chaque gestionnaire. De ce point de vue, la gérance hospitalière apparaît comme la plus mono-gestionnaire, ce qui est somme toute, conforme à sa vocation ;

Graphiques 8.15 : La participation des gestionnaires extérieurs à la famille à la gestion des mesures de protection Ille-et-Vilaine.

(en % du total de chaque mesure)

Graphique 8.15 a : ILLE-ET-VILAINE

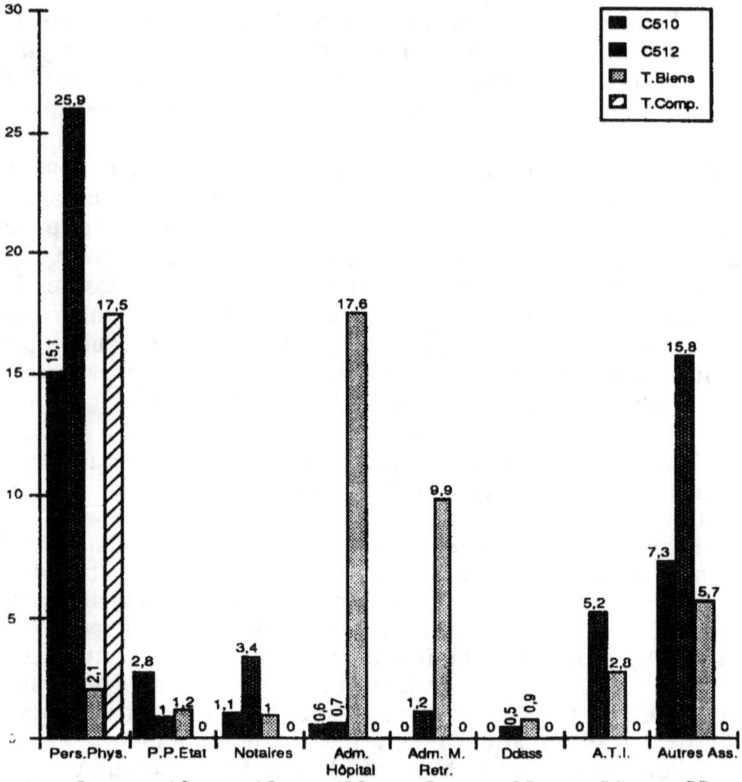

	Pers.Phys.	P.P.Etat	Notaires	Adm. Hôpital	Adm. M. Retr.	Ddass	A.T.I.	Autres Ass.	
1	8	1,2	1,6	12,3	7	0,7	3,1	7,7	= 41,6
2	8,1	1,2	1,6	12,6	7,1	0,7	3,3	9,2	= 43,9

Légende : 0 = absence de mesure confiée au gestionnaire.
* = absence du gestionnaire ou absence de mesure prononcée.
1 = part de chaque gestionnaire dans la gestion des quatre principales mesures.
2 = part de chaque gestionnaire dans la gestion de la totalité des mesures gérées.

Graphique 8.15 b : FOUGERES

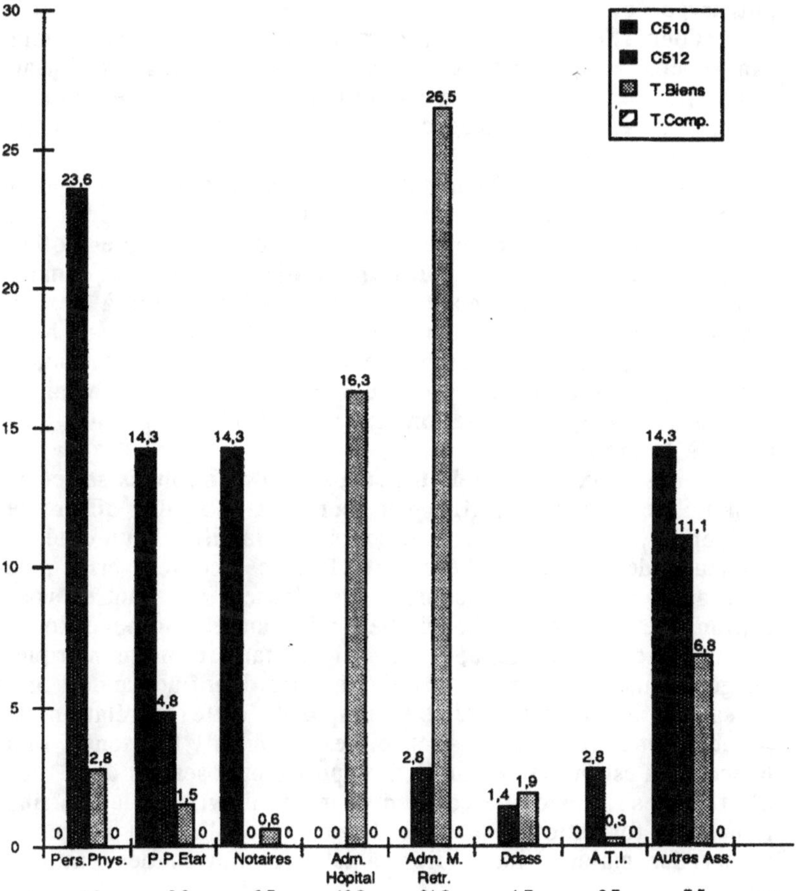

	Pers.Phys.	P.P.Etat	Notaires	Adm. Hôpital	Adm. M. Retr.	Ddass	A.T.I.	Autres Ass.	
1	6,3	2,2	0,7	12,8	21,3	1,7	0,7	7,5	= 53,2
2	6,3	2,2	0,7	13,3	21,3	1,7	0,7	7,8	= 54

- Pour les gestionnaires « personnes physiques » (au sens strict) et pour la catégorie des « autres associations », la palette la plus large des mesures qui leurs sont confiées.

Pour la **Seine-Maritime,** les graphiques 8.16[14] montrent comme dans le département breton, **une diversité des pratiques,** dans l'usage des gestionnaires extérieurs à la famille et dans les mesures qui leurs sont confiées. Deux traits spécifiques peuvent cependant être dégagés :

- Pour chaque tribunal, une utilisation réduite de la palette des différents gestionnaires non familiaux. On retrouve dans cette situation non seulement les tribunaux d'Elbeuf, Fécamp et Bolbec, qui s'étaient signalés pour leur faible utilisation des gestionnaires appartenant à la famille mais tous les autres tribunaux à l'exception de Rouen. La proposition faite pour Rennes, de recourir à une explication prenant en compte la taille de l'agglomération, ne convient pas ici totalement puisque le tribunal de Le Havre connait également une sous-utilisation des possibilités de gestion extérieure à la famille.

- Les deux groupes de tribunaux déjà mentionnés se retrouvent ici nettement identifiés par leur utilisation des différentes catégories de gestionnaires extérieurs à la famille. D'un côté, les tribunaux de Le Havre, Fécamp et Bolbec recourent principalement aux « personnes physiques » (sens strict), aux «autres associations » et à la gestion hospitalière ; de l'autre, le groupe Rouen, Elbeuf, Yvetôt, privilégie, il est vrai de manière moins marquée, les gestionnaires du centre des diagrammes. L'influence de l'offre ne saurait à elle seule rendre compte de cette corrélation des pratiques et celle des magistrats et des greffes s'y fait sentir. Mais là encore il est probable que l'on ne puisse opposer ces deux types d'influences : sans doute convient-il mieux d'évoquer la contribution de la formation historique du champ de l'action sociale en faveur des majeurs incapables, à la structuration des pratiques actuelles.

3. De la même manière que pour les mesures gérées par la famille, il est aussi possible d'appréhender la diversité des pratiques de chaque tribunal dans l'utilisation des gestionnaires n'appartenant pas à la famille du majeur, en analysant pour chaque catégorie de gestionnaires la répartition des mesures dont elle a la charge. Outre qu'ils permettent de visualiser d'une autre façon le recours (ou son absence) à telle ou telle catégorie de gestionnaires, les arbres de dispersion ainsi constitués donnent un complément intéressant des observations déjà faites.

Graphiques 8.16 : La participation des gestionnaires extérieurs à la famille à la gestion des mesures de protection Seine-Maritime (en % du total de chaque mesure)

Graphique 8.16 a : SEINE-MARITIME

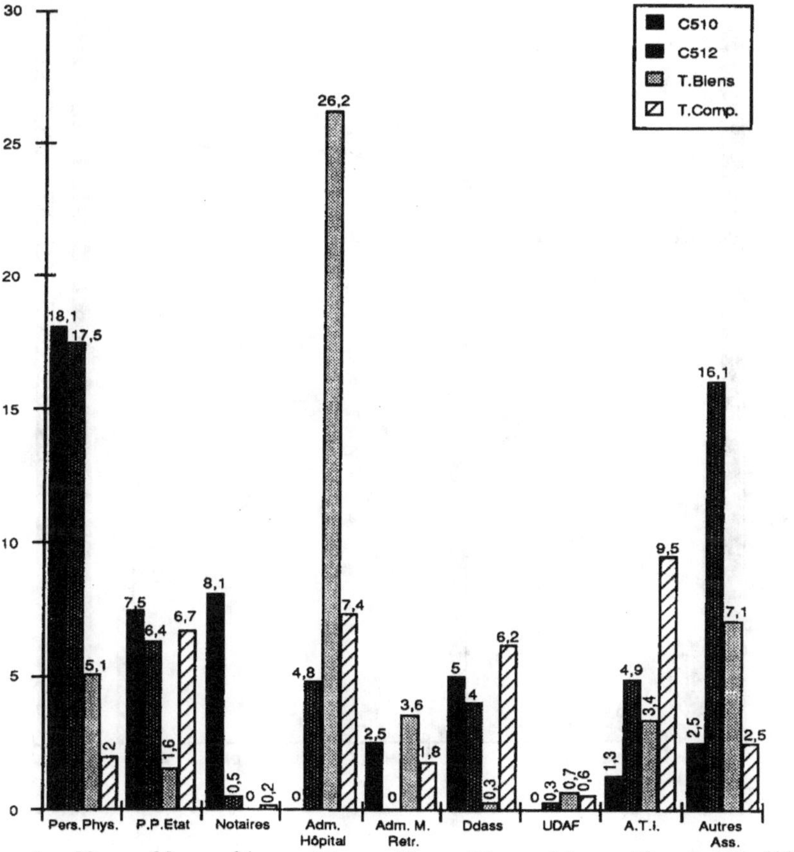

	Pers.Phys.	P.P.Etat	Notaires	Adm. Hôpital	Adm. M. Retr.	Ddass	UDAF	A.T.I.	Autres Ass.	
1	5,3	3,8	0,4	11,1	1,8	2,8	0,5	4,9	5,3	= 35,9
2	6	4	0,5	11,6	1,8	3	4,9	2,4	10,4	= 48,6

Graphique 8.16 b : LE HAVRE

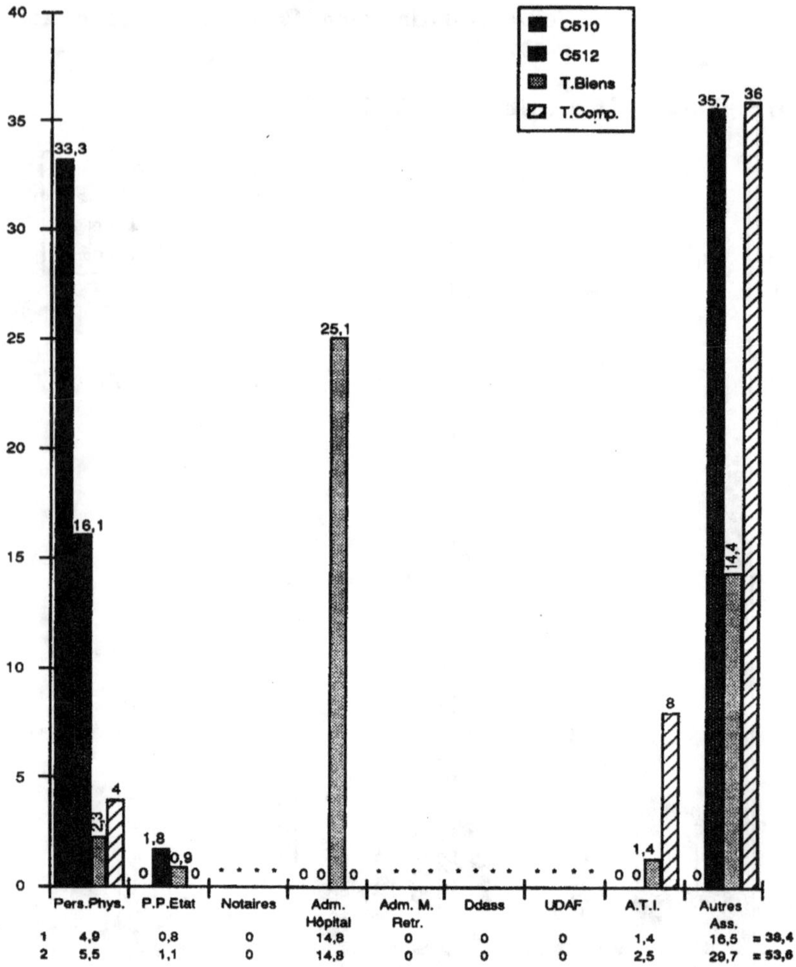

Graphique 8.16 c : ROUEN

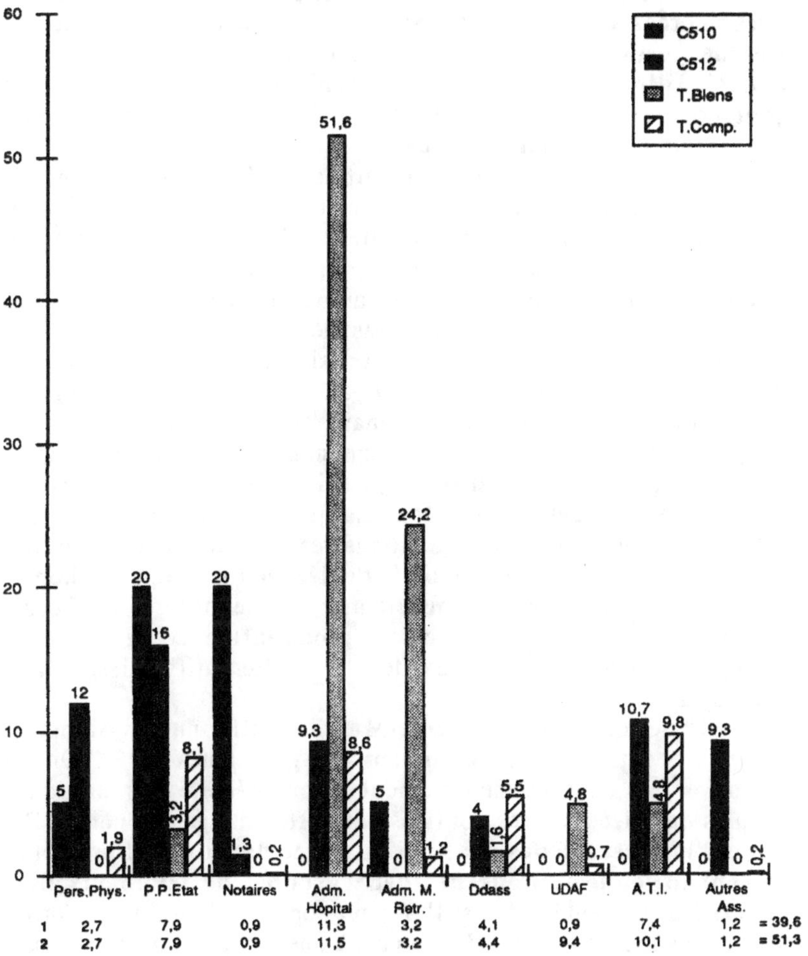

En **Ille-et-Vilaine**, les graphiques 8.17[15] et suivants viennent atténuer nos précédentes remarques sur l'hétérogénéité des pratiques internes au département. Si le recours aux différentes catégories de gestionnaires avait pu paraître emprunt d'une certaine diversité d'un tribunal à l'autre, l'analyse des mesures qui leur sont confiées laisse au contraire clairement transparaître une homogénéité des pratiques locales.

On relève ainsi, pour la plupart des catégories de gestionnaires, un remarquable regroupement des attitudes de chaque tribunal autour de la moyenne départementale et même les exceptions constituées par les structures associatives ne concernent que deux des quatre mesures retenues. Certes, autour de cette moyenne, les écarts de pourcentages ne sont pas nécessairement négligeables mais c'est en première approche la vision de **pratiques relativement homogènes** qui s'impose. De même, pour chaque catégorie de gestionnaires un ou deux tribunaux se détachent fréquemment un peu plus de la moyenne départementale que les autres.

Ce type d'observation déjà fait à propos de la gestion familiale est délicat à interpréter. La diversité des pratiques dans le recours aux différents gestionnaires extérieurs à la famille jouait dans le sens de **l'autonomie de décision des juges** ; l'homogénéité des proportions des différents types de mesures confiées à ces gestionnaires joue dans le sens d'une **influence de l'offre** et d'une limite aux possibilités de choix alternatifs laissées aux magistrats.

Cette fois encore, la **Seine-Maritime** offre une physionomie différente ainsi que le confirment les graphiques 8.18[1]. On ne retrouve pas dans ce département l'homogénéité des pratiques locales dans les mesures confiées aux différents gestionnaires. Par contre, **la diversité des pratiques dans ce domaine est principalement ordonnée autour des deux groupes de tribunaux déjà identifiés**. Autrement dit, si l'on peut constater à la fois les variations dans le fait de recourir (ou pas) à une catégorie de gestionnaires et dans les proportions de chaque type de mesures qui lui sont confiées, ce regroupement des tribunaux introduit une relative identité des pratiques à l'intérieur de chacun des deux groupes.

Graphiques 8.17 : Les mesures gérées par les différents gestionnaires extérieurs à la famille - Ille-et-Vilaine (pour 100 mesures gérées par chaque gestionnaire dans chaque tribunal)

Graphique 8.17 a : Personnes physiques

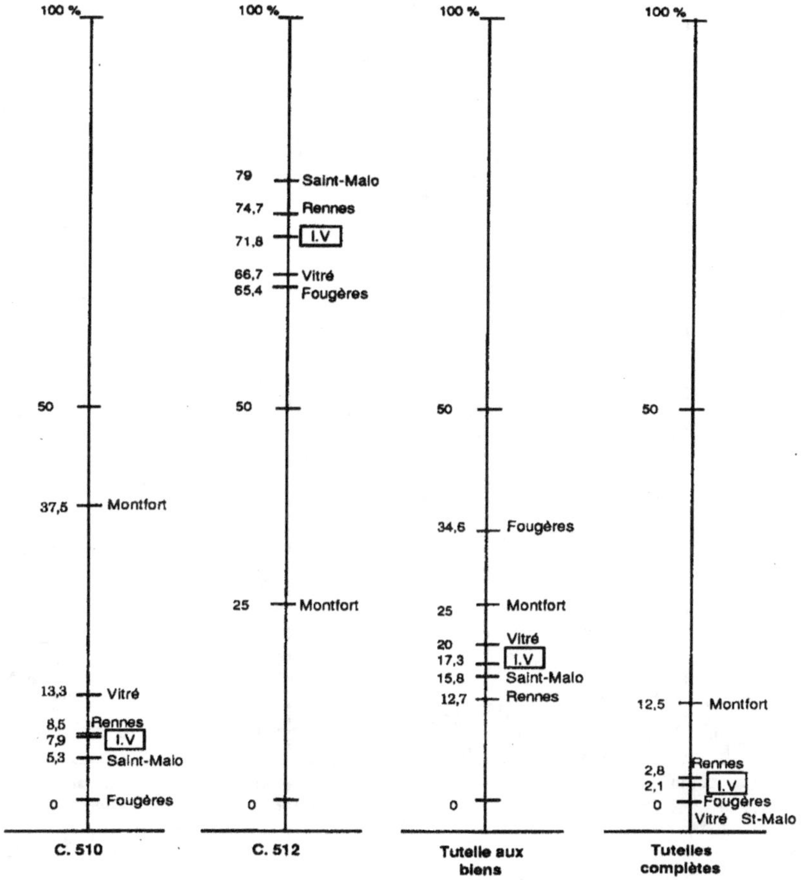

Graphique 8.17 b : Administrations hospitalières

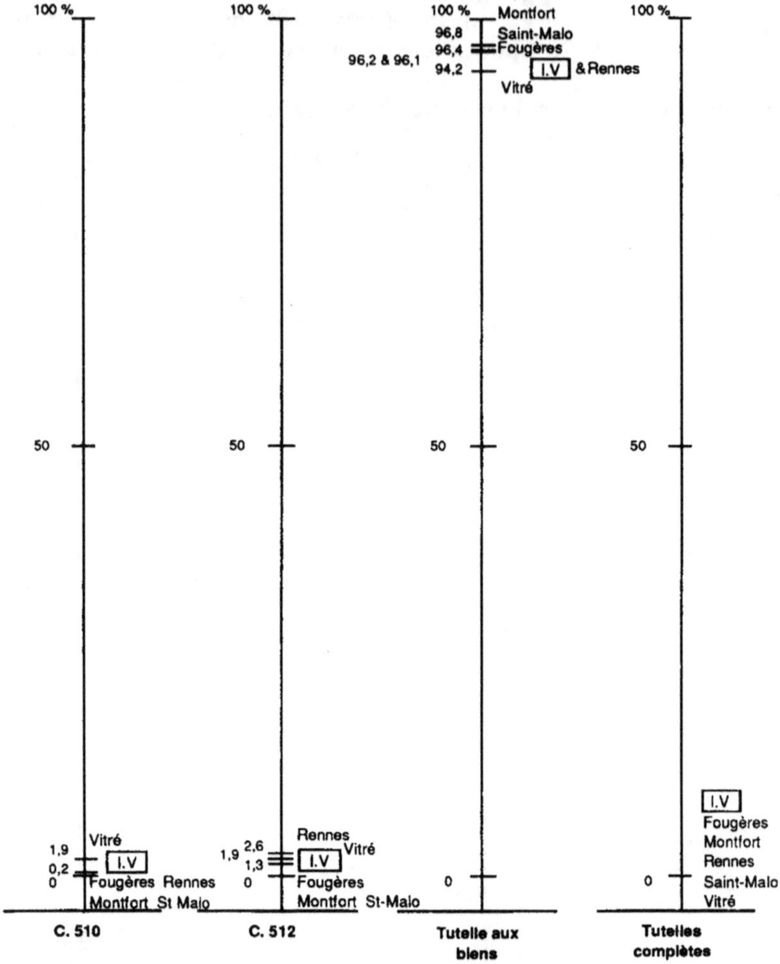

Graphique 8.17 c : Autres associations

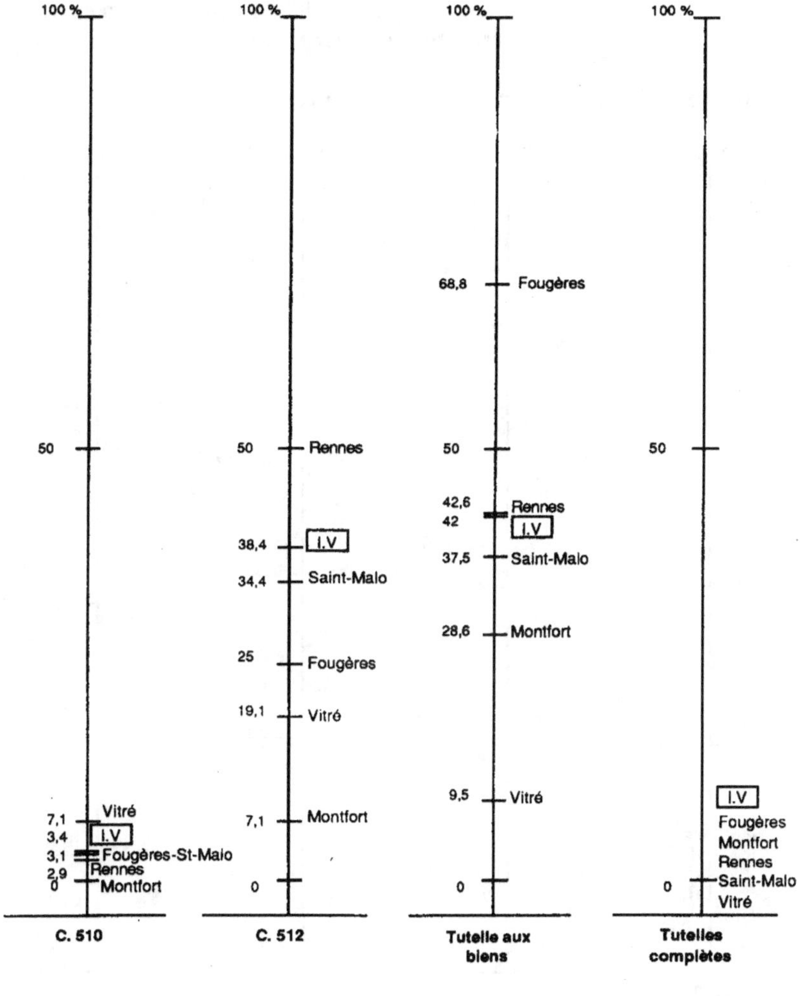

Graphiques 8.18 : Les mesures gérées par les différents gestionnaires extérieurs à la famille - Seine-Maritime (pour 100 mesures gérées par chaque gestionnaire dans chaque tribunal)

Graphique 8.18 a : Personnes physiques

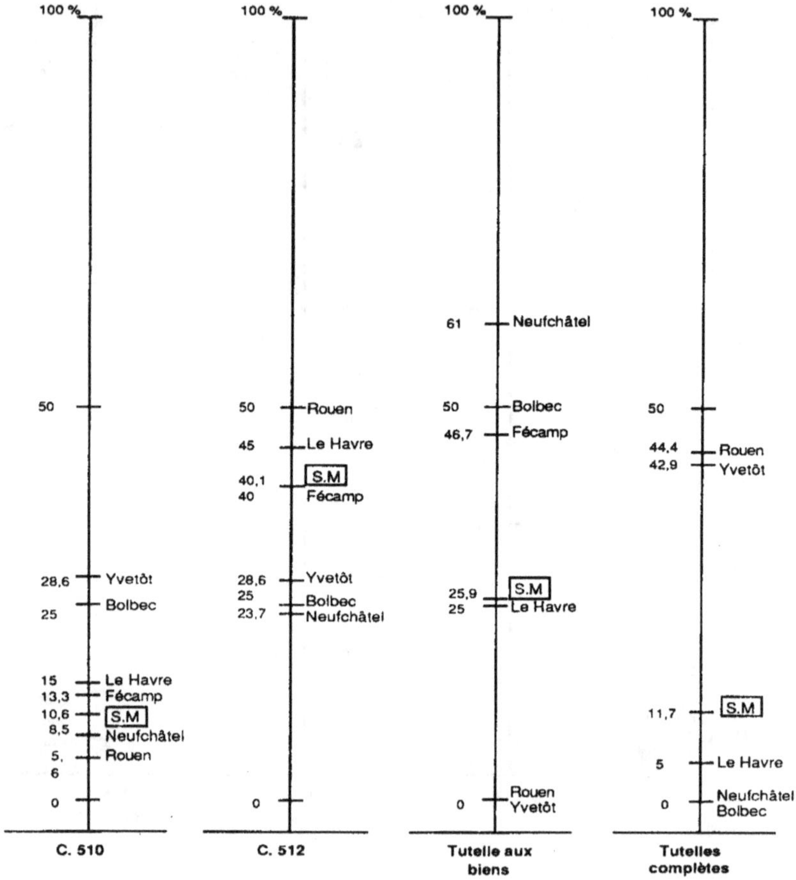

Graphique 8.18 b : Administrations hospitalières

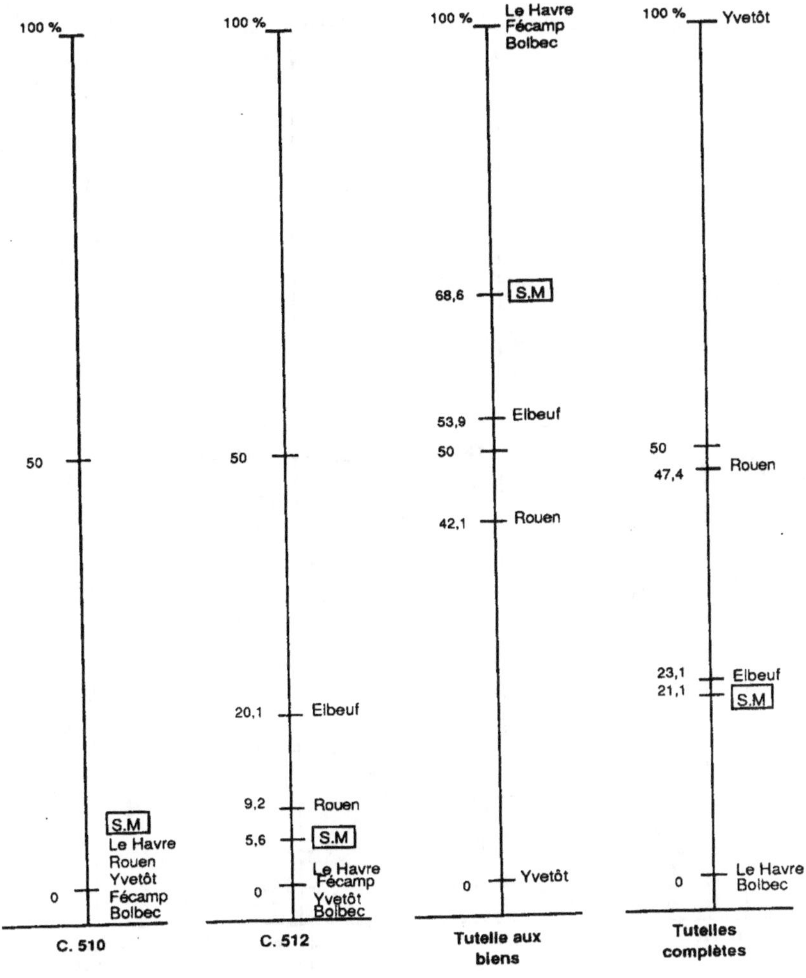

Graphique 8.18 c : A.T.I.

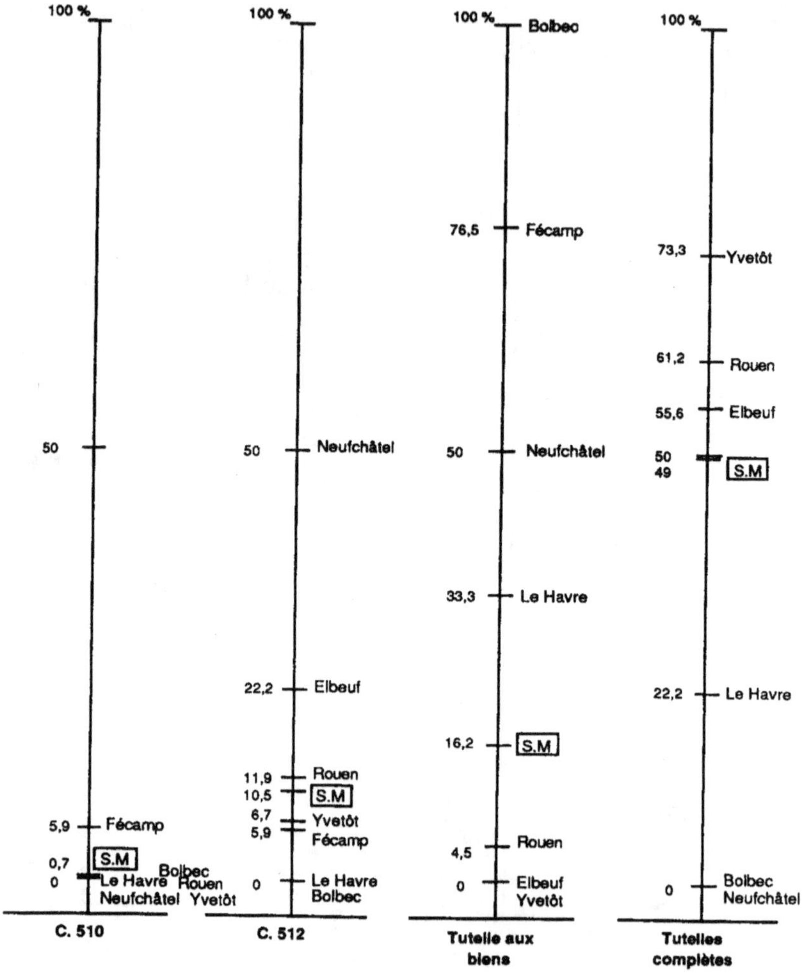

Sans détailler ici la description de ces identités de pratiques, on relèvera quelques thèmes pouvant les expliciter selon les différentes catégories de gestionnaires : présence ou absence du groupe de tribunaux ; spécialisation dans le domaine des curatelles ou des tutelles ; inversion des pratiques (par exemple, tutelles aux biens ou tutelles complètes) ; forte concentration sur une seule catégorie de mesures, ou au contraire, dispersion sur l'ensemble des mesures.

S'il est vrai que ces pratiques des tribunaux de la Seine-Maritime viennent confirmer les observations faites lors de l'étude de la gestion familiale, l'interprétation doit en demeurer prudente. Pour le département normand comme pour le département breton (et par extension pour les autres) la question se pose de savoir dans quelles conditions matérielles (fonctionnement du tribunal d'instance), médicales (collaboration avec les médecins et politique médicale), sociales (structuration historique du champ de l'action sociale et de l'intervention en matière de tutelles), socio-démographiques (évolutions économique et sociale du département), personnelles (personnalité et investissement des juges dans l'intervention tutélaire), la part d'autonomie des magistrats leur préserve des possibilités déterminantes d'influence.

En présentant ces conditions de leurs interventions et les résultats des pratiques locales, nous avons conscience d'avoir cerné en partie cette part d'autonomie et d'avoir laissé en partie ouverte cette question de leur influence.

Conclusion de la troisième partie

En ouvrant un nouvel espace d'intervention sociale dans un domaine aussi fondamental que celui de la défense des droits civils des personnes incapables, les pouvoirs publics auraient pu, à défaut d'y parvenir, au moins rechercher l'égalité de cette catégorie particulière de citoyens devant le service public des tutelles. Le terme de la seconde partie de cette étude nous avait fait constater que l'insuffisante prise en compte des problèmes d'intendance puis les préoccupations plus ou moins cohérentes de gestion des coûts, avaient compromis la reconnaissance équilibrée des droits. L'étude de l'application pratique de la loi de 1968 est venue confirmer ce diagnostic.

Que la diffusion des mesures de protection soit étudiée dans sa dimension géographique ou dans sa dimension sociale, le constat des disparités est le même. L'intérêt ici est sans doute de faire apparaître, moins que des causes, des corrélations avec des facteurs tout à fait extérieurs à la logique des tutelles. Les caractéristiques démographiques de la population, la présence des équipements sociaux et médico-sociaux, la présence ou l'absence d'un tissu socio-économique dense, structurent de façon efficace la probabilité d'entrer dans le champ d'application de la loi de 1968. Le terreau multiforme de l'action sociale, les politiques médicales, l'investissement des juges et des greffes, contribuent de leur côté à forger la disparité des pratiques et à greffer sur l'environnement du majeur la constitution des filières de signalement.

En fin de compte, ces diversités ne sauraient vraiment étonner et si l'on peut faire reproche au pouvoir exécutif de s'être trop peu préoccupé d'assurer convenablement l'application de la loi de 1968, la conclusion dépasse le strict cadre de cette intervention sociale particulière. S'agissant d'une prestation dont le financement n'est pas totalement socialisé et dont la mise en œuvre échappe donc partiellement à son promoteur, il est logique que des mécanismes d'offre et de demande viennent produire des ajustements, mais uniquement ceux qui répondent aux possibilités variées des situations locales.

Le champ social ouvert par la loi de 1968 n'est donc pas seulement un espace d'intervention publique, il s'est structuré de manière spécifique dans le ressort de chaque département et même de chaque tribunal, selon la place occupée par les institutions, les acteurs et les relations qui les lient. La variété est donc finalement la règle mais en dépend pour l'incapable la probabilité d'être protégé.

Conclusion

A l'origine de cette recherche, plusieurs hypothèses et questions renvoyaient à la problématique plus générale de l'appel d'offre du Commissariat général du Plan sur la gestion des services collectifs. Rappelons les principales hypothèses envisagées :

- L'existence d'un effet d'offre ;
- Les conditions de l'arbitrage entre famille, bénévoles et professionnels ;
- Les rapports entre la tutelle au majeur protégé et la tutelle aux prestations sociales ;
- Les effets du système de financement.

L'étude a permis de replacer ces pistes de travail initiales dans une analyse du système plus vaste de la tutelle. Celui-ci est apparu comme un système relativement clos où la loi fait du juge le pivot du dispositif. Les autres acteurs interviennent dans le dispositif aussi bien du côté de la demande qu'ils stimulent que du côté de l'offre puisqu'ils apportent également les ressources permettant de répondre au besoin de protection. Dans ce système, chacun doit se tourner vers le juge qui, paradoxalement, est l'institution la moins stable et fait face à un ensemble de contraintes l'amenant fréquemment à arbitrer plus en faveur du possible que du souhaitable pour le majeur. Fort heureusement, l'écart est souvent faible. Cet arbitrage se trouve au coeur des pistes de réflexion choisies a priori puisqu'il dépend en particulier :

- de l'influence de l'offre de services tutélaires,
- de la difficulté de recourir à la famille,
- des conditions de financement des mesures, etc.

Les constats que nous avons pu faire et les analyses qui en découlent non seulement, fournissent des réponses aux questions que nous posions dans l'introduction mais aussi, constituent les éléments d'une évaluation de l'application de la loi du 3 janvier 1968, en même temps qu'ils ouvrent vers une réflexion plus large sur les modes d'intervention de l'Etat. Pour faciliter l'exposé de ces conclusions nous distinguerons les constats (A) et les pistes de réflexion dégagées (B).

A. Les constats

I. L'existence d'un effet d'offre

La première hypothèse s'est trouvée confirmée sans la moindre ambiguïté non seulement, par l'existence d'une hétérogénéité des pratiques mais aussi, par le poids des services des tutelles dans la détermination de ces pratiques d'offre. L'hétérogénéité des pratiques apparaît d'emblée sous la forme d'une très forte disparité des niveaux de diffusion, des mesures de protection dans le cadre de la loi de 1968. Même en ne tenant pas compte du cas complètement atypique de la Lozère, les écarts des taux départementaux de diffusion des mesures de protection varient encore, plus de vingt ans après le vote de la loi, de 1 à 4 ! La tendance à l'uniformisation de cette diffusion à laquelle on s'attendrait, aux différences épidémiologiques près, ne s'est pas vraiment manifestée même après la récente augmentation du nombre des mesures. **Le mode d'emploi de la loi n'est donc pas le même sur l'ensemble du territoire**. Dans ce domaine bien particulier, l'application de la loi suppose une large diffusion de la connaissance des textes au sein de la population puisque les familles et de nombreux professionnels seront les acteurs déclenchant par une requête ou un signalement une procédure de mise sous protection. Cette connaissance est vraisemblablement encore plus ou moins développée selon les départements. Il est surtout probable que la propension des acteurs à signaler diffère sensiblement d'un département à l'autre.

1. On doit admettre qu'existent des départements où la **« culture tutélaire »** s'est implantée, tandis que d'autres continuent à en faire un usage très modéré. Il en résulte pour le majeur, à situation personnelle identique, une probabilité variable selon le contexte local d'être placé sous un régime de protection. Les conditions d'accès à la protection ne sont donc pas équitables pour toutes les personnes concernées. Mais il n'est pas facile de définir une situation optimale en ce domaine, qui illustre plus généralement la difficulté de toute tentative de discrimination positive. En effet, cette observation peut conduire à deux conclusions opposées selon que l'on privilégie l'aspect « protecteur » ou l'aspect « incapacitant » de la loi de 1968. Dans le premier cas, le caractère de prestation sociale de la mesure conduit à considérer qu'existent surtout des personnes insuffisam-

ment protégées. Dans cette perspective, les départements à faible diffusion des mesures de protection doivent rattraper ceux qui les ont précédés en matière de développement du phénomène tutélaire. Dans le second cas, l'existence de restrictions abusives de l'espace de liberté de certaines personnes protégées est envisagée. Il apparaît alors souhaitable de réduire la diffusion observée dans les départements où le phénomène tutélaire connaît une enflure démesurée sous la forme d'une diffusion forte, sans la moindre explication objective pouvant justifier cette différence.

Il est évidemment difficile de trancher et d'établir une norme quelconque. Les promoteurs de la loi souhaitaient une diffusion large des mesures parce qu'ils étaient principalement sensibles à la protection qui était ainsi apportée. Parmi les juges chargés de l'application de la loi, ce point de vue est encore souvent partagé. Ils considèrent volontiers qu'ils protègent ainsi les intérêts matériels et plus généralement la qualité de la vie des personnes pour lesquelles ils sont amenés à mettre en place un régime de protection. Toutefois ce point de vue est aussi contrebalancé par l'extrême sensibilité dont les juges font généralement preuve à l'égard des atteintes à la liberté des personnes.

Cette disparité dans le taux d'intervention, observée dans le domaine de la tutelle, n'est pas, tant s'en faut, un phénomène isolé. L'analyse de la diffusion interdépartementale d'autres prestations en nature (aide ménagère) ou en espèces (aide sociale), révèle aussi d'amples variations. Il en va de même pour l'accès aux soins. Le taux de prévalence d'un certain nombre d'interventions chirurgicales connaît également d'importantes variations autour de la moyenne. Dans ce dernier cas, l'influence de l'offre, parfois celle du mode de rémunération des acteurs et l'existence d'un effet d'attraction, ont pu être mis en évidence. Dans le domaine de la tutelle, **il était légitime de se poser la question d'un tel effet d'offre.**

2. L'effet d'offre ne devrait pas se produire dans les mêmes termes que dans les autres domaines de l'action sociale ou de l'intervention médicale. En effet, la tutelle se différencie des problèmes médicaux en ce sens que le prescripteur, c'est à dire le juge, est, sur le plan économique, dans une situation apparemment indépendante des effets de sa décision. Il n'y a donc pas, a priori, d'élément qui puisse l'inciter à amplifier le volume des prescriptions. Nous avons observé cependant qu'il avait de bonnes raisons de substituer aux solutions prévues par la loi (par exemple, la tutelle complète avec conseil de famille) des mesures ou des modes de gestion, normalement subsidiaires (comme la gérance de tutelle et l'administration légale sous contrôle judiciaire), plus économes en temps ou plus faciles à instituer. De même, le phénomène tutélaire se différencie de l'action sociale en général, dans la mesure où les prestations sociales offertes sont le plus souvent demandées par les

bénéficiaires. En matière de tutelle, le bénéficiaire n'est souvent pas en mesure de demander quoi que ce soit ou même, il se trouve en désaccord total avec ceux qui veulent lui imposer la mesure de protection. Pourtant, malgré ces différences, l'enquête sur le terrain comme l'analyse statistique interdépartementale ont révélé l'existence de certaines influences du système d'offre sur la diffusion des mesures de protection. Néanmoins, cette influence prend ici des formes quantitatives et qualitatives particulières qui tiennent compte de la spécificité de l'activité tutélaire.

Il faut d'abord noter que les structures d'offre dans leur quasi-totalité présentent un caractère non marchand, ce qui n'exclut évidemment ni les contraintes de gestion ni les motivations à caractère économique chez les décideurs. Cela est tout aussi vrai pour les services gérés directement par les DDASS que pour les services de gérance de tutelle dans les hôpitaux publics. Dans les deux cas, le service public est assuré directement par une institution publique mais les ressources affectées à ces services sont le plus souvent chichement comptées. Parfois, des doutes sont émis sur le rôle supposé inflationniste des associations tutélaires. En effet, celles-ci reçoivent une rémunération en contrepartie du service rendu qui pourrait leur donner intérêt au développement du nombre des mesures. Les études statistiques et les enquêtes menées sur le terrain ne permettent nullement d'étayer une telle hypothèse. **Aucune différence significative n'existe quant à l'intensité du développement du phénomène tutélaire entre les départements où prédomine le service public géré directement par les services extérieurs de l'Etat et les autres où le service public a été concédé par convention.**

En outre, la question se pose des moyens par lesquels une telle influence pourrait exister. S'il est rare, mais pas exceptionnel que les associations tutélaires soient à l'origine d'un signalement, cette situation est évidemment plus fréquente pour les établissements d'hébergement accueillant des personnes susceptibles d'être protégées dans le cadre de la loi de 1968. Il arrive même que le signalement soit accompagné d'une suggestion en faveur du préposé de l'établissement pour assumer les fonctions tutélaires. Toutefois, ces cas restent rares et l'hypothèse, par ce biais, d'un effet d'offre direct pour expliquer l'inflation locale de mesures ne paraît pas établie, d'autant que de telles incitations ne sont guère du goût des juges. L'influence de l'offre sur le développement quantitatif du phénomène tutélaire est donc plutôt faible. A l'inverse, la situation de rationnement de l'offre que connaissent encore certains départements et les efforts, souvent nécessaires et parfois infructueux, déployés par les juges ou par les DDASS pour tenter d'obtenir d'associations tutélaires qu'elles acceptent d'exercer des mesures civiles ou d'étendre leur champ d'intervention à d'autres catégories de majeurs, témoignent plutôt en faveur de l'hypothèse du rôle de frein joué le plus souvent par l'offre.

Cette remarque mérite cependant d'être complétée. En effet, si la demande a en général induit et donc précédé l'offre sur le plan historique, l'offre tend ensuite à favoriser le développement de la demande. Lorsque l'offre est mise en place, sa seule existence et a fortiori la qualité des prestations ainsi proposées, ont plusieurs effets favorables au développement des mesures. Elles contribuent d'abord, à mieux faire connaître les dispositions de la loi du 3 janvier 1968 aux différents acteurs qui peuvent agir pour l'ouverture d'une mesure. Elles donnent également, une image plus positive des régimes d'incapacité ce qui peut annihiler les réticences au signalement. Elles élargissent enfin, les alternatives offertes aux différents acteurs sanitaires et sociaux en leur permettant des reports de charges en matière d'aide apportée à des populations lourdes.

3. L'analyse des situations départementales montre clairement que le développement d'**une « culture tutélaire » locale** tient souvent à la précocité avec laquelle l'offre s'est mise en place. L'établissement de cette culture est d'autant plus rapide que les signalements ont bien souvent pour origine des filières institutionnelles (centres hospitaliers, centres d'aide par le travail, services sociaux, associations de parents) qui constituent un contexte favorable à la transmission de ces pratiques. Si le rationnement de l'offre semble présenter de singulières vertus d'économie, il est évident qu'il ne va guère dans la logique de service public qui a manifestement présidé au vote de la loi de 1968.

L'influence du système d'offre joue aussi de manière qualitative sur le type de mesures et le mode de gestion choisi. Par exemple, l'existence antérieure de services en matière de tutelle aux prestations sociales enfants a contribué à structurer dans une large mesure les conditions de réponse au «besoin» de tutelle. Les associations pratiquant ces mesures ont été en effet, rapidement sollicitées pour exercer des mesures de tutelle concernant des adultes handicapés. Selon le contexte local, et, en fonction de la stratégie de ces associations, l'offre ne s'est pas développée ou bien s'est développée dans le seul cadre de la loi de 1966 avec la tutelle aux prestations sociales adultes ou encore, a pris les diverses formes permises par la loi de 1968 (gérance de tutelle, tutelle d'Etat, curatelle d'Etat). Variable d'un endroit à l'autre, et, parfois très sélective, la réceptivité des structures d'offre aux propositions qui leur étaient faites en matière de services tutélaires, a donc eu tendance non seulement, à freiner la croissance quantitative du flux des mesures mais aussi, à en orienter les modalités d'exécution selon l'une ou l'autre des possibilités offertes par les textes législatifs. **Globalement, l'influence du système d'offre, moins comme variable stimulante initiale que comme variable «réactionnelle», constitue bien le principal facteur explicatif de l'hétérogénéité des pratiques tutélaires au niveau local.**

II. L'arbitrage entre réponse bénévole et réponse professionnelle

Le souci du législateur a été manifestement d'organiser un dispositif souple, permettant d'adapter la mesure à la situation personnelle de chaque majeur protégé. Il a tenu cependant à préciser des règles de priorité que la jurisprudence est venue confirmer par la suite. Rappelons par exemple, que le recours au conjoint dans le cadre du régime matrimonial d'abord, que l'examen de la possibilité de confier la mesure à un membre de la famille proche ensuite, sont les premières étapes incontournables de l'instruction du dossier par le juge des tutelles. Rappelons aussi, que la solution de la tutelle en gérance n'est possible, aux termes de la loi, que pour des personnes n'ayant qu'un patrimoine de faible consistance. Ainsi encadrée, la démarche d'instruction du juge tend à se structurer selon un ordre logique. On pourrait en conclure que la place de l'arbitrage doit être assez réduite. Mais la réalité s'écarte sensiblement de la théorie. **D'où vient l'existence d'un « jeu » dans cette démarche ?**

1. Le premier facteur perturbant l'ordonnancement normal tient à **la place de la famille.** Tous les scénarios sont en effet possibles, depuis le membre de la famille volontaire auquel le juge ne peut facilement refuser l'exercice de la mesure, jusqu'à la pression insistante du juge pour décider un membre de la famille à accepter la charge tutélaire. Parfois, l'intéressé, lui-même, mais assez fréquemment un élément extérieur en la personne du médecin, le plus souvent spécialiste, viennent troubler l'arrangement possible entre le juge et la famille, lorsqu'il déconseille une solution de cette nature pour des raisons tenant à la maladie du majeur protégé. Incontestablement, la loi qui a donné au juge tout pouvoir d'appréciation en fonction des éléments d'information dont il dispose, laisse le champ libre à des arbitrages délicats. Pour des raisons évidentes, abondamment illustrées dans l'étude, ceux-ci sont rendus d'autant plus difficiles que le juge se trouve face à un système d'offre fortement rationnée. Aussi, le constat confirmé par l'enquête d'une diminution, plus limitée qu'on ne le dit habituellement, du rôle de la famille ces dernières années semble être la résultante d'un ensemble de facteurs complexes sur lesquels il convient de réfléchir.

Bien sûr, il ne faut pas exclure a priori les explications communément admises, qui mettent en avant le désengagement de la famille et l'abandon plus fréquent de ses membres en difficulté. Ces phénomènes existent sans doute mais leur mise en évidence se fait toujours en négatif, à la marge, par le biais d'un recours à des substituts socialisés. **C'est pourquoi, l'image spontanée tend à majorer l'importance de ces phénomènes et risque même de faire oublier l'essentiel : la persistance d'une solidarité familiale importante.** Pour illustrer simplement ce propos, il est facile d'imaginer que le recours à la solution socialisée peut connaître un doublement impressionnant (en passant par exemple de 10 % à 20 % du total des mesures de protection) sans que la diminution de la solidarité familiale ne prenne des proportions vraiment considérables (de 70 % à 60%, la diminution n'est que de 14,3 % à population protégée constante). Cette situation peut s'accompagner en outre, d'une augmentation sensible en valeur absolue du nombre de familles sollicitées. Certains experts se demandent même si la prétendue démission des familles ne constitue pas en réalité une version «idéologisée» d'un fait objectif : le développement des situations d'isolement au sens démographique.

L'analyse de ce transfert vers les solutions socialisées doit encore aller plus loin. En effet, il n'y a aucune raison de considérer que la solution familiale soit systématiquement la solution optimale pour la personne protégée. Même s'il est vrai qu'il n'existe dans les textes aucune référence explicite invitant le juge à mettre en place une solution optimale et qu'un simple critère « simonien » en termes de solution satisfaisante est suffisant, on conçoit facilement que pour éviter le risque d'une mesure mal exercée ou parfois détournée de sa finalité, il soit amené à prendre des décisions écartant la famille si nécessaire. Evidemment, les conditions dans lesquelles un tel arbitrage peut être fait dépendent de la qualité et de la disponibilité des solutions alternatives auxquelles le juge peut avoir recours. Avec la progression du phénomène tutélaire, avec le développement des systèmes d'offre, même s'ils ont tendance à être engorgés, et avec la diversification des solutions alternatives (gérance par des préposés d'établissement, associations tutélaires, bénévoles), l'éventail des choix s'élargit et permet plus facilement au juge d'éviter les solutions familiales quand elles ne sont que des substituts forcés. **Ainsi, la prépondérance de la famille dans l'exercice des charges tutélaires, plus nette dans certains départements, peut traduire aussi bien la persistance d'un réseau de solidarité familiale efficace que l'existence d'un rationnement plus fort des solutions alternatives conduisant les juges, faute de mieux, à des substitutions forcées.**

2. En réalité, il semble qu'il faille **distinguer dans le recours aux professionnels deux types de pratiques différentes.** Le plus souvent la solution professionnelle n'intervient qu'en bout de course

pour le solde des mesures non pourvues. Elle prend alors une forme résiduelle éventuellement subsidiaire du bénévolat. Mais elle peut aussi survenir pour des raisons spécifiques, en particulier quand la démarche de protection s'accompagne d'un projet thérapeutique ou quand elle se trouve associée à un projet de changement de vie du majeur. Dans cette dernière hypothèse le recours à des professionnels vient modifier l'ordonnancement du choix du juge et peut même se substituer à des solutions familiales auxquelles il apparaît préférable. La première pratique s'inscrit dans le droit fil de la loi et correspond parfaitement à une vision associant la gestion patrimoniale et la neutralité bienveillante du tuteur ou du curateur. Au contraire, la seconde semble s'écarter d'une interprétation aussi restrictive de la loi et consister en une approche plus dynamique faisant écho à ce qu'un rapporteur de la loi avait nommé d'une expression souvent contestée par la suite : ses « vertus thérapeutiques ». La mesure de protection prend dans cette perspective une dimension plus interventionniste correspondant souvent à la réalité de la mesure mais qui soulève aussi de nombreuses questions au sujet du gouvernement de la personne. Finalement, plutôt que de risquer une définition exclusive de la «bonne» conception de la loi de 1968, il semble préférable et en tout cas pragmatique, de considérer qu'à la diversité des états des majeurs et des contextes dans lesquels ils vivent, correspond nécessairement une égale diversité de ses modes d'emploi.

La prescription de la mesure traduit sans aucun doute le souci de protéger les intérêts matériels du majeur mais peut-on vraiment imaginer que sa seule fin puisse être de manière exclusive la protection d'un patrimoine ? La loi et la jurisprudence invitent aussi le tuteur à prendre soin de son protégé c'est dire à veiller à la qualité de sa vie. Les conditions dans lesquelles s'organise la vie quotidienne du majeur protégé vont influencer la manière dont la mesure de protection peut être exercée. A l'inverse, l'existence d'une mesure de protection est rarement neutre quant aux conditions d'organisation de la vie matérielle des majeurs. **Le juge est donc conduit à prendre très largement en compte dans sa décision, le contexte dans lequel vit le majeur.**

Si le majeur est hébergé dans sa famille ou reste bien entouré par ses proches, la solution «naturelle», en tout cas la solution la plus probable, consiste à confier la mesure de protection à la famille. Les juges respectent chaque fois qu'ils le peuvent cette priorité. A défaut d'une telle possibilité, si le majeur est hébergé dans une institution disposant d'un préposé, le juge peut avoir recours à la tutelle en gérance même si le patrimoine présente une certaine consistance. Quand la personne est hébergée dans un centre hospitalier spécialisé ou suivie par une équipe médico-sociale en milieu ouvert dans le cadre du secteur psychiatrique, le juge a souvent recours à un professionnel. En définitive l'arbitrage entre le recours à un professionnel dans le cadre d'une association tutélaire et le recours à un bénévole, n'existe en réalité que dans les situations où les solutions familiales et institutionnelles s'avèrent impossibles.

3. Le décret de 1969 pour les administrateurs spéciaux des tutelles en gérance et celui de 1974 pour les tuteurs d'Etat, constituent **deux révélateurs particulièrement significatifs de la manière dont la solution bénévole est envisagée.** Le procureur, chargé d'établir les listes de tuteurs, vérifie normalement les capacités des candidats à l'exercice des mesures de protection. Aucune exigence de qualification n'est explicitement posée. Ce parti pris, confirmé par l'arrêté du 28 octobre 1988 relatif à la formation des tuteurs aux majeurs protégés, est justifié par le fait qu'il s'agit d'une fonction susceptible d'être exercée dans le cadre de la solidarité familiale naturelle sans diplôme particulier. Le transfert de cette mission familiale vers un tiers ne devrait pas poser de problème. C'est d'ailleurs ce qui se passe pour un certain nombre de majeurs. Mais il en va tout autrement quand la sélection des dossiers vers la tutelle ou la curatelle d'Etat se fait justement parce que la personne présente un tableau clinique particulièrement lourd ou vraiment délicat, lorsqu'elle a un comportement très perturbé ou quand son entourage présente des caractéristiques singulièrement non adaptées. Face à ces situations difficiles à comprendre, vis à vis desquelles le tuteur ou le curateur doit garder une certaine distance pour intervenir à bon escient, une formation est indispensable. **Le juge se trouve donc limité par la nature des dossiers qu'il peut confier à des bénévoles sans formation adaptée.**

La nécessité d'une formation est passée sous silence par les textes. Le critère de la profession ou de l'ancienne profession a été préféré et la seule restriction, apportée sur le statut des bénévoles par les décrets organisant la gérance de tutelle, ne manque pas de surprendre. En effet, la crainte de gestionnaires intéressés ou plus vraisemblablement la volonté d'ancrer fermement cette mission tutélaire dans le cadre du service public, ont conduit à donner la préférence voire l'exclusivité à d'anciens fonctionnaires civils ou militaires. La pratique s'est fort heureusement écartée par la suite de telles restrictions mais le fait est en soi significatif.

Deux problèmes paraissent essentiels. La fonction symbolique du bénévolat suppose la valorisation de son auteur. Celle-ci peut être faible dans le domaine des tutelles et engendrer une difficulté particulière de recrutement. A ce facteur vient s'ajouter l'absence quasi générale d'une véritable stratégie de mobilisation des ressources bénévoles. Celles-ci sont supposées exister comme des biens libres sans un coût d'accès important. En général peu concerné par le problème des tutelles, le parquet a peu investi dans la recherche de bénévoles. Le réseau de bénévoles dont hérite un juge des tutelles à sa prise de fonction, dépend pour l'essentiel des efforts réalisés par ses prédécesseurs en ce domaine. Le maintien, voire la croissance de ce réseau, dépendent à leur tour de son investissement personnel. La difficulté est grande aux dires de tous les juges et beaucoup renoncent à l'entretien de ce réseau dont l'efficacité est appréciée de façon très variable.

L'histoire de la tutelle montre que le mouvement associatif a été un mode de recrutement de bénévoles plus performant. Les associations de parents d'enfants handicapés qui se trouvaient concernées directement, puis les UDAF, déjà sollicitées pour l'application de la loi de 1966 sur la tutelle aux prestations sociales, se sont engagées avec plus ou moins de réticences sur les listes du procureur. Rassemblant des ressources bénévoles, elles ont assuré l'exercice de mesures de protection souvent avec une continuité et avec une compétence supérieure à ce que l'on pouvait attendre la plupart du temps d'un bénévole isolé. Mais cette solution n'a connu qu'un équilibre transitoire. En effet, le nombre des mesures que les juges ont confié à ces associations s'est accru en même temps que s'alourdissait sensiblement le profil des personnes prises en charge par des mécanismes analogues à la sélection adverse. Bien souvent l'énergie bénévole, qui avait aussi d'autres terrains d'application plus importants et plus gratifiants, s'est trouvée dépassée quantitativement et qualitativement. Un processus de salarisation et de professionnalisation s'est alors développé comme dans de nombreux secteurs du champ de l'action sociale. **La qualification et la spécialisation des personnels affectés à cette mission ont engendré une diversification de l'offre en même temps qu'elles faisaient évoluer la conception des mesures vers une extension de la mission du tuteur.**

Malgré ce transfert vers le salariat, **le bénévolat n'a pas complètement disparu.** Il existe toujours au moins dans la participation et l'animation des conseils d'administration des associations employeurs. Parfois il prend aussi la forme de ressources complémentaires qui se mêlent plus ou moins harmonieusement au travail des professionnels. Mais il subsiste quelques associations où le travail tutélaire continue à être effectivement exercé par des bénévoles. Généralement, ces associations ont un public cible électif (les personnes âgées ou les handicapés mentaux). Une réflexion et des réalisations sont actuellement menées dans plusieurs départements pour voir dans quelle mesure une solution associative pourrait venir apporter un appui technique et moral aux tuteurs isolés et serait susceptible d'améliorer le fonctionnement de ces solutions. L'expérience acquise dans ce domaine sera-t-elle suffisante pour inverser les tendances observées ? Dans une large mesure la variable « bénévolat » est une variable endogène dans le système et non un facteur exogène indépendant. A la limite, avec son « internalisation » dans la conception des politiques, le rôle du bénévolat au sein du système des tutelles peut être envisagé comme un objectif intermédiaire à la réalisation duquel des ressources doivent aussi être affectées. L'arbitrage bénévolat-professionnalisme, objet d'opinions souvent tranchées, constitue un enjeu symbolique et économique. **De cette étude ressort davantage leur complémentarité que leur substituabilité** dès lors qu'est prise en considération l'hétérogénéité de la situation des majeurs protégés.

III. Les rapports entre la tutelle au majeur protégé et la tutelle aux prestations sociales

La loi de 1966 (organisant la tutelle aux prestations sociales) se différencie nettement de la loi de 1968 sur le fond. En effet, la première loi exprime de manière explicite un objectif éducatif visant à accroître les savoir-faire et à modifier les conduites de la personne protégée. Au contraire la loi du 3 janvier 1968 illustre une conception plutôt patrimoniale, soulignée à maintes reprises dans ce rapport, même si l'évolution jurisprudentielle et les récents textes législatifs viennent en élargir singulièrement le domaine d'application à certains aspects extra-patrimoniaux. La problématique initiale au début de cette recherche selon laquelle le recours à la tutelle aux prestations sociales adultes avait pu se substituer aux mesures de protection, en particulier dans les secteurs géographiques où la loi de 1968 est peu appliquée, doit donc être dépassée. Le bilan de l'application de la loi du 3 janvier 1968 sur cette question est à la fois nuancé et particulièrement délicat.

1. En effet, la mise en application de ces deux lois dépend essentiellement de la compréhension qu'en ont les acteurs sociaux et plus précisément ceux qui vont intervenir en matière de signalement. Or, pour un certain nombre de raisons dont l'antériorité de la loi de 1966, **la montée du phénomène tutélaire a été souvent plus rapide dans le cadre de cette loi.** Sans doute, le développement de prestations en espèces en direction de la population handicapée après la loi de 1975, a-t-il favorisé une extension des mesures tutélaires dans le prolongement des tutelles aux prestations sociales enfants, objectif premier de la loi de 1966. Cette solution avait d'ailleurs d'autant plus de chances d'être adoptée qu'existaient des associations tutélaires ayant une pratique dans ce domaine de l'action sociale et que les différents acteurs concernés (travailleurs sociaux, magistrats, greffiers, et délégués à la tutelle) étaient déjà bien familiarisés avec cette loi. Pour répondre au

développement des mesures il suffisait finalement de demander à ces associations un élargissement, apparemment marginal et sans conséquence, de leur population cible.

Cette première phase du développement des tutelles aux adultes fut transitoire car sur le terrain les associations tutélaires, les délégués et les juges, se sont rendu compte que pour un certain nombre de majeurs, une mesure civile complétant ou se substituant à la TPSA, s'avérait nécessaire. Les blocages dans le fonctionnement de la mesure de TPSA survenaient principalement du fait de l'absence de maîtrise du tuteur sur les autres ressources dont disposait parfois le majeur mais aussi de la difficulté d'organiser un effort d'épargne et plus généralement, en raison de la nécessité d'interventions plus importantes pour protéger les intérêts du majeur. La TPSA amena ainsi très logiquement des majeurs vers des mesures civiles contribuant à la mise en place d'une filière supplémentaire conduisant à une protection dans le cadre de la loi de 1968. **La croissance des mesures selon la loi de 1966 a donc induit un développement des mesures dans le cadre de la loi de 1968**, à la fin des années soixante-dix et au début des années quatre-vingts.

Mais **par la suite le mouvement s'est inversé.** En effet, suivant sa dynamique propre, la loi de 1968 a été de plus en plus appliquée à mesure qu'elle devenait mieux connue et sous la pression de la sectorisation psychiatrique qui s'accélérait sensiblement. Plus augmentaient les effectifs de la population pour laquelle un signalement était fait, plus se développait l'offre de services tutélaires et plus les juges des tutelles se trouvaient confrontés à des populations diversifiées appelant des réponses diverses en matière de protection. Les limites de la prise en charge par la famille et la pénurie générale de tuteurs « bénévoles », ont engendré un recours de plus en plus intense à la tutelle ou à la curatelle d'Etat malgré l'extension extrême du domaine d'intervention des préposés d'établissement, gérants de tutelle. A l'instar de la TPSA, cette solution permettait l'emploi de tuteurs professionnels, en règle générale travailleurs sociaux, ce qui donnait à la prestation mise en place par le biais de la mesure « d'incapacité-protection » une connotation particulière, souvent recherchée en tant que telle par les juges. Cette croissance des mesures d'Etat dans un contexte de limitation des dépenses publiques qu'elle contrariait, a pris un caractère intempestif appelant inévitablement des tentatives de régulation. Aussi, vers le milieu des années quatre-vingts, la mise en place de procédures de rationnement interdisant parfois le recours à la tutelle d'Etat, ont conduit de nombreux juges, souvent à la demande des associations tutélaires dont les moyens financiers se trouvaient limités, à utiliser la TPSA comme subterfuge pour assurer malgré tout le financement des mesures de protection exercées par des professionnels. C'est pourquoi, la forte augmentation du nombre des mesures civiles a entraîné dans certains départements une croissance des mesures de TPSA, en particulier sous la forme de mesures doublées.

Cette interaction complexe des deux lois où se mêlent des effets de « contagion » croisés et des effets de débordement, explique pourquoi nous n'avons pas rencontré fréquemment les phénomènes de substitution d'un type de mesures à l'autre dont nous avions supposé l'existence. Finalement, cette situation de développement prépondérant de l'une ou l'autre des deux mesures s'est limitée aux seuls départements où l'absence initiale de TPS a favorisé une prise en charge des adultes plutôt dans le cadre de la loi de 1968 et aux départements où les structures d'offre ont maintenu fermement leur spécialisation exclusive en matière de TPS.

2. Derrière l'arbitrage entre la TPSA et la tutelle ou la curatelle d'Etat se profile un autre débat où s'entrecroisent des considérations financières et des réflexions sur la portée réelle et la signification même des mesures de protection. Il existe en effet, une différence sensible quant au niveau de financement des deux types de mesures. Pour des raisons multiples et en particulier historiques, les mesures de TPSA sont nettement mieux financées que les mesures de gérance de tutelle ou les mesures d'Etat. L'écart varie le plus souvent autour de 50 %. L'effet indirect implicite de cette différence de prix laisse à penser qu'elle doit correspondre à des différences de coût et donc à des différences dans le champ ou le contenu de l'intervention auprès du majeur. Pourtant, à y regarder de plus près, la situation est moins simple qu'il y paraît à première vue. En effet, le paradoxe de la différence de coût entre la tutelle selon la loi de 1968 et la mesure de TPSA tient déjà au fait que les pouvoirs et les responsabilités du tuteur ou même du curateur dans le cadre de l'article 512 du Code civil sont sensiblement plus étendus que ceux d'un tuteur aux prestations sociales. C'est donc la distinction entre les finalités éducatives, sociales et gestionnaires des deux types de mesures qui peut être avancée pour justifier l'écart de prix. Mais, là aussi, comme l'ont démontré à maintes reprises les débats récurrents autour de la notion de « tutelle à la personne », rien n'est clair.

L'inscription des mesures de TPS dans le champ de l'action sociale s'est établie dès le vote de la loi de 1966. Des conditions préalables à l'agrément comme délégué à la tutelle sont venues manifester clairement la transition souhaitée vers des réponses à caractère professionnel. L'insistance portée aux objectifs éducatifs ou rééducatifs à côté des objectifs en termes de protection, a précisé le contenu du travail social attendu. Il en a été tout autrement pour les mesures fondées sur la loi de 1968. Dans une perspective de rupture avec la situation antérieure, la loi de 1968 a scindé la prise en charge des personnes protégées en deux éléments indépendants : la protection des intérêts civils d'un côté, le traitement médical de l'autre (cf. art. 490-1 de la loi). Voulant s'écarter ostensiblement des contraintes sur la personne découlant des placements d'office, **le législateur a limité au minimum les aspects extra-patrimoniaux de la tutelle.** Il n'y a guère dans la loi que deux exceptions : le contrat de mariage d'une part (art. 506) mais cela était indispensable compte tenu des incidences patrimoniales qu'il entraîne et, par le biais d'un renvoi seulement d'autre part (art. 495), sous la forme d'une analogie avec la tutelle des mineurs. Centrées essentiellement sur la gestion du patrimoine, les mesures de protection dans le cadre de la loi de 1968 ont eu un caractère avant tout économique et financier que la formule de la tutelle en gérance, telle qu'elle était conçue à l'origine, illustre bien. De manière significative, l'hypothèse d'une gestion directe de la tutelle d'Etat par les services du Ministère de l'économie et des finances ne fut pas écartée complètement au départ. C'est pourquoi la tutelle a été considérée*« bizarrement mais durablement, pour une question d'argent* [1]*»*. A partir de ce point de départ qui distinguait nettement la tutelle ou la curatelle selon la loi du 3 janvier 1968, de la tutelle aux prestations sociales selon la loi de 1966, une évolution de la doctrine, de la jurisprudence et des pratiques en matière de protection des majeurs s'est amorcée qui explique **la parenté désormais existante dans le fonctionnement de ces deux types de mesure de protection des adultes.**

Le premier signe de cette évolution se trouve dans le décret du 6 novembre 1974 portant organisation de la tutelle d'Etat prévue à l'article 433 du Code civil. Déjà le fait d'avoir mis au premier rang des tuteurs d'Etat le *« préfet qui la délègue au directeur départemental de l'action sanitaire et sociale »*, renvoyait clairement l'exercice des mesures de protection lorsque la tutelle est vacante, dans le champ de l'action sociale entendue au sens large. Ensuite, la volonté d'organiser par le même texte la tutelle d'Etat pour les mineurs et pour les majeurs protégés, s'ajoutant à la priorité familiale énoncée par la loi, contribuait à assimiler le tuteur à un substitut parental avec les responsabilités et les pouvoirs attachés à ce rôle. Enfin, le texte du décret lui-même proclame le principe de la « tutelle à la personne », sans autre indication.

Le deuxième facteur tient aux conditions de mise en place des associations tutélaires pour l'exercice des tutelles en gérance et celui des tutelles d'Etat. En effet, à l'initiative du DDASS, des conventions sont passées avec diverses associations. Qu'il s'agisse d'associations ad hoc ou non, ayant acquis une expérience dans le champ de l'action sociale, qu'il s'agisse d'associations de parents d'enfants inadaptés ou de l'institution UDAF déjà mobilisée pour les tutelles aux prestations sociales enfants, le mouvement associatif n'accepte de s'engager dans cette activité comme mandataire de l'Etat qu'en privilégiant les finalités éducatives et sociales et non les seules préoccupations gestionnaires. Afin de ne pas décourager cet engagement une telle option n'est pas écartée par le représentant de l'Etat et pour réduire les coûts de cette nouvelle activité quand le bénévolat ne suffit plus, il est souvent prévu de confier cette nouvelle mission à des délégués à la tutelle qui exercent déjà dans le cadre de la loi de 1966. Le transfert de savoir-faire est immédiat et, même s'il est clair que le contenu du mandat judiciaire est différent, **la volonté est évidente d'inscrire la mesure « d'incapacité-protection » dans le champ du travail social.**

Plus récemment enfin, par une lecture combinée des articles 449 et 495 du Code civil, la Cour de cassation a affirmé que *« les régimes d'incapacité ont pour objet d'une façon générale de pourvoir à la protection de la personne et des biens de l'incapable*[2] *»*. Ainsi, les conceptions des mesures qui avaient cours dans le mouvement associatif trouvent en quelque sorte une consécration. Cette évolution paraît d'autant plus reconnue aujourd'hui que la loi du 27 juin 1990 relative aux droits et à la protection des personnes hospitalisées en raison de troubles mentaux et à leurs conditions d'hospitalisation, est venue confier des responsabilités particulières au tuteur et au curateur.

Si la jurisprudence reconnaît la nécessité de pourvoir à la protection de la personne, elle devient beaucoup plus prudente quand il s'agit de préciser les modes d'intervention des tuteurs et des curateurs. En effet, la loi en son article 495 prohibe clairement toute assimilation du majeur protégé à un mineur. Il n'est pas dans notre propos ici de trancher un débat *« au moins bicentenaire, entre un principe de liberté proclamé (...) et la volonté de secourir ou de surveiller les plus démunis, souvent contre leur gré*[3]*»*. Entre ceux qui craignent une intervention législative en matière de « tutelle à la personne » et ceux qui aspirent à davantage de clarté sous la forme éventuellement d'une minorité maintenue pour une fraction de la population protégée ou de la mise en place d'une mesure supplémentaire d'assistance éducative en milieu ouvert pour majeur, **force est de constater que la loi est muette et qu'il subsiste un vide juridique.** Sur le terrain plusieurs problèmes concrets et de nombreuses interrogations se posent aux tuteurs et aux curateurs dont voici quelques exemples : comment s'articule leur mission de tuteur avec l'autorité parentale des majeurs sous leur protection ? Comment doivent-ils réagir face à des protocoles de «contraception vétérinaire» adoptés pour leurs protégées ? Qui doit assurer les démarches lorsqu'une IVG est souhaitée par la personne protégée ? Sur quels critères faut-il donner ou refuser l'autorisation prévue par la loi en vue d'un mariage éventuel ? comment respecter la volonté d'un majeur protégé malade alcoolique ? Jusqu'où aller dans l'intervention à propos d'un majeur protégé en situation de clochardisation ? Que faire en matière de gestion du budget quand un majeur s'engage dans une consommation médicale et pharmaceutique abusive directement liée à sa maladie mentale ?, etc...

Si parfois, emportés par leur volonté d'intervenir pour le mieux-être de leur protégé, les tuteurs bénévoles ou professionnels s'engagent de leur propre initiative sur ce terrain du gouvernement de la personne, c'est fréquemment qu'ils doivent résister aux pressions insistantes de l'environnement du majeur. Demander ici l'hospitalisation pour un majeur dérangeant, autoriser là une ligature des trompes ou signer une autorisation d'opérer, les appels à la responsabilité propre du tuteur sont nombreux et ses pouvoirs en la matière, s'ils existent, bien mal fondés. L'urgence amène sans doute à des transgressions de la part de tuteurs ou de « quasi-tuteurs » selon l'expression du Doyen SAVATIER[4] (médecins, famille, associations, administration, etc.) sans pouvoirs légaux en la matière.

3. En toute hypothèse, il faut souligner sur ce point une nouvelle fois **l'extrême hétérogénéité des contextes dans lesquelles les mesures de protection sont exercées** ce qui interdit évidemment d'en parler en termes trop généraux. Cette hétérogénéité tient avant tout autre chose à la grande différence de potentialités qui peut exister entre une personne protégée et une autre. Certaines personnes sont proches de la conscience des réalités et n'ont besoin que d'un accompagnement à distance. D'autres ont un âge mental inférieur à celui d'un enfant de cinq ans et la question du gouvernement de la personne se pose alors avec acuité. Beaucoup enfin, surtout parmi celles dont la protection est confiée (pour cette raison d'ailleurs) à des professionnels, demandent avec continuité un accompagnement social de proximité. Cette situation a d'autant plus tendance à se multiplier que les trajectoires de vie des malades mentaux évitent aujourd'hui beaucoup plus qu'hier l'institutionnalisation dans les établissements psychiatriques. Pour ces personnes fortement perturbées et pour celles survivant dans une lente dégradation liée à leur exclusion sociale prolongée, le besoin d'accompagnement social reste impérieux.

S'il est évident que cet accompagnement peut prendre appui sur d'autres acteurs que le tuteur ou le curateur, il n'en reste pas moins vrai que celui-ci se trouve souvent le premier sollicité dans ce domaine et qu'il ne suffirait pas d'organiser une bonne gestion des problèmes d'argent sans rechercher simultanément une certaine qualité de vie pour le majeur. Cette attente envers le tuteur et le curateur est d'autant plus importante que la dépendance antérieure à l'égard de l'établissement d'hébergement risque d'être transférée vers le tuteur et que la mise en place de la mesure de protection s'accompagne souvent d'un retrait des autres intervenants.

Le problème vient dans une large mesure du fait que l'on n'a pas encore tiré toutes les conséquences de l'orientation qui a permis à des populations marginales ou fortement handicapées de vivre en milieu ouvert. Cette vie en milieu ouvert entraîne de nouveaux risques (désordre, violences, effets de voisinage, etc.) et de nouveaux problèmes (procréation, solitude, etc.) auxquels la collectivité est peu préparée et qui ne sont envisagés qu'*« à reculons »*. Devant le risque, l'attitude de la société dans son ensemble ne semble pas en cohérence avec les projets humains et sociaux affirmés. En effet, tantôt l'ignorance de ces risques peut aboutir à la détérioration de la situation des majeurs (ségrégation, refus des bailleurs, etc.), tantôt leur prévention conduit à une surprotection et une tutellisation généralisée. Le fait de voir apparaître, certes de façon marginale, une clientèle de volontaires de la mesure de protection afin d'éviter tous les problèmes, ne laisse pas d'inquiéter.

Les arbitrages nécessaires se situent à tous les niveaux depuis la décision de signaler jusqu'aux décisions prises par le tuteur en passant par la décision judiciaire. En bout de course, de manière quotidienne et fréquemment en urgence, ils vont reposer sur le tuteur ou le curateur. Trop souvent mis face à des acteurs (médecins, juges, travailleurs sociaux) qui ne souhaitent guère voir leur responsabilité engagée et qui *« ouvrent leur parapluie »* systématiquement, le tuteur ou le curateur peut être plongé dans des situations délicates. Ne pas intervenir peut nuire au majeur protégé et le mettre dans une situation moins favorable que les autres, ce qui est manifestement contraire à l'esprit de la loi de 1968 mais, intervenir, c'est se situer en marge de la loi et s'exposer à des poursuites civiles ou même pénales.

Vingt ans après le vote de la loi on peut s'interroger sur le «flou» qui persiste quant au contenu des mesures. Quel est vraiment leur domaine d'application ? Quelle est la place mais aussi quelles sont les limites de l'accompagnement à la personne qu'elles supposent ? Comment s'articulent les responsabilités bien définies du tuteur en matière économique et budgétaire avec les sollicitations beaucoup plus larges auxquelles il doit souvent répondre ? Ce débat n'a évidemment pas seulement un caractère académique puisqu'il conditionne dans une large mesure les questions financières associées à la tutelle.

IV - Les effets du système de financement

Le financement des dépenses entraînées par la loi, presque totalement ignoré lors de la préparation et du vote de la loi, n'a été construit qu'après et de manière empirique. Ainsi, la première solution à bénéficier de modalités précises de financement avait été envisagée comme relativement exceptionnelle par le législateur. A l'inverse, des solutions qui auraient dû constituer le droit commun, comme la tutelle complète avec conseil de famille ou la curatelle, éventuellement d'Etat en cas de vacance, connurent un développement contrarié en raison d'une absence de prise en charge des coûts qu'elles impliquaient pour le juge et son greffe ou pour le tuteur. **La manière dont l'offre s'est structurée doit donc aussi beaucoup aux hasards de la configuration des différents modes de financement qui se sont succédés.**

1. Le financement n'est jamais neutre surtout quand il prend des formes et des niveaux aussi contrastés. Du côté du majeur en effet, ont coexisté des modes de protection gratuits (tutelle DDASS, tutelle aux prestations sociales adulte), d'autres avec un prix proportionnel au revenu du majeur mais avec un taux marginal décroissant par palier (la tutelle en gérance), d'autres enfin avec un taux progressif et un prix plafond (la tutelle d'Etat). Du côté des tuteurs et des curateurs, **le financement n'a tenu que très imparfaitement compte des coûts.** Tantôt, certaines mesures ne sont pas financées (mesures de sauvegarde de justice et curatelles d'Etat par exemple) alors qu'évidemment elles impliquent des coûts, tantôt certaines mesures sont mieux financées que d'autres alors même qu'elles n'entraînent pas nécessairement une charge de travail plus importante (tutelle en gérance avec un patrimoine important, tutelle aux prestations sociales adulte). Cette anarchie et cette absence de cohérence ne peuvent entraîner que des déviations dans les comportements des acteurs concernés et certains effets pervers dans l'application de la loi prennent sans doute leur origine dans cette situation.

La difficulté d'une tarification en la matière tient principalement à deux choses. La première résulte de ce que la lourdeur d'une mesure ne dépend pas de façon univoque du degré de dépendance de la personne protégée. Une curatelle simple demande souvent plus d'attention, de soin et donc de temps qu'une curatelle alourdie (art.512). A l'inverse, une tutelle aux biens et à la personne pour une personne grabataire, privée de moyens d'expression peut être plus simple à gérer. Il faut donc bien reconnaître qu'il y a une extrême diversité dans l'état des majeurs, dans les conditions de fonctionnement de la mesure de protection et donc dans les coûts qu'elle suppose. La deuxième source de difficulté découle de ce que l'on veut prendre en charge cette activité par le biais d'un prix moyen entendu au sens large. En effet, à situation économique donnée de la personne protégée, le financement est toujours le même quelle que soit la charge réelle, sauf autorisation expresse du juge de prélever des sommes supplémentaires quand le patrimoine le permet. Evidemment, on ne sera pas surpris de noter dans ce débat que les gestionnaires des associations tutélaires mettent plutôt en avant les cas les plus lourds (malades mentaux en milieu ouvert par exemple), tandis que les financeurs et en particulier le Ministère de la solidarité, de la santé et de la protection sociale, n'ont tendance à ne voir que les cas les plus légers (personnes âgées en établissement par exemple). C'est en effet, la règle du genre. Il faut bien constater que cela ne favorise pas le débat sur les coûts. Ainsi, les «bénéfices supposés » justifiaient le non financement de certaines mesures (sauvegarde de justice), éloignant davantage le système de tarification de la réalité des coûts. A l'inverse, l'absence de moyens suffisants pour des cas lourds incitait à rechercher les formules de financements les plus intéressantes (comme la TPSA avec doublement des mesures) au détriment parfois de l'application juste de la loi.

2. Même s'il n'est pas exempt de critiques, un progrès sensible a été réalisé récemment avec la mise en place d'un financement différencié selon que la personne est en établissement ou non. On sait en effet, que le prix pour l'exercice de la mesure se trouve alors divisé par 2,5. Cette réforme du financement a eu au moins le mérite de mettre en évidence la part, souvent plus faible qu'on ne le pensait auparavant, des personnes vivant de manière habituelle en établissement. Pour comprendre cela, il faut savoir que les juges usent de manière sélective des diverses solutions à leur disposition. En général et principalement en milieu ouvert, ils ont tendance à confier les dossiers qu'ils pensent être les plus lourds ou les plus délicats au terme de leur instruction, à des professionnels travaillant dans des structures organisées. De cette tendance, combinée avec la sortie des CHS de personnes handicapées mentales plus perturbées, il a résulté un alourdissement probable de la charge de travail moyenne par dossier et des coûts associés, même si les associations ont tenté d'en faire prendre conscience aux juges en leur demandant, parfois explicitement, de bien vouloir leur confier également des dossiers plus légers.

Des effets de report de la charge financière ont été notés, à commencer par les obligations faites aux établissements de soins d'organiser la gérance de tutelle par le biais d'un préposé, service dont les recettes ne couvrent le plus souvent qu'une partie des dépenses. Plus récemment, la charge des mesures de protection a été reportée partiellement mais de façon significative sur les majeurs protégés même avec de faibles ressources. De son côté l'Etat considère qu'il subit lui aussi des reports de charges injustifiés quand la tâche incombant aux tuteurs et aux curateurs d'Etat se trouve excessivement alourdie par l'insuffisante implication des intervenants du secteur psychiatrique ou par le désengagement des services sociaux départementaux. Ainsi, l'éternelle question des frontières des financements traverse-t-elle également la vie quotidienne des majeurs protégés.

L'histoire du financement des mesures de protection dans le cadre de la loi de 1968 montre clairement les dérives, les inefficiences et les iniquités qui peuvent résulter d'un texte de loi, fût-il le meilleur, quand son intendance en général et ses modalités de financement en particulier, connaissent une mise en place tardive sans être intégrés dans une réflexion portant sur l'ensemble du système. Il n'est sans doute pas trop tard pour s'orienter progressivement vers une tarification plus cohérente.

B - Les pistes de réflexion.

Au terme de cette étude, le service public des tutelles aux majeurs protégés dont la mise en place fut décidée par le législateur de 1968, répond dans le concret de manière très hétérogène aux objectifs qui lui furent fixés : assurer la protection de leur personne et de leurs biens aux majeurs répondant aux critères médicaux et juridiques fixés par le titre onzième du code civil.

En effet, même si aucun juge n'admettait de dire qu'il ne dispose d'aucune autonomie car de fait, dépendance ne signifie pas détermination, la décision de protéger une personne majeure en raison de l'une des incapacités énoncées par la loi du 3 janvier 1968, apparaît comme largement dépendante de toute une série de facteurs, dont certains sont étrangers au droit et à la médecine et ne devraient interférer ni sur le choix de la mesure de protection, ni sur son mode de gestion. Surtout, si les nécessités de faire fonctionner le système imposent aux acteurs des arrangements, des accommodements et même des dérogations à l'esprit de la loi, l'enquête menée sur les départements dévoile de manière précise **une hétérogénéité géographique et probablement sociale dans la manière dont le service public s'acquitte de ses missions.** Les inégalités sont telles dans la diffusion de la prestation, dans le choix des mesures et leur mode de gestion, dans les manières de financer les mesures et de solliciter les bénéficiaires, que les principes même du service public se trouvent battus en brèche. Ces inégalités sont d'autant plus sensibles qu'elles touchent des populations définies comme ayants droit et qu'elles doivent en définitive moins aux particularismes locaux qu'aux errements d'une intendance dont jamais ni les principes, ni les modalités ne furent à la hauteur des ambitions que le législateur avait exprimées.

Le souci de mieux garantir les droits à la protection que la loi crée au profit des majeurs incapables, devrait conduire à rechercher une amélioration du système dans plusieurs directions.

Sur plusieurs points, concernant la définition des régimes de protection et les modalités de choix des gestionnaires, le texte de la loi de 1968 mérite quelques ajustements (I). En second lieu, une grande attention sera utilement portée au statut du juge des tutelles et au travail de son greffe, pivots du service public de la protection (II). Il importe en même temps de neutraliser l'influence de certains facteurs sur la décision juridique, de manière à se rapprocher autant que possible de la situation idéale où seul l'intérêt du majeur détermine les propositions du médecin et les choix du juge. Dans la poursuite de cet objectif, il convient de rechercher l'amélioration de l'offre de gestion (III) et celle du système de financement (IV).

I - L'aménagement de la loi.

1. Sur le plan de la définition des droits, un «toilettage» de la loi de 1968 répondrait aux changements qui ont affecté ses fondements et les conditions sociales de sa mise en œuvre. A l'origine, le législateur a défendu une conception de la protection de l'incapable rattachée au souci de protéger le patrimoine familial (entendu au sens civiliste comme ensemble de biens immobiliers) et sa transmission. Sans abandonner cette visée initiale, la pratique a conduit vers une conception plus individualiste et plus globale de la protection en enregistrant à la fois la dilution des modes de vie traditionnels de la famille et l'élargissement des catégories de populations susceptibles de devenir des ayants droit. A la lecture de la loi et des travaux préparatoires, on est fondé à penser que la forme de protection correspondant le mieux à l'esprit originaire du texte se trouve dans la tutelle avec conseil de famille et on a pu constater qu'elle représente la modalité de protection la plus difficile à mettre en œuvre. Dans cette distance réside toute l'ambiguïté actuelle du système des tutelles. En fait, il est possible de distinguer aujourd'hui **trois grandes catégories d'interventions des mesures de protection :**

— Celle ou la famille restreinte gère elle-même la mesure ou bien, sans la gérer directement, s'y intéresse suffisamment pour garder un lien personnel étroit avec l'incapable ; (dans ces situations, une certaine optimalité de la protection des biens et de la protection de la personne peut être présumée).

— Une autre catégorie comprend toutes les situations ou la personne protégée est isolée (avec ou sans famille) et sa protection prend alors nettement une coloration individualiste dans laquelle le majeur doit être protégé d'abord pour lui-même, contre son entourage et y compris contre l'indifférence ou la malveillance de sa famille ; la nécessité de retisser les liens sociaux prend ici tout son sens et cette part de la protection personnelle (ou de l'accompagnement social) qui doit prendre appui sur des structures variées selon la situation de la personne, est la plus difficile à mettre en œuvre et la plus souvent déficiente.

— Enfin, dans la troisième catégorie, il convient de ranger toutes les situations où la protection cherche directement ou indirectement à éviter l'éclatement de la cellule familiale elle-même. Le secours, rendu nécessaire par le comportement de l'un des conjoints ou par les attitudes économiques et sociales du couple lui-même, apparaît comme une condition de la remise à flot d'un foyer en perdition. Là aussi, les interventions sociales doivent être spécifiquement adaptées à ces situations.

Faire mieux correspondre l'esprit et les termes de la loi aux besoins actuels de protection s'impose donc comme objectif raisonnable. Il convient d'abord d'abandonner le débat juridique sur l'espérance d'un texte qui viendrait compléter la loi de 1968 sur le terrain de la protection de la personne. En effet, ainsi qu'il l'a été montré, les dispositions juridiques existantes permettent de répondre suffisamment aux besoins reconnus en ce sens. D'autre part, on ne saurait sans illusion chercher à garantir les deux types de protections par des financements distincts ; matériellement délicate, source de glissements et d'abus, cette tentative est de plus inutile dès lors que la Cour de cassation a estimé que toute mesure de protection comprend nécessairement une part de protection de la personne. Dès lors, la régulation continuera de reposer sur le juge et de dépendre des rapports qu'il établit avec les différents acteurs. Néanmoins une clarification des responsabilités respectives par la jurisprudence s'impose en ce qui concerne le gouvernement de la personne. Elle seule permettra vraiment d'assurer le respect de la volonté du majeur quand elle peut être saisie, en évitant qu'il ne soit trop pénalisé par l'attentisme prudent ou au contraire par l'interventionnisme osé de son entourage.

Dans la loi de 1968, la protection des majeurs incapables s'organise autour de trois régimes de protection principaux, correspondant à trois degrés d'incapacité des personnes à protéger. Les amélioration souhaitées ne porteront pas leurs fruits sans une remise en ordre de ces régimes. Le but recherché doit être de faire dépendre la décision de protection du degré de l'incapacité et non de facteurs externes à son évaluation, en particulier des modes de gestion et des financements. En ce sens, la tutelle, mesure retirant toute capacité juridique, devrait devenir l'exception et ne concerner que les personnes en situation d'incapacité totale. Le doublement d'une mesure de tutelle par une tutelle aux prestations sociales, difficilement défendable à l'heure actuelle, perdrait toute signification puisqu'aucun espoir d'un retour aux conduites autonomes ne pourrait le fonder. **Le droit commun des mesures de protection reposerait alors sur la sauvegarde et surtout la curatelle.**

Comme nous l'avons constaté, la sauvegarde de justice est une mesure de protection peu usitée et même très peu en dehors des périodes d'instruction des autres mesures d'incapacité. Pour les personnes qu'une simple protection pourrait aider sans qu'une mesure d'incapacité plus forte ne vienne les priver des droits dont elles peuvent continuer à jouir, la sauvegarde de justice devrait pouvoir être prolongée autant que de besoin. La possibilité pour le juge de nommer un mandataire concilie le minimum des garanties nécessaires à la protection et ceux des droits que le majeur doit conserver ; dans cette situation, le projet de réinsertion dans les circuits de la vie civile prend un intérêt véritable.

La curatelle à l'heure actuelle diversement utilisée par les magistrats, l'est surtout sous sa forme la plus lourde. De plus, nombre de tutelles déguisées se cachent sous des curatelles renforcées car cette mesure offre une plus grande liberté de choix du gestionnaire ; quand de surcroît ces curatelles 512 sont encore renforcées par des mesures de tutelle aux prestations sociales, on ne voit vraiment plus ce qui peut les distinguer des tutelles complètes. Or le législateur a souhaité cette distinction et il est juridiquement et socialement important que la pratique la maintienne. Répondant en principe a un besoin de conseil ou de contrôle, **la curatelle devrait être par excellence la mesure de protection appelant un projet de rééducation aux comportements de l'autonomie civile.** Peut-être conviendrait-il d'en définir un régime central à partir duquel, par simple ordonnance, le juge des tutelles pourrait moduler le degré de protection nécessaire. On peut d'ailleurs imaginer d'officialiser la curatelle aux biens pour toutes les situations dans lesquelles la personne protégée peut être associée aux décisions concernant la gestion de son patrimoine.

Dans cette logique bien sûr, les mesures de curatelle seraient mieux rémunérées que les mesures de tutelle. La sauvegarde devrait l'être aussi.

2. Une réforme de la loi **révisant les modalités de choix des gestionnaires,** serait également bien accueillie. Il apparaît en effet clairement que les difficultés à trouver des membres de la famille pour exercer des tutelles complètes, conduisent les magistrats à prononcer des mesures de curatelle renforcée pour lesquelles le gestionnaire peut être choisi plus librement, ou même de simples mesures de protection des biens. Si la spécificité de l'institution du conseil de famille doit le faire réserver à la tutelle, il n'y a plus de raison solide pour limiter les possibilités de désignation du tuteur, compte tenu des évolutions relevées dans la mise en œuvre des protections. Pourquoi le juge ne disposerait-il pas d'une liberté comparable à celle du conseil de famille ? Même si la loi étant appliquée strictement, la distinction curatelle/tutelle reflétait réellement une différence dans le degré d'incapacité (ce qui nous l'avons constaté est actuellement loin d'être le cas), celle-ci justifie-t-elle encore les restrictions apportées à la désignation des tuteurs ? Le service des tutelles assume correctement la régulation du système et il le ferait de meilleure façon s'il n'était contraint à se livrer à des contorsions rendues nécessaires par des rigidités juridiques désuètes.

Cet ajustement ne remettrait cependant pas en cause la priorité inscrite dans la loi au profit de la famille, pour l'exercice des mesures de tutelle et de curatelle. Une telle priorité répond d'abord aux obligations que la solidarité familiale impose aux membres de la famille proche (conjoint, ascendants, descendants et pourquoi pas des collatéraux) ; elle est traditionnelle pour les prestations d'aide sociale légale et rien n'impose de renoncer à son principe dès lors que des raisons médicales ou sociales permettent au juge de l'écarter. Ce n'est donc qu'à défaut d'une possibilité de gestion familiale que le juge des tutelles recourrait plus librement à d'autres gestionnaires.

On peut enfin se demander quelle justification plaide en faveur du maintien du mécanisme actuel de la vacance. Son institution ne répond-elle pas au principe de la tutelle familiale et à l'exception du recours au préfet puis à la DDASS ? Peut-elle se défendre de la même manière dès lors qu'une mesure sur deux n'est pas administrée par la famille ? Actuellement, son interférence dans la régulation opérée par le juge conduit à un allongement des procédures sans le décharger du soin de trouver un gestionnaire (en particulier lorsque la DDASS ne peut gérer elle-même la mesure). Pour la curatelle comme pour la tutelle, il serait plus simple que le recours à l'Etat n'intervienne qu'à défaut de toute autre possibilité, avec obligation pour lui de se doter des services nécessaires pour assumer ses obligations.

3. Une interrogation demeure sur le rôle qu'il convient de faire assumer aux parquets. De toute évidence, le fonctionnement pratique est très éloigné des garanties que le législateur avait semblé placer dans leur présence tout au long de la procédure de mise sous protection. Quelle est d'ailleurs au fond la justification de cette place de l'Etat dans le droit privé des incapacités ? Ne faut-il pas y voir l'une des manifestations de l'immixtion de l'Etat dans les affaires civiles ? Cette intervention, justifiée lorsque le comportement de la personne ou son trouble mental conduisent à menacer l'ordre public (hypothèse du placement d'office par exemple), l'est-elle encore pour les incapacités civiles de la loi de

1968 ? En quoi les intérêts de la société sont-ils alors en cause ? La réflexion serait moins critique si l'enquête avait révélé une présence efficace des parquets auprès des juges des tutelles.

Certes, les obligations qui pèsent sur le juge des tutelles d'associer le parquet à la procédure civile qu'il conduit vers la décision de protection, se comprennent comme autant de garanties pour le majeur qu'une mesure privative de liberté ne sera pas prise sans qu'au moins un autre magistrat ait donné son agrément. Mais un autre juge du tribunal d'instance voire son président (ou celui du TGI), pourrait jouer ce rôle. La capacité juridique attachée à la personne est garantie par les textes fondamentaux de notre droit et l'on peut comprendre qu'au nom de l'Etat deux voix différentes prévinennent des privations arbitraires. Encore faudrait-il que les parquets assument eux aussi, effectivement, ce rôle éminent dans l'ensemble des fonctions qui leur incombent (filtre, exigences formelles, recherche de gérants, etc.).

L'ensemble de ces ajustements juridiques permettraient au juge des tutelles d'assurer avec plus d'atouts et de manière plus continue sa responsabilité à la tête du service public des tutelles.

II - L'amélioration des conditions du fonctionnement de la justice

Ce bon fonctionnement du service dépend aussi de l'attention que le Ministère de la justice voudra bien lui prêter pour améliorer la situation des magistrats et celle des greffes.

1. L'enquête a mis en évidence **la nécessité d'une plus grande stabilité des magistrats** occupant les fonctions de juge des tutelles pour faire contrepoids à la stabilité et à l'assise des autres acteurs du champ de la protection de l'incapable majeur. En dernier ressort, il appartient toujours au juge de trancher et son autorité ne peut être prise au sérieux si son action ne s'installe pas dans la durée. En outre, la meilleure collaboration avec les médecins, nécessaire et souhaitée par les juges des tutelles, ne peut s'instaurer qu'au prix de cette action continue que ne permettent certainement ni leur rotation trop rapide ni, a fortiori, les vacances de postes préjudiciables à tout le service public de la justice.

Défendant son projet de loi, le Garde des Sceaux ne doutait pas que les meilleurs éléments des facultés de droit seraient attirés vers la fonction de juge des tutelles. Encore aurait-il fallu que les fonctions de juge au tribunal d'instance ne soient pas dévalorisées par le système de formation lui-même et que leur attrait ne soit pas compensé par des handicaps dans le déroulement de la carrière. Dans la réalité, la diversité des fonctions exercées par les juges des tribunaux d'instance en font l'une des meilleures formations pratiques qui puisse se concevoir pour le magistrat débutant. De plus, même de courte durée, l'expérience met nécessairement au contact des situations variées et concrètes de la vie locale et de l'administration de la justice. Pour ces raisons, la fonction devrait être une étape recommandée dans la carrière du magistrat débutant. Pour concilier les divers aspects contradictoires (intérêt pour la formation, difficultés de la fonction, souhait des magistrats de revenir vers des villes plus importantes), il serait souhaitable de rendre cette étape plus attractive en valorisant ses effets dans le déroulement de la carrière, à condition que le jeune magistrat y reste au moins deux ou trois années.

La responsabilité du juge doit être entière et sera mieux exercée si les autres acteurs sont assurés de la continuité de son action.

2. L'autre aspect de l'administration des tutelles méritant une attention particulière concerne **le fonctionnement des greffes.** Les personnels paraissent inégalement répartis, la productivité du travail est inégale et certains tribunaux sont insuffisamment dotés pour que l'administration des mesures de tutelle soit correctement assurée. Cette remarque empêche, pour tous les tribunaux, le réexamen périodique des mesures prononcées et pour beaucoup, la possibilité d'un contrôle sérieux des comptes de gestion. De surcroît et même quand les dotations en personnel paraissent suffisantes, les « faisants fonction » assument trop fréquemment des responsabilités que ne reconnaissent ni leur statut, ni leur rémunération. Sans doute ces raisons expliquent-elles, entre autres, avec de grandes variations d'un tribunal à l'autre, le faible nombre des comptes de gestion reçus chaque année et le caractère un peu aléatoire des contrôles.

Mais l'élément le plus révélateur de l'insuffisante attention de l'Etat à l'égard des tutelles, réside sans doute dans l'absence d'un logiciel de gestion adapté aux différentes missions d'information et d'administration des greffes. Il est surprenant que le traitement manuel des dossiers ne se soit jamais accompagné d'un souci de connaissance statistique des populations concernées et que les greffes n'en aient qu'une connaissance intuitive ; il est non moins surprenant qu'aucun outil ni aucune réflexion n'aient été proposés aux tuteurs institutionnels dans le domaine de la gestion des mesures et que chacun en soit réduit à prendre de son côté les initiatives qu'il juge bon. Sur ce point, les greffes sont en retard sur leurs partenaires : le classement des dossiers n'est pas normalisé, les comptes demandés aux familles ne font pas l'objet de formulaires standards et les efforts récents pour améliorer la gestion des dossiers furent souvent ressentis davantage comme un travail supplémentaire une nouvelle fois demandé que comme la mise en place d'un outil complet et évolutif.

A l'évidence, la conception d'un logiciel qui permette de suivre et de gérer tous les aspects du dossier de chaque majeur s'impose comme une urgente nécessité.

III - Le développement des moyens de l'offre de tutelle

Il paraîtra sans doute plus difficile de **créer les conditions d'une fluidité de l'offre de gestion des mesures de protection.** Rappelons sommairement trois éléments. Du côté des personnes protégées, le mouvement d'ouverture des hôpitaux se poursuivra en modifiant la proportion des mesures assurées par leurs gérants au profit d'autres tuteurs. A l'inverse, l'allongement de la durée de vie des personnes âgées accentuera les besoins de protection de ces personnes dont une part croissante des plus âgées vivra en établissement. Du côté des tuteurs familiaux, la difficulté de trouver dans la famille du majeur une personne susceptible de le prendre en charge, s'accentuera dans le double mouvement du rétrécissement de la cellule familiale et de la mobilité professionnelle.

L'un des intérêts des enquêtes réalisées a été de mettre en évidence la professionnalisation croissante et nécessaire du travail des gestionnaires des mesures de protection. Cet axe doit guider toute réflexion recherchant une amélioration de l'offre de service.

1. L'Etat doit tout d'abord, soit veiller à **donner l'exemple en dotant ses propres services des moyens nécessaires à leur bon fonctionnement** ce qui, fréquemment, est loin d'être le cas, soit se désengager clairement de la fonction de gestion de tels services. Lorsqu'ils existent, les services de tutelle des DDASS ont souvent constitué pour les magistrats, des services de référence en raison de la qualité de leur travail. Celle-ci tend à se détériorer car la dotation en personnels n'a pas suivi l'augmentation des charges, notamment après la décentralisation. On peut d'ailleurs se demander si les services tutélaires des DDASS ne pourraient pas être rattachés à la collectivité départementale. Aucun obstacle juridique de principe ne s'y oppose et le département qui gère presque toutes les autres prestations d'aide sociale légale et qui dispose désormais d'un réseau développé de travailleurs sociaux, aurait peut-être davantage le souci de mener une politique cohérente et, en tout cas, plus de facilités pour le faire.

Quoi qu'il en soit, s'il n'apparaît pas indispensable que chaque DDASS dispose d'un service tutélaire développé, la logique de la tutelle d'Etat fait obligation à l'Etat d'assumer lui-même, ne serait-ce que temporairement, les charges tutélaires restées vacantes (au sens matériel du terme) et en conséquence, de doter chacune des DDASS du minimum nécessaire pour répondre à ces situations. A l'inverse, là où le choix fut fait de créer un véritable service tutélaire, l'Etat doit assurer des moyens convenables de fonctionnement.

Compte tenu de la particularité de ces services qui reçoivent les majeurs et les visitent, se livrent à des opérations comptables et doivent résoudre des problèmes juridiques variés et parfois complexes, il paraît recommandé de les doter d'une certaine autonomie par rapport à la structure des DDASS. La régie ou l'association para-administrative permettraient une autonomie de gestion et de financement et motiverait davantage la recherche des prélèvements sur les patrimoines rendue aujourd'hui difficile en raison de la pénurie de personnel. Cette plus grande autonomie trouverait un juste prolongement dans des rémunérations correspondant mieux aux qualifications acquises par les agents ayant fait le choix difficile du service tutélaire. Elle serait en tous points beaucoup plus satisfaisante pour les délégués, leurs responsables et les partenaires du service.

2. La position ambiguë des gérants de tutelle des centres hospitaliers spécialisés, s'est trouvée à plusieurs reprises soulignée dans l'étude. Leur dépendance de la hiérarchie administrative les empêche parfois de développer leurs services ; les contraintes de la comptabilité publique et leur rattachement aux services comptables de l'hôpital limitent leurs pouvoirs de gérants ; leurs relations avec les équipes médicales les intègrent assez rarement aux projets de soins et la politique de sortie des malades les place en position controversée quand ils sont amenés à poursuivre leurs fonctions de gérance ; de plus, la pénurie d'offre a conduit certains gérants à accepter des mesures incompatibles avec la loi ou avec leur statut. Il en résulte une situation critique d'autant plus paradoxale que leur compétence est en général reconnue et appréciée des magistrats.

La clarification consisterait en ce domaine, à **poursuivre la volonté du législateur** de séparer les modalités du traitement médical et la protection des intérêts civils, **en faisant sortir le gérant de l'enceinte de l'hôpital.** Le service de gérance serait ainsi une structure indépendante, disposant d'une certaine autonomie juridique (régie autonome ou association) et devant rechercher son autonomie financière. Le gérant pourrait être un fonctionnaire détaché de l'hôpital qui aurait la liberté de recruter le personnel nécessaire au bon fonctionnement de son service. Cette situation aurait de nombreux avantages : elle permettrait de lever la barrière, il est vrai en partie théorique de la consistance des biens, et de rechercher un autofinancement du service par des prélèvements plus systématiques ; elle dissocierait complètement les soins médicaux et la protection des biens en clarifiant les rapports avec l'hôpital où le gérant pourrait rencontrer les incapables hospitalisés, et en facilitant les relations avec les incapables vivant en milieu ouvert ainsi qu'avec les équipes médicales et sociales chargées de les suivre ; elle autoriserait des rapports plus clairs avec l'administration et les services comptables de l'hôpital ; elle serait en fin de compte particulièrement motivante pour le gérant et son équipe devenus pleinement responsables de leurs services.

Il conviendrait cependant de limiter à la gestion des biens des malades hospitalisés ou en liaison avec les équipes médicales, le domaine de compétence de ces gérances rénovées qui n'assumeraient ainsi jamais la charge des mesures complètes, lesquelles relèvent d'un personnel social spécialement formé.

3. L'étude a également souligné les ambiguïtés du bénévolat et notre scepticisme à l'égard de tout projet de développer la part de la gérance dite bénévole pour assumer la gestion des mesures de protection. Sans une stratégie volontaire et bien établie, on peut penser que cette solution de tuteurs, de curateurs et de gérants de tutelle bénévoles aura tendance à disparaître progressivement dans un nombre non négligeable de tribunaux d'instance. Sans doute s'agit-il là d'une situation regrettable. En effet, il est hors de question de voir dans ce mode d'organisation des mesures de protection une panacée car la difficulté de trouver des bénévoles et le caractère vraiment professionnel du mandat tutélaire, interdisent d'espérer de vraies solutions dans cette voie. De plus la « gérance bénévole » se traduit par un coût supplémentaire assumé par les juges des tutelles qui doivent consacrer une part de leur temps à la recherche de candidats, à leur formation et à l'encadrement de leur activité. Au cœur du système de la tutelle, le travail de régulation du juge ne devrait pas se trouver perturbé par des activités de ce type qui, en le faisant passer du côté de l'offre de services, risquent de le mettre en porte-à-faux pour ses fonctions principales.

Pourtant il ne faut pas abandonner toute notion de bénévolat, son existence à la marge, utilisée avec discernement par les juges fournit un appoint qui donne non seulement une certaine souplesse au système mais aussi des résultats parfois bien adaptés à la situation de certains majeurs. Il paraît alors souhaitable d'accentuer une certaine professionnalisation de cette catégorie de gestionnaires. Ce mouvement est d'ailleurs contraint par l'accroissement moyen des patrimoines à gérer et la diversification des tâches confiées aux « gérants bénévoles ».

Plus généralement, il faut **imaginer une véritable gestion du bénévolat.** Une formation, un travail salarié pour son organisation, des investissements matériels (informatique) sont souhaitables pour sortir de pratiques artisanales pas toujours adaptées aux problèmes et souvent mal contrôlées. Il convient aussi, l'expérience québécoise le confirme, d'éviter la confusion des tâches entre bénévoles et salariés. Cela suppose un mode d'emploi complémentaire du travail bénévole et du travail salarié, et sans doute une différenciation des fonctions assurées même si celles-ci prennent la forme de missions tutélaires. Pour progresser, il faut donc investir dans le savoir-faire existant en ce domaine car une nouvelle fois se vérifie l'erreur consistant à poser la gratuité des ressources bénévoles. Ces conditions étant respectées, un bénévolat attractif et efficace peut trouver une place limitée dans le cadre de l'application de la loi de 1968 et demeurer un atout essentiel pour la politique sociale en direction des majeurs protégés.

La création de supports institutionnels (associatifs) aux gérants administrateurs spéciaux apparaît donc comme la seule voie susceptible de résoudre les difficultés particulières posées par ces gestionnaires : leur recrutement, leur formation, leur encadrement et plus généralement, toutes les fonctions de conseil et de soutien assurées par une institution même légère. En assurant ces fonctions d'encadrement et de contrôle, la structure associative éviterait aussi d'autres inconvénients de l'exercice isolé du bénévolat (carences, surprotection, ...) auxquels seul le juge peut porter remède dans le système actuel. Cette organisation associative du travail dont les frais de fonctionnement seraient financés par les majeurs protégés et les financements socialisés, ferait gagner ces fonctions en professionnalisme et libérerait les magistrats pour l'essentiel de leur office.

La leçon de l'expérience, observée dans le domaine de la tutelle, très certainement valable aussi pour d'autres secteurs de l'action sanitaire ou sociale, paraît très claire. Il faut cesser de considérer le bénévolat comme une ressource gratuite. En effet, celui-ci a un coût de production que les pouvoirs publics doivent d'abord prendre en compte s'ils veulent espérer que le bénévolat contribue *« à la baisse des coûts de fonctionnement de l'offre de services »*[5] et, qu'indirectement, il ait des effets multiplicateurs créateurs d'emplois. Ensuite, il est nécessaire que les financeurs publics ne procèdent pas avec les associations ayant recours à des bénévoles, en minorant systématiquement les subventions accordées, à la manière d'un impôt négatif au taux de 100 %. Enfin, si la complémentarité du travail bénévole et du travail salarié de professionnels est utile et avantageuse, il convient de ne pas oublier que la substitution entre ces deux formes de travail demeure très limitée à qualité égale de service rendu.

IV - La clarification des financements

Il paraît relativement plus aisé de **faire en sorte que le financement de la mesure de protection ait peu ou pas d'inci-**

dence sur son choix. Jusqu'à présent, l'amélioration du système de financement n'a pas permis de trouver un équilibre qui évite la recherche d'expédients (comme le prononcé systématique de doubles mesures). Quelques principes simples devraient permettre de concilier les intérêts du majeur et ceux du gestionnaire, et d'esquisser un nouveau système de financement. Celui-ci doit répondre à trois questions incontournables : Qui finance ? Que faut-il financer ? Comment doit-on financer ?

1. Faut-il faire payer les tutelles et les curatelles aux majeurs protégés ? Pour provocante qu'elle soit dans un contexte économique où les financements socialisés sont particulièrement tendus, la question mérite cependant d'être posée. La réponse dépend essentiellement de la conception même des mesures. En effet, s'il s'agit avant toute autre chose d'un constat de l'incapacité dans laquelle se trouve une personne d'intervenir de façon autonome dans le champ économique, la « prothèse » mise en place par le juge sous une forme ou sous une autre, contribue à la stabilité de l'ordre social en même temps qu'elle réduit l'espace d'intervention du majeur. Dans cette perspective, son caractère de mesure d'ordre public pourrait conduire à imaginer un financement exclusivement socialisé et la gratuité absolue pour le majeur. Mais si au contraire, la mesure de protection est envisagée comme une prestation supplémentaire, assurant par une discrimination en principe positive un meilleur niveau de vie au majeur, il devient logique de demander au « bénéficiaire » d'en supporter totalement ou partiellement la charge. Les analyses développées dans cette étude ont souligné l'ambivalence intrinsèque qui caractérise la plupart des mesures de protection. Les deux modes de financement (par l'Etat ou par les majeurs) peuvent donc avoir un fondement. Mais dans la pratique, les estimations du coût annuel moyen d'une mesure de protection variant entre 3 000 francs et 5 000 francs, pour une personne hébergée dans un établissement, et entre 6 000 francs et près de 12 000 francs, pour une personne en milieu ouvert, il est difficilement imaginable que tous les majeurs puissent assumer seuls une telle charge. Le recours à un financement mixte, associant chaque fois que cela est possible ou nécessaire, d'une part une contribution du majeur et d'autre part un complément versé par l'Etat, semble s'imposer.

2. Que faut-il financer ? La réponse à cette question peut être simple : tout ! En effet, un système des tutelles satisfaisant doit avoir pris en compte l'ensemble des coûts nécessaires à la préparation, à l'exécution et au suivi des mesures de protection. **Toutes les mesures doivent donc recevoir un financement**, y compris les mesures temporaires comme la sauvegarde de justice. Bénéficiant d'un financement adapté à son caractère temporaire (par exemple de manière forfaitaire), celle-ci pourrait alors jouer un rôle un peu plus important surtout si l'on pouvait envisager la possibilité d'un mandat général, ce que la loi et la jurisprudence excluent actuellement. Toutes les mesures, y compris celles qui sont exercées par des bénévoles ou des membres de la famille, pourraient justifier un financement indirect sous la forme de journées de formation ou de services d'accompagnement des tuteurs ou des curateurs, éventuellement dans le cadre d'une association. Le principe d'une dépense fiscale forfaitaire et d'un montant réduit (par exemple, de l'ordre de 500 francs) peut même être envisagé pour la famille, à l'exclusion du conjoint. Quoique symbolique, ce petit avantage fiscal aurait le mérite de souligner qu'au-delà de l'intérêt de la personne protégée, la collectivité dans son ensemble est aussi concernée.

Dans la mesure du possible, et, selon les canons de l'économiste, il convient **d'adopter une tarification qui reflète les coûts réels des diverses mesures.** Seule, la prise en compte des coûts associés à toutes les possibilités offertes par la loi permet de maintenir à la disposition des juges et donc des majeurs, toute la palette des types de mesures et des modes de gestion possibles. Pour parvenir à la détermination de ces coûts, il est théoriquement envisageable de faire jouer la « concurrence » sous réserve qu'il soit possible de définir clairement ce que l'on attend de la mesure de protection. En l'absence d'une telle définition, des phénomènes de sélection adverse peuvent se développer, chaque offreur ayant tendance à fournir une qualité de prestation fonction de l'argent qui lui est attribué. La qualité de la protection pourrait en souffrir et il n'est pas certain que les juges des tutelles pourraient empêcher cette détérioration. Il apparaît donc plus réaliste d'avoir recours à une évaluation normative des coûts. Dans cette perspective, la différenciation du financement en fonction du mode d'hébergement de la personne protégée, entreprise depuis quelques années, doit être maintenue même si ses modalités, fondées sur les coûts (effectifs ou normatifs), peuvent rester un objet de négociation. Les problèmes à régler sont nombreux. A titre d'exemples, nous évoquerons rapidement deux questions induites par l'existence des multiples solutions prévues par la loi : la place de la tutelle en gérance dans l'échelle des coûts et le niveau relatif du financement de la tutelle, de la curatelle et de la tutelle aux prestations sociales adulte.

Sur la première question, la pratique concrète de la gérance de tutelle dans un environnement rationné a eu tendance à se rapprocher sensiblement des modes de fonctionnement des mesures de tutelles ou de curatelles. Certes, cette observation ne vaut le plus souvent que pour les services des CHS ou de certains hôpitaux. Il arrive en effet, que des majeurs soient suivis en dehors de l'établissement. Il existe même des départements où la tutelle et la curatelle d'Etat ont été confiées, en principe par convention, à un tel service hospitalier. Sans entrer ici dans le débat sur l'opportunité de ces solutions, il importe de considérer que la tutelle en gérance peut ne pas être une « tutelle au rabais » et il serait souhaitable que le système de financement tienne compte de cette réalité, sans transfert implicite de charge sur les établissements.

En ce qui concerne les prix relatifs des mesures, les avis sont unanimes pour admettre, qu'à de rares exceptions près, les mesures les plus légères, celles qui laissent au majeur un maximum d'autonomie, y compris la TPSA, sont souvent les plus lourdes à gérer. Il conviendrait donc de leur assurer un financement adapté, faute de quoi la propension à limiter les risques, les efforts et les coûts, conduit inévitablement vers des mesures d'incapacité plus lourdes que de besoin. La parité de financement entre tutelle et curatelle d'Etat à laquelle on est parvenu grâce à la jurisprudence, est déjà un premier rapprochement vers les coûts relatifs. La différenciation du prix entre les diverses curatelles d'une part et entre la tutelle et la curatelle d'autre part, apporterait sans doute de plus grandes complications mais elle aurait le mérite de favoriser une utilisation de la loi sur l'ensemble de la palette possible. Il convient cependant dans ce domaine d'être très prudent car une rémunération au coût réel des mesures les plus légères pourrait exercer un effet d'attraction non négligeable pour des populations à la marge de la population cible.

La question de l'harmonisation du financement de la tutelle aux prestations sociales adulte demeure une question délicate. Il apparaît d'abord souhaitable de rechercher progressivement une diminution de la dispersion des prix qui peut être notée d'un département à l'autre. Ensuite, si la différenciation des rémunérations, favorable aux mesures de tutelle aux prestations sociales, se justifie lorsqu'une action éducative peut être entreprise, l'écart n'a plus lieu d'être lorsqu'il y a une chronicisation de la mesure dans le cadre de la loi de 1966. A moyen terme, le financement de la TPSA pour une personne protégée pourrait tendre vers le financement qui correspond à une mesure de tutelle ou de curatelle. Enfin, pour ces mesures de longue durée, la question d'un prélèvement sur les ressources de l'adulte ou de sa suppression pour l'ensemble des majeurs ne manquera pas un jour ou l'autre d'être posée au nom de l'équité. Cette perspective renforce l'opinion selon laquelle le prélèvement sur les ressources ne devrait intervenir qu'au-delà d'un niveau correspondant au revenu minimum.

Enfin, pour terminer il est indispensable de revenir sur le financement de l'activité judiciaire, complément indispensable des mesures de protection. Déjà, la faible implication du parquet dans l'instruction, soulignée dans l'étude, ne permet guère une quelconque régulation des flux de signalements. Ensuite, la gestion du suivi et du «stock » des mesures implique un travail vraiment différent de l'instruction et des décisions de justice habituelles. La prise en compte de ces coûts est indispensable pour plusieurs raisons. En premier lieu, si l'on veut permettre au contrôle exercé par le juge d'avoir toute son efficacité, celui-ci doit avoir une certaine disponibilité. Ensuite, si l'on veut maintenir la priorité à la famille avec ou sans conseil de famille, il faut éviter que le juge ne soit conduit à préférer la solution professionnelle parce qu'il craint pour lui-même et son greffe d'être trop sollicité pour apporter les conseils et l'assistance nécessaires. Enfin, si l'on veut garantir la personnalisation de la mesure et favoriser sa mainlevée, il est souhaitable qu'un réexamen périodique de la mesure soit entrepris. A la limite, faute d'un tel réexamen dans un délai à préciser (par exemple 3 ou 5 ans), la mesure de protection, après avis du procureur de la République, pourrait devenir automatiquement caduque.

3. Une fois posé le principe que l'ensemble des financements socialisés ou contributifs doivent être établis par rapport à des prix de base reflétant, dans la mesure du possible, les coûts complets de la mesure de protection quelle qu'elle soit, tous les problèmes ne sont pas réglés. **Comment en effet, peut être calculée au niveau microéconomique et régulée au plan macroéconomique la fraction socialisée de cette dépense ?**

En ce qui concerne le calcul du prélèvement supporté par le majeur, il convient d'harmoniser les conditions de financement entre les mesures en gérance et les mesures d'Etat. L'abattement pour les personnes en institution ou la majoration pour les personnes en milieu ouvert devraient être identiques. Les règles de variation des prix de référence respectifs, éventuellement différenciés, (indexation dans le temps) et les principes de calcul des prélèvements (assiette, plafonds, progressivité ou dégressivité) devraient être, sauf exception, identiques. Concrètement, plusieurs systèmes peuvent être imaginés. A titre d'exemple, si l'on exclut la totale gratuité, un barème progressif de prélèvement, complété par une prise en charge socialisée dégressive, jusqu'à un montant plafond correspondant au coût réel peut être établi, à l'instar du financement actuel de la tutelle et de la curatelle d'Etat. On pourrait également pratiquer une totale gratuité (ou un prélèvement vraiment symbolique) jusqu'à un niveau de revenu, correspondant par exemple au revenu minimum, le prélèvement devenant proportionnel ou progressif au-delà.

En toute hypothèse, le prélèvement ne devrait pas dépasser un prix plafond correspondant au coût réel. Il serait anormal en effet, de prélever en quelque sorte une taxe spécifique supplémentaire sur ces personnes déjà handicapées. Néanmoins, pour tenir compte des coûts de gestion majorés par l'importance du patrimoine, la question d'un prélèvement sur la valeur de celui-ci pourrait être posée en pratiquant un important abattement à la base et en plafonnant le prélèvement. La combinaison d'une assiette sur le revenu et d'une assiette sur le patrimoine est donc envisageable et contribuerait à un rapprochement du financement et des coûts. De même, la possibilité pour l'ensemble des majeurs protégés ou pour une partie d'entre eux, d'être éligibles à un éventuel fonds de la dépendance, conduirait assez vraisemblablement à une modification du barème, en particulier si les ressources provenant d'un tel fonds devaient être exclues de l'assiette du calcul du prélèvement ou même s'il devenait possible d'avoir recours à ce fonds pour le financement des mesures de protection elles-mêmes.

Du côté de l'Etat, parce qu'il s'agit d'une prestation particulière qui tient à la fois de l'aide sociale et de l'ordre public, il paraît choquant d'en assurer la régulation financière par le biais d'un rationnement des moyens ou par le transfert excessif de la charge sur les populations d'handicapés. Même s'il faut bien reconnaître les vertus d'économie d'un tel rationnement, pour éviter une dépendance insupportable des juges dans leur décision et pour garantir un service public équitable il faut se résoudre à un financement « à guichets ouverts ». L'hypothèse d'un budget global paraît pour cette raison difficile à mettre en oeuvre. En outre, elle serait contraire au désir d'un financement reflétant les coûts relatifs. La régulation doit emprunter d'autres voies en amont et en aval de la décision du juge.

En outre, il ne paraît guère cohérent de maintenir la coexistence de deux contraintes budgétaires d'intensité différente pour des systèmes voisins que l'histoire a plutôt eu tendance à rapprocher. La coexistence d'une contrainte budgétaire « dure » pour les mesures d'Etat de la loi de 1968 et d'une contrainte budgétaire « souple », à cause de l'obscurité de ses effets financiers réels, pour les mesures dans le cadre de la loi de 1966, est malsaine. Elle ne peut qu'entraîner de la part des acteurs des subterfuges et des artifices qui conduisent à des distorsions dans l'application de la loi et à des iniquités entre les majeurs protégés. A tout prendre s'il fallait conserver un budget avec une contrainte «dure», il serait préférable que ce soit pour les mesures de tutelle aux prestations sociales adulte et non l'inverse. En effet, pour une prestation éducative il peut être légitime d'en réserver le bénéfice à ceux à qui elle peut être le plus utile, même s'il convient de rechercher les moyens d'éviter les effets de seuil à la marge. Au contraire, lorsqu'il s'agit d'un droit pour toutes les personnes ne pouvant assumer la gestion de leurs intérêts civils, on conçoit mal qu'il ne puisse être attribué à tous dans des conditions à peu près identiques sur l'espace national. L'harmonisation souhaitable doit donc concerner l'ensemble des mesures de protection pour adulte et correspond mieux à l'idée du service public des tutelles.

D'un point de vue plus large, dépassant les seuls enjeux du phénomène tutélaire, les observations faites dans cette étude à propos de l'impact des problèmes d'intendance sur les conditions d'application de la loi, conduisent à une conclusion dont la portée est générale. Pour toutes les prestations ciblées en direction d'une fraction de la population, si l'on se donne à la fois des objectifs en termes d'équité d'accès à la prestation et en termes d'efficience quant aux résultats attendus, **l'Etat doit veiller dans l'organisation de son intervention**, à compléter les textes législatifs rapidement par les décrets et les arrêtés qu'ils appellent, et à mettre en place une régulation nationale souple des moyens budgétaires affectés de préférence au plan local sur des critères objectifs. Il est clair qu'une expérimentation des projets d'intervention et une attention particulière portée aux conditions préalables nécessaires au développement de l'offre et aux effets de report ou de substitution prévisibles, sont souhaitables.

Faute de telles précautions, toute prestation tend à se développer au plan local de manière désordonnée et non maîtrisée, ce qui entraîne non seulement des iniquités mais également des inefficiences, des effets de report et des risques de dérive dans l'application de la loi. A l'instar de ce qui a été fait pour le RMI, il serait imaginable de prévoir des dépenses ponctuelles d'accompagnement de la mise en place des dispositifs créés en organisant, par exemple, l'information et la formation des acteurs appartenant aux personnels de l'Etat ou à celui des collectivités territoriales ou encore au mouvement associatif. Une autre possibilité complémentaire pourrait être d'indiquer des fourchettes d'objectifs par secteur géographique pour les premières années d'application de la loi, ce qui permettrait grâce à un tableau de bord statistique, de suivre dès l'origine les conditions de mise en oeuvre au plan local des dispositions de la loi et, si le besoin se faisait sentir, d'adapter sans attendre le dispositif au plan national ou de moduler de manière sélective l'action des relais locaux (préfets, services extérieurs, etc.) afin d'atteindre les objectifs poursuivis.

L'expérience de la tutelle montre que les dispositifs créés dans le cadre de l'application d'une loi ont un degré d'autonomie important par rapport à celle-ci. Bien sûr, cette souplesse permet une meilleure adaptation aux réalités locales mais elle est aussi la source de dysfonctionnements. Le suivi de l'application des lois d'une part, et l'évaluation de leurs effets réels d'autre part, apparaissent désormais comme de nouvelles pratiques indispensables dans les sociétés qui sont fondées sur un Etat de droit, et cela d'autant plus qu'elles sont organisées de manière décentralisée.

Notes de l'introduction

(p. 15) 1. Selon l'expression d' A. SUPIOT qui fait référence au point de vue de P. LEGENDRE pour qui « au sens historique et le plus méconnu de ce terme, la civilisation n'est rien d'autre que l'empire du droit civil » (in **L'Empire de la vérité**, Paris, Fayard, 1983, p. 171) ; SUPIOT A.: « Pourquoi un droit du travail ? », **Droit social**, n° 6, juin 1990, pp.485-492.
(p. 17) 2. Selon l'expression troublante de J-J. DUPEYROUX dans un article délibérément polémique ; « Une ténébreuse affaire », *Droit social*, n° 3 mars 1990, pp. 231-235.
(p. 17) 3. VIANES A. : « Politiques sociales : l'ère du soupçon ? », **Revue française des affaires sociales**, n°1-1985, pp. 7-27.

Notes du chapitre préliminaire

(p. 27) 1. VILLEY M. : **La formation de la pensée juridique moderne**, Paris, ontchrestien, 4e éd., 1975.
(p. 27) 2. Déclaration des droits de l'homme et du citoyen de 1789 - art. 1. *(p. 27)* 3. Code civil art. 8 : « Tout Français jouira des droits civils ».
(p. 27) 4. Déclaration de 1789, art. 4.
(p. 29) 5. A compter de la fin du 19e siècle, sous l'influence du positivisme et de la sociologie, différentes conceptions se développent mettant en avant la dimension sociale du droit. Pour ne citer que les auteurs les plus connus : E. DURKHEIM, L. DUGUIT, G. GURVITCH.
(p. 29) 6. Voir infra, Partie 1, la présentation de cette loi.
(p. 30) 7. Voir infra partie 1, section 2.
(p. 8. Voir sur ce point notre seconde partie.
(p. 31) Voir GODELIER M. : **Rationalité et irrationalité en économie.** Paris, F. Maspero, 1966.
(p. 31) 9. ALLAIS M. : « Fondement d'une théorie positive des choix comportant un risque et critique des postulats et axiomes de l'école américaine », **Econométrie**, Colloques internationaux du CNRS, Vol. XL, 1953, pp. 257-332.
(p. 31) 10. GODELIER M. : *Op. cit.*, p. 46, 47.
(p. 31) 11. En limite à la conception individualiste de la rationalité, M. FOUCAULT nous rappelle à l'égard du fou, l'évolution du comportement de la société qui dans un même mouvement le définit et l'exclut. **Histoire de la folie à l'âge classique**, Gallimard, 1972.
(p. 32) 12. Cet article illustre bien le souhait de protéger l'incapable contre lui-même et le souci de préserver la famille et son patrimoine. Les rapports parlementaires sont éclairants à ce sujet.

(p.33) 13. Cette influence sur la décision de protection est étudiée en deuxième partie.
(p. 35) 14. CHIAPPORI P.A. : *« La théorie du consommateur paraît présenter une structure classique, où coexistent un "un noyau dur" — le modèle du consommateur optimisateur — et une "ceinture protectrice" d'hypothèses auxiliaires, mobilisées au gré des nécessités empiriques »*, in **Revue économique**, n° 6, novembre 1990, p. 1022.
(p. 35) 15. Comme le résume H. VARIAN : *« La théorie du consommateur est extrêmement simple : elle suppose simplement que le consommateur, lorsqu'il peut choisir entre plusieurs paniers, retient celui qu'il préfère »*, « The non-parametric approach to demand analysis », **Econometrica**, 17, p. 945, cité par P-A. CHIAPPORI, article cité p. 1006.
(p.35) 16. Voir par exemple l'analyse de C. GREMION : « Vers une nouvelle théorie de la décision », **Sociologie du Travail**, n° 4, 1969.
(p. 36) 17. Ceci ne signifie pas que les facteurs subjectifs ne comptent pas. Dans l'analyse économique, une variable exogène n'est pas invariante, simplement ses variations ne sont pas expliquées directement par l'analyse économique.
(p. 36) 18. Voir par exemple, MONGIN P. : « Modèle rationnel ou modèle économique de la rationalité ? », **Revue économique**, n° 1, janvier 1984, pp. 9-63. Celui-ci distingue en particulier la *« rationalité substantive »* et la *« rationalité procédurale »*. La première conception servirait plus facilement de fondement à la tutelle tandis que la seconde justifierait plutôt le principe d'une curatelle et celui d'une action éducative.
(p.36) 19. M. DE VROEY souligne aussi cette relative autonomie des concepts quand il écrit d'une manière métaphorique et non sans paradoxe que *« le rapport du théoricien à la théorie est du même type que celui qui lie un romancier à ses personnages. Ceux-ci sont une pure invention mais en même temps, une fois qu'ils ont été créés, ils acquièrent une existence autonome que le romancier doit respecter »*. in «S'il te plaît, dessine-moi... un marché », **Economie Appliquée**, tome XLIII, 1990, n° 3, p. 69.
(p. 36) 20. ATLAN H. : **A tort ou à raison**, éditions du Seuil, Paris, 1986.
(p. 37) 21. Et dans la mesure où la tendance du théoricien à « surdoter » ses personnages est forte (voir M. DE VROEY, article cité p. 71) pour garantir l'obtention de l'équilibre, il semble d'autant plus intéressant de porter attention aux situations symétriques d'incapacité des individus.
(p. 37) 22. Interrogation dont l'enjeu est essentiel si l'on veut échapper à la critique énoncée par X. HOUSSIN à propos des thèses du Mouvement Anti-Utilitaire dans les Sciences Sociales (MAUSS) qui affirme qu'à un imaginaire utilitariste *« il n'y a probablement pas à reprocher autre chose que d'être trop inconscient de lui-même et de ses origines, de ses présupposés et des paradoxes auxquels il lui faut s'affronter »*, in « Le sens et l'utile... », **Nervure, journal de psychiatrie**, Tome III, janvier 1990, Numéro spécial, p. 66.
(p. 37) 23. Ce qui veut dire que si un individu préfère l'option A à l'option B et s'il préfère l'option B à l'option C, alors il préfère aussi l'option A relativement à l'option C. D'autres hypothèses sont aussi utilisées (réflexivité, non-saturation, etc.). Elles permettent l'établissement d'une relation de pré-ordre sur l'ensemble des choix envisageables.
(p. 38) 24. SIMON H.A., cité par MONGIN P., *op.cit.*, p. 43.
(p.39) 25. POPPER K.R., « La rationalité et le statut du principe de la rationalité », in CLASSEN E.M., (sous la direction de), **Les fondements philosophiques des systèmes économiques**, Textes de J. RUEFF et essais rédigés en son honneur, Paris, Payot, 1966, pp. 142-150.
(p. 39) 26. Evidemment, la faculté de s'endetter permet apparemment d'échapper à cette contrainte. En réalité cette nouvelle possibilité correspond à une modification de la contrainte en la construisant désormais dans un cadre intertemporel. L'individu en s'endettant parvient à desserrer sa contrainte de la période actuelle en acceptant de resserrer sa contrainte dans les périodes futures où le remboursement (capital et intérêt) interviendra.
(p. 40) 27. On trouvera dans tous les manuels de microéconomie la signification qu'il convient de donner aux conditions du premier et du second ordre qui doivent être

remplies à l'optimum. Pour une présentation intéressante en termes de « disposition marginale à payer » on pourra se référer à l'article de KOBIELSKI J. : « Action individuelle et action collective : Réflexion sur les modes et procédures de satisfaction des besoins », revue **Politiques et Management Public**, Volume 6, n° 1, Mars 1988, pp. 4-6.

(p.40) 28. BECKER G.S. : « Irrational behavior and Economic Theory », **Journal of Political Economy**, n° 70, 1962, pp. 1-13 et « A Theory of the Allocation of Time », **The Economic Journal**, Vol. LXXV, n° 299, 1965, pp. 493-517.

(p. 47) 29. Les juristes utilisent parfois la distinction contestée de l'incapacité de jouissance et de l'incapacité d'exercice. Cf. MALAURIE P. et AYNES L. : **Droit civil : les personnes, les incapacités**, Paris, Ed. Cujas, p. 174. —Pour une opinion contestant son utilité : HOUIN R. : « Les incapacités », **R.T.D.C.**, 1947, pp. 383 s.

(p.48) 30. Certaines de ces formes d'action sociale ressemblent, à s'y méprendre parfois, à des tutelles déguisées même si, parées d'une apparence contractuelle, elles sont, d'un point de vue formel au moins, « acceptées » par leurs destinataires. Voir : J. TYMEN, H. NOGUES et autres : **Action sociale et décentralisation**, Paris, l'Harmattan, 1989.

(p. 49) 31. PLEVEN R. : Rapport fait au nom de la commission des lois constitutionnelles, de la législation et de l'administration générale de la République, sur le projet de loi (n° 1720) portant réforme du droit des incapables majeurs. AN (1966-1967) n° 1891, p. 8.

(p. 49) 32. Selon l'expression proposée par P. RAPPARD et M. BUCHER-THIZON pour en souligner le double sens, in **La raison psychiatrique et la raison juridique**, rapport de médecine légale pour le congrès de Psychiatrie et de Neurologie de langue française, Lille, juin 1990, document ronéoté, p. 329 et 359 (à paraître chez Masson éditeur fin 1990).

(p. 49) 33. BUCHER-THIZON M. *et alii* (1987), rapport cité p. 26.

(p. 49) 34. Un tel optimum est réalisé lorsque le système économique se trouve dans un état tel qu'il ne soit pas possible d'améliorer la situation de n'importe quel individu sans détériorer la situation d'au moins un autre individu.

(p.50) 35. RIGAUX F. : **Introduction générale au droit**, Bruxelles, Labor, p. 29, cité par HANNEQUART A. et GREFFE X. : **Economie des interventions sociales**, Paris, Economica, 1985, p. 116.

(p. 51) 36. « L'équité horizontale » suppose le traitement égal de personnes placées dans des situations égales. Il existe d'autres formes de principes d'équité : par exemple, l'égalité des chances, l'égalité des résultats, le principe de RAWLS, cf. RAWLS J., « **A Theory of Justice** », Oxford, Oxford University Press, 1972 (Traduction française : « Théorie de la justice », Paris, Editions du Seuil, 1987) et CAZENAVE P., MORRISSON C., **Justice et redistribution**, Economica, Paris, 1978, 280 p.

(p. 51) 37. WOLF C. Jr. : « Carences du marché et carences hors-marché: comparaison et évaluation », revue **Politiques et Management Public**, volume 5, n° 1, mars 1987, p. 82.

(p.51) 38. BUCHER-THIZON M. : *op.cit.* L'auteur, insistant sur l'ambition générale de cette loi ajoute : *« De ce point de vue indigents, infirmes, comateux, déficients, malades mentaux, prodigues ne sont plus à part. Désormais aucun citoyen ne peut se tenir à l'écart de ses droits et devoirs de contractant, fût-ce au prix d'une représentation ».*

(p. 51) 39. HANNEQUART A., GREFFE X., ouvrage cité, p. 116.

(p. 52) 40. BASLE L. : « Exclusion/inclusion : une problématique », **Actions et Recherches Sociales**, octobre 1984, n° 3, p. 52.

Notes du chapitre 1

(p. 55) 1. Loi n° 68-5 du 3 janvier 1968, **JORF**, 4 janvier, p. 114, et débats préparatoires.
(p. 59) 2. Loi du 30 juillet 1838 sur les aliénés, **D.** 1838, 3, p. 162.
(p. 60) 3. Voir sur ce point les analyses de Ph. RAPPART : « Psychiatrie et sujet de droit », in RAPPART Ph. et BUCHER-THIZON M., op. cit., p.83 et s.
(p. 60) 4. RAPPART Ph. : *op. cit.*, p. 43.
(p. 60) 5. GEFFROY C. : **La condition civile du malade mental et de l'inadapté**, Paris, Librairies Techniques, 1975, p. 4.
(p. 61) 6. Pour les internés non interdits, l'article 32 de la loi donnait au tribunal civil après délibération du Conseil de famille, la possibilité de nommer un administrateur provisoire aux biens extérieur à l'établissement, conformément à l'ancien article 497 du Code civil. Cette disposition paraît n'avoir été utilisée que pour les personnes fortunées.
(p. 61) 7. DUBY G. et WALLON A. (dir.) : **Histoire de la France Rurale**, Paris, Seuil, 1978. En particulier, Tome 4, 3ème partie.
(p. 61) 8. Loi ROUSSEL du 23 déc. 1974 — Loi du 24 juillet 1889 sur la protection des enfants maltraités et moralement abandonnés : **S.** 1890, lois annotées, p. 772.
(p. 61) 9. Loi du 14 juillet 1905, relative à l'assistance obligatoire, S. 1906, lois annotées, p. 125 — REY E. : Exposé des motifs, **J.O.** Ch. des députés, juillet 1902, p. 506.
(p. 61) 10. NOGUES H., BOUGET D., BROVELLI G., TYMEN J. : **Politique d'aide ménagère aux personnes âgées en Loire-Atlantique**, Nantes, CEBS-CGP, 1984, 553 p. En particulier, 1re Partie : genèse de l'aide ménagère.
(p. 62) 11. Codifiée à l'article L.352 du Code de la santé publique, cette disposition vient de devenir l'article L.330 après l'intervention de la loi n° 90-527 modifiant la loi de 1838, (**JORF**, 30 juin 1990, p. 7664).
(p. 62) 12. KOLAKOWSKI L. : **La philosophie positiviste**, Paris, Denoël/Gonthier, 1976, p.16.
(p. 64) 13. Comme on le sait la première définit quatre grands secteurs verticaux de solidarité (santé, famille, emploi, vieillesse) et la seconde joue transversalement le rôle de filet de sécurité. Voir TYMEN J. et autres : **Action sociale et décentralisation**, *op. cit.*, p. 24, 25.
(p. 64) 14. D. n° 53-1186 du 29 nov. 1953, portant réforme des lois d'assistance, **JORF**, 3 déc. 1953, p. 10759.
(p. 65) 15. L'ordonnance du 2 février 1945 (**JORF**, 4 fév. p. 530) prend la place de la loi du 22 juillet 1912 et sera modifiée quelques années plus tard par la loi du 24 mai 1951.
(p. 65) 16. Loi n° 50-905 du 4 août 1950, organisant la liaison et la coordination des services sociaux (**JORF**, 6 août p. 8246) - décret du 10 juillet 1951 (**JORF**, 22 juillet p. 7934) remplacé par le décret du 7 janvier 1959 (**JORF**, 9 janvier p. 670) - et circulaires des 24 mai 1961, 15 mai 1962 et 26 mars 1965.
(p. 65) 17. Décret du 7 janv. 1959 puis loi n° 75-535 du 30 juin 1975, relative aux institutions sociales et médico-sociales, **JORF**, 1er juillet p. 6604.
(p. 65) 18. Puis la loi n° 68-690 du 31 juillet 1968 (art. 25) et la loi du 10 juillet 1985 (**JORF**, 26 juillet, p. 8471) Chap. II, dont l'article 8-1 modifie l'article L326 du Code de la Santé publique en reprenant la notion de secteur géographique.
(p. 65) 19. Sur tous ces points, voir par exemple les interventions de J. FOYER et R. PLEVEN, **JO.AN (CR)**, séance du 20 déc. 1966, p. 5710 et s.
(p. 66) 20. DUGUIT L. : **Les transformations du droit public**, chap. II : Le service public. Paris, A. Colin, 1913 p. 33 et s.
(p. 67) 21. Loi n° 64-1230 du 14 décembre 1964, relative à la tutelle et à l'émancipation, **JORF**, 15 déc. 1964, p.11140.

(p. 67) 22. PLEVEN R. : Rapport n° 1891 au nom de la Commission des lois, **AN** 1966-67.
(p. 68) 23. Sur ce point, la qualité de collaborateur occasionnel retenue par J. MASSIP ne saurait recouvrir exactement la réalité des charges tutélaires. MASSIP J. : « La tutelle d'Etat (décret n° 74-930 du 6 nov. 1974) », **Rép. Defrénois**, 1975, art. 30904.
(p. 68) 24. Circulaires n° 19 AS du 13 juin 1984, n° 28 du 24 juin 1986, n° 15 du 18 oct. 1988, n° 356 du 16 janvier 1990.
(p. 68) 25. Voir infra, Partie 2, chapitre 3.
(p. 68) 26. T.G.I. de Laon, 27 janvier 1987, (UDAF de la Somme), **G.P.**, 1988, I, Somm. p. 199.
(p. 68) 27. Circulaire conjointe n° 28 du 24 juin 1986, du Ministère de l'économie et du Ministère des affaires sociales. (point V : Exécution des charges tutélaires par les DDASS).
(p. 69) 28. Décret n° 74-930 du 6 nov. 1974 portant organisation de la tutelle d'Etat, art. 12 et infra chap. 2 pour les modalités de financement.
(p. 69) 29. La Cour de Cassation vient de confirmer cette absence d'obligation d'accepter une mesure d'Etat non financée. Civ. 1ère, 5 mars 1991, UDAF de la Sarthe, **Bull.** n° 82, p. 54 - **S.J.**, (éd.N), juil. 1991, p. 221, note D. GUIHAL et T. FOSSIER - D.1991, J. p. 393, note J. MASSIP - **LPA** juil. 1992, note G. BROVELLI. Cependant, la Cour a fondé sa décision sur le non respect d'une convention de financement conclue entre la DDASS et l'UDAF concernées ; en réalité l'agrément des tuteurs d'Etat place ceux-ci dans une situation unilatérale et fait naître l'obligation de financement pour les mesures qui leurs sont confiées lorsque les majeurs ne peuvent en supporter le coût.
(p. 69) 30. Voir infra nos développements sur les fonctions tutélaires des associations et en particulier, Partie 1, chap. 2, section 1.
(p. 69) 31. Voir infra l'analyse des bénéficiaires en troisième partie.
(p. 69) 32. L'INSEE fait figurer la dépense brute pour les tutelles d'Etat dans son tableau des « bénéficiaires et dépenses d'aide sociale », **Données sociales**, 1990, p. 420.
(p. 70) 33. RAPPART Ph., *op. cit.*, p. 27.
(p. 70) 34. Au-delà du cas spécifique du R.M.I., c'est la contribution du bénéficiaire qui tend à se généraliser lorsque son revenu le permet, en fonction des possibilités contributives (cas de l'aide ménagère) ou de manière forfaitaire (forfait hospitalier).
(p. 70) 35. PLEVEN R. : Rapport, *op. cit.*, p. 3.
(p. 71) 36. Par exemple : BUCHER-THIZON M., op. cit., p. 333 et s.
(p. 71) 37. Voir nos remarques infra, chap. 4.
(p. 71) 38. Sur cette notion de « filet de sécurité » de l'action sociale : TYMEN J. et autres, *op. cit.*, p. 24-25.
(p. 71) 39. Voir par exemple le rapport de P. LAROQUE : **Rapport de la commission d'étude des problèmes de la vieillesse**, Paris, La Doc. Française, 1962.
(p. 71) 40. PLEVEN R. : Rapport, op. cit., p. 115.
(p. 71) 41. JOZEAU-MARIGNE L. : Rapport, *op. cit.*, et **Sénat (C.R.)**, séance du 18 mai 1967, p. 365.
(p. 72) 42. PLEVEN R. : *op. cit.*, p.3.
(p. 72) 43. JOZEAU-MARIGNE L. : *ibid.*
(p. 72) 44. FOYER J. : Exposé des motifs de la loi.
(p. 72) 45. CHALOPIN J. : Avis, au nom de la Commission des affaires culturelles et sociales, **A.N.**, n° 1954 (1966-1967).
(p. 73) 46. PLEVEN R. : Rapport, op. cit., p. 38.
(p. 73) 47. JOZEAU-MARIGNE L. : Rapport, *op. cit.* ; GRAND L. : Avis au nom de la Commission des affaires sociales, **Sénat** n° 245 (1966-1967) et débats — Voir aussi infra, chap. 3.
(p. 73) 48. Selon un juge des tutelles : *« Avant 1968, les doigts des deux mains suffisaient à compter les mesures prononcées chaque année »*.
(p. 74) 49. Voir infra, chap. 3.
(p. 74) 50. Introduit par la loi n° 68-5, art. 9.

(p. 77) 51. Ou au juge des enfants si le bénéficiaire est mineur.
(p. 77) 52. GRAND L.(Rapporteur de la commission des affaires socia.) : **S.(C.R.)** séance du 18 juin 1965, p.711.
(p. 77) 53. Voir infra, chap. 6.
(p. 77) 54. C.A. Caen, 2 juillet 1987, **J.C.P.** 1988, 21.122 - Cass. civ. 1re, 18 avril 1989, **D.**1989, J.493, note J. MASSIP.
(p. 77) 55. Ainsi en a décidé la Cour de Cassation dans une décision civ.1, 4 janvier 1978, **Bull. Civ.** I, n° 4.
(p. 77) 56. Pour une présentation plus détaillée des diverses catégories d'actes, voire infra, chapitre 2.
(p. 78) 57. Voir infra Partie 2.
(p. 79) 58. Loi n° 90-527 du 27 juin 1990 relative aux droits et à la protection des personnes hospitalisées en raison de troubles mentaux et à leurs conditions d'hospitalisation, **JORF**, 30 juin 1990, p. 7664. Il s'agit de la réforme de la loi de 1838.
(p. 79) 59. Code de la santé publique : art. L.352-1, devenu L.329 avec la loi de juin 1990.
(p. 79) 60. Voir infra, partie 2, chap. 4.
(p. 81) 61. L'article 495 renvoie aux sections 2, 3 et 4 (Chap. 2 titre X du Code civil) consacrées à la tutelle aux mineurs, sous les réserves des dispositions concernant l'éducation de l'enfant et de modifications apportées par la loi de 1968.
(p. 81) 62. Entretien juge des tutelles.
(p. 81) 63. L'ensemble de ces dispositions est applicable à la curatelle.
(p. 81) 64. Voir infra, Partie 2, chap. 4 et Partie 3, chap. 6.
(p. 81) 65. Ibid, chap. 4 et 6.
(p. 82) 66. Voir infra, leur incidence sur le processus de décision : Partie 2, chap. 4.
(p. 82) 67. Pour la sauvegarde médicale, voir infra nos développements sur le rôle des procureurs : chap. 3, section 2.
(p. 83) 68. Cette dernière restriction est le résultat d'un amendement présenté par M. PLEVEN au nom de la commission des lois de l'Assemblée Nationale et modifié par le garde des Sceaux. **A.N.(C.R.)**, séance du 21 déc. 1966 p. 5918.
(p. 83) 69. T.I. Thionville, 27 janv. 1975, **D.**1976, p. 710. Note Cl. Geffroy et P. Verdier. — T.I. Brest, 1er juin 1976, **G.P.** 1977, 2, 533 ; **J.C.P.** 1977, 18568.
(p. 83) 70. Art. 509-1 et C.A. Rouen, 26 oct. 1971, **G.P.** 1972, I, 147.
(p. 84) 71. Sur ce débat voir : VERDIER P. et BAUER M. : **Comment assurer la protection d'un majeur.** Paris, ESF, 1988, et nos observations, Partie 2, chap. 4.
(p. 85) 72. Voir infra, partie 2, chap. 3, section 2.
(p. 86) 73. *Ibid.*
(p. 86) 74. MASSIP J. : « La tutelle d'Etat », *op. cit.*
(p. 86) 75. GEFFROY C. et GUIARD M.C. : « La consécration contrariée de la curatelle d'Etat par le décret n° 88-762 du 17 juin 1988 », **Sem. Jur.**, 1989, I, 3403.
(p. 86) 76. Cass. civ.1, 4 janvier 1974, **G.P.** 1974-1, Somm. p. 74.
(p. 86) 77. Cass. civ.1, 28 avril 1982, **G.P.** 1982-2, Panor., p. 297.
(p. 87) 78. MASSIP J. : *op. cit.*
(p. 87) 79. BROVELLI G. : « Les incidences de la décentralisation sur les associations du domaine sanitaire et social », Nantes, CEBS 1988, 46 p. et **Revue Française des Affaires Sociales**, 1989, pp. 23-72.
(p. 87) 80. L'épisode du télex du 3 nov. 1983 sur le financement de la tutelle d'Etat, en constitue une illustration parfaite, voir infra, chap. 2.
(p. 87) 81. Voir infra, deuxième partie.
(p. 88) 82. Les structures nationales des services associatifs locaux ne disposent pas en règle générale de documents de synthèse vraiment exhaustifs.
(p. 88) 83. Décret n° 74-930 du 6 nov. 1974 complété par le décret n° 88-762 du 17 juin 1988, pour la curatelle d'Etat en particulier, **JORF**, 8 nov., p. 11307.
(p. 88) 84. La pénurie de personnel rendue plus aiguë depuis la décentralisation dans certains départements, interdit à certains de ces services d'assumer aussi complètement leurs tâches que par le passé.

(p. 88) 85. Circulaires n° 20 du 2 avril 1985 ou n° 28 du 24 juin 1986 du Ministère de l'économie, des finances et de la privatisation (Direction du budget) et du Ministère des affaires sociales et de l'emploi (Direction de l'action sociale).
(p. 89) 86. La troisième partie étudie de manière plus détaillée la diffusion des mesures de tutelle bénéficiant d'un financement socialisé. Voir infra, chapitre 6.
(p. 90) 87. Entretien directeur d'ATI.
(p. 91) 88. Loi n° 66-774 du 18 octobre 1966, relative à la tutelle aux prestations sociales, **JORF**, 19 oct., p. 9219.
(p. 91) 89. Voir infra, Chap. 2, section 3, sous-section 2.
(p. 91) 90. Entretien directeur d'UDAF.
(p. 92) 91. Décret n° 69-195 du 15 février 1969, **JORF**, 4 mars, p. 2261.
(p. 92) 92. Décret n° 74-930 précité.
(p. 92) 93. Voir infra, chapitre 4.
(p. 92, 94) 94. Voir infra, chapitre 4.
(p. 95) 95. Voir nos développements au chapitre 3.
(p. 95) 96. Entretiens juges des tutelles.
(p. 96) 97. C'est par exemple le cas du GESTO (Groupement d'Etude des Services de Tutelles de l'Ouest) qui regroupe dix huit services associatifs ou des réunions plus informelles dans le cadre de l'Union régionale des associations de parents d'enfants inadaptés de la région Rhône-Alpes.
(p. 97) 98. Voir infra chapitres 4 et 5.
(p. 97) 99. Arrêté du 28 oct. 1988 relatif à la formation des tuteurs aux majeurs protégés, **JORF**, 10 nov. 1988, p.14.110.
(p. 98) 100. Voir infra nos analyses au chapitre 3.
(p. 98) 101. Voir infra chapitres 2 et 3.
(p. 99) 102. Voir infra Section 3.
(p. 99) 103. Voir infra Chapitre 3.
(p. 100) 104. L'étude des financements et de leur influence fait l'objet du chapitre 5.
(p. 101) 105. NUNGESSER R. : S.(CR), 18 mai 1967, p. 372.
(p. 103) 106. Selon l'expression de RAPPARD P. et BUCHER-THIZON M., *op. cit.*, p. 339. La loi du 30 juin 1975 va même encore plus loin puisqu'elle *« renonce expressément à définir les personnes à qui elle s'applique »*. Voir aussi CHAPIREAU F. : « Le handicap impossible », **Annales Médico-psychologique**, 1988, 146, n° 7, p. 627.
(p. 103) 107. Cet écart entre les populations attendues et les populations recueillies se retrouve dans d'autres domaines de la politique sociale ou médico-sociale. Voir par exemple : BOUGET D., NOGUES H., TYMEN J., BERGER M., MILLET D., **Politique d'hébergement collectif et médicalisé des personnes âgées dépendantes en Loire-Atlantique**, Nantes, CEBS, 1986, 445 p.
(p. 105) 108. C. cass. civ. 1re, 7 juin 1988, **Bull. Civ.** I, n° 179, p. 124 ; **D.** 1988.525 et **Rép. Defrénois** 1988 art. 34309, n° 86, note J. MASSIP.
(p. 105) 109. Nous avons expliqué dans la section 1 pourquoi la protection constitue un droit pour les incapables.
(p. 105) 110. BOUGET D., NOGUES H. : «Rationnement administratif et groupes cibles», communication aux **Cinquièmes journées d'Economie Sociale**, Nantes le 26-27 septembre 1985, document dactylographié **C.E.B.S.**, pp. 20-27.
(p. 105) 111. Voir supra chapitre préliminaire, section 1.
(p. 106) 112. Au sens où l'écrivent J. FOURNIER ET N. QUESTIAUX : **Traité du social : Situations, luttes, politiques, institutions.** Paris, Dalloz, 3ème édition, 1980, pp. 743-744.
(p. 106) 113. Nos réticences à reconnaître au majeur le statut de demandeur, au sens où l'entendent les économistes, ne nous conduit absolument pas à écarter l'hypothèse d'un majeur parfaitement conscient de son besoin. Nous ne sous-estimons pas davantage l'importance, pour la suite des événements (rapports avec le juge et avec le tuteur ou le curateur, aptitude du majeur à solliciter une mainlevée ou une révision de la mesure, etc.), du fait que le majeur lui-même soit impliqué dans la démarche conduisant à l'ouverture de la mesure.

(p. 106) 114. Voir en chapitre 8 notre étude des saisines et des signalements.
(p. 107) 115. Nous reviendrons plus longuement sur cette dépendance du juge. Voir infra, partie 2.
(p. 110) 116. FABIAN M., GOSSELIN J., LEFILLEUL M.F. : **La protection des majeurs dans le département de la Somme: de la décision judiciaire à l'exercice de la mesure**. Etude réalisée par le FRENE pour le Ministère de la justice, juin 1987, p. 53.
(p. 110) 117. Souligné par nous pour illustrer l'intégration implicite des aspects extra-patrimoniaux de la mesure. Voir la revue **Tutelle Info** n° 64, novembre-décembre 1964, p. 2.
(p. 112) 118. Sur ces disparités géographiques voir le chapitre 6.
(p. 113) 119. FABIAN M., GOSSELIN J., LEFILLEUL M.F., rapport cité page 54 (souligné par nous).
(p. 113) 120. *Ibid*, p. 57.
(p. 114) 121. Entretiens juges des tutelles.
(p. 114) 122. Pratique confirmée par la Cour de cassation, voir par exemple l'arrêt rendu par la première chambre civile le 4 janvier 1978, **G.P.**78-1, p. 70 ; **Bull., Civ.** 1, p. 4.
(p. 114) 123. Loi n° 90-527 du 27 juin 1990, relative à la prévention et au règlement des difficultés liées au surendettement des particuliers et des familles. **JORF**, 2 janv. 1990, p. 18.
(p. 114) 124. Mettant en avant l'insuffisance des moyens mis à la disposition des juges d'instance et l'allongement des délais de traitement des dossiers, les premiers rapports d'application de la loi font en réalité craindre la réalisation de cette dernière hypothèse.
(p. 117) 125. PLEVEN R., Rapport *op. cit.*, p. 45.

Notes du chapitre 2

(p. 119) 1. Cet aspect déterminant de la genèse de la mise en place d'une nouvelle intervention sociale dans les conditions futures de son développement et de son fonctionnement, a déjà été souligné à propos de l'aide ménagère à domicile aux personnes âgées dans un rapport pour le Commissariat général du Plan : NOGUES H. et autres, *op.cit.*, première partie.
(p. 120) 2. Selon l'expression de GEFFROY C. et GUIARD M.C. : « La consécration contrariée. », *op.cit.*
(p. 120) 3. La circulaire n° 28 du 24 juin 1986, sous la double signature du Ministre délégué auprès du Ministre de l'économie, des finances et de la privatisation, chargé du budget et du Ministre des affaires sociales et de l'emploi précise par exemple :

« S'agissant des malades mentaux, nous vous rappelons que les équipes des secteurs d'hygiène mentale ne doivent pas limiter leur intervention aux soins, mais participer activement au suivi social des malades sortants d'hôpitaux psychiatriques.

Il n'appartient pas non plus au service tutélaire de se substituer aux compétences du service départemental d'action sociale défini à l'article 28 de la loi n° 75-535 du 30 juin 1975 relative aux institutions sociales et médico-sociales ».

(p. 121) 4. Ces remarques confirment l'éventualité déjà évoquée, de conflits entre le majeur et son tuteur (voir supra : Chapitre préliminaire, section 3, sous section 2, § 1). A l'inverse, est soulignée l'hypothèse selon laquelle le recours au tuteur, parfois même abusif, peut permettre à un majeur d'améliorer sensiblement sa situation.
(p. 121) 5. Selon l'expression employée dans le rapport d'activité de l'Association départementale de tutelle des Côtes d'Armor de l'année 1989, sur le thème **Tutelle et Partenariat**, p. 65.
(p. 121) 6. Comme le déclarait dans notre enquête un délégué à la tutelle : *« C'est la capacité des gens à faire eux-mêmes qui est la limite de notre travail. C'est très personnalisé »*.
(p. 121) 7. DELANDE G., NEGRE M. : *« Travail social et indicateurs sociaux »*,

Chroniques de la SEDEIS, Tome XXIX, n° 12, 15 décembre 1983, p. 526.
(p. 122) 8. LINDBLOM C. : **Politics and market ; the world political economic systems**, Basic Books, cité par P. GIBERT (voir la note suivante).
(p. 122) 9. GIBERT P. : *« L'analyse de politique »*, **Revue d'économie politique**, Vol. 99, (2) mars-avril 1989, p. 367.
(p. 122) 10. Dans cette sous-section nous n'évoquerons que de manière incidente le point de vue, pourtant essentiel, du principal financeur : l'État. Cet aspect sera abordé avec la question des financements. Voir infra chapitre 2, section 3.
(p. 123) 11. FABIAN M., GOSSELIN J., LEFILLEUL M.F. : Rapport cité page 55. Ils précisent les arguments dont on leur a fait part :
« Auparavant, les vols, les rackets, les violences étaient fréquents dans le Centre : un enfant, un voisin en visite, raflait l'argent de poche ou les bijoux du pensionnaire, s'emparait d'un titre de créance, d'un mandat, se faisait payer de soi-disant services rendus, prélevait — plus que largement — le paiement de "courses" pour le pensionnaire. Chantage et détournement étaient aussi parfois le fait du personnel, se faisant remettre de gros pourboires ». La description donnée par les personnes interrogées de la situation de certains établissements paraît peut être excessive mais il ne faut pas oublier que certaines institutions, en concentrant dans un espace réduit de nombreux cas difficiles, donnent une image grossie, déformante en apparence, de ce qui se passe plus discrètement de manière disséminée dans l'ensemble de la société.
(p. 123) 12. En effet, dans un grand nombre de cas le majeur est plutôt passif. Le rôle du tuteur ou du curateur apparaît tout à fait ambivalent puisqu'il doit selon les cas ou les moments, tantôt freiner et modérer, tantôt encourager et stimuler la personne protégée.
(p. 126) 13. *« Les hypothèses sont multiples où le handicapé, déjà en difficulté pour gérer son patrimoine, va se trouver a fortiori en difficulté pour résoudre des questions au moins aussi complexes que les questions purement civiles : placements professionnels, organisation de la sortie d'un hôpital, vie privée, concubinage, soins de toutes sortes, interruption volontaire de grossesse, permis de conduire, organisation des vacances, protection contre les sectes, fugues, transactions pénales. Dans toutes ces hypothèses, volontairement citées «en vrac», quelqu'un doit servir de référence pour guider le handicapé »*. Extrait d'une intervention de monsieur Th. FOSSIER, président du tribunal d'instance d'Amiens, juge des tutelles, lors du colloque de l'U.N.A.P.E.I. sur *« Les majeurs protégés : la loi du 3 janvier 1968 »*, publiée dans la revue **Tutelle Info...**, n° 45, mars-avril 1986, p. 12.
(p. 126) 14. FOSSIER Th. : *« Le juge des tutelles et la loi du 3 janvier 1968 »*, Revue **Tutelle Info...**, éditée par l'UNAPEI, n° 45, mars-avril 1986, p. 12.
(p. 129) 16. Le petit Robert rappelle que le premier sens du mot « intervention » fut juridique : *« Acte par lequel un tiers, qui n'était pas originairement partie dans une contestation judiciaire, s'y présente pour y prendre part »*. Les autres sens sont également intéressants : Action d'intervenir, intercession, recours à un traitement énergique, à l'opération...
(p. 130) 17. Le rapport BUCHER-THIZON et alii, déjà cité, en est une illustration manifeste.
(p. 130) 18. WINTER C. de : *« Le point de vue des tuteurs familiaux et des tuteurs associatifs »*, Revue **Tutelle Info...**, n° 45, mars-avril 1986, p. 18.
(p. 131) 19. Extrait du compte rendu de la journée nationale d'étude « Protection juridique », organisée par l'UNAPEI à Troyes le 25 novembre 1989, publié dans la revue **Tutelle Info...**, n° 64, novembre-décembre 1989, p. 2.
(p. 131) 20. WINTER C. de : Revue **Tutelle Info...**, n° 45, p. 18.
(p. 132) 21. MORIN M., (ancien président de l'UNAPEI) : Revue **Tutelle Info...**, n° 45, p. 25.
(p. 136) 22. FOSSIER T. : *« Conseil de famille et tutelle »*. **Formulaire analytique de procédure**, Partie alphabétique, fascicule A, 6, 1989, p. 21.
(p. 136) 23. FOSSIER T., *op.cit.*, p. 21 et 22.
(p. 140) 24. UDAF du Maine-et-Loire : **«Réflexions d'un groupe de délégués à la**

tutelle exerçant des mesures de protection et d'action socio-éducative auprès d'adultes». Rapport dactylographié, septembre 1984, pp. 19-32.
(p. 140) 25. Assistance publique : **« Guide juridique et pratique de la gérance de tutelle ».** Guide conçu et réalisé par le Service juridique et la Direction des affaires médicales (service de l'humanisation) de l'Assistance publique des hôpitaux de Paris, pp. 25-43.
(p. 143) 26. UDAF du Maine-et-Loire : Rapport cité p. 19.
(p. 147) 27. Voir l'arrêté du 28 octobre 1988 (*J.O.* 10 nov. 1988), op. cit.
(p. 148) 28. PLEVEN R. : Rapport n° 1891, *op. cit.* p. 115.
(p. 148) 29. Cette estimation est confirmée par les récentes statistiques réalisées au sein du Ministère de la justice qui seront présentées et commentées dans la troisième partie de l'étude (Cf. Chapitre 6, section 3).
(p. 149) 30. JOZEAU-MARIGNE L. (rapporteur de la commission des lois constitutionnelles, de la législation, du suffrage universel, du règlement et de l'administration générale du Sénat) : Intervention à la séance du 18 mai 1967, **S. (C.R.)** p. 366.
(p. 149) 31. Ibidem, *J.O.*, p. 366.
(p. 149) 32. Pour sa première partie du moins, ce point de vue reçut le jour même l'appui de M. Jean FOYER, Garde des Sceaux, Ministre de la justice qui déclara : *« Sans doute,(...), ce texte exigera-t-il, après son adoption définitive, des moyens d'application. En effet, il exigera de nombreuses interventions des juges des tutelles. Le secrétariat de ces magistrats devra donc être mieux assuré demain qu'il ne l'était dans le passé »*, **A.N. (C.R.)**, Séance du 20 décembre 1966 p. 5711.
(p. 151) 33. Intervention de M. FOYER, lors de la séance de l'Assemblée Nationale du 20 décembre 1966 et rapport cité de M. PLEVEN.
(p. 152) 34. Pour M. PLEVEN, cette nouvelle fonction du juge exigera *« des qualités et une formation assez différentes »* et *« les juges des tutelles auront besoin de compétences qu'il n'est pas habituel d'exiger des magistrats »*. Pour M. FOYER *« des tâches d'un caractère nouveau, qui se situeront plus souvent sur le terrain des relations humaines que sur celui du droit pur et de la procédure, s'imposeront au juge des tutelles »*. Déclarations citées et discutées dans le rapport BUCHER-THIZON et alii., déjà cité.
(p. 153) 35. Selon les termes de M. le Garde des Sceaux dans son exposé introductif au premier débat à l'Assemblée Nationale le 20 décembre 1966, **A.N. (C.R.)**, p.5711.
(p. 153) 36. Pour preuve de cette évolution, il est possible d'évoquer ces deux tribunaux où, à notre connaissance du moins, l'on a réimprimé tous les documents nécessaires au déroulement de l'instruction en remplacant les mots *« incapable majeur »* par *« majeur protégé »* pour éviter de choquer les majeurs ou leur famille.
(p. 153) 37. Voir à ce propos l'analyse de M. PROULX que rejoignent les observations faites au cours de notre enquête : « Les effets pervers d'une stratégie de réduction des dépenses publiques : le cas des tribunaux d'instance français », **Politiques et Management public**, Volume 7, n°2, juin 1989, pp.183-190.
(p. 153) 38. Implicite dans le décret n° 69-195 du 15 février 1969 qui détermine les personnes susceptibles d'être préposé dans un établissement d'hospitalisation, de soins ou de cure publics ou privés, ou administrateur spécial pouvant exercer les fonctions de gérant de tutelle, la reconnaissance de la technicité du travail impliqué dans l'exercice d'une mesure de protection est devenue récemment plus explicite par la mise en place d'une formation ad hoc (voir l'arrêté du 28 octobre 1988 relatif à la formation des tuteurs aux majeurs protégés, *op. cit.* p. 14110).
(p. 154) 39. Ce point peut être discuté. En effet, d'un côté il y a réaffirmation du rôle de la famille, à la différence du système antérieur de l'administration provisoire des biens, mais d'un autre côté, il fut souligné à de nombreuses reprises lors de nos entretiens que ce recours à la solution familiale restait soumis à l'appréciation du juge, éclairé par l'avis médical, quant à sa pertinence au regard des intérêts matériels et moraux de la personne protégée.
(p. 155) 40. Cf. supra section 1.
(p. 157) 41. Code civil, article 501. A l'inverse, dans le régime de sauvegarde de

justice la règle veut que le majeur conserve l'exercice de ses droits mais que le juge puisse *« désigner un mandataire spécial à l'effet de faire un acte déterminé ou une série d'actes de même nature, dans les limites de ce qu'un tuteur pourrait faire sans l'autorisation du conseil de famille »* (article 491-5 du Code civil).

(p. 157) 42. Cf. infra Chapitre 8.

(p. 157) 43. Cf. infra section 3.

(p. 159) 44. Voir infra Partie 2, chapitres 2 et 3.

(p. 160) 45. Selon les propos de M. PLEVEN rapporteur de la commission à l'Assemblée Nationale, le 20 décembre 1966.

(p. 161) 46. Décret n° 69-195 du 15 février 1969, pris pour l'application de l'article 499 du code civil, **JORF**, 4 mars, p.2261.

(p. 161) 47. Toutefois, le conseil de famille dans le cadre de la tutelle complète et le juge des tutelles s'il s'agit d'une administration légale sous contrôle judiciaire, peuvent prévoir une indemnisation du tuteur pour les frais qu'il a engagés.

(p. 163) 48. BUCHER-THIZON M., RAPPART P. et alii, rapport cité, p.140.
2 Voir supra chapitre 1.

(p. 163) 49. LAROQUE M.: intervention à la Conférence européenne de la famille, Bruxelles, juin 1987.

(p. 164) 50. GIRARD M., Directeur de l'action sociale au ministère des affaires sociales et de la solidarité nationale: intervention au colloque de l'UNAPEI, publiée dans la revue **Tutelle Info...**, n°45, mars-avril 1986, p.55, (souligné dans le texte).

(p. 51. Voir par exemple certains barèmes locaux d'attribution des heures d'aide ménagère ou la réelle difficulté de prendre en compte les situations où les personnes assistées sont hébergées gratuitement par un membre de la famille ou par un tiers.

(p. 165) 52. GIRARD M., *op. cit.* p. 55.

(p. 165) 53. Cette position rejoint tout à fait celle récemment défendue dans un rapport pour la Caisse nationale d'assurance vieillesse, où les auteurs concluent par une question qui se pose à nombre de politiques sociales : *« Comment développer une politique de soutien à domicile, qui puisse freiner l'hébergement collectif, sans créer un effet de désincitation sur l'intensité de l'aide bénévole ? Pour que dans l'avenir on puisse compter sur l'aide bénévole, il faut dès aujourd'hui compter avec cette aide »* : BOUGET D., TARTARIN R., FROSSARD M., TRIPIER P., **Le prix de la dépendance.** La documentation française 1990, p.339.

(p. 166) 54. Le financement de ces gérances de tutelle par des préposés d'établissement sera examiné dans la suite du rapport (Cf. infra § 3).

(p. 166) 55. Identiques à ceux des préposés d'établissement gérants de tutelle, les émoluments prévus seront examinés plus loin (Cf. infra, § 3).

(p. 167) 56. MASSIP J., « La Tutelle d'Etat », *op. cit.*

(p. 167) 57. Entretiens juges des tutelles.

(p. 168) 58. Entretiens juges des tutelles.

(p. 168) 59. Voir supra Partie 1, chapitre 1, section 2, sous-section 2.

(p. 162) 60. Entretiens juges des tutelles.

(p. 169) 61. *« On ne peut pas confier n'importe quel cas à un tuteur bénévole » ; « J'essaie de leur réserver les problèmes humains les plus criants ».* Ces deux citations montrent bien le caractère ambivalent du critère de sélection auquel les juges ont recours : tantôt il faut protéger le tuteur en évitant de lui adresser des majeurs trop «difficiles»; tantôt au contraire, une situation délicate sur le plan humain trouvera une réponse satisfaisante auprès d'un bénévole.

(p. 163) 62. Voir aussi infra, Chap. 4, Section 3.

(p. 170) 63. Voir infra, Chap. 4, Section 3.

(p. 170) 64. On peut penser à certains des effets de l'arrêté du 22 septembre 1989 ou de l'arrêté du 15 janvier 1990 qui a abrogé le premier. Cf. infra sous-section 2.

(p. 170) 65. BROVELLI G. : « Les incidences de la décentralisation sur les associations du domaine sanitaire et social ». CEBS, Nantes 1988 et **Revue française des Affaires sociales**, n°2, 1989, pp.23-72.

(p. 170) 66. Cf. supra § 1.

(p. 176) 67. MASSIP J., « La tutelle d'Etat », *op.cit.*, p. 2.
(p. 179) 69. Ibid., p.7.
(p. 179) 70. L'opposition avec les circulaires de la décennie suivante comme par exemple la circulaire n°20 du 2 avril 1985 qui s'étonne de *« l'importance anormale des mesures de tutelle d'Etat dont bénéficient des personnes placées en long séjour dans des institutions à caractère sanitaire ou social »* (page 2) est frappante. Le souci de maîtriser les dépenses prend alors le pas sur la nécessité de favoriser la mise en oeuvre des droits reconnus par une loi désormais appliquée.
(p. 179) 71. Direction de l'action sociale : « Tutelle d'Etat et curatelle d'Etat », Ministère de la solidarité, de la santé et de la protection sociale, note du Bureau RV3, avril 1990, p.3.
(p. 180) 72. Il est probable que ce niveau d'activité a évolué depuis 1986. Certaines DDASS ont commencé à se désengager, d'autres ont dû prendre en charge des mesures supplémentaires.
(p. 180) 73. Direction de l'action sociale, note précitée p.3.
(p. 182) 74. Voir infra, Chap. 6.
(p. 185) 75. MASSIP J. : « La tutelle d'Etat », *op. cit.*, p. 7.
(p. 185) 76. Cf. supra sous-section 1.
(p. 186) 77. GETTI P., **Rapport introductif** en vue de l'assemblée générale de l'UNAF de juin 1986 sur la tutelle, p.47. Ce rapport précise qu'à la même période, environ 65 UDAF géraient un service de tutelle aux prestations sociales. Voir aussi infra, Chap. 4, section 2.
(p. 187) 78. Voir J. Tymen, H. Nogues et autres, op. cit., p. 41 et s.
(p. 187) 79. Un dossier établi par l'Union régionale des associations de parents d'enfants inadaptés de la région Rhône-Alpes souligne en effet, qu'existaient déjà depuis quelques années des *« Conventions ou Accords signés par certaines Associations avec leur département et dont l'application ainsi que le financement étaient discutés et contrôlés par les DDASS »* ; **« Financement de la Tutelle d'Etat et de la curatelle d'Etat »**, novembre 1986, p. 6.
(p. 188) 80. Le rapport de Monsieur GETTI indique, par exemple, que les UDAF qui ne gèrent que 400 mesures en 1980, en assurent plus de 3000 en 1984. (Rapport cité p.48).
(p. 91) 81. Circulaire n° 19 AS du 13 juin 1984 relative au financement des frais de tutelle d'Etat.
(p. 192) 82. Quand au terme de l'instruction les juges peuvent anticiper la lourdeur de la mesure, ils risquent de ne confier que des mesures légères aux acteurs les moins performants et de ne réserver que les mesures posant de sérieux problèmes aux opérateurs bénéficiant de la capacité la plus grande. Une augmentation des charges de travail et donc des coûts peut en résulter si les opérateurs n'adoptent pas à leur tour des stratégies utilisant l'asymétrie d'information dont ils peuvent disposer. A défaut, un alourdissement excessif des mesures pour en atténuer la difficulté de gestion peut apparaître.
(p. 194) 83. Décret n° 88-762 du 17 juin 1988, **JORF**, 19 juin 1988 p. 8191 et circulaire n° 15 du 18 octobre 1988.
(p. 198) 84. Lettre du Ministre de la solidarité, de la santé et de la protection sociale au président de l'UNAF en date du 14 novembre 1988.
(p. 198) 85. La comparaison entre le système de financement des gérances de tutelle et celui de la tutelle d'Etat sera approfondie ultérieurement (cf. infra Partie II, chapitre 5).
(p. 199) 86. Loi n° 89-475 du 10 juillet 1989, relative à l'accueil par des particuliers, à leur domicile, à titre onéreux, des personnes âgées ou handicapées adultes, **JORF**, 12 juillet, p. 8761.

Notes du chapitre 3

(p. 203) 1. Au cours des trois lectures successives, on notera en particulier l'obstination du Sénat à défendre ce point de vue en amendant le texte gouvernemental.
(p. 204) 2. Selon l'expression d'un juge d'instance, confirmée par l'enquête.
(p. 204) 3. Sans doute est-ce là un trait commun à tout juge des tutelles mais le juge des enfants dispose d'un service dont le juge des tutelles aux majeurs est démuni.
(p. 206) 4. BUCHER-THIZON M. *et alii*, rapport cité p. 31.
(p. 207) 5. La commission des lois du Sénat avait demandé que la décision de protection restât de la compétence du TGI mais le gouvernement souhaitait une procédure peu coûteuse et facilement applicable.
(p. 208) 6. Peut-on parler d'un pouvoir d'opinion des incapables ? Voir J. TYMEN et autres, op.cit., Partie 2.
(p. 208) 7. Expression plusieurs fois entendue auprès des juges.
(p. 208) 8. Sur 30 juges interviewés, 16 n'avaient aucune expérience de la tutelle avant leur nomination au tribunal d'instance, 11 avaient déjà exercé la fonction de juge des tutelles majeurs et 3 celle de juge des tutelles mineurs dans un poste précédent.
(p. 209) 9. Entretien juge des tutelles.
(p. 209) 10. Dans au moins un tribunal enquêté la fonction a été vacante ou intermittente durant plusieurs mois.
(p. 210) 11. Entretiens juge des tutelles.
(p. 211) 12. Il convient d'insister sur la charge de travail reposant sur les greffes. La liste des opérations qui doivent être assurées depuis l'ouverture de la procédure jusqu'à sa mainlevée ou dans son suivi est impressionnante. On ne compte pas moins de 42 imprimés différents pour la seule tutelle, si l'on en croit le Traité pratique du greffe d'instance.
(p. 212) 13. Entretien juge des tutelles.
(p. 212) 14. PROULX M. : « Les effets pervers », *op. cit.*.
(p. 213) 15. PROULX M. : *op. cit.*, p. 187.
(p. 213) 16. PLEVEN R. : Rapport, *op. cit.*, p. 35-40.
(p. 213) 17. *Ibid*, p. 115.
(p. 213) 18. JOZEAU-MARIGNE L. : Rapport, op. cit. et PLEVEN R. : Rapport, *op. cit.*
(p. 214) 19. Entretien juge des tutelles.
(p. 215) 20. Selon ce même gérant de tutelle, *« pas plus de 20 % des certificats émanant des CHS sont remplis de manière précise »*.
(p. 215) 21. Peut-être caractérise-t-elle plus encore la distinction entre les grosses et les petites structures. Certains juges notent même que *« le certificat est beaucoup plus détaillé quand le médecin du CHS est commis comme expert »*.
(p. 217) 22. Entretiens juges des tutelles.
(p. 217) 23. Nouv. Code procéd. civ., art. 1247.
(p. 218) 24. Sur ce point, la sauvegarde de justice par déclaration médicale, prévue à l'article 326 alinéa 1 du Code de la santé publique, constitue une autre exception. Peut-être faut-il trouver là l'un des facteurs qui expliquent les réticences des magistrats à laisser perdurer un tel système ? Dans cette perspective, craignant sans doute une collusion entre la famille et le médecin traitant, le législateur a organisé d'emblée une double expertise médicale. Cette question sera complétée dans la sous-section suivante.
(p. 219) 25. Même s'il est vrai que la pratique des juges peut éviter la confusion des rôles pour un même malade en confiant systématiquement l'expertise à un autre médecin, et si la sectorisation peut redonner un rôle au médecin généraliste, selon les situations rencontrées, les médecins spécialistes inscrits sur la liste établie par le procureur de la République se retrouvent tantôt dans une position et tantôt dans l'autre.
(p. 220) 26. Cf. Loi n° 90-527 du 27 juin 1990 relative aux droits et à la protection des personnes hospitalisées en raison de troubles mentaux et à leurs conditions d'hospitalisation, *op. cit.*

(p. 221) 27. On notera par contre que la loi ne fait aucune allusion à la procréation qui pourtant pose de nombreux problèmes (autorité parentale, contraception, IVG, stérilisation, etc.).
(p. 223) 28. Les médecins peuvent toujours citer quelques exemples dans lesquels les juges n'ont malheureusement pas suivi leurs recommandations. Peu cependant souhaiteraient une protection purement médicale et le législateur avait bien vu que la collaboration est le seul moyen de sortir de cette contradiction.
(p. 223) 29. Code de la santé publique, art. L.326-1.
(p. 223) 30. D'autant que la Cour de cassation a rappelé l'impossibilité d'un mandat général dans cette hypothèse. Cf. Cass. civ. 1re, 8 janvier 1991, Bull. 1er mars 1991, n° 407, p. 32.
(p. 223) 31. GRAND L., rapporteur pour avis de la Commission des affaires sociales, **S.(C.R.)**, 18 mai 1967, p. 368.
(p. 224) 32. Le rôle du procureur dans la constitution des listes de tuteurs sera évoqué au cours du chapitre suivant.
(p. 225) 33. Entretiens juges des tutelles.
(p. 226) 34. VERDIER P., BAUER M. : ouvrage cité p. 40.
(p. 226, 227) 35. Entretiens juges des tutelles.
(p. 227) 36. Cass. civ.1re, 15 mars 1977, **D.**1977, p.454 note J. Massip.
(p. 228) 37. Une analyse plus précise des signalements est présentée au chapitre 8.
(p. 230) 38. Cette différence sera approfondie ultérieurement ; Cf. Chapitre 8, Section 1.
(p. 230) 39. La mise en œuvre de ce texte qui a suscité beaucoup d'espoirs, incombe au juge d'instance. Elle est une charge considérable de travail et la résistance des créanciers à l'abandon de tout ou partie de leurs créances met le juge dans la position de proposer un règlement civil, ce qu'il n'est pas préparé à faire.
(p. 231) 40. Entretiens juges des tutelles.
(p. 232) 41. RUELLAN F. : Répertoire du Notariat **DEFRENOIS**, année 1990, article 34851, pp. 1086-1089.
(p. 233) 42. Entretiens juges des tutelles.
(p. 233) 43. Cf. infra, Chapitre 8, Section 1.
(p. 234, 235) 44. Entretiens juges des tutelles.
(p. 236) 45. Voir supra chapitre préliminaire et chapitre 2, notre analyse de la demande de protection.

Notes du chapitre 4

(p. 237) 1. Voir supra, Chapitre 2, section 3.
(p. 237) 2. Entretiens juges des tutelles.
(p. 238) 3. Voir supra «Les régimes de protection», Chap. 1, section1.
(p. 239) 4. Voir supra «l'ordre séquentiel de la décision», Chap. 1, section 1.
(p. 240) 5. Entretiens juges des tutelles.
(p. 240) 6. Voir les interprétations des articles 493 et 496-1 du Code civil.
(p. 240) 7. Entretiens juges des tutelles.
243) 8. Dans ce chapitre le commentaire s'attache seulement à quelques chiffres des tableaux 4.5 à 4.9. Des analyses plus détaillées sont présentées au chapitre 8.
(p. 243) 9. Ce phénomène s'explique en partie par la différence de la structure par âge des majeurs protégés entre les deux départements. La population protégée en Ille-et-Vilaine est plus jeune (cf. infra chapitre 7, section 2).
(p. 246) 10. Par exemple : ROUSSEL L. : **La famille incertaine**, Paris, O. Jacob, 1989.
(p. 248) 11. Entretiens juges des tutelles.
(p. 252) 12. TYMEN J. et autres : op.cit., p. 208 «Le rôle incertain des DDASS», p. 208 et s..

(p. 253) 13. Entretien directeur de service tutélaire.
(p. 254) 14. Entretiens juges des tutelles.
(p. 255) 15. Entretiens inspecteurs DDASS.
(p. 256) 16. Entretiens juges des tutelles.
(p. 256) 17. Voir infra, chapitre 5.
(p. 257) 18. Entretiens juges des tutelles.
(p. 257) 19. C.A. Caen (Chambre des mineurs) 2 juillet 1987, **JCP** 1988, 21122.
(p. 258) 20. Entretiens juges des tutelles.
(p. 258) 21. Ces deux aspects seront étudiés de manière détaillée dans le chapitre 8, Sections 2 et 3.
(p. 261) 22. Voir infra chapitre 7, Section 1.
(p. 262) 23. 68,6% en Ille-et Vilaine pour 30,4 % en Seine-Maritime, voir tableau 4.7.
(p. 262) 24. Le traitement des données indique la concentration de ces mesures sur le ressort d'un tribunal principalement.
(p. 263) 25. *« La tutelle ne peut être déférée à l'établissement de traitement, ni à aucune personne y occupant un emploi rémunérée à moins qu'elle ne soit de celles qui avaient qualité pour demander l'ouverture de la tutelle. Un préposé de l'établissement peut, toutefois, être désigné comme gérant de la tutelle dans le cas prévu à l'article 499 ».*
(p. 263) 26. *« Sont applicables à la charge de curateur, les dispositions relatives aux charges tutélaires, sous les modifications qu'elles comportent dans la tutelle des majeurs ».*
(p. 264) 27. Le même article 509-2 sert de fondement à la curatelle d'Etat qui ne paraissait pas non plus avoir été envisagée par le législateur.
(p. 264) 28. Entretiens juge des tutelles.
(p. 264) 29. Plusieurs se sont montrés critiques à l'égard du fait d'accepter comme administrateur spécial la gestion de mesures refusées comme préposé administratif.
(p. 265) 30. Plusieurs Chambres régionales des comptes s'intéressent actuellement à cette épineuse question.
(p. 265) 31. Mais ce rattachement administratif et financier à l'hôpital est susceptible d'engager la responsabilité de celui-ci pour défaut de surveillance exercée sur son préposé lorsqu'il commet des fautes dans l'exercice de la gérance. CAA Nantes, 27 juin 1990, **Sem. Jur.** Ed. N., 1991, II, p. 30, note D. Guihal et T. Fossier — **LPA**, 1992, note G. BROVELLI.
(p. 266) 32. De ce point de vue, quelle différence avec le « service de gestion des biens » qui assurait l'administration provisoire sous le régime de la loi de 1838 ? Ce constat conduit même quelques médecins psychiatres à une hostilité manifeste à la solution de la gérance de tutelle, considérée par eux comme un pis-aller.
(p. 266) 33. Solution évoquée par deux gérants de tutelle interrogés.
(p. 266) 34. Entretiens juges des tutelles.
(p. 267) 35. Entretiens gérants de tutelle en CHS.
(p. 276) 36. L'enquête faite en Ille-et-Vilaine auprès des «gérants bénévoles» eux-mêmes, donne des résultats légèrement différents : leur activité serait constituée de curatelles renforcées pour 60,7 % et de tutelles pour 31,1 % (19,4 % dans l'enquête faite auprès des greffes). Mais cette enquête concerne un stock plus récent de mesures.
(p. 277) 37. Les membres de droit en sont : les maires des communes sièges de tribunal d'instance, les présidents et procureurs des tribunaux de grande instance et les juges des tutelles des tribunaux d'instance.
(p. 277) 38. Lettre du Préfet de la Région de Bretagne au Ministre des affaires sociales et de l'emploi (4 février 1988).
(p. 280) 39. Arrêté du 28 oct. 1988, relatif à la formation des tuteurs aux majeurs protégés, *op. cit.*
(p. 280) 40. Lettre du Préfet de la Région de Bretagne : op.cit.
(p. 280) 41. La participation des bénéficiaires fut un remède alternatif. Voir infra, chap. 5.
(p. 280) 42. Enquête menée en 1990 sur 71 comptes de gérants de tutelle.

(p. 280) 43. Selon les propos de gérants interwievés.
(p. 281) 44. Cf. supra, l'enquête citée.
(p. 281) 45. Dans la quête de cette légitimité, les organismes gestionnaires des TPSA se placent au premier rang.
(p. 281) 46. Entretien directeur d'association tutélaire.
(p. 282) 47. Voir supra le débat sur cette frontière.
(p. 282) 48. Entretien juge des tutelles.
(p. 282) 49. La Direction et les médecins de ce CHS avaient repoussé la demande des magistrats de créer une association tutélaire.
(p. 283) 50. Nous nous garderons de prendre parti dans ce débat et faisons au lecteur l'économie des propos les plus vifs. Nous regrettons de n'avoir pu enquêter de manière plus détaillée sur l'activité de ce service tutélaire (nature des mesures et des patrimoines en particulier).
(p. 283) 51. Voir infra chap.5.
(p. 284) 52. CHALOPIN M. : Rapport pour avis de la Commission des affaires culturelles familiales et sociales, **JO.AN (CR)**, 21 juin 1966, p. 1382.
(p. 284) 53. FOYER J. : Exposé des motifs de la loi du 3 janvier 1968 : **JO.AN (CR)**, 23 déc. 1965, p. 58.
(p. 284) 54. Loi du 18 fév. 1975, art. 1.
(p. 284) 55. Sur tous ces points et le rôle du juge : FOSSIER T. : *« Les libertés et le gouvernement de la personne incapable majeur »*, **Sem. Jur.** Ed. G., 1985, I.3195.

Notes du chapitre 5

(p. 287) 1. Avec toutes les précautions qu'il convient de prendre en cette matière tutélaire, si c'est essentiellement la contestation des choix spontanés de l'individu qui fonde la mesure (voir supra chapitre préliminaire section 2).
(p. 289) 2. Au point même que le régime matrimonial peut suffire à garantir une protection efficace comme le rappelle explicitement l'article 498 du code civil.
(p. 289) 3. On sait qu'il y a un optimum au sens de PARETO lorsqu'il n'est pas possible, toutes choses égales par ailleurs, d'améliorer la situation d'un individu sans détériorer la situation d'au moins un autre individu. Dans le cas particulier évoqué ici, si le dispositif ne permettait la rencontre du tuteur potentiel et du majeur, les deux personnes concernées pourraient se trouver dans une situation moins satisfaisante à leurs yeux. En ce sens, l'intervention judiciaire peut rapprocher d'une situation optimale au sens de PARETO. Toutefois, ce n'est pas toujours le cas et il faut également envisager l'hypothèse d'une erreur dans le fonctionnement du dispositif, erreur qui pourrait par exemple se traduire par la fragilisation ou même par la disparition pure et simple des mécanismes d'assistance spontanée dont bénéficiait la personne avant l'intervention judiciaire. Si tel était le cas, on s'éloignerait d'un optimum parétien.
(p. 294) 4. Un client tout à fait particulier puisqu'à l'initiative des personnes qui l'ont saisi et s'il le juge souhaitable, il commande une prestation de service pour un tiers totalement ou partiellement incapable et engage ainsi les ressources de cette personne et si nécessaire les financements subsidiaires de l'Etat.
(p. 297) 5. Voir supra chapitre 2, section 3, sous-section 2.
(p. 304) 6. Voir supra chapitre 1, section 3.
(p. 304) 7. Voir supra chapitre 5, section 1.
(p. 305) 8. Circulaire n° 19 A.S. du 13 juin 1984, p. 4 (souligné par nous).
(p. 305) 9. Circulaire n° 20 du 2 avril 1985 sur le financement de la tutelle d'Etat, p. 2.
(p. 305) 10. Circulaire n° 28 du 24 juin 1986, p. 3.
(p. 306) 11. Circulaire n° 20 du 2 avril 1985, p. 3, (souligné par nous).
(p. 306) 12. Circulaire n° 28 du 24 juin 1986, p. 3.

(p.307) 13. TGI Laon, 27 janv. 1987, **GP** 1988, 1, Somm. p. 199. Et aussi Cass.civ.1ère, 5 mars 1991, UDAF de la Sarthe, **Bull.** n° 82, p. 54, **S.J.**, (Ed. N), juillet 1991, p. 221, note D. GUIHAL et T. FOSSIER, **D.**1991, J. p. 393, note J. MASSIP.
(p. 310) 14. Comme par exemple le recours à une curatelle 512 au lieu d'une tutelle, pour pouvoir choisir un administrateur légal sous contrôle judiciaire disposé à assurer la mesure de protection mais exclu par les textes régissant la tutelle.
(p. 311) 15. Toutefois le revenu minimum d'insertion comprend également des prestations en nature.
(p. 314) 16. Mme BUCHER-THIZON était ainsi pleinement justifiée de formuler le titre de son rapport de manière interrogative : « La gestion des biens comme alternative à l'hospitalisation ? », *op. cit.*, juin 1990, p. 327.
(p. 314) 17. FOSSIER T. : « Les libertés », *op. cit.*, n° 27.
(p. 314) 18. C. cass. civ. 1re, 18 avril 1989, CMSA/Association tutélaire des majeurs protégés de la Manche — **D.**1989, IR.139 et deuxième espèce même jour, IR.151.

Notes du chapitre 6

(p. 319) 1. Voir par exemple, ZANDA J-L., PINAY P., : Rapport cité p. 23.
(p. 319) 2. Voir supra partie 2, chapitre 3.
(p. 320) 3. Evidemment il serait plus exact de considérer la population âgée de 18 ans ou plus, mais les résultats obtenus en Seine-maritime et en Ille-et-Vilaine ne diffèrent que faiblement (moins de 5 % d'écart).
(p. 324) 4. Les départements de l'Ile-de-France ont été rassemblés (Paris et région) à l'exception de la Seine-et-Marne.
(p. 324) 5. Cf. CAILLE P. et CAZIN F. : « Inventaire communal 1979-1980, Cartographie : équipements des départements », **Collections de l'INSEE**, série R, n° 50, août 1982, p. 112 et p.125.
(p. 324) 6. Phénomène déjà mis en évidence à propos de l'hébergement des personnes âgées. Cf. NOGUES H., BOUGET D. « Evaluation des disparités d'offre d'équipements pour les personnes âgées dépendantes », **colloque du CREDES : «Géographie et socio-économie de la santé»**, texte des communications, avril 1989, pp. 225-237.
(p. 327) 7. Cette prestation qui n'est qu'un transfert à la Sécurité sociale de l'allocation aux infirmes de l'Aide sociale, en modifie cependant profondément la nature. La suppression de l'obligation alimentaire et la constitution d'une commission d'admission spécifique (la COTOREP) vont contribuer à favoriser l'accès à cette nouvelle prestation.
(p. 327) 8. Voir infra sous-section 2.
(p. 331) 9. Dans l'enquête, nous avons rencontré un juge des tutelles qui n'avait toujours pas prononcé de TPSA après trois années d'exercice des fonctions tutélaires, faute de signalement allant dans ce sens. Cette situation provient de l'absence de service de TPSA intervenant sur sa circonscription. Ainsi la spécialisation de certaines structures d'offre dans l'exercice exclusif des mesures de la loi de 1968 ou de celles de la loi de 1966 contribue-t-elle à construire des filières dominantes.
(p. 333) 10., Voir par exemple BOISGUERIN B. : « L'aide sociale des départements 1984 », **Solidarité-Santé**, Etudes statistiques, n° 4, juillet-août 1987, pp. 44-45 ; le phénomène est particulièrement net pour l'aide aux personnes handicapées et, en ce qui concerne la Haute-Corse, pour l'aide aux personnes âgées. Nous avions également vérifié cette particularité dans un précédent rapport sur l'aide ménagère aux personnes âgées, *op. cit.*, pp. 358-360. Cette spécificité du département corse amène parfois les analystes à étudier la dispersion interdépartementale en mettant à part ce département. Voir, par exemple, MILANO S. et FURET Th. : « Les dépenses de l'aide sociale 1975-1983 », Ministère des affaires sociales et de l'emploi, **Info-DAS**, n° 21, avril 1986.
(p. 340) 11. Sur ces équipements complémentaires des CAT voir GUILLAUMIN F. et PADIEU Cl. « Maison d'accueil spécialisé et foyer de vie : complémentaires ou con-

currents ? », Revue **Solidarité Santé — Etudes statistiques**, n° 5, septembre-octobre 1987, pp. 55-62.
(p. 340) 12. CAILLE P. et CAZIN F., ouvrage cité pp. 5-8.
(p. 340) 13. BELLIARD E. «L'équipement hospitalier en psychiatrie : la situation en 1988 par rapport aux objectifs de planification», Revue **Solidarité Santé - Etudes statistiques** n° 5, septembre-octobre 1988, pp.37-47.
(p. 341) 14. Cf. infra section 3, en particulier le tableau 6.14.
(p. 343) 15. Notons par exemple que, selon l'enquête réalisée par l'Association tutélaire des inadaptés du Val-d'Oise en novembre 1989, environ 30 % des associations tutélaires représentant un peu plus de 10 % des mesures gérées par une association tutélaire d'inadaptés, ont toujours recours exclusivement à des bénévoles.
(p. 350) 16. On peut, en effet, soutenir que les mesures en gérance prises en charge par un préposé d'établissement reposent indirectement et au moins partiellement sur des financements socialisés. Toutefois, les gérances de tutelle doublées d'une TPSA sont prises en compte à ce dernier titre.
(p. 350) 17. Entre le taux d'urbanisation et la densité de médecins libéraux, le coefficient de détermination est de 0,12 mais il atteint 0,36 avec la densité de médecins libéraux psychiatres et neuro-psychiatres et il dépasse 0,4 entre les deux densités médicales.
(p. 353) 18. Cette question sera reprise dans la prochaine section.
(p. 354) 19. Une interrogation systématique des tribunaux dont les données manquaient a été réalisée, permettant ainsi d'avoir des données complètes pour chaque département. Toutefois, l'existence de certaines discordances avec les données collectées dans les deux départements enquêtés invite à la prudence.
(p. 356) 20. L'observation de la carte 6.3 n'est pas sans rappeler la configuration de certaines cartes réalisées par LE BRAS et TODD, en particulier en ce qui concerne le phénomène religieux en France. En effet, la régression entre le taux de TMP et la proportion de prêtres actifs par habitant en 1975 est significative ; toutefois la part de la variance expliquée n'est que de l'ordre de 15 %. Cf LE BRAS H. et TODD E. : **L'invention de la France : atlas anthropologique et politique**, Collection Pluriel, Librairie générale francaise 1981, p. 369.
(p. 358) 21. On comprend mieux comment ce contexte a pu favoriser l'apparition d'une association rassemblant les services tutélaires de l'ouest : le Groupement d'études des services tutélaires de l'ouest (GESTO). Voir chapitre 1, section 2.
(p. 364) 22. Si l'on tient compte d'un taux d'équipement plus global incluant le nombre de places en CAT, en maisons d'accueil spécialisé et en foyers de vie, la corrélation est sensiblement améliorée puisqu'avec la Lozère le coefficient de corrélation est de 0,56 et qu'il dépasse 0,15 sans ce département.
(p. 365) 23. Il faut noter en effet, que la Lozère représente à elle seule près de 60 % de la variance interdépartementale du taux total de TMP. C'est pourquoi, la régression multiple sur l'ensemble des départements hormis la Lozère n'explique plus que 43 % de la variance restante. Le même phénomène existe, à un degré moindre, pour le taux de tutelle d'Etat et pour le taux global de mesures socialisées pour lesquels la présence de la Lozère explique 32 % et 15 % respectivement de la variance. Par contre, l'influence de ce département sur la variance est tout à fait négligeable pour les deux variables taux de TPSA et part des tutelle d'Etat dans l'ensemble des mesures.

Notes du chapitre 7

(p. 372) 1. En ce qui concerne les indicateurs utilisés ainsi que leur année de référence et leurs sources, le lecteur peut se reporter au Tableau 6.5 du chapitre 6, section 2.
(p. 373) 2. Rappelons que la moyenne arithmétique sur l'ensemble des 89 circonscriptions géographiques est de 0,9 (Cf. Tableau 7.1) mais que, par construction de l'indice, la moyenne nationale, c'est-à-dire pondérée par les populations, est égale à 1 (Voir

supra, chapitre 6, section 2, sous-section 2, § 1).
(p. 373) 3. En matière de taux d'équipement pour personnes âgées, le suréquipement est net pour les deux départements puisque sur ce critère l'Ille-et-Vilaine occupe la seconde place des départements et la Seine-Maritime la troisième.
(p. 374) 4. En ce qui concerne les indicateurs utilisés ainsi que leur année de référence et leurs sources, le lecteur peut également se reporter au Tableau 6.5 du chapitre 6, section 2.
(p. 375) 5. Cette observation importante a déjà été notée (voir supra chapitre 4, section 3).
(p. 375) 6. Voir supra chapitre 2, section 3, sous-section 2, § 1.
(p. 376) 7. Il faut entendre par là que la mesure de tutelle aux prestations sociales adultes ne donne pas toujours un mandat judiciaire assez large ni les moyens d'action suffisants pour assurer une prise en charge efficace de la personne protégée. La TPSA doit alors être complétée par une mesure civile qui élargit le champ d'intervention du tuteur mais limite le degré d'autonomie de l'intéressé.
(p. 386) 8. Cf. Infra section 3.
(p. 388) 9. Voir supra section 1, en particulier le tableau 7.2.
(p. 392) 10. Certaines ressemblances avec la pyramides des âges des bénéficiaires de l'allocation aux adultes handicapés sont remarquables. En effet, la fréquence des jeunes âgés de moins de 35 ans y apparaît nettement traduisant des situations de prise en charge précoce. Cf. LEGENDRE N. « Les bénéficiaires de l'allocation aux adultes handicapés », Revue **Solidarité Santé** — Etudes statistiques, n° 3, mai-juin 1989, pp. 45-55.
(p. 396) 11. Cf. par exemple BOUGET D. *et alii* : **Politique d'hébergement collectif et médicalisé des personnes âgées dépendantes en Loire-atlantique**, Rapport pour le Commissariat général du Plan, C.E.B.S., 1986, pp. 127 et suivantes.
(p. 397) 12. FABIAN M. et alii : **La protection des majeurs dans le département de la Somme : De la décision judiciaire à l'exercice de la mesure**, rapport cité, pp. 38-39.
(p. 399) 13. Voir supra chapitre 7, section 1.
(p. 408) 14. Voir supra section 2 en particulier le graphique 7.6.
(p. 415) 15. Cf. supra chapitre 2, section 3.
(p. 416) 16. C. cass., civ. 1, 7 mai 1981, **Bull.** n° 115, p. 74 et C. cass., civ. 1, 9 nov. 1982, **Bull.** n°325, p.278.

Notes du chapitre 8

(p. 417) 1. Les résultats présentés excluent les tribunaux de Redon où l'autorisation d'enquêter n'a pu être obtenue et de Dieppe en raison du caractère peu fiable de la plupart des observations recueillies.
(p. 419) 2. Voir supra chap. 4.
(p. 422) 3. En particulier pour le tribunal de Neufchâtel-en-Braye en raison du constat qu'aucun signalement ne transiterait par le procureur.
(p. 423) 4. Cf. supra chapitre 7.
(p. 431) 5. Voir supra, deuxième partie.
(p. 434) 6. C. Cass. civ. 1ère, 4 janvier 1978, **Bull.** n° 1, p. 4.
(p. 439) 7. Voir supra, chapitre 4.
(p. 444) 8. Pour ne pas alourdir la présentation, seuls figurent ici quelques graphiques sélectionnés.
(p. 444) 9. Voir supra la pyramide d'ancienneté (graphique 7.9) et nos remarques sur les taux de diffusion des mesures (chapitre 7, section 1).
(p. 468) 10. Voir supra nos remarques sur les signalements.
(p. 474) 11. Seuls sont présentés ici les graphiques des mesures gérées par les parents et la famille éloignée.

(p. 477) 12. Seuls deux graphiques sont présentés ici.
(p. 489) 13. Seuls deux graphiques ont été sélectionnés.
(p. 492) 14. Seuls trois graphiques ont été sélectionnés.
(p. 496) 15. Seuls quelques graphiques ont été sélectionnés.

Notes de la conclusion

(p. 520) 1. FOSSIER T. : « Le gouvernement de la personne du majeur protégé, aspects juridiques », Table ronde du 27 mars 1990, Rennes, p.3.
(p. 521) 2. Cass. Civ. 1°, 18 avril 1989, **J.C.P.**,1989,(éd. N.), p. 313, note T. FOSSIER.
(p. 521) 3. FOSSIER T. : « Le gouvernement ... », *op. cit.*, p.2.
(p. 522) 4. Cité par T. FOSSIER, article cité p.2.
(p. 536) 5. GREFFE X., ARNAUD G. et LEPRINCE F. : **Nouvelles demandes, nouveaux services,** (Rapport pour le Xe Plan du groupe présidé par X. GREFFE) — CGP-La Documentation française, Paris, 1990, p.124 et suivantes.

Bibliographie

LIVRES ET RAPPORTS

ABELY X., LAUZIER J. : **Assistance et protection des malades mentaux**, Paris, Doin éditeur, 1950.

ACTES du 50e Congrès des notaires de France : **Le notariat et les personnes protégées** (27-30 mai 1984), Publi.-Team, 1984.

ADT des Côtes-d'Armor : **Tutelle et partenariat**, rapport d'activité de l'Association départementale de tutelle des Côtes d'Armor, 88 p.

APH Paris : **Guide juridique et pratique de la gérance de tutelle**, service juridique et la direction des affaires médicales (service de l'humanisation) de l'Assistance publique des hôpitaux de Paris, 1987, 51 p..

ARESM : **Santé mentale et pratiques sociales**, compte rendu de la première journée de l'ARESM (Association recherche en santé mentale), le 8 octobre 1988, 87 p..

ATLAN H. : **A tort ou à raison**, Paris, éditions du Seuil,1986.

BARRETEAU C. : **Les problèmes médicaux posés par la loi du 3 janvier 1968 portant réforme du droit des incapables majeurs**, Thèse de médecine, Université de Nantes, 1968.

BAUER M. : **La tutelle aux prestations sociales (une action éducative et budgétaire)**, Paris, Ed. ESF, 1988.

BAUER M. : **Comment assurer la protection d'un majeur**, Ed. ESF, 1988.

BAUER M., SCHERER-DARSCH C. : **De l'enfance à la majorité (droits de l'enfant, de sa famille, de ses éducateurs)**, Paris, Ed. ESF, 1990.

BLANCHET J. : **Gestion du bénévolat**, Paris, collection Gestion, Economica, 1990, 95 p..

BLONDY P., MORIN M. : **La réforme de l'administration légale, de la tutelle et de l'émancipation**, Ed. Defrénois, 4ème éd. 1983.

BOUGET D., NOGUES H., TYMEN J., BERGER M., MILLET D : **Politique d'hébergement collectif et médicalisé des personnes âgées dépendantes en Loire-Atlantique**, Nantes, Centre d'économie des besoins sociaux, 1986.

BOUGET D., TARTARIN R. (eds), FROSSARD M., TRIPIER P. : **Le prix de la dépendance - Comparaison des dépenses des personnes âgées selon leur mode d'hébergement**, Paris, CNAVTS, la Documentation française, 1990, 414 p.

BUCHER-THIZON M., RAPPARD P., SIMONNET-ROUVEYRE D., FAVORY S. avec la collaboration technique du FRENE : **La protection des incapables majeurs conçue comme rapport social : Loi du 3 janvier 1968**, rapport de recherche financée par la MIRE, 1985-1987, 173 p..

CARBONNIER J. : **Droit civil, T. II, La famille, les incapacités**, PUF, 12e éd., 1983.

CAZENAVE P., MORRISSON C., **Justice et redistribution**, Economica, Paris, 1978, 280 p.

CHAMPENOIS-MARMIER M.P., SANSOT J. : **Droit, folie, liberté**, PUF, 1983.

DANTEFEUILLE et alii : **Repères historiques pour l'identification d'une profession : la tutelle aux prestations sociales**, Bobigny, Association départementale de la sauvegarde de l'enfance et de l'adolescence, 1985, 81 p.

DENIS D. : **Le droit des incapacités**, PUF, 1979.

DUBY G., WALLON A. (dir.) : **Histoire de la France rurale**, Paris, Seuil, 1978.

DUGUIT L. : **Les transformations du droit public**, Paris, A. Colin, 1913.

DUMONT L. : **Homo æqualis - Genèse et épanouissement de l'idéologie économique**, Paris, NRF Gallimard, 1977.

FABIAN M., GOSSELIN J., LEFILLEUL M.F. : **La protection des majeurs dans le département de la Somme : de la décision judiciaire à l'exercice de la mesure**, Etude réalisée pour le Ministère de la Justice par le FRENE, juin 1987, 178 p. et annexes.

FARDEAU M., LE VAILLANT M. : avec la collaboration de DIETRICH-SAINSAULIEU C. et FERRAT F., **Pour une analyse de la politique sociale en faveur des handicapés : l'activité des COTOREP**, Laboratoire d'économie sociale, Paris, juillet 1990, 31 p.

FEDOU G. : **La tutelle aux prestations sociales**, Rapport d'un groupe d'étude présidé par Mr G. FEDOU, (rapporteur : ALLEE R. ; attachée de recherches : COLARD M.), Les publications du CTNERHI (Centre technique national d'études et de recherches sur les handicaps et l'inadaptation, série « Etudes », n° 1, 1er trimestre 1980, 198 p. et annexes.

FOSSIER Th. (dir.) : **La tutelle à la personne des majeurs protégés**, compte rendu de la table ronde organisée à Rennes le 27 mars 1990.

FOURNIER J. et QUESTIAUX N. : **Traité du social : Situations, luttes, politiques, institutions**, Paris, Dalloz, 3e édition, 1980, 1210 p.

GEFFROY C. : **La condition civile du malade mental et de l'inadapté**, Paris, Librairies Techniques, 1975.

GODELIER M. : **Rationalité et irrationalité en économie**, Paris, F. Maspero, 1966.

GREFFE X., ARNAUD G. et LEPRINCE F. : **Nouvelles demandes, nouveaux services** (Rapport pour le Xe plan du groupe présidé par X. GREFFE), CGP, La Documentation Française, Paris, 1990, 163 p..

GUILBERT F. : **Liberté individuelle et hospitalisation des malades mentaux**, Librairies techniques, 1974.

HANNEQUART A., GREFFE X. : **Economie des interventions sociales**, Paris, Economica, 1985, 264 p..

INSEE : **Données sociales 1990.**

KOLAKOWSKI L. : **La philosophie positiviste**, Paris, Denoêl : Gonthier, 1976.

LAROQUE P. : **Rapport de la commission d'étude des problèmes de la vieillesse**, Paris, La Documentation française, 1962.

LE BRAS H., TODD E. : **L'invention de la France : atlas anthropologique et politique**, Paris, Collection Pluriel, Librairie générale française, 1981.

LEQUETTE Y. : **Protection familiale et protection étatique des incapables**, Dalloz, 1976.

MALAURY P., AYNES L. : **Droit civil ; les personnes, les incapacités**, Paris, Ed. Cujas, 1989.

MARTY G., RAYNAUD P. : **Droit civil ; les personnes, les incapacités, la famille**, Dalloz, 5e éd. 1983.

MASSIP J. : **La réforme du droit des incapables majeurs**, Ed. Defrénois, 1983.

MAZEAUD H.L. et J. : **Leçons de droit civil, T 1, les personnes : la personnalité, les incapacités**, 7e éd. par F. CHABAS, Montchrestien, 1986.

MINISTERE DE LA SOLIDARITE : **Tutelle d'Etat et curatelle d'Etat**, Ministère de la solidarité, de la santé et de la protection sociale, direction de l'action sociale, note bureau RV3, avril 1990, 32 p..

NOGUES H. : **La tutelle aux prestations sociales enfants en Loire-Atlantique en 1985**, rapport du Centre d'économie des besoins sociaux, Université de Nantes, avril 1986, 79 p.

NOGUES H., BOUGET D., BROVELLI G., TYMEN J. : **Politique d'aide ménagère aux personnes âgées en Loire-Atlantique**, Nantes, CEBS-CGP, 1984, 553 p..

NOGUES H., ARRONDEL L. : **Les majeurs protégés du service de l'UDAF du Finistère en 1987**, rapport d'enquête, Centre d'économie des besoins sociaux, Université de Nantes, 1989, 101 p.

OGIEN A., JOUBERT M. : **Les limites de la solvabilisation : contrôle et responsabilité dans les pratiques d'attribution d'argent public aux familles**, Rapport pour le comité politiques sociales du Commissariat Général du Plan, septembre 1990, 240 p. et annexes.

RAISON A. : **Le statut des mineurs et des majeurs protégés**, Lib. du journ. not. avoc., 4e éd. 1989.

RAPPARD Ph., BUCHER M., avec la participation de BANTMAN P., SIMONNET-ROUVEYRE D., CALVEZ A-M. : **La raison psychiatrique et la raison juridique**, Rapport d'assistance, présenté au congrès psychiatrie et de neurologie de langue française, LXXXVIIIième session, Lille, 18-22 juin 1990 (à paraître chez Masson).

RAWLS J., **A Theory of Justice**, Oxford, Oxford University Press, 1972 (Traduction française : **Théorie de la justice**, Paris, Editions du Seuil, 1987).

SABATIER C. : **Droit civil - Les incapacités**, (Cours pour la préparation au concours de l'ENM), CFPP, Imprimerie nationale 1985.

TYMEN J., NOGUES H., (dir.) BOUGET D., BROVELLI G., LEBOSSE J-C. : **Action sociale et décentralisation: tendances et prospectives**, Paris, Ed. l'Harmattan, Coll. Logiques sociales, décembre 1988, 367 p.

UDAF Maine-et-Loire : **Réflexions d'un groupe de délégués à la tutelle exerçant des mesures de protection et d'action socio-éducative auprès d'adultes**, Union départementale des associations familiales du Maine-et-Loire, septembre 1984, 39 p.

UNAF : **Des majeurs protégés par la loi : aperçu sur la législation**, document UNAF, 1983, 48 p..

UNAF (GETTI P.) : **Rapport introductif,** pour l'assemblée générale de l'Union nationale des associations familiales de juin 1986, 48 p.

UNAPEI : **Les majeurs protégés - loi du 3 janvier 1968**, Colloque national d'étude, UNAPEI, Tutelle-info, n° 45, mars-avril 1986, 63 p.

URAPEI : **Financement de la Tutelle d'Etat et de la Curatelle d'Etat**, Dossier établi par l'Union régionale des associations de parents d'enfants inadaptés de la région Rhône-Alpes, novembre 1986, 20 p..

VERDIER P., BAUER M. : **Comment assurer la protection d'un majeur ?** Guide à l'usage des tuteurs familiaux et professionnels, Préface de Jacques MASSIP, Editions ESF, 194 p..

VILLEY M. : **La formation de la pensée juridique moderne**, Paris, Montchrestien, 4ème éd., 1975.

WEILL A., TERRE F. : **Droit civil ; les personnes, la famille, les incapacités**, Dalloz, 5e éd. 1983.

ZANDA J-L., PINAY P. : **La gestion de la fonction tutélaire dans la tutelle aux prestations sociales et la tutelle d'Etat aux majeurs protégés**, Ministère des affaires sociales et de l'emploi, Direction de l'action sociale, AFSEA, Paris, 108 p..

ARTICLES

ABELY X. : « La protection des biens des malades dans la loi de 1838 », **Annales Médico-psychologiques**, 1938, tome 1, n° 5, pp. 655-665.

ALLAIS M. : « Fondement d'une théorie positive des choix comportant un risque, et critique des postulats et axiomes de l'école américaine », **Econométrie, Colloques internationaux du CNRS**, Vol. XL, 1953, pp. 257-332.

BAILLY-SALIN : « Loi du 3/1/1968 », **Revue Neurologie et Psychiatrie**, 1974, n° 10.

BARBIER L. : « La loi du 3 janvier 1968 portant réforme du droit des incapables majeurs », **GP** 1968, 1, doctr. p. 43 et s..

BARTE H.N., OSTAPZEFF G. : « Législation psychiatrique française », **Encyclopédie médico-chirurgicale**, Paris, 1981, 37901-A10, pp. 5-12.

BASLE L. : « Exclusion/inclusion : une problématique », **Actions et Recherches Sociales**, octobre 1984, n° 3, pp. 51-54.

BAUER M. : « Le financement de la curatelle lorsqu'elle est déférée à l'Etat », **RTD Sanit. et soc.**, 1989, pp. 110-116..

BECKER G.S. : « Irrational behavior and Economic theory », **Journal of Political Economy**, n° 70, 1962, pp. 1-13 et « A theory of the allocation of time », **The Economic Journal**, VOL. LXXV, n° 299, 1965, pp. 493-517.

BELLIARD E. : « L'équipement hospitalier en psychiatrie : la situation en 1988 par rapport aux objectifs de planification », Revue **Solidarité Santé - Etudes statistiques**, n° 5, septembre-octobre 1988, pp. 37-47.

BOISGUERIN B. : « L'aide sociale des départements - 1984 », **Solidarité Santé** - Etudes statistiques, n° 4, juillet-août 1987, pp. 41-45.

BOUGET D., NOGUES H. : « Rationnement administratif et groupes cibles », communication aux **Cinquièmes journées d'économie sociale** sur « La différenciation des politiques sociales », Centre d'économie des besoins sociaux, Nantes, 26-27 septembre 1985, 34 p. et annexes.

BROVELLI G. : « Les incidences de la décentralisation sur les associations du domaine sanitaire et social », Nantes, CEBS, 1988 et **Revue française des affaires sociales**, 1989, pp. 23-72.

BROVELLI G. : « Aux frontières du droit public : le service public des tutelles », **LPA**, 1992.

BUCHER-THIZON M. : « Les travaux parlementaires relatifs à la loi du 3 janvier 1968 », **Information psychiatrique**, Vol. 64, n° 3, mars 1988.

BUCHER-THIZON M. : « Le majeur incapable protégé par la loi (Loi du 3 janvier 1968) », **Les Cahiers de l'invité**, n° 3, GREC, publié par le CMP, Clichy sous bois., 1988, 9 p..

CAILLE P., CAZIN F. : « Inventaire communal 1979-1980, Cartographie : équipements des départements », **Collections de l'INSEE**, série R, n° 50, août 1982.

CHAPIREAU F. : « Le handicap impossible », **Annales Médico-psychologique**, 1988, 146, n° 7, pp. 626-631 et n° 8, pp. 691-701.

CHIAPPORI P.A. : «La théorie du consommateur est-elle réfutable ? », **Revue économique**, n° 6, novembre 1990, pp. 1001-1026.

DEBENE M. : « La modernisation de la loi de 1838 sur les aliénés », **AJDA**, 1990, pp. 871-883.

DELANDE G., NEGRE M. : « Travail social et indicateurs sociaux », **Chroniques de la SEDEIS**, Tome XXIX, n° 12, 15 décembre 1983, p. 526.

DELPEREE N. : « Les droits des personnes âgées : panorama européen de la protection juridique », **Cahier du GRIDEP** n° 13, Actes des journées européennes de la formation, Amiens, avril 1989, pp. 47-80.

DEMAY-LAULAN et DEMAY J. : « La réforme du droit des incapables majeurs », **Information psychiatrique**, Vol. 44, n° 6, juin 1968.

DUPEYROUX J-J. : « Une ténébreuse affaire », **Droit social**, n° 3, mars 1990, pp. 231-235.

ENCYCLOPEDIE Dalloz - **Répertoire de droit civil** : « Incapables majeurs », Vol. 5.

FOSSIER Th. : « Les libertés et le gouvernement de la personne incapable majeur », **La Sem. Jur.**, Ed. G., 1985 I.3195.

FOSSIER Th. : « Le juge des tutelles et la loi du 3 janvier 1968 », revue **Tutelle Info...**, éditée par l'UNAPEI, n° 45, mars-avril 1986.

FOSSIER Th., GUIHAL D. : « Un exemple de l'activité civile des parquets : la protection des majeurs », **La Sem. Jur.**, Ed. G. 1990, I, 3439.

FOSSIER Th, HARICHAUX M. : « La tutelle à la personne des incapables majeurs : l'exemple du consentement à l'acte médical », **RTD Sanit. et soc.**, 1991, pp. 1-14.

GEFFROY C. : « Organe collégial et tutelle d'Etat des majeurs », **La Sem. Jur.**, Ed. G., 1988, I. 3366.

GEFFROY C. et GUIARD M-C. : « La consécration contrariée de la curatelle d'Etat par le décret n° 88-762 du 17 juin 1988 », **La Sem. Jur.**, Ed G., n° 30, 27 juillet 1989, Doctrine n° 3403.

GIBERT P. : « L'analyse de politique », **Revue d'économie politique**, 99ième année, n° 2, 1989, pp. 355-392.

GREMION C. : « Vers une nouvelle théorie de la décision », **Sociologie du travail**, n° 4, 1969.

GUILLAUMIN F., PADIEU C. : « Le point sur... Maison d'accueil spécialisée et foyer de vie : complémentaires ou concurrents ? », **Solidarité Santé** - Etudes statistiques, n° 5, septembre-octobre 1987, pp. 55-62.

HAUSSER J. : « Réflexions sur la protection de la personne de l'incapable », **Mélanges Raynaud**, Dalloz 1985, pp. 227 et s.

HOUIN R. : « Les incapacités », **RTDC** 1947, pp. 383 et s.

HOUSSIN X. : « Le sens et l'utile... », **Nervure, journal de psychiatrie**, Tome III, janvier 1990, noméro spécial, pp. 66-67.

JOEL M-E., CHARVET-PROTAY S. : «Contraintes économiques et fonctionnement du système de protection judiciaire de la jeunesse », communication aux **IXe journées d'économie sociale**, Université de Caen, 28-29 septembre 1989, 14 p..

JURISCLASSEUR CIVIL, « Majeurs protégés », **art. 488 à 514** :
- BOVAL B. : « Tutelle - Ouverture et cessation », **Fasc. 22.**
- BOVAL B. : «Tutelle - Organisation et fonctionnement », **Fasc. 23.**
- CHAMPENOIS-MARMIER M.P., SANSOT J. : « Introduction », **Fasc. 10.**
- CHAMPENOIS-MARMIER M.P., SANSOT J. : « Personnes non soumises à un régime particulier de protection », **Fasc. 11.**
- CHAMPENOIS-MARMIER M.P., SANSOT J. : « Dispositions générales », **Fasc. 20.**
- LORVELLEC L. : «Tutelle - Condition du majeur», **Fasc. 24.**
- LORVELLEC L. : «Curatelle», **Fasc. 25.**
- SANSOT J. : « Sauvegarde de justice », **Fasc. 21.**

JURISCLASSEUR CIVIL, « Tutelle (des mineurs) », **C.civ. art. 389 à 475** :
- Ouverture - Organisation - Fonctionnement - Compte et responsabilité.

JURISCLASSEUR - **Formulaire analytique de procédure** :
- FOSSIER Th. : « Conseil de famille et tutelle », Vol. 3, **Fasc. A.**
- FOSSIER Th. : « Majeurs protégés — dispositions générales », Vol. 5, **Fasc. A.**

- FOSSIER Th. : « Majeurs protégés — différents régimes de protection », Vol. 5, **Fasc. B**.

JURISCLASSEUR PROCEDURE CIVILE, « Majeur protégé », **Fasc. 100 et 940**.

KOBIELSKI J. : « Action individuelle et action collective : réflexion sur les modes et procédures de satisfaction des besoins », Revue **Politiques & Management public**, Vol. 6 , n° 1, mars 1988, pp. 1-19.

LAFON J. : « La protection des malades mentaux : Protection de la personne et protection des biens », **Revue de médecine**, 1975, n° 37, pp. 2534-2545.

LEGENDRE N. : « Les bénéficiaires de l'allocation aux adultes handicapés », **Solidarité Santé** - Etudes statistiques, n° 3, mai-juin 1989, pp. 45-55.

MASSIP J. : « Combinaison des règles de la tutelle des majeurs avec celles des régimes matrimoniaux », **Rép. Defrénois**, 1970, art. 29617, p. 814 et s..

MASSIP J. : « La jurisprudence de la Cour de cassation et la protection des incapables majeurs », **rapport de la Cour de cassation**, La Documentation française, Paris 1986, pp. 28-45.

MASSIP J. : « La tutelle d'Etat (décret n° 74-930 du 6 novembre 1974) », **Répertoire Défrenois**, 1975, art. 30 904.

MASSIP J. : « Législation française relative aux malades mentaux », **Encyclopédie médico-chirurgicale**, Paris, 1972, 37901 A10, p. 3..

MEMETEAU G. : « Le médecin et la loi du 3 janvier 1968 portant réforme du droit des incapables », **RTD Sanit. et soc.**, 1973, p. 403 et s..

MILANO S., FURET Th. : « Les dépenses de l'aide sociale 1975-1983 », Ministère des affaires sociales et de l'emploi, **Info-DAS**, n° 21, avril 1986.

NOGUES H. : « Aspects économiques de la tutelle aux majeurs protégés », communication au **colloque de l'UDAF-29** du 24 février 1989 à Brest, 10 p..

NOGUES H., BOUGET D. : « Evaluation des disparités d'offre d'équipements pour personnes âgées dépendantes», texte des communications au colloque du CREDES, **«Géographie et socio-économie de la santé»**, avril 1989, pp. 225-237.

PADIEU C., GUILLAUMIN F. : « Les services de soins et d'éducation spécialisée à domicile », **Solidarité Santé** - Etudes statistiques, n° 5, septembre-octobre, 1987, pp. 49-52.

PERPOIL J.P. : « Le service de gestion des biens », **Synapse**, n° 20, février 1986, pp. 80-84.

PROULX M., « Les effets pervers d'une stratégie de réduction des dépenses publiques : le cas des tribunaux d'instance français », Revue **Politiques & Management public**, Vol. 7, n° 2 ,juin 1989, pp. 183-190.

RAPPARD Ph. : « Le droit civil et la psychiatrie comme alternatives à l'hospitalisation», **Information psychiatrique**, Vol. 64, n° 3, mars 1988.

RAPPARD Ph., BUCHER M., SIMONNET D., FAVORY S. : « La loi et le juridique », communications au **Groupe de recherche et d'études cliniques**, Clichy, le 19 janvier 1988.

RAYMONDIS L.M. : « Psychiatrie et droit », **RTDC** 1974, p. 74 et s.

REPERTOIRE DE LEGISLATION DALLOZ :
- « Interdiction - Conseil judiciaire », Supplément, **T.9**, 1892.

ROCHE J. : « La condition juridique des malades mentaux », **GP** 1968, 2, doctr. p. 12 et s..

RUFFAT J. : « La tutelle, fonction maudite », Revue **Politiques & Management public**, Vol. 7, n° 1, mars 1989, pp. 113-146.

SAVATIER R. : « L'application de la loi du 3 janvier 1968 sur les incapables majeurs », **Actes du colloque des 21 et 22 avril 1972**, Université de Nancy II.

SAVATIER R. : « Le risque pour l'homme de perdre l'esprit et ses conséquences en droit civil », **DS** 1986, chr. p. 109 et s..

SAVATIER R. : « Un attribut essentiel de l'état des personnes : la santé humaine », **D. 1958**, chr. p. 95.

SIMONNET-ROUVERE D. : «Hypothèses pour l'évaluation des effets cliniques d'une mesure de curatelle», **Information psychiatrique**, Vol. 64, mars 1988.

SUPIOT A. : « Pourquoi un droit du travail ? », **Droit social**, n° 6, juin 1990, pp. 485-492.

VERDIER P. : « L'exercice de la tutelle d'Etat par la direction de l'action sanitaire et sociale », **RTD Sanit. et soc.**, 1975, pp. 557 et s.

VIALATTE M. : « Des rôles de médecin traitant et du médecin spécialiste dans la protection des incapables majeurs », **DS** 1972, chr. pp. 165 et s.

VIANES A. : « Politiques sociales : l'ère du soupçon ? », **Revue française des affaires sociales**, n° 1, 1985, pp. 7-27.

VIATTE J. : « La protection des majeurs déficients », **Rec. gén. lois**, 1965, pp. 5 et s..

VINEY G. : « Réflexions sur l'article 489-2 du Code Civil », **RT droit civil**, 1970, pp. 251 et s..

VROEY M. de : « S'il te plaît, dessine-moi... un marché », **Economie appliquée**, tome XLIII, 1990, n° 3, pp. 67-87.

WINTER C. (de) : « Le point de vue des tuteurs familiaux et des tuteurs associatifs », Revue **Tutelle Info...**, n° 45, mars-avril 1986.

WOLF Ch., Jr. : « Carences du marché et carences hors-marché : comparaison et évaluation », Revue **Politiques & Management Public**, Vol. 5, n° 1, mars 1987, pp. 57-85.

LOIS ET DOCUMENTS PARLEMENTAIRES

Loi du **30 juillet 1838** sur les aliénés, D.1838, 3, p. 162.

Loi n° 64-1230 du **14 décembre 1964**, relative à la tutelle et à l'émancipation, JORF, 15 déc., p. 11140.

Loi n° 66-774 du **18 octobre 1966**, relative à la tutelle aux prestations sociales, JORF, 19 oct., p. 9219.

Loi n° 68-5 du **3 janvier 1968** portant réforme du droit des incapables majeurs, JO, 4 janvier, p. 114. Travaux préparatoires :
- CHALOPIN J. : Avis au nom de la Commission des affaires culturelles et sociales, AN (1966-1967), n° 1954.
- GRAND L. : Avis au nom de la Commission des affaires sociales, S (1966-1967), n° 245.
- JOZEAU-MARIGNE L. : Rapport au nom de la Commission des lois, S (1966-1967), n° 237.
- PLEVEN R. : Rapport au nom de la Commission des lois, AN (1966-1967), n° 1891.

Loi n° 89-475 du **10 juillet 1989**, relative à l'accueil par des particuliers, à leur domicile, à titre onéreux, des personnes âgées ou handicapées adultes, JORF, 12 juillet, p. 8761.

Loi n° 90-527 du **27 juin 1990** relative aux droits et à la protection des personnes hospitalisées en raison de troubles mentaux et à leurs conditions d'hospitalisation, JORF, 30 juin, p. 7664.

www.ingramcontent.com/pod-product-compliance
Lightning Source LLC
LaVergne TN
LVHW010632051026
849532LV00001B/35
* 9 7 8 2 7 3 8 4 2 0 5 7 2 *